www.ingramcontent.com/pod-product-compliance
Lightning Source LLC
Chambersburg PA
CBHW070043080526
44586CB00013B/895
* 9 7 8 1 5 9 5 8 4 8 3 8 3 *

مرغ آفتاب

کانون پرورش فکری
کودکان و نوجوانان

(۱۳۴۴-۱۳۵۷)

ماندانا زندیان

شرکت کتاب
ketab.com

The Sunbird
Institute for the Intellectual Development of Children and Young Adults
Subject: Contemporary History of Iran
Author: Mandana Zandian

Copyright © 2025 Ketab Corporation

Cover: Ali Shirdel
Design of the tittle of the book: Mohtadi Mirak
Book Design & Layout: Jilla Mirafshar

All right reserved.

First Edition: 2025

مرغ آفتاب
کانون پرورش فکری کودکان و نوجوانان (۱۳۵۷-۱۳۴۴)
موضوع: تاریخ معاصر ایران
نویسنده: ماندانا زندیان
طرح روی جلد و طراحی گرافیک: علی شیردل
طرح عنوان کتاب: مهتدی میرک
کتاب‌آرائی: ژیلا میرافشار
نقاشی پشت جلد اثر یکی از کودکان عضو کتابخانهٔ کانون در سال ۱۳۵۵ خورشیدی است.
(برگرفته از نشریهٔ «کارنامه»)
چاپ نخست: ۱۴۰۳ خورشیدی - ۲۰۲۵ میلادی

No part of this book may be reproduced in any manner without the express written consent of the author / publisher, except in the case of brief excerpts in critical reviews or articles.
For information about permission to reproduce selections from this book, write to Permissions:

The Library of Congress Cataloging-in-publishing Data is available upon request.

ISBN: 978-1-59584-838-3
Ketab Corporation:
12701 Van Nuys Blvd., Suite H,
Pacoima, CA, 91331, USA
www.ketab.com

1 2 3 4 5 6 7 8 25

برای بچه‌های ایران

فهرست

پیش‌گفتار IX
سپاسگزاری XXIII

فصل یک

گفت‌وگو با لیلی امیرارجمند ۲۹

فصل دو

کانون، بذری که با فکر و عشق و امید در ایران کاشتیم، شهبانو فرح پهلوی ۱۷۵
نحوهٔ مدیریت خانم امیرارجمند به ما جرأت می‌داد، مهندس فروزان اردکانی ۱۸۷
کتابخانه‌های کانون در زندان، پروین افجه‌ای و رضا گوهرزاد ۱۹۳
کتابخانهٔ مرجع کانون، آمالیا باغداساریان ۱۹۷
کانون به برابریِ انسان‌ها باور داشت، منیره برادران ۲۰۱
به اهمیتِ نقشِ کانون توجّه داشتیم، پرویز ثابتی ۲۱۳
ستون اصلی خیمهٔ کانون عشق بود، اسدالله خامسی ۲۲۱

۲۲۹	کانون بخشی از حافظهٔ من است، احسان خوشبخت
۲۳۱	دنبالِ کارِ نو و پیشرو بودیم، ناصر زراعتی
۲۴۳	آزادی اساسِ خلّاقیت است، نورالدین زرّین‌کلک
۲۵۳	کانون، سازمانی جوان‌گرا، با فضای کاریِ باز و پذیرنده، سیاوش سامی
۲۶۹	می‌خواستیم آثار ایرانی-جهانی بسازیم، علی‌اکبر صادقی
۲۷۳	خانه‌ای پُر از شور زندگی، حسین علیزاده
۲۸۵	ادای دِین به رؤیاهای کودکی، فریدون عموزاده‌خلیلی
۲۹۳	در کانون سانسور و خودسانسوری نداشتیم، ابراهیم فروزش
۳۰۳	کانون را متعلّق به خودمان می‌دانستیم، زری فریپور
۳۰۹	می‌خواستیم بچه‌ها چشمِ خوبْ دیدن پیدا کنند، رضا گوهرزاد
۳۱۹	کانون یک معجزه بود، دان لافون
۳۳۱	آرمانِ خدمت به کودکان و نوجوانانِ کشور، کامران لاهیجی
۳۳۵	کانون شاخصِ نام و عملِ نیکِ زمانِ خود بود، فرشید مثقالی
۳۴۱	کانون یک سازمان نیست، یک جریان است، مهیار مخزنی
۳۵۱	نگاهِ کانون رو به آینده بود، اردوان مفید
۳۶۷	«کانون» خانهٔ ما بود، اسفندیار منفردزاده
۳۷۵	ناخودآگاهِ ما در کانون تربیت می‌شد، مجید میرفخرایی
۳۸۳	دلیلِ موفّقیت استثنائیِ کانون «آزادی» بود، رسول نفیسی
۴۲۳	پیوستِ یک
۴۲۶	پیوستِ دو
۴۲۸	پیوستِ سه
۴۳۰	پیوستِ چهار
۴۳۲	پیوستِ پنج
۴۳۵	نمایهٔ نام‌ها

پیش‌گفتار

روزی روزگاری نور بازتاب روشنی در امید داشت. کودک بودیم. فصل، «بی‌بهار و بی‌خزان، سبز و تَر[1]» بود. می‌نوشتیم باران، عطرِ یاس ورق می‌خورد. سَحَر را می‌دیدیم؛ در راه، در خیال، در خانه که رؤیاهایمان را به آواز پرنده نشا می‌زد. کلمات از دیوار بر پیشانی‌مان می‌ریختند، ماه می‌شدند. می‌خندیدیم. ترانه می‌شدیم. رها بودیم، در قصّه، در آواز، در رنگ‌های شاد. خانه مهربان بود، جاری بود. در اتوبوس آبی و تریلی سرخ به گُل می‌رسید، میوه می‌داد. ما سیب را بو می‌کردیم. آگاه می‌شدیم. می‌ایستادیم بر زمین، بر خاک. خانه از تخیّل ما رسیده‌تر بود. نام داشت، کتاب داشت. التیام می‌داد. «کانون» بود.

□□□

۱- «عاشقی زین هر دو حالت بَرتَرست/ بی‌بهار و بی‌خزان سبز و تَرست»؛ مولوی، مثنوی معنوی، دفتر اوّل.

پیش‌گفتار

«امروز چهارشنبه است. روی کاغذ چهارخانه با رنگ قرمز برای پرنده یک شاخه گل نقاشی کردم.» احمدرضا احمدی[1]

«کانون پرورش فکری کودکان و نوجوانان» که در این کتاب به‌اختصار کانون خوانده می‌شود، روز چهارشنبه، ۲۴ آذر ۱۳۴۴ (۱۵ دسامبر ۱۹۶۵) متولّد شد. مرغ آفتاب روایتی است از سیزده سالِ نخستِ بالیدن این نهاد فرهنگی؛ بازخوانی سهمی از فرآیند تجدد در ایران، که دانایی و تواناییِ زنان در ساختنش دست بالاتر داشته. فکر اوّلیهٔ ساختن کتابخانهٔ کودک در ایران را لیلی امیرارجمند با ملکهٔ ایران در میان گذاشت، و بار سنگینِ «پرورش فکری کودکان و نوجوانان» را هزار زن کتابدار عهده‌دار شدند. پشتیبانی ملکه از این‌همه بی‌دریغ بود.

مرغ آفتاب در دو فصل و در قالب گفت‌وگو تنظیم شده. فصل یکم، گفت‌وگوی بلندی است با لیلی امیرارجمند -بنیادگذار و مدیرعامل کانون- در جست‌وجوی درکِ شخصیت، جهان‌بینی و پرسش محوریِ زندگی‌اش و بازتاب آن‌ها در این نهاد. فصل دوّم، دربرگیرندهٔ بیست و دو گفت‌وگوی مستقل با شخصیت‌های سازندهٔ کانون، یا به‌نوعی در پیوند با روند گسترش آن است و یک یادداشتِ بازمانده از مدیر روابط عمومی سازمان، که شوربختانه دیگر در بین ما نیست. تمرکز هر یک از این متن‌ها بر کار تخصصی و مسئولیتِ هر شخصیت در کانونِ آن روزگار و نگرش و رویکردش در گسترهٔ آن کار و مسئولیت است.

با این توضیح، متن از خاطره برآمده و به حافظه متّکی است. کار حافظه بازنویسی رویدادهای بایگانی شده است و می‌تواند در مواردی، ناآگاهانه، به‌خطا رود. هرچند، مرغ آفتاب بیش از آن‌که در پی اطّلاعاتِ تاریخیِ مربوط به آغاز و گسترش مراکز فرهنگی متعدّد در دل کانون باشد، کنجکاوِ درکِ جهانِ فکری و عاطفیِ آفرینندگان آن است. از سوی دیگر، کانون، در دریافت من، پدیده‌ای است خلّاق که مانند هر کار خلّاق دیگر، در مسیر بالیدن به بازتعریف و بازسازی خود برمی‌خیزد، و در شکل و شیوهٔ تغییر، از انسانِ ایستاده در محور این نوزایی، الهام می‌گیرد و به او الهام می‌دهد؛ روندی که مطالعه‌اش می‌تواند ژرفای شناخت ما از آفریننده یا سامان‌دهندگانش را، گاه بیش از روایت زندگی‌شان، نظم و دقت دهد.

۱- احمدی، احمدرضا (نقاشـی از محمدرضا دادگر)؛ هفت روز هفته دارم، انتشـارات کانون پرورش فکری کودکان و نوجوانان، چاپ یکم، ۱۳۶۴. احمدرضا احمدی (۱۳۱۹،کرمان-۱۴۰۲،تهران) بنیادگذار و مدیر «مرکز تهیهٔ نوار و صفحه برای کودکان و نوجوانان» در کانون بود.

فصل یک -گفت‌وگو با لیلی امیرارجمند- را می‌توان بدون خواندنِ پانویس‌ها، مانند یک داستان خواند؛ داستانِ یک عمرِ خوبْ زیسته شده. اطّلاعات گردآوری‌شده در پانویس و پیوست، تلاش برای مستند و مستدل کردن حادثه‌های این داستان، ارائۀ تصویری دقیق‌تر یا کامل‌تر از کانون، فراهم‌آوردن منابعی برای تدوین متن‌های احتمالیِ آینده دربارۀ این نهاد، و به‌بیانی، تعدیل نقش حافظه است.

نخستین گفت‌وگوی فصل دو، با شهبانو فرح پهلوی، استوارترین پشتیبان کانون است. ملکۀ ایران ریاست عالیۀ کانون را برعهده داشتند و رئیس هیأت مدیرۀ این نهاد بودند. پشتیبانی بی‌چون‌وچرای شهبانو از کانون، به باور مدیرعامل این نهاد و شماری از کانونی‌ها، دلیل نیرومندِ موفّقیت استثنائی این نهاد بود.
گفت‌وگوهای دیگر این فصل، با ذکر تاریخ و بر اساس حروف الفبای نام خانوادگی شخصیت‌ها تنظیم شده‌اند.
مجموعۀ روایت‌های مستقل و به‌هم پیوستۀ این فصل، با افزودن بر چشم‌اندازهای تماشای باغِ بسیار درختِ کانون، تصویر کامل‌تری از روندِ شکل‌گرفتن این نهاد و زمینه‌های اجتماعی گسترش آن ارائه می‌دهند، و بر لایه‌های معناییِ متن، و نقش ما در تلاش برای درک و دریافت روایت می‌افزایند.

مرغ آفتاب نه آغاز است، نه پایان، و نه همۀ آن‌چه می‌توان در معرّفیِ کانون نوشت. کلمات و من، وامدار مقاله‌ها، کتاب‌ها، مصاحبه‌ها و مستندهای پشتِ سَریم و می‌دانیم آخرین صفحۀ هر کتاب می‌تواند آغازگرِ صورت‌بندیِ پرسش پژوهش‌گران آینده باشد.
این کتاب اگرچه بازتابِ اندیشه و عاطفۀ یک گروه خلّاق در نگاه به یک موضوع مشترک است، در انتخاب و تنظیم پرسش‌ها، گردآوری پانویس‌ها و تدوین و ویرایش نهایی متن، از محدودۀ درک و دریافت من بیرون نیست. مرغ آفتاب روایت من است از آن‌چه در حد بضاعتم از مطالعۀ آثار دیگر و روایت‌های متعدد و متکثّر آفرینندگان کانون دریافته‌ام و مسئولیت هر کاستی‌اش نیز به‌تمامی با من است.

□□□

«هیچ‌کس نمی‌داند/ جویبار کوچکی/ که جاری می‌شود از دل چشمه‌ای خُرد/ قصد دریا دارد» عباس کیارستمی[1]

کار با کودک، نگاه رو به آینده می‌خواهد. در بازهٔ زمانی مورد نظر این کتاب، درایت مدیریت کانون در سپردن کار فرهنگی به نسل جوان، افقِ نگاهِ آثارِ کانون و ارتباط کتابدار و مربّی با بچه‌ها را تا آن سوی رنگین‌کمان می‌کشاند[2].
آفریده‌های کانون، در انواع فرهنگی و هنری، شبیه آثار هم‌نوعشان در ایران نبودند. گاه حتّی در هیچ «نوع» از پیش تعریف‌شده نمی‌گنجیدند؛ نمونه‌هایش تریلی بزرگ تئاتر سیّار در ابعاد و با امکاناتی بی‌سابقه در جهان یا ده صفحهٔ سی و سه دور دربارهٔ ردیف‌های موسیقی ایرانی با اجرای موسیقی‌دان‌هایی مانند هوشنگ ظریف، توضیح یک گوینده و کتابچهٔ همراه به دو زبان فارسی و انگلیسی[3].

دکتر رامین امیرارجمند، آهنگساز، پیانیست، رهبر ارکستر، استاد دانشگاه و فرزند لیلی امیرارجمند، در یادداشتی دربارهٔ مدیریت کانون، فهرست هنرمندانی را که پس از دوره‌ای همکاری با کانون، به سهم‌گذاریِ استادانه در گستره‌های گوناگون هنر رسیدند، به فهرست "*Who's Who*" در هنر معاصر ایران مانند می‌داند و با تقدیر از «نقش کلیدی کانون در تعریف هویت هنری ایران معاصر»، به اهمیت «بینش راهبردی، شهود باریک‌بین و زمان‌بندی شگفت‌انگیز در اندرکنشی سازنده با بهترین استعدادهای هنری آن زمانِ ایران» در این نهاد می‌پردازد[4].

کانون چنان پیشرو بود که نمی‌توانست با جریان‌های فکری روز هم‌سو نماند. گنجینه‌ای از قصّه‌های شفاهیِ سینه‌به‌سینه سفرکرده در تاریخ، مانند «عمو نوروز»، به‌همّت کانون و

۱- کیارستمی، عباس؛ همراه با باد، نشر هنر ایران، چاپ یکم، ۱۳۷۸، ص ۱۷۸. عباس کیارستمی (۱۳۱۹-۱۳۹۵، تهران) نخستین فیلم کوتاه خود، «نان و کوچه» را در کانون ساخت. مدیریت واحد تولید فیلم‌های آموزشی در مرکز سینمایی کانون به‌عهدهٔ کیارستمی بود.

۲- اشاره به سطری از ترانهٔ فیلم سینمایی «جادوگر شهر از The Wizard of Oz» (۱۹۳۹)، ساختهٔ ویکتور فلمینگ Victor Fleming بر اساس داستان ال. فرانک باوم Lyman Frank Baum، با عنوان جادوگر بی‌نظیر شهر از: «جایی در آن سوی رنگین‌کمان، آسمان آبی است، و رؤیاهایی که شهامت تصوّرشان را داریم به حقیقت می‌پیوندند.»

۳- برای مطالعهٔ بیشتر در این زمینه‌ها ر. ک. به: متن کتاب، صص ۳۲۷-۳۲۹ و ص ۱۲۴.

۴- جملات دکتر امیرارجمند، برگرفته از متن کامل یادداشت انگلیسی اوست که به‌لطف در اختیار کتاب قرار داد. ترجمهٔ فارسی از ویراستار کتاب است. م. ز

به‌دست گروهی از ارزنده‌ترین نویسندگان، ویراستاران و طرّاحان ایران، از حافظهٔ جمعیِ جامعه گردآورده و کتاب شدند. این آثار، در کنار دیگر کتاب‌های کانون که نخستین نمونه‌های حرفه‌ای کتاب کودک در ایران بودند، خوانندهٔ کتاب را از کلیشهٔ «مخاطب خاص» رهانید و شاید از تماشاگر سینما که به «مخاطب عام» شهرت داشت نیز پُرشمارتر کرد.
سهم کانون در نشاندنِ کتاب و کتاب‌خوانی در مدار توجه چند نسل ایران، باارزش و بسیار است و پیدا کردنِ ایرانیِ کاملاً غریبه با دست‌کم چند عنوان کتاب کانون دشوار، بلکه ناممکن.

«پرورش فکر» که کانون، در اندیشه و رفتار، در پیِ آن بود، آثار این نهاد را به‌لطفِ نگرش انسانیِ آمیخته با تفکّر و پرسش، بی‌زمان و بی‌مکان، یعنی کلاسیک کرد. پرسش‌های آن روزِ آن متن‌ها و فیلم‌ها، شاید با ساختاری اندک متفاوت، پرسش‌های امروز ما هم هستند، و کتاب‌ها و فیلم‌ها و نمایش‌های محبوب کودکان آن دوران، باغ رنگین‌کمان کودکان و بزرگ‌سالانِ نسل‌های پس از آن نیز. «نان و کوچه»ی کیارستمی، «سفر» بیضایی و «شاپرک خانم» بیژن مفید، نمونه‌هایی آشنای‌اند.

کانون در بازنگری علی میرزایی، مدیر کتابخانه‌های این نهاد، «فقط کانون پرورش فکری کودکان و نوجوانان نبود؛ کانون پرورش مدیران جوان و هنرمندان جوان و حتّی روشنفکران جوان هم بود. کانون برای پُست‌های مدیریتی‌اش، جز یکی-دو مورد، به ذخیره‌هایی که خودش پرورش می‌داد متّکی بود.» به‌گفتهٔ میرزایی، «بودند مدیرانی در کانون که دستگاه‌های دیگر به آن‌ها تصدّی پُست‌های مدیریتی عالی، در حد معاون وزیر، پیشنهاد می‌کردند، ولی کسی نرفت. مدیران کانون عشقشان این بود که در کانون بمانند. کانون خانهٔ دوّم ما نبود؛ خانهٔ اوّل ما بود[۱].»

در کانون، زن و مرد، با هر نوع نگاه سیاسی و باور دینی یا ناباوری، در کتابخانه‌هایی با امکانات یکسان در سرتاسر کشور، به بچه‌های ایران -از هر طبقهٔ اجتماعی- خدمت می‌کردند. بازتاب تفاوت نگاه اعضای کانون در بازنگری گذشته، و باور مشترکشان به یک اندیشهٔ محوری را در این کتاب نیز می‌توان دید. اندیشهٔ محوری کانون احترام به کرامت

۱- میرزائی، علی؛ یک شاخه در سیاهی جنگل (کانون پرورش فکری کودکان و نوجوانان ۱۳۴۴-۱۳۵۷)، نشر نگارهٔ آفتاب، چاپ دوّم، ۱۴۰۱، ص ۱۲۹.

انسانی بود؛ برابر دانستنِ انسان‌ها در مقام انسان، که زاییدهٔ خِرَد است و فرجامش آزادی است. کانون به آزادی باور داشت و تبادلِ نظر را حق طبیعی انسان می‌دانست.

پشتیبانی لیلی امیرارجمند از نظام‌های ارزشی متفاوت کانونی‌ها، در برداشت من، از باورش به انسان می‌آید و تعریفش از تلاش برای «تغییر»، که در جهان فکری او «تغییرِ نگرش» است؛ «جور دیگر دیدن»، مانند پسر ک چشم آبی[1]. آزادی برای لیلی امیرارجمند، تا آن‌جا که من می‌فهمم، یک مسئلهٔ سیاسی نیست، یک مفهوم وجودی است.

اجرای این افکار در رفتار و آثار کانون، فضایی آفریده بود که در آن همکاریِ مثبت و سازندهٔ جمعی از بااستعدادترین و خلّاق‌ترین فرهنگ‌سازان هم‌روزگار ما، الهام‌بخشِ خواستن‌ها و توانستن‌های بالنده می‌شد و کار فرهنگی را در خدمت ساروج کشیدن سیاست می‌گذاشت. چنان‌که امیرارجمند می‌اندیشد، «نویسندگان، هنرمندان و روشنفکرانی که توانایی کار خلّاق و فرهنگ‌ساز دارند، اگر وقت و انرژی‌شان را در مسیر توانایی‌هایشان بگذارند، به فرهنگ و حتّی سیاست مملکتشان خدمت بیشتری کرده‌اند.»

این‌گونه متفاوت بودن، در زمانهٔ سیاست‌زدگیِ بسیار کسان و چیزها -از گذشته تا هنوز- می‌تواند کانون را هوادار گرایشی سیاسی بازنماید.

انسان، در نگاه فراگیر، موجودی اجتماعی و به‌ناگزیر سیاسی است. در نگاه باریک و البتّه واقع‌بین، اندیشهٔ اجتماعی-سیاسیِ مدرن و اثرگذار، به‌جای مخالفتِ مطلق با هرچه در رابطه با نهاد قدرت، و تبلیغ هرچه مخالف آن، به فهمیدن، پذیرفتن، محترم شمردن و برکشیدنِ «دیگری» می‌پردازد، و اندیشهٔ «بیشترین خوشبختی برای بیشترین مردمان[2]» که خِیر عمومی است. مجموعهٔ آثار کانون این آموزه‌ها را با ساختار ساده به بچه‌ها -و بزرگ‌ترها نیز- پیشنهاد می‌کرد.

حسین علیزاده، آهنگ‌ساز و استاد موسیقی، که از نخستین مربّی‌های موسیقی کانون بوده،

۱- مجابی، جواد (تصویرگر: فرشید مثقالی)، پسر ک چشم‌آبی، انتشارات کانون پرورش فکری کودکان و نوجوانان، ۱۳۵۱.

۲- جملهٔ شناخته‌شـدهٔ جرمی بِنتام Jeremy Bentham (۱۷۴۸-۱۸۳۲، لندن) فیلسوف، حقوق‌دان، اصلاح‌گر اجتماعی و بنیان‌گذار سودمندگرایی مَدَرن Modern Utilitarianism. برای آشنایی با جهان فکری بنتام، ر. ک. به:
Stanford Encyclopedia of Philosophy /https://plato.stanford.edu/entries/bentham

در گفت‌وگویی با ایرج گرگین، نگاه مشابهِ این اصول اخلاقی و حرفه‌ای را چنین وصف کرده: «شاید بهترین و درست‌ترین وصفش آزادگی است... هنرمند به هرچه اعتقاد داشته باشد،... می‌تواند از طریق هنرش دست پیدا کند. با هنر هم می‌شود نیایش کرد، هم مبارزه... تضادی که در هر جامعه وجود دارد، اساس هنر است. هنر در تضاد و از تضاد شکل می‌گیرد -کنار هم قرارگرفتن رنگ‌های مختلف، یا صداهای مختلف و کمپوزیسیون آن‌ها هنر را درست می‌کند... باور شخصی من، بدون در نظر داشتن این‌که این باور به کدام ایدئولوژی نزدیک است، این است که انسان‌ها باید بتوانند در برابری زندگی کنند. این ایده‌آل من است و هنر برای رسیدن به این ایده‌آل وظایف مهمی دارد[۱].»

در تمام آن سال‌ها، کانون، چنان مستقل و پای‌بند به تعهد حرفه‌ای کار کرد، و چنان متعادل، که نه مبلّغ دولت شد، نه مبلّغ گروه‌های سیاسی مخالف. در روزگار سیاست‌زده، شخصیت‌ها و نهادهای فرهنگی بسیاری که می‌خواهند از نهاد قدرت مستقل باشند و با اصرار این را جلوه دهند، به‌اغراق و شاید نه‌چندان دانسته، به سمت دیگر متمایل می‌شوند.

کانون، بدون اندکی تلاش برای به رخ‌کشیدنِ دولتی نبودن و سیاسی نبودن، سبُک از کنار داوری‌ها گذشت؛ و شاید ازجمله به این دلیل، جمعی هنوز، پس از شصت سال، نمی‌دانند در برساخته‌های سیاه و سفید ذهنشان در کدام «تئوری توطئه» بگذارندش.

علی میرزایی، در گفت‌وگو با رجبعلی مختارپور گفته است: «در آن روزهای اوّل [بعد از انقلاب]، پرونده‌های ما را در ساواک خوانده بودند. تردید نکنید! و خیلی راحت فهمیدند که هرکسی چه‌کاره است... از چند دوست و همکار بسیار صدیق نقل می‌کنم که علیرضا زرّین[۲] چندبار گفته بود که اگر همین الان مدیرعامل پیشین کانون (یعنی خانم امیرارجمند) بیاید من بلند می‌شوم و میز مدیریت را به ایشان تحویل می‌دهم. می‌گفت از خانم امیرارجمند خیلی چیزها یادگرفته است. از این صریح‌تر و پُرمعناتر نمی‌شود[۳].»

روبه‌رو شدن با پاکیزگی مالی کانون، پس از ارزیابی حساب‌ها و پرونده‌های این نهاد، نیز به

۱- زندیان، ماندانا؛ امید و آزادی: ایرج گرگین، «گفت‌وگو با حسین علیزاده» (این گفت‌وگو در سال ۱۹۹۸ در رادیو «امید» انجام شده)، انتشارات شرکت کتاب لس آنجلس، چاپ یکم، ۲۰۱۲، صص ۴۳۵-۴۸۴.
۲- علیرضا زرّین، نخستین مدیرعامل کانون پس از انقلاب (۱۳۵۷-۱۳۷۰).
۳- میرزائی، علی؛ یک شاخه در سیاهی جنگل، ص ۱۵۹.

شگفتی و تحسین انقلابیون انجامیده بود[1].

مجموعه‌ای از این دلایل، سبب شد در سال‌های پس از انقلاب، هیچ ایدئولوژی هرچه جزم، هیچ سیاست هرچه پلشت، و هیچ استبداد هرچه تاریک نتوانست کانون را از مخاطبش -از انسان- بگیرد.

سال ۲۰۲۴/۱۴۰۳، در پانزدهمین دورهٔ جشنوارهٔ فیلم‌های کوتاه بنیاد فرهنگ، لیلی امیرارجمند جایزهٔ بهترین فیلم را به دو کارگردان جوان فیلم «چمدان» - آکو زندکریمی و سامان حسین‌پور- اهدا کرد. حسین‌پور که سال‌ها پس از انقلاب به دنیا آمده، با قدردانی از تلاش‌های اثرگذار لیلی امیرارجمند برای بهتر کردنِ زندگی کودکان و نوجوانان ایران گفت که آشنایی‌اش با هنر، سینما و فیلم‌سازی به سال‌های عضویت در کتابخانهٔ کانون در کامیاران، از شهرهای کوچک استان کردستان، برمی‌گردد و می‌داند اگر کانون آن امکانات را در اختیارش نمی‌گذاشت، بعدها دانشجوی رشته فیلم‌سازی و کارگردان یک فیلم موفّق نمی‌شد[2].

در بیرون از جغرافیای ایران نیز، مهیار مخزنی، کارآفرین و فرزند لیلی امیرارجمند، در طرحی که امتداد جهانی‌شدهٔ کانون برای «پرورش فکر» در آزادی و برابری است، و به احترام بنیادگذار کانون «پروژهٔ لیلی» نام گرفته، ابتکار و مدیریت ساختن کتابخانهٔ کودک در اتیوپی را در دست دارد، و با این زمینهٔ فکری که «کانون یک سازمان نیست، یک جریان است»، می‌گوید «خوب است مادرم ببیند ایده‌ای که حدود شصت سال پیش پرورش داد، هنوز معنی‌دار و اثرگذار است... دلیل اصلی‌اش هم این است که ما انسان‌ایم و فرزندانی داریم با نیازهای مشابه. بچه‌هایی که نیاز دارند در فضای امن باشند و به آن فضا احساس تعلّق کنند[3].»

در گفت‌وگو با کانونی‌ها، از میان ویژگی‌های در یاد مانده از فضای کاریِ کانون که درخشش استثنائی این نهاد را سبب می‌شده، بیشترین بسامد از آنِ آزادی (۷۳ بار)، برابری (۳۵ بار) و عشق (۳۱ بار) است، و درایت، بینش و آزادگیِ مدیرعامل، در باور جمعیِ مصاحبه‌شوندگان،

۱- برای مطالعهٔ بیشتر در این‌باره ر. ک. به متن کتاب، ص ۷۵.

2-https://www.youtube.com/watch?v=yq-C7kq6ZEU

۳- پروژهٔ «لیلی» The LILY project (Libraries for Imagination and Literacy of Youth) ر.ک. به: متن کتاب، صص ۳۴۱ تا ۳۴۹.

آب و آفتاب مراقبِ قدکشیدن این‌همه.

□□□

«بیشتر از آن‌چه می‌نمایی، دارا باش / کمتر از آن‌چه می‌دانی، سخن بگوی»
ویلیام شکسپیر[۱]

لیلی امیرارجمند (جهان‌آرا)، زادهٔ چهارم اسفند ۱۳۱۷ خورشیدی (۲۳ فوریه ۱۹۳۸ میلادی) در تهران است. مادرش، ناهید شاهرخ، باستان‌شناس، و پدرش، عبدالله جهان‌آرا، کارمند وزارت دارایی و برای دورانی رئیس ضرّابخانهٔ ایران بود.

لیلی تحصیلات ابتدایی را در مدرسهٔ فرانسوی‌زبان ژاندارک، با مدیریت راهبه‌های کاتولیک فرانسوی، آغاز کرد. دوران دبیرستان را در مدرسهٔ دو زبانه (فارسی- فرانسوی) رازی گذراند، در دانشگاه تهران ادبیات فرانسه خواند، پس از طی یک دورهٔ فشردهٔ آموزش کتابداری در انجمن ایران و آمریکا، برای دورانی مسئول گسترش کتابخانهٔ نوپای دانشگاه ملّی شد، علاقه به کتابداری و توانایی قابلِ توجّهش در این گستره، به ادامهٔ تحصیل در این رشته تشویقش کرد، به آمریکا رفت، از دانشگاه راتگِرز[۲] فوق‌لیسانس کتابداری و ادبیات کودکان گرفت و با فکرِ ساختن کتابخانهٔ کودک به ایران بازگشت، هم‌زمان با مطالعه و ارزیابی زمینه‌های لازم برای اجرای این فکر، سه سال کتابخانهٔ شرکت ملّی نفت ایران را اداره کرد، در همکاری با مارگریت هاپکینز آمریکایی، مشاور و مدرّس کتابداری، همراه چهار کتابدار دیگر -فرنگیس امید، مهین تفضلی، شهلا سپهری و اِولین وارطانیان- اساس‌نامهٔ انجمن کتابداران ایران را تدوین و به سامان دادنِ دورهٔ فوق‌لیسانس کتابداری در دانشگاه تهران کمک کرد[۳]، یک سال

1- "Have more than thou showest, Speak less than thou knowest," *King Lear*, William Shakespeare, Act 1, Scene 4.

2- Rutgers University, New Jersey.

۳- هاپکینز در مقاله‌ای به‌مناسبت ده‌سالگی انجمن کتابداران ایران و گشایش دورهٔ فوق‌لیسانس کتابداری دانشگاه تهران، روایت خود از این همکاری را چنین بازگو می‌کند: «بنا به درخواست دانشگاه تهران از کمیسیون مبادلات فرهنگی آمریکا با ایران (فولبرایت) به من مأموریت داده شد که به‌عنوان مشاور و مدرّس رشتهٔ علوم کتابداری در سال تحصیلی ۱۹۶۵-۱۹۶۶ به تهران بیایم. ششم سپتامبر ۱۹۶۵ به تهران رسیدم و چند روز پس از ورود، خود را به دانشگاه تهران معرفی کردم و به حضور دکتر جهانشاه صالح رئیس وقت دانشگاه تهران و دکتر منوچهر افضل معاون ویژهٔ رئیس دانشگاه در طرح‌های اصلاحی و آقای ایرج افشار رئیس انتشارات و امور کتابخانه‌ها پذیرفته شدم... شش هفتهٔ اوّل به‌طور مرتّب ◁

در دانشگاه تهران کتابداری درس داد، و سرانجام با پشتیبانی شهبانو فرح پهلوی، دوست دوران تحصیلش در مدرسهٔ ژاندارک، کانون پروش فکری کودکان و نوجوانان را بنیاد گذاشت و تا پیش از ترک ناگزیر جغرافیای ایران در سال ۱۹۷۹/۱۳۵۷، مدیرعامل این نهاد باقی ماند.

تیر ۱۴۰۲ (ژوئیه ۲۰۲۳) شعله شمس‌شهباز، سردبیر فصلنامه «ره‌آورد» پیشنهاد گفت‌وگو با لیلی امیرارجمند، به‌منظور تدوین متنی برای «ره‌آورد» را با من در میان گذاشت. اشتیاق من و فراهم آوردنِ امکان دیدار برای صحبت کردن دربارهٔ این گفت‌وگو، به‌لطف شعله شمس و زری فریپور، دوست و همکار سابق امیرارجمند در کانون، در روز شنبه، نُه مهر ۱۴۰۲ (دوّم اکتبر ۲۰۲۳) به نخستین دیدار کوتاه من با بنیادگذار کانون، در لس آنجلس انجامید.
در این فاصله، مطالعه دربارهٔ کانون به‌منظور آماده شدن برای دیدار، از یک سو پرسش‌های پُرشمار و ضرورت انجام کاری گسترده‌تر از گفت‌وگوی مطبوعاتی را پیش کشیده بود و از سوی دیگر، نشان می‌داد امیرارجمند بسیار کم و سنجیده، دعوت به مصاحبه را می‌پذیرد و در همان گفت‌وشنودهای اندک هم موجز و فقط دربارهٔ کانون صحبت می‌کند.
امید من، درک شخصیت و جهان‌بینی لیلی امیرارجمند بود و ثبت روایت زندگی‌اش از کودکی تا امروز. با دقت، آرامش و مهربانی، که بعدها دریافتم پروردهٔ شخصیت نیرومند اوست، به حرف‌هایم گوش داد و با گشاده‌دستی پذیرفت در سفر آینده‌اش برای دریافت نشان افتخار «میراث فرهنگ» در مراسم ویژهٔ «بنیاد فرهنگ[۱]»، دیدار بلندتری تنظیم و کار را برنامه‌ریزی کنیم. دوّمین دیدار ما در روز جمعه، دوازده آبان ۱۴۰۲ (دوّم نوامبر ۲۰۲۳)، نخستین جلسهٔ گفت‌وگو در فضای انگاری «گوگل‌میت» در هفتم نوامبر ۲۰۲۳ را رقم زد،

◁با پنج کتابدار ایرانی تحصیل‌کردهٔ ایالت متحدهٔ آمریکا -خانم لیلی امیرارجمند، خانم فرنگیس امید، خانم مهین تفضلی، خانم شهلا سپهری و خانم اِوِلین وارطانیان- ملاقات می‌کردم... گروه کوچک ما هفته‌ها از پی هم، شب‌ها تا پاسی از نیمه‌شب گذشته روی برنامه‌ها و دستورالعمل‌هایی در زمینهٔ دانش کتابداری و بهترین طرح برای ایران بحث می‌کرد. سرانجام برنامه را تحت عنوان 'برنامهٔ پیشنهادی برای رشتهٔ فوق‌لیسانس کتابداری' نوشتیم... و تسلیم دانشگاه کردیم... گزارش کامل کار را در اوّل ماه نوامبر ۱۹۶۵ تقدیم حضور دکتر صالح کردم.» به‌گفتهٔ هاپکینز نخستین جلسهٔ انجمن کتابداران ایران (اکتا) در هفدهم ژوئیه ۱۹۶۶، در باشگاه شرکت نفت، به‌همّت و با سخنرانی «کوتاه، امیدوارکننده و باعث دلگرمی» لیلی امیرارجمند برگزار شد. ر. ک. به: هاپکینز، مارگریت لیل (ترجمهٔ مهرداد نیکنام)؛ «ده سال پیش در ایران»، «نامهٔ انجمن کتابداران ایران»، پاییز ۱۳۵۴، ش ۳۱، صص ۵۱۵-۵۲۰. معصومه دقیق، خورشید مفتاح و فرخنده سعیدی کتابدارهای دیگری هستند که در فرآیند تدوین اساس‌نامهٔ انجمن کتابداران ایران با مارگریت هاپکینز و لیلی امیرارجمند همکاری داشتند. ر. ک. به: زارع، فاطمه؛ افشار، ابراهیم و نورایی، مرتضی؛ «ظهور و سقوط نخستین انجمن کتابداران ایران: ۱۳۴۵-۱۳۵۹»؛ فصلنامه «مطالعات ملّی کتابداری و سازمان‌دهی اطّلاعات»، زمستان ۱۳۹۰، ش ۸۸، صص ۱۲۸-۱۴۶.

۱- ر.ک. به:
https://farhang.org/2023/announcing-the-2023-farhang-heritage-award-lily-amir-arjomand

هفته‌ای یک یا دو بار ادامه یافت و در ژوئن ۲۰۲۴ به انجام رسید.

لیلی امیرارجمند یک انسان آزاده است که زندگی، انسان و کلمه را حرمت می‌گذارد، انصاف را مهم‌ترین ویژگی آگاهانه پرورش داده در خویش می‌داند. می‌گوید از هیچ‌کس گلایه ندارد. حضور و محضرش آرام است، و می‌اندیشید آشتی با خود و زمانه را در برکشیدنِ بهترین بهره از موقعیتی که در دوران مدیریت کانون داشته، و «رضایت خاطر بچه‌های کانون و کانونی‌های هم‌دورهٔ خود از زندگی حرفه‌ای‌شان» بازیافته است.
کار متوسط را نمی‌پذیرد و ناممکن برایش تعریف‌نشدنی است. «مدیریتِ درست» در نگاه او، «یعنی پیدا کردنِ بهترین‌های هر رشته برای کارِ بزرگ‌تری که قرار است انجام شود، گردِ هم آوردنِ آن بهترین‌ها و فراهم کردنِ بهترین موقعیت کاری برای تک‌تک آن‌ها، تا بهترینِ هرکدامشان امکان بیشترین رشد را پیدا کند.» شایستگی استثنائی مدیران مراکز گوناگون کانون، نشان از این زمینه‌های فکری و شخصیتی مدیرعامل، ازجمله در انتخاب و سپردنِ مسئولیت و آزادی کامل به «بهترین‌های هر رشته» دارد.
چند سال پیش، در گفت‌وگو با «راه زندگی» گفته بود «کتاب کودک معجزه‌ای است که بین دو جلد اتّفاق می‌افتد[1].»؛ معجزه‌ای واقع شده به‌دست توانای انسان. امیرارجمند با باور به این معجزه، پیش از آغاز کار کانون نیز -در بازهٔ زمانیِ ساخته شدنِ نخستین کتابخانهٔ کودک در پارک فرح- برای بچه‌های مدارس جنوب شهر تهران کتاب می‌برده[2].

امیرارجمند، خود را، چنان‌که ما از بیرون داستان، در کانون و با کتاب و کتابخانه تعریف می‌کند. کانون، «اصل زندگی و خاطره و تعریفِ» لیلی امیرارجمند است، چنان رها و برهنه از «خود» که در شهریور ۱۹۷۸/۱۳۵۷، برای حفظ «آن امانت» از گزند انقلابیون، از کار استعفا داد و مدیریت کانون را به فرشید مثقالی سپرد. می‌گوید «فکر کردم به دلیل

۱- «لیلی امیرارجمند، بنیانگذار کانون پرورش فکری کودکان و نوجوانان»، «راه زندگی»، ۱۰ ژوئن ۲۰۲۲، ش ۱۴۹۹. صص ۱۸-۱۹. با سپاس از خانم پری اباصلتی، مدیر و سردبیر «راه زندگی» که به‌مهر، این شمارهٔ نشریه را در اختیار کتاب گذاشتند.
۲- لیلی امیرارجمند با فکرِ پُر کردنِ اوقات آزادِ بعد از مدرسهٔ بچه‌ها با کتاب، از کتاب‌فروشی‌های شهر کتاب کودک می‌خریده و با ماشین شخصی‌اش به مدارسِ جنوب شهر تهران می‌برده. ر. ک. به متن کتاب، صص ۴۶-۴۷. همچنین، به روایت دکتر مهدی گنجوی، امیرارجمند در اوایل دههٔ ۴۰ خورشیدی «به‌عنوان نیروی داوطلب به شعبهٔ تهران فرانکلین پیوست تا کتاب‌های اهدایی برنامهٔ فرانکلین را میان مدارس جنوبی تهران پخش کند.» ر.ک. به: گنجوی، مهدی (ترجمهٔ زهرا طاهری)؛ برنامهٔ کتاب فرانکلین در ایران: آموزش و جنگ سرد فرهنگی در خاورمیانه، انتشارات شیرازهٔ کتابِ ما، تهران،۱۴۰۲، صص ۲۱۱- ۲۱۲. و ر. ک. به: Ganjavi, Mahdi; *Education and the Cultural Cold War in the Middle East: The Franklin Book Programs in Iran*, I.B. Tauris, 2023. P 113.

نزدیکی‌ام با علیاحضرت و دربار، صلاح نیست در کانون بمانم. برایم مهم بود کانون آسیب نبیند. انگار آدم در میدان جنگ فرزندش را به چند آدم مطمئن بسپارد و به هیچ چیز دیگر جز نجات آن بچه فکر نکند.» این تصمیم و تصمیم‌های پُرشمار دیگر او در سال‌های مدیریت کانون، در پایندگی این نهاد و پرندهٔ کتاب‌خوانَش سخت اثرگذار بودند.

در تمام ماه‌های هم‌کلامی برای تدوین کتاب، لیلی امیرارجمند، به‌رغم ارتباط پیوسته و مکرّر ما در جلسات گفت‌وگو، هرگز هیچ اظهارنظر، توصیه یا پرسشی دربارهٔ متن کتاب، شخصیت‌های دیگر حاضر در متن، شیوهٔ تنظیم و تدوین نهایی، زمان چاپ، حتّی عنوان احتمالی کتاب طرح نکرد.

در همان دیدار نخست، گفت روایت کتاب مسئولیت من خواهد بود و خواست -و بعدها هم تأکید کرد- در تنظیم متن از انصاف و اعتدال فاصله نگیرم، و بر نقد و انتقاد چشم نپوشم. بازخوانی متن نهایی فصل یکم را برای یادآوری جاافتاده‌های احتمالی یا اصلاح نکاتی که ممکن بود در گفت‌وشنود شفاهی به‌دقّت در پاسخ‌هایش گنجانده نشده باشند ضروری خواند، مطالب دیگر کتاب را ندید و در پاسخ‌های خود نیز جز در دو یا سه مورد جزئی پیشنهاد تغییر نداد.

چالش بزرگِ کار این کتاب، دشواریِ فاصله گرفتنِ آفرینندگان کانون از شکوه انسانیِ تجربه‌هایی ناب و تکرارنشدنی، و فاصله گرفتنِ کلمات و من از حادثهٔ آشناشدن با آن تجربه‌ها و شناختنِ لیلی امیرارجمند بود.

در دریافت من، ویژگی‌های مدیرعامل کانون، که کانونی‌ها در فصل دوّم کتاب قدرگذاشته‌اند، محدود به اصول مدیریت سازمانی نیست؛ غرور انسانی فروتنانهٔ شخصیت آزاده، وارسته، بی‌نیاز و همواره ناظر بر خویشتنِ اوست، که شاید در چند دههٔ گذشته استوارتر و ورزیده‌تر نیز شده است.

غرور انسانی یعنی انسان خود و زندگی را کوچک نبیند و کم نخواهد، فضیلت‌های خود را بپذیرد، و دیگران را وامدار این فضیلت‌ها نداند؛ یعنی توانایی نگریستن و بازنگریستن از دور، که بلندنظری است، و فروتنی که از بلندنظری می‌آید و از پهنای واقع‌بینی و بلندای حرمت نفس و اعتماد به‌نفسِ یک ذهن آگاه.

امیرارجمند می‌گوید: «ما در کانون یک مجموعه بودیم و من در آن مجموعه یک کاتالیزور

بودم... بزرگ‌ترین ثروت من و همکارانم رضایت از مجموعه‌ای است که در ایران گذاشتیم و ادامه پیدا کرد. ما با این ثروت از ایران بیرون آمدیم. ثروتی که هیچ‌کس نمی‌تواند از ما بگیرد.»

لیلی امیرارجمند، قصّه‌گوی بادرایت و بردبار کانون، با ایجاد فرهنگ گفت‌وگو -میان شهروندان و قدرت نیز- مانند شهرزاد، راوی شناختهٔ شدهٔ هزار و یک شب، کانون را پیروزِ یک مبارزهٔ فرهنگی خشونت‌پرهیز کرد.

امیرارجمند جهان را با دو چشم باز می‌نگرد. ارزش‌های فرهنگ ایران و جهان را می‌شناسد، و می‌گوید از گذشته تا هنوز «توجه به ارزش‌های فرهنگ‌های مختلف» را از «تحسین یک فرهنگ و تکذیب فرهنگ‌های دیگر» درست‌تر، حتّی «طبیعی‌تر» می‌دانسته. توجّهش به هماهنگی و زیبایی‌شناسی در آراستگیِ خود و پیرامونش نیز، در مشاهدهٔ من، از آشنایی با جلوه‌های گوناگون زندگی و ارتباط آن‌ها با همدیگر می‌آید و جهان‌بینی انسانی که فرهنگ‌های جهان را به‌هم پیوسته و ارزش‌هایشان را سزاوار برکشیدن و جلوه دادن می‌داند. مدیریت او، شاید، با این پرسش محوری پیش می‌رفته که چگونه بدیلی ایرانی-جهانی را به‌جای قطعیت‌های به‌عادت پذیرفته‌شده در یک فرهنگ چندهزار ساله بنشاند. می‌دانست که فرهنگ‌ها و تمدن‌ها این‌گونه بالیده‌اند.

❑❑❑

کانون پرورش فکری کودکان و نوجوانان خانهٔ بچه‌ها بود و به‌نظرم، بهترین داوران کانون بچه‌ها هستند. برای بچه‌ها فرق نمی‌کرد کدام باور سیاسی در کدام شخصیت کانون پررنگ‌تر یا کم‌رنگ‌تر بود، یا کدام قدرت در کدام نهاد امنیتی برای کانون برنامه‌ریزی کرده یا نکرده بود. بچه‌ها آزادیِ انتخابِ کتاب و مهربانیِ کتابدار و لبخندِ مربّی‌هایشان را در فضای رنگی و خوش‌عطر کانون دوست داشتند، از به‌امانت گرفتن کتاب محبوبشان و پذیرفتنِ مسئولیتِ مراقبت از آن در بیرون از کتابخانه، اجرای آواز محلّی شهر یا روستاشان در پایتخت، یا نمایش فیلم کوتاهی که همهٔ اجزا، حتّی موسیقی‌اش را خودشان ساخته بودند، شاد می‌شدند. بچه‌ها عاشق کانون بودند.

«باغبان در سحرگاه/ زیباترین درخت است/ در ماهِ سردِ آذر/ خم می‌شود، می‌خواند، می‌روید، می‌رویاند.../ ... به‌تماشای باغ / باید باغی باشید/ ای باغ‌های انسانی!» م. آزاد[1]

ماندانا زندیان

یکم آبان ۱۴۰۳
(اکتبر ۲۰۲۴)

۱- م. آزاد؛ «قصیده‌ای به قصد...»، از مجموعهٔ قصیدهٔ بلند باد (۱۳۴۵). م. آزاد (محمود مشرف آزاد تهرانی ۱۳۱۲-۱۳۸۴، تهران) از نخستین نویسندگان و ویراستاران مرکز انتشارات کانون بود و در همکاری با فائزه اعیان نشریهٔ «کارنامه» (اخبار داخلی کانون ۱۳۵۱-۵۶) را اداره می‌کرد.

سپاسگزاری

شاهرخ مسکوب نوشتن را راه رفتن در تاریکی و کشف ندانسته‌ها -به‌معنای آگاه شدن به ندانستن- تصویر می‌کرد.[1]

ادبیات، راهی برای دیدن، شک کردن، پرسیدن و کشف روایت‌های متکثّر دربارهٔ ارتباط انسان با هستی است؛ و سانسور یک ابزار سیستم‌های تمامیت‌خواه برای مبارزه با شک، پرسش و نزدیک شدن به هر فکر و کشف تازه. ایستادگی در برابر سانسور، ایستادن در برابر تمامیت‌خواهی است. یعنی که من، به‌عنوان یک فرد، حرفی دارم که تکرار ایدئولوژی یکپارچهٔ قدرت نیست و تصویر و تعریف تحمیلیِ قدرت را به هم می‌ریزد.

مرغ آفتاب، با چنین دریافتی، به پرسش‌های پُرشمار دربارهٔ کانون می‌اندیشد و ندانسته‌های پُرشمارتر را به خواننده می‌سپارد. پیمودن این راه، تا همین اندک که بضاعت من است، به‌لطف آموزگاران و دوستان بسیاری ممکن شد.

۱- مستند «زمان در من می‌وزد»، بی‌بی‌سی فارسی: https://www.youtube.com/watch?v=W_ENmMNzd0I

سپاسگزارم از شعله شمس‌شهباز برای گشودن این مسیر. ارزش وقت و مهر و گشاده‌دستی زری فریپور، رضا گوهرزاد، مهندس فروزان اردکانی و سیاوش سامی در همفکری و همراهی با کتاب وصف‌شدنی نیست. شمار زیادی از منابع مورد نیاز کتاب که جز در ایران در دسترس نبود، ازجمله آرشیو دیجیتال روزنامهٔ «آیندگان» و نشریه «کارنامه» به‌همّت دوست بزرگوارم، ترانه نائینی، گردآوری شد و به دستم رسید. حضور مهیار مخزنی، فرزند خانم امیرارجمند و دوست شریفِ نویافته‌ام، از نخستین دقایق برنامه‌ریزی کار، مهربان‌ترین پشتیبان و مشوّق کلمات و من بود و همراهی‌اش با مرغ آفتاب، تجسّد امید و انگیزه. سایهٔ سبز راهنمایی‌های آموزگار فرهیخته‌ام، دکتر فرزانه میلانی، مانند همیشه بر کتاب گسترده است. از نسترن اخوان، دوست همیشه همراهم، برای همفکری در سامان دادن پی‌رنگ فصل دوّم کتاب، و زاون، دوست روزنامه‌نگارم که آرشیو ارزنده‌ای از مطالب در پیوند با کانون را در اختیارم گذاشت، سپاسگزارم. امکان گفت‌وگو با شهبانو فرح پهلوی، با بردباری، پی‌گیری و حسّاسیت انسانی کامبیز آتابای در هماهنگ کردن زمان و جزئیاتِ برنامه‌ریزی ممکن شد. قدردانی از شهبانو و کامبیز آتابای از بضاعت کلمات و من بیرون است.
سپاسگزارم از ابراهیم فروزش، که با زحمت فراوان، نسخه‌ای از مستند اثرگذارِ «گزارش»، ساختهٔ دهه‌ها پیش خود در معرفی کانون را به دستم رساند و کلماتِ به‌ظاهر بی‌صدای متن را زندگی بخشید؛ و از فریدون فرح‌اندوز، که ارتباط مرا با چند تن از هنرمندان محترم کانون برقرار ساخت و از همراهی و مهربانی هما سرشار، روزنامه‌نگار و دوست و دکتر عباس میلانی آموزگارِ همیشه ناظر بر کلمات و من، برای راهنمایی‌شان در تنظیم نهایی متن کتاب. امکان همراهی خانم مریم متقی، منشی مدیرعامل کانون، به‌رغم علاقه‌شان، به دلایلی چند فراهم نشد. تقدیر تلاش سال‌های گذشته‌شان در کانون و کوششی که برای پیوستن به فصل دوّم داشتند، وظیفهٔ اخلاقی من است و ثبت نامشان مسئولیتی تاریخی.
کتاب یک شاخه در سیاهی جنگل، نوشتهٔ علی میرزایی -مدیر کتابخانه‌های کانون- و مقالهٔ دانشنامهٔ ایرانیکا دربارهٔ کانون، به قلم فریدون معزّی‌مقدم، از مدیران فستیوال بین‌المللی فیلم‌های کودکان و نوجوانان، اطّلاعات و آگاهی‌های سودمند و باارزشی به این کتاب افزوده‌اند. سپاسگزار دانش و همّت بلندشان هستم.

صفحه‌آرایی کتاب، کار دوست سالیانم، ژیلا میرافشار است. طرّاحی عنوان کتاب به‌شیوهٔ کتاب‌های آن سال‌های کانون، اثر دوست هنرمند و فرهیخته‌ام مهتدی میرک است و تنظیم

عکس‌های کتاب و طرح زیبای روی جلد، اثر دوست دیگرم، علی شیردل. علی خواهرزادهٔ استاد علی‌اکبر صادقی است. تدوینِ کتابی دربارهٔ کانون، شش دهه پس از تولد این نهاد، به‌دست نسل بعديِ «کانونی‌ها»ی آن دوران، به‌نظرم، نماد جریان داشتن نتیجهٔ تلاش انسانی کانون در نسل علی و مهتدی و من است.

مرغ آفتاب کتابِ کانون و کانونی‌هاست. نقش من، بدون اندکی فروتنی، بیش از گردآوری و روایت تجربیات آن‌ها نیست. هیچ‌یک از شخصیت‌های حاضر در فصل دوّم کتاب از نام و سخنان شخصیت‌های دیگر در این فصل اطّلاع نداشت. سپاسگزار اعتمادشان برای سپردن گفته‌ها و ناگفته‌های بسیار به این مجموعه هستم و سربلند از درک محضرشان.

دکتر فائزه اعیان، کتابدار و از مسئولان نشریهٔ «کارنامه» در کانون، در پاسخی رسا و موجز به یادداشت کوتاه من دربارهٔ تجربه‌شان در کانون، با مهر و تشویق پُرمغز و اثرگذارشان، توان تازه‌ای به کلمات و من دادند، که به‌جان قدرگذارش هستم[1].

نتیجهٔ تلاش من برای گفت‌وگو با شخصیت‌های مراکز گوناگون کانون، به بیش از این نرسید. قدردانی‌ام از کارِ شگفتِ دیگر آفرینندگانِ کانون نیز -آن‌ها که شوربختانه با ما نیستند، آن‌ها که امکان گفت‌وشنود نداشتند و آن‌ها که توان اندک من یارای یافتنشان را نداد- بسیار است.

سپاسگزارم از بیژن خلیلی، مدیر انتشارات شرکت کتاب لس آنجلس، که یک بار دیگر کنار آزادی و کلمه ایستاد تا آواز رهای مرغ آفتاب به گوش تاریخ برسد.

۱- دکتر فائزه اعیان نوشـتند که در هجده سالگی، هم‌زمان با آغاز دانشگاه، توسط آقای شیروانلو به خانم امیرارجمند معرفی، و هم‌زمان به کار کتابداری در کتابخانه شماره ۸ (نازی‌آباد) و همکاری با آقای م. آزاد در مرکز انتشارات کانون، برای انتشار نشریهٔ «کارنامه» مشغول شدند. پیشینهٔ فرهنگی خانوادگی‌شان، حضور فعّال زن در جامعه و داشتن شغل و خدمت به مردم را در کنار تحصیل در دانشـگاه برای حفظ اسـتقلال فردی مهم و ضروری تصویر می‌کرد. دکتر اعیان نوشته‌اند: «خوش‌شانس بودم، چون تمام آن‌چه را به دنبالش آمده بودم، به‌راستی در سفرهٔ گسترده‌ای که در کانون پهن بود، یافتم. من در کانون، به دلیل نوع مدیریت آن نهاد، در هیچ زمانی نابرابری بین زن و مرد، بی‌احترامی به همکاران، کار کـردن سرسری و بدون هدف، وقت گذرانی به‌عنوان گذران سـاعت کار را احسـاس نکـردم. همهٔ ما در کانون، در تمام لحظات کاری، فقط و فقط به بهتر کردن شرایط اسـتفاده از خدمات به کودکان و نوجوانان کشـور فکر می‌کردیم، برایش برنامه می‌ریختیم و حرکت می‌کردیم. هماهنگ‌کننده و تسهیل‌کنندهٔ خستگی‌ناپذیر این کار گروهی، سرکار خانم امیرارجمند بود. خانم امیرامیرجمند یک زن پیشرو، تحصیل‌کرده و متخصص در کار خود، دِر سال‌های اوّل بدون واسطه و بعدها که کانون بزرگ‌تر شد از طریق مدیران مراکز، در کوتاه‌ترین زمان، با نگاهی کاملاً تخصصی و حرفه‌ای به حل مشکلات کاری می‌پرداخت... معلم اوّل من در زندگی کاری وحرفه‌ای، رفتار حرفه‌ای ایشان در محیط کار، نگاه برابرشان به همکاران زن و مرد و خدمت فرهنگی به کودکان و نوجوانان کشور با تأکید بر اولویت نیازها بود.»

... و بیش از همه، سپاس‌گزارم از وقت، اعتماد، آزادگی و بردباری لیلی امیرارجمند. دست‌های شما، خانم امیرارجمند، در آفتاب جوانه می‌زنند، در باغ نسل‌هایی که هستند و آن‌ها که می‌آیند. به‌سلامتی شما و شصت‌سالگی کانون!

ماندانا زندیان

پنجم آبان ۱۴۰۳

(اکتبر ۲۰۲۴)

هیچ تغییر بزرگ و مهمی در دنیا بدون زمینه‌سازیِ فکری و سخت‌کوشیِ گروه بزرگی از مردم اتّفاق نمی‌افتد. هدف کانون این بود که با کتاب‌خوان کردنِ هر کودک، و تشویق او به فکر کردن و پرسیدن، روی خانوادهٔ او و در آینده روی فرزندان، دوستان و اطرافیان او هم اثر مثبت بگذارد؛ یعنی یک جریان فرهنگی بسازد.

لیلی امیرارجمند

گفت‌وگو با لیلی امیرارجمند

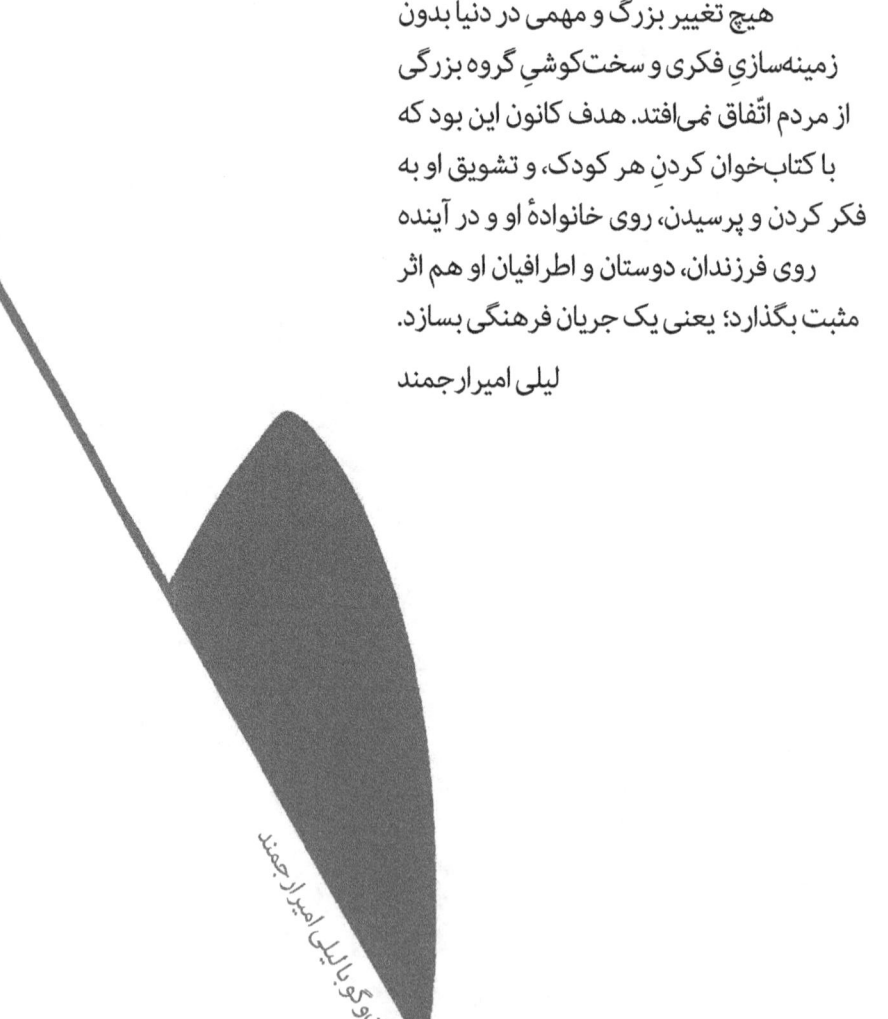

☐ شما از چه سنّی و چگونه با داستان -داستان‌های کودکان- آشنا شدید؟ آیا در کودکی، پیش از رفتن به مدرسه، برایتان کتاب می‌خواندند یا داستان شفاهی، ایرانی یا غیرایرانی، تعریف می‌کردند؟

مادر من، که از یازده سالگی در بلژیک بزرگ شده و درس خوانده بود، و زبان فرانسه را راحت‌تر از فارسی صحبت می‌کرد، در خانه با من به زبان فرانسه حرف می‌زد و قصّه‌های کودکی‌اش را -قصّه‌هایی را که در بلژیک برایش تعریف کرده بودند- به زبان فرانسه برایم تعریف می‌کرد؛ قصّه‌های شناخته‌شدهٔ آن دوران مانند *Chaperon Rouge* (شنل قرمزی)، که فکر می‌کنم از قصّه‌های کودکی چندین نسل و ازجمله شما هم باشد.

پدرم، که او هم در بلژیک درس خوانده بود و در دوران دانشجویی، در یک جشن نوروزی در سفارت ایران در بلژیک، با مادرم آشنا شده بود، با من به زبان فارسی حرف می‌زد. در نتیجه، من زبان‌های فارسی و فرانسه را هم‌زمان و چنان طبیعی یاد می‌گرفتم، که متوجّه نبودم دو زبان کاملاً متفاوت‌اند. با مادرم به زبان فرانسه حرف می‌زدم و در همان حال، با پدرم به زبان فارسی. کمی که بزرگ‌تر شدم مادر و پدرم مرا با قصّه‌های صبحی[1] در رادیو

۱- فضل‌الله مهتدی، معروف به صبحی (۱۲۷۶، کاشان-۱۳۴۱، تهران)، داستان‌سرا و پیشگام قصّه‌گویی برای کودکان در رادیوهای ایران. برای آشنایی با صبحی ر. ک به: https://www.iranicaonline.org/articles/sobhi-fazl-allah-mohtadi برای مطالعهٔ قصّه‌های صبحی ر.ک. به: مهتدی، فضل‌الله (صبحی)، به‌اهتمام نیما صالح‌رامسری؛ قصّه‌های صبحی (دورهٔ دوجلدی)، چاپ نهم، نشر معین، تهران، ۱۳۹۹.
نمونه‌هایی از قصّه‌های صبحی، از جمله نخستین قصّه‌ای که در رادیو تعریف کرد، بعدها در مجموعهٔ نوارهای قصّه‌های کانون منتشر شد.

آشنا کردند. یعنی من هم‌زمان با زبان‌ها و قصّه‌های فرهنگ‌های مختلف آشنا می‌شدم، و چون خیلی راحت با هر دو زبان یا دو فرهنگ ارتباط برقرار می‌کردم، این‌ها در فکر من راحت کنار هم می‌نشستند.

❑ بعدها که مادر شدید، برای فرزندانتان قصّه می‌گفتید یا کتاب می‌خواندید، یا مانند مادر و پدرتان، در خانه فضایی برای آشنایی‌شان با قصّه‌های کودکان فراهم می‌آوردید؟

خودم تا جایی که وقت اجازه می‌داد برای بچه‌ها کتاب داستان می‌خواندم. به‌دلیل نوع کارم، ساعات طولانی بیرون از خانه بودم و بچه‌ها پرستاری داشتند که به او ننه می‌گفتیم. ننهٔ بچه‌ها یک خانم اهل رشت بود، با حافظه‌ای پُر از قصّه‌های قشنگ، و تمام مدّت، حتّی در حالِ کار کردن، با لهجهٔ شیرینش برای بچه‌ها قصّه تعریف می‌کرد.

❑ نخستین کتاب داستانی را که خودتان خواندید به یاد دارید؟ در دوران کودکی و نوجوانیِ شما چقدر رسم بود والدین به کودکان کتاب غیردرسی هدیه دهند؟

از آن دوران، به‌جز قصّه‌های صبحی چیزی به یاد ندارم. آن نوع کتاب داستان کودک که بعدها چاپ شد، و فکر می‌کنم در ذهن شما هم هست، یعنی کتاب‌هایی با صفحات کم، حروف چاپی درشت، نقّاشی‌های رنگارنگ زیاد و جلدی که توجّه بچه‌ها را جلب کند، در دوران کودکی من وجود نداشت؛ نه برای خواندن، نه برای هدیه دادن.

❑ کودکی و نوجوانی‌تان در کدام منطقهٔ تهران گذشت؟

پدرم با توجّه به رشتهٔ تحصیلی‌اش در بلژیک، برای دورانی رئیس ضرّابخانه بود و به همین دلیل سال‌های اوّل کودکی من در خانه‌ای در محلّهٔ ضرّابخانه گذشت. بعدها، در دوران نوجوانی‌ام، کار پدرم تغییر کرد و ما به خانه‌ای در خیابان ژاله نقل مکان کردیم.

❑ آدم کتاب‌خوانی هستید؟

کتاب خواندن را خیلی دوست دارم و زیاد کتاب می‌خوانم. فکر می‌کنم علاقه به کتاب، مسیر زندگی مرا به سمت تحصیل ادبیات فرانسه و بعد کتابداری و ادبیات کودک سوق داد. من هم مطالعه را دوست دارم، هم خودِ کتاب را. حسِ در دست گرفتنِ کتاب، لمس کاغذ و ورق زدنِ صفحات کتاب را دوست دارم. هنوز هم فقط کتاب چاپی می‌خوانم.

□ چه نوعِ ادبی بیشتر مورد توجّهتان است؟ داستان، شعر، زندگی‌نامه، تاریخ...؟

الان بیشتر رُمان می‌خوانم، و گاهی بیوگرافی. ادبیات داستانی را همیشه دوست داشته‌ام. وقتِ کتاب خواندن، با دقّت و کنجکاوی به کلمات توجّه دارم. دوست دارم گسترهٔ کلمه‌هایی را که به‌کار می‌برم بزرگ و بزرگ‌تر کنم. حتّی وقتی یادداشت کوتاهی می‌نویسم، دوست دارم دقیق‌ترین کلمه را به‌کار ببرم. ادبیات داستانیِ خوب، این کاربرد را هم برایم دارد. قبلاً متون پژوهشی هم می‌خواندم.

□ هنوز ادبیات کودکان را دنبال می‌کنید؟

احمدرضا احمدی، که تا سال‌های آخر زندگی‌اش داستان کودک می‌نوشت، همیشه راهی پیدا می‌کرد که کتاب‌هایش را به دست من برساند. می‌گفت، کتاب‌های من باید در کتابخانهٔ شما باشند. تک‌تکِ داستان‌های کودکانش را با امضایش دارم و همه را خوانده‌ام. برایم بسیار باارزش بود که احمدرضا کتاب‌هایش را برایم می‌فرستاد. ولی شخصاً سال‌هاست پی‌گیرِ تهیه و مطالعهٔ ادبیات کودکان نیستم.
احمدرضا احمدی، در تمام این سال‌ها، هفته‌ای یکی دو بار به من تلفن می‌زد و حالم را می‌پرسید. چند روز پیش از درگذشتش، به کمک ماهور، دخترش، که گوشی تلفن را کنار گوشش نگه داشته بود، با من خداحافظی کرد. احمدرضا یک انسان بامعرفت و یک شاعر و نویسندهٔ درجه یک بود. خیلی هم شوخ بود. در یک مستند دربارهٔ کانون گفته، در تمام دنیا، هیچ‌کس جز او به‌مدّتِ پنجاه سال هفته‌ای دو بار برای احوال‌پرسی به رئیسش تلفن نزده.[1]

۱- ر.ک. به: «شاهد تاریخ -لیلی امیرارجمند»، بخش دوّم، سپتامبر ۲۰۲۲، تهیه‌کننده: تلویزیون ایران اینترنشنال:
https//:www.youtube.com/watch?v۶=LEwvAVBxII

❏ به کودکان علاقه داشتید و دارید؟ به‌اصطلاح، بچه‌دوست هستید؟

همیشه بچه‌دوست بوده‌ام. من تا ده سالگی در فامیل یکی یک دانه و خیلی تنها بودم. دوست داشتم خواهر یا برادری داشتم، یا بچه‌های کوچک دور و برم بودند. بعد از ده سال صاحب یک خواهر شدم. شاید یکی از دلایل توجّه و علاقه‌ام به بچه‌ها همین باشد. البتّه، پدرم از ازدواج اوّلش هم دو فرزند، یک دختر و یک پسر، داشت که خیلی از من بزرگ‌تر بودند. برادرم، مسعود جهان‌آرا، در ایتالیا مهندسی معماری خوانده بود و برای دورانی رئیس دانشکدهٔ معماری دانشگاه ملّی بود.

❏ دوستی‌ها و بازی‌های دوران کودکی‌تان را چگونه به یاد می‌آورید؟ از شوخ‌طبعی و خنده‌هایتان هنگامِ صحبت کردن از ناهمواری‌های روزگار، احساس می‌کنم شور زندگی در کودک درونتان سرزنده است.

فکر می‌کنم اوّلین خاطراتم به حدود پنج سالگی، یعنی دوران کودکستان، برمی‌گردد که با دوستان هم‌سن‌وسالم، لیلی دفتری و سودابه عروسک‌بازی می‌کردیم؛ بازی‌های معمول دختربچه‌های آن دوران. در نُه سالگی، در مدرسهٔ ژاندارک با علیاحضرت دوست شدم. علیاحضرت دو سه سال اوّل تحصیلشان را در مدرسهٔ ایتالیایی گذرانده بودند. لیلی دفتری و علیاحضرت دوستان نزدیک دوران کودکی و جوانی من بودند.

خوب به یاد دارم که من از همان کودکی به کتاب خواندن یا گوش دادن به قصّه‌هایی که مادرم برایم تعریف می‌کرد بیش از بازی با بچه‌ها علاقه داشتم. مادرم هم چون خودش اهل کتاب و مطالعه بود، کتاب‌های مناسب سن مرا، به زبان فرانسه، پیدا می‌کرد و برایم می‌خواند.

بعد هم که به مدرسهٔ ژاندارک رفتم، دانش‌آموز خیلی درس‌خوان مدرسه و درواقع همیشه شاگرد اوّل بودم. یک دلیلش هم این بود که زبان فرانسه‌ام خیلی خوب بود. شور زندگی، که به‌نظر شما هنوز در من زنده است، بیشتر از دنیای قصّه‌ها به من منتقل شده.

❏ کمی از زنان خانواده- مادر و مادربزرگ‌هایتان، به‌طور مشخص- و تأثیری

که بر زندگی‌تان داشته‌اند صحبت می‌کنید؟

مادرم، ناهید، شاهزادهٔ قاجار بود. پدربزرگ مادری‌ام، شاهرخ داراب میرزا، شاهزادهٔ قاجار و استاندار آذربایجان بود، و هم‌زمان با رضاشاه، به قصد در دست گرفتن قدرت، از آذربایجان عازم تهران شده بود، که نزدیک قزوین بازداشت و به دستور رضاشاه زندانی شد و در زندان فوت کرد. روزگار به‌گونه‌ای پیش رفت که سال‌ها بعد، من در مدرسه با دختری دوست شدم که بعدها ملکهٔ ایران شد و دوستی نزدیک ما به رفت‌وآمد من به دربار پهلوی انجامید. پیشینهٔ خانوادگی‌ام هم برای دربار آشکار بود. درباره‌اش حرف می‌زدم.

مادرم اوّلین زنی بود که با لیسانس باستان‌شناسی به ایران آمد، و خیلی زود در موزهٔ ایران باستان مشغول به کار شد. مادر همیشه، از دوران کودکی، مرا به کتاب‌خواندن و جلو رفتن در راهی که دوست داشتم تشویق می‌کرد؛ حتّی می‌توانم بگویم هُل می‌داد.
مشوّق اصلی من برای کتاب خواندن مادرم بود. پدرم هم تحصیل‌کرده و کتاب‌خوان بود. ولی حسّاسیت‌های مادرم را دربارهٔ تحصیل و کار کردنِ زنان نداشت. فضای خانهٔ ما، با حضورِ مقتدرِ مادرم، زمینه‌سازِ پرورشِ زنانِ اهلِ مطالعه و مستقل و کارآمد بود. فکر می‌کنم، هر اعتباری که در این زمینه‌ها به من می‌دهند، بیش از آن‌که به من مربوط باشد، نتیجهٔ شخصیت و رفتار مادرم است.

مادرم هم با مادری تحصیل‌کرده و مستقل بزرگ شده بود. مادربزرگ مادری‌ام، نینا، یک کُنتس روس بود، که پزشکی خوانده و جرّاح شده بود. پدربزرگم زمانی که از طرف دولتِ وقت، برای یک دورهٔ آموزشِ نظامی به روسیه رفته بود، در سن پطرزبورگ، با مادربزرگم آشنا شد، عاشقش شد، و در یک ماجرای رُمانتیک با او ازدواج کرد و همراه او به آذربایجان برگشت. مادر من تنها فرزند آن‌ها بود، و با این‌که از یازده سالگی در کشوری فرانسه‌زبان بزرگ شده بود، زبان روسی را، که از مادرش یادگرفته بود، صحبت می‌کرد و می‌خواند.
مادربزرگم زبان فارسی را در آذربایجان یاد گرفت و طبابت خود را در تبریز ادامه داد.
این روایتِ تقریباً یک قرن پیش است.

مادربزرگم شیرزنی بود که در تبریز تقریباً همه می‌شناختندش. من حتماً از شخصیت مادربزرگ و مادرم بیش از آن‌که بدانم اثر پذیرفته‌ام.

❑ رابطه شما با مادرتان در دوران کودکی و نوجوانی و بعدها که کانون را تأسیس کردید چگونه بود؟ مادرتان چه‌اندازه با کانون آشنا بودند و دربارهٔ کانون چه فکر می‌کردند و چه می‌گفتند؟

مادرم، همان‌طور که گفتم، در موزهٔ ایران باستان کار می‌کرد. معمار و رئیس موزه در آن زمان، یک باستان‌شناس فرانسوی بود[۱] که تسلّط مادرم به زبان فرانسه، که درواقع زبان اوّلش بود، و تحصیلاتش در بلژیک را کمک بزرگی به پیشرفت کارهای موزه می‌دانست و قدر می‌گذاشت. من از کودکی همراه مادرم به موزه می‌رفتم. او به کارش می‌رسید و من در موزه می‌گشتم. قوانین و مقررات را یاد گرفته بودم و زبان فارسی و فرانسه را می‌دانستم و آزاد بودم به قسمت‌های مختلف موزه سر بزنم. درنتیجه، من در موزهٔ ایران باستان بزرگ شدم و فکر می‌کنم آن فضا در شکل گرفتن ذهنیت من بی‌تأثیر نبوده.

زمانی که کانون تأسیس شد، مادر و پدرم هر دو بازنشسته بودند. مادرم دوست داشت در برنامه‌های کانون شرکت کند. تماشای فیلم‌های فستیوال‌ها را، به‌خصوص، دوست داشت. در روزهای فستیوال فیلم، من شخصاً مادرم را به فستیوال می‌بردم و احساس رضایت و خوشحالی را در چهره‌اش می‌دیدم، و این برای من ارزش زیادی داشت.

❑ با این توضیحات، مسیر تحصیل شما در مدارس ژاندارک و رازی، دانشگاه تهران و دانشگاه راتگِرز آمریکا باید راحت پیموده شده باشد.

بیش‌وکم بله. من در دوران ابتدایی یک سالِ تحصیلی از هم‌سن‌های خودم جلو افتادم. هفده سالم کامل نشده بود که دیپلم دبیرستان را گرفتم و هم‌زمان ازدواج کردم. درواقع، به‌اصطلاح خواستگار آمد و پدرم با ازدواج ما موافقت کرد. همسر اوّلم، ناصر مخزنی، جوان تحصیل‌کرده‌ای بود که در انگلستان درس خوانده و در کارش موفّق بود.
ادامهٔ زندگی برای من جز با ادامهٔ تحصیل و مطالعه متصوّر نبود، و همسرم تمایل چندانی به

۱-ساختِ موزهٔ ایران باستان (موزهٔ ملّی ایران) توسط آندره گُدار André Godard، باستان‌شناس و معمار فرانسوی با همکاری ماکسیم سیرو Maxime Siroux، معمار فرانسوی و از اساتید دانشکدهٔ هنرهای زیبای دانشگاه تهران، در اردیبهشت سال ۱۳۰۸ خورشیدی آغاز شد و در سال ۱۳۱۶ به انجام رسید. ساختمان این موزه با الهام از معماری دوران ساسانی، و سَردرِ ورودی آن به سبک نمای تاق کسری ساخته شده. آندره گُدار نخستین مدیر این موزه و نخستین رئیس دانشکدهٔ هنرهای زیبای دانشگاه تهران نیز بود.

دانشگاه رفتنِ من نداشت. پدر همسرم، که یک مرد سالخوردهٔ سنّتی بود، به همسرم گفت، اگر لیلی دوست دارد برود دانشگاه، حق اوست که چنین کند و باید چنین کند. پشتیبانی محکم او را فراموش نمی‌کنم.

فرزند اوّلم، مهیار، را باردار بودم که وارد دانشگاه شدم. یادم می‌آید نشستن روی صندلی‌های چوبیِ دانشگاه، که میزِ کوچکِ متصل به جلوی آن‌ها فضای نشستن را تنگ می‌کرد، برایم سخت بود. درنتیجه من تهِ کلاس می‌ایستادم. یک روز، یکی از اساتیدمان، دکتر بروخیم، با صدای بلند و لحن تند جلوی دانشجویانِ دیگر گفت: «خانم جهان‌آرا چرا نمی‌نشینید؟» آن روزها تعداد دانشجویان دختر بسیار کم، دو یا سه نفر، بود. من هم خیلی جوان بودم. نمی‌دانستم چه بگویم. بعد از کلاس، خصوصی برایش گفتم که حامله‌ام و نشستن روی آن صندلی‌ها برایم سخت است. فکر می‌کنم دکتر بروخیم هم خجالت کشید و هم خوشش آمد که من بدون کوچک‌ترین شکایتی تمام ساعاتِ کلاس را کنار دیوار می‌ایستادم و به درس گوش می‌دادم. برای دقایقی طولانی عذرخواهی کرد و گفت هر طور راحت‌ام به کلاس ملحق شوم.

به هر حال، من از دانشگاه تهران لیسانس ادبیات فرانسه گرفتم. آن زمان از همسر سابقم جدا شده بودم. قوانین ایران پسرم را به من نمی‌داد. مهیار با خانوادهٔ همسر سابقم زندگی می‌کرد. به مادرم گفتم، تحمّل آن وضعیت برایم دشوار است و ترجیح می‌دهم از ایران بروم و به تحصیلم ادامه دهم. در آن زمان مسئول کتابخانهٔ دانشگاه ملّی بودم. به‌دلیل کارهایی که در کتابخانهٔ دانشگاه انجام داده بودم، توانستم از انجمن ایران و آمریکا[1] برای

۱- انجمن ایران و آمریکا (Iran–America Society)، در سال ۱۳۰۴/ ۱۹۲۵ به‌منظور کمک به روابط فرهنگی ایران و آمریکا بنیاد گذاشته شد و تا سال ۱۹۷۹/۱۳۵۷ به فعّالیتش ادامه داد. اهداف این انجمن، در اساس‌نامه چنین است: الف) بسط روابط دوستانه بین دو ملّت ایران و آمریکا و سعی در این‌که این دو ملّت یکدیگر را بیشتر بشناسند و به هم بیشتر نزدیک شوند. ب) معرّفی اوضاع اجتماعی و علمی و ادبی و فرهنگی و صنعتی و تجاری و تربیتی ایران با آمریکا و بالعکس، به‌وسیلهٔ ایجاد کلاس‌های انگلیسی و فارسی و سخنرانی‌ها و نشریات و کتب و فیلم. پ) کوشش در توسعهٔ روابط ادبی و علمی و هنری و صنعتی و تجاری و اقتصادی بین مردم دو کشور و کمک به مؤسسات علمی و فرهنگی که در ایران و آمریکا برای این منظور تشکیل شده است و تشویق تجّار ایرانی به ارسال مصنوعات و محصولات مرغوب و مناسب ایران به آمریکا و معرّفی صنایع و محصولات دو کشور به یکدیگر. ت) جلب‌توجّه مؤسسات آمریکایی و آمریکاییان به ایران و بالعکس و سعی در این‌که برای آن‌ها تسهیلات و راهنمایی‌های لازم فراهم بشود و همچنین اقدام به اعزام دانشجویان صلاحیت‌دار ایرانی به آمریکا برای شناساندن ایران و آشنایی با اوضاع آمریکا. ج) راهنمایی و کمک به دانشجویان ایرانی که قصد عزیمت و ادامهٔ تحصیل در آمریکا داشته باشند و راهنمایی و کمک به دانشجویان آمریکایی که بخواهند در ایران به مطالعه و تحصیل بپردازند. (سازمان اسناد و کتابخانهٔ ملّی، سند شمارهٔ ۲۹۳/۵۶۸۲)

دورهٔ فوق‌لیسانس کتابداری در دانشگاه را تگرز بورس تحصیلی بگیرم. در دانشگاه، هم‌زمان ادبیات کودکان را هم، به‌خاطر علاقهٔ شخصی‌ام، ادامه دادم، و فوق‌لیسانس کتابداری و ادبیات کودکان گرفتم.

در این فاصله مهیار امکان دیدار و به‌تدریج زندگی کردن با مادر و پدرم را پیدا کرد و خیال من راحت شد. درواقع، پسرم با مادربزرگ‌ها و پدربزرگ‌هایش بزرگ می‌شد، و فکر می‌کنم بیش از آن نمی‌توانست عشق و مراقبت و هرچه می‌خواست داشته باشد.

☐ کتابخانهٔ دانشگاه ملّی نخستین کتابخانه‌ای بود که به شما سپرده شد؟

بله. آن زمان هنوز فوق‌لیسانس کتابداری نداشتم. یک هفته یا ده روز در انجمن ایران و آمریکا با کتابدارهای آمریکایی دورهٔ فشردهٔ کتابداری را گذراندم و سیستم دیوئی[1] را برای کاتالوگ کردن کتاب‌ها یاد گرفتم. دانشگاه ملّی تازه تأسیس شده بود و کتابخانه، به‌معنای درست کلمه، نداشت. من با آنچه که در همان چند روز یادگرفته بودم، و مطالعه و خودآموزی فشردهٔ بعد از آن، شروع کردم به سفارش کتاب و تکمیل کتابخانه. به این کار علاقه‌مند بودم و به‌نظرم استعدادش را هم داشتم. دو سالی در آنجا کار کردم. بعد با بورس تحصیلی به آمریکا رفتم.

☐ بعد از پایان دوران فوق‌لیسانس به ایران برگشتید؟

دوران فوق‌لیسانس من هجده ماه طول کشید. بعد از آن، با بورس تحصیلی یونسکو، به بازدید کتابخانه‌های چند کشور اروپایی، ازجمله آلمان، بلژیک، هلند و فرانسه رفتم. در شهرِ کوچک کلامار، نزدیک پاریس، برای اوّلین بار به یک کتابخانهٔ کودکان برخورد کردم، که شاید اوّلین کتابخانهٔ کودکان در دنیا بود[2]. دیدار از آن کتابخانه الهام‌بخشِ من برای تأسیس کتابخانه‌ای مشابه در ایران شد. پیش از آن، همه‌جا، در آمریکا هم، کتاب‌های کودکان را در بخش کوچکی از کتابخانه‌های بزرگسالان می‌چیدند. ابتکار آن کتابخانه در اختصاص دادنِ

۱- رده‌بندی دیوئی (Dewey decimal system) سیستم شناخته‌شدهٔ جهانی برای طبقه‌بندی موضوعی کتاب‌ها در کتابخانه است.

2- Biblioteca de Clamart

یک ساختمان به کتاب‌های کودکان، اجرای تئاتر برای بچه‌ها و داشتن کتابخانهٔ سیّار بود. یعنی دو یا سه اتوبوس می‌آمدند و از آن کتابخانه کتاب می‌گرفتند و برای بچه‌های شهرهای کوچک اطراف می‌بردند. نمی‌دانم آن یک کتابخانه در فرانسه بعدها چقدر تکثیر شد. به هر حال، به‌نظرم آمد فکر خیلی خوبی است که بچه‌های ما هم در ایران کتابخانهٔ خودشان را داشته باشند و ماشین‌هایی هم باشد که برای بچه‌هایی که امکانِ آمدن به آن کتابخانه را ندارند کتاب ببرند. با این فکر به ایران برگشتم.

❑ کتابخانهٔ شرکت نفت را چه زمانی سامان دادید؟

زمانی که با مدرک کتابداری به ایران برگشتم، دکتر اقبال،[۱] رئیس شرکت نفت، از من خواست مسئولیت کتابخانهٔ شرکت نفت را به‌عهده بگیرم. خانم دیبا، مادر علیاحضرت، دربارهٔ تحصیلات و تجربهٔ کاری من با دکتر اقبال صحبت کرده بودند. فکر می‌کنم در آن زمان کس دیگری در ایران فوق‌لیسانس کتابداری نداشت. آن زمان شرکت نفت کتابخانهٔ کوچک، ولی منظّمی داشت، با منابع قابل‌توجّهی دربارهٔ مهندسی و مدیریت. به‌نظرم می‌آید حدود دوهزار جلد کتاب داشتند. من مجلّه‌های معتبر نفتیِ آمریکا، فرانسه و چند کشور دیگر را آبونه شدم و کتاب‌های مرجع متعدّدی دربارهٔ نفت، مهندسی و موضوعات دیگر مربوط به آن مرکز را سفارش دادم. به ایجاد فضای مطبوع برای نشستن و کتاب‌خواندن توجّه داشتم. محیط کتابخانه طوری شده بود که به‌خصوص جوان‌ترها ساعت‌های طولانی در کتابخانه بودند. می‌آمدند کتاب و مجلّه می‌خواندند یا به امانت می‌گرفتند. من فکر می‌کردم هر عاملی که جوان‌ها را به محیط کتابخانه بکشاند خوب است. همیشه فضای کتابخانه‌ها را با این فکر می‌ساختم. واقعاً روی این کارها وقت و فکر می‌گذاشتم. فکر می‌کنم بعضی‌ها هم می‌آمدند که مرا ببینند. یک کتابدار زن جوان که شکل خوبی داشت و خوش‌پوش و خوش‌برخورد بود، برایشان جذّاب بود.

۱-منوچهر اقبال (۱۲۸۸،کاشمر - ۱۳۵۶،تهران)، پزشک و سیاستمدار. دکتر اقبال بنیادگذار سازمان نظام‌پزشکی ایران است. همچنین در دوره‌هایی وزیر بهداری (۱۳۲۷-۱۳۳۵)، وزیر دربار (۱۳۳۵-۱۳۳۶)، نخست‌وزیر (۱۳۳۶-۱۳۳۹؛ پس از حسین علا و پیش از جعفر شریف‌امامی)، رئیس دانشگاه تهران (پس از علی‌اکبر سیاسی) بود. منوچهر اقبال از سال ۱۳۴۲ تا سال ۱۳۵۶ مدیرعامل شرکت ملّی نفت ایران بود. ر.ک. به: راسخی‌لنگرودی، احمد؛ افسانهٔ اقبال، زندگی سیاسی دکتر منوچهر اقبال، چاپ یکم، نشر کویر، تهران، ۱۳۸۸.

بعد از سه سال، وقتی می‌خواستم به کانون بروم، برایم مهم بود کتابخانهٔ شرکت نفت درست و حرفه‌ای اداره شود و سطح بالای خود را حفظ کند. خانمی را می‌شناختم که کتابداری خوانده بود. به شرکت نفت معرّفی‌اش کردم، آن‌ها هم مسئولیت کتابخانه را، فکر می‌کنم با حدود ده‌هزار کتاب، به او سپردند، و من استعفا دادم و با خیال راحت به کانون رفتم.
آن زمان اساس‌نامهٔ کانون نوشته شده و هیأت اُمَنا مشخص بود و همه‌چیز تصویب و ثبت شده بود. پیش از آن، من دنبال کارهای کانون بودم، و هم‌زمان در کتابخانهٔ شرکت نفت کار می‌کردم و از آن‌جا حقوق می‌گرفتم. منابع مالی کانون در آن دوران محدود بود و به بیش از کارهای مربوط به تأسیس اوّلین کتابخانهٔ کانون و حقوق کمی برای یکی دو نفر دیگر که به من کمک می‌کردند، نمی‌رسید.
خوشبختانه کتابخانهٔ شرکت نفت یکی از کتابخانه‌های تخصصی مهم ایران باقی ماند.

❑ دربارهٔ دوران کوتاه تدریسِ کتابداری در دانشگاه تهران هم صحبت می‌کنید؟

مدّتی بعد از این‌که من فوق‌لیسانسم را گرفتم، دانشگاه تهران دورهٔ فوق‌لیسانس کتابداری را شروع کرد. من برای مدّت کوتاهی، فکر می‌کنم یک سال، در دانشگاه تهران کتابداری درس دادم. ولی فکرم و دلم جای دیگری بود. دوست داشتم نهادی ایجاد کنم، کاری را در دست بگیرم که تا آن روز انجام نشده بود. به آن‌چه می‌خواستم آگاه بودم. توانایی مدیریتِ کار سازمانی را هم در خودم می‌دیدم.
همیشه به اهمیت درس و تدریس و دانشگاه باور داشته‌ام، ولی تدریس کار مورد علاقهٔ من نبود. من ساختن کتابخانه را به تدریس کتابداری ترجیح می‌دادم.
الان که به آن دوران نگاه می‌کنم، خوشحال‌ام که در سال‌هایی که امکان و موقعیتش را داشتم، توانستم در ایران کار مثبتی انجام دهم که باقی ماند و گسترده شد.

در حال حاضر، در ایران بیش از یک‌هزار کتابخانهٔ ثابت و سیّارِ کانون داریم. جمهوری اسلامی بیشتر نهادهای فرهنگیِ دوران پهلوی را از بین برد، ولی کانون، با این‌که زیر نظرِ شهبانو اداره می‌شد، همچنان با همان نام و لوگو، به هر حال، به فعّالیتش ادامه می‌دهد.

بچه‌های کانون و کانونی‌های هم‌دورهٔ خودم هم از آن‌چه در کانون انجام داده‌اند با رضایت

و شادی یاد می‌کنند. برایم باارزش است که مردم کانون را دوست دارند. این‌ها به من احساس رضایت و آرامش می‌دهد.

❑ با بنیاد آرشام کرمان[۱] هم همکاری داشتید؟

کتابخانهٔ بنیاد آرشام را من برایشان ساختم. هر جا تقاضا یا امکان تأسیس کتابخانه وجود داشت، من با اشتیاق دست به کار می‌شدم.

❑ شما بارها، در موقعیت‌های گوناگون، از اثرگذاری یکی از اساتیدتان در دانشگاه راتِگرز، بر زندگی حرفه‌ای‌تان یاد کرده‌اید. کمی دربارهٔ او صحبت می‌کنید؟

دکتر مری گِیور[۲] از شیرزنان آمریکایی بود. دکترایش را در رشتهٔ کتابداری گرفته بود. جای خیلی محکمی در دانشگاه داشت. همه، از دانشجویان تا اساتیدِ همکارش، از او حساب می‌بردند، حتّی می‌ترسیدند. سال‌ها بعد از پایان تحصیلاتم فهمیدم که دکتر گِیور از مهم‌ترین و شناخته‌شده‌ترین اساتید کتابداری قرن بیستم در دنیاست. آن زمان که دانشجوی او بودم نمی‌دانستم.

پرفسور گِیور الهام‌بخش زندگیِ حرفه‌ایِ من و از مهم‌ترین دلایلِ شروع ایدهٔ کانون بود.

۱--بنیاد فرهنگی آرشام، در سال ۱۳۵۴، توسط محمدعلی آرشام و همسرش، صدیقه رفیق، در شهر کرمان بنیادگذاشته شد. به گزارش روزنامهٔ کیهان (۱۳۵۶)، اوّلین مدرسهٔ وابسته به بنیاد فرهنگی آرشام در سال ۱۳۵۱ در شهر کرمان تأسیس شد. مجتمع آموزش فنّی و حرفه‌ای بنیاد در سال ۱۳۵۵ راه‌اندازی شد و در سال ۱۳۵۶ به‌طور رسمی آغاز به کار کرد. بنیاد آرشام علاوه بر شهر کرمان، در شهرستان‌های بم و جیرفت هنرستان‌های فنّی و کشاورزی، و در سیرجان هنرستان صنعتی و در سایر شهرها مراکز آموزشی دایر کرد. (روزنامهٔ «کیهان»، یکشنبه ۲۴ مهرماه ۱۳۵۶)

2-Mary Virginia Gaver (1906-1991)

برای آشنایی با دکتر گِیور ر.ک. به:

Soulen, Rita; "From Mary Virginia Gaver to the Class Research Summit: A journey Toward Casuality and Student Success", American Library Association in Digital, Volume 45, No. 2, November/December 2016: https://files.eric.ed.gov/fulltext/EJ1119275.pdf

برای مطالعهٔ نمونه‌ای از مقاله‌های دکتر گِیور، ر.ک. به:

Gaver, Mary V.; "Effectiveness of Centralized Library Service in Elementary Schools", "The Library Quarterly: Information, Community, Policy",Vol. 31, No. 3 (July 1961), pp 245-256. The University of Chicago Press.

همچنین ر.ک. به:

Gaver, Mary V.; "Good News from Iran, a Personal Report", "Top of the News", April 1971, P 259.

معجزهٔ کانون را از او الهام گرفتم. من وقتی کلاسم را با او شروع کردم، اصلاً انگلیسی نمی‌دانستم. او اشتیاق و تلاشِ مرا برای یادگرفتن دید و به‌اصطلاح مرا زیر بال و پَرِ خودش گرفت. در مقاله‌های اوّلم، با انگلیسیِ آمیخته با فرانسهٔ من کنار می‌آمد. راهنمایی‌ام می‌کرد و نمی‌گذاشت مسئلهٔ زبان مرا مأیوس کند. از بهترین اساتید من بود. به تشویق او، همّت کردم و سه‌ماهه زبان انگلیسی را طوری یاد گرفتم که خیلی زود بهترین نمره‌های کلاسِ کتابداری او را می‌گرفتم.

مدّتی بعد از بازگشت به ایران و تأسیس و گسترش کتابخانه‌های کانون، برای قدردانی به ایران دعوتش کردم. زمانی بود که مراکز متعدّد کانون در شهرهای گوناگون ایران فعّال بودند، کتابخانه و تئاتر سیّار و جشنوارهٔ بین‌المللی فیلم داشتیم، و من دلم می‌خواست به یک انسان خوب که زمانی هوای مرا داشت نشان دهم نتیجهٔ کارش در این‌سوی دنیا چه نمودی پیدا کرده.
شخصاً به شهرهای بسیاری بردمش، و درواقع، ایران را هم نشانش دادم. با هم به کتابخانه‌های شیراز و اصفهان و شهرهای دیگر می‌رفتیم. در فستیوال‌های فیلم شرکت می‌کردیم. پای صحبت مردم می‌نشستیم. عاشق ایران و فرهنگ و مردم ایران شده بود. سنّش زیاد بود و دیگر کار نمی‌کرد. می‌گفت، در تمام سال‌های طولانی تدریس و آشنایی با دانشجویان کشورها و فرهنگ‌های مختلف، هرگز تجربه‌ای به زیبایی آن سفر به دعوت یک دانشجوی قدیمی‌اش نداشته. واقعاً خوشحال بود. می‌گفت، آن سفر جایزهٔ زندگی او بود.

من خیلی خوشحال‌ام که توانستم محبّتی را که پرفسور گِیور به من داشت شایسته جواب دهم.

❑ آیا همیشه، از همان آغاز دوران تحصیل در غرب، قصد داشتید برای کار به ایران برگردید؟

بدون تردید. از همان روز اوّل به این فکر بودم که چگونه آن‌چه را می‌خواندم و می‌دیدم و به‌نظرم مثبت و مفید می‌آمد، در ایران اجرا کنم. با این زمینهٔ فکری درس می‌خواندم و بی‌تابِ برگشتن به ایران و کار کردن در ایران بودم. این را هم می‌دانستم که دوستیِ نزدیکم با شهبانو موقعیتِ عملی کردنِ افکار و تجربه‌هایم را فراهم می‌کند. قطعاً، بدون آن دوستی کانون هرگز این کانونی که شما و من الان از آن صحبت می‌کنیم نمی‌شد.

من به‌واسطهٔ نزدیکی با شهبانو در مهمانی‌های دربار شرکت می‌کردم و در این مهمانی‌ها از شخصیت‌های صاحبِ امکانات مختلف برای کارهای کانون کمک می‌گرفتم. همواره در فکر کانون بودم و می‌توانم بگویم در مهمانی‌ها هم به‌شکلی کار می‌کردم.

نزدیکی من با شهبانو باعث می‌شد هرچه از هر مقامی می‌خواستم انجام شود. هر نوع کمکی هم که می‌خواستم، از کمک مالی تا مثلاً کمک برای تهیهٔ اتوبوس‌های کتابخانه‌های سیّار، همیشه برای ساختن کتابخانه‌های کانون یا چاپ کردن کتاب یا کاری در رابطه با کتاب و کانون بود. این را همه می‌دانستند. یعنی من از موقعیتی که داشتم، برای یک کار مؤثر در جامعه استفادهٔ مثبت می‌کردم، و همیشه این را گفته‌ام که نقش شهبانو در مسیر موفّقیت و گسترش کانون بسیار مهم و ضروری بود.

❑ نقش ملکه در موفّقیت کانون، قطعاً انکارناشدنی است. معرفت و قدرشناسی شما هم، نشان‌دهندهٔ شخصیت شماست. شخصیت انسانی که دغدغهٔ بزرگش کتاب‌خوان کردن و شاد کردنِ کودکان یک سرزمین بوده، دربارهٔ آن‌چه می‌خواسته دانش و بینشِ توأمان داشته، و برای عملی کردنِ فکرهای بکر و درخشانش، از همراهی یک دوست نزدیک، که ملکهٔ کشور بوده بهره می‌برده. شما در تمام مصاحبه‌هایتان از اهمیتِ دوستی ملکه در موفّقیت کانون صحبت کرده‌اید، و به‌نظرم، همیشه از پذیرفتنِ اهمیتِ بینش و مدیریت خودتان پرهیز داشته‌اید. فکر می‌کنم کانون، بدون مدیریت شما، حتّی با همین اندازه پشتیبانی ملکه، «این کانونی که ما الان از آن صحبت می‌کنیم نمی‌شد».

علیاحضرت به موفّقیت نهادهای فرهنگی متعدّدی کمک کردند. شاید همه به گستردگی کانون نشدند، ولی همه موفّق بودند. کانون بدون پشتیبانی شهبانو این‌اندازه گسترش نمی‌یافت. در یک نگاه واقع‌بینانه، ممکن بود دیگرانی در جامعه بودند، با ایده‌های خیلی بهتر، که موقعیت مرا نداشتند و نتوانستند با آن ایده‌ها کاری بکنند. من این شانس را داشتم که به شهبانو نزدیک بودم، و به‌واسطهٔ این نزدیکی ارتباطم با شخصیت‌های دیگر راحت برقرار می‌شد.

فکر می‌کنم موفّقیت کانون باعث افتخار علیاحضرت هم بود. شهبانو در تمام این سال‌ها در مصاحبه‌هایشان با افتخار از کارهایی که در کانون انجام شد یاد کرده‌اند.

◻ آیا پادشاه هم به فعّالیت‌های کانون توجّه و علاقه نشان می‌دادند؟

بله. شهبانو از نزدیک درگیر کارهای ما بودند، و پادشاه در موقعیت‌های خاص توجّه و پشتیبانی‌شان را نشان می‌دادند.

برای افتتاح ساختمان اداری کانون در خیابان جم، اعلیحضرت همراه علیاحضرت تشریف آوردند. از هر هشت طبقه با دقّت و علاقه بازدید کردند، با خوشرویی با اعضای کانون صحبت کردند و از کارهایشان پرسیدند. چهار ساعت برای آن بازدید وقت گذاشتند. وزیر دربار و مدیر برنامه‌های پادشاه ناباورانه می‌گفتند، چنان بازدیدی توسط ایشان سابقه نداشته. نگران برنامه‌های بعدی اعلیحضرت در آن روز بودند. فکر می‌کنم برای اعلیحضرت مهم بود ببینند این نهاد نوپا قرار است برای بچه‌ها، برای نسل آینده، چه کارهایی انجام دهد.

همان زمان، ما در فکر سفارش یک تریلی بزرگ -بزرگ‌ترین اندازه‌ای که ممکن بود- برای تئاتر سیّار بودیم. این ایده را، که قرار بود برای نخستین بار در جهان عملی شود، با شرکت مرسدس بنز آلمان در میان گذاشته بودیم. جزئیات طرّاحی‌اش را دان لافون[1] با مهندس‌های آلمانی کار کرد. اعلیحضرت بعد از پایان بازدید، و مطلّع شدن از این موضوع، هزینۀ ساخت آن تریلی را شخصاً به کانون هدیه کردند. بدون تردید، این برخوردها تا حدّی به پشتیبانی پادشاه از توجّه شهبانو به کانون ربط داشت، ولی حتماً خودشان هم به کانون علاقه داشتند و کارش را مثبت ارزیابی می‌کردند که آن‌قدر برایش وقت می‌گذاشتند.

بعد از آن هم، اعلیحضرت چند بار همراه شهبانو از کتابخانه‌های کانون بازدید کردند. یادم هست زمانی شهبانو گرفتار برنامۀ دیگری بودند و پادشاه برای افتتاح یکی از کتابخانه‌های بیرون از تهران تنها به بازدید آمدند.

◻ تصویری وجود دارد از نوعی ناهم‌سویی، حتّی تقابل، بین نگاه و اندیشۀ ملکه و نهادهای فرهنگیِ مدرنی که زیر نظر ایشان بودند و گردانندگان آن‌ها، در برابر پادشاه و اطرافیانشان. به این معنی که جریانی در دربار، و شخص

۱- دان لافون Don Laffoon (۱۹۶۱، آمریکا) آغازگر، سرپرست و کارگردان تئاتر کودک و نوجوان در کانون، به دعوت لیلی امیرارجمند، و نخستین عضو غیرایرانی کانون. برای مطالعۀ متن سخنان دان لافون دربارۀ تئاتر سیّار کانون به صص ۳۲۷-۳۲۹ مراجعه کنید.

شاه نیز، با نگاه باز و پذیرا و دربرگیرندهٔ مدیری مانند شما و آن‌چه در کانون می‌گذشت، راحت نبودند. این تصویر، به‌ویژه، با مشاهدهٔ همکاری روشنفکران با ذهنیت چپ با کانون پررنگ‌تر می‌شود.
تصویری که شما از برخورد پادشاه با کانون ارائه می‌دهید، پاک متفاوت است. آیا شما هیچ‌وقت احساس می‌کردید شاه ممکن است با کانون مشکل داشته باشد؟

من هرگز چنین احساسی نداشتم. فکر می‌کنم اگر اعلیحضرت کانون یا هر مؤسسهٔ فرهنگی دیگر را مشکل‌دار می‌دیدند، دلیلی برای توجّه، ابراز علاقه و کمک به برقراری‌اش نداشتند. اعلیحضرت همیشه مشوّق ما بودند.

این بحث‌ها، در آن زمان که همهٔ ما درگیر کار بودیم، اصلاً مطرح نبود. در دربار، علیاحضرت و اطرافیانشان به کارها و تعهدهای خودشان رسیدگی می‌کردند و اعلیحضرت و اطرافیانشان به مسئولیت‌های زیاد خودشان. این‌که ریاست عالیهٔ سازمان‌های فرهنگی متعدّدی با شهبانو بود، به معنی تقابل با اعلیحضرت نبود. علیاحضرت یک شخصیت فرهنگی و فرهنگ‌دوست هستند. پشتیبانی‌شان از کارهای فرهنگی خواستِ خودشان، و به نفع همه بود. من مطمئن‌ام در مواردی که لازم می‌دیدند با اعلیحضرت مشورت می‌کردند و کارها با توافق پیش می‌رفت. دربارهٔ کانون حتماً این‌طور بود.

این بحث که روشنفکران، و روشنفکران چپ هم، بیشتر با شهبانو همکاری داشتند، به‌خاطر نوع مسئولیت فرهنگی شهبانو بود. طبیعی است که نویسندگان و نقّاش‌ها و فیلم‌سازها و موسیقی‌دان‌ها در سازمان‌های فرهنگی مشغول می‌شدند و آن سازمان‌ها هم زیر نظر شهبانو فعّالیت می‌کردند.

اعلیحضرت انسان روشنفکر، ایران‌دوست، با فکر باز و علاقه‌مند به پیشرفت مملکت بودند. دلیلی نداشت با سازمان‌هایی که می‌خواستند به پیشرفت ایران کمک کنند و جامعه را در مسیر مدرنیته جلو ببرند، مخالف باشند. اگر به فعّالیت‌هایی که در آن زمان در حوزهٔ مسائل زنان انجام می‌شد نگاه کنیم، بیشتر متوجّه می‌شویم که مدرن کردنِ جامعه مورد تشویق پادشاه بود.

❏ آیا نخستین کتابخانهٔ کانون هم‌زمان با ساخته شدن پارک فرح (پارک لالهٔ کنونی) ساخته شد؟ یادتان هست فاصلهٔ زمانی بین طرحِ ایدهٔ تأسیس کتابخانهٔ کودک تا افتتاح آن چقدر بود؟

بله، آن زمان پارک فرح قطعه زمینی در حال ساخته شدن در باغ جلالیه بود. بعد از موافقت شهبانو با پیشنهاد من برای ساختن یک کتابخانهٔ کودک، قسمتی از آن زمین به دستور شهبانو، به ساختمان کتابخانه تعلّق گرفت. واقعاً به فکر ساختن «یک» کتابخانه بودم. مهندس نادر اردلان، که در دانشگاه هاروارد معماری خوانده بود، نقشهٔ کتابخانه را به ما داد. برایش گفتم که یک کتابخانهٔ معمولی، یعنی یک اتاق با چند قفسه و تعدادی میز و صندلی، نمی‌خواهم. محلی می‌خواستم که بشود در آن برای بچه‌ها فیلم نشان داد، در گوشه‌ای از آن میزِ شطرنج گذاشت و مواردی مانند این‌ها که تا آن زمان در کتابخانه‌های ایران سابقه نداشت. نقشهٔ مهندس اردلان بر آن اساس کار شد.

فکر می‌کنم تا افتتاح کتابخانهٔ پارک فرح حدود یک سال طول کشید. آن کتابخانه را «کتابخانهٔ مرکزی» نامیدیم.

❏ و شما در این فاصله، به تشکیل کتابخانه در مدارس ابتدایی پرداختید. جهان‌بینی شما چگونه بود که تصمیم گرفتید این کار را از دبستان‌های مناطق کم‌درآمدتر آغاز کنید؟

پاسخ دقیقی برای پرسش شما ندارم. درواقع، برنامه‌ریزیِ از پیش شکل‌گرفته یا درازمدّتی نداشتم. حسّاسیت و توجّهم به احتیاج‌هایی بود که به چشمم می‌آمد. من از سال‌های تحصیل در مدرسهٔ رازی مناطق متفاوت شهر تهران را دیده بودم. به یاد ندارم آن زمان به مسائلی که شما می‌گویید فکر می‌کردم. بعدها هرچه بیشتر تحصیل کردم، به نیازهای جامعه حسّاس‌تر شدم.
به‌نظرم می‌آمد بچه‌های خانواده‌های متموّلِ بالای شهر انواع تفریح و سرگرمی را داشتند. مدارسشان هم انواع امکانات را داشت. می‌دیدم که دانش‌آموزان مدرسه‌های مناطق کم‌درآمد هیچ تفریحی نداشتند. مدارسشان نه کتابخانه داشت، نه امکانات سرگرمی و بازی. به‌نظرم، این یک فرصت و امکان خوب بود که ما اوقات آزادِ بعد از مدرسه‌شان را با کتاب

پُر کنیم.

همراه هما زاهدی[1] و آذر شهابی،[2] که آن زمان در آموزش و پرورش کار می‌کرد و بعدها همکار ما در کانون شد، با ماشینِ من به کتاب‌فروشی‌های شهر می‌رفتیم، کتاب‌های کودکان را می‌خریدیم و به کتابخانه‌های آن مدارس می‌بردیم. استقبال مسئولین مدارس خیلی خوب بود. کم‌کم اتاقی در اختیار ما می‌گذاشتند، که قفسه‌های کتاب را در آن بر پا می‌کردیم و برایشان یک کتابخانهٔ ثابت می‌ساختیم. تمام کتابخانه‌ها مربّی داشتند.
ذوق بچه‌ها از دیدن کتابخانه، خواندن داستان با صدای بلند همراه مربّیِ جوانی که معلّم جدّی و سخت‌گیر مدرسه نبود و ارتباط دوستانه‌ای با بچه‌ها داشت، و تجربهٔ به امانت گرفتنِ کتاب و بُردنش به خانه تماشایی بود. کمی بعد متوجّه شدیم که بچه‌ها در خانه با چه شوقی کتاب‌ها را بلندبلند برای مادر و پدرشان، حتّی مادربزرگ‌ها و پدربزرگ‌هایشان، که اغلب سواد نداشتند، می‌خواندند و کارِ ما را گسترش می‌دادند. ما بدون آن که برنامه‌ریزی کرده باشیم خانواده‌ها را درگیر کانون کرده بودیم. بعدها خانواده‌ها، دسته‌جمعی، از کودک تا مادربزرگ و پدربزرگ، می‌آمدند تئاتر سیّار تماشا می‌کردند، یا فیلم‌های کانون را می‌دیدند. این برای منِ جوان و همکاران جوانم یک شادی بزرگ بود؛ یک موفّقیت باورنکردنی که ما را تشویق می‌کرد پروژهٔ بعدی‌مان را شروع کنیم.

نمی‌توانم اعتبار این کارها را به خودم بدهم. مسیری بود که با هم طی می‌کردیم، کاستی‌هایش را می‌دیدیم و سعی می‌کردیم درباره‌شان کاری بکنیم. به نتایج تصمیم‌ها و کارهایمان هم توجّه داشتیم. هر قدم را با توجّه به نتایج قدم قبلی برمی‌داشتیم.

☐ فکر می‌کنید به یاد داشتنِ تصویر رفت‌وآمد روزانه به مدرسهٔ رازی، حتّی اگر آگاهانه بر حسّاسیت‌های آیندهٔ شما به مناطق کم‌درآمدتر اثر نداشته، می‌توانسته به‌شکلی با شما مانده و با مطالعه و شناخت بیشتر در سال‌های

۱- هما زاهدی (۱۳۰۹، تهران-۱۳۹۲، ژنو)، نمایندهٔ همدان در مجلس شورای ملّی (برای سه دوره از سال ۱۳۴۶). همکاری با مؤسسهٔ انتشارات فرانکلین، و ترجمهٔ چند عنوان کتاب، ازجمله سر گذشت رُز، اثر لوئیزا می اَلکوت (Louisa May Alcot)برای بنگاه ترجمه و نشر کتاب (۱۳۴۰)، از فعّالیت‌های فرهنگی اوست. هما زاهدی، فرزند سپهبد فضل‌الله زاهدی، خواهر اردشیر زاهدی و همسر داریوش همایون بود.
۲- آذر شهابی، از نخستین کارمندان کانون پرورش فکری کودکان و نوجوانان بود، و برای مدّتی (۱۹۶۶-۱۹۷۱) مدیریت کتابخانه‌های در حال گسترش کانون را به‌عهده داشت.

جوانی در توجّه انسانی و حرفه‌ای شما به این مناطق نقش داشته باشد؟ شما هنوز هم نسبت به ناملایمات زندگی دیگران حسّاسیت استثنائی دارید.

مدرسهٔ رازی، به‌خصوص قسمت لیسه رازی که من در آن درس می‌خواندم، مدرسهٔ خیلی خوبی بود، که به‌دلیلی که من نمی‌دانم در منطقه‌ای از شهر با امکانات کم قرار داشت.[۱] من نمی‌توانم قضاوت کنم رفت‌وآمد هر روزه در آن مناطق چه اثری در شکل گرفتنِ نگاه آیندهٔ من به زندگی و حرفه‌ام داشت. می‌دانم که شهر را با کنجکاوی تماشا می‌کردم، و با مناطق مختلف آن آشنا می‌شدم.
فکر می‌کنم تحصیلات دانشگاهی و مطالعهٔ بیشتر و فکر کردنِ عمیق‌تر، توجّه و رسیدگی به مناطق کم‌درآمدتر شهرها را به هدف زندگی حرفه‌ای من تبدیل کرد، و این هدف با پشتیبانی علیاحضرت حاصل شد. در آن دوران، اگر من دوست نزدیک شهبانو نبودم، همین خصوصیاتی که شما مثبت می‌دانید، به متهم کردن من به کمونیست بودن منجر می‌شد.
به هر حال، من هنوز هم این حسّاسیت‌ها را دارم؛ صحیح می‌گویید. به زبان ساده، حواسم به دیگران هست. به‌نظرم طبیعی است که آدم نسبت به مسائل دیگران حسّاس باشد و اگر موقعیت و توانایی کمک به دیگری را دارد کم نگذارد.

❑ فکر ساختن «یک کتابخانهٔ کودک» چگونه به ساختن کتابخانه‌های متعدّد در کشور انجامید؟

قبل از این‌که کتابخانهٔ پارک فرح افتتاح بشود ما چند کتابخانه برای مدارس جنوب شهر تهران شروع کرده بودیم[۲]. تجربهٔ آن کتابخانه‌ها، به‌خصوص استقبال بچه‌ها، نشان داد، یک

۱- مدرسه «فرانکوپرسان» یکی از مدارس قدیمی ایران بود که در اواخر دورهٔ قاجار و اوایل دورهٔ پهلوی، با همراهی جامعهٔ کاتولیک‌های فرانسه در منطقهٔ حسن‌آباد تهران بنیادگذاشته شد، به‌تدریج گسترش یافت و بهترین آموزگاران ایرانی و فرانسوی ازجمله برخی از اساتید دارالفنون را به همکاری گرفت، و در سال ۱۳۲۰ به رازی تغییر نام داد. مدرسه رازی (خیابان شاپور، منطقهٔ ۱۲ تهران) دوره‌های آموزشی از کودکستان تا دبیرستان را برای دختران و پسران در بر داشت و از معتبرترین مدارس بین‌المللی ایران بود. لیسه رازی Lycée Razi دبیرستان دخترانه-پسرانهٔ این مدرسه بود.
۲- کانــون پرورش فکری کودکان و نوجوانان در آغاز کار، پنج کتابخانه در جنوب شــهر تهران راه‌اندازی کرد: کتابخانهٔ شماره ۲ در خیابان عباسی مجاور یک مدرسه، کتابخانهٔ شماره ۳ در باغشاه، کتابخانهٔ شماره ۴ در چهارراه گمرک نزدیک به مولوی، کتابخانهٔ شماره ۵ در بلوار نهم آبان، و کتابخانهٔ شماره ۶ در منطقهٔ بی‌ســیم در میدان خراســان. پس ازآغاز فعّالیت کتابخانهٔ مرکزی، کتابخانهٔ شماره ۷ در میدان شوش، کتابخانهٔ شماره ۸ در نازی‌آباد، کتابخانهٔ شماره ۹ در وحیدیه، کتابخانهٔ شماره ۱۰ در خیابان هاشمی تأسیس شدند. کتابخانهٔ شماره ۱، کتابخانهٔ کوچکی در خیابان امیراتابک (نزدیک تخت‌طاووس) و نزدیک به انبار کتاب کانون بود.

کتابخانهٔ مرکزی کودک، مثل کتابخانه‌ای که در فرانسه دیده بودم، برای ما کافی نیست. به این ترتیب مرحلهٔ بعدی کار ما، یعنی تأسیس کتابخانه‌های متعدّد در تهران و شهرها و روستاهای ایران، آغاز شد. در آن زمان خیلی از مناطق در تهران و شهرستان‌ها کتابخانهٔ عمومی هم نداشتند. ما می‌خواستیم در چنان فضایی کتابخانهٔ کودک بسازیم، و ساختیم. جوان بودیم و ترس نداشتیم. «غیرممکن» در کانون مفهومی نداشت.

❑ کتاب‌هایی که برای مدارس می‌بردید، چگونه انتخاب و تهیه می‌شدند؟

انتخاب‌هایمان البتّه محدود بود. ولی به هر حال از بین همان کتاب‌هایی که در کتاب‌فروشی‌ها بود می‌توانستیم تعدادی را انتخاب کنیم. کیفیت متن و چاپ برای من مهم بود. باید به ظرافت‌هایی توجّه می‌کردیم، چون می‌خواستیم بچه‌ها با اشتیاق کتاب بخوانند.

یک بودجهٔ کوچک از نهادِ در حال تأسیس کانون برای این کار کنار گذاشته بودیم. من این کارها را در مهمانی‌های کاخ به انجام می‌رساندم. مثلاً آقای خوش‌کیش[۱] رئیس بانک ملّی، یا آقای هوشنگ انصاری[۲] که بودجه در دستش بود -و البتّه این‌ها همیشه در دربار نبودند- در یک مهمانی به‌مناسبتی خاص شرکت می‌کردند. من هم می‌رفتم و همان‌جا از فکر و نیاز تازه‌ای حرف می‌زدم و بودجه می‌گرفتم. خیلی راحت بودم که از هر موقعیتی برای کارِ کانون استفاده کنم. آن‌ها هم به اعتبار شهبانو «نه» نمی‌گفتند.

❑ بعد از آغاز رسمی کانون، همچنان با کتابخانه‌های مدارس همکاری داشتید؟

در آن سال‌ها تمامِ وقت و تمرکز من روی کارهای کانون بود. ولی سعی می‌کردم به‌موازات کتابخانه‌های کانون، به کتابخانه‌های مدارس هم کمک کنم. مسئولان مدارس هم همکاری می‌کردند.

❑ در فرهنگ ما، دست‌کم در تجربهٔ من، مطالعهٔ کتاب‌های غیر درسی توسط

۱- یوسف خوش‌کیش (۱۲۸۵-۱۳۵۹، تهران) مدیرعامل بانک ملّی ایران (۱۳۴۰-۱۳۵۶) و آخرین رئیس کل بانک مرکزی ایران، پیش از انقلاب (۱۳۵۶-۱۳۵۷). یوسف خوش‌کیش در مرداد ۱۳۵۹ توسط حکومت اسلامی اعدام شد.
۲- هوشنگ انصاری (۱۳۰۵، اهواز)، سیاستمدار و کارآفرین. وزیر اقتصاد کابینهٔ امیرعباس هویدا (۱۳۴۸-۱۳۵۳)، وزیر اقتصاد و دارایی در کابینهٔ هویدا و جمشید آموزگار (۱۳۵۳-۱۳۵۷).

دانش‌آموزان در سال تحصیلی، چندان تشویق نمی‌شود. تأکید آموزگاران و والدین، بیشتر بر «فقط» درس خواندن دانش‌آموزان، به معنای خواندن کتاب‌های درسی مدرسه است. کانون از این چشم‌انداز با مدارس و والدین مشکلی نداشت؟

چنین مشکلاتی را به یاد ندارم. برای من تأسیس کتابخانه در مناطق کم‌درآمد شهرها الویت داشت. دوست داشتم بچه‌های آن مناطق بعد از مدرسه سرگرمی خوب و مثبتی داشته باشند. معلّم‌های مدارس و والدین بچه‌ها از آمدن بچه‌ها به یک محیط تمیز و شاد و امن، که زیر نظر کتابدار حرفه‌ای اداره می‌شد، دوره‌های آموزشی متعدّد مثل آموزش نقّاشی و موسیقی و تئاتر برگزار می‌کرد، و عضویت در آن هم هزینه نداشت، راضی بودند.

شاید بتوانم بگویم، کانون آن فرهنگی را که شما می‌گویید تغییر داد. مهم بود کتاب خواندن، در کنار درس خواندن جابیافتد -هم برای بچه‌ها، هم برای والدینشان- که من فکر می‌کنم تا حدّی این‌طور شد. بچه‌ها کتاب مورد علاقه‌شان را انتخاب می‌کردند و به خانه می‌بردند، و خیلی وقت‌ها در خانه برای مادر و پدرشان هم کتاب می‌خواندند.

❑ آیا در دوره‌های آموزشیِ کتابخانه‌های کانون نوعی رقابت برای برگزیده شدنِ اثر بهتر هم وجود داشت؟

ما در کانون دوست داشتیم بچه‌ها احساس کنند نه‌تنها در کتابخانه‌ای که عضوش بودند، بلکه در تمام کتابخانه‌های کانون در ایران برابری و آزادی دو اصل مهم و قابل احترام‌اند. انتخابِ مثلاً نقّاشیِ بهتر از بین نقّاشی‌های بچه‌ها احساس امنیت و آزادی را از کودک می‌گرفت. من دوست نداشتم یک کودک فکر کند به هر دلیلی از دیگران بالاتر یا پایین‌تر است.

فکر بچه‌ها آن‌قدر باز است که اگر آزاد باشند، خودشان متوجّه توانایی‌های خودشان می‌شوند و به سمت آن می‌روند. ما امکانات برابر را فراهم می‌کردیم، هر کس به اندازه‌ای از آن بهره می‌گرفت، و من مطمئن‌ام چون اجبار و الزام و رقابتی در میان نبود، هر کودک بهترینی را که می‌خواست و می‌توانست پیدا می‌کرد.
ما نیاز نداشتیم مثل مدرسه شاگرد اوّل انتخاب کنیم. هر کودک در کاری که خودش انتخاب

کرده بود، برای توانایی‌های خودش به عنوان یک فرد، شاگرد اوّل بود.

❑ دربارهٔ نخستین ساختمان اداری و نخستین کسانی که کارمند رسمی کانون بودند هم صحبت می‌کنید؟

اوّلین ساختمان کانون یک آپارتمان بود با سه اتاق، که من و خانم آذر شهابی و آقای حسین سماکار -اوّلین اعضای کانون- در آن کار می‌کردیم. بعدها به ساختمان بزرگی در خیابان جم رفتیم و تا روزی که من در ایران بودم همان‌جا کار کردیم.[1]

زمانی که من از ایران بیرون آمدم، کانون دوهزار و چهارصد کارمند، بیش از دویست کتابخانهٔ ثابت و سیّار شهری و روستایی و عشایری، و بیست کتابخانهٔ در دست ساخت داشت. این‌ها نتیجهٔ استثنائیِ یک کارِ گروهی بود که سیزده سال پیش از آن، با سه نفر در یک ساختمان کوچک سه اتاقه شروع شده بود.[2]

در سال‌های نزدیک به انقلاب، من از مرکز آبادانی و مسکن یک زمین بزرگ خریدم، به قصد ساختن مرکزی برای کانون، دور از شلوغی مرکز شهر. نقشهٔ ساختمان هم تهیه شده بود. ولی متأسفانه انقلاب مانع کار شد و اطّلاعی هم ندارم که آن زمین چه شد.

❑ در کانون، حقوق کارمندان زن و مرد با موقعیت‌های کاریِ یکسان برابر بود؟

بله. ما در کانون هیچ نوع تبعیضی بین زنان و مردان نداشتیم. من یک زن جوان بودم و به این مسائل توجّه و دقّت داشتم. بعد از مهاجرت به آمریکا هم هیچ‌وقت نگذاشتم در محیط کارم تبعیضی در مورد خودم پیش بیاید.

❑ آیا شما در کانون معاون داشتید؟

۱- نخستین ساختمان اداری کانون پرورش فکری کودکان و نوجوانان آپارتمان کوچکی با دو اتاق و یک سالن، در خیابان ورزنده در خیابان بهار بود. این مجموعه سه سال بعد به ساختمان بزرگ‌تری در خیابان ناصر در خیابان ایرانشهر منتقل شد. مرکز اداری کانون در سال ۱۹۷۱/۱۳۵۰ به ساختمان بزرگ هشت طبقه در خیابان جم رفت.

۲- کانون در سال ۱۹۷۹/۱۳۵۷، دویست و بیست و دو کتابخانهٔ ثابت و سی کتابخانهٔ سیّار، و یک‌هزار کتابدارِ آموزش‌دیده داشت. چهار نشریه منتشر می‌کرد. («خط و ربط»، «کارنامه»، «پویه» و «فصل‌نامهٔ کانون») کتابخانه‌های کانون دو میلیون و پانصد هزار جلد کتاب و دو میلیون عضو کودک و نوجوان داشتند، مرکز انتشارات کانون تا آن سال صد و چهل و شش عنوان کتاب منتشر کرده بود. ر.ک. به: معزّی‌مقدم، فریدون؛ «کانون پرورش فکری کودکان و نوجوانان»، دانشنامهٔ ایرانیکا:
https://iranicaonline.org/articles/kanun-e-parvares-e-fekri-e-kudakan-va-nowjavanan

هیچ‌وقت معاون نداشتم. ارتباط بی‌واسطه را ترجیح می‌دادم. با مدیر هر بخش دربارهٔ کارهای همان بخش تبادلِ نظر می‌کردیم.

☐ برخی می‌گویند، تصمیم دولت به ایجاد نهادهای فرهنگیِ غیر دولتی در سال‌های ۱۳۴۰ از دلایل بنیادگذاشتنِ کانون بود. آیا چنین زمینهٔ فکری برای شما مطرح شده بود؟

فکرِ تأسیس کتابخانه برای کودکان و نوجوانان، همان‌طور که صحبتش را کردیم، در دوران تحصیل در من شکل گرفت. از همان ابتدا می‌دانستم که این کار باید مستقل از دولت انجام شود. با پیچیدگی‌های مراحل انجام پروژه‌های دولتی، کاغذبازی‌ها، کسب اجازه و مشکلات تأمین بودجه از دولت آشنا بودم. ضمن این‌که خیالم راحت بود که کار با پشتیبانی شهبانو پیش خواهد رفت، و مثلاً اگر من درخواستی از وزیر آموزش و پرورش داشته باشم، پاسخ مثبت خواهم گرفت.

من با یک زمینهٔ فکریِ از پیش تعیین‌شده توسط دولت کار را شروع نکردم. کسی هم با من در این‌باره صحبتی نکرد.
در تمام سال‌های کار کانون، ما مستقل از دولت، و به موازات دولت کار کردیم. خوشبختانه در زمان تأسیس کانون، خانم فرخرو پارسا[1] وزیر آموزش و پرورش بود و بعدها هم دکتر گنجی[2] وزیر شد که همسر بهترین دوست من بود. ارتباط من با هر دوی این‌ها دوستانه بود، و هر وقت کاری داشتم، شخصاً می‌دیدمشان یا تلفن می‌زدم و با هم‌فکری کار را راه می‌انداختیم. درواقع، ما پشتیبانی وزارت آموزش و پرورش را هم داشتیم. آخرین وزیر آموزش و پرورش تعداد زیادی کتاب‌های کانون را سفارش داد که در کتابخانه‌های مدارس بگذارند.

☐ یعنی بودجهٔ کانون از بودجهٔ نهادهای دولتی، مثلاً وزارت آموزش و

۱- فرخرو پارسا (۱۳۰۱-۱۳۵۹، تهران)، پزشک و سیاستمدار. نمایندهٔ مردم تهران در مجلس شورای ملّی ایران (۱۳۴۳)، نخستین وزیر زن ایران (وزیر آموزش و پرورش کابینهٔ دوّم و سوّم هویدا، ۱۳۴۷-۱۳۵۴). دکتر فرخرو پارسا در اردیبهشت ۱۳۵۹، به نام «مفسد فی‌الارض» در تهران اعدام شد.
۲-منوچهر گنجی (۱۳۰۹، قزوین)، وزیر آموزش و پرورش (۱۳۵۵-۱۳۵۷). دکتر گنجی همچنین در دوران نخست‌وزیری جمشید آموزگار سرپرست وزارت فرهنگ و آموزش عالی بود.

پرورش یا شرکت نفت، تأمین می‌شد، ولی کانون در تعریفش یک نهاد دولتی محسوب نمی‌شد؟

همین‌طور است. کانون بعد از دو سه سال اوّل، در دولت ردیف بودجه داشت و بودجه‌اش زیر نظر سازمان برنامه و بودجه بود. حسین سماکار مدیر امور مالی و مسئول هماهنگی بودجهٔ ما با سازمان برنامه و بودجه بود.[1]

تعدادی از اعضای دولت هم در هیأت اُمَنای کانون بودند[2] و جزئیات نیازها و هزینه‌های ما را می‌دانستند و به ما کمک می‌کردند. در مواردی از ارتش هم کمک گرفتیم. محدودیت بودجه هم نداشتیم، کسی هم دربارهٔ چگونگی تقسیم بودجه از ما سؤال نمی‌کرد.

نهادهای دولتی، باید برای هر تصمیم و هر کار حساب پس دهند. هر شش ماه بیلان کارهایشان را بفرستند. درگیر تصمیم‌های مجلس‌اند. وزیری که مسئول کار آن نهاد است باید هر فکر تازه را با دولت هماهنگ کند.

ما این مسائل را نداشتیم. من فقط به علیاحضرت گزارش می‌دادم و ایشان هم در مواردی

۱- حسین سماکار، در ژانویه ۲۰۱۶م، در یک مصاحبهٔ تلویزیونی با دکتر مهدی آقازمانی گفته است: «اوّلین بودجهٔ کانون در سال ۱۳۴۴ ده‌هزار تومان بود. این بودجه را علیاحضرت به ما دادند و ما چک را نقد کردیم. پنج‌هزار تومان را من برداشتم و پنج‌هزار تومان را خانم امیرارجمند و قرار شد این را خرج کنیم... من یک دفترچهٔ جیبی کوچک گرفتم و تمام خرج‌هایی را که می‌کردم در آن یادداشت می‌کردم. آخر سال که پول تمام شد، من رفتم به خانم امیرارجمند گفتم پول من تمام شده و دفترچه را نشان دادم و جزئیات خرج را دیدند... همان موقع گفتند امور مالی کانون از این به بعد با تو باشد. من هیچ سابقه‌ای از حسابداری نداشتم. دانشجوی سال سوّم دانشکدهٔ هنرهای دراماتیک بودم. البتّه سال بعد رئیس حسابداری بانک ملّی، آقای نقیبی، از طرف آقای خوش‌کیش مأمور شد که هر روز بعد از پایان کار بانک به کانون بیاید و دو ساعت به من حسابداری یاد بدهد. سال بعد، بودجهٔ کانون حدود صدهزار تومان شد. و این به‌جز بودجه‌ای بود که برای ساخته‌شدنِ کتابخانهٔ مرکزی، مستقیم توسط دفتر علیاحضرت تأمین می‌شد. سال بعد رقم ده برابر شد. البتّه شرکت نفت هم کمک کرد و دفتر علیاحضرت همچنین. ولی این‌ها برای برنامه‌هایی که در دست بود کافی نبود. از سال ۴۷ بودجهٔ کانون در بودجهٔ دولت رفت. یک ردیف بودجه گرفتیم. و من از آن سال تا آخرین روز، مأمور نوشتن بودجه و برنامه‌ریزی برای هر سال بودم. بودجه را نوشتم و به سازمان برنامه بردم. کارشناس‌های سازمان برنامه خیلی به من کمک کردند. به‌خصوص آقای فرامرز فروزنده در نوشتن بودجه‌های برنامه‌ریزی و کار کردن با سازمان برنامه و بودجه خیلی به من کمک کرد... دکتر شاپور راسخ، معاون سازمان برنامه و بودجه... جزوه‌ای به من داد که تازه از آمریکا رسیده بود و سیستمی برای برنامه‌ریزی بودجه بود به نام (Planning, Programming, and Budgeting System) PPBS؛ کانون احتمالاً اوّلین سازمانی بود که در ایران بودجه‌اش را بر اساس PPBS نوشت. آخرین بودجه‌ای که من برای کانون نوشتم پانصد میلیون تومان بود.» مصاحبهٔ کامل در این فضا در دسترس است: https://www.youtube.com/watch?v=cj77pjIuhmY

۲- اعضای هیأت اُمَنای کانون: وزیر دربار، وزیر فرهنگ و هنر، وزیر آموزش و پرورش، وزیر کشور، رئیس شرکت ملّی نفت ایران، رئیس بانک ملّی ایران، مدیر روزنامه «کیهان»، مدیر روزنامه «اطّلاعات»، رئیس مؤسسهٔ انتشارات فرانکلین، رئیس بنگاه ترجمه و نشر کتاب، مدیر عامل سازمان شاهنشاهی و خدمات اجتماعی، هما زاهدی و رئیس دفتر ملکه. ریاست هیأت امنا و ریاست عالیهٔ کانون با ملکه بود.

که لازم می‌دیدند موضوع را با اعلیحضرت در میان می‌گذاشتند. در نهایت، کار ما همیشه پیش می‌رفت.

این را هم اضافه کنم که کانون از فروش آثارش، کتاب‌ها با تیراژ بالا، و نوار و صفحهٔ موسیقی هم درآمد داشت.[۱]

□ دکتر احسان یارشاطر گفته‌اند، «انجمن کتاب»[۲] با فکر انتقال کتاب به مناطق دورافتاده، با موافقت دکتر اقبال، از شرکت نفت یک وانت گرفته بود، و بدون دریافت وثیقه به اهالی روستاها کتاب قرض می‌داد؛ و البتّه گفته‌اند که اجرای آن طرح محدود بود و برای مدّتی کوتاه ادامه داشت[۳].
شما خاطره‌ای از آن طرح دارید؟

دکتر یارشاطر، استاد ما، و عضو هیأت امنای کانون بود. نظرش برای من مغتنم بود، چون هم دانش و اطّلاعات و هم تجربهٔ کاری‌اش دربارهٔ کتاب و کتابخانه زیاد بود. به تعبیری، ما از دکتر یارشاطر الهام می‌گرفتیم.
یک روز من و هما زاهدی به انجمن کتاب رفتیم و ایدهٔ کانون را با دکتر یارشاطر در میان گذاشتیم. فکر را پسندید و از همان روز مشوّق و پشتیبان کانون شد. اسم «کانون پرورش فکری کودکان و نوجوانان» را دکتر یارشاطر انتخاب کرد. اساس‌نامهٔ کانون را هم دکتر یارشاطر نوشت. بعد هیأت اُمَنا تشکیل دادیم و کانون ثبت شد.

۱- میانگین شمارگان چاپ یکم کتاب‌های کانون در سال ۱۳۴۶، نُه هزار بود. روزنامهٔ آیندگان، در شمارهٔ ۷۹ (اسفند ۱۳۴۶) از این دستاورد به‌عنوان «موفّقیت بزرگ» نام برد. این رقم در سال ۱۳۵۱ به سی هزار رسید. شمارگان چاپ ماهی سیاه کوچولو (۱۳۴۷)، از صد وپنجاه هزار نسخه گذشت. این در حالی است که تا سال ۱۳۴۲، شصت عنوان کتاب کودک، در ایران منتشر شـده بود، و بالاترین شمارگان ثبت‌شـده برای هر عنوان دوهزار نسخه بود. ر. ک. به: شمس‌آبادی، حسن؛ بصیرت‌منش، حمید؛ سـادات بیدگلی، سیدمحمود؛ «تحلیل کتاب‌های کانون پرورش فکری کودکان و نوجوانان (۱۳۴۴-۱۳۵۷ش)»، «تاریخ ایران»: دورهٔ ۱۵، شمارهٔ ۱، بهار و تابستان ۱۴۰۱، صص ۴۹-۷۲.
۲-«انجمن کتاب» نهادی فرهنگی بود که در سال ۱۹۵۷/۱۳۳۶ توسط دکتر احسان یارشاطر، و با هدف معرّفی کتاب‌های خوب، ساده کردن امکان دسترسی به کتاب، پشتیبانی از نویسندگان و مترجمان و تشویق امر پژوهش در ایران بنیادگذاشته شد. برگزاری نخستین نمایشگاه سالیانهٔ کتاب در ایران (۱۹۵۷/۱۳۳۶)، انتخاب و معرّفی ده کتاب مهم‌تر هر سال در انواع ادبی گوناگون، انتشـار سالیانهٔ فهرست آثار منتشر شده در ایران، تأسیس کلوپ کتاب‌خوانی، برگزاری جلسات بحث و گفت‌وگو پیرامون مسائل ادبی، هنری و نقد کتاب، نتیجهٔ ابتکار و همّت این نهاد است. همچنین نخستین مجلّهٔ نقد کتاب در ایران، با عنوان «راهنمای کتاب» با سردبیری و مدیریت دکتر یارشاطر در انجمن کتاب منتشر شد.
۳- زندیان، ماندانا؛ احسان یارشاطر در گفت‌وگو با ماندانا زندیان، انتشارات شرکت کتاب لس آنجلس، ۱۳۹۵، ص۱۲۸.

من هم با انجمن کتاب همکاری می‌کردم. به بعضی از جلسات هیأت اُمَنای انجمن دعوت می‌شدم و در جریان تصمیم‌هایشان بودم. درنتیجه، ما دربارهٔ خیلی فکرها و کارهایمان با هم حرف می‌زدیم و به هم کمک می‌کردیم.
یادم هست که انجمن کتاب می‌خواست و کوشید دسترسی به کتاب را برای مردم مناطقی که کتابخانه نداشتند آسان کند. ولی جزئیات انجام کار را یادم نیست.

❑ شما همیشه گفته‌اید که کانون از روز تأسیس، برنامهٔ بلندمدّت مثلاً برای پنج سال آینده نداشت. ولی حتّی اسم «کانون پرورش فکری کودکان و نوجوانان»، معنای دربرگیرنده‌تری از مفهوم «کتابخانه» دارد. به یاد دارید فکر یا طرح اوّلیه‌ای که با دکتر یارشاطر در میان گذاشتید چه بود که او این نام را پیشنهاد داد؟

من یادم نیست فکرِ اوّلیه‌ام را چگونه برای دکتر یارشاطر شرح دادم. می‌دانم که هدف من هیچ‌وقت تأسیس یک کتابخانه، به معنای یک اتاق با چند قفسه کتاب و یک کتابدار، نبود. محیطی در نظر داشتم که بچه‌ها در آن با کتاب و مربّی ارتباط مستقیم و پویا داشته باشند، به کتاب خواندن تشویق و علاقه‌مند شوند و از آن لذّت ببرند، سرگرمی‌های آموزندهٔ دیگر هم در اختیار داشته باشند. ولی آن‌چه به‌تدریج در کانون انجام شد، یعنی برگزاری جشنواره و ساختن فیلم و موسیقی و تئاتر و فعّالیت‌های دیگر، در آغازِ کار اصلاً در فکر من نبود.

می‌دانم که دربارهٔ کتابخانهٔ کودک که در فرانسه دیده بودم، با دکتر یارشاطر صحبت کردم و ایدهٔ خودم را هم با جزئیاتی که یادم نیست برایش توضیح دادم. دکتر یارشاطر خیلی خوب درک کرد که چیزی بیش از یک کتابخانه مورد نظرم بود. نام «کانون پرورش فکری کودکان و نوجوانان» ساخته و پرداختهٔ دکتر یارشاطر است.

❑ کمی از دلیل و آغاز همکاری‌تان با خانم هما زاهدی و خانم آذر شهابی صحبت می‌کنید؟ آیا آن دو نفر هم حدود سنی شما را داشتند؟

هما زاهدی دوست خوب من بود. دوست نزدیک دکتر یارشاطر هم بود. به کتاب علاقه

داشت، با انتشارات فرانکلین همکاری می‌کرد و با فاصلهٔ کمی از آن زمان وکیل مجلس شد. هما همچنین از دوستان آقای صنعتی، مدیر انتشارات فرانکلین بود، که بعدها عضو هیأت اُمَنای کانون شد.[1] همکاری با هرکدام از این افراد حلقه‌ای از افراد اهل کتاب در اطرافشان را هم با کانون مرتبط می‌کرد.

هما زاهدی از شروع فکر تأسیس کانون تا جا افتادنِ کار، هم‌فکر و همراه من ماند. کارها که نظم گرفت و خیالش راحت شد، به کارهای خودش برگشت. هما و من در خارج از کشور هم دوستانِ نزدیکِ همدیگر باقی ماندیم.

خانم شهابی در آموزش و پرورش کار می‌کرد. من در برنامه‌ای -که جزئیاتش را به یاد ندارم- او را دیدم و از توجّه و علاقه‌اش به کتاب و کار با بچه‌ها خیلی خوشم آمد. از آموزش و پرورش جذبش کردم. او هم از همان ابتدای کار با من همراه بود و بعد هم همکارمان در کانون شد.

هر سهٔ ما در آن زمان زیر سی سال داشتیم. متاسفانه هما زاهدی و آذر شهابی هر دو فوت کردند.

❑ نشان یا لوگوی کانون چگونه ساخته شد؟

برای طرح لوگوی کانون یک مسابقه ترتیب دادیم و با کمک مطبوعات از مردم دعوت کردیم برایمان طرح بفرستند. طرح برنده، که خیلی زود به «مرغک کانون» معروف شد، و فکر می‌کنم از شناخته‌شدن‌ترین لوگوهای ایرانی در سطح بین‌المللی باشد، کار یک دانشجوی

۱-«مؤسسهٔ انتشارات فرانکلین» در سال ۱۹۵۲/۱۳۳۲ در نیویورک بنیاد گذاشته شد. نمایندگی فرانکلین در ایران (۱۹۵۳/۱۳۳۳)، دوّمین شعبهٔ این مؤسسه در جهان است (پس از مصر) که تأسیس و مدیریتش به‌عهدهٔ همایون صنعتی‌زاده بود. ویرایش و تولید فنّی کتاب - صفحه‌آرایی، نمایه‌سازی، طرّاحی جلد و... - به شکل حرفه‌ای و تخصصی در ایران، نخستین بار توسط مؤسسهٔ فرانکلین انجام گرفت. تدوین نخستین دائرةالمعارف فارسی به سرپرستی غلامحسین مصاحب، که به دائرةالمعارف مصاحب معروف است، تاسیس چاپخانهٔ افست در ایران، کمک به انتشار کتاب‌های درسی، نقش اثرگذار در انتشار مجلّات کمک‌آموزشی «پیک»، و آغاز سازمان کتاب‌های جیبی از دستاوردهای مؤسسهٔ انتشارات فرانکلین در ایران است. مؤسسهٔ فرانکلین در آمریکا در سال ۱۹۷۷ به کار خود پایان داد و آرشیوش را به کتابخانهٔ دانشگاه پرینستون سپرد. شاخهٔ تهران مؤسسهٔ فرانکلین هم از سال ۱۳۵۵/ ۱۹۷۷ دچار افول و با فاصلهٔ کوتاهی تعطیل شد. در آن تاریخ علی‌اصغر مهاجر مدیریت فرانکلین را عهده‌دار بود. پس از انقلاب، آن‌چه از تشکیلات فرانکلین تهران باقی مانده بود، به «انتشارات و آموزش انقلاب اسلامی» زیر نظر علی موسوی‌گرمارودی منتقل شد. برای مطالعه دربارهٔ مؤسسهٔ فرانکلین ر.ک. به:
Ganjavi, Mahdi; *Education and the Cultural Cold War in the Middle East: The Franklin Book Programs in Iran*, I.B. Tauris, 2023.

جوان بود، به نام محمد پولادی[۱]، که در آن زمان کسی او را نمی‌شناخت. لوگوی کانون یک پرنده است که با نوکِ باز روی یک کتابِ باز نشسته. طرح خیلی قشنگ و معنی‌داری است. باز بودنِ نوک پرنده به معنای بچه یا جوان بودنش است. یعنی منتظر، آماده و حتّی خواستارِ یادگیری است. آمادهٔ پذیرش است. از کتابِ باز، از محیطش، از هرچه می‌بیند یاد می‌گیرد.

❑ من تا همین الان فکر می‌کردم مرغ کانون با دهانِ باز روی کتابِ باز، نمادی از یک پرندهٔ کوچک است که با صدای بلند کتاب می‌خواند. تبیین شما را دوست دارم. بچه‌های پرندگان در بیشترِ عکس‌ها و فیلم‌ها با نوک باز در انتظار مادرند، برای تغذیه و برای یادگرفتنِ پرواز و شروع زندگی بیرون از لانهٔ کوچکشان.

هر کدام از ما از هر متن یا نقشِ به‌ظاهر ساده برداشتی متفاوت داریم. این یکی از قشنگی‌های هنر است.

❑ محل کتابخانه‌های کانون چگونه انتخاب و تأیید می‌شد؟

ما بودجهٔ خرید زمین نداشتیم. معمولاً پارک‌های هر منطقه را ارزیابی می‌کردیم، بعد من شخصاً با شهردار صحبت می‌کردم تا در پارک مورد نظرمان قطعه‌ای زمین برای ساختن کتابخانه در اختیار کانون بگذارد. همیشه هم از پیشنهادمان استقبال می‌شد. چون حضور کتابخانهٔ کانون به آبادی آن منطقه می‌انجامید و قیمت زمین در آن محل بالا می‌رفت، و این‌ها به نفع شهرداری هم بود.

من دوست داشتم کتابخانه‌ها در پارک‌ها ساخته شوند. فضای پارک سبز و زیبا بود، بیشتر

۱- محمد پولادی (۱۳۲۰، قوچان-۱۳۷۶، تهران)، نقّاش و گرافیست. پولادی اوّلین فارغ‌التحصیل رشتهٔ هنرهای چاپی و گرافیک دانشگاه هنر در تهران، و دانش‌آموختهٔ مدرسهٔ عالی هنرهای زیبای پاریس (Beaux-Arts de Paris) بود.
طرح محمد پولادی، پرنده‌ای است که بر روی یک کتاب، یا شاخهٔ درختی شبیه کتاب، نشسته، و در امتداد و پیوسته با کتاب کلمات «کتابخانهٔ کودک» طرّاحی شده است. این طرح بازتاب دورانی است که کانون پرورش فکری کودکان و نوجوانان، بیشتر با کتاب و کتابخانه شناخته می‌شد. در سال ۱۳۴۷، به‌دلیل گسترشِ فعّالیت‌های فرهنگی کانون به گستره‌های متعدّد دیگر مانند سینما، محمدرضا عدنانی، از طرّاحان کانون، با حفظ کلّیت طرح نخست، تغییراتی در ساختار آن ایجاد کرد: نوشتهٔ «کتابخانهٔ کودک» حذف و طرح کتاب بیشتر به شاخهٔ درخت شبیه شد. در سال ۱۳۵۱ مصطفی اوجی، گرافیست دیگر کانون، تغییرات اندکی در ابعاد بدن، نوک و دم پرنده داد. (ص ۳۹۱) ر.ک. به: قائینی، زهره و محمدی، محمدهادی؛ تاریخ ادبیات کودکان ایران (دورهٔ ده جلدی)، جلد هشتم (ادبیات کودکان در روزگار نو، ۱۳۴۰-۱۳۵۷)، نشر چیستا، تهران، ۱۳۹۳.

بچه‌ها هم پارک‌های محلّه‌شان را می‌شناختند و دوست داشتند و در پارک احساس راحتی و شادی می‌کردند. همچنین مهم بود که رفت‌وآمد بچه‌ها به کتابخانه آسان و بی‌خطر باشد. کتابخانه‌ها را در خیابان‌های شلوغ نمی‌ساختیم، که بچه‌ها بتوانند از مدرسه تا کتابخانه قدم بزنند. این‌ها معیارهای انتخاب کتابخانه‌های کانون بود.
موارد کمی هم پیش آمد که شهردار با ما تماس گرفت و زمین‌هایی را برای ساختن کتابخانهٔ کانون پیشنهاد داد[۱].

❑ معماری کتابخانه‌های کانون، در هر منطقهٔ هر شهر، با معماری آن منطقه هماهنگ است. کمی دربارهٔ زمینهٔ فکری این طرح و چگونگی اجرایش صحبت می‌کنید؟

این طرح از آن‌جا شروع شد که شهبانو و من فکر کردیم ساختمان کتابخانهٔ هر منطقه باید با بافت بومی، معماری و فرهنگ مردم آن منطقه نزدیک باشد. مردم احساس کنند آن ساختمان از جنس محلّه‌شان و از آنِ خودشان است. یک غریبه از جای دیگر، یا از جایی بالاتر از آن‌ها، نیامده یک ساختمانِ به‌اصطلاح شیکِ مدرن وسط محلّه‌ای با ساختمان‌های کاهگلی بسازد. مهم بود که مردم با کتابخانه‌ای که قرار بود فرزندانشان را به آن بفرستند ارتباط برقرار کنند و راحت باشند. از طرف دیگر، می‌خواستیم معماری بومی خودمان را داشته باشیم، و زیبایی‌های معماری ایرانی را به مردم نشان دهیم. مهندس‌های طرّاح آن ساختمان‌ها هم فکرها و دغدغه‌های حرفه‌ای خودشان را داشتند. مثلاً ساختمان دو کتابخانه در شمال و جنوب ایران، به‌خاطر تفاوت آب و هوا، نمی‌توانست مشابه باشد.
اوایلِ کار، برادرم، که آن موقع رئیس دانشکدهٔ معماری دانشگاه ملّی بود، در تهیهٔ نقشهٔ کتابخانه‌ها به ما کمک می‌کرد و توجّه داشت که طرحی که ارائه می‌داد، قرار بود با آجر و شیشه و اجزای هم‌جنس ساختمان‌های دیگرِ هر منطقه ساخته شود. بیرونِ ساختمان فرق زیادی با ساختمان‌های همسایه‌اش نداشت، ولی داخل کتابخانه‌ها مدرن و شیک و هماهنگ با هر کتابخانهٔ دیگرِ کانون در هر شهر دیگر بود. حتّی میز و صندلی‌های تمام کتابخانه‌ها یکسان بود.

۱-برای مطالعهٔ سخنان سیاوش سامی در این زمینه به صص ۲۵۷-۲۵۸ مراجعه کنید.

پرده‌های کتابخانه‌ها را هم -برای تمام کتابخانه‌های کانون در سرتاسر ایران- از پارچه‌هایی با رنگ روشن و جنس و کیفیت مناسب فضای کودک، از فرانسه و با هواپیماهای ارتش وارد می‌کردیم. تیمسار مین‌باشیان[1] که هوای کانون را داشت، دستور می‌داد و کار انجام می‌شد.

بعد از مدّتی، کانون دارای یک دفتر خدمات مهندسی شد با مدیریت مهندس اسفندیار بیگلری و مهندس فروزان اردکانی.[2] دفتر مهندسی کانون همیشه سبک معماری ایرانی را حفظ کرد.

❑ فضای پُر از رنگ‌های روشن و شاد داخل کتابخانه‌های کانون ایدهٔ شما بود؟

بله. توجّه من به اسباب‌بازی‌های بچه‌ها بود، که همیشه با ترکیبی از رنگ‌های روشن ساخته می‌شوند و بچه‌ها را جذب و سرگرم می‌کنند.
خود من هم رنگ‌های روشن را دوست دارم. به ترکیبِ رنگ‌ها اهمیت می‌دهم. به رنگ سیاه و رنگ‌های بی‌جان مثل خاکستری علاقه ندارم. ترکیبی از این دو عامل، با دقّت و توجّه زیاد به زیبایی‌شناسیِ ترکیب رنگ‌ها، زیر نظر دفتر خدماتِ مهندسی کانون، زمینهٔ طرّاحی فضای داخل کتابخانه‌ها بود، که همه‌جا یکسان اجرا می‌شد.

❑ شمارهٔ کتابخانه‌ها بر چه اساس بود؟

بر اساس ترتیب ساخته‌شدنشان در هر شهر.

❑ آیا کانون کتابخانهٔ مستقلی دربرگیرندهٔ منابع و مراجع مورد نیاز اعضایش داشت؟

بله؛ در طبقهٔ اوّل ساختمان کانون در خیابان جم، کتابخانهٔ تخصصی بزرگی داشتیم که

۱- فتح‌الله مین‌باشیان (۱۲۹۴، تهران- ۱۳۸۶، پاریس)، ارتشبد و فرمانده نیروی زمینی ارتش شاهنشاهی ایران (۱۳۴۷-۱۳۵۱). تیمسار مین‌باشیان برای دورانی دروازه‌بان تیم ملّی فوتبال ایران بود.
ر.ک. به: تاریخ شفاهی ایران در دانشگاه هاروارد، متن مصاحبهٔ حبیب لاجوردی با فتح‌الله مین‌باشیان، دسامبر ۱۹۸۱:
https://iranhistory.net/minbashian0/
۲- برای مطالعهٔ متن سخنان مهندس فروزان اردکانی به صص ۱۸۷-۱۸۹ مراجعه کنید.

کتاب‌هایش از سرتاسر دنیا برای مطالعهٔ اعضای کانون انتخاب شده بود و «کتابخانهٔ مرجع» ما بود.

کانون یک مرکز فرهنگی بود و نویسندگان، فیلم‌سازان، نقّاش‌ها، موسیقی‌دان‌ها، اهالی تئاتر و اعضای مرکز خدماتِ مهندسی -هر کس در کانون کار می‌کرد- به مطالعه و کتاب نیاز داشت.

کتاب‌های کتابخانهٔ مرجع را من شخصاً و با وسواس، در زمینهٔ ادبیات کودک و فعّالیت‌های متعدّد کانون، از دورِ دنیا انتخاب کرده بودم. هر وقت هم نیاز تازه‌ای پیش می‌آمد یا کسی کتابی می‌خواست، از طریق کتابخانهٔ مرجع سفارش می‌دادیم. کتابدار کتابخانهٔ مرجع، آمالیا باغداساریان[1]، دختر ارمنی جوان و بااستعدادی بود که سیستم دیوئی را پیش من یاد گرفت. در سال‌های اوّل، خودم بر کار آمالیا نظارت مستقیم داشتم. کم‌کم کار فهرست‌نویسی و طبقه‌بندی کتاب‌های این کتابخانه به‌عهدهٔ آمالیا گذاشته شد. فکر می‌کنم فوق‌لیسانس کتابداری‌اش را هم گرفت. کتابخانهٔ مرجع به‌تدریج کامل‌تر و بزرگ‌تر شد. اعضای مراکز کانون در شهرهای دیگر، و حتّی کسانی که عضو کانون نبودند، برای استفاده از منابعی که فقط در آن کتابخانه موجود بود به ساختمان کانون می‌آمدند و آمالیا با دانش و مهارتِ قابل تحسین پاسخ‌گوی همهٔ مراجعه‌کنندگان بود.

❑ روایت است که شما به تمیزی و نظم کتابخانه‌ها، ظاهر کتابدارها و مرتّب بودن میزها بسیار حسّاس بودید.

من به تمیزی، نظم و ترتیب، و آراستگیِ شایستهٔ محیط کتابخانه و کتابدارها اهمیت می‌دادم. درست است؛ خیلی روی این مسائل حسّاس بودم و اصرار داشتم. باور داشتم، و دارم، که همه‌چیز را نمی‌شود با کتاب خواندن یاد گرفت. زندگی فقط کتاب و کتاب‌خوانی نیست. بچه‌ها باید از همان دوران کودکی یاد بگیرند به خودشان و محیط زندگی‌شان اهمیت بدهند. از خودشان مراقبت کنند. به‌اصطلاح، به خودشان برسند. ما این‌ها را در محیط زندگی‌مان یاد می‌گیریم. بچه‌ای که تمیزی و بوی خوب و میز مرتّب کتابدار را تجربه می‌کند، در خانهٔ خودش هم به این مسائل اهمیت می‌دهد. حتّی می‌تواند روی مادر و پدرش اثر بگذارد.

۱- برای مطالعهٔ متن سخنان آمالیا باغداساریان به صص ۱۹۷-۱۹۹ مراجعه کنید.

لباس و آرایش کتابدارهای ما باید ساده و مناسب محیط کتابخانه می‌بود. این مسائل در جنوب شهر تهران و در شهرستان‌های کوچک خیلی مهم بود. خانواده‌ها باید محیط کتابخانه را می‌پذیرفتند. در مناطق سنّتی‌تر دختران دانش‌آموز با روسری به کتابخانه می‌آمدند. بعضی از کتابدارهای ما هم با روسری به محیط کارشان می‌آمدند. مهم تمیزی و آراستگیِ شایستهٔ کار بود. به همین دلیل، لباسِ خیلی باز را مناسب کتابخانه نمی‌دانستیم و نمی‌پذیرفتیم. کسانی که کتابدارها را آموزش می‌دادند، روی تمام این نکات تأکید می‌کردند.

❑ احتمالاً در سال‌های نخست، کتابدار، و به‌طور مشخص کتابدار کودک، به‌میزانی که پاسخ‌گوی نیاز کتابخانه‌های کانون باشد، نداشتید. آموزش کتابداری کتابخانهٔ کودک چگونه شروع شد و پیش رفت؟

در شروع کار، من شخصاً یکی دو کتابدار را آموزش دادم. سیستم دیوئی و کتابداری پایه را یادشان دادم. کم‌کم آن‌ها مستقل شدند و به دیگران کار یاد دادند. با گسترش سریع و زیاد کانون، ما «مرکز آموزش» کانون را راه انداختیم، و برای کتابدارها دوره‌های حرفه‌ای آموزشی در نظر گرفتیم.
دواطلبان کتابداری باید در یک امتحان شرکت می‌کردند، بعد از قبولی مصاحبه داشتند و بعد از آن دورهٔ آموزش کتابداری کانون را می‌گذراندند. برای گذراندن دورهٔ آموزشی، کتابدارها، با هزینهٔ کانون، از سرتاسر ایران به تهران می‌آمدند و در خوابگاهی که در خیابان نوفل‌لوشاتو برایشان در نظر گرفته شده بود ساکن می‌شدند.[1]

۱- پروانه ناهید خیرابی، نخستین کتابدار کتابخانه‌های کانون بود. خیرابی کتابداری خوانده بود، و پیش از افتتاح کتابخانهٔ مرکزی، کارش را در یکی از کتابخانه‌های جنوب شهر تهران آغاز کرد. ر.ک. به: معزّی‌مقدم، فریدون؛ «کانون پرورش فکری کودکان و نوجوانان، کتابخانه‌ها»؛ دانشنامهٔ ایرانیکا:
https://iranicaonline.org/articles/kanun-e-parvares-e-fekri-e-kudakan-va-nowjavanan-libraries
نسرین‌دخـت بدرایرانی کتابداری را نزد لیلی امیرارجمند یادگرفت. بدرایرانی، آمالیا باغداسـاریان، که او هم زیر نظر امیرارجمند کار کرده بود، و آذر شهابی که پس از استخدام رسمی در کانون، یک دورهٔ آشنایی با کتابخانهٔ کودک را در آمریکا گذراند، تا مدّتی آموزش مقدمات کتابداری به کتابدارهای تازه استخدام‌شده را به‌عهده داشتند. سال ۱۹۷۱/۱۳۵۰، نخستین گروه آموزش کتابداران کانون با نوذر طیّب و محمود قادری و مدیریت فریدون شایان تشکیل شد. پس از چندی، مدیریت گروه آموزش برای مدّت کوتاهی به حسین گل‌کار سپرده شد. در نهایت مرکز آموزش کانون با مدیریت دکتر رسول نفیسی و همکاری اساتید برجسته در رشته‌های گوناگون گسترش پیدا کرد. بعد از سفر دکتر نفیسی به آمریکا، مدیریت مرکز آموزش به نیو نابت واگذار شد. ر.ک. به: میرزائی، علی؛ یک شاخه در سیاهی جنگل- کانون پرورش فکری کودکان و نوجوانان ۱۳۴۴-۱۳۵۷، نشر نگارهٔ آفتاب، تهران، چاپ دوّم، صص ۱۸۲-۱۸۳.
برای مطالعهٔ متن سخنان دکتر رسول نفیسی، منیره برادران و سیاوش سامی دربارهٔ آموزش کتابدارهای کانون به صفحات ◁

❑ در برنامه‌ریزی فعّالیت‌های هر کتابخانه، دست کتابدارها باز بود یا نیاز به نوعی هماهنگی با مدیریت بخش وجود داشت؟

بستگی داشت به کاری که می‌خواستند انجام دهند. در بیشتر موارد دستشان باز بود. مواردی بود، مثلاً دعوت از نویسندگان و شاعران بیرون از کانون برای کتاب‌خوانی برای بچه‌ها، این‌ها را باید هماهنگ می‌کردند. برای ما مسئولیت داشت چه کسانی برای ملاقات با بچه‌ها به کانون دعوت می‌شدند؛ مسئولیت اخلاقی و حرفه‌ای منظورم است، از نظر ارتباط با بچه‌ها و اثری که روی بچه‌ها می‌گذاشتند.
برنامه‌های روزانهٔ کتابخانه‌ها را کتابدارها و مربّی‌ها نظم می‌دادند.

❑ کتابخانه‌های سیّار کانون از چه زمانی شروع به کار کردند؟

حدود پنج سال بعد از کتابخانه‌های ثابت، در سال ۱۹۷۱ میلادی. ایده‌اش را از همان آغاز داشتم. یک شب در مهمانی دربار، از چند دقیقه هم‌صحبتی با تیمسار مین‌باشیان استفاده کردم، فکرِ کتابخانهٔ سیّار را برایش توضیح دادم، و خواستم برای ساختنِ کتابخانه‌های سیّار به ما اتوبوس بدهد. چند روز بعد چندین اتوبوس ارتشی جلوی دفتر من، در خیابان جم، پارک شده بود. افرادی را استخدام کردیم که صندلی‌های اتوبوس‌ها را کندند، و رنگ سبز ارتشی را با رنگ آبی جایگزین، و «مرغک کانون» را روی اتوبوس‌ها نقش کردند. نجّار هم استخدام کردیم برای ساختن قفسهٔ کتاب در داخل ماشین و جاسازی یک میز و صندلی در جلوی آن برای کتابدار. این‌ها نخستین کتابخانه‌های سیّار ایران بودند.
تصور کنید، اتوبوس‌های ارتشی تبدیل شدند به کتابخانه‌های کودکان، برای بچه‌هایی که دسترسی‌شان به کتابخانه آسان نبود. معنا یا ارزش این اتّفاق‌ها را الان بیش از آن سال‌ها درک می‌کنیم.
بچه‌ها برای امانت گرفتن کتاب، با اشتیاق، صف می‌بستند. کتاب را می‌بردند خانه و چند روز بعد، طبق قراری که داشتند، برمی‌گشتند، آن کتاب را تحویل می‌دادند و کتاب دیگری می‌گرفتند. به همین سادگی. در این جریان، یک مسئولیت‌پذیری و اعتمادسازی متمدن هم ایجاد می‌شد.

◁ ۳۸۷-۳۸۸ و ۲۰۱-۲۰۳ و ۲۵۵-۲۵۶ مراجعه کنید.

اتوبوس‌های کتابخانه‌های سیّار به بیمارستان‌ها و مراکز بهزیستی هم می‌رفتند و برای کودکان بستری کتاب می‌بردند.

یکی از خاطرات خوب من در رابطه با کتابخانه‌های سیّار مربوط به زمانی است که من برای زایمان یکی از پسرهایم در بیمارستان بودم. خبر به گوش مردم رسیده بود. خانواده‌ها به‌خاطر بچه‌هایشان به من لطف داشتند، با سبد گُل می‌آمدند به بیمارستان و می‌خواستند گُل‌ها به دست من برسد. خیلی زود اتاق من و راهروهای بیمارستان غرق گُل و عطر گُل شد. تصویر خیلی قشنگی بود. من آن‌قدر احساس خوبی داشتم که خواستم چند اتوبوس‌کتابخانهٔ سیّار به حیاط بیمارستان بیایند، سبدهای گُل را تحویل بگیرند و در بیمارستان‌های جنوبِ شهر پخش کنند. می‌دانستم در بعضی اتاق‌های بعضی بیمارستان‌ها کسانی بودند که گُل دریافت نمی‌کردند. دوست داشتم آن احساس خوب را با آن‌ها قسمت کنم. هنوز هم با تعریف این خاطره آن احساس خوب را از نو تجربه می‌کنم، و فکر می‌کنم چه خوب که کتابخانه‌های سیّار کانون برای بیماران گُل بردند و چشم و دلشان را شاد کردند.

❑ اجازه می‌خواهم همین‌جا از سه تن از رانندگان کتابخانه‌های سیّار یاد کنیم: حسن حاج‌حاتم، حسین رحمانی و حسن خجسته. با قدردانی از آقای علی میرزایی[۱] برای ثبت این نام‌ها، که قدرگذاردن یک تلاش انسانی است.[۲]

چه خوب که آقای میرزایی این نام‌ها را به یاد داشته و در کتابش آورده. ما در کانون یک مجموعه بودیم و من در آن مجموعه یک کاتالیزور بودم. کمک می‌کردم موقعیت‌هایی فراهم آید و موانعی برداشته شود. دیگران بودند که کار را انجام می‌دادند. بعضی وقت‌ها

۱- علی میرزایی (۱۳۲۸، تهران)، روزنامه‌نگار، کتابدار، مدیر کتابخانه‌های کانون (۱۳۵۰-۱۳۵۹)، مدیرمسئول و سردبیر «نگاه نو» (۱۳۷۰ تا کنون). میرزایی پیشینهٔ مدیریت نشریهٔ «دانشمند»، همکاری با سازمان برنامه و بودجه، شرکت ملی فولاد ایران، مؤسسهٔ عالی آموزش و پژوهش مدیریت و برنامه‌ریزی، و وزارت امور اقتصادی را نیز در کارنامهٔ خود دارد. وی همچنین برای مدّتی رئیس هیأت مدیره و مدیر عامل باشگاه فرهنگی ورزشی پرسپولیس بود. در نخستین سازمان‌دهی کتابخانه‌های کانون در سال ۱۹۷۱/۱۳۵۰، علی میرزایی مدیر کتابخانه‌های تهران، نیو نابت، مدیر کتابخانه‌های شهرستان‌ها و داریوش حقیقت‌طلب مدیر کتابخانه‌های روستاها و عشایر شدند. این سازمان‌دهی به‌دلیل گسترش فعّالیت‌های کانون و افزایش تعداد کتابخانه‌ها در سال‌های ۱۳۵۴ و ۱۳۵۷ با تغییراتی در تقسیم‌بندی مناطق و مسئولیت‌ها، مدیریت واحدی برای کتابخانه‌ها در نظر گرفت، که با عنوان «مدیریت بررسی و پیگیری فعّالیت‌های کانون» به علی میرزایی سپرده شد. ر.ک. به: میرزائی، علی؛ یک شاخه در سیاهی جنگل- کانون پرورش فکری کودکان و نوجوانان ۱۳۴۴-۱۳۵۷.

۲- همان؛ ص ۱۲۱.

که از چهره‌های شناخته‌شده‌ترِ کانون نام می‌برند و از من می‌پرسند، دوست دارم از کدام اعضای کانون یاد کنم، می‌گویم از همه. همه اهمیت داشتند. آن مرد محترمی که با مهربانی و با شوق برای ما چای می‌آورد، در مجموعهٔ کاری که در کانون انجام می‌شد نقش مهمی داشت. رانندگان اتوبوس‌های کتابخانه‌های سیّار کار خیلی مهمی انجام می‌دادند.

▫ کتاب‌ها و کتابدارهای کتابخانه‌های سیّار، به‌ویژه برای روستاها، چگونه انتخاب می‌شدند؟

هدف ما همیشه این بود که همهٔ کتاب‌هایمان یکسان در اختیار همهٔ بچه‌های ایران باشد. کتابخانه‌های سیّار هم همین فکر را دنبال می‌کردند.

ما در کانون یک کمیتهٔ انتخاب کتاب داشتیم که اعضای آن کتابدارها و نیز مدیران کتابخانه‌های تهران، شهرستان‌ها و روستاها و عشایر بودند. تمام کتاب‌های کودکِ موجود در ایران در جلسات این کمیته خوانده و ارزیابی می‌شد، و کتاب‌های منتخب آن‌ها از نظر من می‌گذشت. بعد از انتخاب نهایی، کتاب‌هایی را که انتخاب شده بودند، به تعداد تمام کتابخانه‌های کانون، در شهرها و روستاها، به ناشران سفارش می‌دادیم. این شیوهٔ انتخاب کتاب بود، که برای کتابخانه‌های ثابت و سیّار به یک شکل اجرا می‌شد. کتاب‌ها به کتابخانهٔ کانون می‌آمدند، فهرست‌نویسی و طبقه‌بندی می‌شدند، برایشان کارت و پاکت درست می‌شد و هر کدام به کتابخانه‌ای که باید، از جمله اتوبوس‌های کتابخانه‌های سیّار، منتقل می‌شدند. برای مناطق کوهستانی و مسیرهایی که اتوبوسِ کتابخانه‌های سیّار نمی‌توانست به آن برود، جیپ گرفته بودیم. سفرهایی که حتّی از جیپ برنمی‌آمد با اسب یا قاطر، با بار کتاب، انجام می‌شد. یعنی ایدهٔ اوّلیهٔ اتوبوسِ پُر از کتاب در یک شهر کوچک در فرانسه، با توجّه به موقعیت جغرافیایی و اقتصادی و فرهنگی ایران به یک کارِ گسترده تبدیل شد. ما به همه‌جا کتاب کودک می‌رساندیم و بچه‌ها با ذوق از ما استقبال می‌کردند.

برای مناطقی که ماشین‌رو نبودند، به‌دلیل محدودیت امکان حمل کتاب، هر بار تعدادی کتاب می‌بردیم و چند روز بعد مجموعه‌ای دیگر را جایگزین می‌کردیم. به این ترتیب تمام کتاب‌های کتابخانه‌های ثابت در اختیار کودکان در دورافتاده‌ترین مناطق هم قرار داشت. کتابدارهای هر کتابخانه را از همان شهر یا روستا انتخاب، و با هزینهٔ خودمان، مدّتی در تهران ساکن می‌کردیم تا در دورهٔ کتابداریِ کانون آموزش ببینند، و استخدام شوند. برای

کتابخانه‌های روستاها اغلب از اعضای سپاه دانش برای شرکت در دوره‌های آموزشی کانون نیرو می‌گرفتیم. گاهی هم از شهرستان‌های کوچک یا روستاها با ما تماس می‌گرفتند و به تأسیس کتابخانه دعوتمان می‌کردند. در این موارد، اغلب، دواطلبانِ کارآموزی کتابداری را هم به ما معرّفی می‌کردند.[1]

در مناطق دورافتاده، ما استقبال و همکاری سران روستاها و اقوام و ایلات و عشایر را داشتیم. رئیس ایل، شخصاً به دیدن من می‌آمد و با ما همکاری می‌کرد؛ علاقه داشت بچه‌ها و بزرگ‌ترهای ایل باسواد و کتاب‌خوان شوند. این برای ما خیلی ارزش داشت.

ما دوست داشتیم بچه‌های ایران به ظرفیت‌ها و توانایی‌هایشان پی ببرند و بهترینی را که در خودشان پیدا می‌کردند پرورش دهند.

☐ آیا با آقای محمد بهمن‌بیگی[2] همکاری داشتید؟

رسیدن به خیلی از مناطق دورافتاده و جلب همکاری خیلی از عشایر با کمک آقای بهمن‌بیگی ممکن می‌شد. بهمن‌بیگی یک انسان باسواد و باارزش بود. اهل شیراز بود. عشایر را می‌شناخت، همراهشان سفر می‌کرد، برایشان مدارس سیّار می‌ساخت و کتاب درسی تهیه می‌کرد. به تحصیل دختران اهمیت می‌داد. من تحسین و احترام زیادی برایش داشتم و دارم. به مدارس سیّارش در چادرهای سیاه هم رفته بودم. کارش مؤثر و الهام‌بخش بود.

ما برای کتابخانه‌های سیّار از اطلاعات و تجربیاتش کمک می‌گرفتیم. گاهی، حتّی برای پیدا کردن مسیرِ مناسب برای رفت‌وآمد به یک روستای دورافتاده راهنمایی‌مان می‌کرد. می‌گفت کسی از دولت، یا از شهرهای بزرگ به آن مناطق سر نمی‌زده و به همین دلیل، در آن حوالی جادهٔ درستی برای رفت‌وآمد وجود نداشت.

توجّه و کمک به باسوادکردنِ عشایر و وارد کردنِ کتاب به زندگی‌شان محور زندگیِ

۱- برای مطالعهٔ سخنان سیاوش سامی دربارهٔ آماده‌سازی کتابخانه‌های شهرستان‌ها به به صص ۲۵۷-۲۵۸ مراجعه کنید.
۲- محمد بهمن‌بیگی (۱۲۹۹، قشلاق ایل قشقایی در نزدیکی فیروزآباد-۱۳۸۹، شیراز)، دانش‌آموختهٔ حقوق، معلم، نویسنده، بنیادگذار آموزش و پرورش عشایری در ایران. بهمن‌بیگی در سال ۱۳۵۲ نشان ویژهٔ پیکار با بی‌سوادی، جایزهٔ کروپسکایا (Nadezhda Krupskaya) را از یونسکو دریافت کرد. ر. ک. به: سال‌شمار زندگی محمد بهمن‌بیگی: http://www.bahmanbeigi.ir/Default.aspx?tabid=73

و ر. ک. به: بهمن‌بیگی، محمد؛ بخارای من، ایل من (مجموعه خاطرات)، انتشارات آگاه، تهران، چاپ یکم، ۱۳۶۸.

بهمن‌بیگی بود. درنتیجه، به کتابخانه‌های سیّار کانون در روستاها اهمیت می‌داد و هر کاری می‌توانست برای کمک به ما می‌کرد. خوشحال‌ام فرصتی فراهم شد که بتوانم بعد از سال‌ها از او یاد کنم.

❑ شما در جامعه‌ای که حتّی فردیتِ یک بزرگ‌سال چندان قابل اعتنا نبود، به برکشیدنِ فردیتِ کودک و ایجاد فضای مناسب برای ابراز وجود و عقیده‌اش فکر کردید. در ذهن شما چه می‌گذشت؟

من خیلی موافق نیستم که درجامعهٔ ما به فردیتِ بزرگ‌ترها اعتنا نمی‌شد. به‌نظر من، چه در دولت و چه در نهادهای غیر دولتی تلاش‌های مهمی برای فراهم آوردنِ زمینه‌های رشدِ استعدادهای افراد و ایجاد زمینه‌هایی برای این‌که هر فرد بتواند کاری بکند وجود داشت. اگر منظور این است که بافت جامعه هنوز آن‌قدر مدرن نبود که بیشترِ مردم فردیتِ خودشان را قابل اعتنا بدانند و با اعتماد به نفس، از آن حرف بزنند، فکر می‌کنم این یک بحث تاریخی است و نمی‌شود به همهٔ افراد جامعه در سال‌های مورد بحث ما تعمیمش داد. در آن سال‌ها خیلی افراد با فکرهای نو به میدان می‌آمدند و کارهای اثرگذاری را آغاز می‌کردند.

من در دوران تحصیل در آمریکا و بازدید از کتابخانه‌ای در فرانسه با الهام از آن‌چه خواندم و دیدم ایده‌هایی گرفتم که با علیاحضرت در میان گذاشتم و با پشتیبانی و تشویق ایشان در ایران عملی‌شان کردیم. خیلی ساده فکر کردم امکاناتی در دنیا هست که ما هم می‌توانیم برای کودکانمان فراهم کنیم؛ و این به‌نظرم خیلی طبیعی بود.

❑ پاسخ سنجیدهٔ شما را می‌پذیرم و پرسشم را با صورت‌بندیِ اصلاح‌شده در دو بخش ادامه می‌دهم:
نخست، روایت‌های زیادی از بچه‌های عضو کتابخانه‌های کانون در آن روزگار -که بزرگ‌سالان امروزند- در دست است، که نخستین و پررنگ‌ترین تجربهٔ زندگی‌شان از آزادی و برابری و حق ابراز وجود و اظهار نظر، به کانونِ آن سال‌ها برمی‌گردد. می‌گویند در دورانی که نظرشان حتّی در محیط خانواده جدّی گرفته نمی‌شد، در کانون باور می‌کردند که اهمیت دارند، حق انتخاب و

نظردادن دارند.

همایون اسعدیان، نویسنده، کارگردان و تهیه‌کننده، در آن دوران عضو کتابخانهٔ شماره ۳ کانون در چهارراه لشگر(محلّهٔ باغشاه) بوده. روایت ایشان را در گفت‌وگو با خاطره خدایی برایتان می‌خوانم: «در کانون اتّفاقی که افتاد برای من به‌عنوان یک نوجوان چهارده‌ساله این بود که چه مربّیان فیلم‌سازی و چه کتابداران و چه فضایی که در آن‌جا برقرار بود، به آدم احساس تشخّص می‌داد. ما یک عدّه بچه بودیم و هیچ‌وقت فکر نمی‌کردیم آدم بزرگ هستیم. آن‌ها به ما یاد می‌دادند و طوری با ما برخورد می‌کردند که فکر می‌کردیم آدمی هستیم برای خودمان و هویّت داریم. فکر می‌کردیم می‌توانیم حرف بزنیم... همین که یک بچه می‌توانست یک فیلم هشت میلی‌متریِ دو سه دقیقه‌ای بسازد، مرتّب همه‌جا نشانش بدهند و در موردش حرف بزنند، با خودش خیال می‌کند که خُب، کسی است برای خودش و ذهنیت مستقل دارد. کانون در زندگی شخصی من بسیار تأثیر گذاشت و کاری کرد که احساسِ آدم بودن کنم.[۱]»
اشارهٔ من به چنین روایت‌هایی است.

خیلی متشکّرم از آقای اسعدیان و خوشحال‌ام که کانون را این‌طور به یاد می‌آورند. من چهار فرزند دارم و طبیعی است که احساس و تجربهٔ بچه‌ها در فضایی که متعلّق به خودشان بود، برایم اهمیت داشت، همان‌طور که احساس و تجربهٔ بچه‌های خودم برایم مهم بود.

ارزیابی امروز شما مرا دلگرم می‌کند. ولی راستش، من در آن زمان به این مسائل فکر نمی‌کردم. فقط به انجام کارِ درست فکر می‌کردم و آن رفتار را کارِ درست می‌دانستم. برایم طبیعی بود که کتابدارها و مربّی‌ها با بچه‌ها با مهربانی و روی خوش برخورد کنند. به بچه‌ها احترام بگذارند و آزادیِ انتخاب بدهند. هر کودک یک فرد است و طبیعی است که به فردیتش احترام بگذاریم و تشویقش کنیم حرفش را بزند، نظرش را بگوید. ما این‌ها را در دوره‌های کتابداری آموزش می‌دادیم.

۱- خدایی، خاطره؛ «همایون اسعدیان»، کانون، انتشارات مرکز ایران‌شناسی دکتر ساموئل جردن، دانشگاه ارواین، ارواین ۱۳۹۷/ ۲۰۱۹، ص ۱۸.

☐ در ادامهٔ همین بحث، اگر بپذیریم که در آن زمان افرادی، ازجمله بعضی از روشنفکران با نظام‌های ارزشی چپ و اسلامی، بدون تفکر، تردید یا پرسش، دنبال جریان‌هایی حرکت می‌کردند که اساسشان بر حذف فردیت بود، شما چگونه با فاصله‌های زیاد از این ذهنیت، نظام‌های فکریِ متکثّر را کنار هم نگه می‌داشتید و قانعشان می‌کردید که ایدئولوژی جریان‌های سیاسی را به محیط کار نیاورند؟ فکر می‌کنم، نتیجهٔ این کار، می‌توانست نوعی برکشیدنِ فردیتِ هر یک از اعضای کانون، به‌رغم تعلّقِ خاطر به یکی از جریان‌های سیاسیِ رایج باشد. بسیاری از این افراد در موقعیت‌های دیگر، رفتاری متفاوت داشتند.

من وقت مصاحبه برای استخدام، خیلی صریح به همه می‌گفتم که انتظار دارم افراد عقاید سیاسی‌شان را پشتِ درِ کانون بگذارند، و در محلِ کار تمامِ فکر و وقتشان صرف مسئولیت کاری‌شان شود. رفتارم هم طوری بود که می‌دانستند بر سر حرفم و انتظارم ایستاده‌ام. حواسم جمع بود. تمام کتاب‌های کانون را می‌خواندم، فیلم‌ها را می‌دیدم، و همه این را می‌دانستند. باورهای سیاسی و بحث‌ها و کارهایشان در بیرون از کانون به خودشان مربوط بود. انتظار من احترام به تعهدِ کاری در کانون بود.
واقعیت این است که اعضای کانون هم به قراری که داشتیم پایبند بودند. من جز همان صحبت و قرار اوّل، نقش دیگری در این زمینه نداشتم. دلیل این‌که چرا رفتار افراد در کانون با رفتارشان در موقعیت‌های دیگر متفاوت بود، برای من مشخص نیست.
شاید اطمینانشان از پشتیبانیِ من بی‌تأثیر نبود. می‌دانستند که همیشه می‌توانستند روی من حساب کنند. هر مشکلی در بیرون از کانون برایشان پیش می‌آمد، من با کمک پرویز ثابتی[1] حل می‌کردم. بارها با ضمانت من آزاد شده بودند. شاید این متعهدشان می‌کرد که در کانون بر سرِ قرارشان بمانند.
از طرف دیگر، نویسندگان و هنرمندان، در کانون آن‌چه را می‌خواستند می‌ساختند و نتیجهٔ کارشان را می‌دیدند. لازم نبود سال‌ها برای بودجه یا امکانات دیگر منتظر بمانند، نگران چاپ

۱- پرویز ثابتی (زادهٔ ۱۳۱۵) دانش‌آموختهٔ حقوق، تحلیل‌گر مسائل امنیتی کشور در سازمان امنیت از سال ۱۳۳۷، رئیس ادارهٔ امنیت داخلی ساواک (۱۳۵۲-۱۳۵۷). ر. ک. به: قانعی‌فرد، عرفان؛ در دامگه حادثه، انتشارات شرکت کتاب لس آنجلس، ۱۳۹۰.
برای مطالعهٔ متن سخنان پرویز ثابتی دربارهٔ کانون، به صص ۲۱۴-۲۱۵ مراجعه کنید.

یا تولید و پخش آثارشان هم نبودند. فکر می‌کنم این تشویقی بود که تمرکزشان را روی کارشان بگذارند و اثری را که دلشان می‌خواست خلق کنند.

نکتهٔ مهمِ دیگر این است که من یکی از آن‌ها بودم. همه جوان بودیم و همه می‌خواستیم کاری را که دوست داشتیم جلو ببریم. نوعی تفاهم بین ما بود، که شاید اگر من یک آدم پیر با عقاید غیر قابل انعطاف بودم، به‌دست نمی‌آمد. جوان‌ترها معمولاً فکر می‌کنند افراد مسنّ آن‌ها را نمی‌فهمند، با این پیش‌زمینهٔ فکری، تلاشی برای درکِ متقابل شکل نمی‌گیرد. این مسئله در برخورد با جوانانِ سیاسی، که کلّه‌شان بوی قرمه‌سبزی می‌دهد، شدیدتر هم می‌شود.
ما هیچ‌وقت این مشکل را نداشتیم. من یک زن جوان بیست و چند ساله بودم که در موقعیتی خاص، مدیریت مرکزی را به‌عهده داشتم، که بهترین فرهنگیان کشور در آن با هم و با من همکاری می‌کردند. فکر می‌کنم همه از این موقعیت راضی بودیم.
پرویز ثابتی هم می‌دید که مسائلی مثل تبلیغ سیاسیِ یک نظام فکری در آثار کانونیِ این افراد نبود. چند بار هم پیش آمد که بعضی از اعضای کانون را به‌دلیل فعّالیتی در بیرون از کانون بازداشت کردند. من به آقای ثابتی تلفن می‌زدم و می‌گفتم این‌ها کانونی هستند و خواهش می‌کردم آزادشان کنند و آقای ثابتی هم همیشه همکاری می‌کرد. فقط ضمانت مرا می‌خواست که فردِ آزادشده در کانون فقط به کار فرهنگی خودش بپردازد.

پرویز ثابتی در تمام آن سال‌ها با من همکاری کرد و من قدردان و مدیونش هستم. دیگران در ساواک این نوع همکاری را نمی‌پذیرفتند. اصلاً حاضر نمی‌شدند وارد این نوع گفت‌وگوها شوند.

❑ فکر می‌کنید بخشی از مشکلات بین نویسندگانِ منتقد یا مخالفِ نظام با نهاد قدرت نوعی سوءبرداشت بود، که شاید می‌توانست با گفت‌وگو به جایی برسد؟

من این‌طور فکر می‌کنم. تجربه‌اش را هم داشتم. یک روز ده -یازده نفر از اعضای کانون را که به نوعی در معرض حسّاسیت ساواک بودند، به دفترم دعوت کردم. از قبل از آقای ثابتی هم دعوت کرده بودم همان زمان به دفترم بیاید.

ساواک به کانون می‌گفت «لانهٔ زنبور». اعضای کانون آمدند و نشستند. بعد آقای ثابتی آمد. تک‌تک آن اعضا را به ثابتی معرّفی کردم و گفتم، این‌ها همان «لانه زنبوری»ها هستند. گفتم، دوست دارم امروز در این دفتر با هم حرف بزنید. برای هیچ‌کدامشان راحت نبود. ولی بحث باز شد و سؤال و جواب پیش آمد و همه حرف زدند.
مسیر گفت‌وگو را باید باز کرد. کانونی‌ها دیدند پرویز ثابتی آن تصویری که از او ساخته شده بود، نیست. دیدند، روی آن‌ها که حسّاسیت‌هایی درباره‌شان وجود داشت -و خودشان هم می‌دانستند- نظارت دارد، ولی به حرف‌هایشان هم گوش می‌دهد و به سؤال‌ها و اظهار نظرهایشان جواب می‌دهد. آقای ثابتی هم دید «لانه زنبوری»ها جوانان پُرشور و بااستعدادی هستند که می‌خواهند برای بچه‌های مملکت کار فرهنگی بکنند.

من امیدوارم امروز که پرویز ثابتی به آن سال‌ها نگاه می‌کند، از نقشی که در برقرار ماندنِ کانون داشته احساس رضایت کند.

❑ به‌نظرتان، چرا چنین گفت‌وگوهایی در فضاهای دیگر شکل نمی‌گرفت و مشکلات آسان‌تر حل نمی‌شد؟

شاید آن فردِ واسطه که هم با قدرت، در مورد من علیاحضرت، در ارتباطِ نزدیک باشد، هم با طرف مقابل، در همهٔ سازمان‌ها وجود نداشت. من باور داشتم اعضای کانون با هر نوع باور و سابقهٔ سیاسی، ظرفیت‌های زیادی برای انجام کارهای مثبت دارند و می‌شود روی آن ظرفیت‌ها حساب کرد. همچنین باور داشتم آقای ثابتی قصد آسیب‌زدن به آن‌ها و توانایی‌هایشان را نداشت. از موقعیتم استفاده می‌کردم که این دو متوجّه این موضوع بشوند. هر دو طرف هم باهوش بودند و می‌فهمیدند نتیجهٔ همراهی‌شان به نفع بچه‌های ایران است. به‌تجربه دیدیم که همین‌طور هم بود.

❑ گفتید، از اعضای کانون انتظار داشتید «عقاید سیاسی‌شان را پشتِ درِ کانون بگذارند، و در محلِ کار تمامِ فکر و وقتشان صرف مسئولیت کاری‌شان شود.» در نگاه باریک‌تر، فاصله‌گرفتن از عقاید سیاسی برای یک نویسنده، نقّاش یا فیلم‌ساز چه تعریفی داشت؟ شاید از چشم‌اندازی دیگر بشود پرسید، سیاست

برای شما چه معنایی داشت؟

از بخش دوّم پرسش شما شروع می‌کنم. من هیچ‌وقت آدم سیاسی نبودم. درواقع، درکی از سیاست نداشتم. علاقه و دلیلی هم نداشتم دنبال سیاست بروم. وقتی می‌گویم «سیاست»، منظورم بیشتر نحوهٔ مدیریت جامعه است که به دولت برمی‌گردد.

در آن زمان، برای کسی مثل من، امکاناتی فراهم بود که کاری را که دوست داشتم انجام بدهم، نتیجه‌اش را ببینم، پشتیبانی شهبانو و سازمان‌هایی مثل سازمان برنامه و بودجه، شرکت نفت و وزارت‌خانه‌های دولتی را هم داشته باشم. تمام وقت و فکرم را در آن مسیر گذاشتم.

امروز می‌بینیم کانون چطور در زندگی بچه‌هایی که امکانات کمتری داشتند اثر می‌گذاشت، به این امید که آن‌ها هم یک روز کاری را که دوست دارند انجام دهند و نتیجه‌اش را ببینند. مسئولیت و تعهد من، انجامِ درستِ آن کار بود که همهٔ زندگی‌ام را برایش می‌گذاشتم و خیلی هم راضی و خوشحال بودم.

راستش، من هنوز هم کاری به سیاست ندارم. به‌نظرم، سیاست در ذهن آدم‌ها پیش‌داوری‌های عجیب یا نوعی تعصّب ایجاد می‌کند، که می‌تواند برداشت‌ها و تحلیل‌هایشان از مسائل ساده را هم نادرست و غیرمنصفانه کند. در دنیای امروز، که عقایدِ سیاسی به‌زور به مردم تحمیل می‌شوند، این پیش‌داوری‌ها به‌حدّی است که حتّی یک گفت‌وگوی ساده بین دو نفر راحت پیش نمی‌رود.

مثلاً یکی از تعبیرهای سیاسی این است که توجّهِ زیادِ کانون به مناطق کم‌درآمد، به ذهنیت «چپ» ربط داشته. هر انسان سالم می‌تواند به فکر بچه‌ها باشد و بخواهد برای مناطق کم‌درآمدتر جامعه‌اش کار مثبت انجام دهد. این یک باور انسانی است و هیچ ربطی به سیاسی بودن و چپ بودن ندارد.

انتظار من از اعضای کانون، پرهیز از این نوع پیش‌داوری‌ها در کار فرهنگی برای کودکان بود.

☐ در تجربهٔ من، که در ایران بعد از انقلاب بزرگ شدم و درس خواندم، برای یک زن، به‌ویژه، همه‌چیز -از رنگ و نوع لباس تا شکل خندیدن و البتّه هر کار

خلّاق- تعابیر سیاست‌زده و ایدئولوژی‌زده می‌گرفت. سیاست خودش را به ما تحمیل می‌کرد. به باور شما -اگر درست متوجّه شده باشم- یک شخصیت فرهنگی، مانند شما، در ایران پیش از انقلاب، می‌توانسته با تکیه بر آزادی‌های اجتماعی و مسیرِ رو به تجددِ جامعه، کار یا تحقّق رؤیایی را که دوست می‌داشته، بدون نیاز به درگیر شدن با سیاست، پیش ببرد.

دقیقاً همین‌طور است. من در دوران تحصیل در مدرسه و دانشگاه، در زندگی خانوادگی و در محیط کار، نیازی به سیاست و سیاسی شدن احساس نکردم. از همان دورانِ تحصیل در ژاندارک و بعد از آن هم، یاد می‌گرفتم که اگر آدمی باشم با ایده‌های خوب و همّت بلند و بخواهم برای زندگیِ خودم و برای مردم کار مثبتی انجام دهم، جامعه به من فرصت می‌دهد؛ و بعد از پایان تحصیلم هم دقیقاً همین مسیر را تجربه کردم.
شما ببینید همین اعضای «لانه زنبور»یِ کانون که سرشان بوی قرمه‌سبزی می‌داد، چه امکاناتی داشتند و چه کارهایی انجام دادند.

❏ شما را «شمشیر و سپر» کانون می‌نامند. به این معنا که شما هم می‌جنگیدید و راه را برای اعضای کانون باز می‌کردید و هم جلوی تیرها می‌ایستادید که رهروانِ راهِ نه‌چندان هموار آسیب نبینند.

دکتر علی‌اکبر سیاسی، ششمین رئیس دانشگاه تهران، به‌دلیل مقاومت در برابر حکم اخراج اساتید وابسته به حزب توده، از سِمَت خود برکنار شد. دکتر یارشاطر در این‌باره گفته است، استدلال دکتر سیاسی این بود: «که این‌ها تا زمانی که عقایدشان را برای خودشان نگه دارند، دانشجویان را به حزب توده دعوت نکنند، یا درسشان را با این مطالب نیامیزند، باید آزاد باشند کار کنند. به‌صراحت می‌گفت که حیف است ما نیروی متخصص دانشگاهی را به‌خاطر یک اعتقاد سیاسی بیکار نگه داریم. تنها انتظار ما از این‌ها باید این باشد که خوب مطالعه کنند و خوب درس بدهند.[۱]»
به‌نظر می‌رسد مدیریت شما و چگونگی برخوردتان در جایگاه «شمشیر و

۱- احسان یارشاطر در گفت‌وگو با ماندانا زندیان، ص۱۷۰.

سپر» هم خاص و متفاوت بوده.

من فکر می‌کنم تفاوت اصلی این دو ماجرا در این است که من پشتیبانیِ شهبانو را داشتم، و همه این را می‌دانستند. مسئولان کشور می‌دانستند برخوردهای غیرمنطقی‌شان با کانون می‌توانست در آینده برای خودشان مشکل ایجاد کند.
دوستیِ نزدیک من با شهبانو، که درواقع، دوستیِ نزدیک مدیر یک نهاد فرهنگیِ غیردولتی با قدرت بود، برای یک بار در دنیا به نفع همه کار کرد. من همیشه شکرگزار بوده‌ام که توانستم از آن موقعیت خاص، درست و به سود کانون و همکارانم استفاده کنم.

❑ بحثی هست با این مضمون که کانون فضایی بود -به تعبیر بعضی، «جزیره»ای- برای فرصت دادن به مخالفان سیاسی آن روزگار تا با فاصله از سیاست، از ظرفیت‌های خلّاقشان در گسترهٔ فرهنگی بهره ببرند. به این معنی که کانون، با برنامهٔ قبلی، از مشکلات امنیتی فراغت داشت. آیا شما هرگز شنیده بودید که دربار یا سازمان امنیت چنین بحثی را مطرح کنند؟

من فکر می‌کنم این بحثِ منتقدان و مخالفان سیاسی آن دوران بوده، که قابل درک است. چون عملاً می‌دیدند در کانون فضایی باز و آزاد و برابر برای کار کردن وجود داشت که در تحلیل آن‌ها در مقایسه با فضاهای کاری دیگر استثنا بود.
نظر من این است که تفاهمِ متقابل بین اعضای کانون و من، دربارهٔ تمرکز کامل روی انجامِ کارِ فرهنگیِ مشخص و تعریف‌شده برای بچه‌های ایران، دلیلِ مهمِ استثنائی بودنِ کانون بود. من هرگز از شخص یا نهادی نشنیدم که سیاستِ برنامه‌ریزی‌شده‌ای دربارهٔ فضای کاریِ کانون وجود دارد. هیچ‌کس هم در این مورد از من سؤال نمی‌کرد. درواقع، من ملزم به پاسخ‌گویی به هیچ‌کس نبودم. تنها کسی که در جریان فعّالیت‌های هر روزهٔ کانون قرار داشت، شهبانو بود.

نظر شخصی من این است که نویسندگان، هنرمندان و روشنفکرانی که تواناییِ کارِ خلّاق و فرهنگ‌ساز دارند، اگر وقت و انرژی خودشان را در مسیرِ توانایی‌هایشان بگذارند، به فرهنگ و حتّی سیاست مملکتشان خدمت بیشتری کرده‌اند. همان‌طور که می‌بینیم اعضای کانون را امروز چطور و با چه کارهایی به یاد می‌آوریم. بحثی که شما طرح کردید، شاید

امروز، بعد از پنجاه و چند سال، از نگاه کردن به نتیجهٔ کارِ کانون منطقی به‌نظر بیاید، ولی یک دستورِ کاری نبود.
در کانون، همه از دوستیِ نزدیک من با شهبانو اطّلاع داشتند. من هم افکار سیاسیِ اعضا را در بیرون از محیط کار کانون می‌شناختم. ولی اعتماد دوطرفهٔ بین ما، که من قدرش را می‌دانم و از همکارانم به‌خاطرش ممنون‌ام، می‌توانست زمینهٔ چنین فکرها و سؤال‌هایی بشود که مثلاً چطور یک توده‌ای می‌توانست در کانون با ریاست عالیهٔ شهبانو و مدیریت لیلی امیرارجمند کار کند. سؤالی که هیچ‌وقت برای من مطرح نبود. ما جوان‌هایی بودیم که در یک موقعیتِ استثنائی با صمیمیت و عشق برای بچه‌های ایران کار می‌کردیم.
تا آن‌جا که من می‌دانم هم آن زمان، هم الان بعد از چند دهه، همه از کارکردن در کانون راضی بوده‌اند. همه هم می‌دانستند من با شهبانو دوست نزدیک بودم و در دربار رفت‌وآمد داشتم. هیچ‌کس، اعضای با زمینه‌های فکری چپ هم، اعتراضی به این موضوع نداشت. می‌دانستند ارتباط نزدیک من با شهبانو به پیش رفتنِ کارهای کانون کمک می‌کرد.[۱]

❑ آیا سابقهٔ فعّالیت سیاسی بعضی از اعضای کانون، در انجام کارهایی که در کانون به‌عهده می‌گرفتند محدودیت ایجاد می‌کرد؟

در کاری که در کانون انجام می‌دادند، هیچ محدودیتی نبود. تعداد کمی بودند، که برای شرکتشان در بعضی از مراسم با حضور علیاحضرت و اعلیحضرت محدودیت‌هایی در نظر گرفته شده بود. آن محدودیت‌ها را هم من با صحبت کردن با آقای ثابتی و با تضمین شخصی خودم، تقریباً همیشه، رفع می‌کردم. من خیلی هوای اعضای کانون را داشتم. صریح و قاطع می‌گفتم، این آدم باید در این مراسم باشد. بیشترین حسّاسیت روی شیروانلو بود، که در همهٔ برنامه‌های کانون شرکت کرد.
خوشبختانه هیچ‌وقت هم هیچ مشکلی در کانون پیش نیامد.

❑ یکی دیگر از رفتارهای پیشرو و متجددِ شما توجّه و تأکیدتان بر احترام گذاشتن به برابری انسان‌ها و کرامت انسانی است. سطح یکسان کتابخانه‌های

۱- برای مطالعهٔ نظر پرویز ثابتی و اسفندیار منفردزاده دربارهٔ این بحث، به صص ۲۱۷-۲۱۸ و ۳۷۱-۳۷۲ مراجعه کنید.

کانون در مناطق گوناگونِ همهٔ شهرها و روستاهای ایران، و اهمیتی که به اقوام ایرانی می‌دادید -در زمانی که احتمالاً روشنفکران و اکثریت شهروندان شهرهای بزرگ تلاش چندانی برای فهمیدن آن‌ها نداشتند- سزاوار درنگ است. نگاه شما به انسان و جهان در آن سال‌ها چگونه بود؟

باور من در آن سال‌ها این بود و امروز هم این است که یک آدم سالمِ واقع‌بینِ منصف نمی‌تواند جز با این نوع نگاه به انسان و جهان نزدیک شود. آن‌چه شما می‌گویید، طبیعی‌ترین رفتار انسانی است. بچه‌های مناطق مختلف ایران هیچ فرقی با هم ندارند. برای من روشن بود که سطح کتابخانه‌های کانون باید مثل هم باشد. درواقع، برای همهٔ ما روشن و طبیعی بود. بیشتر ما زیر سی سال داشتیم. پُر از فکرهای تازه بودیم و می‌خواستیم برای مملکتمان کاری بکنیم.

گاهی از من می‌پرسند که چطور در بیست‌وشش سالگی مدیر یک نهاد فرهنگی بودم. امروزه می‌بینیم که مؤسس و مدیر سرویس‌های شبکه‌های اجتماعی و کمپانی‌های بزرگ بین‌المللی مثل فیس‌بوک و اَپل کارشان را از سال‌های اوّل دانشجویی شروع کردند و خیلی هم موفّق شدند. خلّاقیت و جسارت و توانِ انجامِ کار در آن دورانِ عمر باورکردنی نیست. اگر نگاهِ انسانی هم به آن اضافه شود، که در جوانانِ با فکرِ سالم می‌شود، بهترین نتیجه را می‌دهد. مدیران داخلی کانون -مدیران بخش‌های مختلف- هم همه جوان بودند. من به جوان‌ها اعتماد می‌کردم و امروز بعد از چند دهه از آن اعتماد راضی‌ام.
یک نکتهٔ دیگر این است که وقتی ما در مناطق با درآمد کمتر کتابخانه می‌ساختیم، رفت‌وآمد بیشتر در آن منطقه، شهرداری را تشویق می‌کرد به خیابان‌های اطرافِ کتابخانه بیشتر رسیدگی کند، و بعد از مدّتی بافت منطقه تغییر می‌کرد و آبادتر می‌شد.
یک بار من به بازدید یکی از روستاهای کوچک کردستان رفتم. از آن مناطقی که ماشین‌رو نبود، حتّی با کمک اسب یا قاطر هم نمی‌شد از تپّه‌های اطرافش بالا رفت. درنتیجه، من از جایی به بعد را باید پیاده می‌رفتم. اهالی روستا، برای ممکن کردنِ این کار فواصلی را در دامنهٔ تپّه با بیل کندند و چیزی شبیه پله‌های گِلی ساختند که من بتوانم به بالای تپّه برسم. به مقصد که رسیدم، یکی از سران روستا به من گفت که تا آن زمان هیچ بازدیدکننده‌ای جز اهالی منطقه از رودی که پایین تپّه بود رد نشده بوده. یعنی آن‌قدر جدا و در انزوا بودند.

بعد از آن بازدید و رساندنِ کتاب به بچه‌های روستا، در آن منطقه جاده‌سازی کردند. این کار، انتقال آب و مواد غذایی به آن روستا را، به‌خصوص در زمستان که برف راه‌ها را می‌بست، آسان کرد، و در درازمدّت روی زندگی اهالی منطقه تأثیر زیادی گذاشت. این اتّفاق‌ها مشوّق ما می‌شد. خیلی‌ها در آن زمان این طرز فکر را داشتند.

چند سال بعد از آن سفر، هم‌زمان با شلوغی‌های انقلاب، که ملاحظات رفت‌وآمد بیشتر شده بود، یک روز در کانون درگیر کار بودم، که باخبر شدم چند نفر با لباس کُردی جلوی درِ ساختمان ایستاده‌اند و می‌خواهند مرا ببینند. راهنمایی‌شان کردند به دفترم. بزرگانِ همان روستای کوچک کُردنشین بودند، که در آن وضعیتِ ناامن، مشکلات سفر به تهران و پیداکردنِ ساختمان کانون را تحمل کرده بودند تا حضوری به من اطمینان دهند که اگر انقلابیون مشکلی برایم ایجاد کنند، می‌توانم روی کمک آن‌ها حساب کنم. گفتند، اسلحه هم دارند و می‌توانند هرطور لازم شود مواظب جان من باشند. این یکی از خاطرات قشنگ من از آن دورانِ آشفته است.
می‌بینید که احترام به برابری انسان‌ها فقط در نگاهِ من نبود؛ در نگاه آن هموطنان کُرد هم بود.

☐ در همین زمینه، روایت‌های متعدّدی از همکارانتان دربارهٔ توجّه خاص شما به کارمندانِ به‌اصطلاح رده‌های پایین‌تر و کارگرانی که به کارهای مراکز کانون رسیدگی می‌کردند، در دست است. یک نمونه‌اش را که از چند تن از همکارانتان شنیده‌ام، روایت یکی از کارگران است که یک شب، دیروقت، مشغول آویختن لوستر یکی از اتاق‌های ساختمان کانون بوده که قلّاب فلزی آویخته از سقف در چشمش فرو می‌رود. به شما اطّلاع می‌دهند. شما همان موقع، یک تیم پزشکی را هماهنگ می‌کنید که بروند به محل حادثه و او را به بیمارستان منتقل کنند. از روز بعد، خودتان که در ماه‌های آخر بارداری هم بودید، چند بار برای ملاقات او و اطمینان خاطر از فراهم بودنِ امکانات پزشکی لازم، به بیمارستان می‌روید و به همه سفارش می‌کنید هر کاری لازم است انجام دهند، و این پی‌گیری را تا بهبودی کامل آن فرد ادامه می‌دهید.
این شکل و شیوه از احترام به کرامت انسانی، بی‌تردید، فضای کانون را سرشار

از احترام متقابل می‌ساخته.

برابر دانستن انسان‌ها که شما می‌گویید، شاید در ناخودآگاه من بود. آگاهانه به این مسائل فکر نمی‌کردم. به‌نظر من، برخورد با کسی که ساعت‌های طولانی، گاهی به مناسبتی شب تا صبح، برای کانون کار می‌کرد، و اصلاً هم دیده نمی‌شد، جز آن نمی‌بایست باشد.

ما در کانون، و در وزارتخانه‌ها هم، بودجه‌هایی داشتیم به نام بودجهٔ محرمانه، که هیچ‌کس جز مدیر مؤسسه از آن اطّلاع نداشت و دست مدیر برای استفادهٔ آن کاملاً باز بود. بودجهٔ محرمانهٔ کانون، بدون آن که کسی بداند، صرف کمک به کارمندان یا تأمین بورس تحصیلی برای اعضای کانون می‌شد. فقط آقای حسین سماکار، مدیر امور مالی کانون، این‌ها را می‌دانست.

من با آن بودجه آن کارگر را برای جرّاحی چشم به اسپانیا فرستادم. یک جرّاح اسپانیایی خیلی خوب برای نوع جرّاحی مورد نیاز او پیدا کردم، شخصاً قرارهای اداری کار را هماهنگ و آن فرد را راهی اسپانیا کردم.

بعد از انقلاب، عوامل جمهوری اسلامی خیلی دلشان می‌خواست دربارهٔ کانون، و به‌خصوص دربارهٔ من که با شهبانو نزدیک بودم، مسئله‌ای مالی پیدا کنند. تمام حساب‌های ما را بررسی کردند. حتّی یک تومان در بودجهٔ کانون با شُبهه جابه‌جا نشده بود.

من پیش از رفتن از ایران سکّه‌هایی را که قرار بود نوروز به کارمندان عیدی بدهیم، و در گاوصندوق کانون گذاشته بودم، به حسین سماکار نشان دادم و گفتم این سکّه‌ها این‌جاست، و رفتم. سماکار یک انسان بسیار پاک و امانت‌دار بود. تمام پول کانون دست او بود. یک شاهی در کانون بدون ثبت دقیق او جابه‌جا نمی‌شد. هیچ‌کس جز او و من از آن سکّه‌ها اطّلاع نداشت. عوامل جمهوری اسلامی که سکّه‌ها را دیده بودند تعجّب کرده بودند که چرا من یا سماکار سکّه‌ها را با خودمان نبرده بودیم. چون هدیه بودند، جایی ثبت نشده بودند، جابه‌جا کردنشان هم آسان بود، و به‌نظر آن‌ها هیچ‌کس چیزی نمی‌فهمید و مشکلی پیش نمی‌آمد.

ولی ما نگاه و باور دیگری داشتیم. من فکر می‌کنم همان نوع باور و رفتار کمک کرد من از طوفان انقلاب جان به در ببرم. درست فردای روزی که من مجبور به ترک ایران شدم،

گروهی به خانهٔ ما ریختند، خانه را غارت کردند و سراغ مرا گرفتند. یعنی اگر یک روز دیرتر پرواز کرده بودم، شاید کشته می‌شدم. فکر می‌کنم جهان اساس درستی دارد و خدا جای حق نشسته است.

❑ امروز برای ما از نگاه و رفتار بومی-جهانی می‌گویند، و همین را هم به نظریه‌پردازهای چند سال اخیر در غرب نسبت می‌دهند. شما به‌نظرم در دورانی که این فکرها گفتمان چیرهٔ جامعهٔ ایرانی نبود، نوعی نگاه ایرانی - جهانی داشتید. می‌خواستید بهترین‌های فرهنگ ایران و بهترین‌های فرهنگ‌های غربی را، با ساختاری مناسب ایران، در اختیار کودکان بگذارید. در مصاحبه‌ای قدیمی در همان سال‌ها، برای توضیح ذهنیت و کار کانون، «برای مقابله با فراموشی» از کلمهٔ «رنسانس» استفاده کردید.[1] در بازخوانیِ آن دوران، باور و تلاش و دستاوردهای کانون، به‌راستی در تعریف «نوزایی» فرهنگی می‌گنجند.
با این دریافت موافقید؟

کاملاً صحیح می‌گویید. من از کودکی و در محیط خانه با فرهنگ‌های متفاوت آشنا شدم. از ده-یازده سالگی هر سال همراه مادرم به اروپا سفر می‌کردم. در ایران و آمریکا درس خواندم. زیاد کتاب می‌خواندم. توجّه به ارزش‌های فرهنگ‌های مختلف برایم طبیعی‌تر بود، تا تحسینِ یک فرهنگ و تکذیبِ فرهنگ‌های دیگر.
هرگز به متوسط قانع نبودم و نیستم. هیچ‌وقت کار متوسط را قبول نداشتم. باور داشتم که کودکان ما از کودکان فرانسه کمتر نیستند. دلم می‌خواست بهترین‌هایی را که می‌شناختم برایشان انجام دهم.
همچنین می‌فهمیدم آن‌چه را که در کشورهای دیگر به‌نظرم خوب و مفید می‌آمد، می‌بایست با ساختار بومیِ مناطق مختلفِ ایران ارائه داد تا پذیرفته، و به‌تدریج بخشی از فرهنگ جامعه شود.
چیزی که ما می‌خواستیم در وجود بچه‌ها بکاریم، آشنایی با فرهنگ بود؛ درکِ اهمیتِ

۱- ر.ک. به: «شاهد تاریخ- لیلی امیرارجمند»، بخش دوّم (سپتامبر ۲۰۲۲)، تهیه‌کننده: تلویزیون ایران اینترنشنال:
https://www.youtube.com/watch?v=6LEwvA7BxII

داستان و نقّاشی و موسیقی، و اثری که روی زندگی می‌گذارند. ما در فرهنگ خودمان ارزش‌های زیادی داریم که باید از نو مطرح می‌شدند. فرهنگ‌های دیگر هم درس‌های زیادی برای ما دارند. تلاش ما در کانون این بود که از بهترین‌های دنیا ایده و الهام بگیریم و در عالی‌ترین سطح، به شکل و شیوهٔ بومی در ایران اجرایشان کنیم.

☐ به‌نظرم، نکتهٔ مهمی است که شما از کودکی در معرض فرهنگ غرب -در معنای فراگیر- بزرگ شدید، و هیچ‌وقت مغلوب و مرعوب جلوه‌هایش نبودید. علی‌اکبر صادقی، بارها گفته، جملهٔ معروف شما همواره این بود: «از جهان یاد بگیریم و سبک خودمان را بسازیم.»
خیلی‌ها در آن زمان، و هنوز هم، به‌نوعی شیفتهٔ غرب‌اند. هر پدیدهٔ مثبت و کارآمد را برآمده از غرب می‌دانند و اهمیت ارزش‌های سنّت و فرهنگ ایران را یا باور ندارند، یا جدّی نمی‌گیرند.
آیا شما با چنین مسائلی روبه‌رو بودید؟

مطمئن نیستم برداشت من از ذهنیت جامعه دربارهٔ ارزش‌های فرهنگ ایران با آنچه شما گفتید تطبیق داشته باشد.

در آن سال‌ها، من و اطرافیانم -از همکارانم در کانون تا دوستانی که بیرون از کانون داشتم و تمام فکرشان انجام کار مثبت برای ایران بود- باور داشتیم در فرهنگ چند هزارسالهٔ ایران ارزش‌های استثنائی زیادی هست که کمتر شناخته شده‌اند و دوست داشتیم در زمینهٔ کار و فعّالیتمان این ارزش‌ها را جلوه بدهیم. من قطعاً دوست داشتم ارزش‌های فرهنگ ایران را با زبان ساده به بچه‌ها نشان دهم.

نتیجهٔ کارهای مختلفی که در دههٔ ۴۰ در ایران انجام شد، حرف مرا تأیید می‌کند. جریانی در ایران پیش می‌رفت که اگر جلویش گرفته نمی‌شد، مملکت را در مسیر مدرنیته جلو می‌برد. فکر می‌کنم از نظر هر کدام ما که بخشی از آن جریان بودیم، کارهایی که می‌کردیم درست و منطقی و به نفع جامعه بود. با هم هماهنگ نمی‌کردیم که یک نفر در نقّاشی، یک نفر در معماری، یک نفر در موسیقی یا داستان‌نویسی یک هدفِ برنامه‌ریزی‌شده را دنبال کند. به‌نظر من، هرکداممان جداگانه به این نتیجه رسیده بودیم. در ارزیابی امروز، می‌بینیم که مسیر فکرها و تلاش‌های آن زمان ما هم‌سو و در هماهنگی با جریان مدرنیته در جامعه بود.

ما در کانون روی برگزاری آیین‌های ایرانی هم اصرار و تأکید داشتیم. یادم هست، برای کتابخانه‌ها امکان برگزاری جشن چهارشنبه‌سوری را فراهم می‌کردیم. گروه‌های موسیقیِ بچه‌های کانون هم در مراسم چهارشنبه‌سوریِ چند منطقه، موسیقی ایرانی اجرا می‌کردند. من هم تا جایی که وقت اجازه می‌داد به تعدادی از آن برنامه‌ها سر می‌زدم و بچه‌ها را تشویق می‌کردم. بچه‌ها خیلی دوست داشتند در چنان شبی با مربّی‌هایشان باشند و در کنار هم از روی آتش بپرند.

❑ نگاه و زمینهٔ فکری ملکه هم همین‌طور بود؟

کاملاً. شهبانو هم در پاریس معماری خوانده بودند. زبان‌ها و فرهنگ‌های متفاوت را می‌شناختند. ارزش هنر را می‌دانستند. جوان بودند و برای کارهای فرهنگیِ اثرگذار اشتیاق داشتند. ما خیلی خوب همدیگر را می‌فهمیدیم.

علیاحضرت یک شخصیت فرهنگی هستند، و کارهای فرهنگیِ ماندگاری در ایران با پشتیبانی ایشان به انجام رسید.

❑ چه شد که تصمیم گرفتید در کشور اردن یک کتابخانه تأسیس کنید؟

در یکی از سفرهای پادشاه وقت اردن، ملک حسین، به نوشهر برای گذراندن تعطیلات با اعلیحضرت و شهبانو، من کتابخانه‌های کانون در آن منطقه را به ایشان نشان دادم و دربارهٔ فعّالیت‌های کانون برایشان صحبت کردم. ملک حسین یک انسان فهمیده و یکی از بهترین دوستان من بود. از آن‌چه در کانون انجام می‌شد خیلی خوشش آمد و پرسید، آیا می‌توانیم یک کتابخانهٔ کانون در اردن تأسیس کنیم و ادامهٔ کار را به خودشان بسپاریم.
به‌نظرم فکر خوبی بود. شهبانو هم پذیرفتند و آن کتابخانه بر اساس یکی از نقشه‌های مهندس بیگلری و مهندس اردکانی ساخته، و با تمام ویژگی‌های کتابخانه‌های کانون در ایران کامل شد[1]. حتّی میز و صندلی‌های داخل کتابخانه را من شخصاً و مطابق کتابخانه‌های کانون در ایران سفارش دادم.

۱- برای مطالعهٔ متن سخنان مهندس اردکانی در این رابطه به ص ۱۹۱ مراجعه کنید.

بر انتخاب کتاب‌ها هم نظارت داشتم. زبان عربی نمی‌دانم، ولی با کمک کتابدارهای اردن سفارش بعضی از کتاب‌هایی که مهم بود در کتابخانه باشند، و اشتراک چند مجلّه را برنامه‌ریزی کردیم.[۱]

در نهایت هم شهبانو و من، و چند نفر از اعضای کانون برای افتتاح کتابخانه، در روز تولد ملک حسین، به اردن رفتیم. کتابخانهٔ کانون در اردن، هدیهٔ شهبانو به ملک حسین بود.[۲]

۱- فیّاض علیمات، به‌مناسبت بازگشایی کتابخانهٔ کانون در اردن چهار کتاب منتشر شده در کانون -عمو نوروز، بابابرفی، آهو و پرنده‌ها، و شاعر و آفتاب- را به عربی ترجمه کرد. ر.ک. به: شمس‌آبادی، حسین؛ بصیرت‌منش، حمید و سادات‌بیگی، سید محمود؛ «تحلیل کتاب‌های کانون پرورش فکری کودکان و نوجوانان - ۱۳۴۵-۱۳۵۷»، «تاریخ ایران»، دورهٔ ۱۵، ش ۱، بهار و تابستان ۱۴۰۱، صص ۴۹-۷۲.

۲- یادداشت پیشِ رو، ترجمهٔ آزاد متنی است که در تماس با کتابخانهٔ ملّی اردن، برای پی‌گیری وضعیت کتابخانهٔ کانون در اردن، به دستم رسید: «کتابخانهٔ کانون، یا کانون پرورش فکری کودکان و نوجوانان، نهاد آموزشی مهمی بود که در دههٔ ۱۹۷۰، در راستای تعهد ملکهٔ ایران به گسترش سوادآموزی و رشد فکری جوانان اردن تأسیس شد. این کتابخانه در قلب عمّان بنا شد تا دسترسی کودکان و نوجوانان را به گنجینه‌ای از کتاب‌ها و منابع آموزشی دیگر آسان کند. کتابخانهٔ کانون در سال ۱۹۷۶، هم‌زمان با سالروز تولد ملک حسین افتتاح شد. این کتابخانه، همچنین با ارائهٔ برنامه‌ها و فعّالیت‌های متنوع، ازجمله جلسات قصّه‌گویی، کارگاه‌های آموزشی، برگزاری نمایشگاه و انواع فعّالیت‌های فرهنگی می‌کوشید علاقه به کتاب‌خوانی و یادگیری را میان جوانان اردن تقویت کند. کتابخانهٔ کانون، با برنامه‌هایی در جهت بالیدن تخیّل کودکان، تشویقشان به کارهای خلّاق و برکشیدن هویّت فرهنگی‌شان، خیلی زود به مکان مورد علاقهٔ کودکان و خانواده‌ها تبدیل شد. هرچند ساختمان اصلی کتابخانهٔ کانون دیگر فعّال نیست، میراث برجای مانده از آن، با نام مرکز «مطالعه برای همه» (القراءة للجمیع) ادامه یافته است. این مرکز مدرن، که در سال ۲۰۱۲ تأسیس شد، مأموریت کتابخانهٔ کانون در جهت پرورش فکری و علاقه‌مند کردنِ جوانان اردنی به آموختن را ادامه می‌دهد.» متن اصلی یادداشت:

"The Kanoon Library, also known as the "Institute for Intellectual Development of Children and Youth," was indeed a remarkable institution established in the 1970s. It stood as a testament to the Queen of Iran's commitment to fostering intellectual growth and literacy among Jordanian youth. The Kanoon Library was a gift from the "Institute for the Intellectual Development of Children and Young Adults" in Iran. Situated in the heart of Amman, it provided easy access for children and young adults to a treasure trove of books and learning resources. It was officially inaugurated in 1976, coinciding with King Hussein's birthday. In addition to its extensive collection, the Kanoon Library also offered a variety of programs and activities for children, including storytelling sessions, workshops, and cultural events. These programs were designed to engage children's imaginations, encourage creativity, and promote a sense of cultural identity. The Kanoon Library quickly became a popular destination for children and families. The library housed a comprehensive collection of books, educational materials, and interactive exhibits, all designed to foster a love of reading and learning among young Jordanians. While the original Kanoon Library building is no longer active, its legacy lives on in the form of the "Reading for All - Books And More Library" (القراءة للجمیع) This modern facility, established in 2012, continues to uphold the Kanoon Library's mission of promoting intellectual development and nurturing a love for learning among young Jordanians."

❑ فکر تأسیس کتابخانه در زندان نوجوانان چگونه شکل گرفت؟ و این کارِ احتمالاً پیچیده را چگونه پیش بردید؟

در صحبت‌هایی که به‌منظورِ آزادی بعضی از اعضای کانون و مسائل دیگر مربوط به آن، با پرویز ثابتی داشتم، گاهی نظر او را دربارهٔ کمک‌هایی که ممکن بود ما بتوانیم در محدودهٔ امکاناتمان در اختیار جامعه بگذاریم می‌پرسیدم.
در یکی از آن گفت‌وگوها، آقای ثابتی دربارهٔ زندان نوجوانان صحبت کرد.[1] برایم تکان‌دهنده بود. فکر کردم آن‌ها هم بچه‌های این مملکت هستند و ما نمی‌توانیم نادیده بگیریمشان. به‌نظرم رسید اگر بتوانیم کتاب‌های کانون را به کتابخانه‌های آن زندان برسانیم، هم بچه‌ها را خوشحال می‌کنیم و هم می‌توانیم افکار منفی و آزاردهنده‌شان را با فکرهای مثبت جایگزین کنیم.
کار آسانی نبود. بعد از طی مراحل قانونی و حقوقی، توانستیم با قرار قبلی با کمک کتابخانه‌های سیّار به زندان کتاب برسانیم، و هر چند روز هم کتاب‌ها را عوض کنیم. کتابدارها را ما انتخاب نمی‌کردیم. کار در زندان و با نوجوانانِ زندانی نوعی آموزش خاص لازم داشت، که کتابدارهای ما نداشتند. خانمی را به ما معرّفی کردند که رابط بین زندان و کانون شد و کارها را هماهنگ می‌کرد.

برای مرکز کارآموزی کرج، که محل آموزش کار به نوجوانان خلاف‌کار بود هم کتاب می‌بردیم. تأسیس کتابخانه در زندان نوجوانان، یکی از قشنگ‌ترین کارهای کانون بود.

یک بار من و خانم شهابی برای بازدید به کتابخانهٔ زندان رفتیم و دیدیم کتاب‌های کانون فضای خاکستری و مردهٔ زندان را رنگی کرده بود. بچه‌ها طوری کتاب‌ها را بغل می‌کردند، انگار خدا را در آغوش داشتند. از حرف‌ها و رفتارشان می‌شد فهمید که احساس می‌کردند کسانی در بیرون زندان به فکر آن‌ها و شادی‌شان هستند.

از طرف دیگر، من فکر می‌کردم کتاب خواندن و علاقه‌مند شدن به کتاب، می‌تواند مسیر زندگی‌شان را بعد از آزادی تغییر بدهد، و این به کار ما ارزش بیشتری می‌داد.[2]

۱- برای مطالعهٔ متن سخنان پرویز ثابتی در این رابطه به صص ۲۱۸-۲۱۹ مراجعه کنید.
۲- ر.ک. به: سخنان پروین افجه‌ای و رضا گوهرزاد، صص ۱۹۳-۱۹۶.

□ آثار جبّار باغچه‌بان،[1] عباس یمینی‌شریف،[2] ابراهیم بنی‌احمد،[3] و قصّه‌های صبحی -که درباره‌اش صحبت کردید- و مجلّات «کیهان بچه‌ها»،[4] «اطّلاعات کودکان»[5] و «پیک»؛[6] بخش ادبیات کودکانِ «بنگاه ترجمه و نشر کتاب»[7]، و «پروگرِس»؛[8] نمونه‌هایی از تلاش‌های فردی یا گروهی برای خلق ادبیات کودک، پیش از سال ۱۳۴۴/ ۱۹۶۵ است.

۱- جبّار باغچه‌بان (عسگرزاده) (۱۲۶۴، ایروان-۱۳۴۵، تهران)، بنیادگذار نخستین کودکستان ایران در مرند و نخستین مدرسهٔ ناشنوایان ایران در تبریز و از پیش‌گامان شعر و داستان کودکان در ایران. بابابرفی، از داستان‌های شناخته‌شدهٔ باغچه‌بان است، که در سال ۱۳۴۹ توسط انتشارات کانون پرورش فکری کودکان و نوجوانان چاپ شد. ر.ک. به: باغچه‌بان، جبّار؛ زندگی‌نامهٔ جبّار باغچه‌بان (با پیوست مروری بر فعّالیت‌ها و آثار نمایشی باغچه‌بان)، انتشارات دستان، تهران، چاپ یکم، ۱۳۹۷.

۲-عباس یمینی‌شریف (۱۲۹۸-۱۳۶۸، تهران)، آموزگار، شاعر و نویسندهٔ ادبیات کودکان. ر.ک. به: ظریف، هومن؛ عباس یمینی‌شریف، انتشارات ماهریس، تهران، چاپ دوّم، ۱۴۰۱.

۳- ابراهیم بنی‌احمد (۱۲۹۶، تهران)، بنیادگذار مجلّهٔ «بازی کودکان» (۱۳۲۳)، عضو هیأت تحریریهٔ مجلّهٔ «دانش‌آموز» (از ۱۳۲۸)، بنیادگذار مرکز آموزشی جهان تربیت (۱۳۳۲). از بنی‌احمد چند عنوان کتاب در زمینهٔ آموزش نقّاشی به کودکان در دست است. ر.ک. به: جلالی، بیژن؛ دنیای بهتر: زندگی و آثار ابراهیم بنی‌احمد، انتشارت آرون، تهران، چاپ یکم، ۱۴۰۰.

۴- «کیهان بچه‌ها» نخستین و دیرپاترین نشریهٔ کودکان در ایران است، که در دی ۱۳۳۵توسط مؤسسهٔ کیهان منتشر شد. جعفر بدیعی صاحب‌امتیاز و سردبیر، نورالدین زرّین‌کلک از تصویرگران و طرّاحانِ روی جلد و عباس یمینی‌شریف مشاور این مجلّه بودند. برای مشاهدهٔ سامانهٔ کنونی «کیهان بچه‌ها»، ر.ک. به: https://kayhanbacheha.ir

۵- «اطلاعات کودکان» در ۲۸ اسفند ۱۳۳۵، توسط روزنامهٔ اطّلاعات و با صاحب امتیازی و مدیریت عباس مسعودی و سردبیری حسین بنی‌احمد آغاز به انتشار کرد و تا آستانهٔ انقلاب به کارش ادامه داد.

۶- «پیک» نخستین دستاورد «مرکز انتشارات آموزشی» بود، که در دی سال ۱۳۴۳، با مدیریت ایرج جهانشاهی و سردبیری اسماعیل سعادت، آغاز به کار کرد. هدف «مرکز انتشارات آموزشی»، در هم‌فکری با وزارت آموزش و پرورش، فراهم‌آوردن خواندنی‌های غیردرسی برای بچه‌ها بود. «پیک» ابتدا برای بچه‌های دبستان منتشر شد، و به‌تدریج گسترش یافت و به انتشار «پیک نوجوان» و «پیک جوانان»، «پیک معلّم» و «پیک خانواده» رسید. این مجلّه‌ها با کمک مالی، اداری و انسانی مؤسسهٔ انتشاراتی فرانکلین چاپ و منتشر می‌شدند. «پیک» بعد از انقلاب متوقف شد و جای خود را به نشریهٔ «رشد» داد.

۷- «بنگاه ترجمه و نشر کتاب» در سال ۱۳۳۳، توسط دکتر احسان یارشاطر و با هدف ترجمهٔ آثار کلاسیک ادبیات جهان به زبان فارسی بنیاد گذاشته شد. گسترهٔ کار این نهاد، به‌تدریج از ادبیات کلاسیک فرا رفت، و در درازای زمان -تا سال ۱۳۵۹- به ترجمهٔ بیست و هفت عنوان کتاب برای نوجوانان و بیست و چهار عنوان کتاب برای کودکان رسید. دکتر یارشاطر مدیرعامل، اسدالله عَلَم رئیس هیأت مدیره و لیلی امیرارجمند از جمله شرکت‌کنندگان مهمان هیأت اُمَنای بنگاه ترجمه و نشر کتاب بودند. سال ۱۳۵۹ بنگاه ترجمه و نشر کتاب زیر سرپرستی بنیاد علوی قرار گرفت و سازمانی وابسته به بنیاد علوی و پس از چندی بنیاد مستضعفان در نظر گرفته شد. در اواخر سال ۱۳۶۰ خورشیدی انتشارات علمی و فرهنگی جایگزین بنگاه ترجمه و نشر کتاب شد و فعّالیت‌های انتشاراتی بنگاه زیر نام این انتشارات و با لوگوی متفاوت ادامه یافت. ر. ک. به زندیان، ماندانا، «و تولد، و تکامل، و غرور: بنگاه ترجمه و نشر کتاب، انجمن کتاب، و فرهنگ ترجمه و نقد»، «ایران‌نامه»، سال ۳۰، ش۲، تابستان ۱۳۹۴/۲۰۱۵، صص۳۶-۵۰.

۸- «پروگرس» سازمان انتشاراتی اتحاد جماهیر شوروی که در سال ۱۹۳۱بنیاد گذاشته شد. از دهه ۱۹۶۰ به انتشار کتاب‌های کودکان و نوجوانان به زبان فارسی علاقه نشان داد. برنامه‌ریزی برای ترجمه و چاپ کتاب را اعضای شورای برنامه‌ریزی انتشارات «پروگرس» برعهده داشتند که بیشتر روس بودند و مشاورانی همچون عبدالصمد کامبخش و احسان طبری به آن‌ها کمک می‌کردند. در سال ۱۹۷۴، «پروگرس» به چهل زبان خارجی کتاب چاپ می‌کرد. سرپرستی بخش فارسی انتشارات پروگرس را م. ر. تقی‌اف به‌عهده داشت. بی‌دقّتی، حتّی نادرستی در ترجمه‌های فارسیِ این مؤسسه زمینهٔ انتقادهای جدّی به آثارش بوده. ر. ک. به تاریخ ادبیات کودکان ایران، جلد هشتم، ۱۳۹۳.

شما در کانون چقدر به این آثار توجّه داشتید و از آن‌ها استفاده می‌کردید؟

همه را دنبال می‌کردیم. نشریه‌ها را برای کتابخانه‌های کانون آبونه می‌شدیم و کتاب‌های خوبِ همهٔ این جریان‌ها را، بعد از شروع انتشارات کانون هم، تهیه می‌کردیم. کانون پشتیبانِ مهمِ نشریات و کتاب‌های ادبیات کودک بود.
من تا روزی که در کانون کار کردم، تمام کتاب‌ها و نشریات کودکان را که در ایران چاپ می‌شد، شخصاً نگاه می‌کردم. به موضوع، محتوا، کیفیت ادبی، سبکِ نوشتن و ساختار کتاب توجّه داشتم، و آثار خوب را به کتابخانه‌های کانون اضافه می‌کردم.

❑ با شورای کتاب کودک[1] هم همکاری داشتید؟

اساس‌نامه و زمینهٔ کاری شورای کتاب کودک با کانون متفاوت بود. توران میرهادی[2]، که یک عمر برای آموزشِ بچه‌های ایران کار کرد، از مؤسسان آن سازمان بود.
شورای کتاب کودک کتاب چاپ نمی‌کرد. نوعی ارزیابی کتاب‌های کودکان و کمک به ایجاد زمینه‌هایی برای تشویق سازمان‌های فرهنگی در جهت توجّه به کتاب‌های کودکان را به‌عهده داشت.
ما در کانون سمینار بین‌المللی بررسی مسائل ادبیات کودک هم برگزار کردیم، که اعضای شورای کتاب کودک هم در آن شرکت داشتند.[3]

۱- شورای کتاب کودک، در دی سال ۱۳۴۱، توسط توران میرهادی و با همراهی لیلی ایمن (آهی) بنیاد گذاشته شد و از سال ۱۳۴۲ فعّالیت رسمی خود را، با هدف معرّفی کتاب‌های مناسب کودکان و نوجوانان، آغاز کرد. لیلی ایمن، دبیر هیأت مدیرهٔ شورا و معصومه سهراب (مافی) مسئول تدوین و انتشار ماهنامهٔ این نهاد بود. نخستین فهرست‌نویسی و نخستین گزارش تحلیلی از وضعیت نشر کتاب کودک در ایران، در سال‌های ۴۲ و ۴۳ در این نهاد منتشر شد. سال ۱۳۵۷ دبیری شورا به نوش‌آفرین انصاری واگذار شد و سال ۱۳۵۸ طرح تألیف فرهنگ‌نامهٔ کودکان و نوجوانان در شورای کتاب کودک آغاز شد. شورای کتاب کودک از سال ۱۳۴۳ به عضویت نهاد جهانی IBBY (International Board on Books for Young People) در آمد و شاخهٔ ایرانی این سازمان شد. ر. ک. به: https://cbc.ir

۲- توران میرهادی (۱۳۰۶-۱۳۹۵، تهران) آموزگار ادبیات کودک، نویسنده، کارشناس آموزش و پرورش و بنیادگذار مجتمع آموزشی فرهاد، از بنیادگذاران شورای کتاب کودک و بنیان‌گذار «فرهنگ‌نامه کودکان و نوجوانان». ر.ک. به: رزّاق‌پناه، ویولت و افتخاری، شهلا؛ زندگی‌نامه و خدمات علمی و فرهنگی استاد توران میرهادی، انتشارات انجمن آثار و مفاخر فرهنگی، تهران، چاپ یکم، ۱۳۶۸. و ر.ک. به: میرهادی، توران و ضّرابی، سیمین؛ مادر و خاطرات پنجاه سال زندگی در ایران، نشر قطره، تهران، چاپ یکم، ۱۳۸۳.

۳- به گفتهٔ اسماعیل عباسی، عکاس، مترجم، ویراستار و صفحه‌آرای مرکز انتشارات کانون (۱۳۵۳-۱۳۵۶)، «آن سال‌ها سمینار بین‌المللی بررسی مسائل ادبیات کودکان برگزار می‌شد که افرادی مثل سرگئی میخالکوف، نویسنده و شاعر و سرایندهٔ سرود ملّی از شوروی دعوت شده بودند. همین‌طور کسانی از فرانسه، برزیل، آمریکا، ترکیه و چندین کشور دیگر... خانم امیرارجمند تنها کسی بود که در این سمینارها مطلقاً گوشی به‌گوش نداشت. چه فرانسه صحبت می‌شد، ◁

❑ آیا کانون برای روز جهانی کتاب کودک برنامه‌هایی در نظر می‌گرفت؟

یکی از برنامه‌های کتابخانه‌های کانون در طول سال، دعوت از نویسندگان شناخته‌شده به‌منظور کتاب‌خوانی برای بچه‌ها و صحبت کردن با آن‌ها بود. این برنامه در روز جهانی کتاب کودک، که ما آن را به هفتهٔ کتاب کودک تبدیل کرده بودیم، گسترده‌تر و منظّم‌تر انجام می‌شد. کودکان و نوجوانان عضو کتابخانه‌های کانون، در مناطق مختلف ایران، بسته به امکاناتی که می‌شد فراهم کرد، به کتاب‌خوانیِ نویسندگان گوش می‌دادند و با آن‌ها دربارهٔ کتاب صحبت می‌کردند. منظورم از امکانات، امکانِ حاضر شدنِ نویسنده در برنامه است. بیشتر نویسندگان ساکن شهرهای بزرگ‌تر بودند و طبیعتاً در شهرهای کوچک‌تر نمی‌توانستیم به گستردگی تهران و شهرهای بزرگ برنامه بگذاریم. ولی در تمام کتابخانه‌ها، در حدّی که می‌شد، کتاب‌خوانی توسط نویسندگان و بعد از آن پرسش و پاسخ داشتیم.[1]

❑ آیا در نظر داشتید ایران میزبان یکی از جشن‌های سالیانهٔ روز جهانی کتاب کودک شود؟

باور می‌کنید که قرارش را گذاشته بودیم و برنامه‌ریزی‌اش هم تقریباً انجام شده بود؟ کانون را در سطح بین‌المللی می‌شناختند و دوست داشتند. کتاب‌های ما در جشنواره‌های بین‌المللی می‌درخشیدند. من با بیشتر کسانی که در دنیا در زمینهٔ کتاب کودک کار می‌کردند آشنا بودم. خیلی‌هایشان به ایران سفر کرده و کتابخانه‌های ما را دیده بودند، در فستیوال‌هایمان شرکت کرده بودند و کانون را تحسین می‌کردند. ریاست عالیهٔ کانون با شهبانوی ایران بود. ما همهٔ دلایل را برای میزبانی روز جهانی کتاب کودک داشتیم. امکاناتمان هم به خاطر گستردگی

▷ چه انگلیسی یا فارسی فرق نداشت. کاملاً به این زبان‌ها مسلّط بود. آقای کیانوش شاعر، خانم آهی و خانمِ توران میرهادی هم از شورای کتاب کودک همکاری می‌کردند. قضیه خیلی جدّی بود. برای برگزاری آن سمینار واقعاً بررسی شده بود. تمام اشخاص قبل از شرکت در سمینار مقاله فرستاده بودند. حتّی یادم هست دو جلد کتاب در این مورد چاپ شد.» ر.ک. به: گفت‌وگوی بهنام صدیقی با اسماعیل عباسی؛ «اَزَم یه عکس بگیر»، دوماهنامهٔ «آنگاه» ش ۲، ویژهٔ کانون پرورش فکری کودکان و نوجوانان، بهار ۱۳۹۶، صص۹۴-۹۶.

۱- در سال ۱۹۶۷/۱۳۴۶، IBBY دوّم آوریل (سیزدهم فروردین) را که زادروز هانس کریستین اندرسن است، روز جهانی کتاب کودک نامید. مراسم این روز هر سال در یکی از کشورهای جهان که عضویت IBBY را دارد برگزار می‌شود. روز جهانی کتاب کودک از سال ۱۳۴۹ در ایران به‌رسمیت شناخته شد. کانون در فروردین ۱۹۶۸/۱۳۴۷ همزمان با روز جهانی کتاب کودک، نخستین نشریهٔ داخلی خود را با عنوان «کارنامه»، دربرگیرندهٔ گزارش فعّالیت‌های کتابخانه‌ها و بخش‌های دیگر این نهاد، با سرپرستی م. آزاد و فائزه اعیان، به قلم کتابداران کانون، منتشر کرد. برای مطالعهٔ متن سخنان سیاوش سامی دربارهٔ «کارنامه» به ص ۲۶۱ مراجعه کنید.

کانون در سطح کشور، در دنیا یگانه بود.

قرار بود مراسم روز جهانی کتاب کودک در سال ۱۹۷۹/۱۳۵۸ در ایران و توسط کانون برگزار شود. تمام برنامه‌ریزی‌ها، تأمین بودجه، و تصمیم‌گیری برای جزئیات مختلف مراسم هم تا حد زیادی انجام شده بود. می‌خواستیم بچه‌های شهرهای مختلف ایران و کشورهای مختلف جهان در برنامه‌های متعدّدی که در شهرهای ایران برگزار می‌کردیم، شرکت کنند. کار بزرگی بود. مدّت‌ها رویش وقت گذاشتیم. حتّی از ارتش کمک گرفته بودیم. متأسفانه انقلاب همهٔ برنامه‌ریزی‌ها را به هم زد.

❑ دربارهٔ مرکز انتشارات کانون و مسیر انتخاب و چاپ کتاب در آن صحبت می‌کنید؟ نقش شما در نظارت بر چاپ یک کتاب- از موضوع تا متن و طرّاحی کتاب- چه بود؟ آیا نویسندگان می‌نوشتند و شما می‌خواندید یا شما موضوعی را پیشنهاد می‌دادید؟

گسترش کتابخانه‌های کانون، و عناوین محدود و کیفیت پایینِ کتاب کودک در کشور، ما را به فکر تأسیس یک مرکز انتشارات انداخت، تا کتاب‌های با کیفیت عالی، در سطح بهترین‌های دنیا را برای بچه‌ها چاپ کنیم و در کتابخانه‌ها بگذاریم. مدیریت این مرکز ابتدا با فیروز شیروانلو و بعد از او با سیروس طاهباز بود. بهترین نویسندگان، مترجمان و ویراستاران ایران، مثل م. آزاد و محمد قاضی، با پیشنهاد یا به دعوت شیروانلو به این مرکز آمدند و در کانون ماندند.[۱] این‌ها پیش از همکاری با کانون، نویسندگان کتاب کودک نبودند؛ نویسندگان خیلی خوبی بودند که در کانون برای کودکان کتاب نوشتند.

شیروانلو را مؤسسهٔ انتشارات فرانکلین به من معرّفی کرده بود. شیروانلو و تعدادی از نویسندگانِ هم‌دوره‌اش در فرانکلین همکار و دوست بودند. بعد که شیروانلو از فرانکلین رفت و «نگاره» را تأسیس کرد، چند نفر از آن‌ها، که نویسندگان و طرّاحان درجه یکی بودند، مثل م. آزاد و مثقالی، به دعوت او به «نگاره» رفتند. نگاره پوستر تبلیغاتی و طرح

۱- سیروس طاهباز، محمد قاضی، م. آزاد، منوچهر صفا و حسن پستا از نخستین نویسندگانی بودند که به دعوت شیروانلو به مرکز انتشارات کانون پیوستند.

جلد کتاب و کارهای دیگر گرافیک می‌ساخت. ما هم ابتدا طرّاحی دو سه کتاب کانون را به نگاره سفارش دادیم.[۱] بعد شیروانلو مرکز انتشارات کانون را آغاز کرد. همکارانش هم کم‌کم به کانون آمدند.

شیروانلو آدم باسواد و باهوشی بود، تجربیات زیادی در زمینهٔ چاپ کتاب داشت و با خیلی از نویسندگان و روشنفکران آن زمان آشنا بود.[۲]

من دخالتی در انتخاب موضوع نداشتم. دست نویسندگان باز بود. می‌نوشتند، متن را برایم می‌آوردند، من می‌خواندم، اگر به‌نظرم برای کانون مفید بود، قبول می‌کردم.

آشنا کردنِ کودکان با فرهنگ ایران، بازنویسیِ سادهٔ داستان‌های حماسی ایرانی مثل

۱- عمو نوروز (داستان عامیانه با تنظیم م. آزاد و فریده فرجام) نخستین کتابی است که فرشید مثقالی در«نگاره» برای کانون طرّاحی و تصویرسازی کرد و نخستین کتاب کودک است که به‌ابتکار مثقالی در قطع مربع کار شد. پس از آن، تمام کتاب‌های کانون و بیشتر کتاب‌های کودک ناشران دیگر در قطع مربع طرّاحی و چاپ شدند. ر.ک. به: گفت‌وگوی کوروش صفی‌نیا با فرشید مثقالی؛ «از پشت سال‌های کودکی»، نشریهٔ «هنر و معماری»، اردیبهشت ۱۳۸۴، ش۲۰، صص۴۶-۵۲.

۲- فیروز شیروانلو (۱۳۱۷، مشهد-۱۳۶۷، تهران)، نویسنده، مترجم و از مدیران فرهنگی سال‌های پیش از انقلاب. شیروانلو پس از پایان دورهٔ دبیرستان در دبیرستان البرز تهران، در انگلستان جامعه‌شناسی هنر خواند، سال ۱۹۶۳/۱۳۴۲ به ایران برگشت، مدّت کوتاهی در کتابخانهٔ شرکت ملّی نفت کار کرد و سپس ویراستار و مدیر تولید هنری مؤسسهٔ انتشارات فرانکلین شد و با همراهی آراپیک باغداساریان، بهمن بروجنی و فرشید مثقالی نقش مهمی در انتشار نشریهٔ «پیک» ایفا کرد. شیروانلو که از اوایل دوران دانشجویی به کنفدراسیون دانشجویی انگلستان پیوسته و دبیرکل فدراسیون انجمن‌های دانشجویی در بریتانیا شده بود، پس از بازگشت به ایران، تا مدّتی فعّالیت سیاسی‌اش را مخفیانه ادامه داد.

فیروز شیروانلو در فروردین ۱۳۴۴/ آوریل ۱۹۶۵ همراه پرویز نیکخواه، احمد منصوری، احمد کامرانی، محسن رسولی و منصور پورکاشانی، به اتهام شرکت داشتن در توطئهٔ ترور شاه در کاخ مرمر دستگیر، و پس از حدود یک سال و نیم، در آبان ۱۳۴۵/ دسامبر ۱۹۶۵ با تأیید بی‌گناهی آزاد شد، «دفتر نشر و تبلیغات نگاره» را تأسیس کرد و از تعدادی از طرّاحان جوان، ازجمله فرشید مثقالی، احمدرضا احمدی، فریده فرجام، عباس کیارستمی، امیر نادری و نیکزاد نجومی دعوت به همکاری کرد. فعّالیت‌های نگاره شامل طرّاحی گرافیک، ساختنِ تبلیغات، ساختنِ تیتراژ و پوسترِ فیلم، و طرّاحی صفحات و جلد کتاب برای سفارش‌های خصوصی و دولتی بود. همکاری شیروانلو با کانون با سفارش تصویرسازی چند کتاب از سوی کانون به مؤسسهٔ نگاره آغاز شد. شیروانلو در اواخر سال ۱۳۴۶/ ۱۹۶۶ به کانون پیوست و مدیریت انتشارات کانون را به‌عهده گرفت. همچنین در تأسیس مرکز سینمایی و مرکز پژوهش کانون نقش داشت، و برای مدّتی مرکز پژوهش را سرپرستی می‌کرد. سال ۱۹۷۱/۱۳۵۰ شیروانلو، ابتدا به‌صورت نیمه‌وقت و کمی بعد تمام‌وقت، از کانون به دفتر مخصوص ملکه رفت و ریاست واحد هنری دفتر را عهده‌دار شد. در دوران همکاری او با دفتر ملکه، موزهٔ رضا عباسی، موزهٔ آبگینه، موزهٔ هنرهای معاصر و موزهٔ فرش ساخته و افتتاح شدند. فرهنگ‌سرای نیاوران، با طرّاحی و معماری کامران دیبا، آخرین نهاد فرهنگی است که پیش از انقلاب (۱۹۷۹/۱۳۵۷) زیر نظر دفتر مخصوص ملکه ساخته شد و با مدیریت شیروانلو آغاز به کار کرد. هرچند شیروانلو در ماه‌های نزدیک به انقلاب نام فرهنگ‌سرا را از «نیاوران» به «نیما» تغییر داد، و همراه با نویسندگان و ویراستاران فرهنگ‌سرا، بیانیه‌ای در حمایت از انقلابیون منتشر کرد، حکومت اسلامی به‌فاصلهٔ کوتاهی پس از روی کار آمدن، شیروانلو را از فرهنگ‌سرا اخراج کرد. فیروز شیروانلو و همسرش در سال‌های پس از انقلاب چند چرخ خیاطی خریدند و به تولید پوشاک مشغول شدند. همزمان شیروانلو بر آرزوی بلندمدّتش برای تدوین فرهنگ واژگان در گستره‌های فلسفه، جامعه‌شناسی و هنر کار کرد. فیروز شیروانلو در بهمن ۱۳۶۷، بر اثر بیماری، در تهران درگذشت. ر.ک. به: صبا، فاتح؛ «ترور نه، تروآ»، ویژه‌نامهٔ «آنگاه»، صص ۲۲۶-۲۳۶. این مقاله در سامانهٔ «آنگاه» نیز در دسترس است:

https://www.angahmag.com/1620/فیروزشیروانلو/

برای مطالعهٔ متن سخنان پرویز ثابتی و سیاوش سامی دربارهٔ فیروز شیروانلو، به صص ۲۱۶-۲۱۷ و ۲۶۲-۲۶۴ مراجعه کنید

«رستم و اسفندیار» چاپ کتاب‌های نقّاشی با طرّاحی‌های ساده از بناهای تاریخی ایران مثل تخت جمشید، یا مجسّمه‌ها یا نقش‌هایی که روی ظروف قدیمی ایرانی دیده می‌شد برای رنگ‌آمیزی توسط بچه‌ها از اولویت‌های مرکز انتشارات کانون بود. می‌خواستیم بچه‌ها را با جلوه‌های هنر و ادبیات غنی ایران آشنا کنیم.[۱]

البتّه چند مورد پیش آمد که من در سفر به خارج از ایران به کتابی برخوردم که به‌نظرم متفاوت و مفید بود. فکر کردم خوب است ترجمه‌اش کنیم، یا با الهام از آن، کتابی برای بچه‌های ایران تهیه کنیم. این فکرها را به کانون منتقل می‌کردم. یکی از این کتاب‌ها، کتابی به زبان انگلیسی، دربارهٔ به دنیا آمدن بچه بود، که تعریفی علمی را با ادبیات ساده و تصویرپردازی با کولاژ مناسبِ سنین نوجوانی ارائه می‌داد. خیلی خوشم آمد. فکر کردم بهتر از این است که به بچه‌ها بگوییم یک پرنده تو را از آسمان برای ما آورد. کتابی تهیه کردیم به نام بچه چطور به دنیا میاد،[۲] که به‌نظر من تا همین امروز بهترین کتاب برای توضیح این موضوع به نوجوانان است. چاپ کتاب‌هایی با مضامین علمی به زبان ساده از برنامه‌های کانون بود[۳].

اساس فکر ما در کانون این بود که بچه‌ها کنجکاوند، فکرشان باز است و خیلی خوب می‌فهمند.

۱- برای نمونه می‌توان از کتاب نقّاشی تخت جمشید (تهران، انتشارات کانون پرورش فکری کودکان و نوجوانان، ۲۵۳۶ ش) و کتاب نقش‌های جانوران در آثار تاریخی ایران (تهران، انتشارات کانون پرورش فکری کودکان و نوجوانان، ۲۵۳۶ ش)، هر دو اثر محمدرضا عدنانی یاد کرد. کانون همچنین در مجموعه‌ای با عنوان «مجموعهٔ هنر ایران» (۱۳۵۲) برای نخستین بار، در کتاب‌هایی مناسب کودکان و نوجوانان، دربارهٔ منبّت‌کاری، خاتم‌کاری، قالی‌بافی، سفال‌گری و... به معرّفی انواع هنرهای سنّتی ایران پرداخت.

۲-آندری، اندرو؛ شیپ، استیون (نویسنده)، همپتون، بلیک (نقّاش)؛ بچه چطور به دنیا میاد، ترجمهٔ لیلی گلستان، انتشارات کانون پرورش فکری کودکان و نوجوانان، تهران، ۱۳۵۰. برای مطالعهٔ سخنان سیاوش سامی دربارهٔ این کتاب به ص ۲۶۰ مراجعه کنید.

۳-مرکز انتشارات کانون همچنین از نویسندگان گستره‌های گوناگون ادبی، برای پروژه‌های مشخص دعوت به همکاری می‌کرد. به‌عنوان نمونه، مهرداد بهار (اسطوره‌شـناس) دو قصّهٔ باستانی بَستور (تصویرگر: نیکزاد نجومی) و جمشیدشاه (تصویرگر: فرشید مثقالی) -هر دو برگرفته از شاهنامه- را به زبان ساده برای کودکان بازنویسی کرد. داریوش آشوری (پژوهش‌گر) پول و اقتصاد را برای نوجوانان نوشـت که مورد تقدیر یونسـکو قرار گرفت. محمدعلی سـپانلو (شاعر) برداشـتی تازه از سـفرهای سندباد، و بهرام بیضایی (پژوهش‌گر، نویسـنده و کارگردان) کتاب حقیقت و مرد دانا را با انتشارات کانون کار کردند. برای مطالعهٔ نمونه‌های بیشتر ر.ک. به: معزّی‌مقدم، فریدون؛ «کانون پرورش فکری کودکان و نوجوانان» در دانشنامهٔ ایرانیکا. و ر.ک. به:
Bakhtiari, Ali (Edited and Compiled); *Iran: RPM, Collection of Kanoon's Vinyl Record Productions*, vol II. London, Magic of Persia, 2014, pp 38-66.

□ تأثیر انتشارات کانون، ازجمله ساختار حرفه‌ای و زیبای کتاب‌ها، بر کار دیگر ناشران کتاب کودک در ایران چگونه بود؟

بعد از انتشار کتاب‌های کانون، نمونه‌های حرفه‌ای کتاب کودک در دسترس ناشران دیگر قرارگرفت و کیفیت کتاب کودک در ایران بالا رفت. این یکی از نتایجِ جنبی یا فرعیِ انتشار کتاب در کانون بود.
درواقع، بهترین مشتریِ ناشران کتاب کودک در ایران کانون بود. ما برای کتابخانه‌هایمان همیشه دنبال کتاب خوب بودیم و ناشران می‌دانستند حتّی اگر ما تنها مشتری‌شان باشیم، از نظر مالی به سودشان است. درنتیجه یک رقابت مثبت و سازنده برای چاپ کتاب کودک با کیفیت خوب شکل گرفته بود. ضمن این‌که، ما همیشه حاضر و راغب بودیم با دیگر ناشرانِ کتاب‌های کودک و مؤسسات دولتی که در مواردی تصمیم به چاپ کتاب کودک می‌گرفتند همکاری کنیم.

یادم هست، وزارت کشاورزی زمانی تصمیم به چاپ کتاب کودک برای توزیع در خانه‌های فرهنگ روستایی[1] داشت. ما پیشنهاد دادیم در زمینه‌های مختلف پیش از مرحلهٔ چاپ، از ترجمه تا ادیت، کمکشان کنیم.
خودمان هم یک کتاب‌فروشی در کانون داشتیم که فقط کتاب‌های منتشرشده در کانون را می‌فروخت.

□ در دریافت من، کانون تعادلی را حفظ می‌کرد که نمی‌گذاشت مبلّغ دولت شود؛ مبلّغ گروه‌های سیاسی با نظام‌های ارزشی مخالف دولت هم نبود. از هر دو مستقل بود. در مواردی، شخصیت‌ها و نهادهای فرهنگی، که می‌خواهند از نهاد قدرت مستقل باشند و با اصرار این را جلوه دهند، شاید ناخواسته، به سمت دیگر متمایل می‌شوند.

۱- خانه‌های فرهنگ روستایی در سال ۱۳۴۷ به‌دستور محمدرضا شاه پهلوی، به‌منظور بالابردن سطح اطّلاعات عمومی و اجتماعی، زمینه‌سازی برای پرورش استعدادهای روستانشینان، تقویت احساس مسئولیت اجتماعی، گسترش ارتباط بین روستاهای هم‌جوار و آگاهی‌بخشی به روستاییان دربارهٔ فرهنگ و سنّت‌های ملّی و اصول انقلاب سفید بنیاد گذاشته شدند. برگزاری کلاس‌های مبارزه با بی‌سوادی برای دختران روستایی، برگزاری دوره‌های آموزشی تربیت مربّی و ایجاد مهدکودک ازجمله عملکردهای خانه‌های فرهنگ روستایی بود. تشکیل کتابخانه در برنامه‌های آموزشی خانه‌های روستایی جا داشت. (سازمان اسناد و کتابخانهٔ ملّی ایران، سند شمارهٔ ۲۹۳/۱۲۲۱۹۶)

مسئولیت ما تولید آثار فرهنگی خوب برای کودکان و نوجوانان بود. تفکّر و موقعیت و مسیر حرکت ما را نتیجۀ کارمان، به قول شما، جلوه می‌داد. این مسیر برای من خیلی روشن بود. درگیر مسائل سیاسی روز هم نبودم. ذهنم از آنچه شما دربارۀ برخورد بعضی‌ها با «قدرت» می‌گویید پاک بود.

برداشت امروز شما، که در آن سال‌ها احتمالاً به دنیا نیامده بودید یا خیلی کوچک بودید، تعریفِ باورِ من به مسیری است که درست می‌دانستم و سعی داشتم طی کنیم، و خوشحال‌ام شما امروز بعد از چهل و چند سال این برداشت را از کار کانون دارید.

این را هم یادآور شوم که اوّلین کتاب کانون، دخترک دریا، با ترجمه و نقّاشی علیاحضرت شهبانو چاپ شد. دخترک دریا درواقع، هدیۀ ایشان بود به انتشارات کانون، تا با فروش کارمان را ادامه دهیم. ولی آن کتاب، یک داستان کلاسیک زیبا نوشتۀ هانس‌کریستین اندرسن است و ربطی به تبلیغ یک نظام فکری ندارد.

☐ سال ۱۳۵۵، هم‌زمان با پنجاهمین سال شاهنشاهی پهلوی، انتشارات کانون دو کتاب درخت سایه‌گستر و پیمان و پیوند را چاپ کرد. هر دو کتاب، بدون ذکرِ نام نویسنده، «تنظیم‌شده توسط انتشارات کانون» معرّفی شده‌اند. تصویرگریِ درخت سایه‌گستر کار علی‌اکبر صادقی است و تصاویر پیمان و پیوند، ازجمله روی جلد کتاب، از نقّاشی‌های کودکانِ عضو کتابخانه‌های کانون برگرفته شده. درخت سایه‌گستر با نوشته‌ای شاعرانه دربارۀ درخت باز می‌شود: «... زمین مادر درخت است و خورشید یاور او... دانه در زمین می‌شکفد، ریشه در خاک می‌دود و ساقه از زمین بلند می‌کند تا به یاری آفتاب، برگ و بار خود را نثار آدمیان کند و با باد و باران و توفان بستیزد... ایرانیان از دوران باستان درخت را گرامی داشته‌اند. آن را نشانه‌ای از مهر آسمان و ایثار زمین دانسته‌اند....»؛ سپس کورش و اردشیر را به درخت تشبیه می‌کند: «... پاسداران مردم زمین شاهان را به سیمای درخت نشان داده‌اند. کورش درختی است که بر سرتاسر آسیا سایه می‌گسترد و اردشیر شاخه‌های تناورش را تا دوردست‌ها می‌کشاند.» و به رضاشاه می‌رسد: «در این دفتر از درختی سایه‌گستر سخن می‌گوییم... درخت پهلوی». در ادامه، درچند صفحه با زبانی ساده از وضعیت ایران پیش

از پادشاهی رضاشاه، ایران‌دوستی پادشاه و خدماتش و نیز آغاز پادشاهی محمدرضاشاه -«درخت جوان»- می‌گوید، و با اشاره‌ای کوتاه با زبانی ساده و دریافتنی دربارهٔ انقلاب سفید بسته می‌شود.
پیمان و پیوند اصول انقلاب سفید را با زبانی ساده توضیح می‌دهد.

بعد از این توضیح بلند، برای خوانندگانی که شاید با این کتاب‌ها آشنا نباشند، پرسش نخست این است که شماری از اعضای کانون چاپ این دو کتاب توسط انتشارات کانون را خوشایند نمی‌دانند، حتّی در حد اشاره از آن‌ها یاد می‌کنند و می‌گذرند. به‌نوعی می‌گویند، بین صد و چهل و شش عنوان کتاب، می‌شود دو عنوان را نادیده گرفت. نظر شما در این باره چیست؟ آیا شما آن زمان و اکنون نیز با چاپ این دو کتاب موافق بوده و هستید؟

من نه‌تنها با چاپ این دو کتاب موافق بودم، فکر می‌کردم بچه‌ها باید از همان دوران کودکی با این اتّفاق‌های تاریخی آشنا شوند. الان هم که شما دربارهٔ مخالفتِ بعضی‌ها با این کتاب‌ها می‌گویید، من تعجّب می‌کنم که چطور بعد از چهل و چند سال هنوز افرادی هستند که نمی‌توانند سیاست را از تاریخ جدا، و خدماتِ رضاشاه و اصولِ انقلاب سفید را، در تاریخ ایران و از نظرِ تأثیری که بر زندگیِ ملّت ایران گذاشته‌اند، ارزیابی کنند.

در پنجاهمین سال سلسلهٔ پهلوی، در ایران جشن‌ها و برنامه‌های زیادی برگزار و مطالب زیادی نوشته شد. خیلی از این برنامه‌ها و نوشته‌ها برای بازنگری مسیر پیشرفت ایران به سوی مدرنیته بود، که به‌نظر من کار درستی هم بود.
در کانون هم، که یک مرکز فرهنگی بود، ما در نشریاتمان مقالاتی پژوهشی دربارهٔ بعضی از این تغییرات منتشر کردیم. این دو کتاب هم به همین منظور و با زبان ساده برای کودکان و نوجوانان تنظیم شدند.
همچنان معتقدم، درست این بود که بچه‌ها درکی از این مسائل داشته باشند. آن‌ها که این دو کتاب را برازندهٔ کانون نمی‌دانند، فکر می‌کنند ندانستن اصولِ انقلاب سفید یا نشناختنِ بخشی از تاریخ ایران برای بچه‌ها مفیدتر بود؟
کسانی هستند که بدون اندک اطّلاعی از انقلاب سفید با آن مخالف بودند. کسانی هستند که هنوز هم در برابر مطالعه و شناخت چنین مطالبی مقاومت دارند. فکر می‌کنند نادیده‌گرفتن

و انکار واقعیت، به حذف یک دورهٔ تاریخ یا بخش‌هایی از یک دورهٔ تاریخی می‌انجامد.

کتاب فقط برای خوانندهٔ هم‌زمان خودش چاپ نمی‌شود. کتابِ خوب نوشته و چاپ می‌شود که بماند و حرف‌هایی را برای آینده حفظ کند. تصوّر کنید مردم فرانسه با چاپ هر مطلب دربارهٔ لویی چهاردهم، در زمان خودش و بعد از او هم، مخالف باشند، چون سال ۱۷۸۹ در فرانسه انقلاب شد و پادشاهی موضوعی نیست که دانستنش برای بچه‌ها خوب باشد.

❏ پرسش یا نقد دیگر در همین رابطه به لحن تقدیرکنندهٔ متن این دو کتاب برمی‌گردد، که در آثار دیگر کانون دیده نمی‌شود.

این دو کتاب، همان‌طور که خودتان هم گفتید، به مناسبتی خاص و برای «تقدیر» یک دورانِ پنجاه ساله نوشته و طرّاحی شدند. چنین لحنی در هر مراسم یا کار فرهنگی برای تقدیر یک نفر یا یک کار یا یک دوران تاریخی، طبیعی است. ما قصد داشتیم کارهای مثبت و باارزش یک دورهٔ تاریخ ایران را با زبان ساده برای بچه‌ها تعریف کنیم.
امروز مردم حتّی بیشتر باور دارند که رضاشاه و انقلاب سفید، که موضوع این دو کتاب‌اند، به ایران خدمت کرده و مملکت را به سوی مدرنیته برده‌اند.

❏ مهمان‌های ناخوانده و دخترک دریا هر دو سال ۱۳۴۵در انتشارات کانون چاپ شدند. به‌نظر می‌رسد روایت شما و خانم فریده فرجام، نویسندهٔ مهمان‌های ناخوانده، از ترتیب چاپ آن‌ها متفاوت است.[۱]

۱-مهمان‌های ناخوانده، یک داستان قدیمی و محبوب ایرانی است که سال‌ها برای کودکان ایران روایت می‌شده. بازنویسی و تدوین این داستان در یک کتاب، توسط فریده فرجام انجام شد. فریده فرجام، در دی ۱۳۹۴، در مصاحبه با پایگاه خبری کانون پرورش فکری کودکان و نوجوانان، در روایت خود از ثبتِ نادرستِ نوبتِ انتشارِ کتاب مهمان‌های ناخوانده گفته است: «آقای انور، سرویراستار مؤسسهٔ فرانکلین... داستان مَهمان‌هایَ ناخوانَده را بَه من سفارش دادند. خانم جودی فرمانفرمایان، همسر آمریکایی آقای حافظ فرمانفرمایان آن را مصوّر کرد. قرار بود کتاب در سال ۱۳۴۰به چاپ برسد اما مؤسسهٔ فرانکلین به چاپ کتاب برای کودکان ادامه نداد؛ آقای انور، کتاب‌ها و از جمله مهمان‌های ناخوانده را تحویل گرفتند و فرانکلین را ترک کردند... در سال ۱۳۴۵ از طرف کانون دعوت به کار شدم... به ایشان [خانم امیرارجمند] گفتم که کتاب مهمان‌های ناخوانده را من شش سال قبل نوشته‌ام. می‌توانیم از آقای انور خواهش کنیم که آن کتاب را در اختیار کانون بگذارند. آقای انور هم در نهایت بزرگواری کتاب را به کانون دادند. این‌طور بود که در اسفند ۱۳۴۵ انتشارات کانون با چاپ کتاب مهمان‌های ناخوانده شروع به کار کرد... بعدها در مدارک کانون قبل از انقلاب، کتاب فرح دیبا اوّل و کتاب مهمان‌های ناخوانده دوّم نوشته شد.» برای مطالعهٔ متن کامل مصاحبه، ر.ک. به:

https://www.kanoonnews.ir/news/250760/فرجام-خوش-مهمان-های-ناخوانده/

بله، من روایت خانم فرجام را شنیده‌ام. کانون یک مؤسسهٔ دولتی زیر نظر یک وزارتخانه نبود و در آغاز بودجهٔ زیادی نداشت. تمام بودجه‌های کانون را من باید به‌شکلی تأمین می‌کردم. کتاب دخترک دریا برای کمک به تأمین بودجهٔ کانون در مقطعی که هنوز انتشارات کانون پا نگرفته بود، چاپ شد و با فروش خیلی خوب، که اعتبارش به ترجمه و نقّاشی و نام شهبانو برمی‌گردد، کمک بزرگی به کانون کرد. تمامِ سودِ فروش کتاب از طرف علیاحضرت به کانون تقدیم شد و برای گسترش کانون به کار گرفته شد. اهمیت این کتاب در همهٔ این موارد است.

❑ چه شد که شما کتاب ۵۰۰ کلاه دکتر زوس را برای «بنگاه ترجمه و نشر کتاب» ترجمه کردید؟[1]

دکتر یارشاطر از من و هما زاهدی خواست برای بخش ادبیات کودک بنگاه ترجمه و نشر کتاب، کتابی ترجمه کنیم. من از دوران تحصیل در آمریکا با آثار دکتر زوس آشنا شده بودم. دوست داشتم یک نمونه کارش را به فارسی ترجمه کنم. قصّه‌های دکتر زوس کلاسیک‌اند. آن کتاب را به دکتر یارشاطر پیشنهاد دادم. دکتر یارشاطر هم با همهٔ سخت‌گیری و وسواسی که داشت از قصّه خوشش آمد و قبول کرد.
یک داستان زیبای دیگر هم هست به نام پسر و رود،[2] کتاب کلاسیکی است، نوشتهٔ هانری بوسکو، که من برای انتشارات کانون ترجمه کردم. یک داستان بسیار ارزشمند برای بچه‌هاست. همیشه دوست داشتم بچه‌های ایران این داستان را بخوانند. بین کارهای کانون فرصتی فراهم آوردم و این داستان را از زبان فرانسه، که زبان اصلی متن است، ترجمه کردم. من در مدرسهٔ ژاندارک فارسی را مثل زبان دوّم خوانده بودم. زبان اوّل ما زبان فرانسه بود. درواقع، خواندن و نوشتنِ فارسی را از کلاس نهم تا دوازدهم، در مدرسهٔ رازی یاد گرفتم. یعنی چهار سال در مدرسه زبان فارسی خواندم. بعد از آن با مطالعه و سعی خودم زبان فارسی‌ام را بهتر کردم. به همین دلیل، دوست داشتم متن ترجمه‌ام ویرایش شود. م. آزاد این کار را به‌عهده گرفت و من نتیجهٔ کار را خیلی دوست داشتم. خوشحال‌ام آن کتاب به زبان فارسی چاپ شد.

۱- دکتر زوس (Dr. Seuss)؛ ۵۰۰ کلاه، ترجمهٔ لیلی امیرارجمند، انتشارات بنگاه ترجمه و نشر کتاب، تهران، ۱۳۴۸.
۲-بوسکو، هانری (Henri Bosco)؛ پسر و رود؛ ترجمهٔ لیلی امیرارجمند، انتشارات کانون پرورش فکری کودکان و نوجوانان، چاپ یکم، ۱۳۵۵.

❑ آیا پیش می‌آمد که از بچه‌های یک گروه سنّی، ازجمله فرزندان خودتان، بخواهید کتاب مناسب سنّ خود را پیش از چاپ بخوانند و درباره‌اش نظر دهند یا شما به‌شکلی واکنش آن‌ها را مشاهده و ارزیابی کنید؟

بارها و به‌کرّات، این کار را می‌کردم. بچه‌های خودم، به‌خصوص پسر بزرگم که سنّش بیشتر بود و می‌توانست کتاب‌های بیشتری را بخواند، از اوّلین خوانندگان کتاب‌های کودکان بود. به‌نظرم کار مهم و درستی بود. بعضی وقت‌ها بچه‌ها نکته‌هایی را متوجّه می‌شوند که به فکر بزرگ‌ترها نمی‌رسد.

❑ در جامعهٔ ما، معمولاً همه‌چیز به‌نوعی تعبیر و تفسیر سیاسی پیدا می‌کند. این تعبیرها تا اندازه‌های زیاد به تعریفی پذیرفته‌شده دربارهٔ صاحب اثر مربوط است.

به عنوان نمونه، کتاب شناخته‌شدهٔ ماهی سیاه کوچولو، که به‌نظر من یک داستان الهام‌بخش دربارهٔ تلاش برای رسیدن به خواست‌های بزرگ است، دست‌کم از زمانی که من به یاد دارم، به عنوان یک داستان مبلّغ مبارزهٔ چریکی معرّفی شده. در دریافت من، مقاومت و تلاش برای رسیدن به حقوق طبیعی و داشتن یک زندگی رها و شاد در داستان‌های دیگر کانون هم مطرح شده، بدون آن‌که چنین حسّاسیت‌های گسترده‌ای به دنبال داشته باشد.[1]

۱-برای نمونه می‌توان از پسرک چشم‌آبی، حیاط پشتی مدرسهٔ عدل آفاق، سرگذشت کشور کوچک، طلسم شهر تاریکی، سنجاب‌ها، شهر ماران، قهرمان، کلاغ‌ها، کوه‌های سفید، شهر طلا و سرب، و برکهٔ آتش یاد کرد. برای مثال، داستان کلاغ‌ها، نوشتهٔ نادر ابراهیمی، با تصویرگری نورالدین زرّین‌کلک (۱۳۴۸) روایت باغ قشنگی است با یک درخت سرو بلند و باغ دیگری در همسایگی‌اش با جوی آب و درخت چنار. پرنده‌های زیادی که در این باغ‌ها زندگی می‌کنند، بر شاخه‌های درختان آشیانه دارند. پرنده‌ای به نام چرخ‌ریسک نامه‌رسان پیام‌های دو درخت به یکدیگر است. همه‌چیز خوب و در آرامش و شادی پیش می‌رود تا روزی دسته‌ای کلاغ به آن محل می‌روند، لانه‌های پرنده‌ها را خراب می‌کنند و با خبرچینی و دروغ، دوستیِ دو درخت را به هم می‌زنند. درخت چنار امید به زندگی را از دست می‌دهد و قامت سرو خم می‌شود. چرخ‌ریسک بهَ دیدار سیمرغ می‌رود و سیمرغ سی مرغ قله‌های اطراف را فرا می‌خواند، مرغ‌ها در کنار هم بر فراز باغ‌ها پرواز می‌کنند و سایهٔ جمعی‌شان کلاغ‌ها را می‌ترساند و فراری می‌دهد. درخت‌ها جان می‌گیرند و پرنده‌ها شاد می‌شوند. پشت جلد کتاب نوشته شده: «اما دوستان من! یادتان باشد کلاغ‌ها هنوز زنده‌اند.» برای مطالعهٔ بیشتر ر.ک. به: جعفری، پروین؛«تحلیل محتوای کتاب‌های قصّهٔ کانون پرورش فکری کودکان و نوجوانان در دو مرحلهٔ پیش و پس از انقلاب اسلامی ایران» (بر اساس پایان‌نامهٔ کارشناسی ارشد منصوره کدیور)، «پژوهش‌نامهٔ ادبیات کودکان و نوجوانان»، ش ۵، تهران، ۱۳۶۲، صص۷۴-۷۶. برای مطالعهٔ برخی از کتاب‌های کانون، ازجمله کلاغ‌ها، ر.ک. به: سامانهٔ «راوی حکایت باقی» https://parand.se/?page-id=4040

به‌نظرم تفسیرهای چریکی از ماهی سیاه کوچولو بیشتر از داستان، به ذهنیت عمومی دربارهٔ صمد بهرنگی برمی‌گردد.
آیا این نوع تفسیرها دربارهٔ ماهی سیاه کوچولو از همان روزهای پس از چاپ کتاب مطرح شد؟ و آیا ملکه و دولت، دربارهٔ این نوع تبلیغات، که البتّه از دست شما بیرون بود، ابراز نارضایتی نمی‌کردند؟

ماهی سیاه کوچولو، به‌نظر من، یک داستان زیباست که خیلی هم خوب نوشته شده. ماهی کوچولویی که در یک جویبار زندگی می‌کند و زندگی محدود و روزهای بی‌هدف و تکراری را دوست ندارد، با آرزوی دیدنِ دریا به سفر می‌رود و طبیعی است که در این سفر با خطرهای بزرگ هم روبه‌رو می‌شود و می‌جنگد. مهم خطر کردن و بیرون رفتن از دنیای محدود و امن است. پیام سادهٔ قصّه برای من این بود که یک بچه یا یک جوان می‌خواهد دنیا را ببیند و بشناسد، دنبال آرزویش می‌رود و افکارش را برای ماهی‌های کوچک دیگر هم تعریف می‌کند.
شما هم الان برداشتی شبیه همین را مطرح کردید. این کتاب، که توسط فرشید مثقالی[1]، طرّاحی و نقّاشی شده بود، برندهٔ چند جایزهٔ مهم، ازجمله جایزهٔ اوّل بهترین کتاب در نمایشگاه بین‌المللی کتاب کودک بولونیا در ایتالیا و دیپلم افتخار تصویرگری براتسیلاوا درچکسلواکی شد[2]. من فکر نمی‌کنم داوران جشنواره‌های مهم کتاب کودک در اروپا قصد تأیید یا تبلیغ افکار چریکی را داشتند.

طبیعی است که از هر کتابی می‌شود برداشت‌های متفاوت کرد. استفادهٔ تبلیغاتی از این برداشت‌هاست که جای سؤال دارد[3].

۱-برای مطالعهٔ روایت فرشید مثقالی دربارهٔ کتاب ماهی سیاه کوچولو به صص ۳۳۵-۳۳۶ مراجعه کنید.
۲- نمایشگاه کتاب کودک بولونیا (Bologna) ، برگزارکنندهٔ یکی از مهم‌ترین جشنواره‌های بین‌المللی کتاب کودک است، که هر سال در شهر بولونیای ایتالیا برگزار می‌شود. این جشنواره برای تمرکز ویژه‌اش بر تصویرگری کتاب‌های کودکان شناخته شده است. جایزهٔ تصویرگری بولونیا هر سال به یک تصویرگر برگزیده اهدا می‌شود. دوسالانهٔ تصویرگری براتسیلاوا (Bratislava) از قدیمی‌ترین و مهم‌ترین رویدادها در زمینهٔ تصویرگری کتاب کودک و نوجوان است که از اوایل ۱۹۶۰/۱۳۴۰با پشتیبانی یونسکو در چکسلواکی سابق آغاز به کار کرد. کتاب ماهی سیاه کوچولو نخستین جایزهٔ تصویرگری بولونیا و براتسیلاوا را از آنِ ایران کرد.
۳- روایت ملکه از داستان ماهی سیاه کوچولو و چاپ کتاب چنین است: «نویسندگانی که احتمالاً به گروه‌های چپ وابسته بودند، متونی شیوا و فصیح به ما عرضه می‌کردند که فی‌المثل حکایت از شیر بدجنسی می‌کرد که پرندگان کوچک با شجاعت و همیاری از دست او خلاص می‌شوند. هیأت تحریریهٔ سازمان [کانون] در چاپ این کتاب‌ها تردید می‌کرد. ما از گرایش کمونیست‌ها به تبلیغ عقایدشان آگاه بودیم. آن‌ها عقیدهٔ مرا در این مورد جویا می‌شدند و من طرفدار ◁

به‌نظر من، کسانی هم بودند که با تأکید بر این حرف‌ها -از همین نوع تبلیغات سیاسی دربارهٔ یک کتاب تا اصرار و تأکید بر سابقهٔ سیاسی اعضای کانون- قصدِ به خطر انداختن کانون و من را داشتند. خوشبختانه هیچ‌کدام از این حرف‌ها به ما آسیب نزد. از طرف دربار هم هیچ‌کس ابراز نارضایتی نکرد.

❑ نظر صمد بهرنگی دربارهٔ چاپ ماهی سیاه کوچولو در کانون چه بود؟

بعد از انتشار کتاب، و موفّقیت‌های بین‌المللی‌اش، من هرگز نظر یا عکس‌العملی -مثبت یا منفی- از صمد بهرنگی نشنیدم و ندیدم. اگر صحبتی کرده بود، حتماً به من منتقل می‌شد. کتاب به‌قدری زیبا طرّاحی و چاپ شده بود، که جایی برای نظر منفی باقی نمی‌گذاشت. ماهی سیاه کوچولو یکی از قشنگ‌ترین کتاب‌های انتشارات کانون است. قصّه‌های دیگر صمد بهرنگی محبوبیت آن کتاب را نداشتند. صمد بهرنگی را خیلی‌ها با ماهی سیاه کوچولو می‌شناسند.

وقتی یک قصّهٔ خوب را با نقّاشی‌های خوب و طرّاحی حرفه‌ای و باسلیقهٔ صفحات و جلد قشنگ و مناسب ارائه بدهیم، بهترین نتیجه را می‌گیریم. فکر می‌کنم نویسنده هم اگر کتاب را دیده بود، متوجّه تفاوت آن کتاب با کتاب‌های دیگرش بوده.

❑ ذهنیتی هم وجود دارد که داستان‌های صمد بهرنگی با روایت‌هایی از دختری فقیر و تنها در شهرستانی در آذربایجان که با یک نامادری بداخلاق و زورگو زندگی می‌کرد، برای بخشی از جامعهٔ ایران، ازجمله ساکنان مناطق کم‌سواد و کم‌درآمد قابل دریافت‌تر از کتاب‌های کانون بود.

◁ آزادی بیان بودم چون اعتقاد داشتم که هرقدر ایرانیان در این زمینه پیشرفت کنند بهتر می‌توانند دربارهٔ آن‌چه که به سود یا زیانشان است قضاوت نمایند. به‌خصوص که می‌دانستم مخالفت من چه سروصدایی به‌پا خواهد کرد. این مشکل دربارهٔ کتابی که پیامی روشن و صریح داشت به‌وجود آمد. این کتاب از ماهی کوچکی حکایت می‌کرد که با پشتکاری فراوان مخالف جریان آب شنا می‌کرد. سازمان [کانون] پرورش فکری کودکان و نوجوانان در انتشار این کتاب تردید داشت چرا که نمی‌توانست پشتیبان پیام این کتاب باشد. اما بعد موافقت خود را اعلام کرد و کتاب به بازار آمد. تردید سازمان به گوش مردم رسیده بود و همین موجب شد که ماهی سیاه کوچولو نماد مقاومت و مقابله با نهاد موجود شود. تا آن‌جا که به‌دروغ شایع شد مرگ نویسنده کارِ ساواک بوده است. با این کار بدون آن که بخواهیم از او شخصیتی ساختیم که در غیر این صورت هرگز به آن دست نمی‌یافت.» ر. ک. به: پهلوی، فرح؛ کهن دیارا، نشر فرزاد، ۲۰۰۳، ص ۱۴۵. برای مطالعهٔ سخنان پرویز ثابتی در این رابطه به صص ۲۱۵-۲۱۶ مراجعه کنید.

در تجربهٔ شما، ارتباط بچه‌های شهرستان‌ها و روستاهای کم‌درآمد با کتاب‌های کانون چگونه بود؟

من با این نظر موافق نیستم. به‌نظر من، ذهن کودک به روی جهان باز است، و خیلی بیشتر از آن‌چه ما فکر می‌کنیم پذیراست؛ چون بزرگ‌ترها هنوز فرصت نکرده‌اند با عقاید خودشان به دریافت‌های بچه‌ها شکل دهند. قدرت تخیّل بچه‌ها بسیار زیاد است. این تفسیرِ به قول شما «سیاست‌زده»ی بزرگ‌ترهاست که بچه‌های یک شهرستان داستان‌هایی را که در تهران نوشته شده و حرفه‌ای و اصولی طرّاحی و چاپ شده نمی‌فهمند.

بچه‌ها بدون آن که بدانند خیلی جهانی‌تر از بزرگ‌ترها فکر می‌کنند، و از هر چیز خوب و قشنگ و مهربان و سرگرم‌کننده لذّت می‌برند. پُرفروش‌ترین کتاب داستانِ دنیا شازده کوچولوی سنت اگزوپری[1] است که به هر زبانی که ترجمه شده معنی‌دار و دوست‌داشتنی است.

تجربهٔ ما نشان می‌داد که هم بچه‌ها و هم خانواده‌های آن‌ها در مناطق دورافتاده و کم‌درآمد با اشتیاق منتظر دریافت کتاب‌های کانون بودند و با ذوق کتاب‌ها را ورق می‌زدند. من شاهد شادی بچه‌های مناطق مختلف ایران در کتابخانه‌های کانون بوده‌ام.

بچه‌ها دنیای رنگی و قصّهٔ امیدوارکننده را دوست دارند. داستان‌های کانون هم داستان‌های آموزنده‌ای بودند. ما به محتوای داستان‌ها توجّه داشتیم.

ذهنِ بازِ کودک را می‌شود با هرچه ما به او نشان می‌دهیم پُر کرد. هدف و سعی ما این بود که بهترین‌ها در سطح دنیا را در اختیار کودکان ایران بگذاریم؛ و در این مسیر برخوردمان با کودک فقیر و پولدار کاملاً برابر بود.مجموعه کتاب‌های کانون در جنوب شهر تهران، در شهر تبریز، در یک روستای کردستان و در کتابخانهٔ ولیعهد در کاخ، عیناً یکی بود. در تجربهٔ من، ارتباط کودکان با این کتاب‌ها هم مشابه بود.

تحمیلِ برداشت‌های سیاسی به اتّفاق‌های فرهنگی و تاریخیِ ایران امکانِ قضاوت‌های منصفانه را محدود کرده. امیدوارم نسل جوان ایران با ذهن و دلِ باز به تاریخ نگاه کند و از

۱- شازده کوچولو، نوشتهٔ آنتوان دو سنت اگزوپری (The Little Prince, Antoine de Saint-Exupéry)، نویسندهٔ فرانسوی، از پرفروش‌ترین کتاب‌های تاریخ است، که تاکنون به بیش از پانصد و پنج زبان و گویش ترجمه شده و از این چشم‌انداز در دوّمین رده، پس از انجیل قرار دارد. شازده کوچولو نخستین بار در سال ۱۹۴۳ به زبان‌های فرانسه و انگلیسی و در نیویورک چاپ شد. نخستین ترجمهٔ فارسی این کتاب، توسط محمد قاضی و در سال ۱۳۵۰ توسط انتشارات کتاب‌های طلایی در تهران منتشر شد.

آن‌چه بوده و انجام شده، درست‌ترین بهره را برای ساختن فردای ایران ببرد.

❑ برخورد مذهبی‌ها با آثار کانون چگونه بود؟

من هیچ تجربهٔ بدی در این زمینه نداشتم. ما در شهر مذهبیِ قم هم کتابخانه داشتیم. خانواده‌ها بدون دردسر بچه‌ها را به کتابخانه می‌آوردند و به برنامه‌های ما اطمینان می‌کردند کتاب‌ها و آثار دیگر کانون، با اعتقاد به برابر بودن انسان‌ها، هرگز، به هیچ دین، باور یا آداب و رسومی بی‌احترامی نمی‌کردند. ما کار فرهنگی می‌کردیم و این برای من یک تعریف مشخص داشت. نگه‌داشتنِ حرمتِ سنّت‌ها و باورهای متفاوت، بخشی از تعریف کار فرهنگی است. مشکلاتی که بعدها پیش آمد و تا امروز هم شاهدش هستیم، بیشتر درگیری‌های سیاسی یا سوءاستفادهٔ سیاسی از سنّت و دین است. من خوشبختانه هیچوقت با سیاست مغزشویی نشدم.

❑ شما در کانون با بهترین‌های هر گسترهٔ فرهنگی همکاری داشتید؛ بهترین‌ها تا همین امروز: از عباس کیارستمی و علی‌اکبر صادقی و نورالدین زرّین‌کلک تا شیدا قره‌چه‌داغی و احمدرضا احمدی و بسیارانی دیگر.
نمونهٔ این اتّفاق، در مثال فراگیر در سرزمین ما، در دوران رضاشاه قابل بازخوانی است. همراهان رضاشاه تا همین اکنون که ما صحبت می‌کنیم، از برجسته‌ترین روشنفکران ایران بودند: از علی‌اکبر داور[1] تا فروغی[2] و تقی‌زاده[3].
این نوع مدیریت، از شخصیتی نیرومند با اعتماد به نفسِ زیاد ساخته است. من مدیرانی را می‌شناسم که از انتخاب افرادی که در هر زمینه آگاه‌تر، باتجربه‌تر و

۱-علی‌اکبر داور (۱۲۴۶-۱۳۱۵، تهران) روزنامه‌نگار، سیاستمدار، بنیادگذار دادگستری نوین ایران. ر.ک. به:
https://*iranicaonline*.org/articles/davar-ali-akbar

۲- محمدعلی فروغی (۱۲۵۴-۱۳۲۱، تهران) نویسنده، مترجم، سیاستمدار، با پیشینهٔ خدمت در جایگاه وزیر دارایی، وزیر امور خارجه، وزیر دادگستری، رئیس مجلس شورای ملّی و نخست‌وزیر در دوران پهلوی. تأسیس دانشگاه تهران، فرهنگستان زبان و ادب فارسی، انجمن آثار ملّی، و برگزاری جشن هزارهٔ فردوسی با پشتیبانی فروغی به‌انجام رسید. ر.ک. به: افشار، ایرج؛ «یادداشت‌های خصوصی محمدعلی فروغی»، «پیام بهارستان»، دورهٔ دوّم، پاییز و زمستان ۸۷ ش ۱ و ۲، صص ۲۶-۳۹.

۳- سیدحسن تقی‌زاده (۱۲۵۶، تبریز-۱۳۲۸، تهران) از چهره‌های مهم انقلاب مشروطه، نمایندهٔ مجلس، وزیر راه و ترابری و وزیر دارایی رضاشاه، بنیان‌گذار و سردبیر «کاوه». ر. ک. به: افشار، ایرج؛ زندگی طوفانی، انتشارات توس، تهران، ۱۳۹۰.

شناخته‌شده‌تر از خودشان باشند پرهیز دارند.
انتخاب‌های درست شما در کانون بهترینِ ممکن را از آن مجموعه برکشید. پس از نیم قرن، نگاهتان به این موضوع چگونه است؟

من فکر می‌کنم مدیریتِ درست یعنی پیدا کردنِ بهترین‌های هر رشته برای کارِ بزرگ‌تری که قرار است انجام شود، گردِ هم آوردنِ آن بهترین‌ها و فراهم کردنِ بهترین موقعیت کاری برای تک‌تک آن‌ها، تا بهترینِ هر کدامشان امکان بیشترین رشد را پیدا کند. من فقط دنبال بهترین‌ها بودم. متوسط نمی‌خواستم. طبیعی است که خیلی‌ها خیلی کارها را بهتر از من بلدند و انجام می‌دهند. این مسائل هیچ‌وقت دغدغهٔ من نبود. جوانی هم زمینه‌ای برای بلندپروازی بود. غیرممکن را باور نداشتم. هر کدام از اعضای کانون که طرحی پیشنهاد می‌دادند، که به‌نظرم برای بچه‌ها خوب بود، می‌پذیرفتم و می‌گفتم، برود کار را شروع کند. آن‌ها هم می‌دانستند که پشتیبانی مرا دارند و طرحشان به بهترین نتیجه می‌رسد. درنتیجه، به کار -کاری که دوست داشتند و پیشنهاد خودشان بود- دل می‌دادند و بهترین کتاب‌ها و فیلم‌ها و آثار دیگر خلق می‌شد.

☐ یکی دیگر از شگفتی‌هایی که دربارهٔ مدیریت شما مطرح می‌شود، اقتدار و سخت‌گیری‌تان در عین ارتباط دوستانه با اعضای کانون است. به نیکی و با عشق از شما یاد می‌کنند، و در عین‌حال می‌گویند یک مدیر خیلی سخت‌گیر بودید که جز با بهترین راضی نمی‌شدید. به بیانی، از شما حساب می‌بردند. بعد از گذشت چند دهه، خودتان را چگونه مدیری ارزیابی می‌کنید؟

خیلی جدّی و سخت‌گیر بودم. درست می‌گویند. من می‌دانستم به عنوان یک مدیرِ زنِ جوان در ایرانِ آن روز می‌بایست جدّی‌تر از بقیه باشم. در محل کار، طوری لباس می‌پوشیدم که سنّم بیشتر به‌نظر بیاید. حتّی یادم هست به همین منظور شروع کردم به عینک زدن. در ارتباطم با اعضای کانون با احترام و خیلی رسمی برخورد می‌کردم. چاره‌ای نداشتم. اعضا هم می‌دانستند من در هیچ موردی کوتاه نمی‌آیم. همچنین می‌دانستند من خیلی هوایشان را دارم.

محیط کار ما البتّه پُر از عشق بود. ولی این‌که الان بعد از چهل و چند سال، همکاران من همه‌چیز را دوستانه یا دوست‌داشتنی به یاد می‌آوردند، به‌نظرم به نقش زمان در تلطیف

خاطره‌ها هم برمی‌گردد.

□ دکتر یارشاطر باور داشت «قضاوت دربارهٔ مدیریت یک مؤسسه، بهتر است بر اساس نتایج کار آن مؤسسه یا سازمان صورت بگیرد.»[1] کانون، در گستردگی و پایداری و تولید و اثرگذاری، از موفق‌ترین اتّفاق‌های فرهنگی تاریخ هم‌روزگار ماست؛ شاید موفّق‌ترینشان.
در نگاه به نتیجهٔ کار کانون، انتخاب مدیران بخش‌های گوناگون -مانند کتابخانه‌ها، مرکز انتشارات، بخش سینما، دفتر خدمات مهندسی، امور مالی و بخش‌های دیگر- بسیار سنجیده صورت می‌گرفته و نتیجهٔ کارِ هر بخش درخشان بوده. انتخاب مدیران داخلی کانون چگونه انجام می‌شد؟

معمولاً افرادی به من معرّفی می‌شدند؛ توسط همکاران یا کارگزینی. من سابقهٔ تحصیلی و کاری‌شان را مطالعه می‌کردم. فقط هم به کارهای تخصصی‌شان توجّه نداشتم. انتخاب‌هایشان در نوع کارهایی که کرده بودند، نوع تغییراتی که در محل و شیوهٔ کارشان داده بودند، کارهای گروهی که انجام داده بودند و مواردی مثل این‌ها برایم مهم بود.

در برخورد اوّل، برای آشنایی و مصاحبه، من به حسی که داشتم اطمینان می‌کردم. در برخورد با آدم‌ها، همیشه این‌طور بوده‌ام. می‌دانم که این روش حرفه‌ای مدیریت و استخدام نیست. ولی به‌طور غریزی، در همان برخورد اوّل، از آدم‌ها حس‌های خوب یا ناخوشایند می‌گیرم، و در طول زمان متوجّه می‌شوم که تقریباً همیشه همان حس اوّل درست‌ترین ارزیابی‌ام می‌شود. توضیحی برایش ندارم. فقط می‌دانم که در انتخاب‌های کانون خیلی کمکم می‌کرد.

□ یک مسئلهٔ مورد تأکید دیگر دربارهٔ کانون، پاکیزگی مالی این نهاد است. نهادی به گستردگی کانون، با بیش از دوهزار کارمند در سال‌های آخر، با قراردادهای پُرشمار در گستره‌های بسیار متفاوت، از نظر مالی چنان شفاف و تمیز کار کرد، که پس از انقلاب به‌رغم تلاش زیاد برای پیدا کردن هر کاستی در

۱-احسان یارشاطر در گفت‌وگو با ماندانا زندیان، ص۱۳۱.

این نهاد، هیچ پرسش مالی درباره‌اش پیش نیامد. حتّی گفتند و نوشتند که یک سکهٔ یک ریالی بدون ثبت در دفترچه‌های رسمی در کانون جابه‌جا نشده بود.

نظارت دقیق من بر کارها و اطمینانی که به حسین سماکار داشتم، و انسان صادق و متعهدی که سماکار بود، و توجّه دلسوزانه‌اش به حساب و کتاب‌های کانون، دلیل این به قول شما پاکیزگی مالی بود. اعضای کانون هم این را می‌دانستند و به همین خاطر به کانون اعتماد می‌کردند. این اعتماد، تعهد همهٔ ما را بیشتر می‌کرد. شما وقتی چند سال در یک مؤسسه کار کنید، متوجّه تمیزی یا فساد مالی‌اش می‌شوید. فضای کاری کانون، از هر نظر و از نظر مالی هم، یک فضای امن و قابل اطمینان بود.

حسین سماکار نمونهٔ خوبی از همان آدم‌هایی است که من با تشخیص غریزی، امور مالی کانون را به دستش سپردم. خیلی جوان بود که به ما پیوست و از همان روز اوّل تا روزی که من از کانون رفتم، به مسائل مالی کانون رسیدگی کرد. رشتهٔ تحصیلی‌اش سینما بود. من دقّت و نظمش را در ثبت کارها و خرج‌های اوّلیه‌مان دیدم و کم‌کم طوری به او اعتماد کردم که به عنوان مدیر امور مالی همهٔ پول کانون در اختیارش بود. برنامه‌های مالی کانون را جز او و من هیچ‌کس نمی‌دانست.
اعتبار پاکیزگیِ مالی کانون را من بیشتر به سماکار می‌دهم. چون برای من مقدور نبود تمام‌وقت مراقب جزئیات خرج‌های کانون باشم.

❑ کانون در کنار فعّالیت‌های پویا و همواره رو به گسترشی که در داخل ایران داشت، نخستین نهادی بود که کتاب و فیلم و دیگر آثار فرهنگی مربوط به کودک ایرانی را به جشنواره‌های بین‌المللی برد و نتایج بسیار خوبی هم گرفت. با در نظر داشتن این‌که در سال‌های ۱۳۴۰ شرکت در جشنواره‌های بین‌المللی کتاب یا فیلم در ایران رایج نبود، کانون چگونه پیش‌تاز این جریان شد؟

این‌ها کارهایی بود که من در دوران تحصیل کتابداری و ادبیات کودکان در آمریکا یادگرفتم و به‌خاطرِ دانستن چند زبان و آشنایی‌ام با شرایط و قوانین و جزئیات دیگرِ این نوع فستیوال‌ها توانستم دربارهٔ آثار کانون به‌کار بگیرم. آثار ارائه‌شده و تحسین‌شده در فستیوال‌های مهم دنیا را هم می‌شناختم و می‌دانستم سطح آثار ما در کانون از بهترین آثار جهانی کمتر نیست.

درنتیجه با اعتماد به نفسِ کامل دنبال کارهای رسمیِ شرکت در فستیوال‌های بین‌المللی می‌رفتیم. کتاب‌ها و فیلم‌های کانون خیلی زود در دنیا شناخته و تحسین شدند.

❑ آیا فیلم‌های کانون نخستین آثارِ مُعرّفِ سینمای ایران در جشنواره‌های بین‌المللی بودند؟

تا آن‌جا که من می‌دانم، اگر جشنواره‌های فیلم‌های داستانی و انیمیشن را در نظر بگیریم، بله. ولی ممکن است اشتباه کنم.[1]

❑ فستیوال بین‌المللی فیلم‌های کودکان و نوجوانان اوّلین گسترهٔ کار فرهنگی است که در آبان سال ۱۳۴۵/ ۱۹۶۶ به کتابخانه‌های کانون افزوده شد. فکر اوّلیه و مسیر اجرای این طرح در فاصله‌ای اندک با تأسیس کانون چگونه شکل گرفت؟

من به‌دلیل رشتهٔ تحصیلی و زمینهٔ کاری‌ام، برای شرکت در هیأت ژوری فستیوال‌های بین‌المللی فیلم مثل فستیوال کراکوف[2] در لهستان یا فستیوال فیلمی در پراگ دعوت می‌شدم. در آن زمان کشورهای اروپای شرقی بهترین فیلم‌های کوتاه و انیمشین را می‌ساختند، و معتبرترین فستیوال‌های این فیلم‌ها در آن کشورها برگزار می‌شد. در آن برنامه‌ها، من با عالی‌ترین سطح سینمای کودک و فستیوال فیلم کودک آشنا می‌شدم. دست‌اندرکاران فستیوال‌ها را می‌شناختم و با بعضی از فیلم‌سازان در ارتباط قرار می‌گرفتم.

ایدهٔ فستیوال بین‌المللی فیلم سالانهٔ کانون از آن‌جا شروع شد و هر سال، تا سال انقلاب،

۱- سال ۱۳۴۰/ ۱۹۶۱، مستند «یک آتش»، ساختهٔ ابراهیم گلستان، اوّلین جایزهٔ بین‌المللی تاریخ سینمای ایران در بخش فیلم‌های مستند جشنوارهٔ فیلم ونیز را از آنِ خود کرد. سال ۱۹۶۲/۱۳۴۱، مستند «خانه سیاه است»، ساختهٔ فروغ فرخزاد، برندهٔ جایزهٔ بهترین فیلم مستند در فستیوالِ فیلم اوبرهاوزن در آلمان غربی شد. در زمینهٔ فیلم‌های سینمایی و انیمیشن، سـینمای کانون معرّف ایران به جهان بود و بارها جوایز جشنواره‌های معتبر بین‌المللی را به دست آورد. پس از انقلاب نیز، فیلم «دونده»، ساختهٔ امیر نادری، از فیلم‌سازان کانون، نخستین حضور دوبارهٔ سینمای ایران در گسترهٔ جشنواره‌های بین‌المللی را به نام خود ثبت کرد.

۲- فسـتیوال فیلمَ کراکوف (Kraków Film Festival) از قدیمی‌ترین رویدادهای اختصاصی سینمای مستند، انیمیشن و فیلم کوتاه در اروپاست، که از سال ۱۹۶۱ تاکنون هرسال در شهر کراکوف لهستان برگزار می‌شود.

گسترده‌تر و کامل‌تر هم شد.[۱]

بارها گفته‌ام، همیشه و در هرجای دنیا، که با کار مثبت و اثرگذار فرهنگی آشنا می‌شدم، اوّلین فکرم فراهم کردن زمینهٔ انجام آن کار در ایران بود.

مراسم افتتاح اوّلین فستیوال، در آبان سال ۱۳۴۵، در تالار نمایش وزارت فرهنگ و هنر برگزار شد. اعلیحضرت و علیاحضرت هر دو برای شب افتتاح آمدند. وزیر فرهنگ، آقای پهلبد،[۲] هم بودند. فستیوال از فردای آن روز به مدّت ده روز ادامه داشت.[۳]

وزارت فرهنگ و هنر هم فستیوال بین‌المللی فیلم تهران را برگزار می‌کرد، که فستیوال موفّقی بود.[۴] فستیوال فیلم‌های کودکان و نوجوانان، به‌دلیل آشنایی مستقیم من با سینمای کودک و سینماگران و گردانندگان جشنواره‌های فیلم کودک در دنیا، گسترده‌تر بود. به هر حال، این دو فستیوال، در یک رقابت حرفه‌ای مثبت، به نوعی رقیب کاری همدیگر دیده می‌شدند.

فستیوال فیلم کانون، هر سال بر همین روال ادامه داشت. برای نمایش فیلم‌ها چند سینما را، به رایگان، در اختیار ما می‌گذاشتند. صاحبان آن سینماها، با این‌که درواقع کارشان برای ده روز تعطیل می‌شد، با خوش‌رویی از فستیوال استقبال می‌کردند. شهبانو همیشه در مراسم افتتاحیه، در شب اوّل، شرکت می‌کردند. فیلم‌ها فقط برای شرکت در آن فستیوال اجازهٔ پخش داشتند. اکران عمومی نداشتیم. ولی آرشیو باارزشی از تمام آن فیلم‌ها که از بهترین فیلم‌های هم‌سَبکِ خودشان بودند در کانون درست کرده بودیم که

۱- نخستین فستیوال فیلم کانون، پس از شب افتتاح در وزارت فرهنگ و هنر، با حضور سینماگران بیست و پنج کشور، در سینما مهتاب و سینما دیاموند برگزار شد. هژیر داریوش دبیر سه فستیوال نخست بود. (مدیریت فستیوال یکم با محمد حشمتی بود.) داریوش برای ادارهٔ دو دورهٔ بعد، از پرویز دوایی دعوت به همکاری کرد. دورهٔ چهار و پنج فستیوال با دبیری نادر فتوره‌چی و همکاری دوایی برگزار شد. بعد از فتوره‌چی، دوایی دبیر دوره‌های هفت تا نُه، و فریدون معزّی‌مقدم دبیر دوره‌های ده، یازده و دوازده بود. سال ۱۹۷۸/۱۳۵۷، سیزدهمین فستیوال، به‌منظور اختصاص‌دادنِ هزینه برای کمک به زلزله‌زدگان طبس (شهریور ۵۷) برگزار نشد. در دورهٔ دوازدهم(۱۹۷۷/۱۳۵۶)، شصت و شش فیلمَ از بین دویست و شانزده فیلم ارائه‌شده به کانون شرکت داشتند. محل نمایش این فیلم‌ها، از دو سینمای تهران در فستیوال نخست، به صد سینما درَ شهرهای گوناگون ایران گسترش یافته بود. فستیوال فیلم کانون در ردهٔ «الف» جشنواره‌های فیلّم جهان -هم‌سنگ با جشنواره‌های ونیز و کن- قرار داشت.

۲- مهرداد پهلبد (۱۲۹۵، تهران-۱۳۹۷، لس آنجلس)، نخستین وزیر فرهنگ و هنر ایران (۱۳۴۳-۱۳۵۷).

۳- برای مطالعهٔ کاتالوگ این جشنواره، ر.ک. به: «نخستین فستیوال بین‌المللی فیلم‌های کودکان، تهران ۹-۱۹ آبان ۱۳۴۵»، به‌کوشش کانون پرورش فکری کودکان و نوجوانان و ادارهٔ کل امور سینمایی کشور، انتشارات کتابخانهٔ مرکزی و مرکز اسناد دانشگاه تهران.

۴- فستیوال بین‌المللی فیلم تهران، زیر نظر وزارت فرهنگ و هنر و با پشتیبانی دفتر مخصوص ملکه، در تهران برگزار می‌شد. در این فستیوال، که از معتبرترین برنامه‌های همانند خود در آسیا برشمرده می‌شد، فیلم‌های سینمای ایران در کنار فیلم‌های کشورهای دیگر نمایش داده می‌شدند و رقابت می‌کردند. جایزهٔ این فستیوال مجسّمهٔ «بُز زرّین بالدار» بود.

امیدوارم از بین نرفته باشد.[۱]

❑ زمان برگزاری سالانهٔ فستیوال فیلم، نُه تا نوزده آبان بود. روز تولد ولیعهد را در نظر داشتید؟

بله، فکر کردیم روز تولد والاحضرت رضا که در آن زمان کودک بودند، انتخاب خوبی برای شروع هر سالهٔ جشنوارهٔ فیلم کودک است.

❑ بچه‌ها چه‌اندازه امکان تماشای فیلم‌های فستیوال را داشتند؟

در سرتاسر روزهای فستیوال، ما پذیرای بچه‌های مدارس بودیم. اتوبوس‌هایی با هماهنگی قبلی، دانش‌آموزان گروه‌های سنّی مختلف را همراه با یکی از مسئولان مدرسه به فیلم مناسب آن گروه می‌بردند. معمولاً نزدیک‌ترین سینما به هر مدرسه را در نظر می‌گرفتیم. ولی حتماً در هر فستیوال یکی دو بار بچه‌های مدارس شمالِ شهر را به سینماهای جنوب شهر می‌بردیم و بچه‌های جنوب شهر را به سینماهای مناطق پُردرآمد. می‌خواستیم بچه‌ها با واقعیت شهر آشنا شوند.

صحنهٔ خیلی قشنگی بود. من گاهی در ماشین خودم می‌نشستم و با کمی فاصله به پیاده شدنِ بچه‌ها از اتوبوس و صف‌بستنشان جلوی سینما، و شوق و شادی تک‌تکشان نگاه می‌کردم. این‌ها بهترین خاطرات زندگی من است. حیف که نگذاشتند ادامه بدهیم.

❑ آیا از کشورهای مشخصی برای شرکت در فستیوال دعوت می‌کردید، یا همه می‌توانستند فیلم بفرستند؟

شرکت‌کنندگان به فستیوال دعوت می‌شدند. به‌نظر من، باید یک انتخاب اوّلیه وجود می‌داشت. شرکت من در فستیوال‌های ممالک دیگر باعث شده بود فیلم‌سازهای خوب را بشناسم و با خیلی از آن‌ها در ارتباط باشم. ما آثار خوب را دعوت می‌کردیم، تا امکان

۱- برای مطالعهٔ متن سخنان ابراهیم فروزش در این رابطه به صص ۲۹۵-۲۹۶ مراجعه کنید.

ارزیابی داشته باشیم. اگر دویست فیلم به دست ما می‌رسید، هیأتی با همراهی من تمام آن فیلم‌ها را با دقّت تماشا می‌کرد و از بین آن‌ها مثلاً صد فیلم برای مرحلهٔ دوّم انتخاب می‌شد. در مرحلهٔ دوّم و یکی دو مرحله بعد از آن، فیلم‌ها را با دقّت بیشتر و با معیارهای ظریف‌تر تماشا می‌کردیم و در نهایت، فیلم‌های مناسب روزهای فستیوال انتخاب می‌شد.
کار وقت‌گیری بود. همهٔ ما واقعاً با وسواس و تعهد اخلاقی این کارها را برای اوّلین بار در ایران انجام می‌دادیم. در زمینهٔ سینمای کودک، نمونه‌ای برای الگوبرداری نداشتیم. همهٔ جزئیات کار را باید خودمان می‌سنجیدیم و نظم و ترتیب می‌دادیم.

☐ مهمان‌های فستیوال‌های بین‌المللی فیلم را با فعّالیت‌های دیگر کانون هم آشنا می‌کردید؟

همیشه پیش از شب افتتاحیهٔ فستیوال فیلم، برنامهٔ بازدید از کتابخانه‌های کانون را داشتیم. با اتوبوس به چند کتابخانه می‌بردیمشان و با فعّالیت‌های مختلف آشنایشان می‌کردیم. همه‌چیز برایشان تازگی داشت. کنجکاو و علاقه‌مند بودند و گاهی ابراز می‌کردند که آرزو داشتند در کشورشان چنین نهادی داشتند.
آن زمان هنرمندان اروپای شرقی به خیلی از برنامه‌ها و فستیوال‌های دنیا دعوت نمی‌شدند. ما به‌راحتی پذیرای آن‌ها و آثارشان بودیم. امنیت ایران هم طوری بود که ده‌ها فیلم‌ساز درجه یک بین‌المللی برای چند روز با ما بودند و ما هم با خیال راحت به این طرف و آن طرف می‌بردیمشان. برای من مهم بود مهمان‌های فستیوال بدانند کانون یک مؤسسهٔ فرهنگی با انواع فعّالیت‌ها، ازجمله در زمینهٔ سینماست، و می‌دانم این پیام را می‌گرفتند.

☐ داوران فستیوال چه کسانی بودند؟

داوران ایرانی، بیشترشان همکارانمان در کانون و چند فیلم‌ساز بیرون از کانون بودند که به دعوت ما به هیأت داوران ملحق می‌شدند. داوران بین‌المللی هم داشتیم که از میان فیلم‌سازان بین‌المللی انتخاب و دعوت می‌شدند. نام هیأت داوران هر دوره در کاتالوگ مفصّلی که تهیه می‌کردیم ثبت می‌شد.[1]

۱-به عنوان نمونه، اعضای هیأت داوران فستیوالِ نخست، یون پیسکو گوپو (رومانی)، هانری گروئل (فرانسه)، ⊲

❑ جایزهٔ فیلم‌های برنده چه بود؟

مجسّمهٔ طلایی رنگ مرغ کانون روی یک پایهٔ چوبی به رنگ قهوه‌ای تیره.[۱]

❑ آیا در روزهای فستیوال برنامه‌هایی هم برای تبادلِ نظر بین فیلم‌سازها در نظر می‌گرفتید؟

بله؛ فیلم‌سازان ایرانی و غیرایرانی در جلساتی که در برنامه‌های روزانهٔ فستیوال گنجانده شده بود، با هم صحبت می‌کردند؛ هم دربارهٔ فیلم‌هایشان و هم برای تبادلِ نظر دربارهٔ کارهای آینده و فستیوال سال بعد.

❑ در آن سال‌ها بچه‌های ایران در تلویزیون چه انیمیشن یا احتمالاً فیلمی تماشا می‌کردند؟

از زمانی که رضا قطبی ریاست سازمان رادیو-تلویزیون را به‌عهده گرفت، نوآوری‌های زیادی در تلویزیون اتّفاق افتاد و ازجمله به برنامه‌های مخصوص کودکان اهمیت داده شد. می‌خواستند برنامه‌هایی بسازند که برای بچه‌ها مفید باشد. ولی به آن معنا فیلم یا انیمیشن برای بچه‌ها ساخته نمی‌شد. بعضی از محصولات کشورهای دیگر را انتخاب و دوبله و پخش می‌کردند.

❑ کانون مرکز آموزش انیمیشن هم داشت، که احتمالاً در ایران آن زمان بی‌سابقه بود. مربّی‌های این مرکز چگونه آموزش دیده بودند؟

ما در کانون پیش از شروع مرکز آموزشِ انیمیشن هم انیمیشن می‌ساختیم. آراپیک باغداساریان[۲] و فرشید مثقالی به‌شکلِ خودآموخته انیمیشن می‌ساختند، که سخت و خیلی

◁ نرمن مک‌لارن (کانادا)، و ابراهیم خواجه‌نوری و دکتر مجید مجیدی از ایران بودند. ر.ک. به «نخستین فستیوال بین‌المللی فیلم‌های کودکان، تهران ۹-۱۹ آبان ۱۳۴۵»، به‌کوشش کانون پرورش فکری کودکان و نوجوانان و ادارهٔ کل امور سینمایی کشور، انتشارات کتابخانهٔ مرکزی و مرکز اسناد دانشگاه تهران.

۱-عبدالله حاجی‌قربانی، نقّاش و مجسّمه‌ساز، طرّاح و سازندهٔ تندیس مرغ طلایی کانون است.

۲ -آراپیک باغداساریان (۱۳۱۸، ساری-۱۳۶۴،تهران) دانش‌آموختهٔ دانشکدهٔ هنرهای زیبای دانشگاه تهران، گرافیست، کاریکاتوریست، انیماتور. باغداساریان با نام مستعار پطرس کارمیان و گاه با نقش یک ستارهٔ پنج‌پر به‌جای امضا، ▷

وقت‌گیر بود، ولی نتایج درخشانی داشت. من فکر کردم حالا که چنین استعدادهایی را با آن علاقه و پشتکار در بین خودمان داریم، بهتر است موقعیت تحصیل این رشته را فراهم کنیم. آن موقع، در ایران مدرسهٔ انیمیشن نداشتیم.

در دوران برگزاری هر فستیوال، ما میزبان بعضی از بهترین اساتید فیلم و انیمیشن دنیا می‌شدیم، و امکان تبادلِ نظر و برنامه‌ریزی برای کارهای آینده را پیدا می کردیم. در یکی از فستیوال‌ها من با یک سازندهٔ مهم و معروف انیمیشن که از بلژیک آمده بود[۱] صحبت کردم تا بتوانم برای یکی از اعضای کانون امکان تحصیل در این رشته را ایجاد کنم. نورالدین زرّین‌کلک در نتیجهٔ این هماهنگی با بورس تحصیلی به بلژیک رفت، دو سال درس انیمیشن خواند، و بعد از آن مدرسهٔ انیمیشن کانون را آغاز کرد.[۲]

❑ شما پیش از کانون چقدر به فیلم و سینما و سینمای کودک علاقه داشتید و برایشان وقت می‌گذاشتید؟

نمی‌توانم بگویم بیش از متوسط جامعه فیلم می‌دیدم. یادم هست در کودکی هفته‌ای یک بار با مادرم به سینما می‌رفتم. بیش از آن درگیر فیلم و سینما نبودم. بعدها، در دوران تحصیل در دانشگاه، به‌دلیل رشتهٔ تحصیلی‌ام، ارتباطم با داستان و فیلم کودک زیاد شد. از وقتی به دعوت فستیوال‌های بین‌المللی در معرض فیلم‌های مختلف قرار گرفتم، کنجکاوتر شدم و فکر می‌کنم توجّه و دقّتم برای تماشای فیلم، پرورش داده شد. این زمانی بود که در آمریکا درس می‌خواندم.

بعد از شروع فستیوال فیلم کودکان و نوجوانان و فیلم‌سازی در کانون، من عمیقاً درگیر فیلم

◅ برای ماهنامهٔ «نگین» کاریکاتور سیاسی می‌کشید. گردآوری و چاپ مجموعه‌ای از آثار دیوید لیواین، از مهم‌ترین کاریکاتوریست‌های چهره‌های شناخته‌شدهٔ جهان، برگزاری نمایشگاهی از آثار طنز سیاه هنرمندان مطرح بین‌المللی در تهران، و بنیادگذاردن تالار عبید در دانشگاه تهران از تلاش‌های فرهنگی اوست. سال ۱۳۷۰، نشر بهار در تهران، ترجمهٔ باغداساریان از کتاب شیوهٔ یادگیری طرّاحی، نوشتهٔ خوزه ماریا پارامون را منتشر کرد. از باغداساریان، دو انیمیشن با عناوین «وزنه‌بردار» و «گرفتار» و یک فیلم کوتاه به نام «تهران کیلومتر ۱۰۰» یا «حوزهٔ استحفاظی»- هر سه تهیه‌شده در کانون- بر جای مانده. «گرفتار» جوایز بهترین فیلم کوتاه جشنوارهٔ فیلم پاریس و جشنوارهٔ فیلم تامپره در فنلاند را از آن خود کرد. ر.ک. به: سقراطی، سیدامیر؛ «آراپیک باغداساریان؛ هنرمندی که باید از نو شناخت»، دوماهنامهٔ «آنگاه» ـ ش ۲، ویژهٔ کانون پرورش فکری کودکان و نوجوانان، ـ بهار ۱۳۹۶، صص ۱۹۸-۲۰۳.

۱- رائول سروه Raoul Servais (۲۰۲۳- ۱۹۲۸، بلژیک) فیلم‌ساز، انیماتور، نقّاش، کاریکاتوریست و بنیادگذارِ مرکز آموزش انیمیشن در آکادمی سلطنتی هنرهای زیبا در بلژیک.

۲- برای مطالعهٔ متن سخنان نورالدین زرّین‌کلک دربارهٔ مرکز انیمیشن کانون به صص ۲۴۷-۲۴۸ مراجعه کنید.

و سینما شدم.

سال ۱۹۷۰/۱۳۴۹، پنجمین فستیوال بین‌المللی فیلم‌های کودکان و نوجوانان، برای نخستین بار پذیرای فیلم‌های ساختهٔ کانون بود.
فعّالیت‌های سینمایی کانون را می‌توانیم در دو زیرمجموعه بازخوانی کنیم. نخست، «مرکز سینمایی»، برای فیلم‌سازهای حرفه‌ای، که به‌نظر می‌رسد از شناخته‌شده‌ترین بخش‌های کانون در سطح بین‌المللی است. چه شد که کانون پرورش فکری کودکان و نوجوانان به چنین کار پُرخرج و پُرزحمتی فکر کرد؟

موفّقیت فستیوال فیلم کودکان و نوجوانان در ایران، ما را به فکر تهیه و ارائهٔ فیلم‌های خودمان انداخت. دستاوردهای بین‌المللی انتشارات کانون به ما ثابت کرده بود که می‌توانیم در رقابت‌های جهانی موفّق باشیم. باور داشتیم که برای سینمای کودک حرف‌های تازه‌ای داریم. با فیروز شیروانلو، مدیر مرکز انتشارات کانون، صحبت کردم و او با این‌که سینماگر نبود، استقبال کرد و قدم‌های اوّل را برداشت. اعتبار شروع مرکز سینمایی کانون را باید به شیروانلو داد. شیروانلو به ابتکار خودش و با موافقت من، از سیرک مسکو، که در آن زمان خیلی معروف و محبوب بود، دعوت کرد برای اجرا به تهران بیایند. قرار شد درآمدِ حاصل از فروش بلیت را برای شروع کار مرکز سینمایی استفاده کنیم. همه همکاری کردند. اوّلین دوربین‌های فیلم‌برداری و وسائل ضبط صدا و نورپردازی از درآمد آن اجراها خریداری شد.[1]

بسیاری از فیلم‌سازهای موفّق ایران، اوّلین فیلمشان را در مرکز سینمایی کانون ساختند. تعدادی از فیلم‌سازهای حرفه‌ای آن دوران هم بدون آن‌که در استخدام کانون باشند، برای ساختن فیلم بر اساس قرارداد با این مرکز همکاری کردند. ابراهیم فروزش، تا روزی که من در ایران بودم مدیر تولید فیلم کانون بود.[2]

۱- سیرک شناخته‌شدهٔ مسکو که در آن زمان در اواخر تور خاورمیانهٔ خود بود، به‌دعوت شیروانلو از ژوئن تا اوت ۱۳۴۸/ ۱۹۶۹در ایران اجرا داشت. فریدون معزّی‌مقدم که در آن زمان در وزارت اقتصاد کار می‌کرد امور مالی و اجرایی این برنامه را سازمان داد. پوسترهای اطلاع‌رسانی این اجراها را عباس کیارستمی، آراپیک باغداساریان و نیکزاد نجومی طرّاحی کردند. استقبال مردم بسیار خوب و درآمد حاصل از برنامه، پنج میلیون تومان بود، که بخشی از هزینهٔ تشکیل مرکز تولید فیلم کانون را تأمین کرد. (درآمد اجراهای سیرک مسکو در روایت علی بختیاری هفت میلیون تومان ذکر شده.) ر.ک. به: بختیاری، علی؛ کتاب کارنامه، انتشارات بنیاد پژمان، ص ۱۹۲.

۲- مرکز تولید فیلم، صد و پنجاه و هفت فیلم (دربرگیرندهٔ انیمیشن، فیلم آموزشی، مستند و فیلم آگهی) ساخته بود که تعداد زیادی از آن‌ها برندگان جوایز مهم‌ترین فستیوال‌های بین‌المللی فیلم کودکان بودند.برای مطالعهٔ بیشتر دربارهٔ ◁

سال ۱۳۴۹، ما با هفت فیلم در جشنواره شرکت کردیم. «نان و کوچه»ی عباس کیارستمی یکی از آن فیلم‌ها بود. شیروانلو فیلم را برای من آورد. یک فیلم ده دقیقه‌ایِ سیاه و سفید بود. گفت این را کیارستمی ساخته، و خواست من فیلم را ببینم، بیشتر برای تشویق فیلم‌ساز جوان. فیلم را دیدم. کار خیلی خوبی بود. گفتم، نه‌فقط در فستیوال شرکت می‌کند، بلکه در شب افتتاحیه، در حضور علیاحضرت شهبانو و مهمان‌های ویژه نمایش داده می‌شود. «نان و کوچه» مورد توجّه همه قرار گرفت، جایزه برد، و استعداد درخشان کیارستمی را به خودش و به دنیا نشان داد. دوستیِ من و کیارستمی بعد از آن شب تا روز درگذشت تلخش پایدار ماند

سال‌ها بعد، هر بار کیارستمی در اروپا نمایش فیلم داشت، سعی می‌کردم خودم را به برنامه‌اش برسانم. یادم هست یک بار در یک شهر کوچک در جنوب فرانسه چند فیلم از سال‌های مختلف فیلم‌سازی‌اش را نمایش می‌دادند. من در آن موقع در پاریس بودم، با قطار به آن شهر رفتم و در برنامه کنارش نشستم. در تمام طول برنامه دست من را در دستش نگه داشته بود و فشار می‌داد.

کیارستمی انسان قدرشناسی بود. قدر سال‌های کار در کانون را می‌دانست. در آخرین روزهای زندگی‌اش در بیمارستانی در فرانسه به ملاقاتش رفتم. نیمه‌هوشیار بود. خم شدم و کنار گوشش گفتم، من لیلی هستم. چشمش را باز کرد، سرش را برگرداند و لبخند زد. حیف از آن همه استعداد و انسانیت که زود از بین ما رفت. کیارستمی و احمدرضا احمدی خواسته بودند مراسمِ تشییعِ جنازه‌شان از جلوی ساختمان کانون شروع شود.

خدا را شکر می‌کنم که توانستم از موقعیتی که داشتم طوری استفاده کنم که امروز می‌بینم به رضایتِ خاطر خیلی‌ها از زندگی حرفه‌ای‌شان انجامیده. این فکر مرا با زندگی در صلح نگه می‌دارد.

❑ بسیاری از تحلیل‌گران سینمای ایران، سینمای کانون را شروع تحوّل در جریان فیلم‌سازی در ایران می‌دانند. این ارزیابی چنان مورد تأکید است که به ورودِ اصطلاحِ «سینمای کانونی» به متون در ارتباط با نقد و تحلیلِ فیلم

▷ فیلم‌های تولیدشده در مرکز سینمایی کانون ر.ک. به: امید، جمال؛ تاریخ سینمای ایران (۱۲۷۹-۱۳۵۷)، انتشارات روزنه، چاپ یکم، تهران، ۱۳۷۴، صص۱۰۲۷-۱۰۳۳.
برای مطالعهٔ متن سخنان ابراهیم فروزش دربارهٔ مرکز سینمایی کانون به صص ۲۹۷-۲۹۹ مراجعه کنید.

انجامیده.[۱] تعریف شما از سینمای کانون و ویژگی‌هایی که فیلم‌های کانون را متفاوت می‌کرد، چیست؟

من برای اوّلین بار است که اصطلاح «سینمای کانونی» را می‌شنوم، و خوشحال‌ام که در ارزیابی تحلیل‌گران، فیلم‌های کانون اثر مثبتی بر سینمای ایران داشته‌اند.
تعریف من از فیلم‌های آن زمانِ کانون، فرق زیادی با تعریفم از کتاب‌های کانون و موسیقی و تئاتر و فعّالیت‌های دیگر ما ندارد. هدف اصلی ما در هر کاری که می‌کردیم، تولید محصول فرهنگیِ مفید، آموزنده و سرگرم‌کننده برای بچه‌ها بود. این کار را با دقّت به جزئیات و ظرافت‌های کار و با اهمیت دادن به اصول حرفه‌ای هر رشته انجام می‌دادیم. به زیباییِ ساختار کار خیلی توجّه داشتیم. بچه‌ها باید کار را دوست می‌داشتند و جذبش می‌شدند. ما دنبال تولید کار برای کلاس درس نبودیم. سرگرمی و شادی بچه‌ها برایمان به اندازهٔ جنبهٔ آموزشی مهم بود.

کتاب‌های کانون هم در ایران جریان‌ساز شدند و در جشنواره‌های بین‌المللی درخشیدند. ما در کانون کار متوسط نمی‌ساختیم. معیارِ ما بهترین‌های هر رشته در سطح بین‌المللی بود. یادم هست، من نقّاشی‌های هر کتاب را با دقّت نگاه می‌کردم. بر هر خطی که در هر گوشهٔ کتاب کشیده می‌شد با وسواس نظارت داشتم. این‌ها همه در جهت ارائهٔ بهترین کار بود. همهٔ ما این وسواس کاری را داشتیم.

دربارهٔ ویژگی‌های فیلم‌ها، شاید بتوانم به نشان دادنِ دنیای بچه‌ها، یا نگاهِ بچه‌ها به زندگی که با نوعی سادگی و صمیمیت همراه است، و بازی کردن نقش شخصیت‌های اصلی توسط بچه‌ها اشاره کنم.

برای من، داستانِ فیلم مهم بود. با فکر باز، همهٔ سناریوهای رسیده به کانون را می‌خواندم. الان که به آن دوران فکر می‌کنم، خواندن آن تعداد سناریو برای خودم هم باورکردنی نیست. ولی واقعاً من تک‌تک آن متن‌ها را با دقّت و علاقه می‌خواندم. ادبیات کودک را می‌شناختم. مادر هم بودم، و برایم مهم بود که فرزندانم فیلم خوب تماشا کنند. این مرحلهٔ

۱- ر.ک. به: متن سخنان ابراهیم فروزش، صص ۲۹۹-۳۰۱.

اوّل کار بود. سناریوهایی که تأیید نهایی را می‌گرفتند، فیلم می‌شدند.
هیچ کتاب یا سناریویی در کانون نبود که من نخوانده باشم. مسئولیت هر نقد به هر اثر کانون بیش از همه با من است و من این مسئولیت را می‌پذیرم.

نکتهٔ مهم‌تر این است که ما تعریفِ خط‌کشی‌شده یا مؤلفه‌های مشخصی را به سازندگان فیلم تحمیل نمی‌کردیم. قانون و اصولِ از پیش‌نوشته‌شده وجود نداشت. شاید الان که به عقب برمی‌گردیم، بتوانیم به این تعاریف برسیم، ولی در آن زمان تنها فکر ما همان‌طور که گفتم، تولید کار مفید و آموزنده و سرگرم‌کننده بود. چگونگیِ این کار با خلّاقیت اعضای کانون عملی می‌شد، که جوان بودند و فکرهای تازه داشتند.

☐ بحث دیگری که در همین زمینه و در پیوند با پاسخ شما به پرسش قبل مطرح می‌شود، تعریف کلمهٔ «سرگرمی» است. بعضی از فیلم‌های کانون، به‌ویژه انیمیشن‌ها، در ارزیابی برخی از منقدان، برای بچه‌ها «سخت» و دور از دسترسی و دریافت‌اند. این گروه، «سختی» فیلم‌های «روشنفکرانه»ی کانون را با اصل مهم اساس‌نامهٔ کانون دربارهٔ پُرکردن اوقات فراغت بچه‌ها در تخالف می‌بینند. تعریف شما از «سرگرمی» یا پُر کردن اوقات فراغت بچه‌ها چه بود؟

پُر کردن اوقات فراغت به این معنی نیست که هر کاری بکنیم که وقت بچه‌ها صرف شود. هدف ما این بود که فیلم و کتاب‌مان مفید و آموزنده باشد. یعنی سرگرمی با فکر کردن و رشد بچه‌ها همراه باشد.
بچه‌ها می‌توانند سرگرم بشوند، بخندند، شادی کنند و هم‌زمان سلیقه‌شان هم شکل بگیرد. ما در کانون این فرصت را داشتیم که سلیقهٔ بچه‌ها را درست راهنمایی و تغذیه کنیم. چیزی را تحمیل نمی‌کردیم. انتخاب با بچه‌ها بود. نتیجهٔ کارِ کانون نشان می‌دهد که آن «پرنده‌های جوان» به هر کاری روی آوردند موفّق شدند. ضمن این‌که علاقه‌شان به کار فرهنگیِ خوب، هم بر زندگی شخصی‌شان و هم بر محیط کار و جامعه‌شان اثر گذاشت.

کودک که از سنین کم در معرض کتاب خوب، موسیقی خوب، و فیلم خوب بزرگ شود، در سنین بالاتر هم همان سطح کار فرهنگی را دنبال می‌کند. یعنی کانون نه‌فقط نویسنده و فیلم‌ساز درجه یک پرورش می‌داد، خواننده و بینندهٔ درجه یک برای آثار خوب هم

می‌ساخت. این هر دو روی فرهنگ جامعه اثر می‌گذاشتند.

دربارهٔ فیلم، من در درجهٔ اوّل به داستان فیلم اهمیت می‌دادم. داستانِ خوب سرگرم‌کننده است. بعد می‌رسیدیم به ساخته شدن فیلم بر اساس آن داستان. سعی‌مان را می‌کردیم که همهٔ مراحلِ ساخت هم درجه یک باشد. فیلم‌های کانون فیلم‌برداری‌های فوق‌العاده‌ای داشتند. انتخاب بازیگران کودک هم کار سختی بود. نویسنده و کارگردان برای پیدا کردن کودکی نزدیک به شخصیت داستان، شخصاً و برای مدّت طولانی وقت می‌گذاشتند. نمی‌گفتند چند بچه بیایند این‌جا، ما یکی را انتخاب کنیم. می‌رفتند در سطح شهر، در همان مناطقی که داستان فیلم درباره‌شان نوشته شده بود، با بچه‌ها حرف می‌زدند، زندگی‌شان را می‌دیدند، در خانه‌های آن بچه‌ها وقت می‌گذراندند و بازیگرشان را انتخاب می‌کردند.

بچه‌های فیلم‌های کانون بازیگر نبودند، ولی مثل بهترین بازیگران حرفه‌ای دنیا بازی می‌کردند. بازیگر فیلم «نان و کوچه»ی کیارستمی که چندین جایزهٔ بین المللی را برد، یکی از همین بچه‌ها بود. اگر این بچه‌های بازیگر، که بازیگران حرفه‌ای هم نبودند، طوری با داستان فیلم ارتباط برقرار می‌کردند که آن بازی‌ها را ارائه می‌دادند، چطور ممکن است بچه‌های تماشاگر، فیلم را نفهمند؟

تعبیر «فیلم روشنفکرانه» تعبیر بزرگ‌ترهایی است که فکرشان را تعاریف و تعابیری خاص محدود کرده. فکر بچه‌ها خیلی باز است. من این فیلم‌ها را همراه بچه‌ها دیده‌ام، و شاهد تغییر حالت صورت و عکس‌العملشان هنگام تماشای فیلم بوده‌ام. بچه‌ها کاملاً درگیر فیلم می‌شدند. ابراهیم فروزش مستندی دربارهٔ کانون ساخت؛ در بخشی از آن، یکی از بچه‌ها فکر می‌کنم سیبی در دست داشت و در حال تماشای فیلم، در حالی که چشمش را از پردهٔ سینما برنمی‌داشت، با چنان هیجانی سیب را در دو دست کوچکش فشار می‌داد و جابه‌جا می‌کرد، که انگار خودش درگیر مسائل داستان فیلم بود[1].

۱- «گزارش» عنوان یک مستند هنری بیست و پنج دقیقه‌ای است، ساختهٔ ابراهیم فروزش، دربارهٔ فعّالیت‌های فرهنگی بخش‌های گوناگون کانون. این مستند مجموعه‌ای ارزنده از تصاویری معرّفِ فضای کتابخانه‌های کانون در شهرها و روستاهای ایران، اتوبوس‌های آبی‌رنگ و جیپ‌های کتابخانه‌های سیّار، از جمله در حال رساندنِ کتاب به مراکز درمانیِ کودکان، سوارانی که با قاطر بارِ کتاب را از رود رد می‌کنند و کودکان روستایی و عشایری که با شوق کتاب‌های رسیده را در آغوش می‌گیرند، نمونه‌هایی از فعّالیت‌های داخل کتابخانه‌ها -از قصّه خواندنِ کتابدار برای کودکان تا صحنه‌هایی از کلاس‌های آموزش نقّاشی، موسیقی، تئاتر و فیلم‌سازی- سفر تریلی بزرگ تئاتر سیّار در جاده‌های کوهستانی باریک و استقبال بچه‌ها و بزرگ‌سالان از تماشای تئاتر، بازدید بچه‌ها از مراکز علمی، نماهایی از فستیوال بین‌المللی فیلم کودکان و ◁

بچه‌ها برای تماشای فیلم‌های کانون ذوق و اشتیاق داشتند. خیلی خوب و درست با فیلم‌ها ارتباط برقرار می‌کردند.

به‌نظر من، برداشتِ بچه‌ها از فیلم‌های کانون دقیق‌تر از برداشتِ بزرگ‌ترها، و نزدیک‌تر به منظور سازندهٔ فیلم بود. برداشت و تفسیر بچه‌ها از قصّه و فیلم کاملاً خودجوش و بِکر است. کسی یادشان نداده چطور فکر کنند یا بر اساس چه تئوری یا اصلی نتیجه بگیرند.

من در فستیوال‌های فیلم کودکان در مملکت‌های مختلف، واکنش بچه‌ها را زیر نظر داشتم. می‌خواستم یاد بگیرم با هر فیلم چه رابطه‌ای دارند و چه واکنشی نشان می‌دهند.

به‌نظر من فیلمی که با کودکِ گروه سنی مورد نظرش ارتباط برقرار نکند، فیلم خوبی نیست.

☐ در ادامهٔ پاسخ شما، اجازه می‌خواهم سطرهایی از یک یادداشت فریدون عموزاده‌خلیلی، از بچه‌های عضوِ کتابخانه‌های کانون در سال‌های مورد بحث ما، و مدیرمسئول کنونی نشریهٔ «چلچراغ»، را با هم بخوانیم:

«باید هشت ساله بوده باشم یا نُه ساله، که ما را به صف کردند و ما بچه‌های هشت - نُه ساله، در مدرسه‌ای در جنوبی‌ترین نقطهٔ شهر، که پشت یک دیوارش به مزارع پنبه بود و دیوار دیگرش به مزارع خیار و گوجه، و دیگر پایین‌تر از آن هیچ خانه‌ای نبود جز ایستگاه راه‌آهن که دور، خیلی دور، در مقیاس یک خانهٔ کبریتی یا خانه‌ای قد یک غربیل، به چشم می‌آمد و نمی‌آمد، و برای ما آخرِ دنیا بود این مدرسه. و حالا ما بچه‌های هشت - نُه ساله، با موهای از تَه تراشیده، با شلوارهای وصله‌دار، ترازِ بچه‌های جنوبی‌ترین محلّهٔ یک شهر کوچک کویری، جلوی در مدرسه به صف شده بودیم تا سوار تنها مینی‌بوس مسافربری آبی رنگ شهر شویم و به 'کتابخانه' برویم. کتابخانه! نه، هیچ هیچ هیچ تصوّری از آن نداشتیم... تازه آن‌جا فهمیدم کتابخانه همان‌جایی است که تو می‌توانی در اوّلین انتخاب آزادِ آزادِ آزادِ زندگی اجتماعی‌ات، بی‌هیچ تحمیلی کتابِ گربهٔ چکمه‌پوش و مهمان‌های ناخوانده را انتخاب کنی، و از آن‌جا تا خانه، تا غروب، تا شب، زیر نور چراغ کم‌سوی خانه، یا یواشکی زیر نور رنگ‌پریدهٔ

◅ نوجوانان کانون و نمونه‌هایی دیگر از تلاش‌ها و دستاوردهای کانون را با گفتاری شیوا در برابر تماشاگر می‌گذارد. سپاسگزارم از آقای فروزش که با بزرگواری نسخه‌ای از فیلم را برای مطالعه به این کتاب و من سپردند.

مهتابِ حیاط، آن‌چنان محو تصویرها و کلمه‌های این کتاب شوی که هنوز که هنوز است در شصت و سه سالگی، رهایت نکرده باشد.

کتابخانه یعنی غوطه‌ور شدن در خیال و رنگ و کلمه... یعنی آموختنِ این‌که چطور با 'دیگری'، نه‌تنها کنار بیایی که زندگی کنی، که مهربان باشی، که برایش حق زیستن، آن‌چنان که هست، نه آن‌چنان که تو می‌خواهی، قائل باشی... یعنی عدالتِ منتشر در کتاب‌خوانی. یعنی این‌که همهٔ بچه‌ها، در دورترین و محروم‌ترین روستاها، حسِ لمسِ کتابِ خوب را تجربه کرده باشند. یعنی بچه‌های فقیرترین و حقیرترین محلّه‌ها، از لذّتِ غیرقابل جایگزینِ کتاب برخوردار باشند.[1]»

موافق‌اید که کودکان و نوجوانان عضو کانون، احتمالاً داوران منصف‌تر و شایسته‌تری از آدم‌بزرگ‌های بیرون هستند؟

خیلی متشکّرم که این حرف‌ها را به من منتقل می‌کنید. خوشحال‌ام که بچه‌ها و اعضای کانون از دورانی که در کانون گذرانده‌اند این‌طور یاد می‌کنند.
به‌نظر من، داوری بچه‌ها هم منصفانه‌تر است و هم مهم‌تر، چون تمام آن کارها برای بچه‌ها انجام می‌شد.

ما در کانون یک مرکز پژوهش داشتیم.[2] مسئولیت این مرکز، مطالعه و پژوهش دربارهٔ نیازهای کودکان و نوجوانان در شهرها و روستاهای ایران بود. گروه‌های متعدّدی از طرف این مرکز به مناطق مختلف ایران سفر می‌کردند، برای این‌که ببینند احتیاجات بچه‌های ما در هر منطقه چیست، علاقه و سلیقه‌شان چگونه است، فرهنگ هر منطقه چه ظرافت‌هایی دارد که شاید ما اطّلاع نداشته باشیم. ما روی این نکات مطالعه و فکر می‌کردیم تا کتاب و فیلم و تئاتر و برنامه‌های آموزشی‌مان را بر آن اساس جلو ببریم.
کانون برای کارهایی که انجام می‌داد، الگو یا نتیجهٔ کارهای انجام‌شده در گذشته یا در

۱- برای مطالعهٔ متنِ سخنانِ فریدون عموزاده‌خلیلی دربارهٔ کانون به صص ۲۸۵-۲۹۲ مراجعه کنید.
۲- مراکز پژوهش کانون در سال ۱۹۷۰/۱۳۴۹، با مدیریت فیروز شیروانلو آغاز به کار کرد. بعد از رفتن شیروانلو از کانون در سال ۱۹۷۱، عطاءالله نوریان مدیریت این مرکز را عهده‌دار شد. برای مطالعه دربارهٔ مرکز پژوهش کانون به متن سخنان دکتر رسول نفیسی و سیاوش سامی در صفحات۳۸۶-۳۸۷ و ۲۶۲-۲۶۳ مراجعه کنید.

کشورهای دیگر را نداشت. همهٔ فکرها و کارهای ما برای اوّلین بار در جهان خلق می‌شدند. این‌ها خیلی فکرشده و با صرف وقت و همفکریِ بهترین نویسندگان و هنرمندان ایران انجام می‌شد. به همین دلیل، نتیجهٔ درست می‌داد؛ و نتیجهٔ درست یعنی بچه‌ها فضای کتابخانه‌های کانون، و کتاب‌ها و فیلم‌ها و تئاترهای کانون را دوست داشتند.

□ بخش دیگر فعّالیت سینمایی کانون در «مرکز آموزش فیلم‌سازی به کودکان» شکل گرفت. آیا آموزش فیلم‌سازی، با امکانات کم‌مانندی که برای هنرجویان فراهم می‌آوردید رایگان در اختیار اعضای کتابخانه‌ها قرار می‌گرفت؟

عضویت در کتابخانه‌های کانون و تمام دوره‌های آموزشی، ازجمله آموزش فیلم‌سازی، رایگان بود.

کانون یک نهادِ پویا بود که هم‌زمان با گسترده شدن، ساختار و برنامه‌هایش را بر اساس نیازهایی که احساس می‌شد تغییر می‌داد. در سال‌های اوّل، برنامه‌های آموزش هنریِ کتابخانه‌ها مستقل و بدون هماهنگی با بخش‌های دیگر اداره می‌شدند. با افزایش انواع برنامه‌های آموزشی در کانون تشکیل مرکزی برای هماهنگ کردنِ برنامه‌ها ضروری به‌نظر رسید. «مرکز آموزش هنرهای تجسّمی» که آموزش موسیقی، نقّاشی و سفال‌گری، تئاتر و فیلم‌سازی را در بر می‌گرفت، با این منطق و با مدیریت پرویز کلانتری[۱] آغاز به کار

۱- پرویز کلانتری (۱۳۱۰، زنجان ـ ۱۳۹۵، تهران)، نقّاش، طرّاح گرافیک و نویسنده، دانش‌آموختهٔ هنرهای تجسّمی در دانشکدهٔ هنرهای زیبای دانشگاه تهران بود. از سال ۱۳۳۴/ ۱۹۵۶، در دوران دانشجویی، طرّاحی گرافیک را برای تصویرگریِ کتاب‌های درسی کودکان در مؤسسهٔ فرانکلین آغاز کرد. تصاویر داستان‌های «روباه و خروس»، «چوپان دروغگو»، «حسنک کجایی؟»، «مرغابی‌ها و لاک‌پشت» و «روباه و زاغ» در کتاب‌های فارسی دوران ابتداییِ چند نسل، ازجمله آثار اوست. زمان زمانی، نورالدین زرّین‌کلک، آراپیک باغداساریان و فرشید مثقالی از همکاران کلانتریَ در مؤسسهٔ فرانکلین بودند. کلانتری همچنین از تصویرگران نشریهٔ «پیک» در این مؤسسه بود.
پرویز کلانتری سال ۱۳۳۸/۱۹۶۰، از سوی مؤسسهٔ فرانکلین، همراه با گروه مؤلّفان کتاب‌های درسی برای گذراندن یک دورهٔ آموزشی به دانشگاه کلمبیا رفت. پس از بازگشت، برای مدّتی تدریس مجسّمه‌سازی و طرّاحی در رشتهٔ معماری را به‌عهده گرفت.
کلانتری نخستین نقّاشی کتاب کودکان را برای کتاب کدو قلقله‌زن (انتشارات سخن) در سال ۱۳۴۰ انجام داد.
پرویز کلانتری سال ۱۳۴۶/۱۹۶۷ به کانون پرورش فکری کودکان و نوجوانان پیوست، و سازماندهی و مدیریت آموزش نقّاشی در کتابخانه‌های کانون، و پس از چندی مدیریت مرکز هنرهای تجسّمی این نهاد را عهده‌دار شد. وی همچنین مسئول و مشاور نشریهٔ «خط و ربط»، نشریهٔ مرکز هنرهای تجسّمی کانون بود. (لیلی امیرارجمند، مدیر مسئول؛ ناصر زراعتی، سردبیر؛ ناصر ستاره‌سنج، طرّاح و صفحه‌آرا و رعنا فرنود، ویراستار این نشریه بودند.)
کلانتری در گفت‌وگو با خاطره خدایی، در کتاب کانون می‌گوید، در دوران همکاری با کانون به پیشنهاد نادر اردلان و با موافقت لیلی امیرارجمند، برای آشنایی با شیوه‌ای بدیع در آموزش هنر، همراه با عباس مهدی کاشی، سه ماه به ◁

کرد. مدیریت هر برنامه به‌عهدهٔ هنرمند متخصص در آن رشته بود[1]. مراکز آموزش موسیقی با مدیریت شیدا قره‌چه‌داغی، نقّاشی و سفال‌گری با مدیریت پرویز کلانتری و همراهی رضا گوهرزاد، تئاتر با مدیریت دان لافون و همراهی اردوان مفید و فیلم‌سازی با مدیریت اسفندیار منفردزاده اداره می‌شدند.

من می‌دانستم بچه‌های مناطقِ با درآمد و امکانات کمتر گاهی شام شبِ درستی هم نداشتند، چه برسد به سرگرمی آموزنده؛ و می‌دانستم وقتی ما دوربین‌های حرفه‌ایِ فیلم‌برداری به دست بچه‌ها بدهیم و به مربّی‌های حرفه‌ای و مسئول بسپاریمشان، بچه‌ها، به‌خصوص بچه‌های مناطق کم‌درآمد، ارزش موقعیتی را که دارند تشخیص می‌دهند و از آن استفاده می‌کنند. تعدادی از آن بچه‌ها هنر را ادامه دادند و بعضی‌هایشان فیلم‌سازهای موفّقی شدند. بقیه هم، در هر حرفه‌ای که دنبال کردند، درخشیدند. چون معیارهای زندگی‌شان بالاتر از متوسطِ جامعه شده بود، فیلم و موسیقی و کتاب و تفریح و کارِ عالی را می‌پسندیدند. درنتیجه رفتند دنبال بهترین‌ها.

اسفندیار منفردزاده و ارسلان ساسانی نقش مهمی در شکل‌گرفتنِ مرکز آموزش فیلم‌سازی داشتند. ما تعدادی دوربین کَنون[2] و تعداد زیادی حلقه‌های فیلم هشت میلی‌متری خریدیم، برای دوره‌های آموزشی. یعنی قرار بود آن دوربین‌ها را، که در آن زمان ارزش و قیمت زیادی هم داشتند، دست بچه‌ها بدهند، هم برای کار یادگرفتن و هم برای ساختن فیلم‌های خودشان. مربّی‌های فیلم‌سازی خلّاق و خوش‌فکری مثل فرهاد شیبانی و کورش افشارپناه

▻ Junior Art Center در لس آنجلس رفت. این مرکز دربرگیرندهٔ استودیوهای متعدّد آموزش هنرهای تجسّمی -سرامیک، فیلم‌سازی، معماری و ...- برای آموزش هنرهای مفهومی به کودکان، نوجوانان و جوانان بود. کلانتری در این گفت‌وگو، یکی از نتایج این سفر را ارائهٔ طرحِ نقّاشیِ داستان‌های شاهنامه توسط بچه‌ها و آموزش فرش‌بافی برای پیاده کردنِ آن نقّاشی‌ها در فرش می‌داند: «درنتیجَه ما صَاحب یک کلکسیون از قالیچه‌های کودکانه با موضوعات اساطیری شاهنامه شدیم. این قضیه همزمان شد با افتتاح موزهٔ فرش. تمام کارشناسان فرش از سراسر دنیا برای بازدید از موزهٔ فرش آمدند. با خانم امیرارجمند این مورد را در میان گذاشتم و گفتم آرزو دارم کار بچه‌ها دیده شود. از این رو، نمایشگاهی از قالیچه‌های کودکانه و قناسِ بچه‌ها برگزار کردیم.» (خدایی، خاطره؛ کانون، ص۲۹۰) پرویز کلانتری در سال‌های بعد چند مجموعه داستان نیز منتشر کرد. آخرین کتاب او مرگ پایان کبوتر نیست نام دارد (انتشارات کتاب‌سرا، تهران، ۱۳۸۹). برای آشنایی بیشتر با پرویز کلانتری ر.ک. به: ملکی، توکا و ملکی، منصوره؛ این شاخه مال من است: دربارهٔ پرویز کلانتری، نشر پیکره، تهران، ۱۳۹۱. و ر. ک. به: «بوم و گِل: پرویز کلانتری، نقّاش»، تهیه‌کننده و کارگردان: فریور حمزه‌ای:
https://www.youtube.com/watch?v=VfzkPjAfV4E

۱- متن سخنان گردانندگان مراکز آموزشی کانون در مرکز هنرهای تجسّمی در این صفحات در دسترس است: رضا گوهرزاد: صص ۳۰۹-۳۱۸، دان لافون: صص۳۱۹-۳۲۹، اردوان مفید: ۳۵۱-۳۶۶ و اسفندیار منفردزاده: صص ۳۶۷-۳۷۴.

2- Canon Camera

هم به آن‌ها آموزش می‌دادند.
بچه‌های مرکز آموزش فیلم‌سازی این امکان را هم داشتند که در جلساتی با سازندگان حرفه‌ای فیلم و انیمیشن، مثل عباس کیارستمی و علی‌اکبر صادقی، دیدار و گفت‌وگو کنند. این مجموعه -اشتیاق بچه‌ها، مربّی خوب، امکانات درست و فکرشده و استفاده از تجربیات فیلم‌سازهای حرفه‌ای- باعث می‌شد فیلم‌های مرکز آموزش فیلم‌سازی کانون از بهترین‌های نوع خودشان در دنیا باشند.

در آن دوران، فستیوال فیلم ABU در سینما آریانا در شیراز برگزار می‌شد، و مخصوص فیلم‌های هشت میلی‌متری هنرجویان یا تازه‌کارهای سینمای آسیا و اقیانوسیه بود[1]. ما هم برای این فستیوال فیلم می‌فرستادیم و هم نوجوانانِ گروه فیلم‌سازی را همراه چند مربّی به شیراز می‌بردیم تا فیلم‌های فستیوال را تماشا کنند. بچه‌های کانون در نشست‌ها و مصاحبه‌های بعد از نمایش فیلم هم شرکت می‌کردند. چندین فیلم کوتاهِ هنرجویان کانون در این فستیوال برندهٔ جایزهٔ اوّل شدند.

همچنین، در آن زمان تلویزیون برای جوانان هجده سال به بالا دوره‌های سینمای آزاد ترتیب داده بود، که نوعی آموزش فیلم‌سازی بود، و فستیوال سالانه‌ای به همین نام هم برگزار می‌کرد. نوجوانان کانون، که همه زیر شانزده سال داشتند، در فستیوال سینمای آزاد با هنرجویان تلویزیون رقابت می‌کردند و خیلی وقت‌ها برنده می‌شدند[2].

بارها فکر کرده‌ام اگر نسلی که نخستین اعضای کتابخانه‌های کانون بودند می‌توانستند

۱- ABU (Asia-Pacific Broadcasting Union) ، اتحادیهٔ رادیو تلویزیونی آسیا- اقیانوسیه در سال ۱۹۶۴ میلادی بنیان گذاشته شد. این اتحادیه با صد و هفتاد عضو از پنجاه و سه کشور جهان یکی از بزرگترین و حرفه‌ای‌ترین اتحادیه‌های رسانه‌ای در سطح جهان است.

۲- از میان هشت فیلم نخستِ ساختهٔ هنرجویان مرکز آموزش فیلم‌سازی کانون در سال ۱۳۵۱/ ۱۹۷۲، دو فیلم «ترس و کوچه» و «دید نزن»، در جشنوارهٔ فیلم کودکان میلان در ایتالیا تقدیر شدند. در سال ۱۳۵۲/ ۱۹۷۳، عناوین فیلم‌های تولید شده در این مرکز به سی و هشت فیلم افزایش یافت، و از میان آن‌ها سه فیلم در جشنوارهٔ فیلم هلسینکی در فنلاند Helsinki Independent Film Festival جایزه دریافت کردند. در سال ۱۳۵۳/ ۱۹۷۴، آموزش فیلم‌سازی به شهرستان‌ها، از جمله مشهد، اهواز و رشت گسترش یافت. کانون در این سال با دوازده مربّی فیلم‌سازی به آموزش سیصد دانش‌آموز و تولید هشتاد و نُه فیلم دست یافت. در سال ۱۹۷۵، سیزده فیلم از مجموع هشتاد و سه فیلم آفریدهٔ هنرجویان کانون برای شرکت در چهار جشنوارهٔ بین‌المللی انتخاب، و از میان آن‌ها چهار فیلم برندهٔ جوایز فستیوال‌های فیلم تل‌آویو و هیروشیما شدند. ر.ک. به: معزّی‌مقدم، فریدون؛ «کانون پرورش فکری کودکان و نوجوانان، مرکز آموزش هنرهای تجسّمی» دانشنامهٔ ایرانیکا:
https://iranicaonline.org/articles/kanun-e-parvares-e-fekri-e-kudakan-va-nowjavanan-visual-arts-training-enter ◁

آن‌چه را دوست داشتند و یادگرفته بودند در زندگی حرفه‌ای‌شان به کار بگیرند، و ما هم می‌توانستیم کانون را با همان شیوه برای نسل‌های بعد ادامه و گسترش دهیم، جوانان آگاه، نترس و پیشروِ امروز ایران چه کارهای بزرگی برای مملکت انجام می‌دادند.

❑ آیا «مرکز فیلم‌های آموزشی» کانون مدیریت و اعضای مستقل از دیگر بخش‌های سینمایی کانون داشت؟

تولید فیلم‌های آموزشی با مدیریت عباس کیارستمی در مجموعهٔ مرکز سینمایی انجام می‌شد. فیلم‌های آموزشی قطعه‌های کوتاهی بودند برای آموزشِ موضوعی مشخص به بچه‌ها، مثلاً در فیلم «رنگ‌ها» که ساختهٔ کیارستمی است، رنگ‌های مختلف به بچه‌ها آموزش داده می‌شود. این مرکز همچنین مجموعه‌ای با نام «کودک امروز» ساخت، شامل شصت فیلم مستندِ کوتاهِ سه دقیقه‌ای، برای معرّفی فعّالیت‌های کانون در تلویزیون ملّی ایران[1].

❑ سال ۲۰۲۱ میلادی، نشریهٔ "Sight and Sound"[2] شما را یکی از صد قهرمان پنهان سینما معرّفی کرد. به‌رغم فروتنی‌تان، کمی در این‌باره صحبت می‌کنید؟ چگونه از این انتخاب باخبر شدید؟

من همان‌طور که شما احتمالاً یک روز در اینترنت نوشته‌ای در این‌باره خواندید، در جریانِ خبر قرار گرفتم. با این تفاوت که مجلّه برایم یک ایمیل هم فرستاد و اطّلاع داد در چنین فهرستی قرار دارم و تبریک گفت.

هنوز هم روایتِ انتخاب و معیارها و جزئیات کار را نمی‌دانم. هیچ‌کس پیش از چاپِ آن فهرست با من صحبتی نکرده بود. مجلّه را دریافت کردم و نوشتهٔ احسان خوشبخت را خواندم و از متنی که نوشته خیلی متشکّرم.

◁ برای مطالعهٔ سخنان اسفندیار منفردزاده دربارهٔ مرکز آموزش فیلم‌سازی به کودکان به صص ۳۶۷-۳۶۹ مراجعه کنید.

۱- به روایت دانشنامهٔ ایرانیکا، مجموعهٔ «کودک امروز» با سرپرستی فریدون معزّی‌مقدم، کورش افشارپناه و محمدرضا اصلانی، و با نظارتِ عباس کیارستمی تهیه و تولید شد. ر. ک. به: معزّی‌مقدم، فریدون؛ بخش تولید فیلم کانون پرورش فکری کودکان و نوجوانان، دانشنامهٔ ایرانیکا.

برای مطالعهٔ متن سخنان ناصر زراعتی دربارهٔ این مجموعه به صص ۲۳۳-۲۳۴ مراجعه کنید.

۲- "Sight and Sound" یک نشریهٔ معتبر سینمایی است که از سال ۱۹۳۲، هر ماه توسط آکادمی فیلم بریتانیا British Film Institute (BFI) منتشر می‌شود.

من ایشان را نمی‌شناسم، و همین ارزش این انتخاب را برایم بیشتر می‌کند. فکر می‌کنم ایشان و مجلّه با دلایل خودشان فیلم‌های کانون را اثرگذار ارزیابی کرده و مرا پشتیبانِ ساخته‌شدنِ آن فیلم‌ها دانسته‌اند[۱].

❑ احسان خوشبخت، در آن نوشته، شما را «یک تکنوکرات صاحب تخیّل» معرّفی می‌کند که به هنرمندان اعتماد می‌کردید. در گفت‌وگویی که با او داشتم، گفت، شما از موقعیتی که داشتید، برای موقعیت‌دادن به دیگران استفاده کردید. دنبالِ سودِ شخصی نبودید. این در کشور ما، و احتمالاً در بسیاری مناطق دیگر، استثناست.

ترکیب تکنوکراتِ صاحب تخیّل تعریف مثبتی است، هرچند من خیلی به تکنوکرات بودن علاقه ندارم. هدف من کتاب‌خوان کردنِ بچه‌ها و پُر کردنِ وقت آزادشان با موسیقی و نقّاشی و فیلم و تئاتر و هر نوع سرگرمی فکری و فرهنگی بود که می‌توانست زندگی‌شان را قشنگ‌تر کند. شاید این فکر از نگاه دیگران یک رؤیا یا تخیّل بود، ولی ما در واقعیت موفّق به انجامش شدیم.

درواقع، آن «موقعیت» که می‌گویید، به من امکان می‌داد کاری را که عاشقانه دوست داشتم پیش ببرم. چه سود شخصی دیگری می‌توانستم بخواهم؟

۱- احسان خوشبخت، منتقد سینمایی و از نویسندگان نشریهٔ "Sight and Sound"، که لیلی امیرارجمند را به عنوان یکی از نامزدهای صد قهرمان پنهان سینما، به ویژه‌نامهٔ نشریه معرّفی کرده بود، مؤلفه‌های مورد نظرش را برای انتخاب خانم امیرارجمند چنین بیان کرد: «... در دوران مدیریتش فیلم‌سازهای شناخته‌شده‌ای مثل عباس کیارستمی و بهرام بیضایی و سهراب شهیدثالث، فیلم‌سازی را در آن مؤسسه شروع کردند... خانم امیرارجمند همچنین فستیوال بین‌المللی فیلم را در ایران آغاز و مدیریت کرد، انیمیشن ایران را به جهان شناساند، مهم‌ترین فیلم‌سازهای دنیا مثل ژاک تاتی Jacques Tati را به ایران دعوت کرد، درخشان‌ترین فیلم‌های اروپای شرقی را در ایران نمایش داد، و کسانی را که آثارشان با سانسور جدّی مواجه بود و نامشان در فهرست سیاه رفته بود، با پشتیبانی کامل در کانون استخدام کرد و موقعیتِ ساختن بهترین فیلم‌هایشـــان را فراهم آورد؛ به هنرمندان اعتماد کرد، و این در هر جای دنیا یک پدیدهٔ نادر اســـت... خانم امیرارجمند از رابطه‌اش با قدرت و از نفوذی که داشـــت اســـتفادهٔ درجه یک کرد. در آن سیستم خیلی‌های دیگر هم قدرت و نفوذ داشتند، ولی در نهایت فقط برای منافع خودشان کار کردند. خانم امیرارجمند به مردمِ فکر کرد، برای مردم کار کرد، و قدرت و نفوذش را به مسیری برد که خیرش به همه رسید. این خیلی زیباست و دقیقاً همان چیزی است که مملکتِ ما همیشه لازم داشته و الان هم بیش از هر زمان دیگری لازم دارد.» برای مطالعهٔ متنِ کامل سخنان احسان خوشبختَ به صص ۲۲۹-۲۳۲ مراجعه کنید. همچنین ر. ک. به:
"100 Hidden Heros of Cinema", "Sight & Sound", Vol.31, Issue6, Summer 2021, p39.

☐ دیگرانی بودند که از این دست «موقعیت»ها برای رسیدن به ثروت یا مقام یا قدرتِ بیشتر بهره می‌بردند. شما از روز نخست، بنیادگذار و مدیرعامل کانون پرورش فکری کودکان و نوجوانان بودید، روز آخر هم، با مناعت طبع، از همان عنوان، همان موقعیت شغلی، کنار رفتید. هیچ‌وقت فکر نکردید، مثلاً نمایندهٔ مجلس یا وزیر شوید. همه این‌طور نبودند.

من نیاز نداشتم. یعنی چنان نیازی را اصلاً احساس نمی‌کردم.

☐ فکر نمی‌کنم کسی «نیاز» داشته باشد وزیر شود. یک نوع جاه‌طلبی، یا بلندپروازی است، که آدمی را، «خود» را، بالاتر از کاری که در دست دارد، یا دیگرانی که از آن کار سود می‌برند، می‌گذارد و چشمش را می‌بندد و بیشتر می‌خواهد. همان زیاده‌خواهی یا «آز» که فردوسی می‌گوید: «بدی در جهان بدتر از آز نیست».
به‌نظر می‌رسد، شما از این «بدترین بدی» پاک رها بودید.

این برداشت شماست، و من متشکّرم که شما و آقای خوشبخت در نگاه به گذشته، چنین برداشتی دارید. من اصلاً به این مسائل فکر نمی‌کردم. بلندپروازيِ من برای به‌انجام رساندنِ بهترین کارها در کانون بود. کارهایی که توسط یک گروه خوش‌فکر و بااستعداد انجام می‌شد.

☐ تئاتر چگونه به برنامه‌های کانون اضافه شد؟

گنجاندن تئاتر در برنامه‌های کانون، از همان آغاز در فکر من بود. در نخستین کتابخانهٔ کودک که در فرانسه دیده بودم، فضایی برای تئاتر بچه‌ها در نظر گرفته بودند، که توجّهم را جلب کرد. فکر کردم اجرای تئاتر در کتابخانه‌های کانون، هم سرگرم‌کننده خواهد بود و هم آموزنده. این فکرها به‌تدریج، و با مطالعه و واقع‌بینی بر اساس امکانات ما اجرا می‌شدند و گسترش می‌یافتند.

پیش از کانون، ما در ایران گروه حرفه‌ای تئاتر کودک نداشتیم. دان لافون، کارگردان جوان آمریکایی، که قبلاً درباره‌اش صحبت کردیم، آن زمان در انجمن ایران و آمریکا کارگردان تئاتر بود؛ تئاتر به زبان انگلیسی و برای بزرگ‌سالان. من چند تئاترش را دیده بودم. از او

دعوت کردم بعد از پایان تعهدِ کاری‌اش در انجمن ایران و آمریکا، مرکز تئاتر کانون را آغاز کند. بعد از کمی مقاومت -به این دلیل که تجربهٔ تئاتر کودک نداشت- قبول کرد یک سال بیشتر بماند، به راه‌اندازی مرکز و آموزش گروه تئاتر کمک کند و به آمریکا برگردد.

کار را که شروع کرد، چنان علاقه‌مند شد که شش سال در ایران ماند، مدیریت مرکز تئاتر را به‌عهده گرفت، و درواقع تئاتر کودکان و نوجوانان ایران را در کانون شروع کرد. اوّلین کسی که لافون در این مرکز استخدام کرد، اردوان مفید، بازیگر بااستعداد تئاتر بود، که دستیار او شد و همراه او تئاتر کانون را به جشنواره‌های جهانی برد.
کارهای اوّل گروه تئاتر کانون در کتابخانه‌های کانون اجرا می‌شد. کم‌کم این اجراها به صحنه‌های بزرگ‌تر، و حتّی به جشن هنر شیراز رفت[1].

تئاتر «شاپرک خانم»، که بیژن مفید، برای گروه تئاتر کانون نوشت، با کارگردانی لافون در کنار اجراهای متعدّد در ایران، ازجمله اجرا در آمفی‌تئاتر نیاوران، به جشنواره‌های تئاتر بین‌المللی راه پیدا کرد، از سوی کشورهای مختلف، مثل استرالیا دعوت شد، و هم‌زمان با افتتاح کتابخانهٔ کانون در اردن، در آن‌جا هم روی صحنه رفت. یادم هست که استرالیا گروه تئاتر کانون را، برای اجرای «شاپرک خانم»، چهار هفته در شهرهای مختلف به سفر برد. این‌ها اتّفاق‌های کاملاً استثنائی در تئاتر آن زمان ایران بود[2].

۱- نمایش «عقاب و روباه» نوشتهٔ بیژن مفید، با کارگردانی اردوان مفید توسط گروه تئاتر کانون در جشن هنر شیراز اجرا شد.
۲- مرکز تئاتر کانون در سال ۱۳۵۰/ ۱۹۷۱ با مدیریت دان لافون آغاز به کار کرد. آموزش تئاتر به کودکان و نوجوانان در مجموعهٔ دوره‌های آموزشی کانون، از سال ۱۳۵۱/ ۱۹۷۲ آغاز شد. بعد از بازگشت لافون به آمریکا در سال ۱۹۷۶ اردوان مفید مدیریت مرکز تئاتر کانون را به‌عهده گرفت. «تُرُب» و «کوتی و موتی» نخستین آثار نمایشی کانون، نوشتهٔ بیژن مفید بودند که با کارگردانی لافون در کتابخانه‌های کانون اجرا شدند. نمایش «خورشید خانم، آفتاب کن!» نوشتهٔ رضا بابک، در سال نخستِ تأسیس مرکز تئاتر کانون، در بیست و یک کتابخانهٔ تهران و هفده کتابخانه در شهرهای گوناگون اجرا شد. ر.ک. به:
Bakhtiari, Ali; *Iran: RPM*, Vol II. p 129.
گروه تئاتر کانون، همچنین برای بیمارستان‌های کودکان، مرکز معلولین شفا، مراکز توان‌بخشی، مراکز خیریهٔ نگهداری از کودکان بی‌سرپرست، شیرخوارگاه نارمک، مدرسهٔ نابینایان و بعضی مهدکودک‌ها و مدارس تئاتر اجرا می‌کردند.
مرکز تئاتر کانون از سال ۱۳۵۰-۱۳۵۷، سیزده نمایش را در کتابخانه‌های کانون و تالارهای گوناگون شهرهای ایران و جهان بر صحنه برد. کانون در سال ۱۹۷۲ در جلسهٔ چهارم اسیتژ (انجمن بین‌المللی تئاتر برای کودکان و جوانان)
ASSITEJ-Association Internationale du Théâtre de l'Enfance et de la Jeunesse
در آلبانی حضور یافت و درخواست عضویت در این گروه را ارائه داد؛ در سال ۱۹۷۳، به اسیتژ پیوست و در سال ۱۹۷۴ در کنگرهٔ اسیتژ در برلین غربی شرکت کرد. هدف این عضویت معرّفی تئاتر کودکان و نوجوانان ایران به جهان بود. کانون همچنین در دههٔ ۱۹۷۰ اوّلین عضو ایرانی یونیما (اتحادیهٔ بین‌المللی نمایش عروسکی) شد.
UNIMA-Union Internationale de la Marionnette
ر.ک. به:
◁ Mohseni Ardehali, Salma; "A Light in the Darkness": https://www.unima-usa.org/new-page-5

هم‌زمان در کتابخانه‌های کانون کلاس‌های آموزش تئاتر هم داشتیم. آموزش تئاتر زیر نظر اردوان مفید و با مدیریت لافون برنامه‌ریزی و اجرا می‌شد. آموزش تئاتر محدود به آموزش بازیگری نبود. نوجوانان یاد می‌گرفتند قصّهٔ خودشان را بنویسند و حتّی آن را کارگردانی کنند و روی صحنه ببرند.[۱] همچنین به‌ابتکار دان لافون اجرای نمایش عروسکی[۲] را، با همکاری اردشیر کشاورزی[۳]، آغاز کردیم.

در نهایت، مرکز تئاتر کانون بسیار گسترده‌تر از تئاتر کوچکِ کتابخانهٔ کودک در فرانسه شد.[۴]

◅ برای مطالعهٔ متن سخنان دان لافون، اردوان مفید و مجید میرفخرایی دربارهٔ مرکز تئاتر کانون به صص ۳۱۹-۳۲۹و صص ۳۵۱-۳۶۶ و صص ۳۷۵-۳۸۲ مراجعه کنید برای مطالعهٔ مقالهٔ دان لافون دربارهٔ کانون ر.ک. به:
Laffoon, Don; "Giving Iranian Children Words, Stories and Wings", Don Laffoon; Daryaee, Touraj and Beigpour, Kourosh; *50th Anniversary of Kanun*, Jordan Center for Persian Studies, 2017, pp 25-31.

۱- برای مطالعهٔ متن سخنان اردوان مفید دربارهٔ آموزشِ تئاتر به نوجوانان به صص ۳۶۱-۳۶۳ مراجعه کنید.

2- Puppetry

۳- اردشـیر کشاورزی (۱۳۲۴، کرمانشـاه- ۱۳۸۸، تهران) نویسـنده، مترجم و کارگردان تئاتر عروسکی. سال ۱۳۵۳/ ۱۹۷۳ کشاورزی همراه با دان لافون، اسکار باتک "Oscar Batek" استاد نمایش عروسکی که در آن زمان با دعوت وزارت فرهنگ و هنر از چکسـلواکی به ایران آمده بوَد، و گروه تئاتر کانون، نمایش «حادثه‌ای در شـهر عروسـک‌ها» (نوشـتهٔ ژزف پر Joseph Peyré و ترجمهٔ اردشیر کشاورزی) را با کارگردانی باتک بر صحنه بردند. این نمایش در کتابخانه‌های کانون، تالار ۲۵ شهریور (سنگلج) و نیز تئاتر سیّار کانون اجراهای متعدّد داشت. باتک همچنین نمایش «شنل هزار قصّه» را در مجموعهٔ «یک هفته با کانون» در تالار ۲۵ شهریور بر صحنه برد. ر.ک. به:
Bakhtiari, Ali, *Iran: RPM*, Vol II, p135.
در سال ۱۹۷۵/۱۳۵۴ گروه نمایش‌های عروسکی کانون نخستین جشنوارهٔ نمایش عروسکی ایران را برگزار کرد. ر. ک. به:
Rubin, Don; *The World Encyclopedia of Contemporary Theatre* (Volume 5: Asia/Pacific), Routledge, 2001, p268.

۴- ادامهٔ برنامهٔ اجرا و آموزش تئاتر به مدارس نیز رسید. به‌روایت بهرام شاه‌محمدلو (۱۳۲۹، تهران)، کارگردان و بازیگر تئاتر و سـینما، و از تئاتری‌های اوّلین گروه مرکز تئاتر کانون، سـال ۱۳۵۱ دان لافون به او پیشـنهاد برگزاری یک دورهٔ آموزشی تئاتر برای دانش‌آموزان نابینا را داد. در آن زمان در تهران تنها یک مدرسهٔ ویژهٔ دانش‌آموزان نابینا فعّال بود. شـاه‌محمدلو که در آن زمان حدود بیسـت سال داشـت، به عنوان مربّی تئاتر به آن مدرسه معرّفی شد و با هماهنگی مسئولان مدرسه هفته‌ای یک بار برایشان کارگاه تئاتر برگزار کرد. شاه‌محمدلو، با راهنمایی لافون، و پس از امتحان‌کردن راه‌های متعدّد برای کاری که هرگز در ایران انجام نشـده بود، به خواب‌های بچه‌ها روی آورد. به این معنی که بعضی از دانش‌آموزان نابینا، خواب‌هایشان را تعریف می‌کردند و بعضی دیگر، با حرکت‌های نمایشی خودساخته خواب‌هایشان را نشان می‌دادند. شگفتیِ این تجربه در آن بود که دانش‌آموزان، ازجمله راویان، حرکات خودَ را نمی‌دیدند. شاه‌محمدلو می‌گوید: «اسـتقبال بچه‌ها عجیب و غریب بود. هر وقت می‌خواسـتم سر کلاس بروم، بچه‌ها از دو ساعت قبل دَم در مدرسـه، بیرون در اصلی، منتظر ایسـتاده بودند. من می‌رفتم و ناگزیر بودم دست‌ها و پاهایم را باز کنم تا این‌ها هَمه، یعنی حدود سی چهل دانش‌آموز، یک جوری یک نقطهٔ اتصالی با من برقرار کنند و با همدیگر به سمت کلاس حرکت کنیم... ما در این موقعیت مثل یک مجسّمهٔ مرکّب، حرکت می‌کردیم... بعد از آن، تعداد زیادی از بچه‌ها دوست داشتند تلفن‌چی تئاتر شهر بشوند. در آن مقطع، شغل تلفنچی برای افراد نابینا، گزینه‌ای مرسوم و قابل قبول بود، امّا این بچه‌ها دوست داشتند تلفنچی تئاتر شهر بشوند چون این مجموعه را دوست داشتند و جالب است که یکی از آنان تا همین چند سـال پیش چنین شغلی داشت.» ر.ک. به: کیانیان، داود؛ «حکایت سال‌های کودکی: گفت‌وگو با بهرام شاه‌محمدلو» ◅

☐ آیا حضور کانون در جشن هنر شیراز به اجرای تئاتر محدود بود، یا همکاری‌های دیگر هم داشتید؟

گروه تئاتر کانون، فقط یک نمایش را در جشن هنر اجرا کرد. جشن هنر، زیر نظر رضا قطبی اداره می‌شد، و او هم مثل من با علیاحضرت در ارتباط و مشورت بود. درنتیجه، من دربارهٔ کارهایی که به سازمان رادیو تلویزیون ربط داشت، خیلی باملاحظه برخورد می‌کردم که همه راحت باشند و حالت تحمیل از طرف کانون احساس نشود. ولی آن یک نمایش را خوب یادم هست.

☐ تئاتر سیّار، نوآوری اثرگذار دیگر کانون بود، که خوشبختانه همچنان، با همان ماشین معروف، به اجراهایش ادامه می‌دهد. این فکر چگونه شروع شد؟

فکر می‌کنم تئاتر سیّار ادامهٔ طبیعیِ موفّقیتِ کتابخانه‌های سیّار کانون بود. هم کار را یاد گرفته بودیم و هم استقبال بچه‌ها و خانواده‌ها را از کتابخانه‌های سیّار دیده بودیم. فکر کردیم چرا به کتاب محدود بمانیم. تئاتر را هم می‌شود به شهرها و روستاها برد.

کمپانی مرسدس بنز به‌طور اختصاصی، به سفارش کانون و برای کانون تریلی بزرگی ساخت، به‌رنگ قرمز برّاق، که یکی از دیوارهای بزرگش باز می‌شد و ماشین را به صحنهٔ اجرای نمایش تبدیل می‌کرد. ضمن این‌که، تمام لباس‌ها و وسایل صحنه را هم به‌دلیل فضای بزرگی که داشت در خود جا می‌داد و جابه‌جا می‌کرد. لوگوی کانون هم روی تریلی طرّاحی شده بود[۱].

ماشین آن‌قدر بزرگ و خوش‌رنگ بود که از فاصله‌های دور دیده می‌شد و بچه‌ها نزدیک‌شدنش را با ذوق به هم اطّلاع می‌دادند. در همین تریلی پرده‌ای هم برای نمایش فیلم وجود داشت که صحنهٔ تئاتر را به سینما تبدیل می‌کرد. ما با این ماشین تئاتر و فیلم را

▷ تاریخ شفاهی یکصدسال تئاتر کودک و نوجوان در ایران، نشر ثالث، تهران، چاپ یکم، ۱۴۰۰.

۱- دیوارهٔ بزرگ تریلی تئاتر سیّار در کنار مرغ کانون، نقّاشی بزرگی را نیز بر خود داشت که در سال ۱۳۵۲/ ۱۹۷۳ توسط ابراهیم حقیقی با راهنمایی و نظارت فرشید مثقالی، مطالعهٔ پژوهش‌های آرتور پوپ در زمینهٔ هنر دورهٔ سلجوقی، و الهام از «نقش‌های آدم-پرنده‌ها، شیر-دال‌ها و گاو-آدم‌ها» در اسطوره‌های ایرانی اجرا شده. ر.ک. به: حقیقی، ابراهیم؛ «خاطرات آن اتوبوس دلربا»، «آنگاه»، ویژه‌نامهٔ کانون. ص ۷۲.

به شهرها و روستاهای زیادی بردیم.[۱]

مردم، از هر سنّی، تئاترهای سیّار کانون را دوست داشتند. حتّی یادم هست خبرنگارهای بین‌المللی چند بار برای تهیهٔ گزارش از تئاترِ سیّار به روستاهای کوچک ایران رفتند و گزارش‌های خوبی درباره‌اش نوشتند.

گروه تئاتر کانون گاهی هم در پارک‌های شهرهای مختلف، روی یک فرش برزنتیِ گِرد و بزرگ، که صحنه محسوب می‌شد، اجرا داشت. بچه‌ها و خانواده‌ها دور فرش می‌نشستند و گِرد بودنِ صحنه اجازه می‌داد همهٔ تماشاچیان جا و چشم‌انداز برابری داشته باشند. فکرمان این بود که همه روبه‌روی صحنه ننشینند یا در اضلاع کوچک و بزرگ و زاویه‌های صحنهٔ مستطیل‌شکل، نماهای متفاوت نبینند. صحنهٔ گرد ارتباطِ تماشاگر با بازیگران را کامل‌تر می‌کند. این فکرها و کارها برای آن نبود که ما با آنچه سنّتِ رایج آن دوران بود متفاوت باشیم. ما می‌خواستیم بهترینِ ممکن را انجام دهیم.

❑ سال ۱۹۷۱/۱۳۵۰، «مرکز صدا و موسیقی» کانون به مجموعهٔ بزرگ شما اضافه شد. تهیهٔ کتاب‌های شنیداری برای کودکان، گردآوری مجموعه‌های باارزشی از صدای شاعران معاصر، زندگی و آثار موسیقی‌دانان جهان، ترانه‌های کودکان، موسیقی و آوازهای محلّی ایران، مجموعهٔ دستگاه‌های موسیقی ایرانی با شرح کامل دربارهٔ موسیقی سنّتی ایران و ردیف‌های آن، مجموعهٔ بازسازی‌شدهٔ تصنیف‌های کلاسیک ایرانی، و تولید موسیقی برای فیلم و نمایش از فعّالیت‌های این مرکز است.
شروع این اتّفاق چگونه بود و چگونه این‌اندازه گسترده شد؟

اعتبارِ فکرِ اوّلیه و مدیریت این مرکز، با تأسیس «مرکز تهیهٔ نوار و صفحه برای کودکان و نوجوانان» به احمدرضا احمدی برمی‌گردد. واحدهایی که شما نام بردید به‌تدریج به آن

۱- نخستین سفر ماشین تئاتر سیّار برای اجرای نمایش، در سال ۱۳۵۳ / ۱۹۷۴ در شمال ایران از آستارا آغاز شد، به شهرها و روستاهای متعدّد آن ناحیه ازجمله، هشت‌پر، بندر پهلوی، رشت، فومن، صومعه سرا (سوماسرا)، کوچصفهان، کوشکه سرا، بیجار و شهسوار رفت و در بابلسر به انجام رسید. ر.ک. به:

Bakhtiari, Ali, *Iran: RPM,* Vol II, p134.

برای مطالعهٔ متن سخنان اردوان مفید دربارهٔ اجراهای تئاتر سیّار به صص ۳۶۴-۳۶۶ مراجعه کنید.

مرکز اضافه شدند و مجموعهٔ بزرگی را شکل دادند که «واحد موسیقی» نام گرفت.

مثل خیلی از موارد دیگری که درباره‌شان صحبت کردیم، فکر اجرا و ضبطِ متنِ یک کتاب و عرضه‌کردنش همراه با آن کتاب با الهام‌گرفتن از نمونهٔ مشابهی که من در اروپا دیده بودم شروع شد. این بار هم ما در کانون این فکر را بهتر و در سطح وسیع‌تر اجرا کردیم. کتاب‌هایی دربارهٔ موسیقی‌دانان بزرگ، مثل موتزارت، بتهوون و شوپن را ترجمه و با زبانِ ساده بازنویسی و به‌صورت یک کتابچه چاپ می‌کردیم، اجرای متن کتابچه و نمونه‌هایی از موسیقی هر موسیقی‌دان را روی یک صفحه ضبط می‌کردیم و این بار کتابچه را داخل جلد بزرگ صفحه جا می‌دادیم و در اختیار بچه‌ها می‌گذاشتیم. این روشِ ارائهٔ کتاب و صفحه در آن زمان معمول نبود[1].

البتّه، ما چند سال زودتر کتاب دخترک دریا را روی صفحه ضبط کرده و همراه کتاب در اختیار بچه‌ها گذاشته بودیم. ولی این کار به‌شکل گسترده در واحد موسیقی کانون پی‌گیری شد[2]. برای اجرای متن‌ها از بهترین گویندگان آن روزها مثل منوچهر انور کمک می‌گرفتیم. خیلی از افرادی که با ما همکاری می‌کردند، عضو یا کارمندِ کانون نبودند. به دعوت کانون برای یک کارِ مشخص به ما ملحق می‌شدند.

در بخش «صدای شاعر»، به ابتکار احمدرضا احمدی، شعرخوانیِ شاعران شناخته‌شدهٔ

۱- مجموعهٔ «زندگی و آثار موسیقی‌دان‌های بزرگ»، با سرپرستی ارسلان ساسانی و خسرو فرخزادی، همراهی بهترین مترجمان آن روزگار ایران، مانند محمد قاضی و خسرو سمیعی را با خود داشت. لیلی امیرارجمند زندگی‌نامهٔ موتزارت را برای مجموعه ترجمه کرد. اجرای این ترجمه را منوچهر انور به‌عهده گرفت.

این مجموعه ازجمله، آلبوم‌هایی برای معرّفی زندگی و موسیقی ابوالحسن صبا و امین‌الله (آندره) حسین تهیه کرد. امین‌الله حسین آهنگ‌ساز ایرانی ساکن پاریس، آفرینندهٔ سمفونی‌های «آریا» و «پرسپولیس»، و نیز «بالهٔ شهرزاد» است. ارسلان ساسانی برای مصاحبه با حسین شخصاً به پاریس رفت و یکی از اندک گفت‌وگوها با او را برای این مجموعه ضبط کرد. مجموعهٔ «امین‌الله حسین» همچنین دربرگیرندهٔ زندگی‌نامهٔ این آهنگ‌ساز، نوشتهٔ ارسلان ساسانی و فریدون معزّی‌مقدم است که با صدای مظفر مقدم اجرا شده. نقّاشی و طرّاحی جلد و کتابچهٔ همراه این صفحه کار بهرام خائف و هوشنگ محمدیان است.

۲- نخستین کتاب شنیداری کانون، دخترک دریا، در سال ۱۹۶۶/۱۳۴۵، بر روی صفحهٔ گرامافون تهیه شد. دوّمین کتاب شنیداری کانون، ماهی سیاه کوچولو، سال ۱۹۷۱/۱۳۵۰ با موسیقی اسفندیار منفردزاده و توسط خسرو بُرنوش تکنیسین صدا تولید شد.

کتاب‌های شنیداری کودکان در واحد موسیقی به شیوه‌های گوناگون، از روایت داستان توسط یک راوی تا اجرای نمایش‌نامهٔ رادیویی تهیه می‌شدند. بیشتر این آثار اجرای کتاب‌های منتشرشده در کانون بودند؛ مانند قصّهٔ کرم ابریشم، نوشتهٔ نورالدین زرّین‌کلک با اجرای بیژن مفید و موسیقی حسین علیزاده (تنظیم اسفندیار منفردزاده). قصّه‌های نویسندگان و شاعران ایرانی دیگر، مانند آهو و پرنده‌ها، اثر نیمایوشیج با اجرای احمد شاملو، اردوان مفید، علیرضا هدایی، بهرام شاه‌محمدلو، رضا بابک، سوسن فرّخ‌نیا و مرضیه برومند، و موسیقی فریدون شهبازیان، و ترجمهٔ چند داستان غیرایرانی، مانند شاهزادهٔ شاد، نوشتهٔ اسکار وایلد با ترجمهٔ فریدون معزّی‌مقدم و صدای فریدون دائمی، جلال مقامی و الهه پارسایی نیز در این مجموعه به نوار یا صفحه تبدیل شدند. آثار این مجموعه با ابتکار فرشید مثقالی به شکل کتاب‌های سه بُعدی (pop up books) تهیه می‌شد.

معاصر، مثل شاملو و نادرپور را ضبط کردیم و موسیقی‌دان‌های درجه یک برای آلبوم‌ها آهنگ ساختند.[۱]

صدای محمدرضا شجریان اوّلین بار در مجموعهٔ موسیقی سنّتی ایرانیِ کانون، و روی صفحهٔ گرامافون ضبط و منتشر شد.[۲]

در بخش موسیقی فولکلور پری زنگنه و منیر وکیلی و مینو جوان با ما همکاری می‌کردند. این تلاش‌ها برای حفظ بخش‌هایی از فرهنگ ایران بود که فکر می‌کردیم کمتر به آن توجّه شده یا ممکن است با توجّهِ کمتر فراموش شوند.[۳]

خود من در همان دوران با موسیقی سنّتی و محلّی ایران آشنا شدم و خیلی چیزها یاد گرفتم. دربارهٔ چگونگی اضافه شدن این بخش‌ها، فکر می‌کنم مثل بقیهٔ موارد، هر کارِ تازه یک فکر

۱- «صدای شاعر»، دربرگیرندهٔ شانزده مجموعهٔ شعرخوانی با صدای شماری از شاعران، و آغازگر اجرا و ضبط شعر همراه با موسیقی به‌صورت مجموعهٔ مستقل در ایران بود. طرّاحی گرافیک جلد این مجموعه‌ها و کتابچهٔ کوچک همراهشان در بیشتر موارد آفریدهٔ فرشید مثقالی است. نخستین اثرِ این مجموعه «حافظ شیراز با صدا و روایت احمد شاملو» نام دارد که در سال ۱۹۷۳/۱۳۵۱با اجرای شاملو و موسیقی فریدون شهبازیان تهیه شد. طرّاحی جلد این مجموعه کار فرشید مثقالی و خوشنویسی روی جلد اثر مصطفی اوجی است. شاملو همچنین اشعاری از نیما یوشیج را با همراهی موسیقی احمد پژمان، چند شعر خود را با موسیقی اسفندیار منفردزاده، غزل‌هایی از مولوی و رباعیاتی از خیّام را با موسیقی فریدون شهبازیان برای این مجموعه اجرا کرد. مجموعهٔ «رباعیات خیام» آواز محمدرضا شجریان را نیز در بردارد. «صدای شاعر» همچنین شعر و صدای هوشنگ ابتهاج با تک‌نوازی پیانوی پرویزِ اتابکی، شعر و صدای مهدی اخوان‌ثالث با موسیقی فریدون شهبازیان، شعر و صدای شهریار و نادرپور با موسیقی کریم گوگردچی (در دو مجموعهٔ مستقل)، شعر و صدای یدالله رؤیایی با موسیقی مجید انتظامی، اشعاری از رودکی با صدای منوچهر انور و موسیقی فریدون شهبازیان، شعرهایی از سعدی با اجرای هوشنگ ابتهاج و موسیقی فریدون شهبازیان، اشعاری از ابوسعید ابوالخیر با صدای بیژن مفید و موسیقی کامبیز روشن‌روان، و ترانه‌هایی از باباطاهر با صدای امیر نوری و موسیقی شیدا قره‌چه‌داغی را در بردارد. آواز پری زنگنه، مجموعه اشعار نادرپور، رودکی و باباطاهر را همراهی می‌کند. اشعاری از م. آزاد، فریدون مشیری، محمدعلی سپانلو و منوچهر آتشی نیز برای این مجموعه ضبط شدند که با برخورد به انقلاب امکان انتشار پیدا نکردند.

برای مطالعهٔ سخنان اسفندیار منفردزاده در ارتباط با مجموعهٔ «صدای شاعر» به ص ۳۷۱ مراجعه کنید.

۲- در مجموعهٔ موسیقی سنّتی ایرانی، برای نخستین بار ده صفحهٔ ۳۳ دور در قالب موسیقی دستگاهی دربارهٔ ردیف‌های موسیقی ایرانی، و بر اساس ردیف‌های موسی معروفی، با اجرای موسیقی‌دان‌های مهمی مانند هوشنگ ظریف، مهربانو توفیق، رحمت‌الله بدیعی و اسماعیل تهرانی، همراه با توضیح یک گوینده و متنی به زبان فارسی و انگلیسی (با ترجمهٔ شاهین فرهت) تهیه شد. سرپرستی این مجموعه با کامبیز روشن‌روان بود. آثاری از ساخته‌های فرامرز پایور و مجموعهٔ تصنیف‌های عارف و شیدا با تنظیم اسماعیل واثقی نیز در این مجموعه کار شد، که به‌دلیل وقوع انقلاب به مرحلهٔ تولید نرسید. ر. ک. به: معزّی‌مقدم، فریدون؛ «کانون پرورش فکری کودکان و نوجوانان، واحد موسیقی و صدا»، دانشنامهٔ ایرانیکا:
https://www.iranicaonline.org/articles/kanun-e-parvares-e-fekri-e-kudakan-va-nowjavanan-music-and-sound-production

و ر. ک. به: انارکی، امید؛ «نگاهی به موسیقی در کانون»، «آنگاه»، ویژه‌نامهٔ کانون. ص ۱۱۸.

۳- در «مجموعهٔ موسیقی محلّی» ترانه‌های محلّی ایران با تنظیم‌های جدید برای ارکستر کلاسیک توسط فریدون شهبازیان، کامبیز روشن‌روان، اردشیر روحانی، اسماعیل تهرانی، اسماعیل واثقی، واروژ هاخبندیان (واروژان) بازآفرینی شدند. تعدادی از این ترانه‌ها از مجموعهٔ گردآوری شده توسط لطف‌الله مبشّری برگرفته شده بودند. هدف از تولید این مجموعه که بر اجرای صحیح و دقّت در ادای گویش محلّی هر ترانه تأکید داشت، زنده کردنِ ترانه‌های مناطق گوناگون ایران بود. ر.ک. به: معزّی‌مقدم، فریدون؛ «کانون پرورش فکری کودکان و نوجوانان، واحد موسیقی و صدا»، دانشنامهٔ ایرانیکا.

تازهٔ دیگر را پیش می‌کشید که می‌دیدیم می‌تواند مفید باشد و یک جای خالی را پُر کند. دنبالش را می‌گرفتیم و کار انجام می‌شد. یک نیروی بزرگِ چندصد نفره هم نبودیم. همان تعداد کمی که بودیم با عشق کار می‌کردیم.

من فکر می‌کنم چون کانون یک نهاد بزرگ و گسترده در مناطق مختلف کشور بود، و ما تأکید داشتیم کتابخانه‌های کانون امکاناتِ برابر داشته باشند، هر فکری که جایی شروع می‌شد، در سطح کشور به اجرا درمی‌آمد. در نتیجه، یک کارِ محدود به یک کتابخانهٔ یک شهر کوچکِ اروپایی تبدیل می‌شد به یک کارِ بزرگ در سطح یک مملکت و بیشتر به چشم می‌آمد. ضمن این‌که در فرآیندِ گسترده شدن کامل‌تر و بهتر هم می‌شد.

□ و در کنار همهٔ این کارها آموزش موسیقی هم داشتید؛ مانند آن‌چه در بخش آموزش مرکز سینمایی اتّفاق می‌افتاد.

بخش آموزش موسیقی را شیدا قره‌چه‌داغی اداره می‌کرد.[1] روش آموزشی اُرف[2] توسط شیدا،

۱- شیدا قره‌چه‌داغی نخستین آهنگ‌ساز زن ایرانی، نواختن پیانو را در ایران و نزد دینا باغداساریان آموخت. پس از تکمیل تحصیلات خود در رشتهٔ پیانو و آهنگ‌سازی در آکادمی موسیقی وین، به ایران بازگشت و در هنرستان موسیقی به تدریس مشغول شد. پس از مدّتی به دعوت لیلی امیرارجمند و فیروز شیروانلو برای آغاز «کارگاه آموزش موسیقی» در کتابخانه‌های کانون به این نهاد پیوست، تعدادی از هنرجویان سابق خود در هنرستان موسیقی را که در آن زمان دانشجو بودند به همکاری فراخواند و پس از برگزاری یک دورهٔ آموزشی برای آن‌ها به برپایی کارگاه‌های آموزش موسیقی در کتابخانه‌های کانون پرداخت. آموزش موسیقی دوّمین برنامهٔ آموزشی کانون (۱۹۷۱/۱۳۵۰) پس از آموزش نقّاشی (۱۹۶۷/۱۳۴۷) بود. قره‌چه‌داغی در درازای شش سال همکاری با کانون در پنجاه و دو کتابخانهٔ این نهاد کارگاه آموزش موسیقی ایجاد کرد. حسین علیزاده و مجید درخشانی از هنرجویان او و مربّیان موسیقی کانون پرورش فکری کودکان و نوجوانان بودند.
ساختن موسیقی برای انیمیشن‌های کانون و نیز برای داستان‌های کودکان در مجموعهٔ کتاب‌های شنیداری کانون از دستاوردهای دیگر اوست. نخستین قطعهٔ موسیقی ساختهٔ قره‌چه‌داغی برای همراهی با یک انیمیشن، موسیقی متن فیلم «هفت شهر» ساختهٔ علی‌اکبر صادقی، بر اساس داستانی از شیروانلوست.
برای آشنایی با زندگی و کار شیدا قره‌چه‌داغی ر.ک. به: «نگاهی به زندگی و آثار شیدا قره‌چه‌داغی»، تهیه‌کننده: بی‌بی‌سی فارسی، ۱۹ مه ۲۰۲۲: https://www.youtube.com/watch?v=kYcGKny02bE
و ر.ک. به: «به عبارت دیگر: ویژهٔ شیدا قره‌چه‌داغی»، تهیه‌کننده: بی‌بی‌سی فارسی، ۲۵ سپتامبر ۲۰۱۸:
https://www.youtube.com/watch?v=rZfbkb2Jl4I&t=422s

۲- کارل اُرف Carl Orff (آلمان، ۱۸۹۵-۱۹۸۲) آهنگ‌ساز، استاد موسیقی و مبتکر روش آموزش موسیقی. اُرف باور داشت کودک همان‌طور که پیش از رفتن به مدرسه و آموختنِ خواندن و نوشتن، زبان را می‌فهمد و به‌راحتی حرف می‌زند می‌تواند پیش از یادگرفتن پیچیدگی‌های قطعات موسیقی و نواختن سازهای حرفه‌ای، با درک ریتم، زبانِ موسیقی را هم بفهمد. در روش آموزش ارف، که بر جدایی‌ناپذیریِ موسیقی، حرکت، و کلام استوار است، کودک با استفاده از سازهای ساده‌تر کوبه‌ای مانند انواعِ زیلوفون و دایره و طبل، و خواندن آوازهای ساده و آشنای بومی، همراه دست زدن، پا کوبیدن و حرکاتِ دیگر بدن، که اجرای ریتم در کلام و تن است، با زبان موسیقی آشنا و برای نواختن قطعات گوناگون با سازهای حرفه‌ای آماده می‌شود.

برای نخستین بار در ایران و در کانون تدریس شد. مربّی‌های موسیقی را هم خودش انتخاب کرد و آموزش داد. کم‌کم مربّی‌ها و بچه‌ها در کتابخانه‌ها گروه موسیقی تشکیل می‌دادند و این گروه‌ها گاهی در کنار هم، با شرکت بچه‌های کتابخانه‌های متعدّد، اجراهای دسته‌جمعی داشتند.

در این بخش ترانه‌های زیبایی هم برای کودکان ساخته و ضبط شد. یعنی شعر و موسیقی و اجرا و ضبط، همه کارِ اعضای کانون بود[1].

❑ با در نظر داشتن این‌که پیش از کانون، ما نه کتابدار کودک داشتیم، نه کتاب حرفه‌ای یا تئاتر و سینما و انیمیشن کودک، و شما باید همه‌کار را به‌تعبیری اختراع می‌کردید و همهٔ نیروها را هم خودتان آموزش می‌دادید، رشد سریع کانون به اعضا و به‌ویژه به شما که مدیریت این گسترش را هم به‌عهده داشتید، فشار نمی‌آورد؟

فکر می‌کنم بزرگ‌ترین «فشار» در کانون خودِ من بودم، که با وسواس بالای سر همهٔ کارها می‌ایستادم. ارتباطم با اعضای کانون محترمانه بود، هیچ دخالتی در کارشان نداشتم، ولی همه از من حساب می‌بردند، و می‌دانستند انتظار جدّی دارم که کارها دقیق، بانظم، به‌موقع و به بهترین شکل انجام شوند. این نوع ارتباط بدون این‌که من حتّی یک بار صدایم را کمی بلند کرده باشم، شکل گرفته بود.

در کنار این احساسِ مسئولیت و تعهد اخلاقی به کار، همهٔ ما عاشق کارمان بودیم. ساعت کاری و مقدار کار، اصلاً مطرح نبود. هیچ‌کس موظف نبود ساعت خاصی در دفترش باشد و تا ساعت مشخصی آن‌جا بماند. کانون اداره یا محل کارِ ما نبود؛ خانهٔ ما بود.

البتّه، برای کتابدارها ساعت کاری مشخص وجود داشت. هشت صبح تا شش عصر کار می‌کردند و می‌رفتند، چون ضرورت داشت بچه‌های عضو کتابخانه‌ها، و والدینشان هم، ساعات منظّم و مشخصِ کار کتابخانه‌ها را بدانند. کار کتابدارها در همان محدودهٔ زمانی،

۱- «ترانه‌هایی برای کودکان» با اشعاری از محمود کیانوش، ژیلا مساعد، بهروز رضوی و احمدرضا احمدی، با صدای سیمین قدیری، دانش‌آموختهٔ موسیقی و معلّم موسیقی کودکان، و فریبرز لاچینی، آهنگ‌ساز، تهیه شد. سیمین قدیری برای این پروژه به کانون دعوت شده بود.

با اضافه‌شدنِ بچه‌های عضو کتابخانه‌ها و برنامه‌های مختلفِ آموزشی به کتابخانه‌ها، بیشتر می‌شد، ولی فکر نمی‌کنم فشار زیادی رویشان بود. من شکایتی نمی‌شنیدم.

بعضی از بخش‌های کانون، در دوره‌هایی، مثلاً زمان فستیوال فیلم، کارشان زیاد می‌شد، که خودشان برنامه‌ریزی و مدیریتش می‌کردند. مثلاً گاهی بعد از چند ساعت کار در کانون، می‌رفتند خانه، به کارهای خانواده می‌رسیدند و برمی‌گشتند کارشان را ادامه می‌دادند.
من هم در آن دوره‌ها، گاهی آخرِ شب برایشان شام می‌بردم. حتّی گاهی که در مهمانی دربار بودم، دیروقت می‌رفتم برایشان پیتزا می‌خریدم و با همان لباس بلند مهمانی، با جعبه‌های پیتزا به ساختمان کانون می‌رفتم تا کنارشان باشم.

یکی از دلایل مهم موفّقیت کانون، نظم کاری همهٔ ما بود. منظّم کار کردن، همیشه از فشار کار کم می‌کند.
کانون برای من همهٔ زندگی بود. من تمام‌مدّت، حتّی وقتی در کانون نبودم، به‌شکلی مشغول کارهای کانون بودم.

☐ در کانون شما را «خانم» خطاب می‌کردند، نه خانم امیرارجمند یا خانم جهان‌آرا. یادتان هست این رسم چگونه آغاز شد؟

راستش، از روزی که به یاد دارم به من می‌گفتند «خانم». نمی‌دانم چرا و چگونه به این توافق رسیده بودند. ولی مطمئن‌ام من نقشی در این انتخاب نداشتم.

☐ شما ژورنال می‌نویسید؟ یا هرگز نوشته‌اید؟

در روزگار جوانی، در ایران می‌نوشتم و دفترچه‌های یادداشت‌های روزانه‌ام را در کشویی کنار تختم نگه می‌داشتم.
نوشتن را دوست داشتم و خوب هم می‌نوشتم. در مدرسه همیشه بهترین نمرهٔ انشا را می‌گرفتم.

بعد از ترک ایران، تا مدّتی فکر می‌کردم کسانی که خانهٔ ما را گرفتند با آن دفترچه‌ها چه خواهند کرد. یادداشت‌های من به زبان فرانسه بود. شاید در آن شلوغی‌ها نگاهی کرده و

چون احتمالاً فرانسه نمی‌دانستند همه را دور انداخته باشند.
به هر حال، آن دفترها در ایران ماندند. این‌جا هم که زندگی حالت روزمره گرفت و تمام فکر من کار کردن و تأمین زندگی فرزندانم بود. دیگر ننوشتم.

☐ شما چه زمانی و چگونه مدیریت کانون را واگذار کردید؟

با بالاگرفتن شلوغی‌ها در ماه‌های آخر پیش از انقلاب، زمانی که بیشتر مردم به فکر تغییرات اجباری در وضعیت زندگی و کارشان بودند، یا برخلاف خواستشان از ایران می‌رفتند، من فکر کردم به‌دلیل نزدیکی‌ام با علیاحضرت و دربار، صلاح نیست در کانون بمانم. برایم مهم بود کانون آسیب نبیند. فکر کردم ممکن است اسم و حضورِ من در کانون، به‌دلیل ارتباطم با دربار باعث ایجاد مشکل برای کانون بشود. به علیاحضرت گفتم، به‌نظرم بهتر است من از کانون استعفا بدهم. نمی‌توانم توضیح بدهم چه آتشی در دلم بود. علیاحضرت قبول کردند، و من در اواخر شهریور ۱۳۵۷ از کانون استعفا دادم.

به ساختمان کانون رفتم. تعداد زیادی از اعضا که در ساختمان مرکزی کار می‌کردند، جلوی ساختمان در خیابان جمع شده بودند. نمی‌خواستند من از کانون بروم.

شهر در هرج و مرج عجیبی بود. یک عده از نزدیکانم هم نگران جان من بودند، می‌گفتند، صلاح نیست من بروم میان جمعیت. هرچه فکر کردم دیدم نمی‌توانم بدون توضیح و خداحافظی بگذارم و بروم. جلسه‌ای تشکیل دادیم. در جمعِ همکارانم گفتم می‌خواهم کانون را به دست آن‌ها بسپارم و بروم. گفتم این به نفع کانون است و از همه خواستم مراقب کانون بمانند. کوتاه و با سرعت حرفم را زدم و با ظاهری آرام و مطمئن خداحافظی کردم. فقط به کانون فکر می‌کردم. انگار آدم در میدان جنگ، فرزندش را به چند آدم مطمئن بسپارد و به هیچ چیز دیگر جز نجات آن بچه فکر نکند.

اعضای کانون می‌دانستند تصمیم درستی بود. هرچند پذیرفتنش برایشان راحت نبود. من جلوی دیگران قوی بودم. ولی وقتی استعفا را به همکارانم اعلام کردم و رفتم بیرون، در دفتر خودم شکستم. بعد هم سوار ماشینم شدم و با دل خون ساختمان کانون را ترک کردم.

انتقال مدیریت باید درست انجام می‌شد. از فرشید مثقالی که یک هنرمند خوب و بی‌حاشیه بود، و کاری به سیاست نداشت، خواستم مدیریت کانون را به‌عهده بگیرد. انقلابیون

نمی‌توانستند با مثقالی مشکلی داشته باشند. قرار شد مدیران بخش‌های مختلف کانون در کارها کمکش کنند. گروهی تشکیل شد و کارها به جریان افتاد.

تا روزی که من در ایران بودم، اگرچه به یک معنا استعفا داده بودم، مثقالی و گروهِ مدیریتِ همراهش، هر روز بعد از ساعتِ کارِ اداری به منزل من می‌آمدند و کاغذهای اداری را هم می‌آوردند و ما عملاً با هم به کارها رسیدگی می‌کردیم. این خیال همه‌مان را راحت می‌کرد. خیلی نکات بود که من از روی تجربه بیشتر متوجّه می‌شدم و می‌توانستم راهنمایی‌های لازم را درباره‌شان به آن‌ها منتقل کنم.

سال‌ها بعد سیروس طاهباز در نامه‌ای برای من نوشت: «خانم، من این‌قدر این‌جا می‌نشینم تا این امانت را نگه دارم.»
همهٔ ما در کانون می‌خواستیم کار درست را برای حفظ «آن امانت» انجام دهیم.

❑ چه مدّت بعد، از جغرافیای ایران بیرون رفتید؟

من در دی سال ۵۷، هم‌زمان با علیاحضرت و اعلیحضرت از ایران خارج شدم. آن‌ها با هواپیمای سلطنتی به مصر رفتند، و من و پسر کوچکم با اِیرفرانس ایران را به مقصد فرانسه ترک کردیم.
به شهبانو گفته بودم، تا روزی که ایشان و اعلیحضرت در ایران بمانند، من از ایران نمی‌روم. خیلی از دوستان ما رفتند. علیاحضرت و من قرار گذاشته بودیم هر زمان آن‌ها تصمیم به رفتن گرفتند، به شکلی به من اطّلاع دهند، که من هم بروم. برای احتیاط یک کُد در نظر گرفته بودیم که ایشان به من بگویند و من بفهمم قصد خروج از ایران را دارند. شبی که ساعت یازده و سی دقیقه، تلفنی آن کُد را به من گفتند، سه روز برای سفر فرصت داشتم. پسر بزرگم، مهیار، در آن زمان بیرون از ایران درس می‌خواند. دو پسر دیگرم، شاهین و رامین، را هم همراه عمویشان که همسر آمریکایی داشت، به آمریکا فرستاده بودم. فرزندانم در ایران در مدرسهٔ انگلیسی‌زبان درس می‌خواندند، و مشکل زبان نداشتند. برایم مهم بود در روند تحصیلشان وقفه نیافتد. بچه‌ها در فلوریدا به‌راحتی به مدرسه رفتند و درسشان را ادامه دادند.

خودم و فرزند کوچکم، آیدین، که هجده ماه داشت، در ایران بودیم. با مشکلات زیاد، در عرض سه روز، گذرنامه‌هایمان را آماده کردم، در حالی که نمی‌شد از بانک‌ها پول گرفت، هر چه در دسترس داشتم برداشتم و با فرزندم به فرانسه رفتم. تهیهٔ بلیت هم آسان نبود. یک جوان که در خطوط هوایی اِیرفرانس کار می‌کرد و از بچه‌های چند سال پیش کانون بود برایم بلیت تهیه کرد.

همسرم کاملاً در شوک بود و نمی‌توانست تصمیم بگیرد. من باید در کانون به همه امید می‌دادم که ادامه بدهند و در خانه هم همهٔ فکرها و کارها را مدیریت می‌کردم. می‌دانستم اگر من رشتهٔ زندگی را در دست نگیرم، هیچ کاری انجام نمی‌شود. بعد هم که به فرانسه رفتیم، همسرم فقط پای رادیو می‌نشست تا بفهمد در ایران چه می‌گذرد.

در چنان وضعیتی از ایران رفتم. هیچ یادگاری از کانون، هیچ کتاب یا نواری همراهم نبردم. فقط به این فکر بودم که فرزند کوچکم را سالم به جای امن ببرم. خیلی نگران بودم. حتّی در هواپیما، وقتی مهماندار، پیش از پرواز، مسافران را چک می‌کرد، دلشوره داشتم که الان مرا پیاده می‌کنند. تا وقتی هواپیما بلند شد من این اضطراب را داشتم.

❑ بعدها هم کتاب‌ها، فیلم‌ها، نقّاشی‌ها و متعلّقات دیگری که در ایران جا گذاشتید به دستتان نرسید؟

متأسفانه خیر. هیچ اطّلاعی هم ندارم که بر سرشان چه آمد. ولی دو اتّفاق عجیب افتاد. علیاحضرت سال‌ها پیش از آن، یک عکسِ خودشان را برای من امضا و به من هدیه کرده بودند. این عکس که اندازهٔ بزرگی هم نداشت، در یک قاب در منزل ما بود. حدود چهل سال بعد، من در منزل فعلی‌ام در فلوریدا یک بستهٔ پستی، بدون نام فرستنده، دریافت کردم که همان نسخهٔ عکس، یعنی نسخهٔ با امضای علیاحضرت، در ابعادِ بزرگ بود. هیچوقت هم نفهمیدم چه کسی آن عکس را که فقط یک نسخه و در منزل من بود پیدا کرده، در اندازهٔ بزرگ‌تر چاپ کرده، آدرس پستی من را هم می‌دانسته، و تصمیم گرفته عکس را به دست من برساند.
اتّفاق دوّم این بود که وقتی فردای پروازِ من به فرانسه، به منزل ما ریخته بودند، خانم خدمتکار خانه، که تُرک بود و همیشه به سبک لباس‌های محلّی، شلوار گشادی زیرِ پیراهن

بلندش می‌پوشید، چند قطعهٔ کوچک از اشیای زینتیِ خانه را در شلوارش پنهان کرده و رفته بود، با این امید که آن چند قطعه را نجات دهد. باورکردنی نیست که آن خانم سال‌ها بعد راهی پیدا کرد و آن اشیا را توسطِ مسافری به دستِ من رساند.
این رفتارهاست که مرا به انسان امیدوار نگه می‌دارد.

❑ آیا مادر و پدرتان هم از ایران مهاجرت کردند؟

مادر و پدرم یک آپارتمان در پاریس داشتند. تابستان‌ها را در پاریس می‌گذراندند و باقی سال را در ایران. حدود سه هفته پیش از آن‌که من حتّی از رفتنِ خودم مطمئن بشوم، مادر و پدرم را به پاریس فرستادم. خیالم راحت‌تر بود که آن‌ها در آن بحران در ایران نباشند. ضمن این‌که زندگی کردن در پاریس برایشان راحت بود.
مادر و پدرم سال‌های مهاجرت را در پاریس گذراندند. البتّه بعد از این‌که من توانستم در آمریکا خانه بخرم و جا بیافتم، چند بار به دیدنم آمدند، ولی محلِ اقامتشان پاریس بود. در نهایت هم در پاریس درگذشتند و همان‌جا دفن شدند.

من در آن دوران عجیب، واقعاً باید همهٔ کارهای خانواده را اداره می‌کردم. خواهرم را هم راهی لندن کردم.
از چند ماه پیش از انقلاب، بیشتر دوستان و اقوام من، حتّی فرزندانم به‌جز آیدین، بیرون از ایران زندگی می‌کردند. ولی من نمی‌خواستم بروم. تصمیم داشتم تا روزی که شهبانو در ایران بمانند، من هم بمانم؛ و همین کار را هم کردم.
وقتی هم رفتنم قطعی شد، فکر نمی‌کردم دارم مهاجرت می‌کنم. باور نمی‌کردم آن وضعیت دوام بیاورد. شاید هیچ‌کس باور نمی‌کرد.

❑ با این توضیح، فرانسه را اقامت‌گاه موقّت تا پیش از بازگشت به ایران در نظر داشتید. درست است؟

در آن دوران، زندگی ما و فکر می‌کنم زندگی بیشتر ایرانی‌ها کاملاً بی‌برنامه و معلّق بود. همسر سابقم و من و آیدین در پاریس ساکن آپارتمان مادر و پدر من شدیم.

بعد از سه ماه پی‌گیریِ دقیقِ اخبار ایران، امید زیادی به امکانِ برگشتن به ایران باقی نماند. من تصمیم گرفتم بروم آمریکا و کنار فرزندانم به ساختن یک زندگی تازه فکر کنم. ویزا لازم داشتم. دوران بدی بود. گرفتن ویزای آمریکا برای ما ایرانی‌ها ساده نبود. رفتم اردن. سه هفته در اردن بودم و با کمک ملک حسین، ویزای آمریکا را گرفتم. آن زمان اعلیحضرت در مراکش بودند. پیش از سفر به آمریکا، برای خداحافظی، به دیدار اعلیحضرت و علیاحضرت رفتم. آخرین باری بود که اعلیحضرت را سرِ پا دیدم. بعدها که در نیویورک در بیمارستان بودند، یک بار به دیدارشان رفتم و آن آخرین دیدارم با اعلیحضرت بود.

❏ یعنی زندگی در آمریکا را به قصد ماندن شروع کردید و مشغول به کار شدید؟

در آمریکا ساکن نیویورک شدم. پی‌گیریِ اخبار ایران را به‌کلّی کنار گذاشتم. علاقه نداشتم بدانم ملّاها با ایران چه می‌کنند. فکرِ کتاب و کتابخانه و کتابداری را هم از سرم بیرون کردم. باید کار می‌کردم و پول درمی‌آوردم. مسئولیت فرزندانم با من بود.
یکی از دوستانم، پرنسس جاه[1] که یک شاهزادهٔ تُرک بود و همراه همسرش که یک مهاراجهٔ هندی بود در لندن زندگی می‌کرد، با من تماس گرفت و گفت دوست هندی‌شان قصد دارد کارش را در جواهرسازی گسترش دهد. از من خواست به لندن بروم و برای همکاری در مدیریت اجرای این فکر، با آن فرد ملاقات کنم. برایم آسان نبود. من در تمام عمرم کارِ فکری کرده بودم. مدیریت کانون هم بیش از آن‌که کارِ مدیریت باشد، کار فکری بود. ولی نیاز داشتم کار کنم، و درواقع در جست‌وجوی کار بودم و باید از جایی شروع می‌کردم. برای ارزیابی کار به لندن رفتم. نتیجهٔ جلسه‌ای که داشتیم، این شد که من در دفتر آن‌ها در نیویورک مشغول به کار شوم. قصدم ماندن در آمریکا بود. هم فرزندانم در آمریکا بودند، هم می‌دانستم در آمریکا امکانات بیشتری برای موفّقیت کاری، پیشرفت و ساختنِ زندگی خواهم داشت. پذیرفتم و حدود سه سال در دفترشان در نیویورک کار کردم.

کار دیگری که تا حدّی بلد بودم، و کاملاً بی‌ارتباط با کتاب و کتابخانه بود، کار در صنعت مُد بود. هم با جریان‌های مُد آشنا بودم، هم خیلی از طرّاحان مطرح این عرصه را می‌شناختم و

1- Princess Esra Jah

هم خودم شخصاً به لباس‌های طرّاحان شناخته‌شده توجّه داشتم و مصرف‌کننده‌شان بودم. وارد آن بازار شدم.

کم‌کم اخبار ایران را دنبال کردم. بارهایِ سنگینِ هفته‌های آخرِ پیش از سفر و ماه‌های اوّلِ بعد از آن را زمین گذاشتم و زندگی را جلو بردم. آن زمان از همسرم جدا شده بودم.

از ایران که خارج می‌شدیم، ننهٔ بچه‌ها پیر بود و نمی‌توانست با ما سفر کند. آیدین را از وقتی خیلی کوچک بود، دست‌تنها و در آن شرایط سخت که باید زندگی را از اوّل می‌ساختم، بزرگ کردم. مدّتی طول کشید تا توانستم در لانگ آیلند[1] خانه بخرم. آیدین در آن خانه بزرگ شد و به مدرسه و دانشگاه رفت.

❑ در گسترهٔ صنعت مُد چه می‌کردید؟

آن موقع، دوستم، زری در White Plains، شهر کوچکی نزدیک نیویورک، در فروشگاه Saks Fifth Avenue کار می‌کرد و من برای دیدن او زیاد به آن‌جا می‌رفتم. در یکی از این دیدارها، مدیر فروشگاه Saks را ملاقات کردم، صحبت کردیم، تا حدّی با من و کارهایی که انجام داده بودم آشنا شد. پیشنهاد همکاری با Fifth Avenue Club آن‌جا و از سوی او مطرح شد. پذیرفتم. همان موقع با دفتر مرکزی‌شان در نیویورک تماس گرفت و مرا به خانمی که مسئول قسمت بازاریابی بود معرّفی کرد. بعد از ملاقات با آن شخص در دفتر مرکزی و یک مصاحبهٔ کوتاه، ادارهٔ بخش بازاریابیِ Saks در دفتر مرکزی‌اش در نیویورک به من واگذار شد. آن موقع ما چهل و شش فروشگاه Saks در آمریکا را زیر نظر داشتیم.

بعد از چند سال، از همان دفتر مرکزی نیویورک به من گفتند، بر اساس قراردادی، قصدِ گسترشِ فروشگاه‌های Saks در خاورمیانه، و به‌طور مشخص در دُبی را دارند و پیشنهاد دادند من برای مدیریت این کار به دُبی بروم. پذیرفتم، و به این منظور، با پسرم، شاهین، به دُبی رفتیم و یک بار دیگر زندگی جدیدی را شروع کردیم. از چشم‌انداز کاری، در شش سالی که آن‌جا بودم، Saks Fifth Avenue را در دُبی تأسیس کردیم و سامان دادیم. بعد، خودم را بازنشسته کردم و همراه شاهین به آمریکا برگشتم.

1-Long Island, New York City

در کارم موفّق بودم. فرزندانم هم در زندگی‌شان موفّق هستند. باور دارم آدم باید در هر زمان کاری را که بر اساس اخلاق و اطّلاعات و آگاهی‌اش در همان زمان درست می‌داند، انجام دهد. معیارِ سنجش برای من این است. به زبان ساده، معیارم این است که طوری رفتار کنم که شب بتوانم راحت بخوابم. نتیجهٔ کار و قضاوت و برخورد دیگران به هر حال در دست ما نیست.

❏ طرّاح لباس مورد علاقه‌تان کیست؟

جورجیو آرمانی[1] همیشه طرّاح مورد علاقهٔ من بوده. شَنِل را هم دوست دارم. درواقع، شخصیت کوکو شَنِل[2] را دوست دارم. زن مستقل و قدرتمند و آزاده‌ای بود، و این خصوصیاتِ شخصیتی‌اش روی نوع طرّاحی‌های لباس‌های زنانه‌اش هم اثر گذاشتند.

❏ رنگ مورد علاقه‌تان چه رنگی است؟

رنگ مورد علاقه‌ام سُرخابی است. ولی برای رنگ لباس، سفید را هم دوست دارم و زیاد استفاده می‌کنم.

❏ چه شد فلوریدا را برای گذراندن دوران بازنشستگی انتخاب کردید؟

در دوران همکاری با Saks در نیویورک، برای آموزش مدیران شعبه‌های گوناگون Saks در آمریکا به شهرهای متعدّد این کشور سفر می‌کردم.
در سفری به شهر نِیپلز فلوریدا[3]، که آن زمان شهر کوچک و خلوت و بسیار زیبایی بود ـ و البتّه هنوز هم زیباست ولی خیلی رشد کرده و بزرگ شده ـ به‌قدری از این شهر خوشم آمد که به فردی که برای آموزشش رفته بودم گفتم، من یک روز به این شهر برمی‌گردم.
بعد از بازنشستگی، اوّل به نیویورک رفتم. چند سالی آن‌جا بودم و بالاخره، همان‌طور که فکر کرده بودم، به نِیپلز آمدم.

1- Giorgio Armani
2- Coco Chanel
3- Naples

❑ اجازه دارم بپرسم چرا بعد از رد شدن از بحران انقلاب و مهاجرت، با وجود تسلّط به زبان انگلیسی و ادبیات کودکان و کتابداری، و آشنایی با گردانندگان جشنواره‌های کتاب و فیلم کودک در جهان، کاری مانند کانون را، در اندازهٔ کوچک‌تر و با بخش‌های محدودتر در بیرون از جغرافیای ایران ادامه ندادید؟ من فکر می‌کنم با توجّه به این‌که نهادِ دربرگیرنده و گسترده‌ای مانند کانون، هنوز هم در جهان بی‌مانند است، و تجربهٔ بسیار موفّق شما هم به دانش و فکرهای اوّلتان اضافه شده، بنیادگذاردن چند کتابخانهٔ کودک با ویژگی‌های کتابخانه‌های کانون می‌تواند به یک اتّفاق خوبِ دنباله‌دار در زندگی شما و زندگی خیلی‌های دیگر تبدیل شود.

نود درصد این تصمیم شخصی است و به خودم برمی‌گردد. مقاومتی در من بود، و هنوز هم تا حدّی هست، که نمی‌گذارد سراغ کودک و کتابخانه بروم. فکر می‌کردم من آن کارها را برای بچه‌های ایران انجام دادم و خوشحال‌ام که اساسش در ایران باقی ماند و گسترده‌تر هم شد. آن شور و شوق را برای بازسازی آن کارها در بیرون از ایران نداشتم. ضمن این‌که به یک کار با درآمد کافی نیاز داشتم. مهم‌ترین مسئولیت من بعد از ترک ایران، فرزندانم بودند.

دلیل دیگر این بود که در سال‌های اوّل مهاجرت، احساس می‌کردم همکاران و آشنایانِ غیرایرانی‌ام برای همکاری و همراهی با من تردید داشتند. همه‌چیز عوض شده بود. احساس می‌کردم نوع ارتباطی که پیش از انقلاب داشتیم، و استقبالی که قبلاً از همکاری‌هایمان وجود داشت، از بین رفته بود. بعد از تجربهٔ کاریِ کانون با آن همه شور و عشق، کار کردن در چنان فضایی، حتّی اگر فقط تصوّر یا احساس من بود، برایم خوشایند نبود.

احساس من به کانون، با وجود فاصله‌گرفتن از کتاب و کتابخانهٔ کودک، طوری است که وقتی در آمریکا کامپیوترهای شخصی رایج شد، تا مدّت‌ها فکر می‌کردم اگر ما در ایران بودیم، حتماً اوّلین جایی که به کامپیوتر مجهز می‌شد کانون بود. فکر می‌کردم مثل همهٔ کارهای دیگری که برای اوّلین بار در کانون انجام شد، می‌توانستیم بودجه تهیه کنیم و کامپیوتر بخریم، و بچه‌ها در کتابخانه‌های کانون، قبل از بزرگ‌ترها، کار با کامپیوتر را یاد بگیرند، کتاب دیجیتال بخوانند، تایپ کنند و نقّاشی دیجیتال بکشند.

الان که مدّتی است خودم را بازنشسته کرده‌ام و در فکر کار دیگری هم نیستم، پسر بزرگم تصمیم گرفته در اتیوپی برای بچه‌ها کتابخانه تأسیس کند. از ساختن ساختمان کتابخانه تا انتخاب و سفارش کتاب‌ها و برنامه‌ریزی فعّالیت‌های مختلف را هم خودش مدیریت می‌کند. پروژهٔ باارزشی است. قرار است من در زمینه‌هایی که می‌توانم کمک فکری کنم، و با اشتیاق چنین خواهم کرد. خوشحال می‌شوم در این مرحلهٔ زندگی دانسته‌ها و تجربه‌هایم را در اختیار فرزندم بگذارم و او موفّق شود برای بچه‌ها کار مثبتی انجام دهد. انگار کانون جای دیگری در دنیا ادامه پیدا کند[1].

❑ احتمالاً از آن‌چه در ایران می‌گذشت هم آزرده‌خاطر بودید. دشواریِ پُشتِ سر گذاشتنِ اجباریِ نهادی که از یک فکر درخشان شروع کرده بودید و در سطح کشور گسترده شده بود، بار سنگینی است.

حتماً مقداری این‌طور بوده. حداقل تا مدّتی احساسات متضادی داشتم. ولی با این‌که آدم حسّاسی هستم، یاد گرفته‌ام که «این نیز بگذرد». از بحران که رد شدم، با سنجش بهتری که معمولاً با گذشت زمان به آن می‌رسیم، متوجّه شدم آن‌چه در ایران اتّفاق افتاده بود، خواستِ همهٔ مردم ایران نبود. افرادی از یک نسل، در موقعیتی که مجموعه‌ای از عوامل در آن نقش داشت، باعث اتّفاقی شده بودند که بیشترشان از نتایجش ناراضی‌اند و اگر زمان به عقب برمی‌گشت طور دیگری رفتار می‌کردند.

نسل بعدیِ آن‌ها و نسل‌های بعد از آن هم متفاوت فکر می‌کنند. مطالعه و تفکّرِ خودشان را دارند و با آگاهی و آزادگی و جسارت برای حقوقشان می‌جنگند. ایران را دوست دارند و تاریخ معاصر ایران را می‌شناسند. قدر تلاش‌ها و ارزش‌های از دست‌رفته را می‌دانند و این را ابراز می‌کنند. این اواخر بیشتر متوجّه شده‌ام که نسل جوان ایران، کانون آن سال‌ها را خیلی خوب می‌شناسد و دوست دارد.

من از هیچ‌کس گلایه و آزردگی ندارم. رضایت خاطر یا آرامشم در این است که وقتی به

۱- برای مطالعهٔ روایت مهیار مخزنی، پسر لیلی امیرارجمند و مدیر پروژهٔ ساختن کتابخانه در اتیوپی به صص ۳۴۱-۳۴۹ مراجعه کنید.

گذشته نگاه می‌کنم، می‌بینم از موقعیتی که برای دوره‌ای داشتم درست استفاده کردم. بزرگ‌ترین ثروت من و همکارانم رضایت از مجموعه‌ای است که در ایران گذاشتیم و ادامه پیدا کرد. ما با این ثروت از ایران بیرون آمدیم. ثروتی که هیچ‌کس نمی‌تواند از ما بگیرد.

❑ در ارزیابی خودتان، آدم مثبت و امیدواری هستید؟

به انسان امیدوارم. یعنی نگاهم به انسان و در نتیجه به آینده مثبت است. علی‌رغم همهٔ اتّفاق‌های ناخوشایند و غیرمنتظرهٔ زندگی، نگاهم به روزگار و آدم‌ها منفی نیست.

❑ تفریح مورد علاقه‌تان در گذراندن زندگی، در سال‌های بعد از کانون چه بوده؟

کتاب‌خواندن، هم کار و هم تفریح من است. ورزش را هم دوست دارم. به‌طور منظّم، هر روز صبح، ورزش می‌کنم. اهل رفت‌وآمد و مهمانی نیستم. خلوت خودم را دارم، با کتاب و ورزش.

❑ کانون در نگاه نخست، یک نهاد فرهنگی است با مراکز یا بخش‌های متعدّد، شبیه بسیاری نهادها، که با برنامه‌ریزی دقیق بنیاد گذاشته شدند. در نگاه ژرف‌تر، به‌ویژه پس از شنیدن سخنان شما، کانون به یک اثر هنری می‌مانَد، که مثل هر کار خلّاق دیگر، همچنان که شکل می‌گرفته خودش را تعریف و بازتعریف می‌کرده و ادامه می‌داده.
هنر را تقابلِ هنرمند با مرگ می‌دانند، آن‌چه پس از او می‌ماند و او را در خود زنده نگه می‌دارد.
شما در آن دوران به این موضوع -ساختن نهادی ماندگار که نام و یاد شما را در یادها نگه دارد- فکر می‌کردید؟

من آن سال‌ها خیلی جوان‌تر از این بودم که به این مسائل فکر کنم. فقط به موفّقیت کانون فکر می‌کردم و کارهایی که همان موقع برای بچه‌ها انجام می‌دادیم. اصلاً به آینده‌های دور فکر نمی‌کردم.
من تا سه روز پیش از پرواز به فرانسه، نمی‌دانستم ایران را ترک خواهم کرد و کانون را

برای همیشه پشتِ سر خواهم گذاشت. یعنی من حتّی فرصتِ فکر کردن به آیندهٔ نزدیک را پیدا نکرده بودم. درگیر کار کردن در زمانِ حال بودم و هر فکرِ خوبِ تازه را همان موقع اجرا می‌کردم.

بعدها هم به آن دوران، مثل یک فصل از زندگی نگاه کردم، که بهترین فصل بود و گذشت و قرار هم نیست تکرار شود.

زندگی به من یاد داده برای مراقبت از حال خودم، درهای پشت سرم را ببندم و بگذرم، و هرگز، حتّی در فکرم به بعضی از فضاها برنگردم. این‌که در آینده به من یا کانون چگونه فکر خواهند کرد، مسئلهٔ من نیست. کانون برای من یک دورانِ سپری‌شده است.

❑ چه احساسی دارید که کانون برقرار مانده، و با همهٔ کاستی‌هایی که نسبت به دوران شما دارد، همچنان از مراکز فرهنگی برای بچه‌های ایران است، و تقریباً تمام فعّالیت‌های سیزده سال نخستش را ادامه می‌دهد، حتّی در جشنواره‌های بین‌المللی موفّقیت‌هایی به دست می‌آورد؟

خیلی خوشحال‌ام. حیف بود و من خیلی غمگین می‌شدم اگر کانون را می‌بستند یا جلوی بعضی از فعّالیت‌هایش را می‌گرفتند؛ کاری که دیدیم با خیلی از مراکز فرهنگی کردند. کانون متعلّق به بچه‌های ایران است. در هر موقعیتی و با هر کسی، و در زمانِ هر دولتی، به کارش ادامه دهد، من خوشحال می‌شوم؛ چه در ایران باشم، چه نتوانم برگردم.

❑ فکر می‌کنید از دلایل منحل نشدن کانون بعد از انقلاب، با وجودی که ریاست عالیه‌اش با ملکه بود، سیاسی نبودن یا ایدئولوژیک نبودن این نهاد بود؟

فکر می‌کنم این مسئله یکی از دلایل مهمِ برقرار ماندن کانون بوده. دیگرانی هم این را به من گفته‌اند.

بعد از انقلاب، که تعطیل کردنِ مراکز و محکوم کردنِ مسئولان رایج شده بود، در کانون ذره‌ای تخلّف مالی پیدا نکردند، سند یا مدرکی دربارهٔ رفتار نادرست، یا بی‌احترامی به یک طبقهٔ جامعه یا به قول خودشان ظلم به مستضعفین ندیدند که بهانهٔ تعطیلی این نهاد شود. حتّی لوگوی کانون را دست نزدند. کانون همیشه یک مؤسسهٔ فرهنگی بود که تلاش می‌کرد

برای بچه‌های ایران -همهٔ بچه‌های ایران- کار کند. این را نمی‌شود انکار کرد.

من خیلی خوشحال‌ام که کانون به کارش ادامه می‌دهد. دربارهٔ سطح کاری که انجام می‌شود نمی‌توانم نظر بدهم، چون اطّلاع دقیق ندارم، ولی همین که کتابخانه‌ها را گسترش داده‌اند و هرچقدر می‌توانند کار می‌کنند این امید را می‌دهد که در آینده جوانان ایران بتوانند کانون را به جای درستی که باید برسانند.

❑ آیا شما هم مثل ما که از بیرونِ این روایت به شما نگاه می‌کنیم، «لیلی امیرارجمند» را در همان دوران و در «کانون پرورش فکری کودکان و نوجوانان» بازمی‌شناسید و تعریف می‌کنید؟

حتماً همین‌طور است. تمام تحصیل و دغدغه و حرفهٔ من -یعنی تمام زندگی‌ام- دربارهٔ تأسیس کتابخانه و تأسیس کانون بود.
اصل زندگی و خاطره و شناختی که می‌شود از لیلی امیرارجمند داشت، چه از نگاه خودم و چه از بیرون، به کانون مربوط است. بعد از آن دوران، من زندگی روزمره داشتم. هرگز امکانِ فکر کردن به علاقه و خواست خودم دست نداد.

❑ در ارزیابی خودتان، ویژگی مهم‌تری که آگاهانه در خودتان پرورش داده‌اید و بر آن نظارت دارید، چیست؟

همیشه خواسته‌ام و سعی کرده‌ام منصف باشم. تجربهٔ زندگی به من نشان داده که نگاه و قضاوت غیرمنصفانهٔ یک نفر چقدر می‌تواند به یک نفر دیگر، حتّی به یک جامعه، آسیب بزند. آدم وقتی به این درک برسد، نمی‌تواند در انصاف کم بگذارد.

❑ نسل بچه‌های کتابخانه‌های کانون در زمان شما، و یکی دو نسل بعد از آن‌ها، یعنی نسل هم‌سن و سال‌های من و فرزندانمان که امروز به «زن، زندگی، آزادی» باور دارند، به‌رغم غیبت فیزیکی شما در ایران، از کتاب‌ها و آثار دیگرِ آن دوران کانون اثر پذیرفته‌اند. حرف‌ها و تصاویر پیشروِ آفریده‌های کانون، حتّی اگر آگاهانه به ظرافت‌های محتوای آن‌ها دقّت نکرده باشیم، جایی در ذهنمان

حاضر و به‌نوعی پرسش‌گرند. شاید ازجمله، به همین دلیل است که «قدرت» از پسِ این نسل‌ها برنمی‌آید. همان‌طور که از پسِ کانون برنیامد.

پیش‌تر گفتید هدف شما این بود که «سرگرمی با فکر کردن و رشد بچه‌ها همراه باشد.»
پس از نزدیک به شصت سال از آغاز کارِ نخستین کتابخانه‌های کانون، نتیجهٔ تلاشتان را در نسل‌های جوان‌تر ایران چگونه می‌بینید؟

من امیدوارم آثار کانون معیارهای نسل‌های بعد از ما را تغییر داده باشد. امید و هدف ما در کانون همین بود.
هیچ تغییر بزرگ و مهمی در دنیا بدون زمینه‌سازیِ فکری و سخت‌کوشیِ گروه بزرگی از مردم اتّفاق نمی‌افتد. هدف کانون این بود که با کتاب‌خوان کردنِ هر کودک، و تشویق او به فکر کردن و پرسیدن، روی خانوادهٔ او و در آینده روی فرزندان، دوستان و اطرافیان او هم اثر مثبت بگذارد؛ یعنی یک جریان فرهنگی بسازد.

اطّلاعات من دربارهٔ نسل‌های جوان‌تر ایران بعد از انقلاب، همیشه غیرِمستقیم و از شنیده‌ها یا فیلم‌هایی بوده که به دستم می‌رسیده. آن‌چه به من می‌گویند، مثل بحثی که شما مطرح می‌کنید، ادامه داشتنِ این جریان فرهنگی را تأیید می‌کند، که باعث رضایت و خوشحالی من است.

ما باغبان‌هایی بودیم که سال‌ها دانه‌ها و نهال‌های بسیاری را، با امید و اشتیاق، در خاک کاشتیم، و ناگهان مجبور به ترک خاک شدیم. نگذاشتند شاهدِ به برگ و گُل نشستن دانه‌ها باشیم. نگذاشتند سرسبز شدنِ باغی را که برای هر برگ و هر جوانه‌اش عاشقانه زحمت کشیده بودیم ببینیم. با این حال، اگر پایهٔ آن‌چه بنا کرده بودیم همچنان استوار باشد، خوشحال‌ایم.

چهارم تیر ۱۴۰۳
(ژوئن ۲۰۲۴)

دخترک دریا

ترجمه و نقاشی از
شهبانو
فرح پهلوی

نوشته هانس کریستیان آندرسن

بچه چطور به دنیا میاد

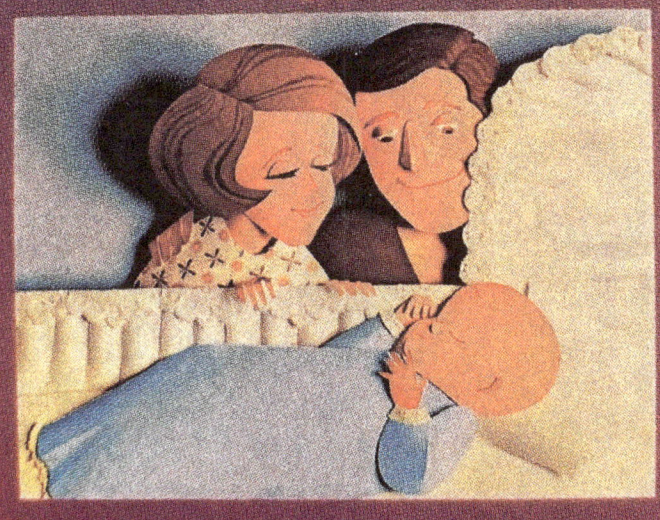

عمو نوروز
تنظیم متن: فریده فرجام و م. آزاد
نقاشی: فرشید مثقالی

ماهی سیاه کوچولو
برنده‌ی
جایزه نمایشگاه بولون
ایتالیا ۱۹۶۹
برنده‌ی جایزه بی‌ینال
براتیسلاوا چکسلواکی
۱۹۶۹
نوشته‌ی بهرنگ
نقاشی از فرشید مثقالی

قصه‌ی گلهای قالی
نوشته‌ی نادر ابراهیمی نقاشی از نورالدین زرین کلک

درخت سایه‌گستر
نقش از علی‌اکبر صادقی

عبدالرزاق پهلوان
نقاشی از علی‌اکبر صادقی

گل اومد بهار اومد

شعر از منوچهر نیستانی
نقاشی از پرویز کلانتری

طرح از فرشید مثقالی

کتابخانهٔ کانون در ساری

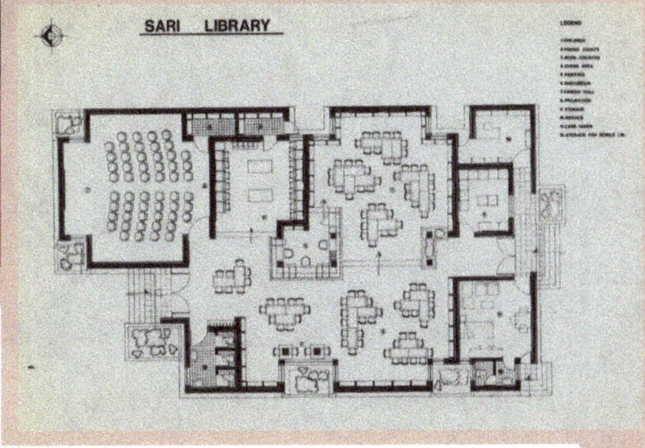

کتابخانهٔ مرکزی کانون

کتابخانهٔ کانون در اصفهان

عکس‌ها از آرشیو شخصی مهندس فروزان اردکانی

فضای داخل کتابخانهٔ کانون

عکس‌ها برگرفته از: Bakhtiari, Ali; *IRAN: RPM*, vol II

کلاس آموزش موسیقی

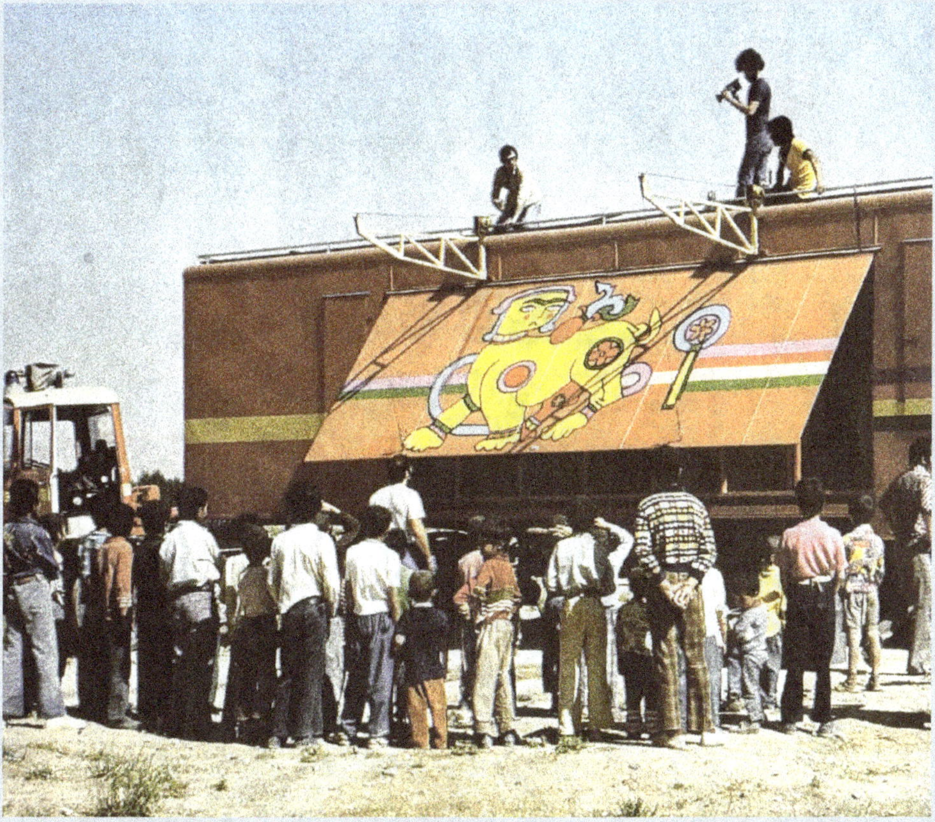

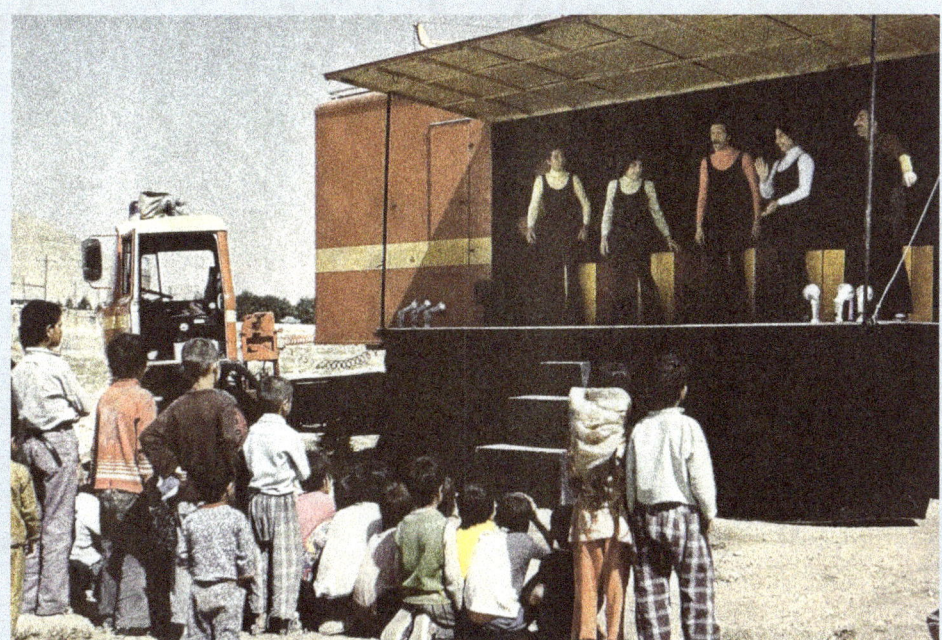

تئاتر سیار کانون، عکس‌ها از ارشیو شخصی دان لافون

اجرای نمایش در پارک

گروه تئاتر کانون در استرالیا

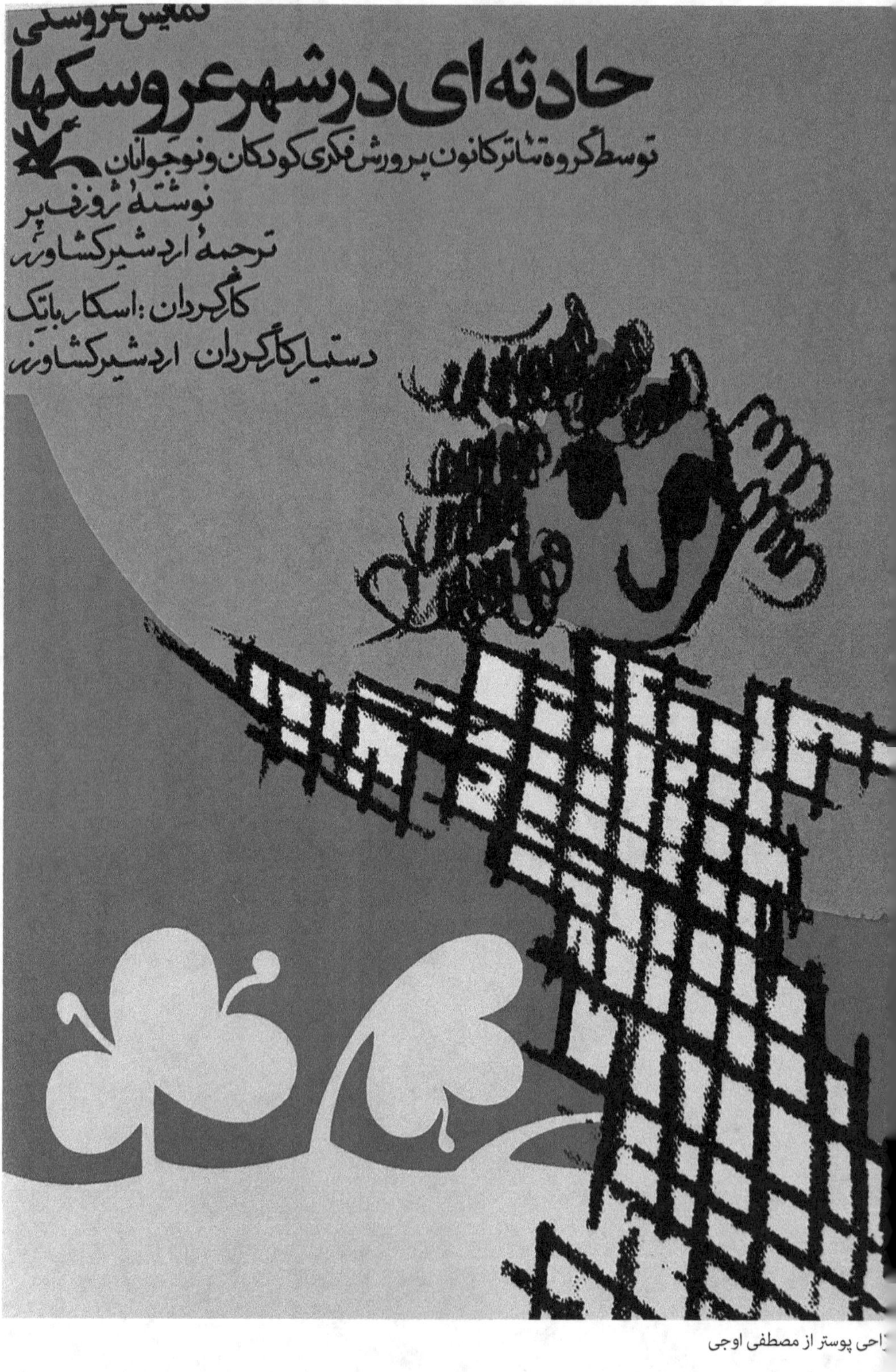

نمایش عروسکی
حادثه‌ای در شهر عروسکها
توسط گروه تئاتر کانون پرورش فکری کودکان و نوجوانان
نوشته ژوزف پر
ترجمه اردشیر کشاورز
کارگردان: اسکار باتک
دستیار کارگردان اردشیر کشاورز

راحی پوستر از مصطفی اوجی

کتابخانه

کانون پرورش فکری کودکان و نوجوانان
اخبار داخلی - شماره‌ی ۲ (دوره‌ی دهم)
اردیبهشت ماه ۲۵۳۶

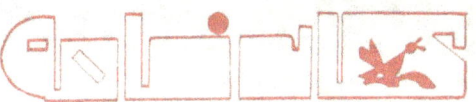

شین جیپ کتابخانهٔ سیّار کانون

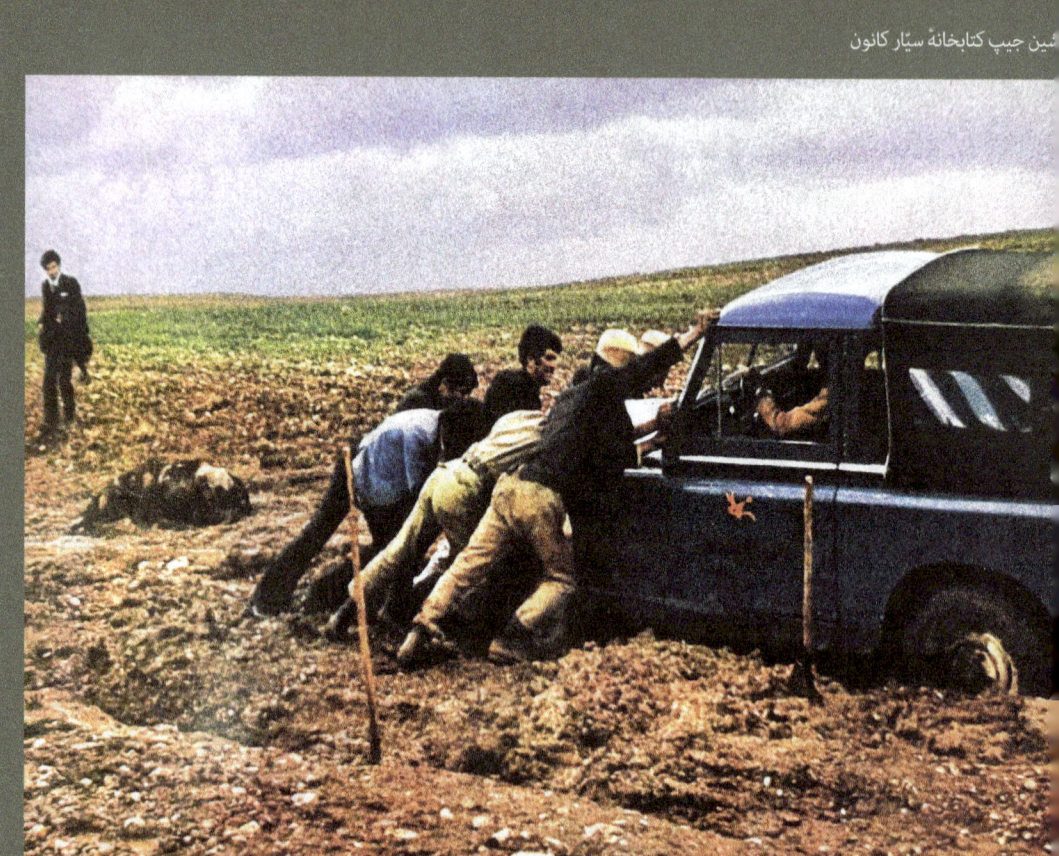

طراحی پوستر از فرشید مثقالی

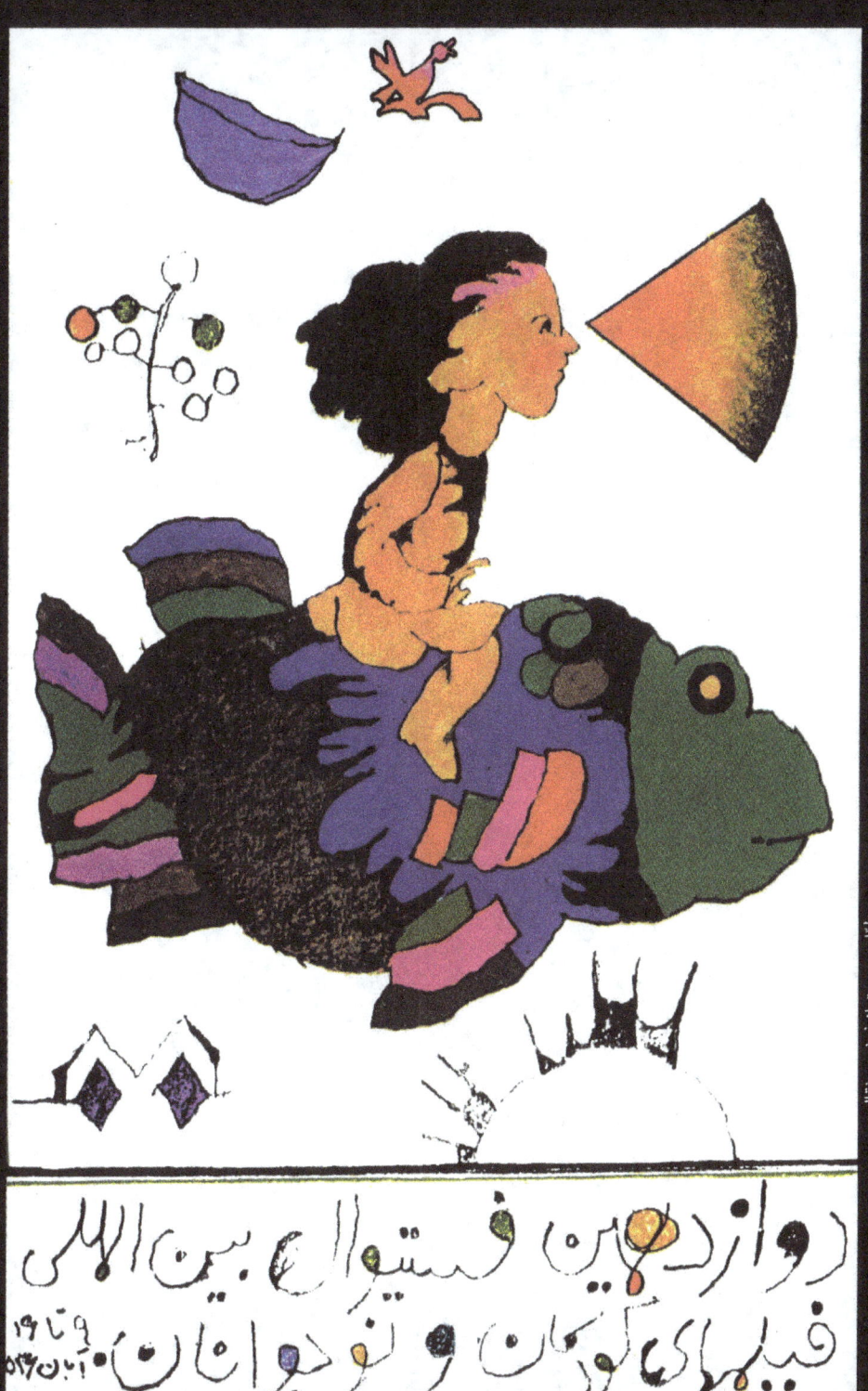

آنکه خیال بافت
و
آنکه عمل کرد
کارگردان: مرتضی ممیز
تهیه کننده: کانون پرورش فکری کودکان و نوجوانان
HE WHO
DAYDREAMED
AND
HE WHO
ACTED

طراح پوستر: نیکزاد نجومی

طراح پوستر: عباس کیارستمی

مصطفی اوجی

ابراهیم حقیقی

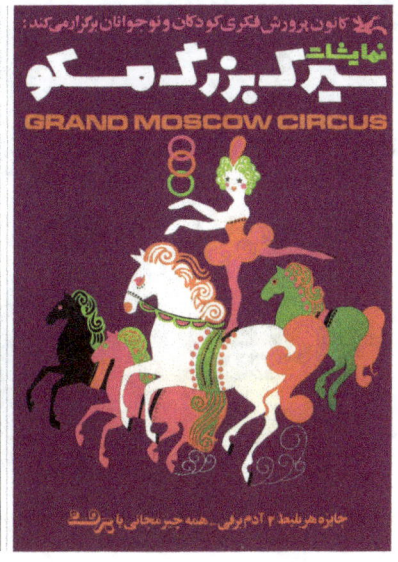

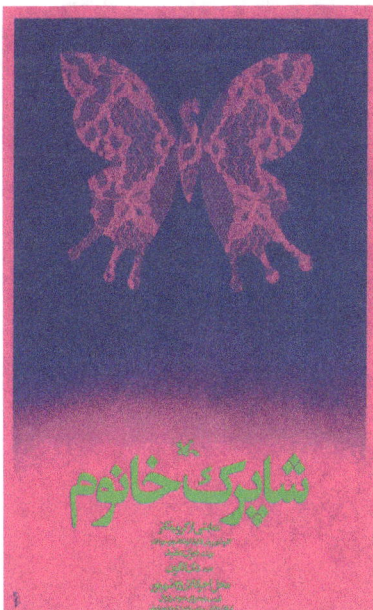

5 Lily Amir-Arjomand
Managing director, educator, librarian; Iran; 1938-

One of the key architects of the new Iranian cinema, Lily Amir-Arjomand was most likely unfamiliar with even the most basic film terminology. But no matter when she had one thing that no one else in Iran has possessed before or since: trust in the filmmaker.

Emerging from a privileged background, this former classmate of the Queen of Iran was a technocrat with imagination. In 1964 she founded a library for children. Four years later Kanoon had become an impeccably streamlined production house for first-rate cultural goods (including films) aimed at children, with centres spread all over the country. And everything was free.

At Kanoon, up-and-coming filmmakers were offered the chance to direct their first features (among them future masters such as Abbas Kiarostami and Mohammad Reza Aslani). Working-class kids were given cameras to experiment with. A distribution network and an international film festival – with participants including Saul Bass, Karel Zeman, Bert Haanstra and Jacques Tati – exposed youngsters to great films. Amir-Arjomand even supported blacklisted filmmakers, [who could] make films for Kanoon [when they couldn']t get jobs elsewhere. [The revolu]tion ended her leadership [and also] her life in Iran. But [for many y]ears Kanoon remained [the most im]portant network of [culture] for children anywhere

[Ehsa]n Khoshbakht

زندگی و آثار
موزار
نوشته‌ی : ژرژ دوهامل
ترجمه‌ی : لیلی امیرارجمند
نقاشی : مصطفی اوجی

سرخوردگی پیام ترانگیز
نا ۵۴

نشانه‌های آدمی طولانی در او از اثر ماریست؛ اگر از موسیقیدانی که به پرروایی و سیگنالی شهرت داشت.
این آدم در شب بارگشت نبود با موتزار همراه است؛ جسنگا بوزک نیا به و جای خود را ترک کند. آدم یش می‌رساند. موتزار چنان می‌کند، روشن، از موتزار که پاین از این آنیاین به‌رود را در ساعتن‌ای کلسه بنی‌شود، در میان الفات این نوع بارید سیب تائیدگان‌دارا تا تام برد.
یا این بر گونه او موتزار با خبر مفتی بالاخرمچی شخصی، سرپ حیم و مس بایدن دریات. گرو موسیقیدان‌به برگر انکشفاند. او آیا مرکز باستگرفت و نموع نود خیانت ک...

سرانگرفت ۳۲۴۵

به‌سرع سال ۱۳۸۱ بار گرمی، آنهای این شهر از سر از حمهٔ گسترش است. موتزار ستم بیج سال دارد با موسیقیدانی زریتشیش‌سه و پشتماه‌ها و انکشفاند، هر گانی کبل دارد. او آدم در آن جا آید با چدنده این شاکخ داده می‌کرد. موتزار اسلمایش و پایسته شود. با او بچشی می‌زاوند. در مطرح شارع ضخم این اسر سخت. ما بی‌تر آزمه‌اند از آن کنجیر در اسا جرفت و به بچه‌ری این کار را اشتهام می‌دهم.
سلس موزر او دارنده‌ای با سرود و او در آنها آسف بنور کنتاری. موتزار این خاطره‌پرا به‌بی‌نموده سال‌ها به یاد داشت و این آقای کن و آه که تعبیر رشایی ازش می‌کنم. برا، در این‌شا را تا وقتی‌سرد خشت رویی‌پدار ان‌دخلانه آسپه سفتمش دوستش داشت. ازدواج می‌کند. زبان طفلان‌بزرگ موتزار، برا نیسه دود.

موتزار با معلمیت با از سطحی خوش‌خواه بیبت. انتها می‌نور و گرمی‌نداد دستی‌های مادی و انسانی وجدوو می‌آید. هرگ تأیه صحاب مایده را خطاب به بوم موتزار باز ابتجور.

سعلوی‌وی شش سواره تا ۴۵۰
موزر کل

کودکان، دوستان من، شما موسیقی را دوستاردارید و از برای هیچ است که با دیش محفظه کنی می‌دهم. سال از از شما پرسیدن‌ها کنی از انکش این شده‌ی می‌نشاناید، این مهرگوی درسال بزور سعید و انکشاب آذربی اسا است. شما حتما پایم از این موسیقی‌انه بانم که اسمنشبه. آنها فقط بی‌نشناس می‌گرداند. در این رزاق از کوتاه سعر قراء می‌شود. پدرش‌آن از کلا کی کی‌ای سال، پیدا در خانس بزوگ را یا می‌کرد. مو دولت یبش پا لیمپیوی کیبل داشت. زمانلیپ‌اید، حسان اند از موتزار فنش‌رابه برای بنوت و دسنزیمزی داشت. اگر امکان پیاز آمد که در این بچه با هواه به‌پرم. این موضوع را راجع پاده داشتم بند. سعر موتزار در آش‌تیسترفی شکم‌چ دانستوه که در لنداند‌پوتزاری هم‌چنی سر در آنجا می‌کشد. و تام درآورد. در بنسوار اون می‌شید. زیاد سفید بانده. که اشب این در می‌رفش است و تام موتزار ا سای اکاکیت اولی‌نه‌تر امری است.

سرگهٔ برگ ولا مغر مد ۷۶ آزاد
تا ۳۳۱ موزر سود

شیبه سال‌زبرگ که در نمان‌توف شهر آپاپی‌برد. سپه هر نیوود در خصوص یه خسالپ کاسپیانست. نشنعان‌ها هم مهمرمتانه است. در آن زمان آیپاپین، استقلال مدنی خود را پدر از انگروی‌وسیمی. کسنسلاف در‌مشدد آوده بود و ترکا را یگ مبدنی سپده یزنیسال پرتند، یس رازاد.
و پا ۲۴ سال‌گی بر موز نپرید. بازرگنرید که مدن زندگانی در دست می‌بدهد. سی نمی‌داد. موتزار قرار می‌دهد تا در دنیا را در دست پید. با اگر غن‌با به‌پاه ایم...
با پاپمیا مال می‌بدید کند. اندی کودکن‌به‌نانی آن سهر، سانگان‌شاف شامله است.

سرو برای کادن‌م اذلون
۴۵۲۵ موتوارد

بس از سمایی‌های بزرگ یا پین، با زمان هکی مرگ در دوش سفید‌رید. کشور ری قادر زا می‌پیداد. به شناخت‌ان آتاری‌زورا و‌بزو و‌لکرو‌سی‌وم را می‌داد و شاره از آن که می‌گرفت، کسنر او در ار کابیی‌بنده که در لکمی می‌بند تدکه زنده نیست. رفیبه و از دوسیش‌های مگان جان را از کنست می‌زد. زندگی فقر سپرد در نوالهٔ آشمی کنتان‌س. سپ موتزار در بی یک سال از نفر بحکم شنهان و این پرنبی به‌آن‌احساسا و همسومی‌نده پسیاش در سا‌سنت آفرای موسیقی می‌کند. آن احساسی که به حال قلب نبسی اقراض هر‌کنان نبان‌شد از آثار نیا می‌کند. کسنر برای موتزار نمایش‌های مشقاقی را به‌بهترین که بزرگ اسنت تشوح کرد و فایم کرد که با پاکنام مای پچر مقام‌ست. سحالبان‌های آنش انه کوکندنی را قایم کرد.

موسیقی‌وی وصف شد
در مارس در می‌گفت ۷۶۴

پس از زر این موتزار آین سالای زندگی‌اش را در خدمت ایپل پیل بزرگ گذاشت در نتکت‌انام کی در زوسدنو‌گذ کپلتش که در این سال بای ۵۳ زار بالای‌ان بات مدان است.
سن و تک در نظر می‌سپرم. بارنمرت می‌پهت سرام مدم زنده‌ای در این داشت. که شد...
می‌انگن سبز‌ی‌این سی‌ک‌ل‌ش کدو ای یا آنوی‌ام با دست می‌دادم. اس از اس‌شاهیت این مسا‌ال که بد سنگ‌می گسپ‌زت یا این موسقیت بزرگ بدره بنگیرم.
کسی بیش از این کسی که به او رامعنی ندارد، در اصلاح آپارا درک می‌کند. باز این بقرار سازک‌نیک بوز‌تی‌ین این را می‌بتش آن در آن را می‌گرنی فنوسی‌ب که درآن پایک که برای کتار و ستدی‌د پاینامه پایدشم پهشه‌ش نغ قسمت ری سی‌بود. سرانتر در آن زر پی از آن در پاش ما‌بلا و اخلار موتزار در اوج زمو اجرا انتظارش می‌گند.

شعر از حمید حمزه، تنظیم آهنگ از حسین علیزاده،
اجرا توسط کودکان هشت تا دوازده سالهٔ کتابخانهٔ ۱۸ کانون در تهران (۱۳۵۳).

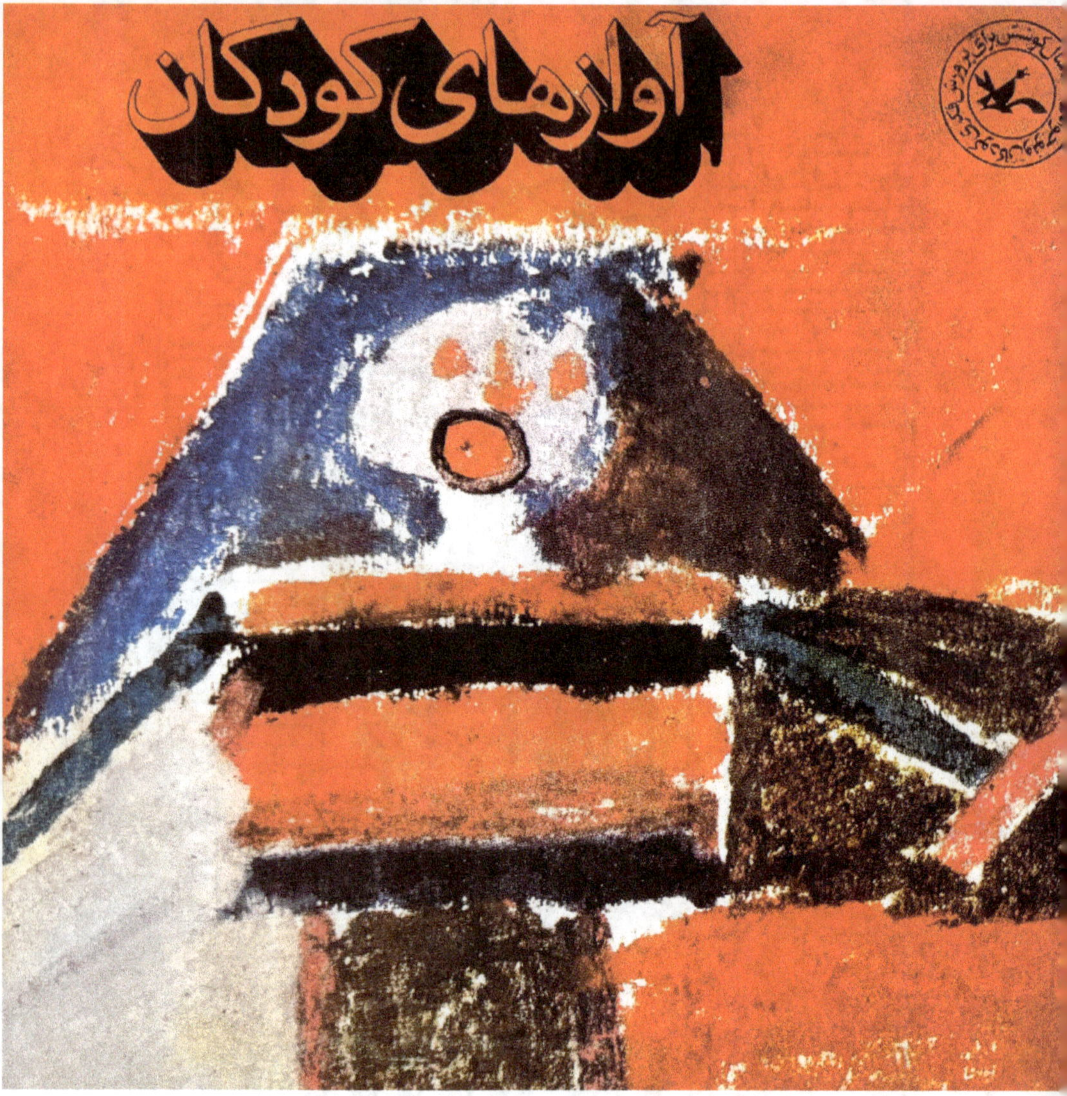

آوازهای کودکان

طرح از فرشید مثقالی

امیر حمزه‌ی دلدار و گور دلگیر
Amir hamzeh and Onager
کارگردان، نورالدین زرین کلک
DIRECTOR & SCRIPTWRITER
N . Zarrinkelk
A PRODUCTION OF FILM CENTER
THE INSTITUTE FOR THE INTELLECTUAL DEVELOPMENT OF CHILDREN AND YOUNG ADULTS
کانون پرورش فکری کودکان و نوجوانان

خط و ربط
پویه
شماره اول
نشریه هنری کانون پرورش فکری کودکان و نوجوانان
تهیه شده در مرکز آموزش هنرهای تجسمی

پویه
شماره ۳
نشریه‌ی آموزشی
کانون پرورش فکری کودکان و نوجوانان
ویژه‌ی تلویزیون و کودک

کانون پرورش فکری کودکان و نوجوانان
اخبار داخلی ـ شماره‌ی ۶ (دوره هشتم)
شهریور ۱۳۵۴

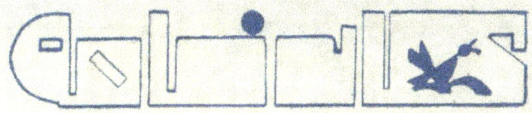

گردهم‌آیی کتابداران روستایی کانون
تهران ۱۵-۲۰ شهریور

کانون پرورش فکری کودکان و نوجوانان
اخبار داخلی ـ شماره ۱۰ (دوره دهم)
دی ماه ۲۵۳۶
نویسنده: بیژن مفید کارگردان: اردوان مفید
بازیگران
جعفر والی
هنگامه مفید . فرزین سرفراز . سعید صدیقیان
حمیده فرمانی . کامبیز صمیمی . قاسم رضائی و
بهمن مفید
عقاب و روباه
نمایشی برای نوجوانان
کانون پرورش فکری کودکان و نوجوانان

کی از همه پرزورتره؟
بازنوشتهٔ م. آزاد
نقاشی از نیکزاد نجومی

شعرهای
احمد شاملو
با صدای احمد شاملو
موسیقی متن:
اسفندیار منفردزاده

آفتاب آمد آفتاب مهر آمد

شعر: مولوی - احمدرضا احمدی
موسیقی: داریوش دولتشاهی   گوینده: بیژن مفید   آواز: کُر

طرح از فرشید مثقالی

ابراهیم فروزش با بچه‌های کانون

عکس از آرشیو شخصی ابراهیم فروزش

ما باغبان‌هایی بودیم که سال‌ها دانه‌ها و نهال‌های بسیاری را، با امید و اشتیاق، در خاک کاشتیم، و ناگهان مجبور به ترک خاک شدیم. نگذاشتند شاهدِ به برگ و گُل نشستن دانه‌ها باشیم. نگذاشتند سرسبز شدنِ باغی را که برای هر برگ و هر جوانه‌اش عاشقانه زحمت کشیده بودیم ببینیم. با این حال، اگر پایۀ آن‌چه بنا کرده بودیم همچنان استوار باشد، خوشحال‌ایم.
لیلی امیرارجمند

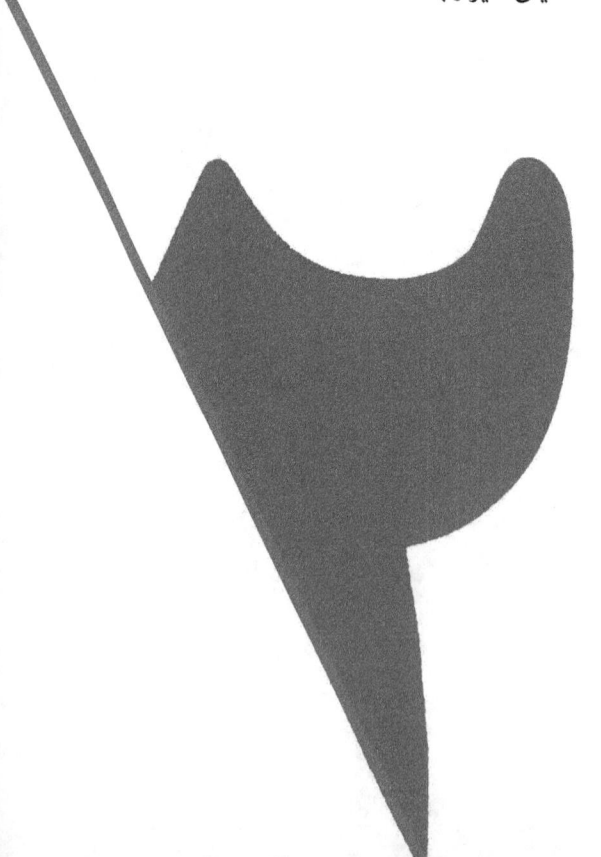

کانون،
بذری که با فکر و عشق و امید در ایران کاشتیم

شهبانو فرح پهلوی (زادهٔ ۱۳۱۷، تهران)
ملکهٔ ایران ریاست عالیهٔ کانون را به‌عهده داشتند.

❑ ممکن است به‌لطف کلّیتی از گفت‌وگوی اوّلیه‌تان با خانم امیرارجمند دربارهٔ ساختنِ کتابخانهٔ کودک، در سال‌های ۱۳۴۰ خورشیدی را بازگو کنید تا روایت شما از آغازِ شکل‌گرفتنِ این طرح ثبت شود؟

خوب به‌یاد دارم که یک روز خانم لیلی امیرارجمند و خانم هما زاهدی در کاخ نیاوران به دیدن من آمدند. خانم امیرارجمند تحصیلاتشان را در رشتهٔ کتابداری در آمریکا کامل کرده بودند و به فکر تأسیس کتابخانه برای بچه‌ها در ایران بودند. این فکر را با من در میان گذاشتند.

در دوران کودکیِ من، تنها تجربهٔ بچه‌های ایران از قصّه‌های کودکان قصّه‌های صبحی بود که از رادیو پخش می‌شد. آقای صبحی برنامه را با گفتنِ « بچه‌ها سلام!» باز می‌کرد و بعد از

آن، یکی دو قصّه می‌گفت. قصّه‌های دیگری هم اگر بود، شفاهی و پراکنده برای بچه‌ها نقل می‌شد. یادم هست، پرستار من، وقتی حدود پنج یا شش ساله بودم، برایم قصّه‌ای تعریف می‌کرد به نامِ «قصّهٔ شپش خانم و کَک آقا».

کم‌کم کارهای محدودی در زمینهٔ کتابِ کودک انجام شد، ولی ما همچنان در ایران کتابِ کودک با کیفیّت خوب کم داشتیم. درنتیجه، وقتی خانم امیرارجمند پیشنهاد تأسیس کتابخانهٔ کودک را مطرح کرد، من با خوشحالی استقبال کردم و خانم امیرارجمند از همان روز دنبالِ اجرای این فکر را گرفت، درباره‌اش مطالعه کرد، با افراد دیگر برای همکاری در این زمینه صحبت کرد و کار را به جریان انداخت.

☐ به‌نظر می‌رسد توجّه و بودجه‌ای که در آن دوران برای اجرای طرح‌های فرهنگی در نظر گرفته می‌شد، در الویت‌های بالا قرار داشت. با توجّه به این‌که بیشترِ این طرح‌ها، شاید تمامِ آن‌ها، در دفتر مخصوص شما سامان می‌گرفتند، احتمالاً جهان‌بینی شما و علاقهٔ شخصی‌تان به فرهنگ و هنر در این برنامه‌ریزی‌ها اثرگذار بوده. دربارهٔ چگونگی پیشنهاد برخی از آن طرح‌ها و مسیری که به اجرایشان می‌انجامید صحبت می‌کنید؟

من به فرهنگ و هنر اهمیت زیادی می‌دهم به‌خصوص، فرهنگ و هنر مملکت چندهزارساله‌مان، ایران. فرهنگ و هنر را باارزش‌ترین دارایی مردم یک کشور در همهٔ زمان‌ها، و مهم‌ترین ابزارِ مبارزهٔ مردم ایران با همهٔ زشتی‌هایی می‌دانم که در این دوران به کشورمان تحمیل می‌شود.
با این باور، من همیشه به فکر کارهای فرهنگی بوده‌ام. در سال‌های موردِ نظرِ شما، از طرح‌های فرهنگی پشتیبانی می‌کردم، با افرادی با نگاه مشابه و تخصصِ لازم برای اجرای آن طرح‌ها صحبت می‌کردم، و در تبادلِ نظر با اعلیحضرت و دولت شرایط تأسیس مراکز فرهنگی را فراهم می‌آوردیم.

زمانی ما در ایران فقط موزهٔ ایران باستان داشتیم. در بازدیدی که من از یک نمایشگاه نقّاشیِ نقّاشانِ معاصرِ ایران داشتم، ایران دَرّودی به من گفت، ای کاش در ایران موزه‌ای داشتیم که آثارِ باارزش هنرمندانِ معاصر در آن نمایش داده شوند و بمانند. به‌نظرم آمد فکر خیلی

خوبی است. موزهٔ هنرهای معاصر را با این فکر ساختیم. بعد فکر کردم، از آنجا که بسیاری از آثار هنریِ ایران در موزه‌های خارج از کشور نمایش داده می‌شد، چه بهتر که نقّاشی‌های مُدرنِ نقّاشانِ مهمِ غیرایرانی را هم در ایران و در همین موزه نمایش دهیم، که هم مردم ما آن آثار را ببینند و هم هنردوستان غیرایرانی برای دیدن آن آثار به ایران بیایند. آن زمان به‌دلیل افزایش قیمت نفت، امکان خریدِ آثارِ مهمِ هنری از شرق و غرب فراهم بود. به این ترتیب، نقّاشی‌های مدرن کشورهای دیگر هم به مجموعهٔ موزهٔ هنرهای معاصر اضافه شد. خوشبختانه مجموعه آثار این موزه، جز یک مورد که تعویض شد، دست نخورده. زمانی تصمیم گرفته بودند موزه را به یک شرکت خصوصی بدهند، مردم مقاومت و اعتراض کردند و نگذاشتند.

موزهٔ فرش هم بر اساس فکری مشابه، برای نگهداری از فرش ایران ساخته شد. فرش ایران در تمام دنیا شناخته‌شده بود و اهمیت داشت، ولی پیش از تأسیس موزهٔ فرش، ما در ایران جایی برای نگهداری و نشان‌دادن بهترین فرش‌هایمان نداشتیم.
موزه‌های دیگر، مثل موزهٔ نگارستان برای آثارِ دورهٔ قاجار، موزهٔ رضا عبّاسی و موزهٔ آبگینه را هم ساختیم. فکرِ ساختنِ مراکزِ فرهنگی بر اساس نوعی احساس نیاز شکل می‌گرفت و اجرا می‌شد. تمام این طرح‌ها علاقه و پشتیبانیِ کاملِ مرا داشتند.

یک برنامهٔ هنری فوق‌العاده در آن سال‌ها «جشن هنر شیراز» بود. چون موضوع صحبت ما کانون است، این را بگویم که برگزاری فستیوال بین‌المللی فیلم کودکان و نوجوانان توسط کانون، و شرکت من در مراسم افتتاحیهٔ این فستیوال، به‌نوعی به ایدهٔ اوّلیهٔ برگزاری جشن هنر شیراز انجامید.
درواقع، چند تن از هنرمندان، با الهام از فستیوال فیلم کانون، به رضا قطبی پیشنهاد داده بودند که در ایران فستیوال بین‌المللی تئاتر برگزار کنیم. این موضوع را با من در میان گذاشتند. من فکر کردم، بهتر است به تئاتر محدود نمانیم و یک فستیوال فرهنگی بزرگ در زمینه‌های مختلف هنری برگزار کنیم. یادم هست آمریکایی‌هایی که به فستیوال فیلم کانون می‌آمدند، می‌گفتند آرزو داشتند چنان فستیوالی در آمریکا هم برگزار می‌شد. پس ما می‌توانستیم میزبان یک برنامهٔ فرهنگی بین‌المللی با ابعاد خیلی بزرگ‌تر باشیم که برای کشورهای دیگر تازگی داشت.

جشن هنر با این فکر شروع شد. دلیل انتخاب شیراز این بود که می‌خواستیم برنامه در یک شهر با ساختار قدیمی و بناهای فرهنگیِ مهم برگزار شود. اصفهان گنجایش کافی نداشت. شیراز هم تخت جمشید را داشت، هم خانه‌های قدیمی که مردم با محبت در اختیار ما می‌گذاشتند و هم خوابگاه بزرگ دانشگاه شیراز را که دانشجویان می‌توانستند در تابستان رایگان در اتاق‌هایش بمانند و به دیدن برنامه‌های جشن هنر بیایند.

تمام این کارها، ازجمله فستیوال بین‌المللی فیلم کانون، به ایجاد نوعی گفت‌وگو بین تمدن‌های جهان می‌انجامید و مردم را به هم نزدیک می‌کرد.

❑ ریاست عالیهٔ مراکز فرهنگی پُرشمار، ازجمله کانون، موزه‌هایی که نام بردید و سازمان جشن هنر شیراز به عهدهٔ شما بود. مسئولیت‌ها و کارهایی که ریاست عالیهٔ یک نهاد فرهنگی برای شما ایجاد می‌کرد، و ما در این سوی روایت از آن بی‌اطلاعایم چه بود؟

ریاست عالیهٔ سازمان‌های غیردولتی بیشتر سمبولیک بود. البتّه ما در هر سازمان جلساتی با حضور وزرا و افراد دیگر داشتیم و در مواردی با آن‌ها مشورت و تبادلِ نظر می‌کردیم. فکر می‌کنم اسم و حضور من در آن سازمان‌ها و پشتیبانی‌ام از فعّالیت‌هایشان به پیشبردِ کارهایشان کمک می‌کرد. مشکل و گرفتاری هم اگر پیش می‌آمد، من می‌توانستم به برطرف کردنش کمک کنم. ولی کار اصلی با مدیرعامل هر سازمان بود. کارهای کانون هم زیر نظر مدیرعامل این نهاد، خانم لیلی امیرارجمند، اداره می‌شد.

❑ نخستین کتاب کانون، با ترجمه و نقّاشی شما چاپ شد. چه شد کتاب دختر ک دریا را انتخاب کردید؟ آیا تصویرِ شخصیتِ اصلیِ داستان، پری دریایی، ساخته و پرداختهٔ خیال شماست؟

یادم نیست چرا آن داستان را انتخاب کردم. داستان قشنگی است و همیشه دوستش داشتم، ولی دلیل انتخابش برای اوّلین کتاب کانون را الان به یاد ندارم.

در آن زمان، در ایران کتاب‌های داستان مصوّر برای بچه‌ها چاپ نمی‌شد. نقّاشی کتاب کودک در فرهنگ ما سابقه نداشت. من برای بعضی از تصاویر کتاب، از نقّاشی‌های کتاب‌های

کودکان، که بیرون از ایران چاپ شده بودند، الهام گرفتم، ولی چهرهٔ پری دریایی ساختهٔ خودم است.

نقّاشی‌ام بد نبود. از دوران مدرسهٔ معماری در فرانسه، نقّاشی می‌کردم. آن موقع، مجسّمه‌ای جلوی ما می‌گذاشتند و می‌خواستند نقّاشی‌اش کنیم. من اوایل نمی‌دانستم چگونه از روی یک مجسّمه نقّاشی کنم. استادمان می‌گفت، شما شرقی‌ها فقط مینیاتور بلدید. کم‌کم یاد گرفتم چطور ابعاد مجسّمه را از دور اندازه بگیرم. بعد از آن، نقّاشی‌های من از بهترین نقّاشی‌های کلاس بودند و بنا به رسمی که مدرسه داشت، در کنارِ نقّاشی‌های برگزیدهٔ دیگر روی دیوار کلاس نصب می‌شدند.

کتاب دخترک دریا را با علاقه ترجمه و نقّاشی کردم. کتاب، هدیهٔ من به کانون بود. به این معنی که هزینهٔ فروشش به‌طورِ سمبلیک به شروعِ کارِ کانون کمک کند.

خوشبختانه، چند سال پیش، یک نفر یک نسخه از این کتاب را برای من فرستاد، و پس از سال‌ها دخترک دریا را در کتابخانه‌ام دارم.

☐ آیا هرگز داستانی را برای ترجمه یا موضوع یا مضمونی را برای نوشتن کتاب یا ساختن انیمیشن به کانون پیشنهاد داده بودید؟

یادم نیست و فکر نمی‌کنم چنین موردی پیش آمده باشد.

☐ با توجّه به رشتهٔ تحصیلی‌تان، آیا موارد مشخصی دربارهٔ معماریِ کتابخانه‌های کانون مورد نظر و تأکیدتان بود؟

بله، معماریِ ساختمان کتابخانه‌ها برایم مهم بود. همان‌طور که می‌دانید مناطق مختلف مملکت ما معماری‌های متفاوت دارند. تأکید داشتم که کتابخانهٔ کانون در هر منطقه معماری آن منطقه را داشته باشد. به فضای داخل کتابخانه‌ها هم اهمیت می‌دادم. به استفاده از رنگ‌های روشن و شاد برای بچه‌ها توجّه داشتم. واقعاً به جزئیات توجّه داشتم. کانون برای من مهم بود.

☐ نظر پادشاه دربارهٔ کانون چه بود؟

من خیلی خوشحال بودم و هستم که اعلیحضرت به کانون اهمیت می‌دادند. اعلیحضرت با این‌که کارهای مهم زیادی داشتند، چون آموزش و فرهنگ برایشان خیلی مهم بود، به فعّالیت‌های کانون توجّه داشتند. یادم هست در بازدید از ساختمانِ چندطبقهٔ کانون، به تمام اتاق‌های هر طبقه رفتند و با اعضای کانون صحبت کردند و دربارهٔ کارهایی که می‌کردند و برنامه‌های آینده‌شان پرسیدند. می‌خواستند بی‌واسطه در جریان فعّالیت‌های مختلف کانون قرار بگیرند.
من هم دربارهٔ فعّالیت‌های کانون با اعلیحضرت صحبت می‌کردم. هر وقت هم مسئله‌ای در رابطه با بودجه یا هر نوع کار دیگر در کانون پیش می‌آمد، کمک می‌کردند کار زود راه بیافتد.

❑ به‌نظر می‌رسد، فضای فکریِ آزاد و دربرگیرندهٔ کانون که نظام‌های فکری متفاوت را در خود می‌پذیرفت، در نهادهای فرهنگی هم‌روزگارش کم‌مانند بوده. برخی می‌گویند تأسیس نهادهای فرهنگیِ غیردولتی با فضاهای آزاد فکری- نمونهٔ مثال‌زدنی‌اش کانون- از برنامه‌های دولت یا سازمان امنیت بود، تا مخالفان سیاسی آن روزگار بتوانند از ظرفیت‌های خلّاقشان در گسترهٔ فرهنگی بهره ببرند و به‌تدریج از سیاست فاصله بگیرند. نظر شما در این‌باره چیست؟

من هرگز چنین چیزی نشنیده بودم. مخالفان سیاسی آن زمان، واقعیت‌ها را نمی‌دیدند، و نتیجهٔ کارشان هم به هر حال، به روی کار آمدنِ رژیم کنونی کمک کرد.
یادم می‌آید در یکی از جلساتِ بحث و گفت‌وگو در جشن هنر شیراز، یکی از آقایانِ هنرمند که خیلی هم چپی بود، به گروتوفسکی[۱]، کارگردان تئاتر، گفته بود که ما این‌جا آزادی نداریم. گروتوفسکی پاسخ داده بود، اگر حرفت درست بود، تو الان این‌جا نبودی و چنین جمله‌ای را در این جمع بر زبان نمی‌آوردی؛ و گفته بود، اگر واقعاً چنین است که می‌گویی، تو الان می‌بایست با یک کلاشینکف روی دوشَت در کوه باشی.

من هیچ‌وقت نمی‌گویم نقدی به ما وارد نبود. در آن دوران حتماً عیب‌ها و کمبودهایی بود. ولی همهٔ ما دیدیم کسانی که مخالفانِ سیاسی بودند و می‌گفتند دنبال آزادی هستند، در

۱- یرژی مارین گروتوفسکی Jerzy Marian Grotowski (۱۹۳۳، لهستان- ۱۹۹۹، ایتالیا) کارگردان تئاتر و نظریه‌پرداز و آغازگرِ تئاتر تجربی.

مبارزه‌شان از ایدئولوژی چپ و دیکتاتوری دینی طرفداری کردند. بعد از روی کار آمدن آن دیکتاتوری هم مجبور به ترک مملکت شدند، در حالی‌که پیش از آن، در همان مملکت که می‌گفتند آزادی وجود نداشت، بهترین کارهای هنری و فرهنگی‌شان را ساخته بودند.

می‌خواهم بگویم، مخالفان سیاسی آن دوران افرادی نبودند که با واقع‌بینی، امکانات و پیشرفت‌ها را ببینند و نقشِ کارِ فرهنگی را در کمک به پیشرفت مملکت قدر بگذارند و به‌جای آن‌چه اسمش را مخالفت و مبارزهٔ سیاسی می‌گذاشتند کارِ فرهنگی کنند. امروز خیلی‌ها می‌گویند، اگر آگاه‌تر بودند طور دیگری رفتار می‌کردند، ولی تاریخ را نمی‌شود با «اگر» بازنویسی یا حتّی ارزیابی کرد. فرانسوی‌ها می‌گویند با «اگر»ها می‌شود پاریس را در یک بطری جا داد!

❑ شما و خانم امیرارجمند، با زبان‌ها و فرهنگ‌های گوناگون آشنا بودید و نگاهتان به مقولهٔ فرهنگ، نگاه ایرانی - جهانی بود و هست. این نوع نگاه، در هر آن‌چه به هر شکل با شما پیوند داشت، آشکار بود. از لباس‌هایتان که ترکیبی از پارچه‌های ایرانی با طرح‌های سنّتی مناطق گوناگون کشور و روزآمدترین لباس‌های مدرن جهان را در خود داشتند، تا بنیاد گذاشتن و هدایت فکریِ موزه‌هایی که نام بردید.
فکر می‌کنم نگاهِ هم‌سوی شما و مدیرعامل کانون این ذهنیت را در کانون هم چیره کرده بود. به‌عنوان نمونه، داستان‌های شاهنامه در قالب کتاب یا انیمیشن با ساختاری به‌غایت مدرن در اختیار بچه‌ها قرار می‌گرفت، یا نقّاشی روی دیوارِ تریلیِ بزرگِ ساختِ آلمان برای تئاتر سیّار، از نقش‌های دوران ساسانی الهام می‌گرفت.

آیا شما و خانم امیرارجمند دربارهٔ توجّه به ارزش‌های بومی-جهانی در آثارِ کانون تبادلِ نظر داشتید؟

توجّه به ارزش‌های فرهنگ ایران همیشه برای من مهم بوده. در نظر داشتنِ فرهنگ‌های ممالک دیگر هم، همان‌طور که شما می‌گویید، مهم است. باور من این است که مملکت ما با گنجینهٔ فرهنگیِ بزرگی که در طول تاریخ به پیشرفت ممالک دیگر نیز کمک کرده، می‌تواند

همچنان با فرهنگ‌ها و تمدن‌های دیگر در گفت‌وگو باشد و با جهان پیش برود.
خانم امیرارجمند هم این شناخت و نگاه بین‌المللی را داشتند. نگاهِ ما در این مورد شبیه هم بود. می‌خواستیم به پیشرفتِ فرهنگی مملکت و برقراریِ گفت‌وگو بین فرهنگ‌ها کمک کنیم. بچه‌ها را می‌توان و به‌نظر من، باید از همان سنینِ کودکی و نوجوانانی در معرضِ این فکرها قرار داد.

❑ شما از کتابخانه‌های کانون در شهرها و روستاهای متعدّد ایران بازدید می‌کردید. برخورد بچه‌های عضو کتابخانه‌ها و خانواده‌هایشان را با آثار کانون چگونه می‌دیدید؟ حضور شما در کتابخانه‌ها و در کنار بچه‌ها چه واکنشی برمی‌انگیخت؟

یکی از خوشبختی‌های من این است که به مناطق مختلف ایران سفر کردم. کانون علاوه بر کتابخانه‌های متعدّدی که در شهرها و روستاهای ایران داشت، بارِ کتاب را بر دوشِ اسب و قاطر به دورافتاده‌ترین نقاط ایران هم می‌رساند. این یک کار استثنائی بود. بچه‌ها کتاب‌های کانون را دوست داشتند. من شاهد شوق و هیجانشان هنگام گرفتنِ کتاب یا گوش دادن به قصّه‌خوانی کتابدارهای کتابخانه‌ها بودم.
خانواده‌ها هم خوشحال بودند که چنان محیطی برای فرزندانشان فراهم بود. بچه‌ها در کتابخانه‌ها با خوشحالی کتاب می‌خواندند و قصّه یاد می‌گرفتند، کتابی را که دوست داشتند به امانت می‌گرفتند و به خانه می‌بردند و برای مادر و پدرشان هم می‌خواندند. باسواد شدن و کتاب‌خوان شدنِ بچه‌ها برای خانواده‌ها مهم بود.

فکر می‌کنم مردم بازدیدهای من از کتابخانه‌ها و دیدنِ علاقه‌ام به کارهای کانون را دوست داشتند. خانواده‌ها می‌دیدند من با چه دلسوزی و توجّهی در کتابخانه‌ها با بچه‌ها صحبت می‌کردم و نظرشان را دربارهٔ کتاب‌ها و فعّالیت‌های دیگرِ داخل کتابخانه‌ها می‌پرسیدم. دوست داشتم ببینم بچه‌ها دربارهٔ کارهایی که انجام می‌شد چه فکر می‌کردند. من با کانون خیلی نزدیک بودم.

❑ فرزندان شما چه‌اندازه با آثار کانون -از کتاب‌ها تا انیمیشن و فستیوال‌های

فیلمِ کودکان و نوجوانان- آشنا بودند؟

فرزندان من کتاب‌های کانون را می‌خواندند، فیلم‌های کانون را تماشا می‌کردند و همراه من در فستیوال‌های فیلم کانون شرکت می‌کردند. گاهی به کتابخانه‌های کانون هم سر می‌زدند، به‌خصوص ولیعهد که بزرگ‌تر بود. آثار کانون در زندگی ما حضور داشتند.

☐ خانم امیرارجمند همواره بر اهمیت نقش شما در موفّقیت کانون تأکید دارند. علاقه‌مندی شما به فرهنگ و هنر، پشتیبانی‌تان از نهادهای فرهنگی، و دربارۀ کانون، به‌طور خاص، دوستی‌تان با مدیرعامل این نهاد در کنار ارتباط رسمی و حرفه‌ای، در نگاه خانم امیرارجمند موقعیتی فراهم آورده بود که همۀ راه‌ها را برای ممکن ساختنِ ناممکن‌ها، به‌دستِ جمعی از آگاه‌ترین و با استعدادترین هنرمندان کشور در این نهاد باز می‌کرد.
شما درخشش استثنائی پدیدۀ کانون را چگونه ارزیابی می‌کنید؟

کانون با یک فکرِ درست برای وارد کردنِ کتاب به زندگی کودکان و نوجوانان ایران تأسیس شد، و با عشق در خدمت بچه‌ها قرار گرفت. کانون برای بچه‌های ایران کار می‌کرد، و این اهمیت زیادی داشت چون بچه‌های آن روز سازندگان آیندۀ مملکت می‌شدند.

مهم‌ترین دلیل موفّقیت استثنائی کانون، مدیریت و زحمت و کارِ شبانه‌روزی خانم لیلی امیرارجمند بود.

☐ کانون کتابخانه‌ای هم در کشور اردن ساخت، که به‌عنوان هدیۀ شما به پادشاه وقت اردن، شاه حسین، در زادروزشان در پایتخت اردن افتتاح شد. در تماس با کتابخانۀ ملّی اردن، برای پیگیری دربارۀ کتابخانۀ کانون، یادداشتی دریافت کردم که تأسیس آن کتابخانه را «در راستای تعهد ملکۀ ایران به گسترش سوادآموزی و رشد فکری جوانان اردن» ذکر کرده و می‌گوید: «... کتابخانۀ کانون، با برنامه‌هایی در جهت بالیدنِ تخیّل کودکان، تشویقشان به کارهای خلّاق و برکشیدن هویّتِ فرهنگی‌شان، خیلی زود به مکان مورد علاقۀ کودکان و خانواده‌ها تبدیل شد. هرچند ساختمان اصلی کتابخانۀ کانون

دیگر فعّال نیست، میراث برجای مانده از آن، با نام مرکز 'مطالعه برای همه (قراءة للجمیع)' ادامه یافته است. این مرکز مدرن مأموریت کتابخانهٔ کانون را در جهت پرورش فکری و علاقه‌مند کردنِ جوانان اردنی به آموختن ادامه می‌دهد.»

کمی دربارهٔ آن کتابخانه صحبت می‌کنید؟

چقدر قشنگ نوشته‌اند. خیلی خوشحال‌ام آن کتابخانه بعد از سال‌ها هنوز مثبت ارزیابی می‌شود. به باور من، هر فکر و کاری که با صداقت و عشق انجام بشود بهترین نتیجه را می‌دهد.

ما با اعلیحضرت ملک حسین خیلی دوست و نزدیک بودیم، و می‌خواستیم همکاری‌های فرهنگی داشته باشیم. فکر کردم هدیه کردنِ یک کتابخانهٔ کودک به اردن، با پشتوانهٔ تجربهٔ موفّقِ کتابخانه‌های کانون در ایران، کار فرهنگی باارزشی است، که می‌تواند نمونه‌ای هم باشد که شاید در آینده در اردن گسترش پیدا کند.

یادم هست در افتتاح آن کتابخانه شرکت داشتم. احتمالاً عکس‌هایی هم از آن روز دارم. ولی جزئیات بیشتری به یادم ندارم.

❑ شما کتاب خاطراتتان را با دو خط شعر فروغ فرخزاد باز کرده‌اید: «پرواز را به خاطر بسپار/ پرنده مُردَنی‌ست»

کانون پرورش فکری کودکان و نوجوانان، و پرندهٔ لوگوی این نهاد نیز، چنان‌که سعدی دربارهٔ کتابِ گلستان -در مقایسه با گُل‌های طبیعت- می‌گوید، ماندگار شد. به‌راستی هیچ‌کس، هیچ ایدئولوژی یا سیاستی، نتوانست کانون را از مردم ایران بگیرد.

از چشم‌اندازی دیگر، روایت‌های زیادی دربارهٔ نقشِ تعیین‌کنندهٔ کانون در دگرگون کردنِ زندگیِ بچه‌های عضو کتابخانه‌های این نهاد در دست است؛ بچه‌هایی که از مناطقِ با امکانات کمتر در شهرهای گوناگون ایران به کتابخانه‌های کانون رفتند، و امروز از موفّق‌ترین نویسندگان، نقّاش‌ها و آهنگ‌سازهای ایرانی‌اند. بچه‌هایی که می‌گویند تا پیش از آشنایی با کانون، اصلاً نمی‌دانستند کتابخانه چیست، و امروز سردبیر نشریات مهم فرهنگی ایران‌اند.

امروز از پسِ نزدیک به شصت سال از آغاز کار کانون، فکر می‌کنید امید و انتظاری که آن سال‌ها از نتیجهٔ تلاش‌ها و کارهای کانون داشتید، محقق شده‌اند؟

کانون بذری بود که با فکر و عشق و امید در ایران کاشتیم و فکر می‌کنم حاصلش باعث رضایت همهٔ کسانی است که کمک کردند آن بذر به برگ و بار برسد. بچه‌های ایران در کانون کتاب خواندند، تئاتر و فیلم دیدند، با فرهنگ مملکت آشنا شدند، و این‌ها در زندگی آینده‌شان اثر مثبت گذاشت. کانون در رسیدن به هدف‌هایی که داشت موفّق بود. خیلی از همکارانِ جوان کانون هم آیندهٔ هنری بسیار خوبی پیدا کردند. عباس کیارستمی یکی از آن هنرمندان بین‌المللی است، که خواسته بود پیکرش را از جلوی کانون بگذرانند.

با وجود تلاش زیادِ این سال‌ها برای شست‌وشوی مغزیِ نسل جوان، جوانان ایران -کسانی که بعد از انقلاب متولّد شده‌اند- بر اساس تحقیق و مطالعهٔ خودشان، به کارهای فرهنگی آن روزها نگاه می‌کنند و نظرشان به آن‌چه در کانون انجام شده مثبت است.

من کسانی را می‌شناسم که می‌گویند اوّلین کتاب زندگی‌شان را در کتابخانهٔ کانون خواندند و همان کتاب مسیرِ زندگی‌شان را تغییر داد. این بهترین نتیجهٔ کار یک سازمان فرهنگی است. شنیدن این روایت‌ها برای من نه‌تنها باعث رضایت و خوشحالی که دلیل احساسِ خوشبختی است.

کانون یک سازمان فوق‌العاده بود، و من دوست دارم مثل همیشه صحبتم را با جمله‌ای به پایان ببرم که موفّقیت و درخششِ کانون هم یکی از جلوه‌های آن است: نور بر تاریکی پیروز است.

دهم اردیبهشت ۱۴۰۳

(آوریل ۲۰۲۴)

نحوهٔ مدیریت خانم امیرارجمند به ما جرأت می‌داد

فروزان اردکانی (زادهٔ ۱۳۲۷، مشهد؛ ساکن تهران)
آرشیتکت، مدیر مرکز خدمات مهندسی کانون

□ شما چه زمانی و با چه مسئولیتی به کانون پیوستید؟

سال ۱۳۵۳ بعد از فارغ‌التحصیلی از دانشکدهٔ معماری دانشگاه ملّی به استخدام کانون درآمدم. در آن زمان مدیر خدمات مهندسی کانون، هم‌دانشگاهی من، آقای مهندس بیگلری بود که به‌واسطهٔ سفر ایشان به لندن، از من خواستند تا زمانی که نیستند مسئولیت‌هایشان را در کانون به‌عهده بگیرم. مهندس بیگلری مدّتی بعد از بازگشت از لندن، به سازمان انرژی اتمی پیوستند و من به‌عنوان مدیر خدمات مهندسی کانون جایگزین ایشان شدم.

در سال‌های اوّل، کانون برای طرّاحی ساختمان‌های کتابخانه‌ها از طرّاحان و مهندسین مشاور خارج از سازمان کمک می‌گرفت. به‌عنوان مثال، طرّاحی سه کتابخانهٔ شاخص کانون در اصفهان توسط آقای دکتر مسعود جهان‌آرا انجام شد. کتابخانهٔ پارک نیاوران توسط مهندسین

مشاور سردارافخمی، و طرّاحی ساختمان مرکزی کانون در شهرک غرب توسط مهندسین مشاور داض (با مدیریت آقای کامران دیبا) و معماریِ داخلیِ آن توسط دفتر طرّاحی معماریِ داخلی خانم منیژه غیایی انجام شد. البتّه این ساختمان پس از اجرای دو طبقه انبار و پارکینگ در زیرزمین، به‌دلیل وقوع انقلاب متوقّف شد و تا امروز ناتمام باقی مانده است

از زمان تأسیس دفتر امور خدمات مهندسی، این دفتر به سه زیرمجموعه تقسیم شد: ۱-ادارهٔ معماری، ۲-ادارهٔ معماریِ داخلی، ۳- ادارهٔ تعمیرات و نگهداری.
این سه اداره تمامی کارهای مربوط به کتابخانه‌ها را در سراسر ایران به‌عهده داشتند.

❑ یعنی طرّاحی ساختمان و طرّاحی داخلی کتابخانه‌های کانون در تمام شهرهای ایران توسط دفتر خدمات مهندسی کانون انجام می‌شد؟

بدواً طرح‌هایی توسط تیم مهندسی -شامل چندین آرشیتکت، مهندس معمار داخلی و نقشه‌کش- ارائه می‌شد، پس از تأییدِ مدیرعامل مبادرت به تهیهٔ نقشه‌های اجرایی می‌گردید و سپس در اختیار چند پیمان‌کار قرار داده می‌شد و پس از گرفتن استعلامِ قیمت مناسب‌ترین پیمانکار برای اجرای پروژه انتخاب و بلافاصله عملیات اجرایی شروع می‌شد. طرّاحی کتابخانه‌ها بر اساس تقسیم‌بندی اقلیم و آب و هوای هر منطقهٔ ایران بود.
توضیحاً، برای طرّاحی تجهیزات داخلی ساختمان‌ها، که در ادارهٔ معماریِ داخلی انجام می‌شد، از وجود پیمانکارانی که تخصص و تجربهٔ کافی در اجرا داشتند استفاده می‌شد.
به یاد دارم خانم امیرارجمند جهت تهیهٔ پرده برای پنجره‌های کتابخانه‌ها پارچه‌های بادوام و خوش‌رنگی از فرانسه وارد کرده بودند تا فضای داخل کتابخانه‌ها را برای بچه‌ها جذّاب کنند. پرده‌های تمام کتابخانه‌های کانون را، در داخل کانون، از آن پارچه‌ها می‌دوختند و در کتابخانه‌ها نصب می‌کردند.

بخش تعمیرات و نگهداری حدود پنجاه کارمند داشت، که مسئولیت آماده کردنِ کتابخانه‌ها برای شروع کار، رسیدگی به ساختمان‌ها و انجام تعمیراتی که با گذشت زمان لازم می‌شد را به عهده داشتند. برای ارائهٔ خدمات نگهداری به هر کتابخانهٔ کانون در هر شهر، گروهی از این افراد از تهران عازم آن مرکز می‌شدند و تعمیرات را انجام می‌دادند. این شیوهٔ کار باعث صرفه‌جویی در هزینه‌ها می‌شد. چون نیاز نبود برای ارائهٔ سرویس به ساختمان‌ها هر بار با

افرادی از بیرون قرارداد ببندیم.

ما همهٔ این کارها را در کانون انجام می‌دادیم و روزی که کتابخانه افتتاح می‌شد، حتّی سطل آشغال زیر میز کتابدار، که در تمام کتابخانه‌ها یک‌شکل بود، آماده بود و در جایی که تعیین شده بود قرار داشت.

▫️ یادتان هست در سال‌های همکاری‌تان با کانون چند کتابخانه ساخته شد؟

بر اساس آمار، تا سال ۱۳۵۳ در سراسر ایران حدود بیست و دو کتابخانهٔ کانون داشتیم. از سال ۵۳ تا سال ۵۷ تعداد کتابخانه‌ها به بیش از دویست رسید.
آن زمان، برای انجام یک پروژهٔ دولتی باید اوّل یک مهندس مشاور می‌گرفتند، مهندس مشاور طرح را آماده می‌کرد، طرح به مناقصه گذاشته می‌شد، پیمانکار انتخاب می‌شد و بعد کار ساخته می‌شد. این مراحل در دستگاه دولتی خیلی به‌درازا می‌کشید و کار دیر به نتیجه می‌رسید.
موفّقیت ما در ساختن حدود صد و نود کتابخانه در زمانی نزدیک به پنج سال به مدیریت خانم امیرارجمند مربوط بود. خانم امیرارجمند از مدیرانی بود که می‌توانست موقعیت‌هایی فراهم کند که هر کاری خارج از مسیر معمول خود جلو برود؛ مدیر و انسان سالمی بود و به اطرافیانش میدان می‌داد و در عین حال همه را خیلی قدرتمند اداره می‌کرد.
کانون بودجه‌ای نداشت. نحوهٔ مدیریت خانم امیرارجمند به ما جرأت می‌داد که کار را با اطمینان جلو ببریم. خودشان هم با نهایتِ پشتکار، زمین را می‌گرفتند، بودجه را فراهم می‌کردند و ارتباطشان با همه طوری بود که همه با جان و دل به کار و به همدیگر اطمینان می‌کردند. بیشتر از همه عشقی که ایشان آنجا ایجاد کرده بودند همه را به کار متعهد می‌کرد. چهار سالی که من در کانون کار کردم دورانی است که همیشه دوست دارم به خاطراتش برگردم.

▫️ دست شما و همکارانتان در طرّاحی و اجرای یک پروژه چقدر باز بود؟

خانم امیرارجمند به ما اعتماد می‌کرد و ما هم به همدیگر اعتماد داشتیم. این اعتماد، دست ما را باز می‌گذاشت و ارتباط کاری را راحت می‌کرد.

یادم هست زمانی قرار شد کتابخانهٔ بیرجند را سریع شروع کنیم. پیمان‌کاری داشتیم که در مشهد مشغول ساختن کتابخانهٔ شماره ۲ آن‌جا بود. من تلفنی خواستم برود بیرجند زمین را تحویل بگیرد و نقشهٔ مشابه کتابخانهٔ مشهد ۲ را آن‌جا پیاده کند. اطمینان به کانون چنان بود که ایشان رفت بیرجند و اسکلت و سقف را زد، بعد برگشت تهران قرارداد بست. چنین ارتباطی در یک تشکیلات دولتی امکان‌پذیر نبود.
این اطمینان به پیشرفت کار کمک می‌کرد. سرعت پیشرفت کار در کانون استثنائی بود و مراکز دیگر این را می‌دانستند. یادم هست زمانی که راکِفلر[1] و همسرش در ایران بودند، همراه علیاحضرت، آقای نهاوندی -رئیس دفتر علیاحضرت- و آقای پهلبد -وزیر فرهنگ- برای افتتاح کتابخانهٔ شماره ۲ کانون در کرمان، به این شهر آمدند.

ساختمان کتابخانه، که در یک منطقهٔ نسبتاً فقیرنشین شهر قرار داشت، هشت ضلعی بود، و به دفتر منطقه وصل می‌شد. ساختمان دفتر را هم ما طرّاحی کرده بودیم. دور این محوّطه نرده بود. جمعیت زیادی پشت نرده‌های دور ساختمان جمع شده بودند و برای علیاحضرت دست می‌زدند و علیاحضرت هم دست مردم را از لای نرده‌ها می‌فشردند. استقبال مردم و تشکّر آن‌ها برای ساخت آن کتابخانه در آن محل، راکِفلر و همسرش را متعجّب و هیجان‌زده کرده بود.
ضمناً، آقای پهلبد بعد از شنیدن گزارش مربوط به طرّاحی و مدّت‌زمان کوتاهی که این کتابخانه ساخته شده بود، از خانم امیرارجمند پرسیدند که کانون چطور با این سرعت در شهرهای ایران کتابخانه می‌سازد. یعنی گسترش کانون حتّی برای وزیر فرهنگ، که خودشان هم در مناطقی از ایران روی ساختن مراکز فرهنگی نظارت داشتند و مراحل کار را می‌دانستند، حیرت‌آور بود.

به‌نظر من، دلیل این موفّقیت مدیریت خانم امیرارجمند بود، که شرح مبسوط آن ذکر شد، و می‌توان به این نکته هم اشاره کرد که ایشان از هر موقعیتی که پیش می‌آمد، حتّی در حد حضور در یک مهمانی که دعوت می‌شدند، با فکرِ کمک به کانون از دوستان و مدعوین

۱- نلسون راکفلر Nelson Rockefeller (۱۹۰۸-۱۹۷۹، آمریکا) معاون جرالد فورد (چهل و یکمین رئیس‌جمهور آمریکا) از بنیادگذارانَ بنَیاد خیریهٔ صندوق برادران راکفلر (RBF)، و برای دوره‌هایی رئیس هیأت مدیرهٔ مرکز راکفلر، و مدیر موزه هنرهای مدرن نیویورک بود. راکفلر و همسرش در سال ۱۹۷۷/۱۳۵۶ ازجمله مهمان‌های مراسم افتتاح موزهٔ هنرهای معاصر تهران بودند.

استمداد و کمک می‌گرفتند.

☐ آیا طرّاحی ساختمان کتابخانهٔ کانون در اردن با شما بود؟

طرّاحی و ساخت آن کتابخانه زمانی انجام شد که هنوز مهندس بیگلری در کانون بود. اساس طرّاحی کتابخانه از ایشان بود، و من در آن کار با ایشان همکاری داشتم. ساختمان کتابخانه توسط پیمان‌کار اردنی و با نظارت مهندس بیگلری و هدایتِ دفتر فنّی کانون بنا شد. هزینهٔ ساخت و تجهیز این کتابخانه از طرف دولت ایران تأمین شده بود و در مراسم افتتاح آن علیاحضرت و خانم امیرارجمند و تعدادی از مسئولین فرهنگی اردن حضور داشتند. ضمناً، مهندس بیگلری و من همراه چند نفر دیگر از اعضای کانون برای افتتاحیهٔ کتابخانه به اردن رفتیم و در مراسم شرکت داشتیم.

دهم آذر ۱۴۰۲
(دسامبر ۲۰۲۳)

کتابخانه‌های کانون در زندان[1]

پروین افجه‌ای (زادهٔ ۱۳۳۰، تهران؛ ساکن کالیفرنیا)
مترجم مقاله‌های آموزشی برای مربّیان، مترجم نشریهٔ «خط و ربط»
رضا گوهرزاد (زادهٔ ۱۳۳۴، تهران؛ ساکن کالیفرنیا)
روزنامه‌نگار، سرپرست مربّی‌های نقّاشی و معاون مدیر مرکز هنرهای تجسّمی کانون

❏ خانم افجه‌ای، ممکن است دربارهٔ تجربه‌تان از کتابخانهٔ کانون در زندانِ نوجوانانِ بزهکار، و رساله‌ای که در پیوند با آن موضوع می‌نوشتید، صحبت کنید؟

رسالهٔ فوق‌لیسانس من، با عنوان «تأثیر هنر بر ابرازِ احساسات درونی، با تمرکز بر بزهکاران»، به‌انتخاب خودم، به بررسی تأثیر نقّاشی روی ابرازِ احساسات کودکان می‌پرداخت.

ارتباطم با محیط زندان‌های نوجوانان، از نظر قانونی محدود به موضوع مطالعه و تحقیقم

۱- این گفت‌وگو در فضای زوم و با حضور هم‌زمان پروین افجه‌ای و رضا گوهرزاد انجام گرفته است.

بود. یعنی اجازه داشتم همراه نگهبان به قسمتی بروم که وسایل نقّاشی در آن فراهم و در اختیار بچه‌ها بود، و بچه‌ها مشغول نقّاشی بودند. به این ترتیب، من به‌مدّت یک سال، چهارشنبهٔ هر هفته به زندانِ نوجوانان بزهکار که «مرکز اصلاح و تربیت کوی کن» نام داشت رفتم و با بچه‌های زیادی کار کردم.

بچه‌های آن مرکز زیر هجده سال داشتند، و با این‌که در گذشته مثلاً با چاقو به کسی حمله کرده بودند، رفتارهای خشونت‌آمیز و تهاجمی نشان نمی‌دادند؛ احساساتشان را در نقّاشی‌شان منعکس می‌کردند. هیچ‌کس هم دربارهٔ موضوع نقّاشی یا رنگ یا موارد دیگر در رابطه با نقّاشی‌شان نظر نمی‌داد. اگر دوست نداشتند حرف بزنند یا کارشان را به من نشان بدهند، من اجازهٔ دخالت نداشتم. هر وقت هم تصمیم می‌گرفتند بروند، نقّاشی را رها می‌کردند و می‌رفتند. بچه‌ها در همهٔ زمینه‌ها حق انتخاب داشتند، و مربّی نقّاشی‌شان، بهراد امین‌سلماسی، رابط آن‌ها با دنیای طرح و رنگ بود.
البتّه، آن بچه‌ها هر روز به کتابخانه می‌رفتند و از امکانات متعدّد کتابخانه استفاده می‌کردند. کتابخانهٔ کانون سعی می‌کرد تمام خدماتِ کتابخانه‌های دیگرش را برای کتابخانه‌های زندان هم فراهم کند؛ از کتاب‌خوانی با کتابدار تا آموزش هنر، از نقّاشی تا موسیقی و تئاتر.
شیوهٔ کارِ من این بود که با وجود اطّلاع از سابقهٔ هر کدام از بچه‌ها، دربارهٔ گذشته‌شان هیچ صحبتی نمی‌کردم. فقط به‌عنوان کسی که برای مطالعهٔ نقّاشی به آن‌جا رفته، بدون پرسش از چراییِ آن‌چه کشیده بودند، کار را مشاهده می‌کردم. گاهی هم، به‌خواست خودشان، دربارهٔ قسمتی از نقّاشی‌شان حرف می‌زدیم، بدون طرحِ پرسش از طرف من.

❑ خاطره‌ای از بعضی از نوجوانان آن مرکز و ویژگی‌های نقّاشی‌هایشان به یاد دارید؟

خاطره‌ای که هرگز فراموش نمی‌کنم، دربارهٔ پسری به نام اکبر است که آن زمان نزدیک هفده سال داشت. این پسر یک آدم را با دهانِ باز نقّاشی کرده بود و می‌گفت تصویرِ خودش است. داخل دهان آن آدم را سیاه کرده بود. بعد از صحبت‌های غیرمستقیم دربارهٔ دهانِ باز و رنگ سیاهِ داخل آن، گفت که «سیاهی» تصویری ازفریادهای دلِ اوست. حرفش آن‌قدر روی من اثر گذاشت که بعد از چند دهه هنوز در ذهن من مانده.

به‌نظر من، فرصتی که کانون در اختیار آن بچه‌ها قرار داده بود، حتّی اگر در همان لحظه امکان بروز چنان احساسی را برای کسی فراهم آورده باشد، در آرامشِ همان لحظه‌اش بسیار مهم بود. همان که سیاهیِ درونش را در نقّاشی به دهانش رسانده، و در واقعیت به زبان می‌آورد، فوق‌العاده بود. آن سیاهی، همان چیزی بود که در گلوی او مانده بود و هرچه فریاد می‌زد کسی صدایش را نمی‌شنید. نقّاشی به ابرازِ ناتوانی اکبر کمک کرده بود. این یک نمونه از نمونه‌های بسیار زیادی است که من تجربه کردم. نقّاشی‌های بچه‌ها دردها و آرزوهای درونشان را بیان می‌کرد. خیلی‌ها پدر و مادرشان را نقّاشی می‌کردند. بعضی‌ها چاقو یا خون می‌کشیدند. می‌شد احساس کرد که بچه‌ها هنگام نقّاشی کردن آرامش داشتند و درد و خشم و عذابِ درونشان کم می‌شد. من مجموعه‌ای از این نقّاشی‌ها را داشتم که متأسفانه همراه رساله‌ام در ایران ماند. مطمئن‌ام فعّالیت‌های هنری دیگر، مثل موسیقی، هم اثر مشابهی بر بچه‌ها داشتند.

❏ آقای گوهرزاد، شما مربّی نقّاشی بچه‌های کانون بودید. پی‌گیریِ بلندمدّت‌تری هم دربارهٔ کارهای کانون داشتید. آیا به‌نوعی در جریان زندگی آن زندانیان پس از طی دوران حبس قرار می‌گرفتید؟

بچه‌های «مرکز اصلاح و تربیت» کارهای گروهیِ اثرگذاری انجام می‌دادند. یادم هست یک نقّاشی بزرگ دو متر در هشتاد سانتی‌متر به یاری مربّی‌شان، بهراد امین‌سلماسی، کار کردند که برای افتتاح کتابخانهٔ اردن به آن‌جا فرستاده شد.
ما نقّاشی‌های زندانیان نوجوان کتابخانهٔ کانون در آن مرکز را همراه با نقّاشی‌های بچه‌های کتابخانه‌های دیگر کانون، بدون مشخص کردن موقعیت کودکان و نوجوانان یا محل کتابخانه، به مسابقه‌ها و جشنواره‌های بین‌المللی می‌فرستادیم. از مسابقهٔ نقّاشی شانکار هند، تا جشنواره‌های ژاپن، چکسلواکی، کرهٔ جنوبی و برنامه‌های گوناگون دیگر، تقریباً همیشه بهترین جایزه‌ها به بچه‌های کانون می‌رسید.
چند ماه مانده به انقلاب، مدال طلای یکی از این جشنواره‌ها -که اسمش را یادم نیست- همراه هدیه‌ای که ارزش پولی داشت، به اسم همان نوجوان، اکبر، به دست ما رسید. جوایز دیگری هم در همان دوران به ما می‌رسید که در آن زمان امکان تحویلشان نبود. این‌ها همه در کشوی میز من ماند. پس از انقلاب، من رفتم دنبالِ آن بچه‌ها که جوایزشان را به

دستشان برسانم. ازجمله، به زندان رفتم و سراغ اکبر را گرفتم. گفتند در شلوغی‌های انقلاب، نوجوانان زندانی را آزاد کردند. جویای نشانیِ احتمالی اکبر شدم. محلّه‌ای را معرّفی کردند که محلِ فروش وسایل دزدی بود. گفتند احتمال دارد رفته باشد آن‌جا و هشدار هم دادند که جای امنی نیست. به آن محل رفتم و سراغش را با نامی که در زندان به من گفته بودند لقب اکبر بوده گرفتم. معاشرانِ قدیمی‌اش به من گفتند که اکبر کار خلاف را کنار گذاشته، خداحافظی کرده و رفته زنجان و آن‌جا کار می‌کند.

❑ کتابخانه‌های کانون در چه سالی و در چند زندان کارشان را شروع کردند؟

کانون برای زندانیانِ با سن پایین دو کتابخانه داشت؛ یکی در «مرکز اصلاح و تربیت کوی کن»، که نوجوانان بزهکار را در خود داشت، و دیگری در مرکزی که برای کودکان و نوجوانان بی‌خانمان، یا آن‌ها که در سطحِ شهر گدایی می‌کردند، در نظرگرفته شده بود. دوّمی درواقع، زندان نبود، ولی به‌هرحال آن افراد، که بیشترشان هم دختر بودند، اجازهٔ تَرکِ آن مرکز را نداشتند.

تجربهٔ کتابخانه‌های زندان، فکر می‌کنم حدود سال ۱۳۵۴-۵۵ شروع شد، و متأسفانه به‌دلیل برخورد با انقلاب فرصت گسترده شدن پیدا نکرد و به همان دو مرکز در تهران محدود ماند.

هشتم آذر ۱۴۰۲
(نوامبر ۲۰۲۳)

کتابخانهٔ مرجع کانون

آمالیا باغداساریان (زادهٔ ۱۳۲۲، مازندران؛ ساکن تهران)

کتابدار کتابخانهٔ مرجع کانون

همکاری من با کانون، به‌عنوان کتابدار، از کتابخانهٔ پارک بی‌سیم نجف‌آباد که از جنوبی‌ترین کتابخانه‌های کانون بود، شروع شد. بعد، مرا به اوّلین ساختمان کانون، در خیابان بهار، منتقل کردند. از آن‌جا هم‌زمان با بزرگ‌تر شدنِ کانون، به ساختمانی در خیابان ویلا، جنبِ ساختمان آی.بی.ام رفتیم. در آن مرکز، مسئولیت من ارتباط با کتابخانه‌های کانون و اطمینان از فراهم بودنِ خدمات آن‌ها تا آخرین دقیقهٔ وقت اداری بود.

مرحلهٔ آخر پیش از نقل مکان به ساختمان بزرگِ شناخته‌شدهٔ کانون در خیابان جم، کتابداری در ساختمان کوچک‌تری در خیابان فیشرآباد بود. من فهرست‌نویسیِ کتاب‌هایی را که بعداً به کتابخانهٔ مرجع در ساختمان جم منتقل شدند، با راهنمایی و نظارت خانم امیرارجمند، در یک سالن آن ساختمان شروع کردم.

آن موقع من لیسانسیهٔ فلسفه و علوم تربیتی بودم. فوق‌لیسانس کتابداری قبول شده بودم و مدّتی هم در کلاس‌ها شرکت کردم. وقتی فهرست‌نویسی و مطالب مربوط به کتابداری را در کانون یاد گرفتم، دانشگاه را رها کردم. مدرک برایم مهم نبود. در کانون، خانم امیرارجمند مرا زیر بال خودش گرفت.

در نهایت، ما به ساختمان جم رفتیم. در ساختمان خیابان جم، یک کتابخانهٔ بزرگ با قفسه‌بندی حرفه‌ای در طبقهٔ هم‌کف تأسیس کردیم، که کتابخانهٔ مرجع کانون نام‌گذاری شد. کتاب‌های مورد نظر از ناشران ایرانی را تهیه می‌کردیم. کتاب‌های بسیار زیادی هم برایمان ارسال می‌شد، ازجمله از ناشران غیر ایرانی که کانون را شناخته بودند و دوست داشتند کتاب‌هایشان در کتابخانهٔ مرجع کانون باشد. با دو فروشنده و توزیع‌کنندهٔ کتاب در آمریکا و اروپا هم قرارداد داشتیم، برای سفارش کتاب‌های غیر ایرانی.

خانم امیرارجمند کتاب‌هایی را که برای کتابخانهٔ مرجع کانون مهم می‌دانستند سفارش می‌دادند. کارمندان کانون هم می‌توانستند هر کتابی را که لازم داشتند -کتاب‌های ناشران داخلی یا هر ناشری در هر جای دنیا- به کتابخانهٔ مرجع سفارش دهند. مرکز پژوهش کانون، با مدیریت آقای فیروز شیروانلو، کتاب‌های زیادی سفارش می‌داد. من همهٔ کتاب‌ها را با تأیید خانم ارجمند سفارش می‌دادم. کتاب‌ها به کتابخانهٔ مرجع پست می‌شدند. فهرست‌نویسی بر اساس سیستم دیویی و ثبت و جا دادنشان در قفسه‌های مناسب، مسئولیت من بود.

کتابخانهٔ مرجع کانون با سرعت کامل‌تر و دربرگیرندهٔ کتاب‌هایی می‌شد که در هیچ کتابخانهٔ دیگری در ایران در دسترس نبود. به همین دلیل، ما از مؤسسات آموزشی مختلف بازدیدکننده داشتیم.

خانم امیرارجمند بر تمام این امور نظارت کامل داشتند. به‌رغم کار و مسئولیت زیادشان، همیشه در دسترس بودند و حضورشان برای ما دلگرمی بود. حتّی مشکلات شخصی اعضا را حل می‌کردند تا همه بتوانند با فکر باز و سبُک به کارشان ادامه دهند. واقعاً عاشق بچه‌ها و عاشق کتاب‌خوان کردنِ بچه‌ها بودند، و این عشق را به همهٔ ما هم منتقل می‌کردند. کانون یک محیط کار استثنائی بود که من یقین دارم همهٔ اعضایش، با هر مسئولیتی که داشتند، به فکر خدمت فرهنگی به بچه‌های ایران بودند. مدیرعامل کانون

این آرمان جمعی را در جان ما کاشتند و تا روزی که در کانون بودند با مهربانی از رشد و بارور شدنش مراقبت کردند.[۱]

بیست و هفتم آذر ۱۴۰۲
(دسامبر ۲۰۲۳)

۱- ایـن متن نوشـتهٔ خانم آمالیا باغداسـاریان در پاسـخ به پی‌رنگ پرسـش‌های من دربارهٔ کتابخانـهٔ مرجع کانون و مسئولیت‌های ایشان به‌عنوان کتابدار این کتابخانه است، که به‌لطف در اختیار کتاب گذاشتند.

کانون به برابریِ انسان‌ها باور داشت

منیره برادران (۱۳۳۳، تبریز؛ ساکن فرانکفورت)
نویسنده، کوشندهٔ حقوق بشر، کتابدار کانون

☐ شما چگونه و با چه مسئولیتی به کانون پیوستید؟

ابتدا بگویم که من منیره برادران‌خسروشاهی هستم، و در ایران من و خانواده‌ام را بیشتر با نام خانوادگی خسروشاهی می‌شناسند.

من بهار سال ۱۳۵۵ توسط یک دوست نقّاش آگاه شدم که کتابخانهٔ کانون کتابدار استخدام می‌کند. پی‌گیر شدم و در امتحان ورودی برای استخدام شرکت کردم.
امتحان کتابداریِ کانون دو مرحله داشت. مرحلهٔ اوّل یک امتحان کتبی بود، که در کتابخانهٔ مرکزی کانون، در پارک فرح سابق (پارک لاله)، برگزار می‌شد و داوطلب‌ها از نقاط مختلف ایران در آن شرکت می‌کردند. از نظر مقطع تحصیلی، داشتنِ دیپلم دبیرستان برای کتابدارها لازم بود. ضرورتی نداشت مدرک دانشگاهی داشته یا دانشجو باشند، که به‌نظر من تصمیم درستی بود. خیلی خوب بود که چنین امکانی را برای خانم‌های دیپلمه فراهم آورده بودند.

پرسش‌های امتحان، سنجیده و دربارهٔ معلومات عمومی و کتاب و مسائل فرهنگی بود. من در یک خانوادهٔ اهل کتاب و مطالعه بزرگ شده بودم و آن زمان دانشجوی علوم اجتماعی بودم. بنابراین، عجیب نبود که در آن امتحان نفر اوّل شدم.

مرحلهٔ دوّمِ امتحان کتابداری، مصاحبه یا امتحان شفاهی بود. به این منظور، آقای علی میرزایی، رئیس کتابخانه‌های کانون، با پذیرفته‌شدگانِ امتحان کتبی مصاحبهٔ کوتاهی انجام می‌دادند که فکر می‌کنم بیشتر برای آشنا شدن با شخصیت داوطلب‌ها بود.

بعد از این مرحله، ما را برای یک دورهٔ آموزشیِ سه‌ماهه به مرکز آموزش کانون می‌فرستادند، که ساختمانِ مدرنِ زیبایی بود نزدیک چهارراه کالج در خیابان شاه سابق (جمهوری). معماری این ساختمان کاملاً مناسب فضای یک مرکز آموزشی بود.

طبقهٔ بالای ساختمان، خوابگاه کسانی بود که از شهرستان‌ها می‌آمدند. من گاهی به اتاق کتابدارهای دیگر، که هم‌دوره‌ای و دوستم بودند، می‌رفتم. اتاق‌های خوابگاه راحت و شیک بود و با رنگ‌های روشن و شاد و هماهنگ با فضای فرهنگی طرّاحی شده بود. معماری خیلی به ایجاد فضا کمک می‌کند. به همهٔ این جزئیات توجّه شده بود. در دورهٔ آموزشی، ناهار هم برایمان فراهم بود. آن‌ها که ساکن آن ساختمان بودند، یعنی مسافران شهرهای دیگر، صبحانه و شام هم داشتند.

ما در این دورهٔ سه‌ماهه، که دورهٔ بسیار پُرباری بود، برخورد با کتاب، شناختِ کتاب و شناختِ مطالعه را از بهترین اساتید ایران یاد می‌گرفتیم.

به‌عنوان نمونه، خانم توران میرهادی به ما دورهٔ کالبدشکافی و نقد ادبیات کودک درس می‌داد. آقای مهدی فتحی، بازیگر تئاتر، از دانشکدهٔ هنرهای زیبا می‌آمد و به ما فن بیان درس می‌داد. دربارهٔ کتاب‌خوانی برای کودکان و نوجوانان هم کلاس داشتیم. هوشنگ گلشیری، ابراهیم یونسی و آقای فرهیخته از اساتید دیگرمان بودند.

می‌دانید که کتابدارهای کانون همه زن بودند. در دورهٔ آموزشیِ کتابدارها، آموزش‌هایی برای تندرستی و توجّه به بدن هم گنجانده شده بود که شاید به‌ظاهر و مستقیم به کانون ربط نداشت، ولی مفید، مهم و به‌ویژه در آن دوران، اقدامی بسیار پیشرو بود.

تکالیفی هم داشتیم، که توسط اساتیدمان ارزیابی می‌شدند. مثلاً برای کلاس گلشیری باید نقد ادبی می‌نوشتیم. خانم میرهادی هم داستان چاپ‌نشده‌ای در اختیارمان گذاشت و خواست کالبدشکافی‌اش کنیم. امتحان به‌معنی قبولی یا ردّی نبود. نوعی تمرین و تبادلِ نظر

با اساتیدمان بود.

در ساختمان مرکز آموزشی، کتابخانهٔ خوبی داشتیم که به کار ما کمک می‌کرد. ضمن این‌که ما باید کتابی را برای مطالعه و نوشتنِ معرّفی و نقد انتخاب می‌کردیم. من کتاب ناصر خسرو را انتخاب کردم و واقعاً وقت گذاشتم و خیلی جدّی مطالعه‌اش کردم، و نقدی که درباره‌اش نوشتم در نشریهٔ کانون چاپ شد. این اتّفاق به من اعتماد به نفس خوبی داد. برایم در آن سن خیلی مهم بود که نوشته‌ام در یک نشریه چاپ شود. می‌خواهم بگویم دورهٔ آموزشِ کتابدارها فکرشده و بادقت برنامه‌ریزی شده بود و من، با این‌که دانشجو بودم، آن‌قدر از کلاس‌های آن دوره لذّت می‌بردم و یاد می‌گرفتم که دلم نمی‌خواست تمام شوند.
در این دوره‌ها ما با کتابدارهای شهرهای دیگر هم آشنا و گاهی دوست می‌شدیم و این خیلی خوب بود. یکی از بهترین دوستان من تا امروز کتابدار یکی از شهرهای کوچک گیلان است که در دورهٔ آموزشی کانون با هم آشنا شدیم.
مسئول آموزش ما آقای شاپور منوچهری بودند که به‌تازگی در ایران فوت کردند. ایشان حقوق خوانده بودند و وکیل بودند، و به‌دلیل علاقه به ادبیات و کتاب آن‌جا کار می‌کردند. علاقه و تعهدِ کاری آقای منوچهری طوری بود که ارتباطشان با کتابدارها، حتّی دربارهٔ مسائل بیرون از دورهٔ آموزشی نیز برقرار می‌ماند.
بعد از این دورهٔ سه‌ماهه، یک دورهٔ آموزش عملی داشتیم که در کتابخانه و در ارتباط با بچه‌ها بود؛ و بعد تقسیم می‌شدیم بین کتابخانه‌های کانون.
من کارم را در کتابخانهٔ شماره ۲۴، حدود یک کیلومتری شهر ری (شاه عبدالعظیم)، آخرین کتابخانه‌ای که کانون در تهران ساخت، شروع کردم. راهش برای من خیلی دور بود، گاهی باید سه بار اتوبوس و ماشین عوض می‌کردم، ولی برایم جذّاب بود که آن قسمت شهر را بشناسم. با علاقه و خوشحالی مشغول به کار شدم.

❑ لطف می‌کنید ساختمان، بچه‌های عضو کتابخانه و فعّالیت‌هایی را که در یک کتابخانهٔ کودک نزدیک شهر ری انجام می‌دادید به‌اختصار تصویر کنید؟

کتابخانهٔ ۲۴ کتابخانهٔ بزرگی بود به‌شکلِ یک ساختمانِ دایره‌وارِ یک‌طبقه در یک فضای باز. قفسه‌های کتاب‌ها بر اساس سنِ کودکان و نوجوانانِ عضو کتابخانه تنظیم شده بودند.

یعنی کتاب‌های کودکان -کتاب‌های تصویری با حروف چاپی درشت- در قفسه‌های پایین و کتاب‌های نوجوانان در قفسه‌های بالاتر چیده می‌شد که بچه‌ها بتوانند به‌راحتی کتاب مورد نظرشان را بردارند.
این ساختمان، سرایداری داشت که همراه خانواده‌اش در اتاقی که در مجاورت ساختمان کتابخانه برایشان در نظر گرفته شده بود زندگی می‌کرد، و درنتیجه همیشه آن‌جا بود.
بچه‌ها کارت عضویت کتابخانه داشتند. برای عضویت و دریافت کارت، کافی بود دو قطعه عکس بیاورند. هیچ‌چیز دیگر لازم نبود. وقتی بچه‌ها کتاب می‌گرفتند، کتابدار روی کارتشان مُهر می‌زد.
در کتابخانه‌های کانون دختر و پسر کنار هم می‌نشستند، با هم کتاب می‌خواندند، نقّاشی می‌کشیدند، حرف می‌زدند و تئاتر بازی می‌کردند، که تجربه‌های مهمی بود.
بچه‌های آن منطقه از طبقهٔ فقیر جامعه بودند. بعضی از آن‌ها با خانوادهٔ پُرجمعیتشان در یک اتاق کوچک با دمای نه‌چندان مطلوب زندگی می‌کردند. زمستان که می‌شد، مشخص بود که بچه‌ها لباس مناسب هوای سرد را نداشتند. کتابخانه شوفاژ داشت و گرمای مطبوع و فضای بزرگ، باز، و روشن آن باعث می‌شد مراجعینِ ما در زمستان بارها بیشتر شود.
در کتابخانه‌های کانون، بچه‌ها هر کتابی را که دوست داشتند انتخاب می‌کردند، ورق می‌زدند و می‌خواندند، حتّی گاهی روی صفحات کتاب نقّاشی می‌کشیدند. کتاب‌های کهنه یا آسیب‌دیده با نسخهٔ نو جایگزین می‌شدند. هیچ‌کس از بچه‌ها نمی‌خواست حواسشان باشد کتاب هنگامِ ورق‌زدن پاره یا کثیف نشود.

به‌نظرم، احساس آزادی و امنیت در یک فضای گرم و مهربان، نقش مهمی در علاقه‌مند شدنِ بچه‌ها به کانون داشت و باعث می‌شد بچه‌ها، به‌خواستِ خود، کانون را به دوستانشان معرّفی کنند. درواقع، بچه‌ها بهترین مبلّغان کانون بودند. یادم هست اوایل، ما برای معرّفی کانون به مدارس نزدیک کتابخانه می‌رفتیم. کم‌کم متوجّه شدیم لازم نبود ما در مدارسِ آن منطقه دربارهٔ کانون صحبت کنیم. بچه‌ها از همدیگر شنیده بودند و حتّی دانش‌آموزان مدارس شهر ری از یکی دو کیلومتری ساختمان ما، پیاده به کتابخانه می‌آمدند.
یکی از برنامه‌های ما کتاب‌خوانیِ کتابدارها برای بچه‌ها بود. بچه‌ها این برنامه را دوست داشتند. به داستان گوش می‌دادند و سؤال‌هایشان را خیلی راحت از کتابدار می‌پرسیدند.

در کتابخانه‌ها کلاس‌های آموزش هنری -نقّاشی و فیلم و تئاتر و موسیقی- هم داشتیم، که در کتابخانهٔ ۲۴، در اتاق بزرگی در زیرزمین، که به این منظور طرّاحی و موکت شده بود، برگزار می‌شدند. به موازات این کلاس‌ها، بچه‌ها آزاد بودند به تصمیم و ابتکار خودشان، هر کار خلّاقی که دوست داشتند انجام دهند. محدودیتی نداشتیم که مثلاً تئاتر فقط باید در ساعت آموزش تئاتر کار شود.

یادم هست، یکی از اعضای نوجوان کتابخانهٔ ما، رضا خندان‌مهابادی[1]، که مشخص بود اهل کتاب است و داستان را می‌شناسد، یک بار تصمیم گرفت تئاتر فی‌البداههٔ خودش را بسازد. مدّتی با پشتیبانی، تشویق و نظارت ما، بچه‌ها را برای تمرین به طبقهٔ زیرزمین کتابخانه می‌بُرد.

داستانِ نمایشِ رضا دربارهٔ یک آخوند بود که معلّم مدرسه بود و اجازه نمی‌داد شاگردانش سؤال بپرسند، و اگر دانش‌آموزی سؤال می‌کرد، آن آخوند با لحن بد و صدای بلند دعوایش می‌کرد. چون نمایش به زبان طنز اجرا می‌شد، بچه‌ها و حتّی بازیگران، هنگام تمرین بلندبلند می‌خندیدند و اوقات خیلی خوبی داشتند. این نمایش، که متن نوشته‌شده‌ای هم نداشت، یک نگاه انتقادی به یک مسئلهٔ اجتماعی داشت، که در زمان خودش بااهمیت و پیشرو بود.

همچنین، روی میزهای بچه‌ها وسایل نقّاشی داشتیم؛ کاغذ و مدادرنگی و... بچه‌ها هر وقت می‌خواستند نقّاشی می‌کردند. این جدا از برنامه‌های آموزش نقّاشی بود. نقّاشی برای بچه‌ها نوعی بازی بود.

در کتابخانه‌ها روزنامه دیواری هم درست می‌کردیم. بعضی از برنامه‌های هر کتابخانه هم به ابتکار کتابدارهای همان کتابخانه ربط داشت. مثلاً ما یک برنامهٔ «معرّفی کشوری» داشتیم، برای معرّفی کشورهای همسایهٔ ایران. یادم هست من از مرکز فرهنگی شورویِ آن زمان تعدادی عکس گرفته بودم و به زبان ساده این کشور را به بچه‌ها معرّفی می‌کردم. تمام کتابخانه‌های کانون در فصل تابستان برنامه‌های گردش علمی یا فرهنگی داشتند. مسئول

۱- رضا خندان‌مهابادی (زادهٔ ۱۳۳۹، مهاباد) داستان‌نویس، منتقد ادبی، کوشندهٔ اجتماعی، عضو هیأت دبیران کانون نویسندگان ایران و زندانی سیاسی (مهر ۱۳۹۹ تا بهمن ۱۴۰۱).
جایزهٔ آزادی قلم آمریکا در سال ۲۰۲۱ به رضا خندان‌مهابادی، کیوان باژن (روزنامه‌نگار) و بکتاش آبتین (شاعر و فیلم‌ساز) تعلق گرفت. انفرادیه‌ها (۲۰۲۲، نشر باران) عنوان کتابی از خندان‌مهابادی است، دربرگیرندهٔ چهار داستان دربارهٔ چهار انسان که به‌دلایل واهی در سلول‌های انفرادی زندان شکنجه می‌شوند. ر.ک به:
https://baran.se/products/انفرادیه-ها

کتابخانه با مراکز مورد نظر هماهنگ می‌کرد. کانون برایمان اتوبوس می‌فرستاد. ما بچه‌ها را به بازدید می‌بردیم.

یادم هست در ماه‌های اوّل پس از انقلاب، یک بار به نمایشگاه سیاه‌قلم‌های اردشیر محصص رفتیم. این تنها باری بود که من آثار محصص را از نزدیک دیدم. دیدن آثار محصص شاید برای ما کتابدارها از نوجوانان همراهمان هیجان‌انگیزتر بود. همهٔ ما در کانون یاد می‌گرفتیم و تجربه می‌کردیم.

با برنامه‌ریزی کانون، به سینما هم رفتیم. بعضی از بچه‌ها بار اوّلشان بود که سینما را می‌دیدند.

◻︎ آیا پیش می‌آمد یک کتابدار به کتابخانهٔ دیگری منتقل شود؟ بیشتر به‌منظور مقایسهٔ تأثیر زمینهٔ اجتماعیِ مناطق گوناگون بر فضای کتابخانه‌ها می‌پرسم.

بله؛ من بعد از یک سال و نیم به کتابخانهٔ میدان غار منتقل شدم. یادم نیست خودم تقاضا کرده بودم یا مرا فرستادند. هرچه بود، رفت‌وآمدم آسان‌تر شد.

کتابخانهٔ میدان غار در منطقهٔ دروازه غار قرار داشت که یکی از مناطق پُرجمعیت، محروم و پُرمسئلهٔ تهران بود. با این وجود، اطمینانی که کانون ایجاد کرده بود، باعث می‌شد خانواده‌ها با خیال راحت فرزندانشان را به کتابخانه بفرستند. جالب و مهم است بدانید که در همان منطقه تعداد اعضای دختر در کتابخانهٔ ما کم نبود، و این خیلی اهمیت داشت.

نزدیک این کتابخانه یک مدرسهٔ پسرانه بود. صدای جیغ ناظم مدرسه که با زبانی تند، بچه‌ها را دعوا می‌کرد، و خبر تنبیه بدنی در آن مدرسه به گوش بچه‌های منطقه می‌رسید. همان بچه‌ها وقتی به فضای آرام و آزاد و مهربان کانون می‌آمدند، فرق بین این امنیت و آن خشونت را می‌فهمیدند و برای خانواده‌هایشان هم تعریف می‌کردند.

جمعیت زیاد آن منطقه و فضای کوچک‌تر ساختمان، باعث می‌شد کتابخانه همیشه شلوغ باشد، تا جایی که ما سخت‌تر به فعّالیت‌هایی مثل کتاب‌خوانی می‌رسیدیم.

یادم هست، یک بار من کتاب مهمان‌های ناخوانده را برای بچه‌ها می‌خواندم، از اواسط داستان بچه‌ها شروع کردند به تکرار کردن داستان همراه و هم‌صدا با من. مهمان‌های ناخوانده از کتاب‌های محبوب بچه‌ها بود. تصمیم گرفتیم داستان را به‌شکل نمایش اجرا کنیم. هر کدام از بچه‌ها نقش یکی از حیوانات داستان را انتخاب کرد، یکی نقش مرغ را به‌عهده گرفت، یکی نقش گاو را و به همین ترتیب بچه‌ها صدای حیوانات را تقلید می‌کردند

و می‌خندیدند.
در این کتابخانه یک بار از خانم قدسی قاضی‌نور دعوت کردیم برای بچه‌ها کتاب بخواند. فکر می‌کنم یکی از کتاب‌های خودش را که در کتابخانه‌مان داشتیم خواند و بعد هم با مهربانی و صمیمیت با بچه‌ها صحبت کرد.

هر چند فضای اندکِ آن منطقهٔ پرجمعیت، امکانِ ساختن یک کتابخانهٔ بزرگ را نمی‌داد، ولی ساختار داخلی کتابخانه دقیقاً مثل کتابخانهٔ بزرگ ۲۴ بود؛ همان نوع قفسه و میز و صندلی و یک فضای مستقلِ پوشیده با موکت خوش‌رنگ برای اجرای نمایش و برگزاری کلاس‌های آموزشی، که در این ساختمان در طبقهٔ دوّم قرار داشت.

من به دیدار کتابخانه‌ای در گیلان هم رفته بودم، با همکاران کتابدار مناطق مختلف تهران هم، در هر فرصتی، دربارهٔ تجربه‌هایمان حرف می‌زدیم. واقعیت این است که برای کانون هیچ فرقی نمی‌کرد کتابخانه‌اش در پارک فرح باشد یا در بلوچستان؛ معیارهای معماری ساختمان و نوع و رنگ میز و صندلی و قفسهٔ کتاب کاملاً یکسان بود. کانون به برابریِ انسان‌ها باور داشت.

☐ برنامه‌های متعدّد هر کتابخانه، نظارت بر مقرّراتی که شاید تنظیم شده بود، و هماهنگی با مربّی‌ها چگونه سامان می‌گرفت؟

هر کتابخانه یک مسئول یا مدیر داشت، که فکر می‌کنم تا مقطع لیسانس درس خوانده بود. ساعت کاری کتابخانه‌ها هشت صبح تا شش عصر بود. کتابدارها دو شیفت کار می‌کردند. صبح تا اوایل بعدازظهر و بعدازظهر تا شش. مسئول کتابخانه همیشه شیفت صبح کار می‌کرد.
تنظیم روز و ساعات کلاس‌های آموزشی، برای این‌که اتاق آموزش آزاد و در اختیار باشد، با مسئول کتابخانه بود. در اوّلین روز هر کلاس، مسئول کتابخانه مربّی را به همهٔ ما معرّفی می‌کرد، بعد از آن، مربّی در روز و ساعت کلاسش می‌آمد، سلام می‌کرد و می‌رفت به اتاق آموزش.
من چون دانشجو بودم شیفت عصر را برمی‌داشتم که به کلاس‌هایم برسم. برای ما مهم بود و واقعاً دوست داشتیم تا آخرین دقیقه با بچه‌ها باشیم. با این‌که در بیشتر موارد راهمان دور

بود، با علاقه و با کمال میل تا لحظهٔ آخر در کتابخانه می‌ماندیم. هیچ نوع رقابتی هم بینمان نبود. یک همکاری دوستانه داشتیم.

سرپرست کتابخانهٔ ما در شهر ری، خانم علیزاده، و در دروازه غار خانم دری‌صامت بود. هر دو بسیار انعطاف‌پذیر بودند، روزهایی که من برای امتحان دانشگاه به مطالعه نیاز داشتم، برنامهٔ کاری‌ام را تغییر می‌دادند، حتّی کمک می‌کردند یک روز به کتابخانه نروم و با خیال راحت درس بخوانم. من بعد از کانون هرگز، حتّی در آلمان، چنین فضای کاری دوستانه‌ای را تجربه نکردم؛ فضایی که در همه‌جای کانون وجود داشت، از ساختمان مرکزی تا کتابخانه‌ها. این را هم بگویم که حقوق ما با معیار آن زمان خوب بود. من یادم هست هزار و صد تومان می‌گرفتم، که برای کاری که نیمه‌وقت محسوب می‌شد، خیلی خوب بود.

ما سالی یک بار کتابخانه را برای یک هفته به روی بچه‌ها می‌بستیم، کتاب‌های کهنه را جدا می‌کردیم، کتاب‌های قابل ترمیم را یا خودمان ترمیم می‌کردیم یا همراه با کتاب‌های غیرقابل استفاده، در بسته‌های جدا، برای مرکز می‌فرستادیم. برنامه‌ریزی این کار، که نوعی خانه‌تکانی کتابخانه به‌حساب می‌آمد، با مسئول هر کتابخانه بود. هماهنگیِ کارهای مختلفی هم که پیش می‌آمد با مسئول بود. درواقع، مسئول هر کتابخانه رابط آن کتابخانه با مرکز در تخت‌طاووس بود.
نظم کار کانون طوری بود که ما اختیار کافی داشتیم. یادم نمی‌آید هرگز لازم شده باشد موردی را با مرکز و آقای میرزایی هماهنگ کنیم. به ما اطمینان کرده بودند و ما به آن اطمینان احترام می‌گذاشتیم.

کانون جزیره‌ای با فضای آزاد، دمکراتیک و برابر بود در یک جامعهٔ نابرابر و بوروکراتیک. کسانی که به این کار روی می‌آوردند هم آدم‌های خاصی بودند. به فرهنگ و کتاب و کتابخانه علاقه داشتند. آدم‌هایی بودند که می‌دانستند در محیط کتابخانه چطور لباس بپوشند، چطور رفتار کنند و چطور به تعهد کاری‌شان پایبند باشند.

❑ من همیشه فکر کرده‌ام کتابدار کتابخانهٔ کودک، به‌ویژه کتابخانهٔ کانون که هیچ نمونه و الگوی قبلی هم نداشت، مسئولیتی بارها سنگین‌تر از یک کتابدار در کتابخانهٔ عمومی دارد. بچه‌ها از هر چشم‌انداز، ازجمله برای انتخاب کتاب،

به راهنمایی یک فرد آگاه و دلسوز نیاز دارند.

کمی از نوع ارتباط کتابدارها با بچه‌ها صحبت می‌کنید؟ بچه‌های مناطقی که صحبتش را کردید، احتمالاً با مشکلات شخصی و خانوادگی هم روبه‌رو بودند.

همین‌طور است. برای بعضی از بچه‌های مناطق محروم، حتّی آوردن دو قطعه عکس برای عضویت در کتابخانه سخت بود. ما با این مشکلات کنار می‌آمدیم.
گاهی به‌ابتکار خودمان و در حد توانمان، بیرون از فضای کتابخانه هم بچه‌ها را به دوستانی معرّفی می‌کردیم که می‌دانستیم می‌توانند به حل مشکلاتشان کمک کنند. بچه‌ها هم به ما اعتماد داشتند.

مثلاً من یک بار متوجّه شدم یکی از بچه‌ها نمی‌تواند راحت کتاب بخواند. دوستانی در دانشکدهٔ پزشکی داشتم. از یکی از آن‌ها خواهش کردم به کمک یک دانشجوی چشم‌پزشکی زمانی را برای معاینهٔ چشم آن کودک تعیین کند، و دیدم حالا که چنین موقعیت طلایی پیش آمده، چه بهتر که چند نفر دیگر را هم که همان مشکل را داشتند، همراه ببرم. خودمان تاکسی گرفتیم و به بیمارستان رفتیم. چشم بچه‌ها معاینه، و عینک مناسب تجویز شد که برایشان تهیه کردیم.

نکتهٔ دیگر این بود که ما برای گوش دادن به حرف‌ها و سؤال‌های بچه‌ها وقت می‌گذاشتیم. هیچ‌وقت عقاید خودمان را تبلیغ نمی‌کردیم، ولی وقتی نوجوانی دربارهٔ مسائل اجتماعی سؤال داشت، به حرفش گوش می‌دادیم و درباره‌اش حرف می‌زدیم. گاهی نوجوانان، که در سال پیش از انقلاب زمینه‌های فکری سیاسی هم پیدا کرده بودند، نوشته‌هایشان را برای ما می‌خواندند. چنین اعتمادی بین کتابدار و اعضای کتابخانه وجود داشت. ارتباط ما، هرچه بود، همیشه حول کتاب بود. من خودم ذهنیت سیاسی چپ داشتم، ولی هیچ کدام ما، هرگز به خودمان اجازه نمی‌دادیم باورهای سیاسی خودمان را ترویج کنیم. فقط به حرف بچه‌ها گوش می‌دادیم.
نوجوانان گاهی داستان‌های عاشقانه‌ای را که نوشته بودند برای ما می‌خواندند. من به‌راستی از آن دوران خاطرات زیبایی دارم.

☐ آیا نوعی ارزیابی دربارهٔ توجّه و علاقهٔ بچه‌ها به انواع و عناوین خاصی از

کتاب‌ها در برنامهٔ کاری‌تان جا داشت؟

متأسفانه به آن صورتِ علمی و رسمی چنین برنامه‌ای نداشتیم، شاید هم وقت نشد به آن مراحل برسیم. ولی بیش‌وکم متوجّه بودیم بچه‌ها به سمت چه کتاب‌هایی کشش داشتند. در دو کتابخانه‌ای که من کار کردم، بچه‌ها بیشتر جذب داستان‌های افسانه‌ای با نقّاشی‌های تخیّلیِ مدرن می‌شدند. یادم هست نقّاشی‌های کتاب پری دریایی را خیلی دوست داشتند. الان که فکر می‌کنم می‌بینم بچه‌های آن مناطقِ خاص می‌خواستند از مشکلات زندگیِ خودشان فاصله بگیرند و از واقعیت دور شوند. فضای آن نوع کتاب‌ها برایشان پُر از رنگ و شادی و همهٔ چیزهایی بود که در زندگی نداشتند.
در همین رابطه، یادم می‌آید دورهٔ کوتاهی برنامه‌ای به نام «کمیتهٔ کتاب» داشتیم که با حضور چند کتابدار از کتابخانه‌های مختلف در ساختمان مرکزی کانون در خیابان تخت‌طاووس برگزار شد. خانم افتخاری برنامه را اداره می‌کردند. این جلسات که من یکی از شرکت‌کنندگانش بودم، به‌منظور تبادلِ نظر و ارائهٔ پیشنهاد دربارهٔ ادبیات کودک و کتاب کودک برگزار می‌شدند و تا حدی به تجربیات کتابدارها از آن‌چه مورد نظر شماست نیز می‌پرداختند. هدفْ پیشبُرد کار کتابخانه‌ها بود. ممکن است جمع‌بندی گزارش‌های آن جلسات در مرکز کانون قابل دسترسی باشد.

❑ شما تا چه سالی با کانون همکاری داشتید؟

من خرداد سال ۱۳۵۷ دستگیر، و آذر ۵۷ آزاد شدم و به کانون برگشتم. آن زمان کشور در حال اعتصاب بود و کتابخانه‌ها هم تعطیل بودند.

ما شورایی تشکیل دادیم از کتابدارها و مربّی‌های کانون برای رسیدگی به وضعیت کانون. بعد از بهمن ۵۷ مدیریت کانون بارها عوض شد. حرفشان این بود که کانون یک مرکز «طاغوتی» است و هدفش تبلیغ «طاغوت» بوده و باید تصفیه شود، و شروع کردند به اخراج اعضای کانون. به‌روایتی، اوّلین اخراج‌های عقیدتیِ بعد از انقلاب، از کانون شروع شد. یکی از همکاران ما دو ماه بعد از انقلاب اخراج شد.
ما در اعتراض به اخراج‌ها تحصّن کردیم. تلاش شورای ما این بود که کانون را -آن کانونی را که می‌شناختیم- نگه داریم. می‌گفتیم این شورا منتخب اعضای کانون و رسمی است و

ما می‌خواهیم در تصمیم‌گیری‌های مدیران جدید سهیم باشیم، که البتّه نمی‌پذیرفتند. کم‌کم کتابخانه‌ها باز شد. ما هم با حکم دادستانی انقلاب مجبور به پایان تحصّن شدیم. بعد از آن در تابستان ۵۸، من و دیگر اعضای شورا اخراج شدیم و دیگر نمی‌دانم کانون چه شد و الان چه می‌کند.

نوزدهم تیر ۱۴۰۳
(ژوئیه ۲۰۲۴)

.

به اهمیتِ نقشِ کانون توجّه داشتیم

پرویز ثابتی

تحلیل‌گر مسائل امنیتی در سازمان امنیت از سال ۱۳۳۷

رئیس ادارۀ امنیت داخلی ساواک (۱۳۵۲-۱۳۵۷)

☐ خانم امیرارجمند بارها از پشتیبانی شما از اعضای کانون به‌هنگام مشکلاتِ پیش‌آمده در پیِ تعبیرهای سیاسی، و همراهی‌تان برای آزادیِ آن‌ها یاد کرده‌اند، و ازجمله به این دلیل، کانون و خودشان را مدیون همراهی و اعتماد شما می‌دانند و می‌گویند: «من امیدوارم امروز که پرویز ثابتی به آن سال‌ها نگاه می‌کند، از نقشی که در برقرار ماندن کانون داشته احساس رضایت کند.»

فکر می‌کنم روایت شما از آن حادثه‌ها ناگفته مانده. آیا شما با تشخیص و خواستِ شخصی‌تان، و برای کمک به پایداری یک نهاد فرهنگی چنین می‌کردید؟ و آیا اعتمادتان به مدیرعامل کانون و درستیِ تشخیص و خواست او در تصمیم شما نقش داشت؟

کانون یک سازمان دولتی نبود. زیرِ نظرِ وزارتخانه‌ای هم قرار نداشت. درنتیجه، تعیین صلاحیتِ اعضای کانون از نظر حفاظتی یا امنیتی مطرح نبود. تعدادی از افرادی هم که با کانون کار می‌کردند، کارمند کانون نبودند، برای کاری خاص یا قراردادی مشخص برای دوره‌ای با کانون همکاری داشتند. ما روی این موضوع که چه کسانی به کانون می‌آیند یا با کانون کار می‌کنند اظهارِ نظری نداشتیم.

وزارت آموزش و پرورش در آموزش کودکان و نوجوانان نقش مهمی داشت، ولی به «پرورش» توجّه چندانی نمی‌کرد. کانون یک سازمان مستقل بود، با نقش مکمّل برای وزارت آموزش و پرورش. ما به اهمّیت نقش کانون توجّه داشتیم. آدم‌های مختلف سلیقه‌های مختلف داشتند و گزارش‌های متفاوت می‌دادند. اگر گزارشی به ما می‌رسید، توجّه می‌کردیم ببینیم چقدر صحّت دارد.

من از سال ۱۳۴۸ با خانم امیرارجمند آشنا شدم. خانم امیرارجمند، به خاطر شایستگیِ خودش و موقعیت و ارتباطی که با شهبانو داشت، بودجه و امکاناتِ دیگرِ مورد نیاز کانون را به‌شکلی فراهم می‌آورد که کانون توانست در سرتاسر کشور توسعه پیدا کند.

کارهای مفیدی که در کانون انجام می‌شد و نظارت و مدیریت خانم امیرارجمند، باعث می‌شد من در برابر حسّاسیت‌های بی‌پایه‌ای که روی بعضی اعضای کانون پیش می‌آمد از کانون دفاع کنم. البتّه اگر گزارش‌های مستندی علیه بعضی اعضا می‌رسید، به‌خاطر دوستی با خانم امیرارجمند نادیده گرفته نمی‌شد؛ غالباً با خود ایشان مطرح می‌کردم و انصافاً ایشان هم با توجّه به وفاداری به رژیم و مقام و موقعیتی که دارا بودند، با درنظر گرفتن مصالح مملکت، آمادگی لازم برای رفع مشکل را داشتند.

آقای قطبی، پسردایی علیاحضرت، هم با من دوست بود، ولی امکان نداشت ما در برابر بعضی از کارهایی که در سازمان رادیو-تلویزیون انجام می‌شد، به‌خاطر علیاحضرت یا به خاطر آقای قطبی، مواردی را نادیده بگیریم.

گاهی خانم امیرارجمند به‌خاطر مشکلاتی که خارج از محدودهٔ کار کانون برای بعضی از اعضای کانون پیش می‌آمد با من تماس می‌گرفت، دربارهٔ آن مسئله صحبت می‌کردیم تا ببینیم چه کاری می‌شود انجام داد. هر وقت تشخیص می‌دادم مشکلی وجود ندارد و لازم است از کانون حمایت شود، کمک می‌کردم و جلوی ایجادِ اخلال در کارِ خانم امیرارجمند و

کانون را می‌گرفتم. این کاری بود که درست می‌دانستم.

مثلاً حسین سماکار مسئول بخش مهمی در امور اداری کانون بود. برادر او، عباس سماکار، از اعضای اصلی گروهی بود که قصد داشتند علیاحضرت را گروگان بگیرند. این‌ها تصمیم داشتند به‌شکلی، وارد یکی از جشن‌های کانون بشوند که علیاحضرت هم در آن شرکت داشت. خود من هم دو بار زمانی که علیاحضرت در آن جشن شرکت داشت، به برنامه دعوت شده و در آن شرکت کرده بودم.

عباس سماکار عنوان کرده بود که می‌تواند از طریق برادرش، که در کانون جای مهمی داشت، بلیت آن جشن را تهیه کند. حسین سماکار را به‌خاطر حرفی که برادرش زده بود دستگیر کرده بودند. خانم امیرارجمند با من تماس گرفت و در این‌باره صحبت کرد. پی‌گیر شدم و دیدم حسین سماکار فقط به‌خاطر حرف برادرش دستگیر شده. در بازجویی هم گفته بوده هیچ اطّلاعی از آن برنامه نداشته. گفتم آزادش کنند. آزاد شد و به کانون برگشت و کارش را ادامه داد.

در مواردی مثل این، وقتی مطمئن می‌شدم که سوءتفاهمی پیش آمده بوده یا مسئلهٔ عمده‌ای نبوده، کمک می‌کردم خواستِ خانم امیرارجمند و کار کانون انجام شود. کار بیشتری نکردم. خانم امیرارجمند لطف دارند و کمی اغراق می‌کنند.

❑ شناخته‌شده‌ترین کتاب کانون که می‌گویند پیش از چاپ، برای مدّتی کوتاه، با نوعی پرسش یا تردید مواجه شد، ماهی سیاه کوچولوست. برداشت و روایت شما از آن داستان، و از تعبیر چریکیِ آن کتاب چیست؟

اوّلین موردی که از کانون به‌نظر من رساندند کتاب ماهی سیاه کوچولوی صمد بهرنگی بود. ماهی سیاه کوچولو، به‌نظر من، بچه‌ها و جوانان را تشویق می‌کرد که دنبال فرصت‌ها باشند و پیش بروند و پی‌گیر بمانند. وقتی هم که کتاب را به‌نظرم رساندند، گفتم کتاب بر این مبناست و مشکلی ندارد. ماهی سیاه کوچولو بعدها که صمد بهرنگی را مطرح کردند، تعبیرهای چریکی پیدا کرد.

صمد بهرنگی معلّمی بود در آذربایجان که در سال ۱۳۴۷، همراه دوستش حمزه فلاحتی، که افسر وظیفه بود، به رودخانهٔ ارس رفته بود و چون شنا بلد نبود غرق شده بود. حمزه

فلاحتی هم آمد و توضیح داد که صمد بهرنگی به‌دلیل بلد نبودنِ شنا غرق شده. همان زمان، جلال آل‌احمد مطرح کرد که دستگاهْ صمد بهرنگی را غرق کرده. این حرف در آن زمان جلب توجّه کرد. بعد هم که روشن شد چنین چیزی نبوده، آل‌احمد گفت: «ما یک چیزی گفتیم، چسبید.»

تا سال ۱۳۵۰ که «سازمان چریک‌های فدایی خلق» تشکیل و مطرح شد، صمد بهرنگی آن‌قدرها در مرکز توجّه نبود. سال ۴۷ که ماهی سیاه کوچولو چاپ شد، صمد بهرنگی در محافل نویسندگان هم شهرتی نداشت. تجلیلِ او از سال ۱۳۵۰ و از زمانی آغاز شد که اشرف (ربابه) دهقانی و برادرش بهروز دهقانی[1] که آذربایجانی و با بهرنگی آشنا بودند شروع کردند به تبلیغ که بهرنگی هم‌فکر ما بود. درواقع، از او استفاده کردند، به‌عنوان یکی از حامیان فکری‌شان. حتّی در دانشگاه تهران از او تجلیل کردند.
صمد بهرنگی هیچ‌وقت بازداشت نشد. از طرف سازمان ما هیچ‌وقت احضار هم نشده بود. البتّه پرونده‌ای داشت که نشان می‌داد نوشته‌هایش چپی است، ولی در هیچ ارگان یا سازمانی نبوده. درنتیجه، ما کاری به او نداشتیم. فکر هم نمی‌کنم اصلاً تهران آمده بوده. توجّه من زمانی به او جلب شد که جلال آل‌احمد مطرح کرد که ساواک او را غرق کرده.

من به یاد ندارم کتاب دیگری در کانون برای ما حسّاسیتی ایجاد کرده باشد. درست است که چون تعدادی افراد سابقه‌دار با کانون کار می‌کردند، همیشه صحبت کانون بود، ولی با کارهایی که در کانون انجام می‌شد، مسئله‌ای نداشتیم.

❑ ممکن است نمونه‌ای از حسّاسیت سازمان امنیت دربارهٔ اعضای کانون را بازگو کنید؟

از میان اعضای کانون، کسی که بیش از همه جلب توجّه می‌کرد فیروز شیروانلو بود، که در کانون نقش مهمی داشت. شیروانلو در بخش انتشارات، بخش پژوهش و سینما مسئولیت داشت.

۱- اشرف دهقانی (۱۳۲۸، تبریز) از رهبران سازمان چریک‌های فدایی خلق ایران. بهروز دهقانی (۱۳۱۸، تبریز-۱۳۵۰، تهران) معلّم، نویسنده، مترجم و از اعضای جنبش چریکی.

پدر او، سرهنگ شیروانلو، مترجم زبان روسی در دفتر من بود و اسنادی را که به زبان روسی بودند و بعضی‌هایشان به دستگاه تبلیغاتی شوروی مربوط می‌شدند، ترجمه می‌کرد. سرهنگ شیروانلو از خیلی قدیم، پیش از من، در سازمان امنیت کار می‌کرد. پاکروان[1] او را می‌شناخت. فیروز شیروانلو، با کمک پاکروان و با بورس ساواک، برای تحصیل به انگلستان رفت، در انگلیس تمایلات چپی پیدا کرد، وارد کنفدراسیون شد و به شبکه‌ای پیوست که پرویز نیکخواه هم در آن بود. زمانی که ما فهمیدیم شیروانلو در انگلیس به گروه‌های چپ پیوسته، بورس تحصیلی‌اش را قطع کردیم.

حضور شیروانلو در کانون ایجاد حسّاسیت می‌کرد، چون او در گروهِ سوءقصد به اعلیحضرت عضویت داشت. هرچند او و نیکخواه نقشی در جریان سوءقصد نداشتند، فقط در جلسات گروه شرکت کرده بودند. حتّی در مورد سوءقصد با گروه مخالفت کرده بودند. به هر حال، شیروانلو محکومیت زیادی نگرفت و بعد از آن هم با ما کاری نداشت.

کانون اعضای دیگری هم داشت که سابقه‌شان حسّاسیت‌هایی ایجاد می‌کرد، ولی من یادم نمی‌آید که برخوردی بین ما پیش آمده باشد. خانم امیرارجمند هم این توجّه و نظارت را داشت که در کانون هر کس کار مشخص خودش را انجام بدهد و مقاصد سیاسی‌اش را وارد کار نکند.

◻ بحثی هست، که ایجاد یک نهاد غیر دولتی مانند کانون، با حضور جمعی از شخصیت‌های فرهنگی کشور با ذهنیت چپ، خواستِ نهاد قدرت بود. یعنی دولت یا سازمان امنیت آگاهانه می‌خواستند ظرفیت و انرژی مخالفان خود را به مسیری سازنده، ولی بی‌خطر، هدایت کنند، و به همین دلیل کاری با آن‌ها نداشتند. نظر شما دربارهٔ این گفته چیست؟

نمی‌توانم این اعتبار را به خودمان بدهم که ما سازمانی درست می‌کردیم یا به ایجاد سازمانی کمک می‌کردیم برای اینکه افرادِ موردِ نظرِ پرسش شما را مشغول کنیم. ولی همیشه این

۱- حسن پاکروان (۱۲۹۰-۱۳۵۸، تهران) سرلشکر نیروی زمینی ارتش شاهنشاهی، دوّمین رئیس ساواک، و وزیر اطّلاعات کابینهٔ نخست هویدا. پاکروان در سال ۱۳۵۸ به حکم صادق خلخالی تیرباران شد

توجّه وجود داشت که افرادی که سوابقی پیدا کرده بودند، به‌دلیل آن سابقه، تا ابد از انجام کارهای مثبتی که توانایی‌اش را داشتند محروم نمانند. متأسفانه در آن دوران، چپ بودن نوعی روشنفکری محسوب می‌شد، یا بین روشنفکران مُد بود. افرادی که کارشان در زمینهٔ مسائل اجتماعی و فرهنگی است، طبیعتاً جذب سازمان‌هایی می‌شدند که به کارشان مربوط بود. بعضی از آن‌ها به روزنامه‌ها می‌رفتند، یا جذب سازمان‌های فرهنگی می‌شدند. زمانی هم که این اشخاص در این سازمان‌ها مشغول می‌شدند ما سخت‌گیری نمی‌کردیم. اتّفاقاً افرادی که سابقه‌ای داشتند، خودشان بیشتر مراقب بودند و رعایت می‌کردند که ایجاد مسئله نکنند. ما با کار کردنِ این افراد، و پیوستن آن‌ها به مراکز فرهنگی مخالف نبودیم. همان‌طور که با حضور شیروانلو در کانون مخالفتی نداشتیم. تشویقشان هم نمی‌کردیم جای خاصی کار کنند. فکر می‌کردیم باید شرایطی فراهم باشد که اشخاص بتوانند وقتشان را صرف کار سازنده کنند. باورمان این بود که این افراد با پذیرفته‌شدن در محیط کار و جامعه، در سنین جوانی جذب جامعه می‌شوند و به‌تدریج به نادرستیِ افکارشان پی می‌برند. ما فقط مراقبشان بودیم، و اگر مسئله‌ای پیش می‌آمد به مسئولینشان تذکّر می‌دادیم. در آن زمان تعداد زیادی از افرادی که عضو حزب توده بودند، وارد دولت شدند. استاندار، معاون وزیر یا وزیر شدند؛ حتّی معاون نخست‌وزیر شدند.

دربارهٔ کانون هم همین‌طور بود. ما هیچ دخالتی در ایجاد کانون، یا در اداره‌اش یا برنامه‌هایی که داشت نداشتیم. اصلاً صلاحیتی در این زمینه‌ها نداشتیم. صلاحیت ما در زمینه‌های سیاسی بود که تبلیغات یا تحریکاتی نشود.

❑ خانم امیرارجمند به یاد می‌آورند که در گفت‌وگو با شما از وجود نوجوانان زندانی آگاه شدند و با نوع جهان‌بینی‌ای که دارند فکر کردند آن‌ها هم بچه‌های همین مملکت‌اند و تأسیس کتابخانه و ایجاد فضایی برای کتاب خواندن و فعّالیت‌های فرهنگی دیگر می‌تواند مسیر زندگی‌شان را تغییر دهد.

اگر در این مورد مطلبی هست که بخواهید اضافه شود، سپاسگزار می‌شوم یادآور شوید.

نوجوانان بزهکار مسلّماً در زندان‌های امنیتی نبودند. ولی از آن‌جا که خانم امیرارجمند همیشه به فکر بهتر کردنِ کیفیت زندگی کودکان و نوجوانان بود، در صحبت یا دیدار با

ایشان، این نوع صحبت‌ها پیش می‌آمد. من هم همیشه می‌گفتم اگر امکانی باشد که بتواند به جوانانی که در این راه‌ها می‌افتند مسیر درست را نشان بدهد، زندگی‌شان را تغییر خواهد داد.

آن زمان، مسئولین زندان‌های شهربانی سعی می‌کردند با ایجاد کارگاه‌های آموزشی برای جوانان زندانی، حرفه‌ای به آن‌ها یاد بدهند، و در این زمینه هم خوب کار می‌کردند. من یکی دو بار از آن کارگاه‌ها بازدید کرده بودم. فکر و صحبت خانم امیرارجمند و من این بود که یاد دادنِ هنر به نوجوانان کار مفید دیگری است که می‌تواند مسیری را به آن‌ها نشان بدهد که سازنده باشند. اجرای این فکر و ایجاد کتابخانه و آموزش نقّاشی و کارهای فرهنگی دیگر در آن، ایده و کار کانون بود.

▫ اشاره به کانون با اصطلاح «لانهٔ زنبور»، به روایتی، ساختهٔ شماست. تأیید می‌کنید؟

من اوّلین بار این روایت را از خانم سیما ثابت در تلویزیون ایران اینترنشنال شنیدم، و به‌نظرم آمد که خانم امیرارجمند هم مخالفتی نداشت. ولی اصلاً به یاد نمی‌آورم که من این اصطلاح را ساخته باشم.

مطلب دیگری را باید ذکر کنم که اخیراً، هم خانم امیرارجمند -در چند مصاحبه- و هم علیاحضرت شهبانو در یک بیانیه راجع‌به کانون، به نقش خانم زاهدی در کانون اشاره کرده‌اند که من هرگز قبلاً نشنیده بودم. من هم با خانم هما زاهدی و هم خانم امیرارجمند دوست بودم. در گردهم‌آیی‌هایی که با هم داشتیم هیچ‌گاه از چنین نقشی صحبتی پیش نمی‌آمد. خانم هما زاهدی آن سال‌ها وکیل مجلس شورای ملّی از همدان بودند.

چهاردهم آذر ۱۴۰۲
(دسامبر ۲۰۲۳)

ستون اصلی خیمهٔ کانون عشق بود

اسدالّله خامسی (زادهٔ ۱۳۲۲، تهران؛ ساکن تهران)

مدیر امور اداری کانون

□ اجازه می‌خواهم صحبتمان را از شروع همکاری شما با کانون آغاز کنیم. شما چه زمانی و با چه مسئولیتی همکار کانون شدید؟

من در سال ۱۳۵۱ با عنوان رئیس امور اداری وارد کانون شدم. زمانی که من به کانون پیوستم، امور اداری و مالی زیر نظر یک واحد اداره می‌شدند. یکی دو ماه بعد از ورود من به کانون، واحد امور اداری از امور مالی مستقل شد؛ مدیریت امور مالی به آقای سماکار و مدیریت امور اداری به من واگذار شد.

هر دو واحد مستقیم با مدیرعامل در ارتباط بودند و با نظارت ایشان کار می‌کردند.

□ آیا روابط عمومی به‌نوعی زیرمجموعهٔ امور اداری بود یا واحدی مستقل محسوب می‌شد؟

روابط عمومی مستقل بود و با مدیریت آقای کامران لاهیجی مستقیماً زیر نظر مدیر عامل کانون کار می‌کرد.

◻ واحد امور اداری کانون چه کارهایی را پوشش می‌داد؟

واحدهای کارگزینی، تدارکات، خدمات عمومی و نقلیه زیر نظر امور اداری مدیریت می‌شدند. تشکیلات و سازماندهی هم اوّل زیر نظر امور اداری بود، ولی بعدها من به یک واحد مستقل تغییرش دادم، که مستقیماً با مدیرعامل در ارتباط قرار گرفت.

◻ به این ترتیب، فرآیند استخدام کتابدارها و تعیین کتابخانهٔ محل کارشان زیر نظر بخش کارگزینیِ امور اداری سامان می‌گرفت. ممکن است کمی در این‌باره توضیح دهید؟

وقتی من وارد کانون شدم، مسئولان امور فرهنگی، علاقه‌مندان به کتابداری را پیدا می‌کردند، یا به آشنایان می‌گفتند یا می‌سپردند که دربارهٔ استخدام کارشناس فرهنگی یا کتابدار به علاقه‌مندان اطّلاع دهند. منظورم این است که یک سیستم اطّلاع‌رسانی عمومی وجود نداشت.

با گسترش سریع کانون، نیاز به استخدام کتابدارهای بیشتر شتاب می‌گرفت. تا اینکه در یک مقطع زمانی ما به استخدام چهل کتابدار نیاز داشتیم. تغییر نظام استخدام کتابدارهای کانون، که بدنهٔ تشکیلات فرهنگی یعنی کتابخانه‌ها به آن‌ها تکیه داشت، از آنجا شروع شد. نخست، از واحد اداری خواستم برای اطّلاع‌رسانی آگهی تنظیم و توزیع کند، تا افراد بیشتری در جریان قرار بگیرند. همچنین از یک گروه کارشناس فرهنگی، دربرگیرندهٔ مدیران کتابخانه‌های تهران و شهرستان‌ها و دو نفر از اعضای مرکز پژوهش که به‌نظرم، برای ارزیابی داوطلبان کتابداری بیشترین صلاحیت را داشتند، دعوت کردم برای آزمون کتابداری سؤال طرح کنند. با کمک خانم امیرارجمند، در مرکز پلی‌تکنیک فعلی مکان مناسبی را برای برگزاری آزمون در اختیار گرفتیم، حدود هزار نفر در آزمون شرکت کردند و افراد منتخب به مرحلهٔ بعد، یعنی مصاحبه، راه یافتند. در نهایت، در یک مدت کوتاه، چهل کتابدار برای سراسر ایران انتخاب شدند. این روش استخدام که مورد پسند همه قرار گرفت، در

دوره‌های بعدیِ انتخاب کتابدار نیز به همین شکل ادامه یافت. ریاست کارگزینی را هم به فردی سپردم که حقوق خوانده بود، ولی علاقه و آگاهیِ فرهنگی داشت. من هیچ دخالتی در بخش فرهنگی این مسیر -طرح سؤال‌ها یا تنظیم معیارهای ارزیابی- نداشتم، فقط بر برنامه‌ریزی مراحل کار نظارت می‌کردم.

دربارهٔ تعیین محل کار کتابدارها، داوطلبانی که از شهرستان‌ها آمده بودند، اگر در آزمون‌ها پذیرفته می‌شدند، برای کار به شهر خود برمی‌گشتند و چون شهرها کوچک‌تر و پراکندگی کتابخانه‌ها کمتر بود، بر اساس نیاز کتابخانه‌ها، کار را شروع می‌کردند. درمورد تهران، که حیطهٔ وسیع‌تری داشت، نیاز کتابخانه‌ها همچنان مطرح بود. مواردی هم بود که افراد ترجیح خودشان را برای محل کتابخانه به ما می‌گفتند. شاید برایتان جالب باشد بدانید گاهی فردی ساکن نیاوران، متقاضی کار در مرکز فرهنگی جوادیه می‌شد. طبیعتاً به خواست افراد توجّه می‌کردیم. توزیع جغرافیایی کارشناس‌های فرهنگی بین کتابخانه‌ها هرگز به نارضایتی متقاضیان نمی‌انجامید. درواقع، دوری یا نزدیکی محل کار برای کتابدارها مهم نبود. به این دلیل که اساس انتخاب کارشناس فرهنگی برای گروه مصاحبه‌کننده علاقه و عشق بود. یعنی فرد علاقه‌مند را پیدا و استخدام می‌کردند. درنتیجه، همهٔ کتابدارهای کانون، کارشان را با عشق شروع می‌کردند و موضوعی مثل محل کار برایشان اهمیت زیادی نداشت.

سؤال شما دربارهٔ چگونگی تعیین کتابخانه برای کتابدار، سؤال درست و دقیقی است، چون در همهٔ سازمان‌ها، به‌خصوص اگر مثل کانون مراکز متعددی در سطح شهرها داشته باشند، دوری و نزدیکی محل کار به محل سکونت فرد داوطلب یک مسئلهٔ مهم در روند استخدام است. دربارهٔ کانون این‌طور نبود، و این یکی از تفاوت‌های اساسی کانون با سازمان‌های دیگر را نشان می‌دهد. کانون یک سازمان استثنائی بود. ستون اصلی خیمهٔ کانون عشق بود

☐ آیا مرکز امور اداری کانون، به عنوان یک مرکز واحد، امور مربوط به کتابخانه‌های کشور را، در زمینه‌هایی که نام بردید، یکسان اداره می‌کرد، یا مناطق مختلف کشور در برنامه‌ریزی‌هایشان مستقل عمل می‌کردند؟

سؤال مهمی است. اساس کار ما در واحد اداری بر عدم تمرکز بود. واحد اداریِ کانون اختیارات اداری‌اش در تهران را به مرکز فرهنگی تهران با یک ادارهٔ کوچک، و در شهرستان‌ها به ادارهٔ

کوچکی مشابه نمونهٔ تهران که زیر نظر مدیر کتابخانه‌های شهرستان‌ها قرار داشت، تفویض کرده بود. ما فقط بر رعایت مقرّرات کلّی‌تر اداری نظارت داشتیم، که آن هم همیشه درست انجام می‌شد و نیازی به دخالت ما پیش نمی‌آمد.

اعضای واحد اداری را هم توجیه کرده بودیم که قرار است پشتیبان اهداف فرهنگی-هنری کانون باشند. یعنی برای همه روشن بود که در خدمتِ یک هدف بزرگ‌ترند و به این منظور، باید طوری کار کنند که وقت اعضای فرهنگی کانون برای بوروکراسی اداری صرف نشود. اجرای روش عدم تمرکز در این راستا بود. نیاز نبود هر برنامه و هر تغییر با مرکز مطرح شود و تأیید بگیرد. اعضای کتابخانه‌ها اختیار کارها را در دست داشتند و مدیران و مجریان کار خودشان بودند. به بیان دیگر، نوعی مینیاتور مرکز امور اداری زیر نظر گروه فرهنگی قرار داشت. اگر هم کار یا سؤالی پیش می‌آمد، با مرکز کوچک اداری در شهرشان تماس می‌گرفتند و کار به‌سرعت راه می‌افتاد. این باعث می‌شد کارها تقسیم شوند و رفت‌وآمد و کاغذبازی و فشارِ بیهوده روی هیچ بخشی نباشد.

▫ شما دانش‌آموختهٔ مدیریت و امور اداری هستید. به‌نظر شما، به‌عنوان یک متخصص، «عشق»‌ی که تجربه و خاطرهٔ مشترک و ماندگار همهٔ کانونی‌هاست -از بچه‌های عضو کتابخانه‌ها تا اعضای این نهاد- چگونه شکل می‌گرفت؟

من با فوق‌لیسانس مدیریت و حدود پنج سال تجربهٔ کاری در زمینهٔ مدیریت امور اداری وارد کانون شدم، و از همان ابتدا فهمیدم و پذیرفتم که آموخته‌های آکادمیک من به‌عنوان اصول علمی مطلقاً در آن فضا کاربرد ندارد. با محیطی متفاوت روبه‌رو شده بودم که نیاز داشتم بشناسمش و بفهمم چگونه اداره می‌شود. البتّه، اطّلاعات عمومی‌ام به کارم کمک می‌کرد، ولی مدیریت در کانون شبیه مدیریت در سازمان‌های دیگر نبود.

کانون با فراهم آوردن فرصت آزمون و خطا برای همه، دست افراد را برای تجربهٔ راه‌ها و کارهای متفاوت باز می‌گذاشت، با همین روش هم پیش می‌رفت، خودش را اصلاح می‌کرد، به خودش تشکیلات می‌داد و همیشه هم موفّق می‌شد. درواقع، به‌صورت سیّال جابه‌جا می‌شد و جای درست خود را پیدا می‌کرد. موتور محرکهٔ این فرآیند هم عشق بود. من این را خیلی زود متوجّه شدم و نقش خودم را هم بر همین اساس بازتعریف کردم.

نزدیک‌ترین مثالی که به ذهنم می‌رسد این است که در یک دستگاه مکانیکی بزرگ، چرخ‌دنده‌های کوچک و بزرگ با هماهنگی و تماس دقیق با هم کار می‌کنند تا دستگاه به‌خوبی عمل کند. یک روغن‌کار هم با روغن‌کاریِ چرخ‌دنده‌ها در زمان‌های لازم، مراقب است که حرکت آن‌ها روان و بدون مشکل باشد و دستگاه به‌درستی کار کند. من نقش آن روغن‌کار را داشتم. نوعی مراقبت از مجموعه‌ای که یادگرفته بود چگونه کار کند، بزرگ شود و پیش برود.

کانون یک مکتب کاری استثنائی داشت. زمانی هم که سازمان مدیریت صنعتی خواست برای کانون تشکیلات بسازد، به نظر من، طرز کار همین تشکیلاتی را که خیلی هم خوب کار می‌کرد، روی کاغذ آورد. کار دیگری نکرد.

❑ آیا نوعی آموزش مدیریت، با هر تعریفی که می‌شد از آن داشت، برای مدیران مراکز گوناگون کانون در نظر می‌گرفتند و احتمالاً شما هم در تدریس مدیریت نقش داشتید؟

در سال‌های آخر نزدیک به انقلاب، در کانون فکر کردند یا خانم امیرارجمند را قانع کردند که بهتر است برنامه‌ای برای آموزش مدیریت در نظر گرفته شود. سازمان مدیریت صنعتی، مرکزی داشت به نام سازمان آموزش مدیریت دولتی. این مرکز مسئول این کار شد. امور اداری یا مرکز آموزش کانون درگیر این کار نبودند.
آموزشی که در مرکز آموزش کانون، با مدیریت آقای نفیسی ارائه می‌شد، از جنس آموزش سازمان آموزش مدیریت صنعتی نبود. یک آموزش گستردهٔ فرهنگی بود که در ضمن، از مدیریت فرهنگی، در راستای نگاه و اهداف کانون هم صحبت می‌کرد. احتمال دارد من هم در آن دوره‌ها دربارهٔ مدیریت فرهنگی صحبت کرده باشم. ولی هرگز به آن معنا درس مدیریت ندادم. آقای نفیسی یکی از شخصیت‌های فرهنگی مهم کانون بودند که در طرح سؤال برای آزمون کتابداری هم نقش داشتند.

به هر حال، سازمان مدیریت صنعتی اصول مدیریتی را به مدیران کانون آموزش داد، که به کارشان هم آمد، ولی از نظر من آن آموزش بیش از ده درصد به دانش و تجربهٔ مدیران ما اضافه نکرد؛ شاید بتوانم بگویم همان چیزهایی را که مدیران ما به تجربه یاد گرفته بودند و اجرا می‌کردند، به‌شکلی دسته‌بندی و ثبت کرد، از نظر محتوی چیزی برای اضافه کردن به

آن‌ها نداشت.

□ یکی از شگفتی‌های کانون برای من این است که با جابه‌جایی اعضا در مراکز گوناگون، حتّی تغییر مدیران واحدهای اصلی‌اش هیچ مشکلی برای نهاد پیش نمی‌آمده. نوعی انعطاف‌پذیری یا سیّالیت که پیش‌تر گفتید، کارها را بدون اندکی تأخیر یا تغییر پیش می‌رانده. این پدیده را از چشم‌انداز تخصصی مدیریت چگونه ارزیابی می‌کنید؟

من همهٔ ویژگی‌های استثنائی کانون را در عشق و رابطهٔ عاطفی بین افراد می‌بینم. دلیل تکرارناپذیر بودن کانون به نظر من این است که عشق و علاقه را نمی‌شود بر اساس اصول دانشگاهی سازمان داد. تا همین امروز هم، در هیچ‌جای دنیا نتوانسته‌اند یک نهاد فرهنگی به این گستردگی بسازند.

توضیح آنچه در کانون می‌گذشت، ممکن نیست. در تمام مراکز کانون، فرد کار را انتخاب کرده بود، کسی را برای انجام کار انتخاب نکرده بودند.
شاید بتوانم با یک مثال، تصویری از آنچه شما دنبالش هستید، ارائه دهم. حدود یک ماه بعد از شروع کار من در کانون، یک نفر به دیدنم آمد و گفت برای تقاضای مساعده آمده. دلیل را پرسیدم. متوجه شدم او به‌مدّت شش ماه در یکی از شهرستان‌های کوچک ایران مربّی فیلم‌سازی بوده، بدون این‌که برای انجام کارهای اداریِ دریافت حقوق به تهران آمده باشد. آن زمان هم که به پول نیاز پیدا کرده بود، فقط برای درخواست مساعده به مرکز آمده بود. اصلاً برایش مهم نبود پروندهٔ رسمی استخدام تشکیل دهد و حقوق منظّم بگیرد. بلافاصله پس از پذیرفته‌شدن به‌عنوان مربّی فیلم‌سازی با عشق در کلاس‌هایش حاضر می‌شده و با بچه‌ها کار می‌کرده.
ترتیبی دادم که همان‌روز کارگزینی برایش پرونده تشکیل دهد و حقوق شش ماهش را یک‌جا پرداخت کند. بعدها گفته بود، به‌اندازه‌ای به کارش و بچه‌های کتابخانه علاقه داشته که اگر نیاز مالی پیش نیامده بود هیچ‌وقت به مرکز اداری مراجعه نمی‌کرد.

واقعیت این است که بچه‌ها هم به پرورش و رشد این عشق کمک می‌کردند. آمیزه‌ای از فضای کاری سالم با امکانات برابر برای همه، و حضور بچه‌ها که همهٔ کارها برای آن‌ها انجام

می‌شد، محیطی ساخته بود که نمی‌شود با اصول کلاسیک مدیریت و امور اداری توضیحش داد پایه‌گذاریِ شیوهٔ کار در کانون به‌اندازه‌ای قوی بود که تأثیرش هنوز هم در همهٔ کسانی که در کانون کار می‌کنند باقی است. یعنی آن علاقهٔ انگیزه‌بخش هنوز هم بخشی از تعریف کانون است.

من بعد از انقلاب هم کانون را ترک نکردم. حاضر نبودم به سازمان دیگری منتقل شوم. الان هم بازنشستهٔ کانون‌ام.

بیستم شهریور ۱۴۰۳
(سپتامبر ۲۰۲۴)

کانون بخشی از حافظهٔ من است

احسان خوشبخت (زادهٔ ۱۳۵۹، تهران؛ ساکن لندن)
نویسنده، منتقد سینمایی و فیلم‌ساز

◻ ممکن است دربارهٔ شمارهٔ ویژهٔ «صد قهرمان پنهان سینما» در نشریهٔ "Sight and Sound" و چگونگی انتخاب نویسندگانِ آن بخش صحبت کنید؟

سال ۲۰۲۱ مجلّهٔ "Sight and Sound" که قدیمی‌ترین مجلّهٔ سینمایی دنیاست، و من هم گاهی برایشان می‌نویسم، از تعدادی از نویسندگانی که در طول سال، به‌طور منظّم برایشان می‌نویسند، و غالباً انگلیسی‌زبان و ساکن بریتانیا و آمریکای شمالی هستند، دعوت کرد برای یک شمارهٔ ویژه دربارهٔ صد قهرمان پنهان سینما همکاری کنند.

تعریف «قهرمان پنهان سینما» هم شامل چهره‌هایی در گسترهٔ کار سینما می‌شد که البتّه دیده نمی‌شوند، کارهای مهمی انجام می‌دهند، ولی کارگردان فیلم نیستند. از من هم با یک ایمیل برای شرکت در این پروژه دعوت شد. ایمیل را در تاریخ سی‌ام آوریل ۲۰۲۱ دریافت کردم،

و هفتم مه ۲۰۲۱ جواب دادم که پیشنهادم لیلی امیرارجمند، مدیرعامل کانون پرورش فکری کودکان و نوجوانان است. درواقع، همان زمان که ایمیل را خواندم می‌دانستم انتخابم لیلی امیرارجمند است و دقیقاً می‌دانستم چه می‌خواهم بنویسم. فردای آن روز، هشتم مه ۲۰۲۱، متن را فرستادم.

❑ آیا برای انتخاب، مؤلفه‌های مشخصی تعیین یا پیشنهاد شده بود؟

نویسندگان در انتخابشان آزاد بودند. مؤلّفه‌ای تعیین نشده بود. ما باید دلایل انتخابمان را برایشان می‌نوشتیم. در متن ایمیل فقط نوشته بودند خواستشان این است که از منشوری متفاوت با آن‌چه غالباً در نگاه به سینما استفاده می‌شود، به چهره‌هایی فکر شود که نقش مهمی در سینما -در معنای فراگیر و دربرگیرنده- داشتند ولی شناخته نشدند. بعد از تأیید پیشنهادمان، باید معرّفی آن فرد و دلایل انتخابمان را در دویست کلمه برای مجلّه می‌فرستادیم. ملّیت فرد و نام سه یا چهار نمونه فیلم از او را هم خواسته بودند.

❑ ممکن است مختصری از آن‌چه در پاسخ آن ایمیل نوشتید را بازگو کنید؟

نوشتم که انتخاب من لیلی امیرارجمند، مدیرعامل کانون است که در دوران مدیریتش فلیم‌سازهای شناخته‌شده‌ای مانند عباس کیارستمی و بهرام بیضایی و سهراب شهیدثالث فیلم‌سازی را در آن نهاد شروع کردند. توضیح دادم که خانم امیرارجمند همچنین فستیوال بین‌المللی فیلم را در ایران آغاز و مدیریت کرد، انیمیشن ایران را به جهان شناساند، مهم‌ترین فیلم‌سازهای دنیا مثل ژاک تاتی را به ایران دعوت کرد، درخشان‌ترین فیلم‌های اروپای شرقی را در ایران نمایش داد، و کسانی را که آثارشان با سانسور جدّی مواجه بود و نامشان در فهرست سیاه رفته بود، با پشتیبانی کامل در کانون استخدام کرد و موقعیتِ ساختنِ بهترین فیلم‌هایشان را فراهم آورد؛ به هنرمندان اعتماد کرد، و این در هر جای دنیا یک پدیدهٔ نادر است.

این چند خط را فرستادم و جواب گرفتم که انتخابم عالی است و می‌توانم ایشان را معرّفی کنم. متن معرّفی‌ام را هم که در آن شمارهٔ مجلّه خوانده‌اید.

❑ به‌نظر خودتان پُررنگ‌ترین تفاوت انتخابِ به‌ظاهر کمی نامتعارف شما با دیگران در چه بود؟

مجلّه را که بخوانید، متوجّه می‌شوید تفاوتی که انتخاب من با دیگران دارد، این است که نود و نُه نفر دیگر به نوعی شخصیت‌های سینمایی هستند. خانم امیرارجمند یک چهرهٔ سینمایی نیست؛ مدیرعامل نهادی است که سینما فقط یک بخش آن است. به همین دلیل، من نتواستم آن‌طور که قرار بود سه نمونه فیلم خانم امیرارجمند را معرّفی کنم، چون ایشان در ساخت هیچ فیلمی نقش مستقیم نداشته. ولی به‌خاطر کاری که در کانون کرده یک مجموعهٔ فوق‌العاده ساخته شده. این برای من خیلی مهم بود. من حتّی نمی‌دانستم عنوان خودشان را چطور معرّفی کنم، نوشتم «مدیر فرهنگی». ولی تصمیم نهایی آن شد که بنویسند «کتابدار»، که هرچند انتخاب من نبود، به‌نظرم عنوان منطقی و مناسبی است.

نکتهٔ دیگر این‌که، درست است ما از سینمای کانون حرف می‌زنیم، و می‌شد در دوران طلایی کانون، مثلاً شیروانلو یا کسانی را که مسئول مستقیم مرکز سینمایی کانون بودند، انتخاب کرد. ولی برای من مهم بود که خانم امیرارجمند از رابطه‌اش با قدرت و از نفوذی که داشت استفادهٔ درجه یک کرد. در آن سیستم خیلی‌های دیگر هم قدرت و نفوذ داشتند، ولی در نهایت فقط برای منافع خودشان کار کردند. خانم امیرارجمند به مردم فکر کرد، برای مردم کار کرد، و قدرت و نفوذش را به مسیری برد که خیرش به همه رسید. این خیلی زیباست و دقیقاً همان چیزی است که کشور ما همیشه لازم داشته و الان هم بیش از هر زمان دیگری لازم دارد.

هر کسی را در کانون در نظر بگیریم، هرچقدر هم خلّاق، اگر خانم امیرارجمند مدیرعامل کانون نبود، امکان نداشت بتواند کار درست بکند. غیرممکن بود مسعود کیمیایی بعد از رسوایی عظیم فیلم «گوزن‌ها» و مشکل با ساواک، بتواند هرجای دیگری جز کانون کار بگیرد و امکان ساختن «اسب» و «پسر شرقی» را پیدا کند. این فقط به‌خاطر خانم لیلی امیرارجمند بود.

▢ شما در ایران با کانون آشنا بودید؟

من از بچگی به کانون می‌رفتم. کانون بخشی از حافظهٔ من است.

دهم آذر ۱۴۰۲
(دسامبر ۲۰۲۳)

دنبالِ کارِ نو و پیشرو بودیم

ناصر زراعتی (زادهٔ ۱۳۳۰، تهران؛ ساکن گوتنبرگ)
نویسنده، سردبیر نشریهٔ «خط و ربط»، مربّی فیلم‌سازی
و سازندهٔ فیلم‌های مستند و آموزشی در کانون

□ شما از چه سالی و با چه مسئولیتی به کانون پیوستید؟

همکاری من با کانون از سال ۱۳۵۲، زمانی که هنوز دانشجوی دانشکدهٔ هنرهای دراماتیک بودم، شروع شد. پیش از آن ـ در واقع مدّتی پیش از آغازِ دانشکده ـ من و چند تن از دوستانم برنامهٔ کتاب‌خوانیِ گروهی داشتیم. کم‌کم به خواندن کتاب‌های به‌اصطلاح ممنوعه رسیدیم و از آن‌جا به بعضی اعتراض‌ها پیوستیم و در تایپ و پخش اعلامیه‌ها با دانش‌آموزان و دانشجویان معترض همراهی کردیم. فعّالیت سیاسی گروه چهارنفرهٔ ما، که در سال ۱۳۵۰ به بازداشت هر چهار نفرمان انجامید، در همین حد بود.

واقعیت این است که اگر ما در پاییز ۱۳۵۰ دستگیر نمی‌شدیم، شاید تا یک سال بعد، ناگزیر به جریانات مسلّحانه و چریکی آن زمان می‌پیوستیم. در آن دوران، وقتی در آن مسیر می‌افتادی، از جایی به بعد، معمولاً ناچار همراه مسیر پیش می‌رفتی. من کمی بیش از یک

سال در زندان بودم. وقتی آزاد شدم، فعّالیت سیاسیِ بیشترِ کنش‌گران به مبارزهٔ مسلحانه کشیده شده بود. من هم آدمی نبودم که بتوانم وارد آن نوع مبارزه بشوم.
یک سال بعد از آزادی از زندان، سرانجام ساواک اجازه داد به دانشکده برگردم. تصمیم گرفته بودم در رشتهٔ خودم کار کنم. ضمن ادامهٔ تحصیل، در مطبوعاتِ مطرح آن دوران، از جمله «رودکی»، «نگین»، «تماشا» و... شروع کرده بودم به نوشتن مقاله و نقد فیلم و داستان و ترجمه و داستان کوتاه.

یک روز، یکی از هم‌دانشکده‌ای‌ها و دوستانم، کورش افشارپناه، گفت کانون پرورش فکری کودکان و نوجوانان مربّی فیلم‌سازی می‌خواهد و او قصد دارد به‌منظور مصاحبه برای استخدام به کانون برود. با هم به ساختمان کانون در خیابان جم رفتیم، و من منتظر ماندم دیدار و صحبت کورش و آقای اسفندیار منفردزاده، سرپرست مرکز آموزش فیلم‌سازی، انجام شود. این نخستین دیدار من از ساختمان کانون بود. چند ماه بعد، کورش که مربّی فیلم‌سازی شده بود، به من اطّلاع داد که مرکز آموزش فیلم‌سازی کانون هنوز در پی مربّی است و من هم می‌توانم برای این کار اقدام کنم. پس از دیدار و صحبت با آقای منفردزاده، من هم به‌عنوان مربّی فیلم‌سازی، هفته‌ای دو روز در سه کتابخانهٔ کانون – واقع در محلّه‌های نازی‌آباد، وحیدیه و خیابان عباسی خاکی - مشغول به کار شدم. دیگر مربّیان فیلم‌سازی آن زمان فرهاد شیبانی، ارسلان ساسانی و محمود گل‌نراقی و... بودند.

امور اداری کانون برای عقد قرارداد، گواهیِ عدمِ سوءپیشینه هم می‌خواست. از آن‌جا که من به‌دلیل سابقهٔ زندان و محکومیت سیاسی در دادگاه نظامی نمی‌توانستم چنین مدرکی تهیه کنم، کارهای اداری را به بهانه‌های مختلف عقب می‌انداختم. بعد از دو ماه تصمیم گرفتم مشکل را با آقای منفردزاده در میان بگذارم. منفردزاده مشکل را با خانم امیرارجمند مطرح کرد. قرار شد من مدّتی به کتابخانه‌های محل کارم نروم تا ببینند آیا می‌توانند کارم را سامان دهند یا نه. سرانجام بعد از دو هفته، با ادامهٔ کارم موافقت شد. این لطف خانم امیرارجمند را فراموش نمی‌کنم.

❑ کمی هم دربارهٔ دوره‌های آموزش فیلم‌سازی و نمونه‌هایی از فیلم‌هایی که خودتان ساختید صحبت می‌کنید؟

من در یک سالی که اجازهٔ ادامهٔ تحصیل در دانشکده را نداشتم، مطالبی برای صفحهٔ کودکان و نوجوانان مجلهٔ «تماشا»، که مسئول آن دوست هم‌دانشکده‌ای‌ام خانم شهلا اعتدالی‌خو بود، می‌نوشتم. کتاب مصوّری در کتابخانهٔ انجمن فرهنگی ایران و آمریکا پیدا کرده بودم به نام آموزش فیلم‌سازی به نوجوانان، که هر هفته، صفحاتی از آن را به‌صورت ترکیبی از ترجمه و تألیف آماده می‌کردم تا به‌شکل پاورقی در صفحهٔ کودکان و نوجوانان «تماشا» منتشر شود.
در کانون، آن مطالب را به آقای منفردزاده نشان دادم. به پیشنهاد او، متنِ کامل بعد از ویرایش دقیق، به‌شکل یک جزوهٔ آموزشی در پانصد نسخهٔ پلی‌کپی شده منتشر شد که در واقع، جزوهٔ آموزشی مربّیانِ آموزش فیلم‌سازیِ کتابخانه‌ها شد.

سال ۱۳۵۴، فیلمنامه‌ای در بارهٔ وظایف پُست نوشتم و در اختیار مرکز فیلم‌های آموزشی با مدیریت عباس کیارستمی قرار دادم. این طرح با فیلم‌برداری کورش افشارپناه و کارگردانی من و تدوین هر دویِ ما، یک فیلم پانزده دقیقه‌ای شد به اسم «پُست». سال بعد، افشارپناه و من فیلم «پُست» را به‌عنوان کار عملی‌مان برای فارغ‌التحصیلی رشتهٔ کارگردانی سینما و تلویزیون دانشکدهٔ هنرهای دراماتیک ارائه دادیم.
یک فیلم بیست دقیقه‌ای هم در همان مرکز فیلم‌های آموزشی ساختم به نام «وظایف شهرداری». ساختن آن دو فیلم موجب آشنایی و سپس همکاری و دوستی من با زنده‌یاد عباس کیارستمی شد که تا پایان زندگی پُربار او ادامه یافت.

یکی از پروژه‌هایی که در سال ۱۳۵۵ در کانون انجام شد، ساختن فیلم‌های کوتاهِ دو سه دقیقه‌ای برای معرّفی فعّالیت‌های مختلف کتابخانه‌های کانون در سطح کشور بود. برای ساختن این فیلم‌ها در مرکز فیلم‌های آموزشی، کتابخانه‌های کانون در شهرها و شهرستان‌های سراسر ایران سه بخش شد: پرداختن به کتابخانه‌های شرق و شمال ایران را محمدرضا اصلانی، بخش غرب کشور را فریدون معزّی‌مقدم و جنوب را من و کورش افشارپناه عهده‌دار شدیم. تجربهٔ خیلی خوبی بود. من و افشارپناه همراه با یک راننده، یک صدابردار و یک دستیار فیلم‌بردار، یک ماه تمام ـ از اواسط خرداد تا اواسط تیر ماه ـ تقریباً هر شب در جاده‌های بین شهرها رانندگی می‌کردیم و هر روز در کتابخانه‌های کانون که در مسیرمان بودند، با کتابدارها و بچه‌ها حرف می‌زدیم، سریع موضوعی انتخاب می‌کردیم، فیلم‌نامه می‌نوشتیم

و بلافاصله هم فیلم‌برداری می‌کردیم. گرمای زیادِ مناطقی مانند سیستان و بلوچستان و بندرعباس رانندگی در روز را غیرممکن می‌کرد. پس از برگشتن و چاپِ راش‌های شانزده میلیمتری، کارِ تدوین را شروع کردیم. مجموعاً بیش از بیست و پنج فیلم کوتاه ساخته و آماده شد که جز چند تا، همه از تلویزیون پخش شد. چند ماه، هر شب یکی از این فیلم‌ها که ما و آن دو فیلم‌ساز دیگر ساخته بودند، برای چند بار پخش می‌شد. گفتاری هم در پایان هر فیلم می‌آمد با این مضمون که در کتابخانه‌های کانون انواع امکانات فرهنگی و هنری مانند آموزش نقّاشی، موسیقی، تئاتر، فیلم‌سازی و... ارائه می‌شود.

هدفْ تشویق کودکان و نوجوانان برای رفتن به کتابخانه‌های کانون بود. متنِ گفتار را با همکاری آقای سیروس طاهباز نوشته بودیم.

بعد از آقای منفردزاده، دوست نقّاش، زنده‌یاد پرویز کلانتری که مدیر مرکز آموزش نقّاشی بود، عهده‌دار مدیریت مرکز آموزش فیلم‌سازی کانون هم شد.

مهر ۱۳۵۵ درس من تمام شد و باید می‌رفتم سربازی. آن زمان ازدواج کرده بودم و بچه داشتم. در وضعیت خوبی هم نبودم. یک سال پیش از آن مادرم را در حادثهٔ وحشتناک آتش‌سوزی مکّه از دست داده بودم[۱].

قرار بود شش ماه دورهٔ آموزشی ببینم و یک سال و نیم برای گذراندنِ طرح در کانون کار کنم. بعد از دورهٔ آموزشی به کانون برگشتم. بر اساس قانون، کسانی که با لیسانس به سربازی می‌رفتند درجه ستوان دوّمی می‌گرفتند و «افسر» می‌شدند. اما کسانی که سابقهٔ محکومیت سیاسی در دادگاه نظامی داشتند درجه نمی‌گرفتند، سرباز صفر می‌ماندند و تا پایان خدمت نظام به شهرستان‌ها تبعید می‌شدند. من هم سرباز صفر شده بودم و می‌خواستند به پادگانی در کرمان تبعیدم کنند.

مشکلات زندگی من در آن دوران بسیار بود. پدرم بیمار بود. همسر و پسرم تنها می‌ماندند. حال خودم برای رفتن به محیطِ ناخوشایندِ پادگان، آن‌هم در یک شهر ناآشنا، اصلاً مناسب نبود. این بار هم لطف و پشتیبانی خانم امیرارجمند مشکل را حل کرد.

بعدها از کیارستمی شنیدم که شاهد بوده خانم امیرارجمند چگونه تلفنی، با تأکید و پافشاری

۱- ناصر زراعتی، در سال ۱۳۵۶، روایت درگذشت مادر در آتش‌سوزی مکّه را به‌صورت یک داستان کوتاه در نشریهٔ «نگین» چاپ کرد. ر.ک. به: زراعتی، ناصر؛ «زیر باران، خیس (سوگنامه‌ای برای مادرم)»، «نگین»، ش ۱۴۷، ۳۱ مرداد ۱۳۵۶، صص ۳۵-۴۰.

فراوان، به تیمسار مقدم[1] گفته: «من کاری به قوانین موجود ندارد. این آدم عضوِ کانون است و باید برگردد سرِ کارش.»
البتّه دو ماه طول کشید تا من بتوانم برگردم به کانون. تمام آن دو ماه را من هر روز ناچار از صبح تا عصر در پادگانِ فرح‌آباد به سر می‌بردم. این لطف خانم امیرارجمند خیلی در زندگی من مؤثر بود. ایشان هیچ‌وقت دربارهٔ مسائلی مانند این صحبت نمی‌کرد و منّتی هم سرِ کسی نمی‌گذاشت. کانون انگار خانوادهٔ همهٔ ما بود. در چنین مواردی، موضوع همیشه بین ایشان و آن فرد باقی می‌ماند. این نوعِ مدیریت ایشان بود. من هم اوّلین بار است که دربارهٔ این موضوع صحبت می‌کنم.

به هر حال، من به کانون برگشتم. آن زمان، کتابخانه‌های کانون نوجوانانِ بالای شانزده سال را به عضویت نمی‌پذیرفتند. در هم‌فکری با منفردزاده و کورش افشارپناه امتحانی تنظیم کردیم -کتبی و عملی- و تعدادی از بچه‌های دورهٔ فیلم‌سازی را که سنّشان از شانزده سالگی گذشته بود، به دورهٔ تکمیلیِ دوّمی وارد کردیم که در محلِ ساختمانِ کانون برگزار می‌شد. من در این دوره‌های تکمیلی، مربّی بودم و فکر می‌کنم هم‌زمان به یک کتابخانه هم می‌رفتم. بچه‌ها که پیشینهٔ دوره‌های آموزشی کتابخانه‌ها را هم داشتند، در این دوره‌ها به ساختن فیلم‌های هشت میلی‌متری ادامه می‌دادند و فیلم‌هایشان را مونتاژ و صداگذاری می‌کردند. کتاب هم در اختیارشان بود که بخوانند و یاد بگیرند. آن فیلم‌ها در جشنواره‌های مختلف جهانی نمایش داده می‌شدند و خیلی موفّق بودند.
یادم هست ساواک روی چند فیلم که در مناطق فقیرنشین ساخته شده بود، دست گذاشته بود که چرا چنین تصاویری را به جشنواره‌ها می‌فرستید. خانم امیرارجمند در جلسه‌ای این موضوع را با ما در میان گذاشت و بعد از شنیدن استدلال ما دربارهٔ این که فیلمی که مثلاً توسط بچه‌های کتابخانه‌ای در جنوب شهر ساخته می‌شود، طبیعتاً واقعیتِ همان منطقه را بازتاب می‌دهد، گفت: شما کارتان را انجام بدهید ولی این نوع فیلم‌ها را برای جشنواره‌ها نفرستید تا من مجبور نشوم دائم با ساواک جرّ و بحث کنم.

منظورم این است که با آن‌که بعضی از کارهای ما برای خانم امیرارجمند دردسر ایجاد

۱- ناصر مقدم (۱۲۹۷-۱۳۵۸، تهران) سپهبد نیروی زمینی ارتش شاهنشاهی و چهارمین و آخرین رئیس ساواک. سپهبد مقدم با فاصلهٔ کوتاهی پس از انقلاب ۵۷ دستگیر و در فروردین ۱۳۵۸ اعدام شد.

می‌کرد، ایشان همچنان دست ما را باز می‌گذاشت که کار خلّاقانه را آن‌طور که درست می‌دانیم انجام دهیم.

❑ کانون چهار نشریه هم منتشر می‌کرد: «خط و ربط»، که مجلّهٔ مرکز هنرهای تجسّمی بود؛ به‌اضافهٔ «کارنامه»، «پویه» و «فصل‌نامهٔ کانون». شما سردبیر «خط و ربط» بودید. لطف می‌کنید دربارهٔ این نشریه، مضامینی که در آن کار می‌کردید، و نویسندگان و گردانندگانش صحبت کنید؟

«خط و ربط» فصل‌نامهٔ مراکز آموزشی کانون بود. گمانم پنج شش شماره بیشتر منتشر نشد. صاحب‌امتیازِ نشریه خانم لیلی امیرارجمند بود، مدیرش پرویز کلانتری بود و سردبیرش من بودم. نشریهٔ ما چهار بخش داشت: تئاتر، موسیقی، نقّاشی و سفال‌گری (در یک بخش) و سینما. سعی می‌کردم بیشتر از آثار و نوشته‌های بچه‌ها استفاده کنم. طرّاحی‌ها و نقّاشی‌ها و فیلم‌نامه‌های بچه‌ها را در «خط و ربط» چاپ می‌کردیم. حتّی برای طرح روی جلد نشریه از طرح‌های بچه‌ها استفاده می‌کردیم.

در روزهای جشنواره‌های بین‌المللی سعی می‌کردیم خارج از برنامه‌های رسمی و از پیش برنامه‌ریزی شده، فرصتی فراهم آوریم که بچه‌ها بتوانند فیلم‌هایشان را به فیلم‌سازهای بزرگ جهان که مهمان جشنواره بودند، نشان دهند و با آن‌ها مصاحبه کنند. مسئولیت کار را هم خودم می‌پذیرفتم. مدیریت کانون طوری بود که کسی ما را بازخواست نمی‌کرد.
یادم هست با ژاک تاتی، فیلمساز بزرگ فرانسه، مصاحبه‌ای برای بچه‌ها ترتیب دادم. یک سال هم توانستیم مصاحبه‌ای با کارل زِمان[1] تنظیم کنیم که استاد زنده‌یاد نصرت کریمی برایمان ترجمه می‌کرد. متن این مصاحبه‌ها را در «خط و ربط» منتشر می‌کردیم.
با مدیران و مربّیان و هنرمندان بخش‌های مختلف، مثل دان لافون و ـ گرامی باد یاد عزیزش! ـ بیژن مفید هم مصاحبه می‌کردیم.

با پرویز کلانتری و دوستان دیگر همکاری خوبی داشتیم. نمی‌خواهم بگویم هرگز اختلاف نظر پیش نمی‌آمد. جوان بودم و لجبازی‌های جوانان را داشتم. گاهی به‌اصطلاح با هم

1-Karel Zeman

کَل‌کَل هم می‌کردیم، ولی در نهایت می‌توانستیم مسائلمان را حل کنیم.

یادم هست گفته شده بود به مناسبت پنجاهمین سالگرد سلطنت پهلوی در «خط و ربط» باید مطلبی چاپ شود. برخلاف پرویز کلانتری، من نمی‌خواستم زیر بار بروم و دائم کار انتشار آن شماره را عقب می‌انداختم. در نهایت، بعد از چند بار گفت‌وگو، ناچار، متنی دربارهٔ تحوّلات معماری در آن روزگار در نشریه چاپ شد که اتّفاقاً مطلب خوبی هم بود. ما کارمان را دوست داشتیم، جوان بودیم، انرژی داشتیم و دنبال کارِ نو و پیشرو بودیم. محیط کارمان هم خیلی خوب بود. ما در کانون فقط همکار نبودیم، دوست بودیم. می‌خواستیم مسائل حل شوند و کار پیش برود.

کانون فضایی بود که در آن هرکس هر کاری می‌توانست انجام می‌داد. مثلاً احمدرضا احمدی، با تکیه بر آشنایی و دوستی نزدیکی که با شاعران داشت، شاملو و اخوان و سایه و نادرپور و... را به کانون می‌آورد و این‌ها شب تا صبح در استودیو شعر ضبط می‌کردند. این کار از هیچ‌کس دیگری برنمی‌آمد. همین کار را با موسیقی‌دان‌هایی مثل مجید انتظامی و دیگران هم می‌کرد. احمدرضا یک‌تنه و به خواست خودش تمام کارهای تهیهٔ آلبوم‌های مجموعهٔ «صدای شاعر» و نوارها و صفحات موسیقی را انجام می‌داد.
مدیران دیگر هم همین‌طور بودند. کیارستمی علاوه بر فیلم‌سازی، مسئول و مدیر بخش فیلم‌های آموزشی بود. ما که برای آن مرکز فیلم آموزشی می‌ساختیم، کار را هر طور دوست داشتیم به‌انجام می‌رساندیم. سرانجام، کار نهاییِ ادیت‌شده را به او نشان می‌دادیم. پیشنهادی اگر داشت، فقط برای بهتر کردن کار بود. ربطی به سانسور و سیاست و اِعمال نظر شخصی نداشت.

این را هم بگویم که هیچ‌کدام ما، هیچ‌وقت، از موقعیتی که خانم امیرارجمند ایجاد کرده بود، سوءاستفاده نمی‌کردیم. هرگز کاری نمی‌کردیم که اعتمادی که ایشان به ما داشت آسیب ببیند.

☐ بعد از انقلاب، شما یکی از شرکت‌کنندگان در تحصّن هفده روزهٔ جمعی از کانونی‌ها پس از «تسخیر» ساختمان کانون، توسط انقلابیون بودید.
این تحصّن با چه فاصلهٔ زمانی از بیست و دوّم بهمن آغاز شد و هماهنگی‌هایش چگونه سامان گرفت؟

کانون جزو اوّلین مراکزی بود که توسط این آقایان اشغال شد. حتّی وزارتِ آموزش و پرورش را بعد از کانون به قول خودشان «تصفیه» کردند. به‌نظرم، این اهمیت کانون را نشان می‌دهد. برایشان مهم بود که اثرگذاری مراکز مهم‌تر را زودتر به هم بریزند.
چند روز بعد از بیست و دوی بهمن، آقای دکتر کمال خرّازی به‌عنوان مدیرعاملِ جدیدِ کانون معرّفی شد و به ساختمان کانون آمد. (این آقای خرّازی در فیلم «قضیهٔ شکل اوّل، شکل دوّم»، ساختهٔ کیارستمی هم به‌عنوان «مدیرعامل کانون...» در مصاحبه‌ها شرکت دارد.) البتّه ایشان زود از کانون رفت و عهده‌دار پست وزارت امور خارجهٔ کشور شد. یعنی شخصیت این‌اندازه مهم و قابل اعتمادشان را اوّل فرستاده بودند برای مدیریت کانون. جایگزین دکتر خرّازی، آقای علیرضا زرّین بود که به‌نظرم، آدم بدی نبود و کارهای مثبتی هم انجام داد یا می‌خواست که انجام دهد. البتّه بعدها کنار گذاشته شد.
به یاد دارم، آن روزها، «حزب‌اللهی»ها در همهٔ سازمان‌ها و ادارات، کتاب‌ها و نوارها و فیلم‌ها را از بین می‌بردند. در کانون هم بیشترِ کتاب‌ها و نوارها و صفحه‌ها را جمع کردند. کار مثبتی که آقای زرّین در این رابطه انجام داد این بود که اجازه نداد آن‌ها را نابود کنند، بلکه همه را به حراج گذاشت. مردم، و البتّه بیشتر کارکنان کانون، آن آثار را خریدند. در هر صورت کار پسندیده‌ای بود.

برگردیم به تحصّن کانون، که موردِ نظرِ شماست. آن موقع، هنوز حجاب در کشور اجباری نبود. یکی از اوّلین کارهای آقایان این بود که تعداد زیادی کتابدار محجّبه به کانون آوردند، و کتابدارهای سابق کانون که حاضر نبودند چارقد سرشان کنند، یا خودشان را بازخرید کردند یا اخراج شدند. آقایان، مدیران کانون را هم از مدیریت کنار گذاشتند. همچنین قراردادهای مربّیان مراکز آموزشی را که اکثراً دانشجو بودند، تمدید نکردند.
این رفتارها باعث شد که اعضای بخش‌های مختلفِ کانون جلسه‌ای تشکیل دادند و نمایندگانی انتخاب کردند از بین کتابدارها، مربّی‌ها، کارمندان و دیگر اعضا، به این منظور که در داخلِ ساختمانِ کانون تحصّن کنند. تحصّن کانون ـ دقیق خاطرم نیست ـ گمانم اواخر بهار یا اوایل تابستان ۱۳۵۸ شروع شد. (بهتر است به نشریات و اسناد آن زمان رجوع شود.)
نمایندگان تا جایی که یادم هست این‌ها بودند: آقای پریشان (از بخش اداری)، محسن حسام، نویسنده (از کتابخانه‌ها)، شمس لنگرودی، شاعر و چند خانم کتابدار (از جمله خانم منیره برادران)، آقای کمال پولادی، مترجم که در ماه‌های آخر سال ۵۷ از زندان آزاد شده بود (از

بخش آموزش) و کورش افشارپناه و من (از طرف مربّیان مراکز آموزشی). شاید دیگرانی هم بودند که یادم نیست. من هم واقعاً ناخواسته یکی از این نمایندگان شدم. ما هفده شبانه‌روز در دو طبقهٔ ساختمان ساکن شدیم. شب‌ها، یک طبقه در اختیار خانم‌ها بود و یک طبقه مخصوص آقایان. خواستِ جمع این بود که همهٔ اخراجی‌ها به کارشان برگردند و کانون به‌شکلِ شورایی اداره شود.

در تمام آن هفده روز، ما با کانون نویسندگان ایران و روزنامهٔ آیندگان، که هنوز چاپ می‌شد، در تماس بودیم و برایشان گزارش می‌فرستادیم. همچنین با دفتر آیت‌الله طالقانی صحبت کردیم که وساطت کنند، که گفتند کاری از دستشان برنمی‌آید. آن زمان بازرگان نخست‌وزیر بود. با دفتر ایشان و بعضی وزیرانشان هم تماس گرفتیم. گفتند از آن‌ها هم کاری ساخته نیست. یعنی به‌صراحت می‌گفتند هیچ اختیاری ندارند.

آقایانِ تازه رسیده می‌خواستند اوّل تحصّن شکسته شود، بعد در جلساتی با اعضای کانون صحبت کنند. اعضا نمی‌پذیرفتند. دوران خیلی سختی بود. همه، ازجمله تحصّن‌کنندگان، انقلابی و تند بودند و اندکی از خواست خود کوتاه نمی‌آمدند، و طبیعی است که تندروی مذاکره را غیرممکن می‌کرد.

مثلاً قرار بود ما که نمایندهٔ تحصّن‌کنندگان بودیم امکان مذاکره را فراهم کنیم. ولی اگر در راهرو به سلام آقای زرّین پاسخ می‌دادیم، به‌خصوص نمایندگان کتابدارها که به‌شدت چپ بودند می‌گفتند، رفتار شما نوعی سازش‌کاری است.

عجیب این‌که در کنار این اتّفاق‌ها، و در فضای سنگینی که حاکم بود، ساختمان کانون در آن هفده روز مرکز فعّالیت‌های هنری هم شده بود. ما شب‌ها در ساختمان فیلم نمایش می‌دادیم و جلسات اظهارِ نظر دربارهٔ فیلم می‌گذاشتیم؛ و گروه‌های موسیقی و تئاترِ مراکزِ دیگر روزها جلوی ساختمان ساز می‌زدند و نمایش اجرا می‌کردند[1].

۱- امیر اثباتی، طرّاح صحنه و دکور سینما، که در آن دوران دانشجوی دانشکدهٔ هنر دانشگاه تهران بود، در روایتِ خود از همراهی دانشکدهٔ هنر با تحصّن کانون می‌نویسد: «نمی‌توانستیم ساکت بنشینیم... دوستانمان تحّصن کرده بودند و حق داشـــتند، و از ما هم انتظار می‌رفت تا نامردی نکنیم و همراه باشیم. چطوری؟ همین‌جا در ساختمان مرکزی دانشکده تحّصن می‌کنیم. مشـــخص بود قرار نیست همین‌طور بنشینیم و منتظر بمانیم. ســـاکت و ساکن که نمی‌شد مبارزه کرد! چه کاری از دســـتمان برمی‌آمد؟ چه سلاحی در این کارزار در اختیار داشـــتیم؟ جواب ســـاده بود: هنر، نقّاشی، گرافیک، موسیقی، تئاتر. همین‌ها از ما برمی‌آمد... تا شب ساعت‌به‌ساعت تعدادِ چشم‌گیری پوستر طرّاحی و اجرا شد که پشت پنجره‌های ساختمان مرکزی، رو به محوطهٔ اصلی مقابل آن چسباندیم. شخصیت اصلی همهٔ آن‌ها بدون استثنا «بلبل» کانون بود. بلبل که در لوگوی کانون روی شاخه‌ای نشسته بود... پرندهٔ مظلوم در هر پوستر یک بلایی سرش آمده بود. اغلب در◁

شب هجدهم ما مشغول تماشای فیلم «گزارش» کیارستمی بودیم که کسی نام مرا صدا زد. در راهروی همان طبقه، یک آقای ریش‌دار ناآشنا ـ که بعداً فهمیدیم یکی از دو برادر رفیق‌دوست بود ـ با یکی دو نفر کمیته‌ایِ مسلّح منتظر ایستاده بودند. می‌گویم کمیته‌ای، چون هنوز سپاه پاسداران تشکیل نشده بود. گفتند با حکم آمده‌اند و یک ربع به ما وقت می‌دهند که ساختمان را خالی کنیم. حکم را که از طرف آقای قدّوسی صادر شده بود، دیدیم. آن حکم در روزنامهٔ آیندگان هم چاپ شد.

آقای رفیق‌دوست مرا به سمت پنجره برد و افرادی مسلّح را در طبقات بالای ساختمان‌های اطراف کانون نشانم داد، که منتظر بودند اگر ما نرویم، دستور شلیک را اجرا کنند.
با نمایندگان و متحصّنان صحبت کردم. برای همه روشن بود که کاری از ما ساخته نیست. من آن زمان بیست و هشت ساله بودم. کتابدارها و مربّی‌ها از من هم جوان‌تر بودند، بیشترشان دانشجو بودند و پر از شورِ ایستادگی و مبارزه. هنوز به یاد دارم که تمام فکر و دغدغهٔ من در آن دقایق این بود که اگر برای کسی در ساختمان کانون اتّفاقی بیافتد، من چطور به زندگی ادامه دهم. فکر کردن به این خاطرات هنوز هم برای من دشوار است.
به هر حال، با رضایت جمع، به آقای رفیق‌دوست گفتم ما می‌رویم بیرون. ولی آن‌ها همچنان با اسلحه در راهرو ایستاده بودند و سعی می‌کردند تنش ایجاد کنند و کار را به خشونت بکشانند. خوشبختانه اتّفاقی نیافتاد و همه سالم به خانه‌هایمان برگشتیم. تنها دلخوشی من، در آن شب سنگین و با آن حال بد، این بود که هیچ‌کس آسیب ندید[1].

◁ قفس حبس بود یا تقلاّ می‌کرد بیاید بیرون... فردای آن روز بعضی از فارغ‌التحصیلان دانشکده که قبلاً مربّی کانون بودند، به جمع ما پیوستند؛ همین‌طور بعضی از استادان و دوستان اهل هنرشان... دانشجویان و استادانِ دپارتمان موسیقی هر ازگاهیَ هنرنمایی می‌کردند. این جریان با مرحوم لطفی شروع شد... با نواختنِ قطعاتی با تار و خواندنِ سرودهایی که در روزهای قبل از بیست و دوّم بهمن ساخته و مخفیانه اجرا و منتشر شده بود. تعدادی از بچه‌های دپارتمان تئاتر دانشکده... گفتند موضوعی مرتبط با کانون را دستمایهٔ کاری قرار داده و تمرین هم کرده‌اند... کمیتهٔ فرهنگی تصمیم گرفت رسانهٔ خبری خود را راه‌اندازی کند: ایستگاه رادیویی تحّصن. چند نفر تحریریهٔ خبر را تشکیل دادند یک نفر هم مجری بود... تحصّنِ ما بالاخره با حملهٔ غافل‌گیرکنندهٔ گروهِ عصبانی و خشن و زخمی شدن یکی از بچه‌ها با تیغ کاتر به پایان رسید و جمعیَت پراکنده شد.» اثباتی، امیر؛ «تحصّن»، دَوماهنامهٔ «آنگاه»ـ شماره ۲، ویژهٔ کانون پرورش فکری کَودکان و نوجوانان، بهار ۱۳۹۶، صص ۱۵۶-۱۵۹.

۱- تحصّن کانون، به روایت روزنامهٔ «آیندگان»، در یکم تیر ۱۹۷۹/۱۳۵۸ آغاز شد. بر اساسِ نامه‌ای از سوی دفتر آیت‌الله طالقانی، با عنوان «محل تحصّن کارکنان کانون پرورش فکری کودکان و نوجوانان به زندَان تبدیل شده است»، آقای شانه‌چی نمایندهٔ دفتر آیت‌الله طالقانی، در هفتمین روز تحصّن با متحصّنین (مربّیان، کتابدارها و کارکنان اخراجی) و سرپرستیِ جدید کانون (حزب‌اللهی‌ها) مذاکره کرده، و در بازتاب اعتراض کارکنان کانون نوشته است: «نامه‌ای به امضَای سرپرستی، جلوی در ورودی الصاق شده بود، مبنی بر این‌که ملاقات برای متحصّنین ممنوع است و متحصّنین فقط می‌توانند با اطفالشان ملاقات کنند. دادن غذا از داخل ساختمان ◁

بعد از آن شب، تعدادی از ما همچنان به کانون می‌رفتیم. البتّه، بعضی‌ها از جمله کیارستمی، سیروس طاهباز، احمدرضا احمدی و آقای سماکار هرگز وارد تحصّن نشده بودند. این‌ها هر کدام مدیر یک بخش بودند. ولی در آن روزها در کانون عملاً کاری انجام نمی‌شد. آقایان اشغالگر به فکر «پاکسازی» و برنامه‌ریزی‌های خودشان بودند.

یادم هست در ساختمان کانون، یک اتاق کوچک داده بودند به احمدرضا احمدی و سیروس طاهباز و م. آزاد. آن‌ها هر روز، ساعات اداری پشت سه میز کوچک که تقریباً به هم چسبیده بودند و به دشواری می‌شد از میانشان گذشت، می‌نشستند و هیچ کاری نداشتند

◁ بـه خـارج، کـه منظورْ افـراد متحصّن در خیابان هسـتند، ممنوع اسـت... مسـئولان تـدارکات بایـد طبق نامهٔ کتبـی از طـرف شـورای تصمیم‌گیرنـدهٔ متحصّنین به سرپرسـتیِ کانون معرّفی شـوند تا بـه آن‌ها اجـازهٔ خروج از ساختمان داده شود. با این مقرراتِ ابتکاریِ سرپرستی این‌جا عملاً تبدیل به یک زندان شده است.» تحصّن‌کنندگان همچنین از بی‌نتیجه ماندنِ تقاضای ملاقاتَ با نخست‌وزیر وقت، مهندس مهدی بازرگان، و بی‌اطّلاعیِ مشاور نخست‌وزیر، حجازی، از تحصّن گفته‌اند: «این در حالی است که ما برای نخست‌وزیر نامهٔ سرگشاده فرستاده‌ایم وَ این نامه در مطبوعات رسمی کشور منعکس شده.» به گفتهٔ «آیندگان»، کانون نویسندگان ایران، دانشجویان دانشکدهٔ هنرهای زیبا، معلّمان پیشگام، گروه ۱۶ آذر دانشـگاه علوم ارتباطات اجتماعی، دانشجویان روزنامه‌نگاری دانشکدهٔ علوم ارتباطات، جبههٔ دمکراتیک ملّی و کارکنان کانون پرورش فکری کودکان و نوجوانان در لرسـتان و هیأت اجرایی کانون کارکنان وزارت فرهنگ و هنر، پشـتیبانی خود را از خواست‌های تحصّن‌کنندگان کانون اعلام کردند. همچنین شماری از فیلم‌سازان - امیر نادری، محمد اصلانی، داریوش مهرجویی، علی حاتمی، عباس کیارستمی، رضا علامه‌زاده، کامران شیردل، بهمن فرمان‌آرا و هژیر داریوش- به‌دلیل ممانعت از ورود به ساختمان کانون، بیانیهٔ همبستگی خود را در خیابان خواندند. («آیندگان»، پنجشنبه، ۷ تیر ۵۸، ش ۳۳۸۷؛ ر.ک. به: پیوسـت ش۲، صص ۴۲۶-۴۲۷) آیندگان همچنین در تاریخ هفدهم تیر، یادداشـتی از فرّخ صادقی در اعتراض به رفتار انقلابیون با کانون چاپ کرده اسـت. («آیندگان»، یکشـنبه، ۱۷ تیر ۵۸، ش ۳۳۹۵؛ ر.ک. به: پیوست ش ۳، صص ۴۲۸-۴۲۹)

تحصّن کانون در ساعت یازده شب شنبه، شانزدهم تیر ۵۸، با ورود افراد مسلّح به ساختمان کانون شکسته شد. یادداشت کارکنان کانون با عنوان «کارکنان متحصّن کانون پرورش فکری کودکان به هجوم شـبانه اعتراض کردند» قطعنامه‌ای با شش ماده دربارهٔ خواست‌های تحصّن‌کنندگان را بازگو کرده که در آن «دِخالت افراد مسلّح به حکم دادستانی به منظور شکستن تحصّنِ حق‌طلبانهٔ کارکنان کانون پرورش فکری کودکان را شدیداً محکوم کرده». («آیندگان»، دوشنبه، ۱۸ تیر ۵۸، ش ۳۳۹۶؛ ر.کَ. به: پیوست ش ۴، صص ۴۳۰-۴۳۱)

نامهٔ سرگشادهٔ کانون با عنوان «پس از سه ماه تحمل، صبر انقلابی ما به سر آمده است» خطاب به نخست‌وزیر، بازرگان، در هفت مرداد ۵۸ در «آیندگان»، سوّمین نامهٔ سرگشادهٔ این نهاد به دفتر نخست‌وزیری است، که با اشاره به نامه‌های سرگشـادهٔ بیست و هشـتم خرداد و دوّم تیر، از بی‌نتیجه ماندن نامه‌ها و تماس‌های تلفنی با مشاور او و انجام نگرفتنِ «هیچ‌گونه اقدام مسئولانه‌ای از طرف دولت بازرگان جهت حل مشکلات کانون و برآوردن خواست‌های کارکنان» و «عدمِ توجّه مراجع صلاحیت‌دار برای رسیدن به خواست‌های شش‌گانهٔ خود» و نیز «عوام‌فریبی و نشر اکاذیب و وارونه جلوه دادن حقایق به دادسـتانی کل انقلاب» در حالی‌که مذاکرات با دفتر آیت‌الله طالقانی هنوز در جریان بود، می‌نویسـند: «جناب آقای بازرگان، ما متحصّنین کانون که در پی پیام شما به کانون بازگشته‌ایم از دولت شما انتظار داریم که به وعدهٔ خود عمل کنید... و به‌خصوص کارکنان اخراجی را هرچه زودتر به سر کار خود بازگردانید.» (آیندگان، یکشنبه، ۷مرداد ۵۸، ش ۳۴۱۲؛ ر.ک. به: پیوست ش ۵، صص ۴۳۲-۴۳۳).

«آیندگان» همچنین مقاله‌های محمود بهادری (فیلم‌بردار سازمان رادیو - تلویزیون) و محمد قاضی (مترجم و از اعضای اخـراج شـدهٔ کانون)، در اعتراض به بی‌توجّهی دولت به رفتار ناشایسـت انقلابیون با کانـون را در شماره‌های دهم و دوازدهم تیر ۵۸ چاپ کرده است.

روزنامهٔ «آیندگان» در شانزدهم مرداد ۱۳۵۸/هفت اوت ۱۹۷۹ از ادامهٔ کار منع شد. (تلاش من برای یافتن متن نخستین دو نامهٔ سرگشادهٔ کانون به بازرگان، و متن حکم دادستان کل انقلاب برای تسخیر مسلّحانهٔ کانون نتیجه نداد. م. ز)

بکنند.

طاهباز مدیر انتشارات کانون بود و نگران بود به‌دلیل چاپ مثلاً کتابی دربارهٔ رضاشاه مورد غضبِ اسلامی‌ها قرار گیرد. ساکت می‌نشست پشت میز. یک بیت حافظ را با تغییر دو کلمه روی یک تکه کاغذ نوشته بود و زده بود بالای سرش:

پیِ یک لُقمه [در اصل: جرعه] که آزار کَسَش در پی نیست/ زحمتی می‌برم از مردم دوران [در اصل: نادان] که مپرس!

م. آزاد هم اصولاً آدم بسیار کم‌حرفی بود. احمدرضا احمدی به‌شوخی می‌گفت: «ما از صبح اینجا می‌نشینیم، طاهباز سکوت... آزاد سکوت... تا شب....»

کم‌کم کیارستمی ساختن فیلم را از سر گرفت. من هم تا مدّتی توانستم با او کار کنم. حدود یک سال بعد دیگر نتوانستم ادامه بدهم. داستانش مفصّل است. من نه اخراج شدم، نه بازخرید. خودم آمدم بیرون.

کانون واقعاً حیف شد. کانون را نابود کردند. کانون سال‌هاست برایشان شده مرکزِ کسبِ درآمد و تبلیغات... بگذریم...

بیست و هشتم دی و پنجم بهمن ۱۴۰۲
(ژانویه ۲۰۲۴)

آزادی اساسِ خلّاقیت است

نورالدین زرّین‌کلک (زادهٔ ۱۳۱۶، مشهد؛ ساکن کالیفرنیا)

تصویرگر، انیماتور، استاد انیمیشن

و بنیادگذار نخستین مدرسهٔ آموزش انیمیشن ایران در کانون

☐ پرسش نخست من دربارهٔ نام خانوادگی شماست: زرّین‌کلک. آیا نقّاشی یا خوش‌نویسی در خانوادهٔ شما رایج بود؟

پدربزرگ من، ملّااحمد نراقی، که در سال‌های مشروطیت در همدان و نراق (بین کاشان و همدان) زندگی می‌کرده و مؤلّف بوده، این نام خانوادگی را به‌دلیلِ اهل قلم بودنش انتخاب کرد. پدر من هم خوش‌نویس بود و به‌عنوان تکلیفِ روزانه به ما فرزندانش مشقِ خط می‌داد. بر حسب تصادف، این نام با کار من هم هماهنگی دارد. ولی انتخابِ اوّل، بیش از نقّاشی و خوش‌نویسی به نویسندگی مربوط بوده.

☐ کانون پرورش فکری کودکان و نوجوانان از کتاب و کتابخانه به تولید فیلم و

تئاتر و فعّالیت‌های فرهنگی دیگر رسید. به‌تعبیری، تمام آفریده‌های کانون از دلِ کلمات بیرون آمدند.
با این مقدمه، و این پیش‌فرض که احتمالاً کتاب‌هایی که شما در دوران کودکی در اختیار داشتید، تصویرسازیِ جذّابی برای یک کودک نداشتند، مسیری که کلمه و داستان در جهان فکریِ شما تا خلقِ تصویر و پس از آن، ساختنِ انیمیشن پیمودند- مسیری شبیه کتابخانه‌های کانون- چگونه بود؟

کودکی من پُر بود از مسائل فرهنگی. پدرم کتاب‌خوان بود، اصرار داشت فرزندانش اهلِ ادب باشند، و از پنج-شش سالگیِ من و برادر بزرگم، برایمان گلستان سعدی می‌خواند، حکایت‌های گلستان را به زبانی که بفهمیم معنی می‌کرد و ما را هم به خواندنِ درست و به‌خاطر سپردنِ داستان‌های گلستان وامی‌داشت. هرچند گلستان مناسبِ سنِ کودک نیست، ولی پدرم جذّابیت‌هایی در روایت‌ها قرار می‌داد که ما کنجکاو و علاقه‌مند می‌شدیم و از خواندن گلستان لذّت می‌بردیم. تشویقِ پدر هم برایمان خوشایند بود. خواندن و حفظ کردنِ گلستان یک تفریح دوران کودکی ما شده بود. به این ترتیب، من در نوجوانی تقریباً تمام گلستان را حفظ بودم.

در آن زمان، اوّلین و آخرین کتاب‌هایی که در اختیار کودکان نسل من قرار داشت، همان کتاب‌های مدرسه بود. یادم هست ما آن‌قدر از روی آن کتاب‌ها می‌خواندیم که بیشترشان را حفظ می‌شدیم. منظورم این است که کتاب داستانِ مناسبِ کودک و نوجوان وجود نداشت. در چنان وضعیتی، پدر من مثل یک مدیرِ سخت‌گیر در مدرسه، ما را به کتاب خواندن، حتّی به خواندن و حفظ کردن قرآن، وادار می‌کرد و می‌خواست بخش‌هایی از متونی را که حفظ می‌کردیم برایش بخوانیم. این یک اجبار بود، ولی در زندگی خیلی به کارِ من آمد.

گلستان سعدی یک جهان تخیّل و فرصتِ تصویرسازی دارد. هر داستان گلستان یک فیلم‌نامه است. من فکر می‌کنم چون از بچگی در خانواده‌ای زندگی کرده‌ام که در آن ادبیات و کتاب خیلی مطرح بوده -گلستان سعدی بیش از کتاب‌های دیگر- این‌ها به‌شکل کلمه و شعر و داستان و خط و رنگ در من رسوب کرده بودند، و مثل بذری که در جایی کاشته شده باشد، با توجّه و مراقبت، با نور کافی و آب و نوازش و مهربانی، کم‌کم پا گرفتند و به برگ و بار نشستند و در زمان‌های مختلف به‌شکل‌های مختلف نمایان شدند؛ گاهی در شعر جوانه زدند

و گاه از تصویرسازی سر برآوردند.
من در همین چند سال اخیر، در خانه‌نشینیِ دوران کوید، پنجاه حکایت از گلستان را مصوّر کردم. تجربهٔ خیلی خوبی بود. لذّتی که از تصویرسازی گلستان بردم در هیچ‌کدام از کارهای دیگرم نخوابیده بود.

☐ شما با تجربهٔ کارِ گرافیک در «کیهان بچه‌ها»، «اطلاعات جوانان» و مؤسسهٔ فرانکلین به کانون پیوستید. هم‌زمان دکتر داروسازِ ارتش بودید.
پرسش نخست در این‌باره این است که چگونه از ارتش و داروسازی رها شدید؟

پرسش خوبی است. من اواخر سال ۱۳۴۸ از طرف کانون، با هماهنگی خانم امیرارجمند و تشویق فیروز شیروانلو، برای تحصیلِ انیمیشن به بلژیک رفتم. درواقع، زمانی که رائول سِروه، یکی از پایه‌های اصلی بخش انیمیشن فستیوال فیلم کانون، برای شرکت در فستیوال در ایران بود، از طرف کانون با او مذاکره کردند و او پذیرفت یک نفر برای آموختن انیمیشن نزد او به بلژیک برود. کانون من را انتخاب کرد. حدود دو سال و نیم در بلژیک درس خواندم و در همان دوران سه فیلم «وظیفهٔ اوّل»، «زمین بازی بابوش» و «قطاری از هنگ‌کنگ» را هم ساختم.

سال ۱۳۵۱ که به ایران برگشتم، هنوز به‌عنوان دکتر داروساز و با درجهٔ سرگردی در استخدام ارتش بودم. آن زمان کانون تازه به یک ساختمان هفت‌طبقه نقل مکان کرده بود و هر کدام از ما در آن ساختمان یک اتاق داشتیم. یک روز خانم امیرارجمند اطلّاع دادند که شهبانو قرار است در تاریخی که گفتند به بازدید این ساختمان بیایند. ما هم در آن روز آماده‌تر از معمول، با لباس مرتّب و کراوات به دفتر کارمان رفتیم. من موی بلندی داشتم که پشت سرم بسته بودم. به‌دلیلِ تنگی وقت و بزرگیِ ساختمان، قرار شد هر چند نفر در یک اتاق باشند تا بازدید با راحتی و سرعت بیشتری انجام گیرد. اتاق من کاملاً خالی، یعنی برهنه بود و فضای باز بزرگی داشت. حتّی در قفسه‌های کتاب هنوز چیزی نچیده بودم. فروزش و کیارستمی و چند نفر دیگر از هنرمندان به اتاق من آمدند. ما ایستاده بودیم و صحبت می‌کردیم که در باز شد و به جای ملکه پادشاه وارد اتاق شد. البتّه، شهبانو و خانم امیرارجمند هم همراهشان بودند. ولی ما اوّل شاه را دیدیم. ساکت و مرتّب ایستادیم. یادم هست شاه با

من دست داد و صحبتی هم کردیم که به یاد نمی‌آورم. به هر حال، بازدیدکنندگان بعد از چند دقیقه از اتاق رفتند. بعدها برای من تعریف کردند که خانم امیرارجمند، در بیرون از اتاق، نام مرا آورده بود و از شاه خواسته بود اجازه دهد من در کانون بمانم و برای بچه‌ها کار کنم. شاه پرسیده بود آیا منظور همان کسی است که موی بلند داشت. بعد از تأییدِ خانم امیرارجمند، شاه گفته بود که همان بهتر که من آن‌جا بمانم، بعید است مناسب ارتش باشم. به این ترتیب من فرزندِ کانون شدم و داروسازی را کنار گذاشتم. واقعیت این است که من در زندگی همه‌چیز را به‌دلیل علاقه به بچه‌ها و هنر رها کردم.

❑ و در ادامهٔ همین پرسش و پاسخ، محیطِ کاری کانون را در مقایسه با فضاهای کاری دیگر چگونه می‌دیدید؟

آزادی امتیاز بزرگ کانون بود. ما در فضاهای کاریِ دیگر از روی فرمول کار می‌کردیم. مثلاً در مؤسسهٔ فرانکلین فرمولِ مشخصی برای تصویرسازیِ کتاب‌های درسیِ سال اوّل تا چهارم دبستان داشتیم. همه‌چیز تعریف‌شده بود.
در کیهان بچه‌ها هم مسئولیت من طرّاحی روی جلد نشریه بود، که باز هم فرمول خود را داشت.
در کانون ما ناگهان مثل شناگری که در یک استخر بزرگ رها شده باشد آزاد شدیم هر طور دوست داشتیم شنا کنیم. مدیرعامل کانون به ما آزادیِ مطلق می‌داد. ما هیچ‌وقت به خانم امیرارجمند گزارش نمی‌دادیم. هیچ سدّی جلوی ما نبود. فکرمان آزاد بود، و آزادی اساسِ خلّاقیت است.
کانون در ایران یک استثنا بود. به‌نظر من، این شیوهٔ مدیریت خانم امیرارجمند، که شاید هنوز در کشورهای پیشرفته هم به آن نرسیده باشند، دلیل مهم موفّقیت استثنائی کانون بود.

❑ شما در نگاره هم کار کرده بودید؟

بله، نگاره در اوایل دههٔ چهل، با مدیریت فیروز شیروانلو ایجاد شده بود. همکاری من با نگاره، به دعوت آقای شیروانلو و برای ساختنِ یک نماد به‌عنوان درِ ورودیِ سیرک مسکو آغاز

شد. شیروانلو در آن زمان در کانون کار می‌کرد. همکاری ما باعث شد شیروانلو مرا به کانون معرّفی کند و در سال‌های همکاری‌ام با کانون همواره پشتیبان من بماند.

❏ اوّلین همکاری‌تان با انتشارات کانون چه بود؟

تصویرسازی کتاب کلاغ‌ها اوّلین همکاری من با انتشارات کانون و دوّمین تصویرسازی‌ام برای کتاب کودک بود. پیش از آن، به سفارش خانم زهرا خانلری، کتاب افسانهٔ سیمرغ را، که بازنویسی و تنظیم خانم خانلری از داستانی از شاهنامه بود، تصویرسازی کرده بودم، که توسط شرکت سهامی کتاب‌های جیبی چاپ شد. کلاغ‌ها برندهٔ جایزهٔ تصویرسازی براتیسلاوا شد.

❏ مدرسهٔ انیمیشن کانون را چه زمانی سامان دادید و هنرجویان مدرسه چه کسانی بودند؟

کمی بعد از بازگشت از بلژیک، فکر می‌کنم سال ۱۳۵۴، زمانی که مشغول ساختن فیلم «امیرحمزه» بودم، کانون از من خواست مدرسه‌ای برای آموزش انیمیشن آغاز کنم. ساختِ فیلم را برای یک سال کنار گذاشتم و «مرکز تجربیات نقّاشی متحرک» را در کانون راه انداختم. این مرکز بخشی از کانون بود و هنرجویانش به خرجِ کانون تحصیل می‌کردند، و بعد از پایان تحصیل هم می‌توانستند به استخدام کانون درآیند. ایدهٔ آموزش کارهای تازه به دیگران، که کانون در تمام زمینه‌ها اجرا می‌کرد، بسیار مفید بود.

برای پذیرش دانشجو امتحان ورودی گذاشتیم. تعداد متقاضیان علاقه‌مند به شرکت در امتحان چنان زیاد بود که دو سوّم پاکت‌ها را اصلاً باز نکردند. اوّلین گروه دانشجو چهارده نفر بودند، که قرار بود آموختن انیمیشن را از الفبای این رشته شروع کنند. این اوّلین بار بود که در ایران انیمیشن آموزش داده می‌شد.

من از بهترین اساتید چند رشتهٔ هنری در ارتباط با ساختِ انیمیشن برای تدریس در این مرکز دعوت کردم. مرتضی ممیز به دانشجویان ما گرافیک درس می‌داد، دکتر هوشنگ کاووسی سینما و دکتر هادی شفاییه عکاسی. معتقد بودم دانشجویان باید رشته‌های هنری مربوط به

تولید فیلم را بشناسند.
دو سال بعد از شروع مدرسهٔ آموزش انیمیشن در کانون به این نتیجه رسیدیم که داوطلبانی که برای آموختنِ انیمیشن می‌آیند پایه‌های محکم لازم را ندارند. فکر کردیم دانشجویانی را بپذیریم که دوره‌های هنری مثل طرّاحی و نقّاشی یا عکاسی را طی کرده باشند. یعنی دورهٔ آموزشی ما معادل فوق‌لیسانس شد.

❑ «امیر حمزهٔ دلدار و گور غمگین» فیلم خیلی خوبی است، با مفاهیمی بسیار جلوتر از زمانهٔ ساختش. خوشحال‌ام فیلم را کامل و تولید کردید. با اجازه‌تان، چند نکتهٔ این فیلم را بازخوانی کنیم.
نخست، ساختِ انیمیشن با فضای سنّتی ایرانی، با طرح‌های ساده و داستان قابل دریافت. نکتهٔ مهم و به‌نظر من شگفتی‌آور دیگر رها کردنِ مردِ قصّه از طلسم، توسط شخصیتِ زن است، در زمانی‌که ازجمله دیزنی «سیندرلا» و «زیبای خفته» می‌ساخت و زنانِ قصّه‌ها را برای هر تغییر منتظر و نیازمند مردانِ قدرتمند نشان می‌داد. نکتهٔ سوّم آموزشِ خواندن و نوشتن -کلمه و آگاهی- به دیوِ قصّه برای ساختنِ شخصیتی بهتر از اوست. این پیام‌ها برای کودکان -و بزرگ‌سالان هم- درخشان است.

لطف می‌کنید کمی دربارهٔ این فیلم صحبت کنید؟

من این فیلم را با این پرسش ساختم که چگونه می‌شود از ظرفیت‌هایی که در نقّاشی‌های دورهٔ قاجار هست، برای ساختن انیمیشن استفاده کرد. صادقانه بگویم، می‌خواستم خودم را امتحان کنم و ببینم چگونه می‌توانم مفاهیم و تصاویری از فرهنگِ ایرانی را با تکنیک‌های جهانی تلفیق کنم.
من از کودکی زیربنای فرهنگیِ ایرانی را داشتم. وقتی کارِ انیمیشن را شروع کردم، فرهنگِ اروپایی را هم جذب کردم. ما هر سال در فستیوال فیلم، فیلم‌های انیمیشن سرتاسر جهان را می‌دیدیم. درواقع، درسمان را در فستیوال‌ها شروع کرده بودیم و بعد هم رفتیم دانشگاه و تکنیک و اصولِ دیگر را یاد گرفتیم. درس‌های دانشگاهی برای ما مثل یک هدیه بود که ما در بافتِ فرهنگی خودمان بازسازی‌اش می‌کردیم.

مدیرعامل کانون، خانم امیرارجمند، هم تحصیل‌کردهٔ غرب بود، فرهنگ‌های اروپایی را می‌شناخت و نمی‌توانست جهان را محدود یا با چشمِ بسته بر فرهنگ‌های دیگر ببیند. دست ما را هم در کار باز می‌گذاشت. فکرمان را به‌اختصار برایش توضیح می‌دادیم و می‌رفتیم دنبال کار و کانون بودجه را فراهم می‌کرد. یک سال بعد که کار کامل می‌شد، فیلم را برای خانم امیرارجمند می‌بردیم. در این فاصله هم او هیچ نوع دخالتی در کار ما نمی‌کرد.

دربارهٔ مضامینی که مورد توجّه و دقّت شماست، هرچه هست برآمده از مفاهیم فرهنگیِ جاافتاده در ذهنِ من بوده. با هدفِ نشان دادنِ آن نکته‌ها کار را نساختم. آن‌چه را درست می‌دانستم در فیلم نمایش دادم. برداشتِ شما از فیلم را دوست دارم و خوشحال‌ام ما سی و چند سال پیش انیمیشنی ساختیم که هنوز می‌شود در آن نکته‌های تازه پیدا کرد.

به هر حال، من فیلمِ کامل‌شده را به خانم امیرارجمند دادم. ایشان هم مثل همیشه پشتیبانی و تشویق کرد، و فیلم را در فستیوال فیلم همان سال در سینما شهرفرنگ نمایش دادیم.
فردای آن روز خانم امیرارجمند به من اطلّاع داد که آقای روحانی،[1] وزیر کشاورزی، خواسته مرا ببیند و دربارهٔ ساختنِ یک فیلم با من صحبت کند.
آقای روحانی، در دیداری که داشتیم به من گفت فیلم را دوست داشته و علاقه‌مند است من یک فیلم سینمایی بسازم و او بودجه‌اش را تأمین کند.
کانون چنین فرصت‌هایی را ایجاد می‌کرد. متأسفانه، با وقوع انقلاب همه چیز به باد رفت. ما قدمِ اوّل را برداشته بودیم که انقلاب شد. اگر این اتّفاق نیافتاده بود، ما تا یکی دو سال بعد انیمیشنِ جهانی داشتیم، مدرسهٔ انیمیشن کانون هم به دانشکدهٔ انیمیشن تبدیل شده بود.

مرکز انیمیشن کانون در حالِ پیش رفتن در یک مسیر درست برای رسیدن به یک هدف بزرگ بود؛ درس می‌دادیم و فیلم می‌ساختیم و فیلم‌هایمان هم در جشنواره‌های بین‌المللی موفّق می‌شدند. ایران می‌توانست یکی از مهم‌ترین کشورهای تهیه‌کنندهٔ انیمیشن در جهان باشد.

❑ تحصیل و تمرین انیمیشن در چکسلواکی را چه زمانی آغاز کردید؟

۱- منصور روحانی (۱۳۰۰-۱۳۵۸، تهران) وزیر آب و برق در کابینهٔ حسنعلی منصور و وزیر کشاورزی و منابع طبیعی در کابینهٔ هویدا. روحانی در سال ۱۳۵۸ به حکم صادق خلخالی اعدام شد.

کار مدرسهٔ انیمیشن کانون شروع شده بود، که در مشورت با کانون فکر کردیم خوب است انیمیشنِ حجمی یا عروسکی هم کار کنیم. آن زمان چکسلواکی بهترین سازندهٔ انیمیشنِ عروسکی بود. من باز هم با پشتیبانی کانون و این بار همراه دو دانشجوی مدرسهٔ انیمیشن، وجیه‌الله فردمقدم و عبدالله علیمراد، برای سه ماه به پراگ رفتم و در استودیوی ییری ترانکا[1] کار کردم و بسیار آموختم. مدیر آن مدرسه کارل زِمان بود. ما کار یاد گرفتیم و برگشتیم. کانون هزینهٔ دوره‌های آموزشی را می‌پرداخت.
این روش‌ها روش‌هایِ مفیدی بود که هم ما را تشویق می‌کرد و هم کمک می‌کرد کیفیتِ کارمان بارها بهتر شود. ضمن این‌که ما می‌توانستیم آن‌چه را یاد می‌گرفتیم به دیگران هم یاد بدهیم.

❑ شما با نفیسه ریاحی هم آشنا بودید و همکاری داشتید؟

من با نفیسه دوستی نزدیکی داشتم. نفیسه دختر سرتیپ ریاحی، رئیس ستاد ارتش در زمان مصدق بود، پیش از من در بلژیک انیمیشن خوانده بود و همان‌جا کار می‌کرد. من در بلژیک با او آشنا شدم. بعد، او هم به تهران آمد و در کانون مشغول ساختن انیمیشن شد. یک کار مشترک هم ساختیم.

❑ آیا تا سال ۱۳۵۷ «مرکز تجربیات نقّاشی متحرک» کانون تنها مرکز آموزش انیمیشن ایران باقی ماند؟

سال ۱۳۵۶ از طرف کانون با دانشگاه فارابی وارد گفت‌وگو شدیم، تا دورهٔ فوق‌لیسانس انیمیشن را در آن دانشگاه آغاز کنیم. اوّلین گروه دانشجویان را هم پذیرفتیم و کار را شروع کردیم، که انقلاب شد و همان دورهٔ اوّل هم نیمه‌کاره ماند.

❑ برای تولید انیمیشن، فیلم‌برداری و صداگذاری و کارهای دیگر را در ساختمان کانون انجام می‌دادید؟

1-Jiří Trnka

بله، کانون پیش از ساختنِ مدرسهٔ آموزش انیمیشن استودیوهای متعدّد داشت برای صدا، موسیقی، ادیت و کارهای مربوط به فیلم‌سازی. ما کاملاً مستقل بودیم.

❑ یکی از مفاهیم مورد توجّه شما در انیمیشن‌هایی که در کانون ساختید، مفهوم زیاده‌خواهی یا آز است، که با توجّه به آن‌چه گفتید می‌تواند با مطالعهٔ متونِ ادبیات کلاسیک فارسی، به‌ویژه سعدی و فردوسی در ارتباط باشد.
«چشمِ تنگ دنیادار» نمونهٔ اثرگذارِ پرداختن به این مفهوم است. چه شد این فیلم در چند بخشِ به‌هم پیوسته ساخته شد؟

حرصِ بشر، به‌نظر سیری‌ناپذیر است و می‌تواند در سطوحِ فردی و اجتماعی و جهانی مشکلات بزرگ ایجاد کند. این مفاهیم را می‌شود از کودکی و با زبان ساده و سرگرم‌کننده به بچه‌ها نشان داد و بچه‌ها را به فکر کردن دعوت کرد.
ایدهٔ فیلم «چشمِ تنگ دنیادار»، از این بیت سعدی است: «گفت چشمِ تنگ دنیادار را/ یا قناعت پُر کند یا خاک گور» که با زبانی سهل و ممتنع دربارهٔ آز یا حرصِ بشر صحبت می‌کند. اوّلین بخش این فیلم که درست شد، فکر کردم جا دارد داستان دیگری اضافه کنیم. تمام شش قسمت به همین ترتیب خودبه‌خود متولّد شدند. مشغول ساختن قطعهٔ سوّم بودیم که قطعهٔ چهارم پیدا می‌شد. این خاصیتِ هنر است، چه رمان بنویسیم چه فیلم یا موسیقی بسازیم. هنر زاینده است. قطعات بعدی‌اش را تعریف و متولّد می‌کند. شاید یک دلیلش این است که حین انجام کار خلّاق، فکر ما فقط حول و حوش خلّاقیت می‌چرخد و تمرکز می‌کند و در همه حال، به‌نوعی مشغول آفریدن است.

❑ تولید انیمیشن‌های در خدمتِ مفاهیم انسانی و اجتماعی در کانون در مدارِ توجّه بوده. این نوع کار، که به‌نظر من هم سازنده و سودمند است، و فکر کردن و شریک شدن در معناآفرینی را به کودک یاد می‌دهد، از چشم‌اندازهایی به نقد آثار کانون انجامیده. بعضی‌ها درصدِ قابلِ توجّهی از آثار کانون، به‌ویژه انیمیشن‌ها را مناسب سنین کودکی و نوجوانی نمی‌دانند.
به‌نظر می‌رسد نگاه شما متفاوت است.

من دربارهٔ خودم، صادقانه می‌گویم که هرگز پایبند این نبودم که فیلمی که می‌سازم در حدِ چه مخاطبی است. خلّاقیت آزادی می‌خواهد. کار خلّاق در محدودیت، ازجمله برای حدِ مفهومی که در کار هست، نمی‌گویم ممکن نیست، ولی کار باارزش هنری نمی‌شود. اگر کانون ما را محدود و مجبور به ساختنِ نوعِ خاصی فیلم می‌کرد، اصول و مؤلفه و تعریف و چهارچوب تعیین می‌کرد، البتّه فیلم ساخته می‌شد، ولی نه این آثاری که ما امروز درباره‌شان صحبت می‌کنیم.

خوشبختانه کانون به ما هیچ فشاری نمی‌آورد. ما آزاد بودیم آن‌چه را که می‌خواستیم بسازیم. می‌بینیم که نتیجهٔ کارهای کانون هم به کارِ کودکانِ آن‌زمان می‌آمد، و هم به کارِ فرهنگِ جامعه در تمام زمان‌ها.

امروز در ایران کارهای تصویری خوبی می‌سازند. در کارِ هنری، آزادی در اجرای فکر خلّاق هم بخشی از خلّاقیت است. مدیرعامل کانون این آگاهی و آزادگی را داشت که بداند اگر افق‌ها را باز کنیم پروازها بلندتر می‌شوند.

نقدی که دربارهٔ نوع نگاه و کار ما در کانون مطرح می‌شود، نظری است در کنار نظرهای متفاوت دیگر. اِشکالی هم ندارد. دنیا پُر از نگاه‌ها و برداشت‌ها و تحلیل‌های متفاوت است. بچه‌ها هم توانایی‌های متفاوت دارند. همه مثلِ هم نیستند و مثلِ هم فکر نمی‌کنند. ارتباط همهٔ بچه‌ها با آثار هنری یک‌شکل نیست.

❏ پس از همهٔ این سال‌ها، کانون چه جایی در زندگی حرفه‌ای شما دارد؟

کانون از همان آغاز، الویتِ شماره یک زندگی من شد. یعنی فکر و کار و حرفه و درآمدم حولِ کانون گشت. کانون نقطهٔ مرکزی دایرهٔ زندگی من بود. دانشگاهی بود که در آن آموختم و بهشتی بود که در آن خلق کردم.

من فکر می‌کنم کانون کعبهٔ آمالی بود که همهٔ ما از صبح دورش می‌چرخیدیم، فکر می‌کردیم، خلق می‌کردیم و درواقع، زندگی می‌کردیم.

هشتم خرداد ۱۴۰۳
(مه ۲۰۲۴)

کانون،
سازمانی جوان‌گرا، با فضای کاریِ باز و پذیرنده

سیاوش سامی (زادهٔ ۱۳۲۷، کرمانشاه؛ ساکن کُلُرادو)
رابط فرهنگی کتابخانه‌های کانون در شهرستان‌ها،
معاون فیروز شیروانلو در مرکز پژوهش کانون،
دستیار علی میرزایی در امور کتابخانه‌های کانون

□ اگر از شما خواهش کنم صحبت دربارهٔ کانون را با هرچه دوست دارید آغاز کنید، چه خواهید گفت؟

فکر می‌کنم بهتر است صحبتم را با یک تشکّر بلندبالا از خانم امیرارجمند شروع کنم. همهٔ ما ایشان را دوست داشتیم و دوست خواهیم داشت. مدیریت ایشان بسیار قابل احترام بود. ادارهٔ کانون وظیفهٔ سنگینی بود که ایشان با توجّه به جوانی و عدم تجربه در ادارهٔ چنین تشکیلاتی به‌نحو احسن از عهده‌اش برآمدند، و با محیط دوستانه و فضایِ خانوادگی که در کانون ایجاد کردند گیرایی خاصی به کار دادند که باعث می‌شد هر کدام ما جدا از مسئولیت

و وظیفه‌ای که داشتیم، هر کار دیگری را هم که می‌توانستیم انجام دهیم.
کانون یک سازمان یا اداره با محیط خشک، مثل سایر وزارت‌خانه‌ها و اداره‌های دولتی، نبود. همچنان‌که نتیجهٔ کارش بسیار متفاوت بود، فضای کاری بسیار متفاوتی هم داشت. در فضای باز و آزادِ کانون کسی نسبت به دیگری برتری نداشت و همه این را احساس می‌کردند.
نوع نگاه، توجّه و انعطاف‌پذیریِ خانم امیرارجمند کانون را یک مرکز استثنائی کرده بود. هر کس دیگری به جای خانم امیرارجمند در مدیریت کانون قرار می‌گرفت، محال بود بتواند کانون را اداره کند و کانون این کانون شود.

خانم امیرارجمند هرگز فکر نمی‌کرد ممکن است نشود ایده‌ای را به عمل درآورد. با آقای ثابتی هم ارتباط نزدیک داشت. هم از کارکنان کانون پشتیبانی می‌کرد، و هم گاهی که مثلاً در یک شهرستان، یک مأمور ساواک یکی دو عنوان کتاب را از قفسهٔ یکی از کتابخانه‌های کانون برمی‌داشت و می‌بُرد و ما گزارش می‌دادیم، فردای آن روز می‌دیدیم کتاب‌ها برگشته‌اند سرِ جایشان. این نوع پشتیبانی و همراهیِ مدیریت برای ما مهم و دلگرم‌کننده بود.
نکتهٔ دیگر این‌که صمیمیت محیط کاری باعث پایداری ارتباط اعضای کانون شد و خانم امیرارجمند هم می‌دانند که همهٔ ما همچنان مشتاق‌ایم با ایشان در ارتباط و از حالشان باخبر باشیم.

در کنار فعّالیت‌های ایشان، شهبانو فرح مطرح می‌شوند. نقش شهبانو خیلی مهم بود. بدون اسم، قدرت و پشتیبانی شهبانو کانون پا نمی‌گرفت. حمایت شهبانو، به شناخته‌شدن و گستردگی کارِ کانون بسیار کمک کرد. اوایل کار، که کانون زیاد شناخته‌شده نبود، ما به‌اعتبارِ شهبانو، بدون وقت گرفتن، به دیدار مسئولینی در سطح استاندار می‌رفتیم و آن‌ها هم ما را می‌پذیرفتند و کارمان پیش می‌رفت. اسم شهبانو روی کانون بود. کم‌کم کانون شناخته شد و اسم کانون احترام و اعتبار زیادی پیدا کرد.

❑ همکاری شما با کانون چه زمانی آغاز شد و نخستین مسئولیتی که در این نهاد به‌عهده گرفتید چه بود؟

من حدود دو سال بعد از پاگرفتنِ کانون به این نهاد پیوستم. ابتدا به‌عنوان رابط فرهنگی، که در آن زمان با عنوان بازرس فرهنگی شناخته می‌شد، در مرکز امور کتابخانه‌های شهرستان‌ها

با خانم آذر شهابی و بعد با آقای نیو نابت کار می‌کردم. کارم بیشتر مأموریتی بود. در آن دوران، زمانی که خانم‌های کتابدار یک کتابخانه به هر دلیل، مثلاً زایمان، مرخصی می‌گرفتند، من و سه همکار دیگرم موظّف بودیم مسئولیت آن‌ها را به‌عهده بگیریم. من این کار را، ازجمله در شهرهای کوچک مرزی ایران، مثل بانه، زابل و آستارا، و نیز در شهر خمین انجام دادم. درنتیجه، با مشکلات و تنگناهای بچه‌ها در خانواده‌ها و نقش بااهمیت و مسئولیتِ بسیار سنگینی که کتابدارها داشتند -و متأسفانه هرگز آن‌طور که سزاوار است از آن قدردانی نشده- آشنا شدم.

من در آن زمان بیست و دو ساله بودم. کانون یک سازمان جوان‌گرا بود که موفّق شد اطمینانی ایجاد کند که بچه‌ها به کتابخانه بیایند، مشکلاتشان را با کتابدار در میان بگذارند، و احساس کنند کتابدار مثل یک مشاور یا روانکاو به حرف‌های آن‌ها گوش می‌دهد و نقشِ یاری‌دهنده هم دارد.

◻ می‌شود فهمید که کار کتابدار کودک دشوارتر از کتابدار کتابخانه‌های عمومی است. کتابدار کانون، به‌طور مشخص، در ایران آن روزگار و در غیبت هر پیشینهٔ کتابخانه و کتابداری کودک، همان‌طور که گفتید، کار سنگین‌تر و پیچیده‌تری هم داشته. با این پیش‌فرض، کتابدارهای کانون چگونه انتخاب می‌شدند و چگونه آموزش می‌دیدند؟

در تهران، قبل از آغاز مرکز آموزش کانون، کسانی که مشتاق بودند در یک تشکیلات فرهنگی کار کنند به ادارهٔ کانون، که در آن زمان در خیابان بهار بود، مراجعه می‌کردند. خانم آذر شهابی، که آن زمان مسئول امور کتابخانه‌های تهران و شهرستان‌ها بود، با داوطلب‌ها مصاحبه می‌کرد. کسانی که پذیرفته می‌شدند، مدّتی زیر نظر خانم نسرین بدرایرانی آموزش می‌دیدند، یک ماه هم در کتابخانه‌ها دورهٔ عملی را می‌گذراندند. یعنی به کتابخانه می‌رفتند و می‌دیدند کتابدار قبلی چگونه کار می‌کند. هم‌زمان و به‌تدریج کار با بچه‌ها را هم شروع می‌کردند. به بچه‌ها کتاب می‌دادند، در تهیهٔ نشریه همکاری می‌کردند، داستان‌سرایی می‌کردند، و زیر نظر سرپرستِ کتابخانه با بچه‌ها در ارتباط قرار می‌گرفتند، و بعد از تأیید سرپرست کتابخانه، به‌عنوان کتابدار به کانون معرّفی می‌شدند و پس از طی مراحل اداریِ

استخدام، کار در کتابخانه را شروع می‌کردند.

در شهرستان‌ها افرادی که نیاز به کار داشتند یا علاقه‌مند به کتاب و کتابخانه بودند، به استانداری یا ادارهٔ آموزش و پرورش منطقه -بسته به امکانی که در هر منطقه در دسترس بود- مراجعه می‌کردند، و نامه‌ای دربارهٔ علاقه و اشتیاقشان به کتابداری در کتابخانه‌های کانون تحویل می‌دادند. مسئولیت رسیدگی به این نامه‌ها با رابط فرهنگی کتابخانه‌های کانون در آن منطقه بود. ما به این مراکز مراجعه می‌کردیم، نامه‌ها را می‌گرفتیم، می‌خواندیم، چند نفر را انتخاب و برای مصاحبه دعوت می‌کردیم و پذیرفته‌شدگان را می‌فرستادیم تهران برای گذراندن دورهٔ آموزش.

گروه آموزش کتابدارهای کانون که ابتدا زیر نظر آقای فریدون شایان شکل گرفت و با همکاری آقای طیّب و آقای قادری‌گلاب‌درّه‌ای ادامه یافت، پس از رفتن آقای شایان از کانون، زیر نظر آقای نفیسی و با مدیریت ایشان گسترش یافت، انتخاب کتابدارهای تهران را به‌عهده گرفت و برنامهٔ آموزش کتابدارهای مناطق مختلف ایران و امکان اقامتشان در تهران برای گذراندن دورهٔ آموزشی را هم فراهم کرد.

همچنین، یک سمینار سالانهٔ آموزشی برای کتابدارهای شهرستان‌ها و عشایر تنظیم شده بود، که سالی یک بار به مدّت یک هفته، هر روز از ساعت هشت صبح تا پنج بعدازظهر، در دو مدرسه در شمالِ شهر تهران، برگزار می‌شد. کتابخانه‌های کانون را در آن یک هفته می‌بستند و کتابدارها را به تهران دعوت می‌کردند.

در این سمینار، دوستان مرکز پژوهش و کتابدارها صحبت می‌کردند، مرکز آموزش هم از بیرون سخنران دعوت می‌کرد. کتابدارهای شهرهای گوناگون تجدید دیدار می‌کردند، کتابدارهای جدید با قدیمی‌ها آشنا می‌شدند و گاهی در این میان دوستی‌های پایدار شکل می‌گرفت. بعد از یک هفته هم کتابدارها با آموخته‌های جدید به محل کارشان برمی‌گشتند. بعد از چند سال، این سمینار برای کتابدارهای کتابخانه‌های تهران هم با همان شیوه برگزار شد.

جالب است این را هم بدانید که اوایل که کانون را بیشتر با اسم شهبانو می‌شناختند، متقاضیان کتابداری در شهرستان‌ها نامه‌هایشان را خطاب به شهبانو می‌نوشتند. کسانی که استخدام می‌شدند، درخواستشان در پروندهٔ کارگزینی ثبت می‌شد و می‌ماند.

بعد از انقلاب، کتابدارهای آگاه و باتجربه‌ای را که چندین سال پیش نامه‌هایشان را خطاب

به شهبانو نوشته بودند تصفیه کردند. گفتند طاغوتی بودند و از طرف شهبانو دعوت شده بودند. من که در جریان آن نامه‌ها و مسیر استخدام کتابدارها بودم، در یک جلسه موضوع را با آقای خرّازی و آقای بانکی در میان گذاشتم. ولی متأسفانه کسی گوش نداد و کتابدارهایِ توانایی که بیشترین زحمت را برای کانون کشیده بودند، با بی‌انصافی تصفیه شدند.

□ ممکن است مسیر آماده شدن و آغازِ کارِ یک کتابخانهٔ کانون در یک شهر کوچک ایران را تصویر کنید؟

شروع کار می‌توانست به این شکل باشد که درخواست ایجاد کتابخانه از سوی مسئولین شهر به کانون برسد، یا به این صورت که کانون احساس کند باید در منطقه‌ای کتابخانه داشته باشد. بر این اساس یکی از ما چهار نفر رابطِ کتابخانه‌ها به مکان مورد نظر می‌رفتیم و با مسئولین منطقه -استاندار، فرماندار یا مسئولین دیگر شهر- مشغول گفت‌وگو می‌شدیم و درخواستِ زمین می‌کردیم. زمین بر اساس نزدیکی به مدارس و نزدیکی به خیابان‌های اصلی شهر انتخاب می‌شد. بعد از انتقال قانونی زمین به کانون، ساخت کتابخانه بر اساس بافت شهر و موارد متعدّدِ مورد نظرِ مرکز خدمات مهندسی شروع می‌شد. مراحل بعدیِ انتخاب کتابدار و کتاب درواقع آماده‌سازی کتابخانه بود.

یک نمونه را برایتان بازگو می‌کنم. آماده‌سازیِ کتابخانهٔ بانه به‌عهدهٔ من بود. هم‌زمان با آماده شدنِ کتابخانه باید دنبال کتابدار می‌گشتم. بانه شهر مرزی کوچکی است در کردستان، نزدیک عراق، که در آن دوران هیچ‌نوع امکانات تفریحی نداشت. حتّی یک پارک نداشت. شاید باور نکنید که فرماندار و شهردار هم نداشت. من به دیدار رئیس ادارهٔ آموزش و پرورش رفتم، که همان زمان، چریک‌های فدایی خلق داییِ او -تیمسار فرسیو- را ترور کرده بودند، و قرار بود او، یعنی رئیس ادارهٔ آموزش و پرورش بانه، تا چند دقیقهٔ دیگر همراه خانواده‌اش عازم تهران شود. به راهنمایی او و با مشکلات زیاد، توانستم با اعضای انجمن شهر بانه صحبت کنم. آن‌ها برایم توضیح دادند که جوانانی که در بانه دیپلم می‌گرفتند، به کردستان یا اگر می‌توانستند به تهران می‌رفتند. به‌همین دلیل، شهر حتّی برای انتخاب شهردار مشکل داشت.

در شهرستان‌های کوچک پیدا کردن افراد تحصیل‌کرده‌ای که بتوانند و بخواهند همان‌جا بمانند و با کانون کار کنند، آسان نبود. شما تصوّر کنید ما در شهرستان کوچک و دورافتاده‌ای

مثل بانه دنبال کسی می‌گشتیم که دیپلم دبیرستان داشته باشد، و بخواهد در آن شهر کتابدار کتابخانهٔ کودک شود.

هم‌زمان، انجمن شهر برای انتخاب شهردار مشغول مذاکره با خانمی بود که تا کلاس نهم درس خوانده بود. من سعی کردم با هر استدلالی که به فکرم می‌رسید قانعشان کنم که کار کردن با کتاب و بچه‌ها برای آن خانم بهتر است. با آن خانم، که ثریا فاتحی نام داشت، صحبت کردم، و او پذیرفت به‌جای شهردار بانه، کتابدار کانون شود. همیشه از خانم فاتحی ممنون‌ام. به این ترتیب، من در بانه ماندم و در کتابخانهٔ کانون کتابداری کردم تا ایشان بروند تهران دورهٔ آموزشی را بگذرانند و برگردد.

بانه در آن زمان مسافرخانه نداشت. من در یک قهوه‌خانه زندگی کردم و این باعث شد بتوانم با وضعیت شهر و مشکلات مردم آشنا شوم. این‌ها را می‌گویم که شما بدانید کانون از کجا و چگونه شروع کرد و با چه عشق و همّتی گسترده شد.

کانون در دورانی که از آن صحبت می‌کنیم، بودجه‌ای نداشت که حق مأموریت یا پول هواپیما بدهد. ما با اتوبوس و مینی‌بوس سفر می‌کردیم. گاهی جعبه‌های کتاب‌های انتشارات کانون را که لازم بود به کتابخانه‌ای برسانیم همراهمان می‌بردیم و در هر کتابخانه از هر عنوان کتابِ کانون پنج نسخه می‌گذاشتیم. در سفرهایمان با استاندار یا هر مسئولی که ملاقات می‌کردیم، دربارهٔ شهر صحبت می‌کردیم. شناخت فرهنگ شهر و مشکلات و کمبودهای رفاهی بچه‌ها در شهر به تصمیم‌گیری ما دربارهٔ کتاب‌ها، برنامه‌های آموزشی و تجهیزات لازم برای کتابخانه‌ها کمک می‌کرد. از سوی دیگر، تمام این اطّلاعات در گزارش‌های ما که مستقیم به دست خانم امیرارجمند می‌رسید بازتاب داده می‌شد. من اطمینان دارم که خانم امیرارجمند گزارش‌های ما دربارهٔ تنگناهای شهری و مشکلات بچه‌ها را با شهبانو مطرح می‌کردند و به این ترتیب دربار به‌شکلی متوجّه این مشکلات، که شاید دیگران مطرح نمی‌کردند، می‌شد.

❑ انتخاب کتاب برای کتابخانه‌های کانون چگونه انجام می‌گرفت؟

سال‌های اوّل، یکی دو نفر در مرکز انتشارات، کتاب‌هایی را که از انتشاراتی‌های مختلف به کانون می‌آمد می‌خواندند، از کتاب‌های مورد تأییدشان فهرستی تهیه می‌کردند و به خانم

امیرارجمند می‌دادند، و فهرست نهایی را، بعد از تأیید ایشان، برای کتابخانه‌های کانون سفارش می‌دادند.

حدود سال ۱۳۵۰، «کمیتهٔ انتخاب کتاب» تشکیل شد، که دربرگیرندهٔ پنج کتابدار از تهران (خانم شهلا افتخاری، خانم اکرم گلستان، خانم مستانه عطّاراشرفی، خانم فریده اخوان و خانم افشار)، مدیر امور کتابخانه‌ها (آقای میرزایی و آقای نابت) و یک نفر از انتشارات (آقای طاهباز) بود. کتابدارهای این گروه ممکن بود در درازای زمان تغییر کنند. دلیل انتخاب کتابدارها از کتابخانه‌های تهران دشواریِ رفت‌وآمد کتابدارهای شهرستان‌ها بود.
این‌جمع ماهی یک بار کتاب‌هایی را که انتشاراتی‌های دیگر برای کانون فرستاده بودند بررسی می‌کرد. به این صورت که در هر جلسه کتاب‌ها بین اعضا تقسیم می‌شدند. خانم‌های کتابدار یک ماه فرصت داشتند کتاب‌هایی را که به آن‌ها سپرده شده بود بخوانند و در جلسهٔ بعد کتاب‌های مورد تأییدشان را معرّفی کنند، دربارهٔ داستانش نظر بدهند و بگویند برای چه گروه سنی مناسب است. اگر گفته‌های یک کتابدار مورد تأیید اعضای کمیته بود، کتاب را در فهرست سفارش می‌گذاشتند. اگر کتابی اتفاقِ نظرِ اکثریت را به‌دست نمی‌آورد، آن را به یک کتابدار دیگر می‌دادند، او یک ماه فرصت داشت همان کارها را انجام دهد، و در جلسهٔ بعد دیدگاه خودش را اعلام کند. گروه در جلسهٔ دوّم تصمیم می‌گرفت کتاب را بخرد یا خیر. کتابدارها از روی تجربه می‌دانستند بچه‌ها چه نوع کتابی را بیشتر دوست دارند و چه کتابی برای چه گروه سنی مناسب است. درنتیجه، نظرشان دربارهٔ هر کتاب تازه، به‌نوعی بازتابِ ارزیابی و تجربه‌شان دربارهٔ کتاب‌های کتابخانه‌ها هم بود.
فهرست نهایی را به خانم امیرارجمند می‌دادند. ایشان هم اگر سؤالی داشت، از آقای میرزایی یا آقای نابت یا آقای طاهباز می‌پرسید و بعد از تأیید ایشان فهرست کتاب‌ها در اختیار مرکز سفارش کتاب، با سرپرستی خانم مهین محمدی، قرار می‌گرفت. خانم محمدی کتاب‌ها را به انتشاراتی‌ها سفارش می‌داد، و فهرست و مشخصات آن‌ها را به قسمت آماده‌سازی کتاب می‌فرستاد. در آغاز، خانم امیرارجمند خودشان کتاب‌ها را کاتالوگ می‌کردند. بعد، خانم آمالیا باغداساریان که سرپرست کتابخانهٔ مرجع هم بودند، این مسئولیت را عهده‌دار شدند که کتاب‌ها را شمارهٔ دیوئی بدهند و به قسمت آماده‌سازی کتاب بفرستند که اطّلاعاتِ لازم روی کتاب‌ها منتقل شود.

فکر خانم امیرارجمند خیلی باز بود، و نظارتشان بر این مراحل به‌گونه‌ای بود که کارها راحت پیش می‌رفت. کتاب‌های کانون هم همیشه مورد استقبال مردم بودند. تنها کتابی که در یکی از کتابخانه‌های کانون، با مسئله روبه‌رو شد، کتاب بچه چطور به‌دنیا میاد بود. بازخوانی این اتّفاق، به نظر من، برای شناختن جامعهٔ سنّتی آن روزگار ایران مهم است. در آن زمان، بحثی نه‌چندان جدّی هم مطرح شد که این کتاب برای جامعه زود است و ممکن است پذیرفته نشود. به هر حال، کتاب با تصمیم نهایی خانم امیرارجمند، به کتابخانه‌های مراکز استان‌ها فرستاده شد. در کتابخانهٔ خیابان هاشمی تهران، یک منطقهٔ نسبتاً بزرگ سنّتی، پیش‌نماز مسجد از وجود این کتاب مطّلع شد، اهالیِ محلّه را بسیج کرد و فشارِ اهالی سنّتی باعث شد آن کتاب از آن کتابخانه برداشته شود. این سال ۱۹۷۱/۱۳۵۰ بود. اهمیت این اتّفاق در نشان دادنِ باورهای بخش سنّتی جامعه و قدرت نفوذ یک آخوند در آن بخش است. تنها جایی که یک عنوان کتاب از یک کتابخانهٔ کانون برداشته شد آن‌جا بود. ما چنین مشکلی با ساواک نداشتیم. اگر کتابی برای بعضی از مأموران ساواک زیر پرسش بود، کانون بدون مشکل و خیلی زود مسئله را حل می‌کرد.

یک نکتهٔ مهم این است که کانون بزرگ‌ترین خریدار کتاب از ناشران ایران و مهم‌ترین مشوّق آن‌ها بود، حتّی باعث شد خیلی از نویسندگان و شعرا رویکردشان را تغییر دهند و برای بچه‌ها هم بنویسند. بسیاری از نویسندگانِ آن زمان پیش از کانون هرگز ادبیات کودک کار نکرده بودند.

از طرف دیگر، بچه‌های کانون بزرگ می‌شدند، از کانون می‌رفتند، دانشجو می‌شدند و چون کتاب‌خوان بودند، کتاب می‌خواستند و می‌خریدند. یعنی کانون، مردم را کتاب‌خوان و بازار کتاب ایران را گرم می‌کرد.

کتابخانه‌های ما در سال‌های آخر دو میلیون عضو داشتند. اگر این‌ها هر ماه فقط دو کتاب از کتابخانه‌هایشان می‌گرفتند -که من مطمئن‌ام آمار امانت‌گرفتنِ کتاب بارها بیش از این بود- کانون باعث می‌شد در ایران هر ماه چهار میلیون کتاب خوانده شود. انتخابِ درستِ این کتاب‌ها اهمیت داشت.

کمی بعد از انقلاب، یک روز دیدم یک جوان کتاب‌ها را از روی جلد و تزئین و عنوان کتاب، ظرف چند ثانیه، ارزش‌گذاری و تأیید یا رد می‌کرد. این شیوهٔ انتخاب کتاب، جایگزین کار

کمیتهٔ انتخاب کتاب شده بود.

☐ آیا نشریهٔ «کارنامه» به امور کتابخانه‌های کانون اختصاص داشت؟

«کارنامه کانون» ماهنامهٔ داخلی کانون بود که کارش را با انتشار خلاصه‌ای از گزارش‌های ماهیانهٔ کتابخانه‌ها در تهران و شهرستان‌ها آغاز کرد. به این منظور، سرپرست هر کتابخانه در تهران و شهرستان‌ها، هر ماه گزارش‌هایی از امور کتابخانه‌اش را به مرکز کتابخانه‌ها می‌فرستاد، این مطالب مطالعه می‌شدند و خلاصه‌ای از موضوعاتی که لازم بود در کارنامه بیاید توسط آقای میرزایی و آقای نابت نوشته و به مرکز انتشارات ارائه می‌شد. قبل از این آقایان، خانم فائزه اعیان که رابط فرهنگی امور کتابخانه‌های تهران بودند این کار را انجام می‌دادند.
در «کارنامه»، نوشته‌های کوتاهی از بچه‌های عضو کتابخانه‌ها، کتابدارها، آقای آزاد، آقای امامی و گاهی آقای طاهباز نیز چاپ می‌شد.

همچنان که کانون گسترده‌تر می‌شد، به‌تدریج خبرهای واحدهای دیگر کانون هم در کارنامه می‌آمد؛ مثلاً مطالبی دربارهٔ فستیوال‌های فیلم، یا کتاب‌های تازه‌ای که در انتشارات کانون منتشر می‌شد. مطالب مربوط به هر واحد را اعضای همان واحد می‌نوشتند و در اختیار انتشارات می‌گذاشتند. مطالب مربوط به امور کتابخانه‌ها را در بیشتر موارد کتابدارها تهیه می‌کردند و به مرکز کتابخانه‌ها می‌فرستادند.
کارنامه در مرکز انتشارات نظم می‌گرفت، چاپ می‌شد و به کتابخانه‌های شهرستان‌ها و تهران می‌رفت تا همه از کار هم مطلع شوند و از هم ایده بگیرند. درواقع، نقش اطّلاع‌رسانی داشت.
بعدها کانون، به‌منظور معرّفی فعّالیت‌های گوناگون و چندین ساله‌اش، چند کاتالوگ هم درست کرد.

☐ بچه‌ها چگونه از وجود کانون و فعّالیت‌هایش باخبر می‌شدند؟

پایگاه اصلیِ تبلیغاتی ما آموزش و پرورش بود. در تهران وزارت آموزش و پرورش در معرّفی کانون نقش مهمی داشت. خانم امیرارجمند از وزیر آموزش و پرورش می‌خواست با اطّلاعیه

یا بخشنامه مسئولین مدارس تهران را از وجود و فعّالیت‌های کتابخانه‌های کانون در مناطق مختلف شهر آگاه کنند.

در شهرستان‌ها، ما به‌ویژه نزدیک به افتتاح کتابخانه با مقام‌های استان و شهرستان صحبت می‌کردیم، آن‌ها مدیر ادارهٔ آموزش و پرورش منطقه را در جریان می‌گذاشتند و از آن‌ها می‌خواستند به‌هر نحوی مدارس را در جریانِ گشایش کتابخانه بگذارند. مسئولین مدارس هم به معلّم‌ها اطّلاع می‌دادند. بعضی از معلّم‌های مدارس که اهل کتاب بودند و اشتیاق داشتند به‌شکلی خدمتی هم کرده باشند، گه‌گاه دانش‌آموزان کلاسشان را برای آشنایی با کانون به کتابخانه‌ها می‌بردند. کتابدارها باعلاقه کتابخانه را به بچه‌ها نشان می‌دادند، برای بچه‌ها داستان‌سرایی می‌کردند، دربارهٔ فعّالیت‌های کانون و کلاس‌های مرکز آموزش هنری توضیح می‌دادند، و این به‌مشتاق کردن بچه‌ها برای مراجعهٔ بیشتر به کتابخانه‌ها کمک می‌کرد. نقش معلّم‌ها در اطّلاع‌رسانی و تشویق بچه‌ها در این زمینه بسیار مهم بود. کتابدارهای کانون هم به کلاس‌های درس مدارس می‌رفتند و برای بچه‌ها دربارهٔ کتابخانه‌های کانون صحبت می‌کردند.

در رابطه با عشایر فارس، آقای بهمن‌بیگی خیلی کمک کرد. عشایر منطقهٔ رضاییه هم فعّالانی داشتند.

□ مرکز پژوهش کانون چگونه شکل گرفت و مسئولیت شما در آن مرکز چه بود؟

مرکز پژوهش‌های فرهنگی ‑ اجتماعی با ایدهٔ آقای شیروانلو و مدیریت او، با مأموریت انجام پژوهش‌هایی در رابطه با مناطق مختلف ایران آغاز به کار کرد، با همان مأموریت و با همان نوع نگاه هم به مناطق مختلف ایران رفت، ولی کارش هیچ ربطی به بچه‌ها و کانون نداشت.

به این معنی که اعضای مرکز پژوهش به شهرستان‌ها و روستاهای ایران سفر می‌کردند، نیازهای آن مناطق را مطالعه می‌کردند، تا حدودی با سبْک زندگی و فرهنگ‌های گوناگون مناطق مختلف ایران آشنا می‌شدند، نتایج تحقیقشان را هم می‌نوشتند و به‌صورت کتابچه‌هایی چاپ می‌کردند که در مرکز پژوهش کانون در دسترس بود. ولی این تحقیقات واقعاً به کار کانون ربط نداشت.

می‌شود گفت آقای شیروانلو ایده‌هایی داشت که در مرکز پژوهش کانون روی آن‌ها کار می‌کرد. مثلاً دربارهٔ تنگناهای زنان بلوچستان تحقیق کرده بودند. نتیجهٔ این تحقیق برای ایران مفید بود، ولی بازتابی در کتابخانه‌ها و کار کتابدارهای کانون نداشت. اگر کسی علاقه داشت آن نتایج را بخواند، می‌توانست به اتاق کار من در مرکز پژوهش مراجعه کند[1].
کار دیگر مرکز پژوهش، ترجمه بود. آقای شیروانلو کتاب‌هایی را که بعضی‌هایشان در ایران آن روزگار غیرمجاز بودند سفارش می‌داد. ما در مرکز پژوهش با شش مترجم خیلی خوب، ازجمله آقای محمد قاضی همکاری داشتیم. این شش نفر این کتاب‌ها را ترجمه می‌کردند و می‌گذاشتند در کتابخانهٔ مرجع، برای استفادهٔ پژوهش‌گران.
من سه سال در مرکز پژوهش دستیار آقای شیروانلو بودم و از نزدیک با او کار کردم، و این دوّمین کار و مسئولیت من در کانون بود. مدتی هم در امور کتابخانه‌ها با آقای میرزایی همکاری داشتم.

□ در دریافت من، فیروز شیروانلو از شخصیت‌های پیچیده‌ای است که کارهای فرهنگی بااهمّیتی انجام داده. بسیاری از نویسندگان و هنرمندان کانون توسط شیروانلو به کانون معرّفی یا دعوت شده‌اند. مرکز انتشارات و مرکز پژوهش کانون نیز هر کدام برای دورانی با مدیریت او اداره شدند، و مرکز سینمایی کانون هم خلّاقیت و پشتیبانی او را همراه داشته.

کمی دربارهٔ شناخت و برداشتتان از شیروانلو صحبت می‌کنید؟

شیروانلو پیش از آمدن به کانون در مؤسسهٔ انتشارات فرانکلین کار می‌کرد و البتّه آن موقع ناشناخته بود. من نمی‌دانم چه کسی آقای شیروانلو را به کانون معرّفی یا پیشنهاد کرد.

۱-در ارزیابی امروزِ علی میرزایی نیز « زنان و مردان شریف و درستکاری در مرکز پژوهش بودند و کارهای خیلی خوبی هم در حیطه‌ای کهَ در آن ســال‌ها به‌عنوان وظیفهٔ آن‌ها تعریف شــده بود انجام دادند.» میرزایی می‌گوید «از نظر من، یعنی علی میرزاییِ ۱۳۹۴، پیوند فعّالی وجود نداشــت میان برنامه‌ریزی‌هایی که برای کتابخانه‌ها می‌کردیم و کارهای پژوهشی که انجامَ می‌شد...»، یک شاخه در سیاهی جنگل، ص ۱۰۳. «مرکز پژوهش برای خودش کار می‌کرد و با مدیران و کارشناسان کتابخانه‌ها پیوند نداشت؛ هرچه دلتان بخواهد رفاقت و صمیمیت در روابطمان بود، ولی معلوم نبود مرکز پژوهش چه چیزی را و برای چه دستگاهی پژوهش می‌کند. هیچ‌وقت به یادم نمی‌آید گزارشی به مدیران کتابخانه‌ها داده باشند که این پژوهش را بگیرید و بخوانید و به‌کار ببرید؛ به دردتان می‌خورد. ایراد از ما هم بود. ما نرفتیم سینه سپر کنیم و بگوییم استاد، بفرمایید شما برای کدام دستگاهی دارید پژوهش می‌کنید!» همان، ص ۱۹۳.

همچنین، ما نمی‌دانیم زمانی که شیروانلو و هم‌فکران یا همراهانش در گروه سیاسیِ متهم به ترور پادشاه از زندان بیرون آمدند، بین آن‌ها و سیستم چه گذشته بود.

شناخت‌ها دربارهٔ شیروانلو متفاوت بوده. نظر خیلی‌ها این است که شیروانلو آدم خوش‌فکر و خلّاقی بود که کارهای بزرگی در کانون انجام داد؛ که کسی هم منکر آن نیست. من چون از نزدیک با ایشان کار کرده‌ام و یکی دو مورد هم با ایشان دچار مشکل شدم نظر متفاوتی دارم. آقای شیروانلو آدم خلّاق و در ضمن، مغرور و متکبّری بود با توانایی‌های خاص که اجرای هر تصمیمش را با دیدِ گسترده و اتکا به‌نفسِ بالا و جدّیت به انجام می‌رساند.
در نگاه من، آقای شیروانلو شماری از افراد سیاسی، ازجمله بعضی از افرادی را که در زندان با آن‌ها آشنا شده بود، و آدم‌های روشن و توانایی هم بودند و خوب کار می‌کردند، در مرکز پژوهش‌های فرهنگی - اجتماعی کانون گرد آورد. کارکنان مرکز پژوهش اکثراً سیاسی بودند. این افراد در یک مرکزِ شناخته‌شده جمع شدند و خیال ساواک راحت شد که این‌ها هر روز، تقریباً در ساعاتی مشخص، در یک مکان مشخص هستند.

بعد هم که آقای شیروانلو، ابتدا نیمه‌وقت، به دفتر مخصوص شهبانو رفت، ترتیبی داد که صبح تا ظهر که خودش در کانون نبود، مسئولیت کارها به عهدهٔ من باشد. بعدازظهر خودش می‌آمد و به کارها رسیدگی می‌کرد. زمانی که شیروانلو در دفتر مخصوص ماندگار شد، آقای عطاءالله نوریان را به‌عنوان مدیر مرکز پژوهش معرّفی کرد.
فرهنگ‌سرای نیاوران، با نظارت و مدیریت شیروانلو، و در دوران همکاری او با دفتر مخصوص شهبانو تأسیس شد. کمی بعد از تأسیس این مرکز فرهنگی، ساواک نوریان را دستگیر کرد. فردای روز دستگیری نوریان، مرکز پژوهش‌های کانون را بستند، از دفتر مدیرعامل تماس گرفتند و گفتند فردی برای تحویل جزوه‌های مرکز به دفتر من می‌آید. پس از آن هم تعدادی از اعضای مرکز که طبیعتاً اهل کتاب و پژوهش بودند، به فرهنگ‌سرای نیاوران رفتند و همکار شیروانلو شدند.

این مسائل، همان‌طور که شما گفتید پیچیده است و به‌نظر من، باید دنبال «چرا»هایش بود. این را هم همین‌جا یادآور شوم که متأسفانه نوریان در نظام جمهوری اسلامی هم دستگیر، به‌سختی شکنجه و در نهایت اعدام شد.

▫️ شیوهٔ اطّلاع‌رسانی دربارهٔ استخدام در مراکز متعدّد کانون چگونه بود؟

از تجربهٔ خودم بگویم: من از سنین نوجوانی به‌طور حرفه‌ای ورزش می‌کردم و به سفرهای ورزشی متعدّد می‌رفتم. بعد از پایان تحصیلاتم، به‌دنبال کار به تهران آمدم. آن زمان هنوز کانون را نمی‌شناختم. اوایل کارِ کانون بود و ما هنوز در کرمانشاه کتابخانهٔ کانون نداشتیم. از طریق دوست یکی از خویشانم در تهران، متوجّه شدم که سازمانی به نام کانون پرورش فکری کودکان و نوجوانان وجود دارد. به مرکز کانون معرّفی شدم و خانم آذر شهابی با من مصاحبه کرد. اهل خواندن کتاب داستان هم بودم. ولی تجربهٔ سفرهایم به استان‌های متعدّد ایران و آمادگی‌ام برای سفر و شناختن شهرهای مختلف خیلی به استخدام من کمک کرد. در بیشتر موارد همین‌طور بود. یعنی کسی کانون را به آشنایان، دوستان و همکارانش معرّفی می‌کرد.

در شهرستان‌ها هم افراد، بیش و کم به همین طریق، یعنی به‌واسطهٔ آشنایان یا اطّلاع‌رسانیِ ادارهٔ آموزش و پرورش منطقه، با کانون آشنا می‌شدند، به استانداری یا مراکز مسئول دیگر در منطقه مراجعه می‌کردند و پی‌گیر می‌شدند؛ شبیه مسیری که دربارهٔ استخدام کتابدار توضیح دادم.

▫️ به‌نظر می‌رسد، جابه‌جایی شخصیت‌ها، حتّی مدیران مراکز گوناگون کانون، وقفه‌ای در پیشرفت کارهای این نهاد ایجاد نمی‌کرده. انگار، بیش و کم همه با روند کارها در مرکز خود و در مراکزی که در برنامهٔ مسئولیت رسمی‌شان نبود نیز آشنا بودند. به نظر من، سامان دادنِ این ساختار، نمونهٔ مثالیِ مدیریتِ مدرنی است که انجام گرفتنِ هیچ کار کوچک یا بزرگی را محدود و متّکی به یک یا دو نفر نمی‌گذارد، به نهاد -به‌عنوان یک مجموعه- می‌اندیشد و به همه امکان برکشیدنِ خود و مجموعه را می‌دهد.
نگاه شما به انعطاف‌پذیری و پیشرفتِ پیوستهٔ کانون در آن سال‌ها چگونه است؟

نظم ساختاری کانون، مهم و قابل توجّه، و نقش خانم امیرارجمند در ایجاد این نظم، اساسی بود. در هر واحد کانون، چند نفر کار می‌کردند که با تمام کارهای آن واحد آشنا بودند و اگر

هرکدام از آن‌ها از آن واحد یا از کانون می‌رفت، یکی دیگر می‌توانست کار را ادامه بدهد. مثلاً در مرکز انتشارات آقای شیروانلو، آقای طاهباز، آقای آزاد، آقای امامی و چند نفر دیگر با هم کار می‌کردند. وقتی آقای شیروانلو رفت، آقای طاهباز کارها را اداره کرد و هیچ مشکلی هم پیش نیامد.

همهٔ واحدها همین‌طور بودند. زمانی که تصمیم گرفتند کتابخانه‌ها را بر اساس مناطق تقسیم کنند، و به این منظور به دوازده مدیر نیاز داشتند، همهٔ آن مدیران را از کارکنان کانون انتخاب کردند. لازم نبود کسی را از بیرون استخدام کنند.

مدیریت کانون فضای فکری و کاریِ باز و پذیرنده‌ای در اختیار همه قرار می‌داد. حتّی اگر کسی ایدهٔ نپخته‌ای پیشنهاد می‌کرد، خانم امیرارجمند می‌گفت: برو رویش کار کن، آماده‌اش کن، بعد می‌فرستیمش به مرکز آموزش ببینند چگونه می‌شود اجرایش کرد.

هر واحدی هم که فکر می‌کرد می‌تواند از توانایی کسی در واحد دیگر کمک بگیرد، فقط به خانم امیرارجمند اطّلاع می‌داد و ایشان هم می‌گفتند کاری را که در فکرتان هست انجام دهید، ببینید چه نتیجه‌ای می‌گیرید. هیچ احتیاجی به پیمودن مراحل اداری و توضیح مفصّل و ارائهٔ برنامه‌های بلندمدّت نبود.

یادم هست یکی از دوستان که کتابخانه‌های ناحیهٔ خراسان را زیر نظر داشت، متوجّه شده بود یکی از بچه‌های عضو یک کتابخانه، کارهای خلّاق و جالبی روی فیلم‌استریپ‌ها انجام می‌داد. مثلاً کلماتی را با سوزن روی فیلم می‌نوشت و فیلم را روی دیوار برای بچه‌ها نشان می‌داد. آن فرد از این کار خلّاق ایده گرفت و به خانم امیرارجمند پیشنهاد تشکیل واحد فیلم‌استریپ داد. ایشان هم پذیرفت. هزینه گذاشتند و واحد فیلم‌استریپ برای بچه‌ها راه افتاد. واقعاً به همین سادگی بود.

پشتیبانی خانم امیرارجمند از اعضا هم تشویق بزرگی بود و به ایجاد نظمی که شما به آن توجّه کرده‌اید کمک می‌کرد.

به‌عنوان نمونه، آقای مجید درخشانی، موسیقی‌دان شناخته‌شده، که آن زمان مربّی جوان نقّاشی و موسیقی کانون بود، بعدها تعریف کرد که در آن روزها یک ساز تار خیلی باارزش دیده و سخت دلباخته‌اش شده بود. قیمت ساز ده‌هزار تومان بود. در آن زمان آقای درخشانی نیمه‌وقت کار می‌کرد و در استخدام رسمی کانون هم نبود، درنتیجه بر اساس مقرّرات، نمی‌توانست از سازمان تقاضای وام کند. از آقای کلانتری، مسئول بخش

آموزش نقّاشی کانون، خواسته بود با خانم امیرارجمند صحبت کند و بپرسد آیا ممکن است موافقت کنند او برای خرید آن ساز وام بگیرد. کلانتری پذیرفته بود و خانم امیرارجمند در همان جلسهٔ گفت‌وگو یک چک شخصیِ ده‌هزار تومانی برای درخشانی نوشته بود و به کلانتری گفته بود لازم نیست وام بگیرد، این ساز، هدیهٔ کانون است برای یک مربّی خوب. خانم امیرارجمند چنین مدیری بود. برای قدردانی از تلاش همکارانش چنین تصمیم‌هایی می‌گرفت و هیچ‌وقت هم نمی‌گذاشت کسی متوجّه این مسائل شود. سال‌ها بعد، بعضی از این داستان‌ها به گوش ما رسید.

نمونهٔ دیگر، به سال ۱۳۵۲ و ابتلای شاملو به توموری در گردنش برمی‌گردد. همکاران مرکز پژوهش، پس از باخبر شدن، با کمک غلامرضا امامی، اقدام به جمع‌آوری پول کردند، که به میزانی که لازم بود نرسید. موضوع را با خانم امیرارجمند مطرح کردند. ایشان، با این‌که شاملو کارمند کانون نبود، موضوع را با شهبانو در میان گذاشتند و هزینهٔ لازم تأمین شد. شاملو برای جرّاحی به فرانسه رفت، معالجه‌اش را کامل کرد و برگشت.*

هفتم مرداد ۱۴۰۳
(ژوئیه ۲۰۲۴)

* برای آشنایی بیشتر با کانون و گوش دادن به اجرای چند عنوان از کتاب‌های منتشر شده در انتشارات این نهاد، می‌توانید به کانال یوتیوب سیاوش سامی مراجعه کنید:
https://www.youtube.com/@Kanoon1344/videos

می‌خواستیم آثار ایرانی-جهانی بسازیم[1]

علی‌اکبر صادقی (زادهٔ ۱۳۱۶، تهران؛ ساکن تهران)

نقّاش، تصویرگر، انیماتور

□ شما چگونه در دورانی که افسر وظیفه بودید، برای ساختن انیمیشن به کانون دعوت شدید؟ آیا مدیران کانون نقّاشی شما را می‌شناختند؟

من سال ۱۳۴۸ یا ۴۹، زمانی که با درجهٔ افسری نیروی هوایی، دورهٔ خدمت سربازی را می‌گذراندم، به دعوت فیروز شیروانلو کتاب پهلوان پهلوانان را نقّاشی کردم و به کانون دادم. پیش از آن، کتاب گُلستان و مُلستان را هم نقّاشی کرده بودم. هر دوی این نقّاشی‌ها خیلی ایرانی بودند و دلیل انتخاب آن کتاب‌ها هم نوع نقّاشی من بود که با داستان‌های ایرانی مطابقت داشت. مدیرعامل کانون، خانم امیرارجمند، از نقّاشی من خوششان آمد و پیشنهاد

۱- این گفت‌وگو با لطف و مهربانی آرش صادقی، فرزند استاد علی‌اکبر صادقی، در هفته‌های نخستِ پس از ترخیصِ استاد از بیمارستان تنظیم شد. ملاحظهٔ حال جسمی استاد، امکان پرسش و پاسخ بیشتر را بر نمی‌تابید. سپاسگزار بزرگواری استاد صادقی و همراهی و بردباری آرش هستم. م. ز

دادند من به کانون بروم و با همان سبْکِ نقّاشی‌ام انیمیشن ایرانی بسازم. کارهای اداری‌اش را هم خودشان انجام دادند و من به کانون رفتم.

آن زمان، آقای شیروانلو داستانی نوشته بود به نام «هفت شهر» که قصد داشت بر اساس آن انیمیشن بسازد. من هیچ‌چیز دربارهٔ ساختنِ فیلم نمی‌دانستم. ساختنِ انیمیشن را به‌طور خودآموز، با مطالعه و ورق‌زدنِ کتاب‌های والت دیزنی یاد گرفتم و «هفت شهر» را به سبْکِ خودم، یعنی کاملاً ایرانی ساختم. شیروانلو خیلی خوشحال شد، فیلم را دوست داشت. درواقع، من با پُررویی شروع کردم به فیلم‌سازی و با عشق به این کار ادامه دادم. آن سبْک فیلم انیمیشن تا آن زمان در ایران کار نشده بود.

❑ برخورد مخاطبان شما با حضور عناصر و مفاهیم اصیل ایرانی در انیمیشن چگونه بود؟

مردم با آن نوع کار آشنا نبودند، ولی کار را دوست داشتند و این مرا خوشحال می‌کرد. مردم حتّی امروز که دیگر تصویرگری نمی‌کنم و فیلم نمی‌سازم، آن کارها را به یاد دارند و مرا دوست دارند.
من هر کتابی را نقّاشی نکرده‌ام. کتاب را خوانده‌ام و اگر با روحیه و تکنیک و سبْک کارم هماهنگ بوده، آن‌طور که دلم می‌خواست تصویرسازی کردم. من یک ایرانی هستم و همیشه دوست داشتم آثارم ایرانی باشند.

ما در کانون آزاد بودیم کاری را که واقعاً دوست داشتیم با تکنیک و سبْکی که می‌خواستیم انجام دهیم، و این باعث می‌شد تمام کسانی که در کانون کار می‌کردند در کارشان موفّق باشند.

❑ همکاری شما با کانون تا سال ۱۳۵۷ ادامه داشت؟

من با کانون به‌طور قراردادی کار می‌کردم. در استخدام کانون نبودم. بعد از ساختنِ «هفت شهر»، دوران سربازی‌ام هم تمام شد و با توافقی که با کانون انجام دادیم، بر اساس قرارداد برایشان فیلم می‌ساختم. تقریباً سالی یک فیلم ساختم. فکر می‌کنم پانزده کتاب را هم نقّاشی

کردم؛ کتاب‌هایی با داستان‌های حماسی که با نوع نقّاشی من هماهنگ بودند.

□ به‌نظرم، یک ویژگی انیمیشن‌های شما بدون کلام بودنِ فیلم است. در این رابطه صحبت می‌کنید؟

من برای این‌که فیلم‌هایم را تمام بچه‌های دنیا با هر زبانی که داشتند درک کنند، و احساس کنند به زبانِ خودشان است، برای فیلم کلام در نظر نمی‌گرفتم و نَریشن نمی‌گذاشتم. این شیوهٔ کار، فیلم‌های انیمیشن را به یک اثر هنری تبدیل می‌کند. فیلم‌سازی یک کار خلّاق است، هنر است، و کار هنری که برای کودک ساخته می‌شود هم باید اثر هنری باشد. من هیچ‌وقت ساختنِ فیلم برای کودک را دستِ کم نمی‌گرفتم.

«گُل‌باران» دوّمین فیلم من بود، که برندهٔ چند جایزهٔ بین‌المللی ازجمله دیپلم افتخار فستیوال فیلم کوتاه فنلاند شد[1]. این فیلم جزو دروس ساختِ انیمیشن شد.

□ دربارهٔ فیلم «زال و سیمرغ» هم صحبت می‌کنید؟

«زال و سیمرغ» بر اساس داستانی از شاهنامه ساخته شد. ساختنش برای من یک کار تحقیقی بود و بیش از فیلم‌های دیگر زمان بُرد. تقریباً یک سال دربارهٔ جزئیات لباس‌ها، حتّی زین اسب در آن دوران مطالعه کردم. دوست داشتم فضاسازی ایرانی را با سبکی نو ارائه دهم. موسیقی فیلم را مجید انتظامی ساخت.

□ تحلیل‌گرانِ آثارِ شما، شروع سوررئالیسم در آثارتان را با نقّاشی‌های پس از انقلاب شما هم‌زمان می‌دانند. به‌نظرم، می‌شود قدم‌های نخست سوررئالیسم را در انیمیشن‌های شما نیز دید. موافق‌اید؟

سوررئال‌های من هم تکنیک و سبْک خاص خودم را دارند و خیلی تخیّلی‌ترند. شاید اصلاً نشود اسمش را به آن صورت سوررئال گذاشت. بچه‌ها جهانِ تخیّلی را می‌فهمند. بدون کلام

۱-جشنوارهٔ فیلم تامپره (Tampere Film Festival) قدیمی‌ترین جشنوارهٔ فیلم کوتاه در شمال اروپا و از معتبرترین جشنواره‌های فیلم کوتاه جهان است، که از سال ۱۹۶۹ هر سال در شهر تامپره در فنلاند برگزار می‌شود.

بودنِ انیمیشن هم به کودک کمک می‌کند تخیّل خودش را بپروراند. بله، نوعی از سوررئال با چاشنیِ عرفانِ ایرانی در نقّاشی‌ها و در انیمیشن‌های من هم دیده می‌شود.

من حتماً از آب و خاک و از فرهنگ و هنرِ کشورم تأثیر گرفتم و در عین حال همیشه سعی می‌کردم یک نوآوری در کارهایم باشد. در تمام سبْک‌ها، از کارهای خیلی کلاسیک و انواع مینیاتورهای قدیمی تا سبْک‌های انتزاعی، کار کرده‌ام و تمامِ این‌ها در مخیّلهٔ من ضبط شده‌اند. ولی کار من هیچ‌کدام از این‌ها نیست. کار من خیلی ایرانی و خیلی مدرن است.

همهٔ ما در کانون می‌خواستیم آثار ایرانی-جهانی بسازیم. خانم امیرارجمند هم علاقه‌مند بودند که ما جهان را بشناسیم و سبْک خودمان را داشته باشیم.

چهارم خرداد ۱۴۰۳
(مه ۲۰۲۴)

* انیمیشن‌های «هفت شهر» (۱۳۵۰)،« گُل‌باران» (۱۳۵۱)، «من آنم که» (۱۳۵۱)، «ملک خورشید» (۱۳۵۲)، «رُخ» (۱۳۵۳) و «زال و سیمرغ» (۱۳۵۶) با کارگردانی علی‌اکبر صادقی در کانون تولید شدند. پهلوان پهلوانان (نوشتهٔ نادر ابراهیمی، ۱۳۴۹)، گردآفرید (بر اساس داستانی از شاهنامه، ۱۳۵۳)، حقیقت بلندتر از آسمان (نوشتهٔ غلامرضا امامی، ۱۳۵۳)، آورده‌اند که فردوسی (نوشتهٔ مهدی اخوان‌ثالث، ۱۳۵۴) و سفرهای سندباد (نوشتهٔ محمدعلی سپانلو، ۱۳۵۴) عناوین شماری از کتاب‌های چاپِ انتشارات کانون با تصویرگری صادقی است. برای آشنایی با زندگی و آثارِ علی‌اکبر صادقی، ر. ک به: https://aliakbarsadeghi.com

خانه‌ای پُر از شور زندگی

حسین علیزاده (زادهٔ ۱۳۳۰، تهران؛ ساکن تهران)
موسیقی‌دان، آهنگساز، نوازندهٔ تار و سه‌تار، پژوهش‌گر و استاد موسیقی
مربّی آموزش موسیقی در کانون

❑ همکاری شما با کانون چگونه و با چه مسئولیتی آغاز شد؟

زمانی که من در هنرستان موسیقی تحصیل می‌کردم، خانم شیدا قره‌چه‌داغی، که در وین موسیقی خوانده و تازه به ایران برگشته بود، معلّم پیانوی ما شد. نگاه شیدا به آموزش موسیقی با نگاه معمولِ آن دورانِ ایران متفاوت بود و حضورش در مراکز آموزشی، شیوهٔ کار اساتید و فضای حسی دانشجویان را متحوّل می‌کرد. با حضور او ما دیگر از کلاس و امتحان و معلّم نمی‌ترسیدیم.
آغاز تحصیل من در دانشکدهٔ هنرهای زیبا با آغازِ آموزش موسیقی در کانون پرورش فکری کودکان و نوجوانان هم‌زمان شد. خانم قره‌چه‌داغی که در زمینهٔ موسیقیِ کودک کار کرده بود و تخصص داشت، توسط خانم امیرارجمند برای ایجاد و مدیریت بخش آموزش موسیقی

به کانون دعوت شد و برای شروع کار، تعدادی از شاگردان خود را به همکاری دعوت کرد. من یکی از اوّلین انتخاب‌های شیدا بودم.

شیدا قره‌چه‌داغی متخصص مِتُد کارل اُرف برای آموزش موسیقی بود. کانون با راهنمایی او و دست‌ودل‌بازی خانم امیرارجمند، از آلمان تعداد زیادی ساز خریداری کرد و امکانات لازم برای کار را در اختیار شیدا و مرکز آموزش موسیقی گذاشت.

همین‌جا بگویم که شیدا قره‌چه‌داغی از معلّم‌های خوب و بزرگ من است که نقش مهمی در زندگی حرفه‌ای‌ام داشته؛ به این دلیل مهم، که روی اعتماد به نفس دانشجویانش کار می‌کرد و این در کار هنری، به‌خصوص، بسیار اهمیت دارد. شیدا توانایی‌هایی را که حتّی خودمان نمی‌شناختیم، در ما کشف می‌کرد و می‌پروراند و کمک می‌کرد خودمان را باور کنیم.

برای آموزش موسیقی در کتابخانه‌های کانون هم، شیدا ابتدا ما را از نظر فکری و روانی آمادهٔ کار کردن با بچه‌ها کرد. حتّی برایمان کلاس یوگا گذاشت. واقعاً وقت گذاشت و در جلسات اوّل هم همراه ما به کلاس درس آمد و کمک کرد فضای مناسب کار کردن با کودک شکل بگیرد.

اساس شیوهٔ آموزشی اُرف بر آموزش موسیقی با توجّه به مناسبات فرهنگی هر منطقه است. این نگاهِ نو و پیشرو برای اوّلین بار در ایران، در کتابخانه‌های کانون اجرا شد و خیلی زود به آشنایی ما با دنیای کودک و ایجاد یک پیوند عاطفی بین مربّی‌ها و بچه‌ها انجامید. من در نوزده سالگی به‌عنوان مربّی موسیقی به کانون رفتم، و در دو کتابخانهٔ کانون در خیابان‌های فخرآباد (کتابخانهٔ شماره ۱۸) و وحیدیه (کتابخانهٔ شماره ۹) در تهران و یک کتابخانه در کرج با بچه‌ها موسیقی کار کردم، و از همان زمان کانون همهٔ دنیای من شد. اوّلین آهنگ‌هایم را هم در کانون و برای بچه‌ها ساختم. چنان شوقی داشتم که در مسیر رفتن به کتابخانهٔ وحیدیه، اوایل در اتوبوس و کمی بعد در ماشین شخصی‌ام، در ذهنم برای بچه‌ها آهنگ می‌ساختم و با انگشتانم ریتم آهنگ را روی میلهٔ اتوبوس یا فرمان ماشین امتحان می‌کردم.

☐ هم‌زمان با «مرکز حفظ و اشاعهٔ موسیقی» هم همکاری داشتید؟

بله؛ همیشه می‌گفتم من در کانون با بچه‌ها موسیقیِ کودک کار می‌کنم، در مرکز حفظ

و اشاعهٔ موسیقی با افراد مسن موسیقیِ سنّتی. این دوگانگی روی موسیقی من خیلی اثر می‌گذاشت. یعنی از دل این تضاد کارهای جالبی بیرون می‌آمد.
آقای صفوت، در مرکز حفظ و اشاعهٔ موسیقی، خیلی اصرار داشت من کانون را رها کنم، ولی من به‌اندازه‌ای عاشق کانون و شیدا قره‌چه‌داغی بودم که نمی‌توانستم جایگزینی برایشان متصوّر باشم.

کانون در سرنوشت موسیقایی من، و خیلی‌های دیگر هم، تأثیر داشت. هنرمندان شناخته‌شدهٔ امروز ایران، در این سال‌ها در مراکز متعددی کار کرده‌اند. ولی با هرکدامشان صحبت کنید، می‌بینید که کانون برایشان جایگاه و معنی دیگری دارد. من در کانون رشد کردم. فانتزی‌های من در موسیقی، که تا امروز هم از من جدا نشده‌اند، در کار با بچه‌ها و در کانون شکل گرفتند. همیشه خودم را مدیون کانون و شیدا قره‌چه‌داغی می‌دانم.

□ در بخش آموزش موسیقی به کودکان و نوجوانان، بچه‌ها چه یاد می‌گرفتند؟ آیا فقط اجرای موسیقی تدریس می‌شد یا ساختن آهنگ هم در برنامه‌هایتان بود؟

در کانون بچه‌ها هم آهنگ می‌ساختند، هم شعر می‌گفتند و هم اجرا می‌کردند. حتّی ارکستر خودشان را رهبری می‌کردند. همهٔ این کارها را هم همان‌جا یاد می‌گرفتند. کلاس دیگری نرفته بودند. علاقه و احساسِ مسئولیتی که داشتند باعث می‌شد با تمام وجودشان کار کنند و بهترینِ خودشان را ارائه دهند، و همین باعث ساخته‌شدن و رشدشان می‌شد. مردم هم وقتی به تماشای اجراهای بچه‌ها می‌آمدند و می‌دیدند یک کودک ده‌ساله ارکستر سازهای اُرف را هدایت می‌کند، بغض می‌کردند و اشک می‌ریختند، و احساس و تشویق آن‌ها، به‌طور متقابل، به بچه‌ها شادی و اعتماد به نفس می‌داد. کانون، به معنای دقیق، یک کارگاه هنری بود.
روح لطیف هر کس می‌توانست در کانون جاری، و تبدیل به یک اثر هنری شود و به‌نظر من این حادثه هم برای بچه‌ها و هم برای مربّی‌ها، در همهٔ رشته‌ها، اتّفاق می‌افتاد. ذوق بچه‌های کانون به دلیل فضای آزاد و دوست‌داشتنیِ کتابخانه‌ها شکوفا می‌شد، و بچه‌ها کم‌کم شروع می‌کردند به کار ساختن. خیلی از بچه‌های آن دوران، بعدها هنرمندان موفّقی

شدند؛ مثلاً آقای محمدرضا علیقلی، آهنگ‌ساز، که از شاگردان مرکز موسیقی کانون بود و اوّلین بار موسیقی را در کانون یاد گرفت. اسامی زیاد است.
یکی از کسانی که در شعر گفتن برای آهنگ‌هایی که ما می‌ساختیم خیلی نقش داشت، حمید حمزه بود، که کمی پیش از همکاری با بخش آموزش موسیقی، از بچه‌های عضو کتابخانهٔ هاشمی در جنوب شهر تهران بود.

❏ لطف می‌کنید مختصری از حمید حمزه بگویید، که نام و یادشان ثبت و قدرگذاری شود؟

حمید حمزه را شیدا قره‌چه‌داغی کشف و به عنوان دستیارش با خود همراه کرد. حمید شاعر، داستان‌نویس، بازیگر و کارگردان تئاتر بود. در کلاس‌های آموزش مربّی موسیقی، که زیر نظر قره‌چه‌داغی اداره می‌شدند، حمید از تجربیاتی که در گسترهٔ تئاتر داشت بهره می‌گرفت، از همه می‌خواست گرمکُن بپوشند، بعد یوگا و تکنیک‌های دیگرِ آماده شدن برای تئاتر را با آن‌ها تمرین می‌کرد و با ایجاد یک محیط دوستانه و برابر، خیلی زود رابطهٔ آن‌ها را از حالت رسمیِ دقایق نخست، به سادگی و صمیمیتی کودکانه می‌رساند که به ارتباطشان با دنیای بچه‌ها کمک می‌کرد. حتّی در جلساتی که حمید و شیدا و من برای برنامه‌ریزی کارها داشتیم، ما را مجبور می‌کرد گرمکُن بپوشیم، نرمِش کنیم و بعد بنشینیم پشت میز و پیشنهادهایمان را مطرح کنیم. حمید حمزه دوست نزدیک من و از هنرمندان اثرگذار در آموزش موسیقی و تئاتر در کانون بود.
یادم هست یک بار رفته بودم به دفتر شیدا قره‌چه‌داغی در کتابخانهٔ مرکزی کانون، ناگهان رعد و برق زد و باران تندی گرفت. همان‌جا و همان‌موقع از حمید خواستم با هم یک ترانه دربارهٔ باران بسازیم که من روز بعد با بچه‌های کتابخانهٔ فخرآباد کار کنم. من ملودی ساختم، حمید شعر گفت و کار انجام شد. متأسفانه حمید حمزه دیگر در بین ما نیست.

❏ بچه‌های عضو کتابخانه‌های کانونِ آن روزگار، در بازخوانی خاطراتشان، بیش از هرچیز از تجربهٔ آزادی، برابری، لبخند، شادی و مهربانی صحبت می‌کنند. شما دهه‌هاست استاد موسیقی هستید. فکر می‌کنید این فضا -احساس رهایی و شوق و شعف ماندگار تا امروز- در کانون چگونه شکل می‌گرفت؟

کانون خانهٔ بچه‌ها و خانهٔ همهٔ ما بود. بچه‌ها وقتی وارد کانون می‌شدند، احساس می‌کردند به خانهٔ اصلی‌شان آمده‌اند؛ خانه‌ای پُر از شور زندگی.
کانون فضای سالمی بود که نگاه طبقاتی نداشت، و این خیلی اهمیت دارد. امکاناتِ مناطق برای کانون مهم نبود. کانون برای غنی‌ترین تا کم‌درآمدترین محلّه‌های همهٔ مناطق ایران، امکانات کاملاً برابر فراهم می‌کرد و به بچه‌ها، کتابدارها و مربّی‌ها احترام می‌گذاشت. هرجای ایران هم که در آن زمان امکانات کافی نداشت، به‌کمک کتابخانه‌های سیّار و تئاتر سیّارِ کانون به همهٔ آن‌چه بچه‌های شهرهای بزرگ‌تر در اختیار داشتند دست پیدا می‌کرد.

به‌نظر من، کتابخانه‌های کانون، که تعداد زیادی‌شان در مناطق فقیرنشین شهرها قرار داشتند، برای بچه‌ها بهشت بودند؛ بهشتی که بچه‌ها در آن نقّاشی و موسیقی و تئاتر و هنرهای دیگر را در یک فضای شاد و دوستانه یاد می‌گرفتند و کار می‌کردند. مربّی‌ها هم دانشجو و جوان بودند و برای کار عشق و انگیزه داشتند، و کتابدارها، که فرشته‌های بهشت کانون بودند، در مواردی، شاید از مادر هم به بچه‌ها نزدیک‌تر می‌شدند. بعضی از مربّی‌ها برای آموزش بچه‌ها به شهرستان‌ها سفر می‌کردند، و این در شهرهای کوچکی که از بسیاری از امکانات دور بودند، تحوّل ایجاد می‌کرد؛ به‌خصوص در زمینهٔ موسیقیِ کودک که پیش از آن در ایران هیچ سابقه‌ای نداشت. درنتیجه، بچه‌های ایران به‌جای این‌که در کوچه پس‌کوچه‌های خاکستری پرسه بزنند، به کتابخانه می‌آمدند و در آغوش رنگ و نور و شادی و هنر و کتاب زندگی می‌کردند.
ما وقتی وارد کتابخانهٔ کانون می‌شدیم، فراموش می‌کردیم در چه جغرافیایی هستیم. انگار وارد بهشت شده بودیم. بهشتی که اتّفاقاً برای بچه‌های مناطق کم‌درآمد عینیت واقعی‌تری داشت، و بعدها هم بهترین میوه‌هایش پروردهٔ همان مناطق بودند.

نکتهٔ مهم دیگر این بود که در کانون بچه‌ها از سنین پایین حق حرف زدن و انتخاب کردن داشتند. آزاد بودند در هر کلاسی که دوست داشتند شرکت کنند، نظر بدهند، بازی کنند، شلوغ کنند. این جلوه از آزادگی و برخوردِ متفاوتِ تاریخی همه را دگرگون می‌کرد و به بچه‌ها -به‌طور مشخص به بچه‌های مناطق با درآمد و امکانات کم- اعتماد به نفس می‌داد. در کتابخانه‌های کانون به بچه‌ها مسئولیت داده می‌شد. درواقع، ما کتابخانه‌ها را با کمک بچه‌ها می‌گرداندیم.

مستخدم کتابخانه هم که قرار بود سرِ ساعتی مشخص درِ کتابخانه را ببندد، چنان شیفتهٔ رابطهٔ بچه‌ها و ما و فضای کانون بود که دلش نمی‌آمد کار ما را قطع کند، در دوران برگزاری فستیوال موسیقی هم برایش مهم بود گروه موسیقی کتابخانه‌اش بهترین اجرا را داشته باشد، حتّی همراه گروه به فستیوال می‌آمد. این تعلّق خاطر و همدلی در هرکس به هرشکلی که با کانون کار می‌کرد وجود داشت. در محیطی با نگاه و امکانات برابر برای همه، چنین عشقی جاری می‌شود.

یک بار من برای کاری در رابطه با مرکز حفظ و اشاعهٔ موسیقی، به مدّت یک ماه، به سفر اروپا رفتم و کلاسم را به مربّی دیگری سپردم. پیش از رفتن، هم من و هم بچه‌ها با بغض و گریه خداحافظی کردیم. وقتی برگشتم، بچه‌های گروه موسیقی به ابتکار خودشان، برایم یک آهنگ ساخته بودند. همهٔ کارهایی که در کانون انجام می‌شد، همین‌طور بدون اجبار و بدون تعیین ساعت کار، از روی عشق شکل می‌گرفت.

بچه‌ها مرا «آقای موسیقی» صدا می‌زدند. ماشینم را که می‌دیدند دسته‌جمعی می‌آمدند و می‌ریختند روی شیشهٔ ماشین، طوری‌که نمی‌توانستم ماشین را پارک کنم. پیوند عاطفی بینمان وصف شدنی نیست.

یکی از خاطرات قشنگم این است که بعد از یکی از اجراهای خیلی موفّق گروه موسیقیِ ما در آمفی‌تئاتر نیاوران که با تشویق زیاد تماشاگران روبه‌رو شد، وقتی بچه‌ها دور من جمع شده بودند و شادی می‌کردند، متوجّه شدم یکی از بچه‌ها که اسمش مریم بود، گوشه‌ای نشسته و گریه می‌کند. با تعجّب رفتم سر اغش و علّت را پرسیدم. با صدای لرزان گفت که در قسمت آخر یک نُت را اشتباه زده بوده. هر بار این خاطره را به یاد می‌آورم بغض می‌کنم. یک کودک، آن‌قدر به کارش و به مسئولیتی که پذیرفته بود تعهد داشت که با وجود رضایت و خوشحالیِ معلّم و گروهش، و تشویق تماشاگران که احتمالاً متوجّه اشتباه او هم نشده بودند، ناراحت بود. کانون چنان فضایی خلق کرده بود.

به نظر من، نه‌تنها بچه‌ها که ما هم جهان‌بینی هنری و تأثیر نگاه آگاهانه را در کانون یاد گرفتیم. دیدِ هنرمند از همه‌چیز مهم‌تر است. کانون به ما یاد داد چگونه موسیقی را در خدمت احساسات و اهدافمان بگذاریم.

❑ از پاسخ، حتی لحن و جنس صدای شما می‌شود احساس کرد که شما و شاید شماری از مربّی‌های دیگر کانون نیز با همان «شوق و شعف ماندگار» در حافظهٔ بچه‌های عضو کتابخانه‌های کانون، زندگی می‌کنید.

حتماً همین‌طور است. محیط کانون طراوتی داشت که آن را به ایران منتقل می‌کرد. هنوز هم، بعد از چند دهه و با تمام بلاهایی که سر کانون آمده، انرژی کانون در ما زنده است. من هر بار دربارهٔ کانون حرف می‌زنم، انگار طعم آن «شوق و شعف» را از نو در تمام وجودم حس می‌کنم.
سیاستِ درست کانون این بود که فضا و فرصتی فراهم می‌آورد تا کسانی که منتقد یا مخالف نظام بودند نیز، بتوانند با امکانات برابر با دیگران حرف بزنند و کار کنند. این یک فکر درست و سنجیده بود. چند وقت پیش شنیدم خانم امیرارجمند هم در مصاحبه‌ای گفتند به باورهای سیاسی افراد کاری نداشتند، هدفشان در کانون ساختن کار فرهنگی خوب برای بچه‌ها بود.
من چون در دوران تحصیل شاگرد خوبی بودم، از نوجوانی و پیش از دیپلم، برای نوازندگی به ارکسترهای مختلف فرهنگ و هنر، تلویزیون و جاهای دیگر دعوت می‌شدم. ولی هویت موسیقایی را کانون و شیدا قره‌چه‌داغی به من دادند. درست است که من فارغ‌التحصیل دانشکدهٔ هنرهای زیبا بودم، ولی این کانون پرورش فکری کودکان و نوجوانان بود که با نگاه، تفکّر و رفتار درست، ذوق خلّاقیت را، نه‌تنها در من، که فکر می‌کنم در بزرگان رشته‌های هنری گوناگون زنده نگه می‌داشت. کانون از همهٔ دانشگاه‌ها و محیط‌های آموزشی دیگر تأثیرگذارتر بود.

کانون دست ما را برای تجربه کردن باز می‌گذاشت. ما که آن‌جا درس می‌دادیم، و هنرمندان بزرگی که با کانون کار می‌کردند نیز، در کنار بچه‌ها و مثل آن‌ها توانایی‌هایمان را کشف می‌کردیم و هم‌زمان با بچه‌ها یاد می‌گرفتیم و قد می‌کشیدیم.
ما در کانون یاد می‌گرفتیم با موسیقی وارد دنیای بچه‌ها بشویم. آهنگی که من برای بچه‌های وحیدیه می‌ساختم، با آهنگی که برای کتابخانهٔ فخرآباد می‌ساختم متفاوت و هر کدام مناسب طبقهٔ اجتماعی، سلیقه و شیوهٔ زندگی بچه‌های منطقهٔ مورد نظر بود. این‌ها زیر نظر خانم قره‌چه‌داغی پیش می‌رفت و به ما تجربه می‌آموخت.

☐ آیا در کلاس‌های آموزش موسیقی دربارهٔ اهمیت موسیقی، احترام گذاشتن یا قدرگذاشتن موسیقی، و در تعریف فراگیر، تفکّر پشت موسیقی هم صحبت می‌شد؟

خیلی زیاد. دوران کودکی بهترین دوران برای یادگرفتن است. کودکی که در محیطی آزاد و مهربان با هنرهای مختلف در سطح بهترین‌های جهان آشنا می‌شود و رشد می‌کند، از همان ابتدا ارزش فرهنگ و هنر را می‌شناسد. بسیاری از بزرگ‌سالانی که به موسیقی یا هنرهای دیگر توجّه و علاقه ندارند، در کودکی از هنر منع شده بودند. یعنی امکان آشنایی و شناخت هنر را نداشته‌اند.

کانون می‌توانست به تغییر خیلی از فکرها و عادت‌هایی که در جامعه معیوب بود یا فرهنگش وجود نداشت کمک کند، و به‌نظر من این اتّفاق افتاد. بچه‌های کانون از هفت‌سالگی به‌طور ملموس در معرض انواع هنرها قرار می‌گرفتند و این امکان را پیدا می‌کردند که علاقه و استعدادشان را کشف کنند، بشناسند و شاید در بزرگ‌سالی دنبال کنند. نیاز نبود صبر کنند، با خرج زیاد به کلاس بروند، کنکور بدهند و بروند دانشگاه تا شاید متوجّه توانایی‌هایشان بشوند. از طرف دیگر، بچه‌ای که در خانه با شور و شوق از کلاس‌های نقّاشی و موسیقی و تئاتر حرف می‌زد، کم‌کم نگاه خانواده‌اش به هنر را تغییر می‌داد. این جریان، به‌خصوص در جامعهٔ آن روزگار ایران که خانواده‌ها توجّهی به هنر نداشتند، حتی در برابرش می‌ایستادند، به ارتقاء فرهنگ جامعه می‌انجامید.

هنر عصارهٔ آمال و آرزوهای انسان است که خودش را به شکل‌های مختلف، ازجمله موسیقی، نشان می‌دهد. هنر به انسان کمک می‌کند که خود و آدم‌ها و جهان اطرافش را بهتر و با همدلی بیشتر بفهمد و جامعه و دنیای آگاه‌تر و مهربان‌تری بسازد. کانون به‌دلیل کار کردن با کودک، پیش‌آهنگِ ساختن چنین آینده‌ای بود.

کانون برای نخستین بار در ایران کتاب کودک را به شکل و شیوهٔ حرفه‌ای چاپ کرد، موسیقی کودک ساخت، تئاتر کودک نوشت و اجرا کرد، و همهٔ این‌ها در سطح بهترین‌های دنیا اتّفاق می‌افتاد.

کانون اگر به همان شکل ادامه پیدا می‌کرد، می‌توانست به اتّفاق‌های بزرگ‌تری هم بیانجامد. در زمینهٔ موسیقی، اگر کانون با همان فضا و شیوهٔ کار ادامه می‌داد، ما امروز شماری از

هنرمندان و نیز شنوندگان خوب موسیقی داشتیم.

◻ آیا پیش آمد که بچه‌های کتابخانه‌ها بیرون از فضای کانون هم اجرا داشته باشند؟

امکانات مورد نیاز برای اجرای بچه‌ها فقط در کانون موجود بود. درنتیجه، ما جز در فضاهایی که کانون فراهم می‌آورد اجرا نداشتیم.
ولی یک آهنگ تهیه و ضبط کرده بودیم -با اجرای بچه‌ها- که قرار بود بفرستیم برای «دیزنی لند»، تا همراه اجراهایی از گروه‌های موسیقی کشورهای دیگر در یک سالن مخصوص با نمایش عروسک‌های مختلف با ملّیت‌های مختلف، پخش شود. این کار انجام، و به‌عنوان نمایندهٔ ایران، پذیرفته هم شده بود، که متأسفانه به انقلاب برخورد و نشد.

◻ به نظر شما، شرکت هم‌زمان در کلاس‌های هنری گوناگون -نقاشی، تئاتر، فیلم‌سازی، موسیقی- در سنین پایین بر پرورش خلّاقیت بچه‌ها در هر یک از این گستره‌ها اثر داشت؟

آشنایی مستقیم با هنرهای مختلف به رشد ذهنی بچه‌ها و پرورش فانتزی‌هایشان کمک می‌کرد. بعضی از بچه‌ها در چند رشته استعداد داشتند و فعّال بودند. ابزار نقّاشی و دوربین فیلم‌برداری و ساز رایگان در اختیارشان بود. کتابدارها و مربّی‌های کانون هم در جریان آخرین تجربه‌های دنیا برای آموزش به کودکان قرار می‌گرفتند. تمام کلاس‌های آموزشی در کتابخانه‌ای که کودک عضوش بود برگزار می‌شد. مجموعهٔ این امکانات برای خانواده‌های تنگدست خیلی باارزش بود. بچه‌هایشان بعد از مدرسه می‌آمدند به کانون و در یک فضای سالم و مهربان، بدون صرف هزینه سرگرم می‌شدند و یاد می‌گرفتند.
باور کانون این بود که بچه‌ها می‌فهمند و ما به آن‌ها اعتماد می‌کنیم، امکانات می‌دهیم و کمک می‌کنیم احساس مسئولیت کنند. این تفکّر در کشوری که بچه و حتّی جوان چندان به حساب نمی‌آمد یک اتّفاق بود.

بچه‌ها در کانون آزاد بودند کلاس مورد علاقه‌شان را انتخاب کنند. اجباری بالای سرشان نبود. آزادی، بچه‌ها را مسئولِ انتخابشان می‌کرد و احساس مسئولیت در کنار عشقی که به

کتابخانه‌های کانون و مربّی‌هایشان داشتند، به هنر و زندگی‌شان طراوت می‌داد.

برای من همیشه عجیب بود که جرأت و جسارت تفکّر و بینش اولیه‌ای که نهادی این‌چنین پیشرو در ایرانِ آن روزگار ساخت و آن را در سطح کشور گسترش داد، چگونه پرورده شده بود. به‌نظر من، تاریخ، اگر منصف باشد، از اهمیت فرهنگی کانون بسیار خواهد نوشت. کانون یکی از بزرگ‌ترین نوآوری‌هایی بود که در زمینهٔ فرهنگی و هنری در ایران اتّفاق افتاد، یک پدیدهٔ مدرن و فکرشدهٔ بسیار اثرگذار.

❑ آیا اعضای گروه‌های موسیقی کتابخانه‌های مختلف کانون با هم همکاری می‌کردند؟

بله؛ یک گروه موسیقی بزرگ داشتیم که اعضایش از بچه‌های بااستعداد و زبدهٔ کتابخانه‌های مختلف تهران گلچین شده بود و در بعضی برنامه‌ها اجرا داشت. مثلاً ما چهارشنبه‌سوری‌ها برای بچه‌ها جشن می‌گرفتیم. شیدا قره‌چه‌داغی هم می‌آمد و این گروه منتخب در مراسم چهارشنبه‌سوری با حضور خانم امیرارجمند اجرا می‌کرد. خانم امیرارجمند از قبل پیام می‌داد که یک آهنگ مشخص ساختهٔ علیزاده اجرا شود؛ یعنی نام اثر را می‌دانست. چنین دقّت و توجّهی وجود داشت.
فستیوال موسیقی هم داشتیم که در آمفی‌تئاتر پارک نیاوران برگزار می‌شد و گروهای موسیقی همهٔ کتابخانه‌ها در آن شرکت می‌کردند؛ درواقع، نوعی مسابقه بین کتابخانه‌ها بود.

❑ «آوازهای کودکان»، یکی از صفحه‌های تولید کانون در سال ۱۳۵۳ است که نام شما را به‌عنوان آهنگ‌ساز و تنظیم‌کننده بر خود دارد. هم‌نشینی آوازهای مناطق مختلف ایران در این مجموعه و در آن دوران ستودنی است؛ آهنگ بندری تا کرمانشاهی، همه با تنظیم شما که بر اساس توضیح روی صفحه، توسط کودکانِ هشت تا دوازده‌ساله اجرا شده‌اند. دربارهٔ فکرِ آشنا کردن بچه‌ها با موسیقی مناطق مختلف ایران صحبت می‌کنید؟

«آوازهای کودکان» را با گروه موسیقی کتابخانهٔ ۱۸در خیابان فخرآباد در دروازه شمیران

تهران کار کردیم. بچه‌های این کتابخانه خیلی بااستعداد بودند. تعدادی از آهنگ‌های این صفحه را خود بچه‌ها ساختند.

یکی از نکاتی که در مِتُد کارل اُرف مطرح می‌شود استفاده از ملودی‌هایی است که در حافظهٔ مردم یک منطقه هست. در آن زمان همه‌چیز مختص به مردم تهران دیده می‌شد. من این نگاه را نداشتم. سعی می‌کردم از موسیقی‌های دیگر -محلّی یا غیر فارسی، هر طور نامشان دهیم- نیز استفاده کنم. کانون هم به این نگاه باور داشت. یادم هست یک نوجوان چهارده‌ساله آواز بندری آن مجموعه را خواند. ایران از موفّق‌ترین کشورها در پیاده کردن آموزش موسیقی به روش اُرف بود.

نه‌تنها ملودی‌های محلّی، که هر آنچه در زندگی روزانهٔ بچه‌های ایران حضور داشت، می‌توانست به کار ما وارد شود. یک بار به بچه‌ها گفتم قصد دارم آهنگی بسازم به نام «کالسکه». از اوّلین آهنگ‌هایی بود که برای بچه‌ها ساختم. دختری که اسمش را یادم نیست، شعرش را گفت، من آهنگ را ساختم، با کمک دوستی یک کالسکهٔ پارچه‌ای هم ساختیم. این کار را، که بچه‌ها خیلی دوست داشتند، در چند فستیوال اجرا کردیم. همه‌چیز تولید و محصول کارگاه هنری خودمان بود و برآمده از زندگی روزانهٔ بچه‌ها.

متأسفانه، کانون در اوج فعالیت‌هایش، زمانی که داشت میوه می‌داد، به انقلاب برخورد کرد و نتوانست اثرگذاری‌اش را ادامه بدهد. هرچند، بچه‌هایی که در کانون رشد کردند و مربّی‌هایی که تجربهٔ کار در کانون را داشتند، آموخته‌ها و تجربه‌هایشان را به‌شکلی ادامه دادند. مثلاً خود من، که مدّتی با کمک شیدا قره‌چه‌داغی مربّی‌های موسیقی کانون را آموزش می‌دادم، به کارم ادامه دادم.

همیشه می‌گویم که من در دوران زندگی‌ام بهشت را در فضای انسانی و دوست‌داشتنی کانون پرورش فکری دیده و در آن زندگی کرده‌ام.

شانزدهم شهریور ۱۴۰۳
(سپتامبر ۲۰۲۴)

ادای دِین به رؤیاهای کودکی

فریدون عموزاده‌خلیلی (زادهٔ ۱۳۳۸، سمنان؛ ساکن تهران)

روزنامه‌نگار، نویسنده، از بنیان‌گذاران انجمن نویسندگان کودک و نوجوان

❑ شما در دوران کودکی عضو کتابخانه‌های کانون بودید. کتابخانه‌های کانون، برای دانش‌آموزانی که احتمالاً بعد از مدرسه سرگرمی نداشتند و خواندنِ کتابِ غیردرسی هم برایشان متعارف نبود، چه معنایی داشت؟

من بچه‌های دیگر را نمی‌دانم، خودم را می‌گویم که کودکی‌ام در شهر سمنان گذشت، در جنوبی‌ترین خیابان شهری کوچک در حاشیهٔ کویر، که در انتهایش به ایستگاه راه‌آهن می‌رسید. کمی پایین‌تر از خانه‌مان – که در سال‌های بچگی‌ام چندان نزدیک نبود- خانه‌ها و ساختمان‌ها تمام می‌شدند و مدرسهٔ ما آخرین ساختمان خیابان بود و بعدش باغ‌ها بودند و مزرعه‌ها، که وصل می‌شدند به ایستگاه و ریل راه‌آهن تهران-مشهد.

سال‌ها -تا سالی که ساختمان نوساز کتابخانهٔ کانون که بهش می‌گفتیم کتابخانهٔ کودک،

درست دویست متر بالاتر از خانهٔ ما، کنار پارک کودک بنا شد- سرگرمی‌مان به تناسب فصل، این بود که با سیمِ ترمز دنبال حلقه‌های لاستیک بدویم، یا توی جوی کنارِ خیابان آب‌تنی کنیم اگر هوا گرم بود؛ یا از کوچه‌باغ‌ها چوب جمع کنیم و آتش روشن کنیم و دورش جمع شویم اگر هوا سرد بود؛ و یا با توپ دولایهٔ پلاستیکی گُل کوچک بزنیم... اما از سال ۴۶ یا ۴۷ یا ۴۸، نمی‌دانم دقیقاً چه سالی... (الان هم که رفتم از سایتِ کانون سمنان تاریخچهٔ دقیقش را بدانم، دیدم گویا برای کانون سمنان همه چیز از سال ۱۳۷۰ شروع شده، نه پیش از آن!) که ساختمان نوساز کتابخانهٔ کانون، درست دویست متر بالاتر از خانهٔ ما بنا شد، ساختمانی که شیک بود و پُر از رنگ و روشنی، و بوهای خوب که نمی‌دانم عطرِ کتابدارها بود یا بوی عود، اسپند یا اسپری‌ای که آن وقت‌ها نبود، یا عطرِ دیگری که با بوی کاغذ و رنگِ کتاب‌های نو قاطی می‌شد، و تو را به خلسه می‌برد... همه چیز عوض شد.

بله! کتابخانهٔ کانون که آمد، من و خیلی از دوست‌های هم سن و سالم - نمی‌گویم همه‌شان- اما خیلی‌هایشان، از همکلاسی‌ها، آشناها و هم‌محلی‌ها، بگیر تا بچه‌های مدرسهٔ «مهران» که خیلی دور بود، یا بچه‌های محلّهٔ لتیبار و منوچهری که در سال‌های بچگی‌مان، انگار آن‌ورِ دنیا بودند... می‌آمدند آن‌جا توی کتابخانهٔ کودک.

آن‌جا فقط کتاب نبود، نقّاشی هم بود، آن هم روی کاغذ فیلی، آن هم با ماژیک یا پاستل که ما بهش می‌گفتیم مداد شمعی، که خوشمزه‌ترین بوی دنیا را داشت و نقّاشی کردن با آن‌ها در آن سال‌ها، یا نشانهٔ بزرگ شدن و گذر از بچگی بود یا نشانهٔ پول‌دار بودن، و من که آرزو داشتم با مداد شمعی یا ماژیک روی کاغذ فیلی نقّاشی کنم، می‌دانستم که فقط برادرهای بزرگترم این حق را داشتند و من برای رسیدن به این آرزو، باید سال‌ها صبر می‌کردم تا آن‌قدر بزرگ شوم که یا به راهنمایی بروم یا دبیرستان، تا حق داشته باشم روی کاغذ فیلی نقّاشی کنم، آن هم با مداد شمعی یا ماژیکِ فقط شش رنگ. این آرزوی پیش پا افتادهٔ این روزها و آرزوی بزرگ آن روزهایم، توی کانون برآورده شد. با ماژیک سی و شش رنگ روی کاغذ فیلی، آزاد بودیم هر چه می‌خواهیم نقّاشی کنیم، دل‌بخواهی یا از روی مُدِل یا کتاب. اوّلین نقّاشی‌ام با مداد شمعی در نُه سالگی کپیِ نقّاشی «کلاغ و روباه» از کتاب فارسیِ کلاس سوّم بود.

همان جا بود که من اوّلین بار عکس محمدعلی بنی‌اسدی را که دو سه سالی بزرگ‌تر از من بود، روی دیوارِ کتابخانه دیدم. عکس‌ها مال فتواستریپ (عکس- نمایش)ی بود که محمدعلی

بازی کرده بود و من که محمدعلی را می‌شناختم که همسایه‌مان بود و خانه‌شان توی کوچه‌پشتی خانهٔ ما بود، باورم نمی‌شد که نمایش بازی کرده باشد و عکس‌هایش را روی دیوار کتابخانهٔ کانون زده باشند. همان‌طور که باورم نمی‌شد روزی همین دوست و همسایه و هم‌محلی‌ام یکی از بزرگ‌ترین نقّاش‌های ایران شود و نامزد جایزهٔ جهانی هانس‌کریستین اندرسن!

امّا تنها کتاب و نقّاشی و نمایش نبود که در کتابخانه پاگیرمان می‌کرد. کتابخانه نوار هم داشت، نوارِ قصّه و موسیقی؛ و من اوّلین بار قصّهٔ ماهی سیاه کوچولو را آن‌جا شنیدم که تا خانه، تا شب، تا روزهای بعد درگیر آن صدا و موزیک و سرگذشت غم‌انگیزِ ماهی سیاه کوچولویی بودم که رفت به دریا رسید و گم شد.

❑ در گفت‌وگو با چند تن از اعضا و همکاران کانون در سال‌های ۱۳۴۴-۵۷، آن‌چه از پسِ چند دهه همچنان مورد تأکید و تقدیر همه است، احساس آزادی و برابری در فضای کاریِ کانون است. آیا کودکان عضو کتابخانه‌های کانون هم چنین احساسی داشتند؟ اگر چنین بود، به‌نظر شما تأثیر تجربهٔ آزادی و برابری بر زندگی حرفه‌ای آن بچه‌ها چه بوده؟

احساس آزادی و برابری، رواداری، آمیخته شدنِ ذهن و روح با هنر، نگرشِ هنری نسبت به جهانِ پیرامون، نگاهِ انسانی به دیگران، پذیرفتن دیگری، میل به خلّاقیت، گریز از هراس‌های درونیِ کودکی و تقویت اعتماد به نفس... این‌ها چیزهایی نیستند که با آموزش، درسنامه و سخنرانی به‌دست بیاید، به‌ویژه در سال‌های کودکی. باید با این‌ها و در این‌ها زندگی کرد. این‌ها باید در محیط جاری باشد، مثل آب برای ماهی، مثل هوا برای ما. بی‌آموزش، بی‌تصنّع، طبیعی، تا اثرش در زندگی ظاهر شود.

آزادی و برابری مثل اکسیژن بود در محیط کانون. در همهٔ سال‌های کودکی‌ام که به کتابخانهٔ کودک می‌رفتم یادم نمی‌آید کسی، کتابداری، مربّی‌ای آمده باشد دربارهٔ ارزش‌های آزادی، از برابری انسان‌ها، از رواداری، از خلّاقیت دادِ سخن داده باشد. آن‌جا وقتی تو آزادی هر کتابی را که دوست داری انتخاب کنی، وقتی مختاری نمایش بازی کنی یا نقّاشی بکشی یا نوار گوش کنی، یا روی کدام صندلی بنشینی یا در کدام تیم فعّال شوی... عملاً داری آزادی

را عمیقاً تجربه می‌کنی.
وقتی دورِ میزی که تو نشسته‌ای، دو سه کودک دیگر هم نشسته‌اند که گیرم یکی پسری است با شلوارهای وصله‌دار، دیگری پسری با کاپشن چرم، یا پسر دیگری از محلّه‌ای در جنوب شهر، یا دختری از شمال شهر، یکی پسری از پایتخت و دیگری دختری از روستایی دور با لهجه‌ای غلیظ، و آن دیگری دختری با چادر ضخیمِ سنگسری و دیگری دختری با موهای بافته و یک گُلِ صورتی کمرنگ، یا کودکی دارای دین و زبانی که حتّی تو نمی‌شناسی یا نشنیده‌ای... دور این میز بی آن‌که مربّی یا کتابدار از محلّه و شغل پدر و زبان و دین و نژادت بپرسد، مثل آن پیرزن قصّهٔ مهمان‌های ناخوانده، مهربانی و دانشش را یکسان و به‌سخاوت میان همهٔ بچه‌ها تقسیم می‌کند، تو عملاً با تک‌تک سلول‌هایت برابری و رواداری و صلح را تجربه می‌کنی.
بله، از این فضاست که صدها نویسنده، هنرمند و فیلم‌ساز ظهور می‌کند.

❑ شما سال‌هاست یکی از چهره‌های پُرکار و موفّقِ مطبوعات در ایران، و آغازگر و مدیرمسئول نشریه «چلچراغ»، از نشریات باارزش تقریباً بیست سال اخیر ایران هستید. همچنان به ادبیات کودک و نوجوان می‌پردازید. از بنیان‌گذاران و برای دورانی دبیر شورای مدیریت «دفتر هنر و ادب کودک و نوجوان» بودید. فکر می‌کنم حدود ده سال «سروش نوجوان» را سردبیری کردید. تجربهٔ کانون چه جایی در پیمودن مسیر زندگی حرفه‌ای‌تان تا این نقطه دارد؟

«**تقریباً شبیه کانون**»؛ این گزاره‌ای بود که همیشه هر کجا که بودم در دل داشتم، حتّی اگر بر زبان نمی‌آوردم، که اغلب بر زبان می‌آوردم. وقتی سال ۶۶ در بیست و هشت سالگی‌ام طرح انتشار مجلّه «سروش نوجوان» به‌عنوان اوّلین مجلّهٔ ادبی هنری نوجوانان را دادم و با دوستانم قیصر امین‌پور و بیوک ملکی و دوستان دیگر اوّلین شماره‌اش را در سال ۶۷ منتشر کردیم، در همان اوّلین جلسات، آنچه را که از مدّت‌ها پیش در ذهنم داشتم بر زبان آوردم: «درست شبیه کانون». گفتم: سروش نوجوان نباید فقط یک مجلّهٔ کاغذی باشد. سروش نوجوان باید جایی بشود شبیه کانون.
شبیه کانون بودن برای من به این معنی بود که نباید تک‌ساحتی بود. از کانون آموختم که

نباید تک‌بُعدی بود. اگر کتابخانهٔ کانون فقط یک کتابخانه نبود، یک مجلّه هم نباید فقط یک مجلّه باشد، باید جایی باشد برای رویدادهای مهم‌تر، برای پرورش همه‌جانبهٔ مخاطبش، برای آفرینش و بروز خلّاقیت بچه‌ها. جایی که بچه‌ها بتوانند بی‌هراس بپرسند، نقد کنند، خلق کنند و انتخاب کنند. اگر یک کتابخانهٔ کوچک می‌توانست به نهاد و میدانی برای رشد همه‌جانبهٔ فکری -هنری- ادبی و خلّاقیت مخاطبانش بدل شود، چرا یک مجلّه نتواند؟

این بود که در «سروش نوجوان» از همان اوّل، از همان ماه اوّل و اوّلین شماره‌ها، شیوهٔ نقد و بررسی آثار ادبی و هنری و آموزش نحوهٔ نگرشِ درست به یک اثر هنری -شعر، داستان، فیلم، نقّاشی، موسیقی- و حتّی جهان اطراف را آغاز کردیم. پرورش نویسندگان، منتقدان و خبرنگاران نوجوان را شروع کردیم. امّا در همین متوقّف نماندیم، با طرح «مجلّه در مجلّه» بخشی از «سروش نوجوان» را با سردبیری سه دختر نوجوان (که از میان خبرنگاران افتخاری مجلّه کشفشان کرده بودیم)، به نوجوانان سپردیم. شانزده صفحه از شصت و چهار صفحهٔ مجلّه فقط به آثار نوجوانان اختصاص یافت. (شاید یادآور مرکز آفرینش‌های ادبی و هنری کانون.)

اما این‌ها هنوز در حیط مجلّهٔ کاغذی به‌وقوع می‌پیوست، اگر کتابخانهٔ کانون منشأ فعّالیت‌های هنری و فرهنگی دیگر کانون بود، چرا یک مجلّه نتواند رویدادهای ادبی و فرهنگی را برای بچه‌ها سامان بدهد؟ جایزهٔ کتاب سال «سروش نوجوان»، اوّلین جایزهٔ کتاب به انتخاب نوجوانان بود که همان سال ۶۷ راه‌اندازی کردیم، داوران کتاب‌ها، صدها نوجوان از سراسر ایران بودند و نه نویسندگان و منتقدان و کارشناسان بزرگ‌سال. گیرم کمی بزرگ‌ترها را خوش نیامد، گیرم کمی نویسنده‌ها و کارشناسان ادبیات کودک چهره در هم کشیدند که بچه‌ها را وارد بازی‌ای نکنیم که مخصوص بزرگ‌ترهاست. ولی از کانون آموخته بودم که بازیگرانِ اصلی می‌توانند بچه‌ها باشند، کمااین‌که در کانون بودند. اصلْ بچه‌ها بودند. اصلْ بودنِ بچه‌ها، ورای طبقه، سن، سواد، جنسیت، قومیت، زبان، دین، مذهب، سبْک زندگی... درس دیگری بود که از کانون آموختم. بعدها این باور و رویه – یعنی اصلْ گرفتنِ بچه‌ها و نسل جوان- در هر سطح و هر رویداد و برنامه‌ای شد رویهٔ اصلی من در هر کجا که بودم. در روزنامهٔ «آفتابگردان» که اوّلین نشریهٔ روزانه برای بچه‌های ایران بود (دههٔ هفتاد)، تا نشریهٔ «دوچرخه» و بعد نشریهٔ دانش‌آموزیِ «پندار» (دههٔ هشتاد) تا نشریهٔ «چلچراغ» (دههٔ هشتاد و نود)، تا کتابِ ادواریِ هدهد سفید (برای اعضای نوجوان کتابخانه‌های

عمومی، دههٔ نود) و یا در انتشاراتی‌هایی که مسئولیت بخش کودک و نوجوانش را داشتم: انتشارات علمی و فرهنگی (دههٔ هشتاد و نود)، کتاب‌های نردبان (دههٔ نود)... جشنوارهٔ انتخاب بهترین آثار محیطِ زیستی کودک و نوجوان (جایزهٔ «سپیدار»)، مدال «هدهد سفید» برای بهترین کتاب به انتخاب نوجوانانِ عضو کتابخانه‌های عمومی، جایزهٔ «دوچرخهٔ طلایی» به بهترین کتاب نوجوان به انتخاب بچه‌ها، جشنِ سبز (جشنوارهٔ پروژه‌های محیط زیستی کودکان ونوجوانان ایران)، جشنوارهٔ «بچه‌های زمین سلام» برای آثار برگزیدهٔ کودکان و نوجوانانِ ایرانیِ دوستدار صلح، محیط زیست و میراث فرهنگی (گفت‌وگوی تمدن‌ها، با پیام افتتاحیهٔ کوفی عنان دبیرکل سازمان ملل)، جشن ترانه و جشن‌های شب چلّهٔ «چلچراغ» با انتخاب محبوب‌ترین چهره‌های موسیقی، ادبیات، سینما، ورزش و فرهنگ و جامعه توسط هزارها مخاطب جوان مجلّهٔ «چلچراغ»... گویی همگی تداوم و نو به نو شدنِ همان ایدهٔ **شبیه کانون** بود که هیچ‌گاه رهایم نکرد.

☐ فکر می‌کنید چرا کانون و فعّالیت‌های متعدّد، حتّی لوگوی شناخته‌شده‌اش، بحران‌های گوناگون اجتماعی را تاب آورده و این‌گونه محبوب و پایدار مانده‌اند؟

رازِ ماندگاریِ کانون را باید در ارزش‌هایی جست‌وجو کرد که کانون بر آن‌ها بنا شده بود: کودکان و فقط کودکان؛ بدون تبعیض، بدون تحمیل، و بدون نگاهِ ابزاری.

در تمام سال‌های کودکی و نوجوانی‌ام به یاد ندارم که استفادهٔ ابزاری از بچه‌های عضو کانون در دستور کار باشد. به یاد ندارم جایی، در آیینی، مراسمی، رویدادی سیاسی یا حتّی اجتماعی بچه‌های کانون را برای بهره‌برداری سیاسی، تبلیغاتی و امثالهم به صف کرده باشند. چرا، از نهاد پیش‌آهنگی یا دانش‌آموزان مدارس به‌عنوان ابزار پروپاگاندای حکومت و گفتمان رسمی بهره می‌گرفتند، ولی استفادهٔ ابزاری از کانون و کتابخانه‌های کانون را من به یاد نمی‌آورم.

کانون همیشه مأمن بچه‌ها بود، برای پناه بردن به کتاب از هیاهوی شهر و جامعه. پناهگاهی که باعث رشد همه‌جانبهٔ کودکان می‌شد. بزرگ‌ترین تدبیر و خدمت بانیان کانون همین بود که نگذاشتند کانون در تمام آن سال‌ها آلودهٔ استفادهٔ ابزاری برای هدف‌ها و برنامه‌های بزرگ‌ترها شود. اتّفاقی که کاخ‌های جوانان نتوانستند در آن موفّق شوند. به همین دلیل

است که می‌بینیم ده‌ها نهاد فرهنگیِ دیگر که تأسیس شده بودند، نتوانستند ماندگار شوند، اما کانون پایدار ماند.

دلیل دیگری که شاید کمتر به آن توجّه شده، این است که کانون بنیانش بر کتابخانه بنا شده و در کتابخانه، کتاب عنصرِ اصلیِ معنابخش است. کتاب به خودیِ خود اصیل‌ترین پدیده و شاید اصیل‌ترین اختراع بشر برای آگاهیِ آمیخته به اعتماد و آرامش است؛ قدیمی‌ترین رسانهٔ آگاهی‌بخش و در عین حال، ساده‌ترین و دست‌یافتنی‌ترین و ارزان‌ترین آن. برج و بارو و کاخ فرهنگی کانون، گویی بر ستون‌هایی از کتاب بنا شده که این‌چنین استوار و پابرجاست و از هیچ طوفان و باد و بارانی گزند ندیده.

❑ در پایان اجازه می‌خواهم با فروتنی از متن شریفی که چند سال پیش با عنوان «کانون کانون است» در اعتراض به احتمالِ تعطیلی کتابخانه‌های کانون، نوشتید، قدردانی کنم. سطرهایی از آن نوشته را، که در «چلچراغ» کار شده بود، در متن کتاب آورده‌ام، تا هم تجربهٔ شخصی یک کودکِ عضو کتابخانهٔ کانون بازخوانی شود، و هم معرفت انسانیِ ایستادن کنار ارزش‌هایی که کنار ارزش‌های فرهنگی کشورمان ایستادند.
لطف می‌کنید کمی دربارهٔ آن نوشته و احساسی که در آن زمان داشتید صحبت کنید؟

من هیچ‌وقت کارمند کانون نبوده‌ام. هیچ‌وقت هیچ مسئولیت و سِمَتی در کانون نداشته‌ام. از ده‌ها کتابم فقط دو کتاب در کانون چاپ شده است، آن هم به‌عنوان نویسنده‌ای آزاد که به اصرار یک دوست به کانون سپردم. از سال ۵۷ که از نوجوانی گذر کردم و دیگر نمی‌توانستم عضو کانون باشم، شاید فقط دو سه بار برای اردو، کارگاه یا سمیناری به کانون رفته باشم، پس هیچ پیوند، ارتباط یا دلبستگی شغلی و صنفی به کانون ندارم و نداشته‌ام. دغدغه‌ام نسبت به کانون و سرنوشت کانون، بیشتر ریشه در یک دغدغهٔ ملّی و فرهنگی دارد و نه شخصی. تنها نقطهٔ پیوند شخصی و جدّی من با کانون مربوط به همان دوران کودکی است. همان عضویتم در کتابخانهٔ کانون سمنان. در همهٔ این سال‌ها خودم را عضو سابق یا اسبق کتابخانهٔ کانون می‌دانم، فقط همین! دیگر بقیه، خاطره‌های کودکی‌ام است که

کانون در آن نقش پُررنگی دارد. گویی در خاطره‌هایم هرگز از کانون رهایی ندارم.

هنوز پرتکرارترین رؤیاها و نیز کابوس‌هایم رؤیاهای کودکی‌ام هستند. هنوز، گاهی و اغلب، خواب بچه‌ای ده- دوازده ساله را می‌بینم که از راهروی سبز و پُر درخت و انباشته از گُل‌های رنگارنگِ پارکِ کودکِ سمنان می‌گذرد و گاهی هم از سایه‌روشن اشباح می‌گریزد و خودش را به کتابخانهٔ کودک می‌رساند و در فضایی غرقه در روشنایی و نور و بوهای خوب، به‌ناگاه کابوسش بدل به رؤیایی دلپذیر می‌شود.

به‌عنوان کودکی که بیشترین خاطره‌های کودکی‌اش در کتابخانهٔ کانون رقم خورده است، چطور می‌توانم نسبت به احتمالِ ویرانیِ کاخِ بلندِ رؤیاهای کودکی‌ام بی‌تفاوت باقی بمانم.

روزی که احتمال تعطیلی یا واگذاری یا اجارهٔ کتابخانه‌های کانون مطرح شد، با این‌که از کانونِ این سال‌ها و کتابخانه‌هایش خیلی خبر ندارم و نمی‌دانم آیا هنوز همان احساس آزادی و برابری و رواداری و عدمِ تحمیل و عدم تبعیض توی کتابخانه‌های کنون هست یا نه، و نمی‌دانم آیا هنوز استفادهٔ ابزاری از کانون و اعضای معصومِ کتابخانه‌هایش، خطِ قرمزِ کانون هست یا نه، و نمی‌دانم آیا کتابخانه‌های کانون هنوز سرشار از آن صداهای ملایم و مهربان، آن رنگ‌های گرم، و به‌خصوص آن بوهای خوب و آرامش‌بخش هست یا نه... زیر بار دِینِ همان خاطره‌های بچگی، طاقت نیاوردم، قلمم به رعشه افتاد. شاید آن چند سطر، رعشهٔ قلم یک پیرمرد شصت و چهار ساله بود، به حرمت همهٔ خاطره‌های نرفته از یادِ کودکی‌اش.

بیستم دی ۱۴۰۲
(ژانویه ۲۰۲۴)

در کانون سانسور و خودسانسوری نداشتیم

ابراهیم فروزش (زادهٔ ۱۳۱۸، تهران؛ ساکن تهران)

نویسنده، کارگردان، مدیر مرکز سینمایی کانون

❏ شما سال ۱۳۴۹ به کانون پیوستید. سالی که کانون برای نخستین بار فیلم‌های ساختهٔ مرکز سینمایی خود را در فستیوال بین‌المللی فیلم کودکان و نوجوانان ارائه داد. سپاسگزار می‌شوم دربارهٔ مشاهدات، برداشت‌ها و دریافت‌هایتان از فضای کانون، مرکز سینمایی و افقِ پیش روی فیلم‌سازها در آن زمان صحبت کنید.

من در سال ۱۳۴۴- ۴۵ وارد دانشکدهٔ هنرهای دراماتیک شدم و در اواخر سال ۱۳۴۹، بعد از فارغ‌التحصیلی در رشتهٔ کارگردانی سینما و تلویزیون، به کانون پیوستم. آن زمان کانون ساختمان کوچک سه‌طبقه‌ای بود در خیابان ناصر، در حوالیِ بهجت‌آبادِ تهران. یک اتاق آن ساختمان را برای نمایشِ فیلم در نظر گرفته بودند و یک اتاق را برای آپارات. آن آپارات قدیمی را الان برای تماشا در حیاط مرکز سینمایی کانون، جلوی در به نمایش گذاشته‌اند. دیدنش واقعاً جالب است، چون به یاد همه می‌آورد که ما آن زمان با چه آپاراتی کار

می‌کردیم. وسایل و امکانات دیگری هم داشتیم، مانند میکسِر و آپاراتِ دست‌ساز که لازمهٔ کار بودند، و نیز اتاقی که آقایان فرشید مثقالی و آراپیک باغداساریان در آن طرّاحی می‌کردند و انیمیشن‌های اوّلیهٔ خودشان را می‌ساختند.
یادم هست، آراپیک باغداساریان جلوی آینه راه می‌رفت و سیکل قدم‌ها را از نظر ترکیبِ زمانی و مکانی تجربه می‌کرد. فرشید مثقالی هم به‌عنوان یک طرّاحِ خوب، کار انیمیشن را شروع کرده بود و فیلم‌هایی می‌ساخت که در همان سال نتایج خوبی در زمینهٔ انیمیشن رقم زدند. درواقع، این‌ها در آن زمان به‌نوعی انیمیشن را کشف و خلق می‌کردند. دانش‌آموخته یا آزمودهٔ جایی نبودند. در همان سال‌ها که مورد نظر شماست، تجربیات اوّلیهٔ خودشان را به‌وجود می‌آورند؛ تجربیات موفّقی که نتایجش همان سال در جشنوارهٔ بین‌المللی فیلم کودکان در تهران شرکت کرد و بهترین جایزه‌های فستیوال را به‌دست آورد.
چهار انیمیشن «آقای هیولا» و «سوءتفاهم» -از فرشید مثقالی- و «گرفتار» و «وزنه‌بردار» -اثرِ آراپیک باغداساریان- و سه فیلمِ زندهٔ «نان و کوچه»ی عباس کیارستمی، «عمو سبیلو» از بهرام بیضایی و «بَدبَده» از محمدرضا اصلانی، آثار کانون در فستیوال فیلم آن سال بودند

به‌جرأت و با تأکید می‌گویم که فستیوال فیلم‌های کودکان و نوجوانان کانون، بهترین فستیوال فیلم کودک در دنیا بود. تماشای مجموعهٔ کارهایی که هر سال در فستیوال ارائه می‌شد، تأثیر عمیقی بر ابعادِ فیلم‌سازی در دنیا داشت. داستان‌های جذّابِ فرهنگ‌های متفاوت از شرق تا غرب جهان -از کشورهای اروپای شرقی تا آمریکا و فرانسه و ایتالیا و نیز آمریکای لاتین- در قالبِ فیلم‌های کودکان نمایش داده می‌شد و این برای همه باارزش بود.

مخاطبان خاص این جریان، از نظر ما، فیلم‌سازهای جوان ایرانی بودند که تجربیات اوّل خودشان را می‌گذراندند. فراگیریِ نحوهٔ ساختن این نوع فیلم‌ها، و البتّه آشنا شدن با تکنولوژی، به‌خصوص در انیمیشن، تأثیر زیادی در بالیدنِ مرکز سینمایی کانون داشت. یعنی ما شروع کردیم به ساختن فیلم‌های خودمان. اهمیت این کار در این بود که ما از داستان‌های خودمان، با کششی که می‌توانست برای مخاطب کودک ایرانی داشته باشد، استفاده می‌کردیم. مخاطبِ کودکِ مورد نظرمان، بچه‌های چهار تا شانزده ساله بودند. مرکز سینمایی کانون با این فکر به‌وجود آمد.
پیش از آن، فیلم‌هایی که به جشنواره‌ها می‌آمدند و خریداری می‌شدند، بدون این‌که دوبله

شوند، به‌صورت شانزده میلی‌متری، با آپارات‌های قابلِ حمل در کتابخانه‌ها نمایش داده می‌شدند؛ که اقدام خوبی بود. فیلم‌های مرکز سینمایی به آن فیلم‌ها اضافه شد.
به‌موازات این جریان، کانون ظرفیت‌های فراوان خود را در عرصه‌های مختلف پیدا می‌کرد، در شهرها و روستاهای متعدّد گسترش می‌یافت و مراکز و برنامه‌های مختلفش را با در نظر داشتن نیازهای جامعه شکل می‌داد و پیش می‌بُرد.

❑ فیلم‌های کانون درضمن، زمینهٔ تبادلِ نظر با فیلم‌سازهای مهمِ بین‌المللی و انتقال جهان‌بینی و هنر فیلم‌سازان ایرانی به آن‌ها را هم فراهم می‌آورد. درست است؟

فیلم‌های کانون خیلی زود جای مهمی در این جشنواره و در جشنواره‌های بین‌المللی دیگر که به نوعی با کودکان ارتباط داشتند، پیدا کردند و درواقع توانستند سینمای ایران را به جهانیان بشناسانند. شاهد این مدّعا هم جوایزِ معتبری است که از این جشنواره‌ها به کانون تعلّق می‌گرفت. این موفّقیت تا امروز که ما با هم صحبت می‌کنیم ادامه دارد.
سینمای کانون یک سینمای نوین بود، جدا از فیلم‌های تجاریِ روزمره که مردم برای وقت‌گذرانی می‌دیدند؛ به‌اضافهٔ این‌که توجّهش به مسائل کودکان بود. سینمای کانون، با پرداختن به ارتباط فیلم‌سازی با کودک، باعث شد سایر بخش‌های خصوصی و دولتی هم دربارهٔ تولید این نوع فیلم اقدام کنند.

در پاسخ به شما، باید با تأکید بگویم که کانون تبدیل به مرکزی شد که با تبادلِ نظر با فیلم‌سازان کشورهای دیگر، توانست تأثیر عمیقی بر روند تهیهٔ این نوع فیلم‌ها، هم در ایران و هم در سطح دنیا، به‌وجود بیاورد.

❑ شما در همراهی با آقایان پرویز دوایی، احمدرضا احمدی، فرشید مثقالی، نورالدین زرّین‌کلک، بیژن خرسند و فریدون معزّی‌مقدم شورایی سامان داده بودید برای مطالعه و ارزیابی قصّه‌هایی که به کانون می‌رسید و استفاده‌شان برای تولیدِ فیلم. نکات یا مؤلفه‌های مورد توجّهتان در این ارزیابی و انتخاب چه بود؟

فیلم‌سازی برای کودکان سختی‌هایی دارد، بیشتر از این نظر که ما بچه‌ها را جلوی دوربین می‌آوریم. کوچک‌ترین بچه‌ای که جلوی دوربین کانون بود، شش ماهه بود. کودکی که در فیلم «کلید» بازی کرد، چهار سال داشت. ما باید یاد می‌گرفتیم با هر بچه چطور رفتار کنیم که جلوی دوربین باشد و از کار بیزار نشود. این یک بخشِ کار بود. بخش دیگر که روی شیوهٔ کار با بچه اثر می‌گذاشت، ایده و سناریویی بود که قرار بود فیلم بشود.

همچنان که تولید بیشتر می‌شد، ما تصمیم گرفتیم طرح‌ها و ایده‌ها و سناریوهایی که به کانون می‌رسید در یک شورا مطرح شوند و درباره‌شان صحبت شود. شورا شامل همهٔ افرادی بود که شما گفتید، به‌اضافهٔ عباس کیارستمی. این‌ها فیلم‌نامه یا طرح را مطالعه می‌کردند؛ یا می‌پذیرفتند یا در مواردی نظر اصلاحی می‌دادند و یا متن را رد می‌کردند.
من در این زمینه خیلی سخت‌گیر بودم. چون فیلم ساختن کار پُرخرجی است و من حواسم به بودجهٔ محدود آن زمان کانون بود، و برایم مهم بود با بودجه‌ای که داشتیم بتوانیم بهترین کار را ارائه دهیم. فیلم‌هایی که ما در آن دوران ساختیم، الان در آرشیو کانون، که یک گنجینه است، وجود دارند.

مؤلفه‌های مورد نظر ما دربارهٔ ارتباطِ نوشته‌های ارائه‌شده با مسائلِ خاصِ کودکان و نوجوانان بود. امور تربیتی، آموزشی، تفریحی و موارد دیگرِ مطرح‌شده در متن باید استعدادِ تصویری‌شدن یا فیلم‌شدن را می‌داشتند. یک متنِ تئوریک خشک و جدّی نمی‌توانست مورد تأیید شورا باشد. برای ما مهم بود ضمن توجّه به جنبهٔ آموزشی فیلم‌ها، به جذّابیت فیلم و اشتیاق کودکان برای دیدن فیلم هم توجّه شود. مثل ویتامینی که داخل شکلات می‌گذاشتیم، جذّابیت فیلم را دلیل دنبال‌کردنِ فیلم توسط بچه‌ها می‌دانستیم تا به ویتامینِ مورد نظرمان برسند. نه می‌خواستیم فیلمِ بی‌معنیِ شلخته بسازیم، که می‌توانست مخاطبِ عام داشته باشد -و جز موارد استثنائی، سینمای ایران در آن دوران چنان بود- نه فیلمی که برای بچه کِشش نداشته باشد. تذکرها و اصلاحات ما به این معنا و منظور بود. با صاحبِ اثر تبادلِ نظر می‌کردیم و نتیجه می‌گرفتیم.

□ مرکز سینمایی کانون، از شناخته‌شده‌ترین بخش‌های کانون در جهان است. ارزیابی امروز شما دربارهٔ این مرکز و زمینه‌ها یا دلایل موفّقیت استثنائی

فیلم‌های کانون چیست؟

همان‌طور که گفتید، مرکز سینمایی در شناساندنِ کانون به دنیا اهمیت ویژه‌ای دارد. آهسته می‌گویم که یکی از دلایل شناختنِ کانون، فیلم‌های کانون بوده. تجربیات اوّلیهٔ فیلم‌سازان کانون -سازندگان فیلم زنده و انیمیشن، هر دو- که در آغاز بر اساس تجربه و خطا جلو می‌رفت، به جایی رسید که به ساختن بهترین فیلم‌ها، نه فقط در ایران که در سطحِ بین‌المللی دست یافت. هم‌زمان، تولیدات ما از نظر تعداد نیز چنان بالا رفت که در سال بین هفت تا ده فیلم می‌ساختیم. این میزان کار، در یک مرکز سینمایی کوچک، فوق‌العاده بود. هر دوی این موفّقیت‌ها به آزادی هنرمندان ربط داشت. دست فیلم‌سازان کانون باز بود و این هم به شوق و رغبت سازندگان فیلم می‌انجامید، هم به تجربه‌های کامل‌تر و سازنده‌تر و هم به تولید بیشتر.

یک دلیل دیگر موفّقیت این مرکز به‌دلیل عشقی بود که هنرمندان فیلم‌ساز به کار داشتند. حتّی کسانی که عضو کانون نبودند و برای پروژهٔ مشخصی به کانون دعوت می‌شدند، زمانی که در کانون بودند با جان و دل درگیر کار می‌شدند. درواقع، مرکز سینمایی کانون را پاتوق خودشان می‌دانستند. آن حالتِ خشکِ رسمیِ رفتن به محل کار برای ساعاتی تعیین‌شده و جواب پس دادن به کسی یا کسانی که مهمیزوار بالای سر کارمند بودند، جایی در کانون نداشت. سؤال و جوابی نبود. این اطمینان وجود داشت که کار نتیجه می‌دهد و بعد از تولید نه بازخواستی در میان خواهد بود و نه تغییری در آن‌چه هنرمند دوست داشته و ساخته بود.

در تمام آن سال‌ها، شاید انگشت‌شمار پیش آمد که فیلمی بعد از تولید پذیرفته نشد، آن هم به‌دلیل این‌که برای مخاطب کودک و نوجوان، با معیارهایی که داشتیم، مناسب به‌نظر نیامد. آن چند بار اندک هم ما با سازنده صحبت کردیم و گفتیم این فیلم در مسیر ساخت طوری شکل گرفته که نمی‌تواند برای مخاطب کانون جذّابیت داشته باشد.

فیلم‌های کانون از هر منظر موفّق بودند. بچه‌ها فیلم‌ها را دوست داشتند و به تفکّر و حرف پشت داستان هم می‌رسیدند. فیلم‌ها در جشنواره‌های بین‌المللی می‌درخشیدند؛ نه فقط در جشنواره‌های فیلمِ کودکان، که در انواع جشنواره‌های فیلم، و کم‌کم در بیرون از جشنواره هم مخاطب بین‌المللی خودشان را پیدا کردند. حتّی می‌توانم بگویم سینمای کانون فیلم‌سازی

برای کودکان و نوجوانان را به‌وجود آورد.
مرکز سینمایی فیلم کودک و نوجوان، با تعریفی که ما داشتیم، و به‌طور اعم، مجموعهٔ کانون، در جهان مانند نداشت و هنوز هم ندارد. حتّی کسانی که سعی کردند الگوبرداری کنند، نتوانستند شبیه کانون را بسازند. در داخل ایران هم کانون بعد از انقلاب پایدار ماند و تا امروز هم به‌نوعی فعّالیت خودش را ادامه می‌دهد. این هم یک استثناست. بعد از انقلاب تلویزیون آثار زیادی از کانون را به نمایش گذاشته، و خوشبختانه سانسور و مشکلاتی از این قبیل هم در میان نبود. هرچند، متأسفانه حقوق سازندگان آثار و مرکز تهیهٔ آن‌ها، یعنی کانون، رعایت نشد.

❑ آیا بین مرکز سینمایی کانون با مراکز دیگر این نهاد، به‌طور مشخص با مرکز پژوهش، ارتباط و هم‌فکری وجود داشت؟

مراکز فرهنگی مختلف کانون، مثل مرکز پژوهش، مرکز انتشارات و مراکز دیگر، که مرکز فیلم‌سازی یکی از آن‌ها بود، با هم رشد می‌کردند و بر هم اثر می‌گذاشتند.
نتایج مطالعاتِ مرکز پژوهش، دربارهٔ کودکان و نوجوانان در شهرها و روستاها، برای آشنایی با زندگی و آداب و رسومِ هر منطقه، به ما در بازتاب‌دادن درست آن فضاها، به‌شکلی که برای کودکان مناطق مختلف ایران جذّاب باشد، کمک می‌کرد. ما در کانون یک زنجیرهٔ به‌هم پیوستهٔ در حالِ رشد بودیم. مرکز سینمایی حتماً از کتاب‌ها و مرکز پژوهش اثر می‌گرفت.
کانون برآمده از نیازهای قشر عظیمی از مردم بود و برای آن بخش از مردم که آیندهٔ ایران را می‌ساختند، کار می‌کرد. این یک واقعیتِ اجتماعی است. سینمای کانون در دل این واقعیت پاگرفت، رشد کرد، تأیید شد و جلو رفت.

مرکز انتشارات کانون هم مرکز مهمی بود، با شخصیت‌های شاخصی مانند آقایان محمد قاضی، نادر ابراهیمی، م. آزاد و غلامرضا امامی که به مدد حضورشان کتاب‌هایی چاپ شد که من فکر می‌کنم ماندگار خواهند بود، چون مسائل تربیتی کودکان را به‌نوعی بسیار شیرین و جذّاب بیان می‌کنند.

نکتهٔ مهم دیگر این بود که مدیریت کانون، می‌توانست بودجهٔ کافی را برای کارهای ما و برای رشدِ مراکز فراهم کند که ما در تنگنا نباشیم. همهٔ این عوامل در موفّقیت سینمای

کانون، و به‌طور فراگیر در موفّقیت کانون، نقش داشتند.

❑ اصطلاح «فیلمِ کانونی» را چطور تعریف می‌کنید؟

گروهی جوان مشتاق و آمادهٔ کار، با ذهنیت‌های متفاوت سیاسی در کانون جمع شده بودند، فکر یا ایدهٔ جدید خودشان را به کانون آورده بودند و می‌خواستند فیلم خودشان را بسازند. درواقع، می‌خواستند توانایی‌های خودشان را، هم تجربه کنند و هم نمایش بدهند. بنابراین بدون این‌که از روی دست هم کپی کنند شروع کردند به خلق آثاری که در مقابلِ مخاطب عرض اندام کند. آثارشان با آثار تجاری و تا حدّی مردم‌فریبِ بیرون فرق داشت، و این برایشان مهم بود. می‌دانستند فیلمشان فیلم کودک است و مخاطبِ گسترده نمی‌گیرد و بارِ مالی چندانی ندارد، ولی ترجیح می‌دادند فکر خودشان را بسازند و به همان مخاطبِ محدود عرضه کنند.

فکر، معرِّف و درحقیقت، آبروی هنرمند است. فیلم‌های کانون، به‌دلیل انعکاسِ فکرِ هر سازنده، و تفاوت بسیار زیاد با سینمای تجاری آن دوران، به «فیلمِ کانونی» معروف شدند. «فیلمِ کانونی» یعنی فیلمی که اعتبار دارد.
آزادیِ تجربه‌کردن در کانون، زمینه‌هایی فراهم می‌آورد تا فیلم‌سازها تجربیات دیگرشان را در فیلم‌سازی‌شان وارد کنند. مثلاً مرتضی ممیز در «نقطهٔ سبز» و علی‌اکبر صادقی، در «گُل‌باران» و «هفت‌شهر» سبْک کار خودشان را وارد فیلم می‌کردند. می‌توانم بگویم که صادقی سبْک کارش را که به نوعی مینیاتور نزدیک بود در فیلم‌هایش پیاده می‌کرد و با این روش فیلم‌های ارزندهٔ فوق‌العاده‌ای می‌ساخت.

هر کس به کانون ملحق می‌شد، دلش می‌خواست مُهر کانون را بر آثارش داشته باشد و در کارنامه‌اش ثبت کند. نام کانون محترم و احترام‌برانگیز بود. به همین دلیل فیلم‌ساز موقعیت را محترم می‌شمرد و یک سخت‌گیریِ خودخواسته بر کارش روا می‌داشت. این باعث می‌شد نهایتاً همهٔ آثار کانون، به‌خواست سازندگانشان، از صافی‌های حرفه‌ای بگذرند. در کانون سانسور و خودسانسوری نداشتیم. در سازمان‌های دیگر، در بخش‌های دولتی یا خصوصی، امکانِ اِعمالِ نظر روی فکرِ اوّلیه و مراحل ساختِ فیلم زیاد بود.
آزادیِ کشف و تجربه در مسیر ساختنِ کار هنری، در همراهی با ایده‌های جوان‌های پُرشور،

ساختاری متفاوت با ساختارهای مرسوم پدید می‌آورَد و در گسترهٔ سینما که موردِ بحث ماست، سینمایی متفاوت می‌سازد.
فیلم‌سازهای صاحب‌نام ایرانی اوّلین فیلم‌سازهایی بودند که فیلم‌های کودکان را ساختند و این اتّفاق در کانون افتاد. بهرام بیضایی و امیر نادری و کیارستمی از جمله این افرادند. حتّی فیلم‌سازهایی باتجربه، مثل مسعود کیمیایی و شاپور قریب، در کانون فیلم‌های متفاوتی ساختند.

❑ یعنی بدون آن‌که قواعد خاصی برای ساختن فیلم در کانون تعریف شده باشد، سینمای کانون نوعی ژانر قابل تعریف شد؟ به‌نظرم اصطلاح «مستند داستانی» یکی از تعاریفی است که برای سینمای کانون به‌کار رفته.

ما هیچ اصول و قواعدی برای فیلم‌ساز نداشتیم. هنرمند نیاز دارد رها باشد. قواعد محدودیت ایجاد می‌کنند. آدم خلّاق را نمی‌شود محدود کرد. فیلم‌سازهای کانون واقعاً فضا را از هر بند و باری رها می‌دیدند و بیش از هر جای دیگر خودشان می‌شدند و فیلم‌های خودشان را می‌ساختند.
با این توضیح، شاید کلمهٔ «ژانر» را نتوانیم دربارهٔ فیلم‌های کانون به‌کار ببریم. می‌توانم بگویم آن‌چه در آثار کانون مشترک بود توجّه به مفهوم «پرورش» است. «پرورش فکری» موردِ نظر کانون، با آموزشی که توسط کتاب و مدرسه ارائه می‌شد متفاوت بود. عضویت در کتابخانه، علاقه‌مند شدن به کتاب‌خواندن، کتاب را به‌امانت به خانه بردن، سپری کردن اوقاتِ فراغت در مرکزی که فیلم و موسیقی خوب ارائه می‌دهد، و در کنار این‌ها کلاس‌های رایگان آموزش موسیقی و فیلم‌سازی با معلّم‌هایی که بهترین‌های هر رشته بودند، فکر و روان بچه‌ها را پرورش می‌داد. این دربارهٔ همهٔ آثار کانون صدق می‌کند. دربارهٔ سینمای کانون، فکر می‌کنم آشنایی بچه‌ها با واقعیت‌های زندگی یا زندگیِ واقعی هم مهم بود.

شاید کانون پایگاهی بود یا دارای مکتبی بود برای نوعی فیلم‌سازی، که بر اساس نظامِ فکری و تجربه‌های شخصی هر فیلم‌ساز، گاهی حتّی در همان زمانِ فیلم‌برداری، به نتیجه‌ای کاملاً شخصی و متفاوت با فیلم‌های دیگر می‌رسید. فیلم‌های کانون از نظر ساختار شبیه همدیگر نیستند. شاید چون در فضاهای طبیعیِ داستان، و با بازیگران غیرحرفه‌ای -اعم از بچه‌ها و

زنان و مردان- ساخته می‌شدند، جنبهٔ استنادیِ قوی‌تری داشتند. ما دکور نمی‌زدیم. می‌گشتیم خانه یا مثلاً کارگاه یا مغازه‌ای را پیدا می‌کردیم که به کار ما می‌آمد. بازیگر را هم سعی می‌کردیم از همان محل پیدا کنیم. همهٔ عناصر فیلم به‌تعبیری خودشان بودند. بازیگران هم آن‌طور که امروز می‌گویند، «نابازیگر» بودند. من البتّه این اصطلاح را قبول ندارم. چون کسی که دارد بازی می‌کند، بازیگر است. منظور این است، که به آن فرد نمی‌توانیم بگوییم شخصیت یکی از آثار شکسپیر را بازی کند. او فقط می‌تواند خودش را بازی کند. این ویژگی‌ها می‌تواند فیلم را به مستند نزدیک کند. من «مستند داستانی» را اصطلاح دقیقی نمی‌دانم.

نمی‌توانم صحبتم را بدون نام بردن از مدیران بزرگی که داشتیم به پایان ببرم: خانم لیلی امیرارجمند که کانون را به‌وجود آوردند و راه بردند، آقای فیروز شیروانلو که قسمت انتشارات را مدیریت می‌کردند و از مدیران مرکز سینمایی و مرکز پژوهش هم بودند، و آقای حسین سماکار. از همه سپاسگزارم.

شانزدهم آذر ۱۴۰۲
(دسامبر ۲۰۲۳)

کانون را متعلّق به خودمان می‌دانستیم

زری فریپور (۱۳۲۵، زادهٔ تهران؛ ساکن کالیفرنیا)

مسئول امورِ تشریفات و عضو روابط عمومی کانون

❏ شما از چه سالی و با چه مسئولیتی به کانون پیوستید؟

من بعد از پایان تحصیلاتم در رشتهٔ تعلیم و تربیت در انگلیس به ایران برگشتم و از آن‌جا که آموزش زبان فارسی به شیوهٔ باغچه‌بان را هم می‌دانستم، در مدرسهٔ انگلیسی-فارسی زبان «ایران‌زمین» مشغول تدریس فارسی به چهار کلاس اوّل این مدرسه شدم؛ هم‌زمان شیوهٔ تدریس باغچه‌بان را به معلّم‌های فارسی مدرسه هم آموزش می‌دادم. بعد از مدّتی تدریس انگلیسی به دو کلاس دوّم مدرسه را هم به‌عهده گرفتم.

در آن زمان، کتابِ تمرینِ نوشتنِ الفبای فارسی وجود نداشت. من در کلاس‌های فارسی برای هر درس جدید، که آموزشِ یکی از حروف الفبا بود، یک صفحه -برای تمرین- طرّاحی و برای دانش‌آموزان تکثیر می‌کردم. به‌تدریج این مجموعه کامل شد و با تأییدِ وزارت آموزش و پرورش به‌شکل یک کتاب مستقل برای یادگیری الفبای فارسی چاپ شد. این حدود سال

۱۳۴۹/ ۱۹۷۰ بود.
آن موقع، من بیرونِ کلاس درسم، چند قفسهٔ کتاب هم گذاشته بودم که کتاب‌های داستانِ مناسبِ سن دانش‌آموزان را در آن نگه می‌داشتم و در فرصت‌هایی در کلاس برای بچه‌ها می‌خواندم. جست‌وجو برای انتخاب کتابِ خوب، مرا متوجّه تفاوت بین کتاب‌های کانون با کتاب‌های ناشرانِ دیگر کرده بود. توجّه و علاقهٔ من به کانون از همان‌جا شروع شد.

بعد از سه سال تدریس در «ایران‌زمین»، به‌دلیل یک عمل جرّاحی که بنا به‌نظر پزشک، گذراندنِ دوران بهبودی‌اش به شش ماه مرخصی نیاز داشت، به‌اجبار از مدرسه بیرون آمدم. ولی خوشبختانه حالم خیلی زود خوب شد و بعد از دو ماه، به جریان زندگی برگشتم. با توجّه به رشتهٔ تحصیلی و سابقهٔ کاری که گفتم، و علاقه‌ام به کانون، مسیرِ مصاحبه و کارهای دیگر برای همکاری با کانون را طی کردم و قرار شد به مرکز انتشارات کانون بپیوندم.

نخستین مسئولیتم در کانون این بود که عناوین متعدّد و زیادِ کتاب‌های کودک را که به زبان انگلیسی به کتابخانهٔ مرکزی کانون می‌رسید بخوانم و خلاصه‌ای از متن را به فارسی در اختیار همکاران مرکز انتشارات بگذارم، همچنین نظر خودم را دربارهٔ ترجمهٔ کامل و چاپ آن کتاب در کانون یا سپردنش به ناشران دیگر بنویسم.
بعد از مدّتی، احساس کردم سبْک و سرعت کاریِ متعارفِ من، با مسئولیتی که داشتم هم‌خوان نیست. آدم پُرتحرّکی بودم، تنوع در کار را دوست داشتم و نمی‌توانستم ساعت‌ها پشت میز بنشینم، کتاب بخوانم و متنی را خلاصه کنم. به این ترتیب، طی تبادلِ نظر با بخش اداری و مدیرعامل کانون، به مرکز آموزش کانون رفتم.
مرکز آموزش، فعّالیت‌های گسترده‌ای داشت. هم کتابدارهای جوانِ تازه استخدام‌شده را آموزش اوّلیه می‌داد و هم برای همهٔ کتابدارها و مربّی‌های کانون، با هر چند سال سابقهٔ کار، دوره‌های آموزشیِ سالانه برگزار می‌کرد. این کارها نیازمند برنامه‌ریزی و هماهنگی دقیق بود.
کار دیگری که در آن مرکز مورد توجّه بود، آموزش رعایت اصول بهداشتی در کتابخانه‌ها بود. خانم امیرارجمند روی تمیزی، نظم، و بوی خوش فضای کتابخانه‌ها و کتابدارها تأکید داشت. یکی از مسئولیت‌های من در مرکز آموزش رسیدگی به این امور بود. ما از کتابدارها می‌خواستیم اصول بهداشتی، و استفاده از صابون معطّر و عطر را، به‌خصوص به نوجوانان

عضو کتابخانه‌ها هم نشان دهند، بدون این‌که حالتِ تحمیل داشته باشد.

❑ چه شد که از مرکز آموزش به روابط عمومی کانون رفتید؟

حدود یک سال در مرکز آموزش کار کرده بودم، که المپیک آسیایی به ایران آمد و خانم پروین مؤیدثابتی، شهردار دهکدهٔ المپیک، که سابقهٔ همکاری با «سازمان زنان» و «کاخ جوانان» را داشت و خانم فرهیخته و توانایی بود، و مرا از کاخ جوانان می‌شناخت با من تماس گرفت و گفت برای امور تشریفات بازی‌های المپیک به همراهی و همکاری من نیاز دارد و در این مورد با نخست‌وزیر وقت، آقای هویدا، هم صحبت کرده. با کمک خانم مهناز افخمی، و با موافقت خانم امیرارجمند، برای دو ماه از کانون به دهکدهٔ المپیک منتقل شدم و سامان دادن به امور تشریفات مراسم را به‌عهده گرفتم. کار بسیار جالب و متنوعی بود، که به نظم و دقّت زیادی نیاز داشت.

یک روز خانم مؤیدثابتی از من خواست هنگام بازدید علیاحضرت از دهکدهٔ المپیک همراه او به استقبال شهبانو بروم. در آن دیدار، لیلی امیرارجمند هم با علیاحضرت همراه بود. خانم مؤیدثابتی از خانم امیرارجمند برای فرصت دوماهه‌ای که به من داده بود تشکّر کرد، و بعدها فهمیدم که درضمن، از نظم کاری و تعهد و شیوهٔ برخورد من با همکاران هم تعریف کرده و توانایی مرا برای این نوع کارهای گروهیِ بزرگ یادآور شده بود.
بعد از آن برنامه، من به خواستِ خانم امیرارجمند، به‌طور موقّت و برای کمک، به بخش تشریفات فستیوال فیلم‌های کانون رفتم و مسئولیت نظم دادن به کارهای مختلف در رابطه با مهمان‌های بین‌المللی فستیوال را به عهده گرفتم. آن سال، پرویز دوایی مدیر فستیوال بود. سال بعد از آن فریدون معزّی‌مقدم مدیر فستیوال، و الهه ضرغام مسئول هماهنگی کارها شد. درواقع، من به خواست الهه و به‌دلیل تسلّط به زبان انگلیسی همکاری نزدیک با فستیوال فیلم را ادامه دادم، ولی همچنان عضو رسمی مرکز آموزش بودم.

کارهای فستیوال واقعاً زیاد و متنوع بود. مثلاً، ما یک پرونده تنظیم و چاپ می‌کردیم، با مطالبی در معرّفی کانون و برنامه‌هایی که قرار بود ارائه شود؛ یک نسخه از این پرونده در اختیار هر مهمان برنامه قرار می‌گرفت. تدوین آن مطالب و تهیهٔ پرونده کارِ وقت‌گیری بود. یادم هست من در روزهای آماده شدن برای فستیوال، از صبح به کارهای کانون می‌رسیدم،

بعد از ظهر می‌رفتم خانه و کارهای فرزندم را انجام می‌دادم، فرزندم را به مادرم می‌سپردم و غروب دوباره به کانون برمی‌گشتم برای ادامهٔ کار.

انتقال من به روابط عمومی کانون، به‌دنبال این تجربه و به خواستِ خانم امیرارجمند صورت گرفت. خانم امیرارجمند توجّه داشت چه کسی در چه جایی بهترین کارآیی و اثرگذاری را دارد.

◻ دربارهٔ مسئولیت‌هایی که روابط عمومی کانون به عهده داشت، توضیح می‌دهید؟

روابط عمومی کانون در آن زمان سه عضو داشت: کامران لاهیجی مدیر روابط عمومی بود و گفت‌وگو با مطبوعات را هم به‌عهده می‌گرفت، هما رهبری، که فارسی و انگلیسی می‌دانست و مسئولیت نویسندگیِ مکاتباتِ انگلیسی را داشت، و من که درواقع مسئول هماهنگی‌ها، ارتباط‌های حضوری و امور تشریفات بودم، ولی مصاحبه‌های انگلیسی و گاهی مکاتبات انگلیسی را هم انجام می‌دادم.

در بعضی از مراسم، مثلاً استقبال از مهمان‌های خارجی هم من گاهی به جای مدیرعامل حاضر می‌شدم. خانم امیرارجمند باید به همه کار می‌رسید و گاهی نمی‌توانست در بعضی از مراسم حاضر شود. از آن جا که برنامه‌ریزی و هماهنگی مراسم با امور اداری بود، من در جریان جزئیات دقیق کارها بودم و می‌توانستم در مواردی به مدیرعامل کمک کنم.

روابط عمومی کارهای متفاوت و متعدّدی داشت. کامران لاهیجی مدیر آزاده‌ای بود که به همکارانش اعتماد می‌کرد و دستشان را در کار باز می‌گذاشت. فضایی که نوعِ مدیریت او ایجاد می‌کرد باعث می‌شد ما با خاطر آسوده در طرح‌ها و کارهایمان نوآوری داشته باشیم و به پیشرفتنِ کار همدیگر کمک کنیم. مفاهیمی مانند «کار من» و «کار دیگری» معنی نداشت. اصولاً فضای کانون طوری بود که همه دلسوز کار دیگری هم بودند و به هرکاری که از دستشان برمی‌آمد کمک می‌کردند.

◻ شما در تمام دوران کار در روابط عمومی با فستیوال فیلم هم همکاری داشتید؟

بله. ضمن این‌که مسئولیت تماشای فیلم‌های رسیده به فستیوال هم به کارم اضافه شد. خانم امیرارجمند می‌خواست فیلم‌ها در کنار ارزیابی هنری، از منظرِ کسی که تعلیم و تربیت کودک می‌داند نیز مطالعه شوند. با این منطق، من یکی از افرادی بودم که فیلم‌ها را می‌دیدم و برای انتخاب فیلم‌های مناسب نظر می‌دادم.

☐ آیا گسترش زیاد و سریع کانون، حجم کار هر مرکز و فشارِ کاری بر اعضا را زیاد نمی‌کرد؟

من فکر می‌کنم شاید بعضی قسمت‌های کانون، مثل دفتر مهندسی، با گسترشِ کانون پُرکارتر می‌شدند؛ چون باید در شهرها و روستاهای بیشتری کتابخانه می‌ساختند. ولی اموری که من درگیرشان بودم، بدون فشار کاریِ بیشتر، با هم‌فکری و همکاری اعضا اداره می‌شد. یک دلیلش این بود که ما در کانون عنوان مشخص نداشتیم. درنتیجه، هر کس هر کاری از دستش برمی‌آمد انجام می‌داد. اجبار و تحمیلی هم احساس نمی‌شد. همه با علاقه کار می‌کردیم. منتظر درخواست و نامهٔ رسمی، تغییر پُست و عنوان و مقام یا اضافه حقوق نبودیم.
در طبقهٔ اوّل ساختمان کانون، در سمت چپْ دفتر روابط عمومی و سمت راستْ دفتر امور فستیوال قرار داشت. در روزهای آماده‌شدن برای فستیوال فیلم این دو مرکز عملاً یکی می‌شدند. یعنی ما همهٔ کارها را با هم پیش می‌بردیم.

☐ به‌نظر شما ویژگی‌های مهم‌تر مدیریت خانم امیرارجمند که نقش پُررنگی در موفّقیت کانون داشتند چه بود؟

تشویق کارمندان و پشتیبانی همه‌جانبهٔ خانم امیرارجمند از تک‌تکِ اعضای کانون به‌نظرم در هیچ سازمانی نمونه نداشت. سال‌ها بعد ما فهمیدیم بودجهٔ محرمانهٔ کانون در تمام آن سال‌ها، بدون آن‌که کسی متوجّه شود، صرف کمک به مسائل شخصی کارمندان می‌شده، تا با خیال راحت به کارشان برسند. مشکلی هم اگر برای کسی پیش می‌آمد، خانم امیرارجمند شخصاً دنبال کار را می‌گرفت و از تمام امکاناتش برای کمک به برطرف شدن آن مشکل استفاده می‌کرد. این نوع مدیریت، اعضا را به کار متعهد و عمیقاً علاقه‌مند نگه می‌داشت.

از سوی دیگر، معمولاً مدیر یک سازمانِ بزرگِ موفّق اعتبارِ هر دستاورد کوچک و بزرگِ سازمان را بیش از همه از آنِ خود می‌کند. اگر پیشنهاد اوّلیهٔ یک مدیر با هم‌فکری و همکاری یک گروهِ متخصص کامل شود و به بهترین اجرا و نتیجه برسد، در نهایت مدیر خواهد گفت، «من» گفتم چنین کنیم، «من» این شخص را برای این کار انتخاب کردم، «من» دلیل موفّقیت این شخص در زندگی حرفه‌ای‌اش بودم و...

خانم امیرارجمند درست برعکس، همیشه می‌گفت «ما» در کانون چنین کردیم، کتاب «ما» چاپ شد، کار «ما» موفّق شد. این شیوهٔ برخورد باعث می‌شد ما کانون را متعلّق به خودمان بدانیم، دوستش داشته باشیم و مراقبش باشیم.

خوب به یاد دارم که در افتتاح هر کتابخانه، که معمولاً علیاحضرت هم حضور داشتند، خانم امیرارجمند تمام دست‌اندرکاران را تک‌تک به علیاحضرت معرّفی می‌کرد و دربارهٔ کارشان توضیح می‌داد. اصرار داشت ارزش و اعتبار هر فرد را به خود او، به شهبانو و به دیگران نشان دهد.

شانزدهم بهمن ۱۴۰۲

(فوریه ۲۰۲۴)

می‌خواستیم بچه‌ها چشمِ خوبْ دیدن پیدا کنند

رضا گوهرزاد (زادهٔ ۱۳۳۴، تهران؛ ساکن کالیفرنیا)
روزنامه‌نگار، سرپرست مربّی‌های نقّاشی و معاون مدیر مرکز هنرهای تجسّمی کانون

☐ آموزش نقّاشی نخستین دورهٔ آموزشی است که در کتابخانه‌های کانون برگزار شد. دربارهٔ فکر اوّلیه و مسیری که این دوره در کتابخانه‌ها پیمود، و آن‌چه شما مربّی‌ها از آموزش نقّاشی به بچه‌ها در نظر داشتید، صحبت می‌کنید؟

این که چه کسی نخستین بار به آموزش نقّاشی در کتابخانه فکر کرد، یک علامت سؤال بزرگ است. آن چه روشن است، شروع این دوره بر اساس نیازی بود که در کتابخانه‌های کانون حس می‌شد؛ نیاز به این‌که بچه‌ها در کتابخانه، افزون بر کتابخوانی، کاری انجام دهند. می‌توان گفت مدیران کتابخانه‌های ثابت شهرها، آقای میرزایی و آقای نابت، تصمیم گرفتند در کتابخانه‌ها کلاس آموزشی نقّاشی برگزار کنند. راستش، بسیاری از کارهای کانون به این صورت، یعنی بر اساس احساس نیاز، آغاز می‌شد.

آن زمان شمارِ کتابخانه‌ها کم بود، شاید به پنجاه هم نمی‌رسید. شماری از دانشجویان سطحِ بالای نقّاشی و نیز نقّاش‌های جوان در کتابخانه‌های شهرهای مختلف به‌عنوان مربّی نقّاشی به کار گرفته شدند.

سال ۱۳۵۲ بود و من هجده ساله و دانشجو بودم، که کارِ رسمی در کانون را به‌عنوان مربّی نقّاشی در کتابخانه‌های شمارهٔ ۷ (میدان شوش) و ۱۷ (دروازه غار) در تهران شروع کردم و «کانونی» شدم. همان موقع، به‌عنوان یکی از بچه‌های کانون، خبرنگارِ کتابخانه در فستیوال فیلم هم بودم و یکی از کارگردان‌های فیلم از انگلستان به کانون پیشنهاد کرد مرا استخدام کنند.
کمی بعد، پرویز کلانتری رئیس قسمت ما شد. کلانتری را می‌شناختم. می‌دانستم بخشی از نقّاشی‌های کتاب‌های درسی مدارس کار او بود. به دیدنش رفتم. گفت مرا می‌شناسد و خواست سرپرست مربّی‌های نقّاشی باشم. پیش از آن سعید شهلاپور این مسئولیت را به عهده داشت. به این ترتیب، من معاون آقای کلانتری و مسئول مربّی‌های نقّاشی در کتابخانه‌ها شدم و به خواستِ خودم، به سبب نیازِ مالی، مسئولیت آموزش نقّاشی دو کتابخانهٔ دیگر، در نارمک و وحیدیه، را هم به‌عهده گرفتم.
فلسفهٔ ما این بود که بچه‌ها باید بهتر دیدن را یاد بگیرند. انتظار این نبود که بچه‌ها دست یا چهره را خوب طرّاحی کنند، یا مثلاً لیوان و یا خروس را خوب رنگ کنند. آقای کلانتری هم موافق بود.
در مرکز آموزش فیلم یا تئاتر، بچه‌ها قرار بود فیلم هشت میلی‌متری بسازند یا روی صحنه بروند. ما چنین برنامه‌ای نداشتیم. می‌خواستیم بچه‌ها چشمِ خوبْ دیدن پیدا کنند.

نکتهٔ دیگر این بود که با گسترش کتابخانه‌ها، ما نمی‌توانستیم در تمام مناطق کشور مربّی حرفه‌ای نقّاشی پیدا کنیم. آن شمار دانشجوی نقّاشی یا نقّاش را نداشتیم که در کلاس‌های آموزش نقّاشی مربّی شوند. فکر کردیم دوره‌های آموزش نقّاشی می‌توانند هنرهای بومیِ هر منطقه را هم در خود جای دهند. شروع کردیم به مطالعهٔ صنایعِ دستیِ هر منطقه. به‌عنوان مثال، در صنایع دستی آذربایجان نوعی روسری بزرگ بافته می‌شد به نام «کلاقه‌ای» که تولیدشان در اُسکو انجام می‌شد. من تصمیم گرفتم بروم اُسکو و از نزدیک با کار آن‌ها آشنا شوم. هم‌زمان خانم امیرارجمند کتابی به آقای کلانتری داده بودند، به نام باتیک. آقای

کلانتری کتاب را به من داد و خواست در سفرم در این‌باره مطالعه کنم. به این ترتیب، من از نزدیک با کارگاه‌های این نوع چاپ روی پارچه، که درواقع در حیاط خانه‌ها برپا بود، و با روش کار و نیز مشکلات کار آشنا شدم و برگشتم. یکی از مربّی‌های ما، خانم زهره جزایری، که دانشجوی دانشکدهٔ هنرهای تزئینی بود، گفت که باتیک را در حد تدریس بلد است. رنگ و پارافین و موم و قلم‌موی مخصوص را از سبزه میدانِ بازار تهران خریدیم و زهره جزایری کار را شروع کرد.

کارها به همین سادگی شروع می‌شد و پیش می‌رفت، چون دست ما باز بود که فکرهای تازه را عملی کنیم. مدیرعامل کانون عاشق کارهای خلّاق بود و آقای کلانتری هم چنین بود.

☐ یعنی تمامِ این فعّالیت‌ها زیر نظر مربّی‌های نقّاشی انجام می‌شد؟

تمامِ این کارها ابتدا زیر نظر مرکز آموزش نقّاشی بود، که بعد از مدّتی «مرکز هنرهای تجسّمی» نام گرفت.

کسانی که هنرستان رفته بودند، یا نقّاشی‌شان خوب بود، می‌توانستند مربّی نقّاشی باشند. برای نمونه، عباس حجّت‌پناه، دانش‌آموختهٔ دانشکدهٔ هنرهای زیبا، و فیلم‌ساز، نقّاش و مجسّمه‌ساز نامور امروز، مربّی نقّاشی کتابخانه‌های کانون بود؛ و مجید درخشانی -از موسیقی‌دان‌های خوب ایران- که آن زمان از سمنان به تهران آمده بود و در دانشکدهٔ هنرهای زیبا نقّاشی می‌خواند، برای آموزش نقّاشی به بچه‌ها به سمنان و سنگسر می‌رفت. در کنار این فعّالیت‌ها، در شهرهایی که توانایی‌های خاصی برای نوعی کار هنری وجود داشت کلاس آموزش آن هنر را هم اضافه می‌کردیم.

پس از مدّتی، در برنامه‌ریزیِ جدیدِ سیستم اداری کانون، مرکزی به نام «مرکز آفرینش‌های هنری» در نظر گرفته شد که هنرهای تجسّمی، سینما، تئاتر و موسیقی همه در آن گنجانده شدند و پرویز کلانتری مدیر آن مرکز شد.

البتّه تشکیل این مرکز به وقوع انقلاب برخورد و آن زمان ممکن نشد، ولی بعدها در همان مکانِ مورد نظر ما برقرار شد.

☐ کمی هم دربارهٔ حضور نقّاشی‌های بچه‌ها در جشنواره‌های بین‌المللی

نقّاشی کودکان صحبت می‌کنید؟

ما هر سال در جشنواره‌های نقّاشی کودک در شانکار هند، ژاپن، کرهٔ جنوبی، ایتالیا، استرالیا، چلسلواکی و چند جای دیگر شرکت می‌کردیم و برنده می‌شدیم. بچه‌های کانون مدال‌های طلا را می‌بردند. انتخاب نقّاشی‌ها، از سوی مربّی‌های نقّاشی صورت می‌گرفت. چند کارشناس آموزش نقّاشی هم استخدام کرده بودیم، که دانش‌آموخته‌های دانشکده‌های هنر بودند و ارزیابی‌ها و گزینش نهاییِ نقّاشی‌های ارسالی به نمایشگاه را انجام می‌دادند.

❏ آیا امکان دیدن نقّاشی‌های بچه‌ها برای افرادی که عضو کانون نبودند نیز فراهم بود؟ مثلاً در یک نمایشگاه نقّاشی؟

کتابخانه‌های کانون نقّاشی‌ها را به نمایش می‌گذاشتند و اعضای کتابخانه‌ها می‌توانستند آن‌ها را ببینند. افراد غیر عضو به کتابخانه‌ها راه نداشتند.

❏ نام شما را در پیوند با دو فعّالیت دیگر کانون هم زیاد خوانده‌ام. نخست: آموزش کار سرامیک یا سفال‌گری. سرامیک‌سازی در تعدادی از کتابخانه‌های کانون برقرار بود، و فکر می‌کنم بسیاری از بچه‌های ایران، برای نخستین و شاید تنها بار، لمسِ گِلِ سرامیک و هیجانِ پختنِ مجسّمه یا ظرفی دست‌ساز را در کانون تجربه کرده باشند. داستان شکل‌گرفتن این فعّالیت چیست؟

زمانی که من مربّی نقّاشی بودم -و هنوز پرویز کلانتری در کانون نبود و بخشِ ما رئیس نداشت- در یک سفر به کتابخانهٔ کانون در قم، در گفت‌وگو با یکی از بچه‌های کتابخانه به این نتیجه رسیدیم که می‌توانیم ساختنِ مجسّمه‌های گِلی را به‌عنوان هنرِ بومی آن منطقه به فعّالیت‌های کتابخانهٔ قم اضافه کنیم. تصمیم گرفتیم به جای خریدن گِلِ مخصوصِ این کار، خودمان با آب و خاک گِل درست کنیم و هر کس هرطور دوست داشت مجسّمه بسازد.
بی‌تردید، کسی مجسّمه‌سازی بلد نبود. هر کس به‌شکلی مجسّمه‌ای از پیکرهٔ یک آدم ساخت؛ شبیه طرح‌های خیلی ابتدایی که از انسان‌های اوّلیه در کتاب‌ها دیده‌ایم. این‌ها را پختیم و به تهران منتقل کردیم. آقای بابک امدادیان، از مجسّمه‌ها عکس گرفت و ما عکس‌ها را برای خانم امیرارجمند فرستادیم. خیلی خوششان آمد.

پس از مدّتی، آن مجسّمه‌ها را برای نمایش در گشایشِ کتابخانهٔ کانون به گناباد بردم و در مجموعه سفرهای شهبانو فرح پهلوی به حاشیهٔ کویر در حضور ایشان همراه با عکس‌های آقای امدادیان به نمایش گذاشتم.

گناباد از مراکزِ ساختنِ کاسه‌های سفالی است. ظرف‌هایش با نقش پرنده‌های کوچک آبی‌رنگ معروف‌اند. علیاحضرت مجموعه کارهای بچه‌ها را دید و خیلی تحت‌تأثیر قرار گرفت. خانم امیرارجمند، خانم شهابی، آقای نابت و آقای فرامرز فهیمی هم آن‌جا بودند. من داستان ساخته‌شدن مجسّمه‌ها را تعریف کردم. طی صحبتی که همان‌جا پیش آمد، علیاحضرت پذیرفتند که در گناباد یک کورهٔ سرامیک‌پزی برای بچه‌های کتابخانه درست شود و یک مربّی سفالگری هم از اهالی شهر استخدام شود تا به بچه‌ها کار حرفه‌ای یاد بدهد. همان‌جا، به خواهش من و پیش از آن که من به تهران برگردم، دستور خرید دو کوره، یکی برای گناباد و یکی برای تهران، از سوی شهبانو صادر شد. کوره‌ها در دو کتابخانهٔ کانون نصب شدند. مربّی هم گرفتیم. بچه‌ها آزاد بودند هر نقشی را که دوست داشتند روی ظروفی که می‌ساختند بکشند. حتّی در گناباد، بچه‌ها کاسه‌های متداول همان منطقه را می‌ساختند و پرندهٔ روی آن را هر طور دوست داشتند نقّاشی می‌کردند. به استاد سفالگری محلّی گفته بودیم که قرار نیست سفالگر سنّتی تحویل بازار کار بدهیم، بگذارید آزادانه نقش بر کاسه و کوزه‌ها بزنند. کانون به آزادیِ فکر بچه‌ها و کارکنانش خیلی اهمیت می‌داد. این‌گونه برنامه‌ها، به‌تدریج به شهرهای مختلف رفت و بر حسب امکانات موجود در هر شهر، در چند کتابخانه اجرا شد.

من در سفر به طبس نیز ابتکار کنده‌کاری روی مِس را با استخدام صنعت‌گر جوان و محلّی، به آموزش در کتابخانه‌ها افزودم.

□ مورد دیگر، آموزش موزاییک است. چه شد برای ساخت موزاییک به زاهدان فکر کردید؟

ما در هر شهر یکی دو هنرِ اجرایی بومیِ آن منطقه را داشتیم. هنرِ دستیِ زاهدان سوزن‌دوزی است. بی‌بی‌گُل زربخش، نخستین کسی بود که در کتابخانهٔ زاهدان به بچه‌ها سوزن‌دوزی یاد می‌داد. دنبال یک کار دیگر برای کتابخانهٔ زاهدان بودم، که خانم امیرارجمند از یکی از

سفرهای کاری‌شان به بلغارستان، یک کتابچه دربارهٔ موزاییک به ایران آوردند. کتابچه را به مدیر بخش نقّاشی، آقای پرویز کلانتری، رساندند، با این یادداشت ساده که «آیا می‌شود این را کار کرد؟» آقای کلانتری کتابچه را به من داد و من با این فکر راهیِ زاهدان شدم. به‌نظرم آمد موزائیک تجربهٔ مناسبی برای کتابخانهٔ زاهدان است.

از بچه‌های کتابخانهٔ زاهدان خواستم از خیابان‌های پیرامون کتابخانه، سنگ‌های تخت و تکه شیشهٔ شکسته یا بطری‌های رنگی جمع کنند. ما روی مقوّاهای ضخیمِ سفت سیمان کشیدیم، بچه‌ها با سلیقهٔ خودشان روی مقوّا طرح کشیدند و سنگ‌ها و شیشه‌ها را شکستند و موزائیک ساختند. آن مجموعه در نمایشگاهی در مشهد، باز هم با حضور علیاحضرت، ارائه شد و مورد توجّه قرار گرفت. تصویر آن نوجوانان با چهره‌های آفتاب‌سوخته، در اتاقِ کارِ کنونی من در کنار کتاب‌ها نگاه پرسش‌گر را جذب می‌کند.

❑ احتمالاً طرحی که به قالی‌بافیِ نوجوانانِ عضو کتابخانه‌های کانون در کرمان انجامید نیز به ذهنیتِ قدرگذاردنِ «هنرِ بومی» تکیه داشت. درست است؟

کانون در کرمان نزدیک به بیست کتابخانه داشت. همان‌طور که گفتید، قالی‌بافی که هنر و صنعتِ بومی کرمان است، دلیل استخدام معلّم قالی‌بافی در این کتابخانه‌ها بود.
البتّه، طرح بافتن قالی و گلیم و گبّه داستان دربرگیرنده‌ای پیدا کرد. بچه‌های عشایر و بچه‌های روستاهای دیگر که گلیم و گبّه می‌بافند، و این کار را برخلافِ قالی که روی دارِ قالی و به‌صورت عمودی بافته می‌شود روی زمین انجام می‌دهند و به آن شَعرباف می‌گویند، برای نقشِ گلیم‌هایشان از طبیعتِ ییلاق و یا قشلاق استفاده می‌کنند.
ما فکر کردیم از بچه‌های عشایر بخواهیم برای طرح‌ها یا نقش‌هایشان از نقّاشی‌های بچه‌های کتابخانه‌های گیلان و یا مازندران استفاده کنند. این‌گونه بود که نقش جنگل‌های سبز و دریا را بچه‌هایی از عشایر می‌بافتند که هرگز دریا ندیده بودند.

❑ آیا برای شرکت در کلاس‌های آموزشی کتابخانه‌های کانون نوعی ارزیابی وجود داشت؟

نه؛ هر کس می‌توانست در هر تعداد کلاسی که دوست داشت شرکت کند. فقط باید عضو

کتابخانهٔ کانون می‌بود.

❑ «روزنامه دیواری» از دستاوردهای دیگرِ کتابخانه‌های کانون بوده، که جایزه‌ای هم برای بهترین‌هایش در نظر داشتند. جایی خواندم، شما از سیزده سالگی گزارش‌گرِ کتابخانهٔ کانون بودید، و «روزنامه دیواری» هم از دل‌مشغولی‌های جدّی‌تان بود. از میان بچه‌های آن روز کانون، مطبوعاتی‌های موفّق زیادی را می‌شناسیم، نمونهٔ درخشانش آقای علی دهباشی، سردبیر محترم «بخارا»، که می‌گویند خود را پروردهٔ کانون می‌دانند.

کمی دربارهٔ «روزنامه دیواری»های کانون صحبت می‌کنید؟

در کانون دو نوع «روزنامه دیواری» داشتیم. «روزنامه دیواری»هایی که مسائل مختلف را مطرح می‌کردند، و «روزنامه دیواری»های تخصصی، مثلاً برای معرّفی کتاب یا معرّفی نویسنده‌ها.
برای روزنامه‌های تخصصی بچه‌ها واقعاً مطالعه و تحقیق می‌کردند. مطلب و عکس آماده می‌کردند، حتّی طرح روی جلد کتاب مورد نظرشان را نقّاشی می‌کردند.

بچه‌ها خودشان گروه تشکیل می‌دادند و با کتابداری که مشخص بود علاقه‌مند است کار می‌کردند و همه از هم یاد می‌گرفتند. درواقع، نوعی روندِ آموزشی داشتیم، بدون این که معلّم داشته باشیم. ضمن این‌که، مسابقه‌هایی برگزار می‌شد برای نوشته‌ها و روزنامه‌های خوب، که جایزه‌شان کارت شرکت در فستیوال فیلم به‌عنوان خبرنگار بود. بچه‌ها تشویق می‌شدند کتاب بخوانند و دربارهٔ کتاب فکر کنند، بپرسند و معرّفی حرفه‌ای بنویسند، تا بتوانند گزارش‌گر نوجوان فستیوال شوند.
مسابقهٔ روزنامه‌نگاری بین کتابخانه‌های تهران، که شمارشان هم زیاد نبود، برگزار می‌شد. همهٔ ما که روزنامه دیواری درست می‌کردیم، همدیگر را می‌شناختیم.

بعدها که من مربّی کانون شدم، یک بار به پیشنهاد آقای میرزایی یک مسابقهٔ روزنامه‌نگاری به سبک قدیم برگزار کردیم و این بار من از داوران بودم. در آن مسابقه، به بهترین مقاله‌ها، نقّاشی‌ها و خوش‌نویسی‌ها جداجدا جایزهٔ اوّل تا سوّم دادیم. برندگان در کتابخانهٔ شماره ۲۳

تهران با حضور سیروس طاهباز و علی میرزایی جایزهٔ خود را از خانم امیر ارجمند دریافت کردند.

❑ بچه‌ها در چه محدودهٔ سنّی می‌توانستند عضو کتابخانه‌های کانون باشند؟

بچه‌ها می‌توانستند پیش از مدرسه، یعنی پیش از هفت‌سالگی، در کانون عضو شوند، کتاب بگیرند، ببرند خانه و خانواده‌ها برایشان بخوانند وگاهی هم بچه‌ها کتاب را برای پدر یا مادر می‌خواندند؛ گونه‌ای از رابطهٔ خانوادگی پیرامون کتاب شکل می‌گرفت.
کتابخانه‌ها امکانات لازم برای کودکان را فراهم کرده بودند. قفسه‌های کتاب برای سنین پایین دو ردیف کوتاه بود. قفسه‌های بلندتر برای اعضای با قدِ بلندتر و سنِ بالاتر در نظر گرفته می‌شد. تقسیم‌بندی کتاب‌ها موضوعی بود، بر اساس تقسیم‌بندی دیوئی. بعد هم که شورای کتابِ کودک تقسیم‌بندی گروه‌های سنی «الف»، «ج» و «د» را پیشنهاد کرد، این نوع تقسیم‌بندی هم در طبقه‌بندی کتاب‌ها رعایت شد.

در برخی از مناطق، خانواده‌ها راحت نبودند دختران نوجوانشان به کتابخانه‌هایی بروند که پسران چهارده ساله هم در آن‌ها حضور داشتند. از سوی دیگر، نوجوانان در آن سن و سال اگر به کانون نمی‌آمدند جای مطمئن‌تری برای رفتن نداشتند. بیشتر کتابخانه‌ها در محلّه‌های کم درآمدِ شهر بود. کتابدارها و کلاس‌های آموزشی دلایلی بودند که بچه‌ها را در کانون نگه می‌داشتند تا از ساعت‌های آزادشان بهترین و بیشترین استفاده را ببرند. کتابخانه‌ها در تابستان خُنک بودند و کولر داشتند، و در زمستان با بخاری فضا را گرم و بچه‌ها را به کتاب خواندن جذب می‌کردند.

کم‌کم گروهِ تئاتر به این فکر افتاد که بااستعدادترین بچه‌ها را از کلاس‌های تئاتر گردآورَد و برای اجرای تئاتر به مراکز مختلف ببرد. بچه‌های کلاس‌های فیلم‌سازی هم با مربّی‌هایشان می‌رفتند بیرون از کانون برای فیلم‌سازی. به‌تدریج این برنامه جاافتاد که کلاس‌های آموزشی، عصرها بچه‌ها را با نظارت مربّی‌ها سرگرم می‌کردند. با این برنامه‌ریزی بچه‌ها توانستند تا سن شانزده سالگی عضو کتابخانه‌های کانون بمانند.

❑ برگزاری سمینارهای آموزشی سالیانه برای کتابدارهای کتابخانه‌های کانون

یک پدیدهٔ پیشرو و شایستهٔ تقدیر است. شما برای دورانی از هماهنگ‌کنندگان آن سمینارها برای مربّی‌های نقّاشی بودید. مطالب ارائه‌شده در سمینارها چه بود و چه هدفی را دنبال می‌کرد؟

کانون، از زمانی که من نوجوان و از اعضای کتابخانه‌اش بودم، هر سال در کتابخانهٔ نیاوران که فضای بزرگ‌تری داشت، یک سمینار آموزشی برای کتابدارها برگزار می‌کرد. برنامه زیرِ نظر مرکز آموزش کانون با مدیریت آقای رسول نفیسی تنظیم می‌شد، و کتابدارهایی از کتابخانه‌های شهرهای مختلف ایران در آن شرکت می‌کردند. حتّی کتابدارهایی که در روستاهای دورافتاده‌تر با اسب و قاطر به بچه‌ها کتاب می‌رساندند، با همان لباس محلّی به سمینار می‌آمدند. هدفْ تبادلِ فکر و تجربهٔ کتابدارهای مناطق مختلف و آموزش کتابدارهای تازه‌کار بود.
افرادی از بخش پژوهش کانون هم در این سمینارها سخنرانی و جلسات تبادلِ نظر برگزار می‌کردند. علی میرزایی، رئیس کتابخانه‌های تهران، نیو نابت رئیس کتابخانه‌های شهرستان‌ها و دکتر حقیقت‌طلب رئیس کتابخانه‌های روستایی هم در سمینارها شرکت می‌کردند.

سال ۱۳۵۲ که من در کانون استخدام شدم، پیشنهاد دادم آموزش مربّیان نقّاشی هم در این برنامه گنجانده شود و همان‌طور که کتابدارهای کانون آموزشِ یک‌دست می‌گیرند، مربّیانِ نقّاشی هم چنین امکانی را پیدا کنند. ضمن این‌که سمینار، به هر حال، در جریان بود و تفاوتِ هزینه خیلی زیاد نمی‌شد. با استقبال پرویز کلانتری، مدیر بخش آموزش نقّاشی، و تأییدِ مدیریتِ کانون، این برنامه به سمینارها اضافه شد و کمک کرد مربّی‌های نقّاشیِ کتابخانه‌های شهرهای مختلف با هم در ارتباط باشند و از همدیگر یاد بگیرند.

بعضی کارهای تخصصی بود که یکی دو نفر دانش و تجربه‌اش را داشتند، مثل چاپ ایچینگ یا کنده‌کاری روی لینولئوم که خانم مهرآفرین حاتمی، به مربّی‌های دیگر آموزش می‌داد، و یا چاپ سیلک اسکرین یا نقّاشی باتیک که زهره جزایری آموزش می‌داد. همهٔ مربّی‌ها از تجربه‌های یکدیگر استفاده می‌کردند.

❑ احتمالاً فکرها و طرح‌هایی هم بوده که در ابتدای پاگرفتن، به‌دلیل هم‌زمانی با انقلاب، متوقّف شده باشند. ممکن است نمونه‌ای از چنین طرحی را که شاید

هنوز به فکرش باشید، بازگو کنید؟

کتابخانه‌های سیّار کانون، سال‌ها به شیوه‌های گوناگون، برای بچه‌های مناطق مختلف ایران کتاب می‌بردند. از آن‌جا که هر ایدهٔ خوب می‌تواند به فکرها و طرح‌های تازه بیانجامد، فکر کردیم خوب می‌شود اگر ما در قطارهای بین شهری کتابخانه‌های کوچکی بسازیم، تا بچه‌ها هنگام سفر با خانواده‌هایشان، که ساعت‌ها به درازا می‌کشید، بتوانند در آن قسمتِ قطار کتاب بخوانند و سرگرمی مثبتی داشته باشند و در ایستگاه‌های مهمی که قطار به‌مدّت طولانی متوقّف می‌شود، بچه‌های محل هم بیایند و کتاب امانت بگیرند.

قطار تهران-مشهد را، که هم به کودکانِ مسافر به سمت تهران ربط پیدا می‌کرد و هم به کودکانِ راهیِ یک شهرستان، به‌عنوانِ نمونهٔ اوّل این کار برگزیدیم. اگر درست به یاد داشته باشم، این قطار در شاهرود توقف طولانی داشت. طرح ما این بود که یکی از واگن‌های این قطار را، با هماهنگی‌های لازم، به این کار اختصاص دهیم، و برای متمایز کردنِ آن واگن، دیواره‌های بیرونی‌اش را سفید رنگ کنیم. فکر بعدی این بود که بچه‌ها روی آن بدنهٔ سفید نقّاشی بکشند. قرار شد بچه‌ها بر یک سمتْ درخت و طبیعتِ جنگل و بر سمتِ دیگر، ماهی و فضای زندگیِ زیر آب را نقّاشی کنند. دست بچه‌ها برای طرّاحیِ این فکر باز بود. شور و هیجانی که اجرای این فکرها در بچه‌ها ایجاد می‌کرد، وصف‌شدنی نیست.

جالب است یادآور شوم که خانم پریما شاهین‌مقدم (نقّاش ساکن لندن)، آقای دکتر رابرت خزانی (دندانپزشک موفّق ساکن لس آنجلس) و آقای دکتر فرهاد جاویدی (استاد دانشگاه در کارولینای جنوبی) از نوجوانان نقّاش آن واگن بودند. عکس‌هایی هم از صحنهٔ نقّاشی کردن بچه‌ها داشتم که همراه عکس‌ها و اسناد و مدارک بسیارِ دیگرم در ایران ماندند.

پیش‌تر صحبت کردیم که مربّی‌های کانون می‌کوشیدند نوجوانانِ عضو کتابخانه‌ها را، تا جایی که می‌شود، درگیرِ فعّالیت‌های بیرون از کتابخانه کنند. اجرای این طرح به آن هدف هم کمک می‌کرد.

شوربختانه آن طرح، در همان مرحله، به وقوع انقلاب برخورد و عملی نشد. فکر خوبی بود که می‌شود با این عبارت از آن یاد کرد: «قطاری که هرگز به راه نیافتاد.»

سیزدهم دی ۱۴۰۲
(ژانویه ۲۰۲۴)

کانون یک معجزه بود

دان لافون* (زادهٔ ۱۹۴۲/۱۳۲۱، کانزاس؛ ساکن کالیفرنیا)

کارگردان تئاتر، بنیادگذار و مدیر مرکز تئاتر کانون

❏ اجازه دهید صحبتمان را با نخستین سفر شما به ایران آغاز کنیم. چه شد چنین تصمیمی گرفتید؟

در سال‌های ۱۹۶۰ رئیس جمهور وقت آمریکا، کِندی، برنامه‌ای را آغاز کرده بود به نام «سپاه صلح[۱]» که داوطلبان شرکت در آن، با نوعی قرعه‌کشیِ کامپیوتری، برای خدمتِ داوطلبانه در زمینه‌های متفاوت در منطقه‌ای در جهان انتخاب می‌شدند. من بعد از پایان تحصیلات

---

* گفت‌وگو با دان لافون تلفنی و به زبان انگلیسی انجام شد. ترجمهٔ فارسی متنِ نهایی از ویراستار کتاب است. م. ز

۱-سپاه صلح (peace corps) یک برنامهٔ دولتی آمریکایی است که در مارس ۱۹۶۱، توسط جان.اف.کندی، رئیس‌جمهور وقت آمریکا بنیان گذاشته شد، و با همکاری جوانان داوطلب آمریکایی پیش رفت. دولت آمریکا اهداف این برنامه را کمک به کشورهای در حال توسعه در زمینه‌های متعدّد تحصیلی، سلامتی، توانمند کردن زنان و توسعهٔ اجتماعی، و نیز برقراری آشنایی و همکاری بین شهروندان آن کشورها و مردم آمریکا برمی‌شمارد. برای مطالعه دربارهٔ «سپاه صلح»، ر.ک. به:

https://www.peacecorps.gov

دانشگاهی در مقطع لیسانس، به این برنامه پیوستم. تقدیر چنین بود، یا کامپیوتری در واشنگتن دی.سی این‌طور تصمیم گرفت که من به‌مدّت دو سال برای آموزش زبان انگلیسی به همدان بروم. برایتان خواهم گفت که آن دو سال، که بعدها به یازده سال زندگی و کار در ایران انجامید، زندگی مرا برای همیشه تغییر داد.

نکتهٔ جالب این است که ظاهرِ من، بیشتر به‌خاطر موی سیاهی که در آن دوران داشتم و البتّه امروز خاکستری شده، به ایرانی‌ها شبیه بود و این شباهت باعث می‌شد مردم ایران زود و راحت مرا بپذیرند و با من وارد گفت‌وگو شوند. هرچند از فارسی صحبت کردنم مشخص می‌شد ایرانی نیستم. ولی در برخورد اوّل، درها خیلی زود و راحت به روی من باز می‌شد. یادم هست در نخستین دیدارم با پادشاه، زمانی که همراه شهبانو فرح برای بازدید از ساختمان کانون آمده بودند، اعلیحضرت به سمت من آمدند و شروع کردند به صحبت کردن به زبان فارسی. شهبانو، که ریاست عالیهٔ کانون را به عهده داشتند و پیش از آن چند بار مرا دیده بودند و می‌شناختند، خندیدند و به شاه گفتند که من آمریکایی هستم. شاه با تعجّب به من نگاه کردند و گفتند فکرش را هم نمی‌کردند که من ایرانی نباشم. برایم بسیار خوشایند، حتّی نوعی تعریف و تمجید بود. این را به اعلیحضرت هم گفتم و تشکّر کردم.

به هر حال، من بعد از دو سال تدریس به آمریکا برگشتم و تحصیلات دانشگاهی‌ام را در رشتهٔ کارگردانی تا مقطع فوق‌لیسانس ادامه دادم.

❑ همکاری‌تان با انجمن ایران و آمریکا و بعد از آن با کانون چگونه و چه زمانی شروع شد؟

تازه مدرک فوق‌لیسانسم را گرفته بودم که کاملاً غیرمنتظره از طرف انجمن ایران و آمریکا دعوت‌نامه‌ای دریافت کردم برای همکاری با این انجمن به‌عنوان نخستین کارگردان هنری آن مؤسسه در ایران.

ساختمان انجمن در تهران بنای مدرن و شیکی بود در خیابان عباس‌آباد با یک سالن تئاتر بسیار زیبا. قراردادِ کاریِ من دو ساله بود، ولی به چهار سال همکاری‌ام با آن مؤسسه انجامید. موقعیت فوق‌العاده و دوران کاریِ خیلی خوبی بود، که به من -یک کارگردان جوان در اوایل بیست سالگی- امکان داد نمایش‌های متعدّدی را به زبان انگلیسی کارگردانی کنم و در یک سالن زیبا روی صحنه ببرم. یادم هست مادر و پدرم در هر بار صحبت تلفنی از تاریخِ

برگشتنم به آمریکا می‌پرسیدند و من هر بار می‌گفتم، یک سال دیگر!

اواخر سال چهارمِ این دوران، لیلی امیرارجمند، مدیرعامل کانون پرورش فکری کودکان و نوجوانان، که تئاترهای مرا دیده بود، با من تماس گرفت و پیشنهاد داد مرکز تئاتر کانون را آغاز کنم و مدیریتش را هم به‌عهده بگیرم. پیشنهاد هیجان‌انگیزی بود. کانون را می‌شناختم. با کتابخانه‌ها و انتشارات و برنامه‌های آموزش نقّاشی و موسیقی‌اش آشنا بودم. می‌دانستم هنرمندان جوان بااستعداد و پُرشوری آن‌جا کار می‌کنند و می‌دانستم برای یک کارگردانِ جوان که بخواهد در یک فضای باز و آزاد کارِ خلّاق و پیشرو انجام دهد جایی بهتر از کانون وجود نداشت. کانون نه‌تنها در ایران، که در دنیا نمونه نداشت. دعوت خانم امیرارجمند را با اشتیاق پذیرفتم و نخستین عضو رسمیِ غیرایرانی و تنها مدیرِ غیرایرانیِ یکی از مراکز هنری کانون شدم.

بارها گفته و نوشته‌ام که این اتّفاق زندگی مرا تغییر داد. به معنای دقیق کلمات، با شور و عشق کار می‌کردم و از کارهای گوناگونی که در کانون انجام می‌شد و عشقی که لیلی امیرارجمند برای ارائهٔ کار فرهنگیِ ارزنده به بچه‌ها داشت لذّت می‌بردم.

❑ ساختن نخستین مرکز تئاتر کودکان در جغرافیای فرهنگ و زبانی متفاوت، در یک مؤسسهٔ نسبتاً نوپا، بدون هر نمونهٔ قبلی در آن کشور برای یک کارگردان جوان دشوار نبود؟

پرسش خوبی است که در آغازِ کار، دغدغهٔ فکری من هم بود. خاطره‌ای برایتان تعریف کنم. می‌دانید که لیلی و ملکه دوستان نزدیک بودند و با هم معاشرت می‌کردند. یک بار، من همراه دو سه نفر دیگر به یک قرارِ ناهار آن‌ها دعوت شدیم. سر میز، من کنار خانمی آمریکایی نشسته بودم که برای مصاحبه با ملکه از نیویورک به ایران آمده بود؛ زن نابغه‌ای که یکی از آغازگران برنامهٔ تلویزیونی «خیابان سزامی[1]» در آمریکا بود. من او را شناختم. عکسش را روی جلد مجلّهٔ «تایمز» دیده بودم. کمی که صحبت کردیم، آن خانم از من پرسید در ایران چه می‌کنم. گفتم، از من خواسته‌اند نخستین مرکز تئاتر کودکان ایران را در یک نهاد فرهنگی تأسیس و مدیریت کنم. گفت چه خوب؛ و با کنجکاوی منتظر ادامهٔ توضیح

1- Sesame Street

من ماند. گفتم، واقعیت این است که من هیچ دانش و تجربه‌ای دربارهٔ تئاترِ کودکان ندارم؛ درنتیجه، هم من و هم مرکز تئاترِ کودکان قرار است از صفر شروع کنیم. آن خانم، بدون مکث گفت، این بهترین حالت ممکن و مهم‌ترین صلاحیت تو برای این کار است. گفت او هم در شروع کارش جایی مثل امروزِ من ایستاده بود، هیچ نمونه یا زمینهٔ فکری نداشت، و رهایی از پیش‌زمینه‌های فکری کمکش کرد بتواند کاری نو و متفاوت و پیشرو بسازد. آن حرف، از طرف آن هنرمند خلّاق و موفّق تشویق بزرگی برای من بود و من همیشه قدردانش هستم.

به هر حال، قرار من و مدیرعامل کانون این شد که من یک سال در ایران بمانم، مرکز تئاتر کانون را شروع کنم، کار را به دیگران بسپارم و به آمریکا برگردم. کار را شروع کردیم و شاید باور نکنید که من شش سال بعد بالاخره به آمریکا برگشتم. سال‌های کار در کانون بهترین سال‌های زندگی من هستند.

❑ تا آن‌جا که من مطالعه کرده‌ام، شما از همان آغاز، نمایش‌نامه‌ها و داستان‌های ایرانی را برای اجرا انتخاب کردید. آیا این تصمیمِ شخصی شما بود، یا در تبادلِ نظر و هم‌فکری با همکارانتان در کانون به این نتیجه رسیدید؟

تصمیمِ شخصی من بود. من تا حدّی با فرهنگ و ادبیات ایران آشنا بودم و قدمت و ارزش میراث فرهنگی ایران را می‌شناختم. همچنین کاملاً آگاه بودم که مخاطبِ کانون، کودکان ایرانی هستند و آن کودکان هم فرهنگ ایران را می‌شناسند.

یک خوشبختی من این بود که بیژن مفید و من دوستان نزدیکی بودیم. با بیژن دربارهٔ مرکز تئاتر کودکان کانون صحبت کردم. بیژن گفت، مدّتی پیش نمایش‌نامه‌ای برای کودکان نوشته بوده و می‌تواند آن را پیدا کند و به ما بسپارد. بهتر از این نمی‌شد. من بیژن را شکسپیر ایران می‌دانستم -و می‌دانم- و افتخار می‌کردم نخستین نمایش کانون نوشتهٔ بیژن باشد.

از همان ابتدا دربارهٔ کار کردن با بازیگران حرفه‌ای تأکید داشتم. معمولاً وقتی از تئاترِ کودک صحبت می‌شود، به تئاترهای دبیرستانی یا نمونه‌هایی مانند آن فکر می‌کنند. در آمریکا هم همین‌طور است. ولی من متنی از بیژن مفید در دست داشتم و امکاناتی برای انتخاب بهترین بازیگران و بهترین همکاران برای آرایش صحنه و تهیهٔ لباس و... کار را شروع کردیم. بیژن

به تماشای اجرای اوّل ما در یکی از کتابخانه‌های کانون آمد. هنوز یادم هست چقدر نگران واکنش او بودم. بعد از پایان کار، هم‌زمان بلند شدیم و به سمت هم حرکت کردیم. بیژن فقط یک جمله گفت: «نمایش‌نامهٔ بعدی‌ام را برای گروه شما می‌نویسم.»

بعدها که من در آمریکا کار کردم، نقدهای خوب زیادی به زبان انگلیسی دربارهٔ کارهایم نوشته شد. ولی آن جملهٔ بیژن و اعتمادش به من مهم‌ترین و دلگرم‌کننده‌ترین حرفی است که بعد از یک اجرا شنیدم.

به این ترتیب، بیژن دوّمین نمایش‌نامهٔ کودکان را، این بار، برای کانون نوشت. هر دو نمایش اجراهای متعدّد داشتند و همه‌جا با استقبال مردم روبه‌رو شدند، و این یک شروع درخشان برای یک مرکز نوپا بود.

... و بعد بیژن زیباترین نمایش‌نامهٔ کودکان را برای گروه ما نوشت: شاهکاری به نام «شاپرک خانم». یک داستان زیبا و بامعنا و عمیق که به‌نظر من، ارزشی در حد «شهر قصّه» دارد. «شاپرک خانم» یک نمایش چند لایه است و هر کس در هر سنی می‌تواند با لایه‌هایی از آن ارتباط برقرار کند. به همین دلیل است که بیژن مفید شکسپیر ایران است. آثار بیژن فقط به زمانهٔ خودش تعلّق نداشت؛ نسل‌های بسیاری در دوران‌های گوناگون بیژن را تقدیر خواهند کرد.

❑ «شاپرک خانم» نمایش بسیار محبوب من هم هست. دربارهٔ نخستین اجراهای «شاپرک خانم» صحبت می‌کنید؟

نخستین اجرای «شاپرک خانم» را، به پیشنهاد ملکه، در تالار نیاوران در فضای باز روی صحنه بردیم. درواقع، «شاپرک خانم» نخستین نمایشی بود که در آن تالار اجرا شد. یعنی گروه تئاتر کانون با نمایش بیژن مفید و کارگردانی من آن تالار را افتتاح کرد، و این یکی از خاطره‌های خوب زندگیِ کاریِ من است.

«شاپرک خانم» بسیار موفّق شد. از کودکان زیر ده سال تا اساتید شناخته‌شدهٔ دانشگاه که با اشتیاق همراه فرزندانشان به تالار می‌آمدند، کار را عاشقانه دوست داشتند. نمایش دیگری را نمی‌شناسم که مخاطبی به آن گستردگی، با درک و دریافت و لذّتی در سطوح متفاوت از متن و اجرا به خود دیده باشد، که البتّه بیشترِ این اعتبار به متن بیژن برمی‌گردد. کارگردانی و تولید آن نمایش از افتخارات زندگی من است.

من با آربی آوانسیان هم دوست و نزدیک بودم. هم به‌عنوان دوست و هم به‌عنوان همکار، بسیار برایش احترام قائل‌ام. آربی و من با هم قرار گذاشته بودیم هرگز به هیچ‌کس اجازه ندهیم که بین ما اختلاف بیاندازد. هر دو پُرکار بودیم و وقت زیادی نداشتیم. با این وجود متعهد بودیم دست‌کم ماهی یک بار با هم ناهار بخوریم و دربارهٔ فکرها و کارهایمان صحبت کنیم و آن‌قدر از هم باخبر باشیم که کسی نتواند از روی حسادت کوچک‌ترین مشکلی بینمان ایجاد کند. تا روزی که من در ایران بودم، بر سر این عهد بودیم.
آن زمان «تئاتر شهر» تازه افتتاح شده بود. آربی نخستین نمایش را در تالار تئاتر شهر روی صحنه برد و من دوّمین نمایش را که اجرای دوّمِ «شاپرک خانم» بعد از اجرای نیاوران بود.[1] آربی و من برای اجراهای نخستِ تئاتر شهر خیلی به هم کمک کردیم. این هم از خاطرات خوب من در آن دوران است.
بعد از آن اجرا، ما نمایش را در یک جشنوارهٔ تئاترِکودک در آلمان و پس از آن، با دعوت از سوی استرالیا، به‌مدّت چهار هفته در چند شهر استرالیا اجرا کردیم. «شاپرک خانم» را در کتابخانهٔ کانون در اردن هم روی صحنه بردیم.

❑ با بیژن مفید چگونه و چه زمانی آشنا و دوست شدید؟

اسم بیژن را به‌عنوان یک تئاتری درخشان شنیده بودم. به‌اعتبارِ اسمِ او، به تماشای «شهر قِصّه»، در یک سالن خیلی ساده در جنوب شهر تهران رفتم و با یک کار به‌راستی حیرت‌آور روبه‌رو شدم. بعد از نمایش، بیژن را دیدم. این نخستین دیدار ما بود. کمی صحبت کردیم و بیژن گفت دوست دارد نمایش‌های مرا ببیند، و به این ترتیب ما تماشاگر آثار یکدیگر، و خیلی زود دوست شدیم. دوستیِ نزدیک ما تا روز خاکسپاری بیژن در لس آنجلس ادامه داشت. روزی که ای کاش هیچ‌وقت نمی‌دیدم. شناختنِ بیژن -فقط شناختن او- حتّی اگر به همکاری و دوستی نمی انجامید، بخت بلند زندگی من بود.
برادر بیژن، اردوان هم یک هنرمند بااستعداد و متعهّد به کار، و همکار من در مرکز تئاتر کانون بود. اردوان را از انجمن ایران و آمریکا می‌شناختم. بسیار سخت‌کوش، منظّم، حرفه‌ای

۱- فعّالیت تئاتر شهر در هفتم بهمن سال ۱۳۵۱ / ۱۹۷۳ ، با اجرای نمایش «باغ آلبالو» نوشتهٔ آنتوان چخوف، به کارگردانی آربی آوانسیان در تالار اصلی تئاتر شهر که آن زمان تنها تالار این مکان بود آغاز شد.

و مثبت بود. بعد از مدّتی، اردوان را از طرف کانون برای تحصیل در رشتهٔ تئاتر به فلوریدا فرستادیم، تا بعد از من مدیریت مرکز تئاتر کانون را بهعهده بگیرد.

ما در کانون چنین امکاناتی داشتیم. مدیر صحنهٔ خوشفکر، کاربلد، باذوق و پُرکارِ مرکز تئاتر، مجید میرفخرایی، را هم به آکادمی سلطنتی هنرهای نمایشی در انگلستان فرستادیم که ادامه تحصیل دهد.

☐ شما در کتاب پنجاه سال با کانون پرورش فکری کودکان و نوجوانان مقالهای دربارهٔ کانون دارید با عنوان «کلمه، داستان و بال پرواز برای کودکان ایرانی»[1]. بهنظرم، عنوان مقالهٔ شما دقیقترین توصیفِ نهادِ کانون است. لطف میکنید دربارهٔ این عنوان صحبت کنید؟

برای نوشتن آن مقاله باید ذهنم را باز میکردم و فضای آن روزهای کانون را جلوی چشمم میآوردم. نمیدانم چگونه به این عنوان رسیدم. یقین دارم آنچه همهٔ ما در کانون میخواستیم و برایش میکوشیدیم دقیقاً دادنِ بالِ پرواز به بچهها بود. شاید به یاد آوردنِ فضای کانون این تصویر را برایم ساخت.

لیلی امیرارجمند فقط در فکرِ کتابخوان کردن بچهها نبود. میخواست بچهها عاشق کتاب شوند. همهکار میکرد که بچهها با اشتیاق کتاب بخوانند، چشمشان به دنیای بزرگتری باز بشود، افقِ نگاهشان محدود نمانَد، فکر کنند، رشد کنند. میدانست داستانها و تصاویرِ کتابها بالهایی میشوند که یک روز بچهها را به «آن سوی رنگینکمان» میبرند. واقعاً زندگی خودش را وقف یک رؤیای زیبا کرده بود، که با شهامت و بینش و پشتکاری که داشت به واقعیتی زیباتر تبدیل شد.

من باور دارم که فرهنگِ هر مؤسسه را مدیر آن مؤسسه میسازد. بیشتر ما در کانون جوان بودیم. کار کردن در کنار بهترین طرّاحان گرافیک ایران، بااستعدادترین نویسندگان و شاعران و فیلمسازان، که در اوج خلّاقیتشان بودند، کانون را تبدیل به بهترین فضا برای آفریدن کارهای هنری کرده بود. همهٔ ما با عشق و اشتیاق کار میکردیم و در فکرمان با داستان و

1-Laffoon, Don; "Giving Iranian Children Words, Stories and Wings", Daryaee, Touraj and Beigpour, Kourosh; *50th Anniversary of Kanun*, Jordan Center for Persian Studies, 2017, pp 25-31.

موسیقی و نقّاشی و تئاتر به بچه‌ها بال پرواز می‌دادیم. کانون خلّاق‌ترین سازمانی بود که من در تمام عمرم در آن کار کردم.

❑ خوشحال‌ام این را از شما می‌شنوم؛ شما که در فضاهای باز و آزاد بسیاری نوشته‌اید و کارگردانی کرده‌اید.
ممکن است کمی دربارهٔ آموزش «نمایش خلّاق»[1] صحبت کنید؟ در مقاله‌تان گفته‌اید می‌خواستید این مفهوم را به مرکز تئاتر کانون عرضه کنید.

تئاتر، در مفهوم فراگیر، از ابتدا به‌منظور تولید و اجرا و در معرض تماشای مخاطب قرارگرفتن شکل می‌گیرد. یعنی ما از ابتدا می‌دانیم که هرچه یاد می‌گیریم و تمرین می‌کنیم، روی صحنه خواهیم برد.
«نمایش خلّاق» الزاماً مخاطبی در نظر ندارد. اصلاً قرار نیست به تولید برسد. درواقع، استفاده از تکنیک‌های نمایشی است برای باز کردن ذهن و قلب بچه‌ها به هنرهای نمایشی به‌عنوان یک نیروی آفریننده، و به کار گرفتنِ آن تجربه در زندگی شخصی و حرفه‌ای‌شان که می‌تواند هیچ ربطی به تئاتر نداشته باشد.
هدف، آموزشِ خلّاقیت به فرد است، فارغ از این‌که فرد چه حرفه‌ای دارد؛ آموزشِ این‌که چگونه می‌شود یک پزشک، وکیل، دانشجو یا باغبانِ خلّاق بود. به‌نظر من، تمرین هنرهای نمایشیِ خلّاقْ تمرینِ زندگی کردن است.

برای این‌کار من یک کتاب در این زمینه را به مترجمی سپردم تا به زبان فارسی برگردانَد. چندین دانشجوی دانشکدهٔ هنر را هم در مرکز استخدام کردم و خودم شخصاً آن مفاهیم و تکنیک‌ها را یادشان دادم. بعد، آن دانشجوها را به کتابخانه‌های کانون، در سرتاسر ایران، فرستادم تا تکنیک‌های نمایش خلّاق را به بچه‌ها آموزش بدهند. دانشجوها در ساعت‌های آزاد و روزهای تعطیل کار می‌کردند و حقوق می‌گرفتند.

❑ شما در کانون نمایش‌های عروسکی هم کار می‌کردید. برای این کار مرکز جدا داشتید یا مرکز تئاتر نمایش‌های عروسکی را هم مدیریت می‌کرد؟

1- Creative Dramatics

مرکز نمایش‌های عروسکی را من به‌عنوان یک زیرمجموعه در مرکز تئاتر کانون شروع کردم. خوشبختانه اردشیر کشاورزی که در ساختن و کار کردن با عروسک تجربه داشت، دعوت کانون را برای مدیریت این زیرمجموعه پذیرفت و ما توانستیم با استخدام کامبیز صمیمی‌مفخّم، به‌عنوان دستیار او، کار را کاملاً حرفه‌ای شروع کنیم. نمایش‌های عروسکی کانون را با ماشین تئاتر سیّار به شهرها و روستاهای ایران هم می‌بردیم.

واقعیت این است که من تخصصی در این رشته نداشتم. آشنایی من با نمایش عروسکی به حدود ده یازده سالگی‌ام برمی‌گشت. در آن زمان من هم عروسک می‌ساختم و هم بلد بودم عروسک‌های نمایش را روی صحنه حرکت دهم. من در کانزاس[1] بزرگ شدم که شهری کشاورزی است، و در دوران کودکی من امکانات تفریحی و سرگرمی زیادی برای بچه‌ها نداشت. مادرم که زن بسیار خلّاقی بود، به ما یاد داد چگونه عروسک درست کنیم. عروسک‌گردانی را هم کم‌کم یاد گرفتم. مادرم نوعی اتاقک هم برای اجرای نمایش عروسکی برایمان درست کرد. من این اتاقک را به مدرسه می‌بردم و برای هم‌کلاسی‌هایم نمایش عروسکی اجرا می‌کردم. البتّه در آن زمان مدرسهٔ ما شامل یک کلاس بود و یک معلّم که همهٔ مباحث را درس می‌داد. تنوّعی در روزهایمان نبود. درنتیجه، اجرای یک نمایش عروسکی طبیعتاً مورد توجّه و تشویق فراوانی قرار می‌گرفت. تجربهٔ من از نمایش عروسکی همین بود.

☐ تئاتر سیّار کانون هم پدیده‌ای است که با ساختار صحنه، شیوهٔ اجرا و سفر به دورافتاده‌ترین مناطق یک کشور، در جهان نمونه نداشت. خانم امیرارجمند گفتند سامان دادن و مدیریت آن پروژه سرتاسر با شما بوده. کمی دربارهٔ آن تریلی بزرگ قرمز صحبت می‌کنید؟

ما برای اجرای تئاترهایمان در کتابخانه‌های کانون به مناطق مختلف ایران سفر می‌کردیم. فضای اجرای تئاتر در کتابخانه‌ها کوچک بود. فکرِ داشتنِ صحنهٔ بزرگ‌تر و امکانِ سفرِ راحت‌تر، نقطهٔ عزیمت پروژهٔ تئاتر سیّار شد.

یک روز همراه یک دوست هنرمندم به بازار رفتم، یک تریلی اسباب‌بازی خریدم و فکر یا

1- kansas city

خیالی را که دربارهٔ تئاتر سیّار در ذهن داشتم، برای دوستم توضیح دادم. دوستم، طرحِ اوّلیهٔ مرا، آن‌طور که ممکن می‌دید، در همان ماشین اسباب‌بازی اجرا کرد و ماشین را روی میز کار من گذاشت.

در روز بازدید پادشاه از ساختمان کانون -که برایتان تعریف کردم- آن ماشین اسباب‌بازی توجّه اعلیحضرت را جلب کرد. خواستند درباره‌اش صحبت کنم. من طرحِ خیالی‌ام را توضیح دادم. شاه به‌دقّت گوش داد و پرسید هزینهٔ این کار چقدر می‌شود. طبیعتاً من به این موضوع فکر نکرده بودم. گفتم، از آن‌جا که نمونه‌ای شبیه این ماشین وجود ندارد، نمی‌دانم ساختنش چقدر هزینه خواهد داشت؛ و بیشترین مبلغی که به عقلم می‌رسید را به‌عنوان حدس مطرح کردم. شاه لبخند زد، به فرد همراهش که پشت سر او ایستاده بود نگاه کرد و با ملایمت گفت، فکر می‌کنم ما می‌توانیم چنین مبلغی را تقبّل کنیم. هزینهٔ کتابخانهٔ سیّار کانون به همین راحتی تأمین شد.

من برای مطالعه و مشاوره دربارهٔ چگونگی ساخت این تریلی به انگلستان و آلمان سفر کردم و در نهایت با کمپانی مرسدس بنز آلمان قرارداد بستم تا ماشینی با ابعاد و امکانات کاملاً غیرمتعارف برای ما بسازند. دستیار من، اردوان، همراه یک راننده ماشین را به ایران آوردند. جالب این‌که من خواسته بودم یک میکروفون داخل ماشین باشد متّصل به یک بلندگوی بزرگ روی سقف، تا وقتی ما در سفر به روستاها تریلی را در یک جای مناسب پارک می‌کنیم و مشغول آماده‌کردن صحنه و بازیگران می‌شویم، سر ماشین جداگانه به روستاهای اطراف برود و خبرِ ورود تئاتر سیّار و اجرای نمایش را اعلام کند. ولی تریلی تئاتر سیّار به‌اندازه‌ای بزرگ بود، و با رنگ قرمز و نقّاشی زیبای رویش چنان جلب توجّه می‌کرد، که از چندین کیلومتر دورتر دیده می‌شد و مردم خودشان، پیش از رسیدن ما به محلِ مورد نظرمان، همدیگر را باخبر می‌کردند و به سمت ماشین می‌آمدند. ناگهان می‌دیدیم که بچه‌ها با مادر و پدر و مادربزرگ و پدربزرگ‌هایشان جمع شده‌اند و با اشتیاق انتظار می‌کشند. تئاتر سیّار کانون برای بچه‌ها طرّاحی شد ولی تئاتر سیّارِ همهٔ نسل‌ها بود. من اسمش را گذاشته‌ام «تئاتر خانواده».

یک حُسن این ماشین این بود که ژنراتور برق خودش را همراه داشت و ما می‌توانستیم در دل بیابان هم صحنه را روشن و نمایش را اجرا کنیم.

مایهٔ شگفتی و خوشحالی است که ماشین تئاتر سیّار کانون هنوز کار می‌کند. کانون واقعاً یک معجزه بود!

چهاردهم بهمن ۱۴۰۲
(فوریه ۲۰۲۴)

آرمانِ خدمت به کودکان و نوجوانان کشور[1]

کامران لاهیجی

مدیر روابط عمومی کانون

هم‌زمان با کار روزانه‌ام در شرکت هواپیمایی ملّی ایران هفته‌ای یک بار هم به‌عنوان مشاور مالی و مالیاتیِ سینما دیاموند، که برنامه‌های رسمیِ نمایش فیلم فستیوال بین‌المللی کودکان و نوجوانان در آن برگزار می‌شد، در دفتر حسابداری سینما به کار بررسی حساب‌ها و امور دفتری رسیدگی می‌کردم.

روزی از همین روزهای کاری در سینما یکی از کارمندان به من اطّلاع داد که آقای پرویز فتوره‌چی، صاحب سینما، که کمالِ لطف و مرحمت ایشان شاملِ حالم بود می‌خواهد مرا ببیند. رفتم به دفتر ایشان. از من پرسیدند آیا می‌توانم روزها بعد از کار رسمی‌ام در «هما»،

۱- نسخهٔ اصلی این متن -دست‌نوشتهٔ کامران لاهیجی در دو صفحه- توسط زری فریپور، همکار آقای لاهیجی در روابط عمومی کانون، به‌لطف، در اختیار کتاب قرار گرفت. متن در دههٔ ۱۹۹۰ به‌منظور تدوین مجموعه‌ای دربارهٔ کانون نوشته شده بود، که متأسفانه هرگز کامل نشد. آقای لاهیجی بعد از انقلاب ساکن آمریکا شد و در سال ۲۰۱۶ در کالیفرنیا درگذشت.

در پارک فرح برای انجام امور اجرایی فستیوال فیلم‌های کودکان حضور داشته باشم و تأکید کردند که این مأموریت برای یکی دو ماهی بیش نیست.

قبول کردم و از فردای آن روز، هرروزه بعد از کار روزانه، مستقیم به پارک فرح می‌رفتم که آقای پرویز دوائی را هم در آن‌جا دیدم و با ایشان آشنا شدم و این تاریخ مربوط است به هنگام برگزاری سوّمین فستیوال بین‌المللی فیلم کودکان و نوجوانان.

هنگام انجام این امور که رفته‌رفته به کار در روزهای پنجشنبه و جمعه هم کشید، گه‌گاه خانم امیرارجمند را هم می‌دیدم که برای سرکشی و اطّلاع از پیشرفت کار در معیت چند نفر خانم همراه به پارک فرح (کتابخانهٔ مرکزی کانون) می‌آمدند و من کاملاً تحت تأثیر شخصیت ایشان قرار گرفتم.

پس از برگزاری فستیوال، تصمیم به سفر به آمریکا برای ادامهٔ تحصیل گرفتم و هنوز هم نمی‌دانم چرا و به چه دلیل تصمیم گرفتم به دفتر خانم امیرارجمند بروم و از ایشان خداحافظی کنم. (هم به‌لحاظ ادب و هم برای حفظ پایه‌ای جهت آیندهٔ پس از مراجعت از آمریکا)

خوشبختانه اجازهٔ ملاقات دادند و پس از اطّلاع از تصمیم من، سؤال کردند آیا می‌توانم سفر را به تأخیر بیاندازم و مجری برنامهٔ دعوت از یک گروه نمایش عروسکی از کشور هندوستان باشم. عرض کردم بلی، با کمال میل، خیلی خوشحال می‌شوم اگر خدمتی از دستم برآید. پرونده‌ای روی میز ایشان بود، مربوط به مکاتبات سفارت هندوستان در ایران با دفتر شهبانو فرح دربارهٔ سفر گروه عروسکی به ایران. آن را دادند دستم و گفتند دستور خواهم داد همکاری‌های لازم برای انجام و اجرای این برنامه از طرف مسئولان کانون با شما فراهم شود. بلافاصله به توصیهٔ دفتر ایشان میز کاری در اتاق آقایان عباس کیارستمی و زنده‌یاد نادر ابراهیمی در اختیارم قرار گرفت و بدین ترتیب کار در کانون را شروع کردم.

در جریان برگزاری این رویداد، نحوهٔ کار، مدیریت و نوعِ روابطِ کاری در کانون به‌گونه‌ای بر من اثر گذاشت که با پایان این مأموریت وقتی پیشنهاد استخدام رسمی در کانون به من شد، بدون لحظه‌ای تفکّر در مورد تصمیم به کار در کانون، آن را پذیرفتم و به استخدام کانون، با عنوان معاون امور اداری و مالی درآمدم.

با گذر یکی دو ماه که البتّه کار زیادی هم برای انجام دادن نداشتم، با کسب اجازه از

مدیرعامل و نیز از مدیریت مالی و اداری کانون برای یک ماه با استفاده از مرخصی بدون حقوق، جهت رتق و فتق امور نیمه‌کاره‌ام در آمریکا عازم آمریکا شدم که در مراجعت با حکمِ مدیریتِ آرشیوِ فیلم‌های کانون مشغول ارائهٔ خدمت شدم که به دلایل نبودنِ بودجهٔ لازم برای این کار و نیز عدم اطّلاع من از کار فیلم‌سازی مربوط به کودکان، موضوعِ تشکیل این مرکز به فرصت‌های آتی موکول گردید که بعدها آقای فریدون معزّی‌مقدم انجام این مهم را عهده‌دار گردیدند.

پس از آن، سرپرستی بخشی از دفتر مهندسی کانون را که در حقیقت وظیفهٔ کار نگهداری و انجام تعمیرات و مرمّت کتابخانه‌ها را داشت به عهده گرفتم. (چون تصمیمات مربوط به نقشه‌کشی و پروژه‌های ساخت کتابخانه‌ها با نظر مستقیم مدیریت عامل و مهندسین مشاور مربوطه انجام می‌پذیرفت.)
در آن زمان آقای بیژن خرسند مسئول امور روابط عمومی کانون بودند. قسمت مهندسی کانون نیز برای انجام وظایف، از طرح گرفته تا اجرا، احتیاج به مدیری داشت که با کار مهندسی، طرّاحی و نقشه‌کشی آشنایی داشته باشد و عملاً تحصیلات مربوط را گذرانده باشد و این بود که با استعفای آقای خرسند از کار روابط عمومی و استخدام متصدی جدید با تحصیلات مهندسی برای دفتر مهندسی کانون، انجام امور مربوط به روابط عمومی کانون که بدون حضور همکاران کارآمد و پُرکارم در آن دوره امکان‌پذیر نمی‌بود به‌عهدهٔ من گذاشته شد. در این‌جا لازم می‌دانم همکاری و خدمات ارزندهٔ خانم‌ها رهبری، منصفی (فریپور)، سعیدی، آذربال و خضری و آقای خوش‌منظر را ارج گذارم که مرا طی دورهٔ پنج‌سالهٔ تصدی آن اداره یاری دادند.

ناگفته نگذارم که امور سطح بالای روابط عمومی عمدتاً به‌وسیلهٔ مدیریت عامل کانون قابل انجام و تسهیل می‌گردید. نیز قابل یادآوری است که طی سال‌های آخر خدمتم در سِمَت مدیر روابط عمومی، در وزارت امور خارجه به سرپرستی دکتر فرج‌الله برهانی، کمیسیون مشترک تبادلات فرهنگی تشکیل گردید که روزهای دوشنبهٔ هر هفته در آن وزارتخانه تشکیل جلسه می‌داد و سیاست‌های مربوط به مبادلات فرهنگی بین ایران و کشورهای دیگر را طرح‌ریزی می‌کرد. آن‌جا نیز از طرف کانون در جلسات مربوط شرکت می‌کردم و برنامه‌های فرهنگی بسیاری را طرح‌ریزی می‌کردیم که متأسفانه با وقوع دگرگونی‌ها و از

هم پاشیدگی اوضاع بی‌نتیجه ماند.

با وقوع تشنجات و ناآرامی‌های سال‌های ۵۶-۵۷ آخرین حکم اداری که از سوی خانم امیرارجمند بر اساس طرح تصویبی جدید کانون به من داده شد، حکم مدیریت هماهنگی امور اداری بود که هم‌زمان دوست عزیز و فرهیخته‌ام آقای احمدرضا احمدی (شاعر) نیز جایگزین من در روابط عمومی شدند.
با وقوع جریانات بهمن ۵۷ من در پُست مدیریت اداری توسط کارگزاران جدید ابقا شدم. بدیهی می‌نمود که ادامهٔ کار با ذهنیت‌های دو طرف (من و مدیریت جدید) به هیچ‌وجه ممکن نخواهد بود. به‌ویژه که به‌زودی مدیریت جدید دستور اخراج جمع کثیری از کارمندان کانون را بدون هیچ دلیل خاص و صرفاً به‌خاطر تفتیش عقیدتی و باورهای سیاسی و مذهبی‌شان به امور اداری (اینجانب) ابلاغ نمود که با مخالفت من با این موضوع از من خواسته شد تا همکاری خود را با کانون قطع نمایم. جُرمِ من هم در این میان معلوم نشد که چیست.

عاقبت پس از نُه سال کار و خدمت عاشقانه به کانون، سازمانی که در آن جمعی جوان با آرمانِ خدمت به کودکان و نوجوانان کشورمان پایه‌های تربیت نخبگان و هنرمندان و فرهیختگان آیندهٔ کشور را، با همّت بانوان بزرگ کشورم، علیاحضرت شهبانو فرح پهلوی، ملکهٔ گرانقدر و عزیز ایران، و سرکار خانم لیلی امیرارجمند مدیرعامل کانون که غنیمت دوستی‌شان با علیاحضرت ملکه را به‌جای استفادهٔ شخصی در جهت ایجاد کانون به کار گرفتند، بیکار و روانهٔ دیار غریب شدم.

کانون شاخصِ نام و عملِ نیکِ زمانِ خود بود

فرشید مثقالی (زادهٔ ۱۳۲۲، اصفهان؛ ساکن تهران)

نقّاش، طرّاح گرافیک، مجسّمه‌ساز

□ شما از نخستین شخصیت‌هایی هستید که به انتشارت کانون پیوستید. تصاویر یکی از شناخته‌شده‌ترین کتاب‌های انتشارات کانون -ماهی سیاه کوچولو- را ساختید، نخستین جوایز بین‌المللی تصویرگریِ کتابِ کودک را به ایران آوردید. فکر می‌کنم ادامهٔ طبیعی تصویرسازی‌های درخشان کتاب‌های کانون، در یک مسیرِ استثنائی، به ساخت نخستین فیلم‌های انیمیشن کانون انجامید و نخستین جوایز بین‌المللی در این گستره را برای ایران به دست آورد.

اجازه می‌خواهم از ماهی سیاه کوچولو شروع کنیم. برداشت شما از آن داستان چه بود؟ آیا شما هنگام تصویرسازی آن کتاب، فکر می‌کردید یک متنِ به‌اصطلاح سیاسی یا چریکی در دست دارید؟ آیا به یاد دارید کتاب پس از چاپ با مشکل روبه‌رو شده باشد؟

حدود سال ۱۳۴۶-۴۷ بود که این کتاب توسط فیروز شیروانلو به من سفارش داده شد. آدم سیاسی نبوده‌ام. نام‌های سیاسی را کم‌وبیش می‌شناختم، امّا درگیریِ ذهنی با آن‌ها نداشتم. متن ماهی سیاه کوچولو برایم صرفاً قصّهٔ کودکان بود، ماهیِ ماجراجویی که تَرکِ خانه و فامیل کرد و به ماجراهای مختلف کشیده شد. لذا برایم هیچ بُعد سیاسی در آن مطرح نشد و کار را فقط با انگیزه‌های فنّی و تصویرسازی انجام دادم. برایم موردی شد که یکی از تکنیک‌های مورد علاقه‌ام -که در آن سابقه‌ای هم نداشتم- را تجربه کنم؛ تکنیک کنده‌کاری روی لینولئوم. فرم ماهی که یکی از ساده‌ترین شکل‌ها در طبیعت است، اوّلین تجربهٔ کنده‌کاری و چاپ دستی را برایم راحت‌تر کرد.

کتاب در پروسهٔ نشر، به‌دلیل سابقهٔ نویسنده گرفتاری پیدا کرد و با روابطِ سطحِ بالای مدیرعامل کانون توانست به چاپ برسد. این کتاب به‌طرز شگرفی مورد توجّه قرار گرفت و تا همین امروز پُرفروش‌ترین کتاب تاریخ ادبیات کودکان ایران بوده و هنوز بازنشر می‌شود و همچنان مورد توجّه است.

ماهی سیاه کوچولو تنها کتاب کودک ایرانی است که به انگلیسی، فرانسه، ایتالیایی، بوسنیایی، ترکی، کُردی، چینی ساده و چینی قدیم ترجمه و چاپ شده. البتّه دلیل توجّه خارج از ایران به این کتاب این بوده که جایزهٔ هانس کرستین اندرسن به تصویرساز آن تعلّق گرفته بود.

❑ آیا صمد بهرنگی کتاب را دید؟ و آیا شما هرگز با صمد بهرنگی دربارهٔ این کتاب صحبت کرده بودید؟

من با آقای بهرنگی آشنایی نداشتم، ایشان را هرگز ملاقلات نکردم و اطلّاع ندارم که ایشان کتاب چاپ شده را دیده یا نه.

متن آن کتاب سال‌ها قبل از ارائه به کانون، برای چاپ در نشریهٔ «آرش» به سیروس طاهباز پیشنهاد شده بود، ولی طاهباز متن را مناسب چاپ در فصلنامه‌اش ندیده بود. موقعی که طاهباز به جمع اوّلیهٔ کانون -که در طبقه سوّم ساختمانی در نبش شاهرضا و بهار در مسیرِ شکل‌گرفتن بود- ملحق شد متن را به شیروانلو ارائه کرد. شیروانلو متن را مناسب چاپ، ولی محتاج به ادیت تشخیص داد. به گفتهٔ طاهباز، گویا فریده فرجام و م. آزاد متن را با اجازهٔ نویسنده اِدیت کردند.

☐ آیا قطع مربع کتاب کودک را شما با کتاب‌های کانون وارد فضای نشر ایران کردید، یا کتابی مانند خروس زری، پیرهن پری، که از کارهای پیش از کانون شماست هم قطع مربع داشت؟

قطع مربع با کتاب عمو نوروز [انتشارات کانون] برای اوّلین بار در ایران طرح شد. خروس زری، پیرهن پری اوّلین کتاب کودکی بود که تصویرسازی کردم، و به رسم نشرِ کتابِ آن زمان مستطیل افقی طرّاحی شد.

☐ آیا کتاب‌های عمو نوروز و ماهی سیاه کوچولو در «نگاره» کار شدند؟

عمو نوروز و ماهی سیاه کوچولو در آغاز همکاری شیروانلو با کانون، ولی از طریق شرکت نگاره آماده و هر دو توسط شیروانلو به من سفارش داده شدند. عمو نوروز در زمان همکاری مستقیم من با نگاره اتّفاق افتاد، و ماهی سیاه کوچولو دوره‌ای که دیگر با نگاره همکاری مستقیم نداشتم.

☐ در ارزیابی شما، ارتباط بچه‌ها با آثار کانون چگونه بود؟

تجربهٔ شخصی در مورد میزان درک و ارتباط بچه‌ها با کتاب‌های کانون نداشتم. کانون زمان ما فقط سیزده سال عمر کرد. شک ندارم کوشش‌ها در زمینه‌های مختلف، هر کدام بررسی و تحقیق مخصوص خود را می‌طلبد.

به‌نظر من، بخش کتابخانه‌های کانون مسیر از کودکی تا بلوغ خود را در این فاصلهٔ زمانی به‌خوبی طی کردند و از لحاظ اثرگذاری، موفّق‌ترین بخش کانون بودند. کتابخانه‌های کانون به شکوفایی یک نسل کمک فراوان کردند. امّا نمی‌توانم در مورد کتاب‌ها و فیلم‌ها با این اطمینان صحبت کنم.

کتاب و فیلم کودک در وهلهٔ نخست به نویسندهٔ کتاب کودک و داستان‌نویس فیلم کودک احتیاج دارد، که ما در این بخش بسیار فقیر بودیم، و حتّی اکنون نیز با گذشت سال‌های بسیار، در این زمینه هنوز فقیریم. تصویرسازی برای کتاب کودک هم یک مسیر تکاملی را طی نکرد، در نتیجه، ممکن است کمالِ مطلوب اتّفاق نیافتاده باشد. تصویرسازان کانون

اغلب از میان دست‌اندرکاران دنیای نشر بزرگسالان انتخاب می‌شدند.

❏ خانم فریده فرجام می‌گویند، مهمان‌های ناخوانده نخستین کتاب انتشارات کانون است. این کتاب و دخترک دریا هر دو سال ۱۳۴۵ چاپ شده‌اند. شما به یاد دارید ترتیبِ چاپشان چگونه بود؟

مهمان‌های ناخوانده در اصل جزء چند کتابی بود که تولید مؤسسهٔ فرانکلین توسط آقای انور بودند و آن‌ها قصد انتشارش را داشتند. خانم فرجام آن متن را برای مؤسسهٔ فرانکلین تنظیم کرد و خانم فرمانفرمایان به‌عنوان تصویرگر به سفارش آن‌ها کار را انجام داد. ولی فرانکلین از نشر آن چند کتاب منصرف شد و این درست مقارن شروع کانون بود. درنتیجه، مقرر شد که کانون کتاب را منتشر کند.

دخترک دریا به قصد انتشار در کانون تولید شد. اطلّاع دقیقی از زمان انتشار این دو کتاب ندارم. می‌توانند هم‌زمان و یا در حدود زمانی نزدیک به هم منتشر شده باشند.

❏ پس از استعفای خانم امیرارجمند در نزدیکی‌های انقلاب، مسئولیت کانون به‌خواست ایشان به شما واگذار شد. چند تن از همکارانتان هم با برنامه‌ریزی قبلی همراهی‌تان می‌کردند. این نوع نظم دادن به مدیریتِ یک نهادِ بزرگ، به‌نظرم، در مقایسه با آنچه در آن دوران بر نهادهای فرهنگی دیگر ایران گذشت، درست‌ترین نتیجه را داد. می‌دانیم که حتّی نهادی مانند بنگاه ترجمه و نشر کتاب، به فاصلهٔ کوتاهی پس از انقلاب با نام و لوگوی متفاوت به سازمان‌های دولتی واگذار شد.
لطف می‌کنید برایمان بگویید آن انتقال در بحرانی چنان سنگین چگونه انجام شد و پیش رفت؟

انتقال این مسئولیت در بحرانی‌ترین زمانِ قبل از انقلاب، هم‌زمان با اعتصابات سراسری در ادارات و مؤسسات دولتی، و تظاهرات خیابانی و اوضاع متشنّج کشور اتّفاق افتاد. این دورهٔ انتقالی برای من فقط سه ماه طول کشید و من در آن دوران فقط درگیر کارهای روزانه و ترتیب پرداخت حقوق کارمندان و مسائل خیلی ابتدایی بودم. اگر هم فکری می‌شد، با زمان

خاص و مسائل متعدّد، امکان اجرای عملی نداشت.

باید در نظر بگیرید که کانون چند ادارهٔ مرکزی نبود، بلکه شبکه‌ای متشکل از دویست و پنجاه کتابخانهٔ فعّال کودک بود. به‌علاوه، کانون شاخصِ نام و عملِ نیکِ زمان خود بود. در واقع سازمان دولتی مشابهی نداشت. در همان اوانِ انقلاب چند نفر شاخص نظامِ در حال شکل گرفتن را برای بررسی و ادارهٔ کانون فرستادند که ما کارها را به آن‌ها تحویل دادیم؛ مثلاً دکتر خرّازی. بنابراین فعّالیت کانون از لحاظِ نظام تعطیل‌بردار نبود و قابل مقایسه با بنگاه ترجمه و نشر کتاب نمی‌توانست باشد.

❑ در صحبت با همکاران سیزده سال نخست کانون، تجربهٔ آزادی و احساس برابری، غیبت سیاست‌بازی و کاغذبازی، و عشق به کار و فضای کاری، تجربه‌ها و خاطره‌هایی مشترک است. اگر شما هم همین احساس را دارید، به‌نظرتان این محیط کار استثنائی چگونه خلق شده بود؟

پدیدهٔ کانون حاصل دو چیز بود: زمان خاص و مدیریت خاص. کانون در زمان تحوّلات اجتماعیِ بزرگ ایران اتّفاق افتاد. کشور به نظم و آرامش رسیده بود. نظام سعی به غربی شدن داشت. درآمد نفتی مطمئنی پیدا شده بود. نسل اوّل دورهٔ رضاشاه به زمان میوه دادن رسیده بود. می‌توانم بگویم تمام فعّالان اصلی کانون و کسانی که با کانون همکاری می‌کردند، متوّلدین سال‌های ۱۳۱۲ تا ۱۳۲۸ بوده‌اند. مدیریت خاص لیلی امیرارجمند توانست امکان میوه دادن را به بهترین وجهی به این نسل بدهد.

لیلی امیرارجمند با مدیریت باز و بدون طبقه و واسطه، ارتباطی مستقیم با همهٔ دست‌اندرکاران اصلی کانون داشت. بسیار پذیرا و آماده برای عملی کردنِ انواع و اقسام ایده‌ها بود. البتّه اتصال او به منبع قدرت در آن زمان، دستش را باز می‌گذاشت که ایده‌ها را راحت‌تر و با اطمینان خاطر به اجرا برساند. او مثل اغلب متصدیان امور، از امکاناتش و از نزدیکی‌اش با قدرت سوء استفاده نکرد، بلکه استفاده کرد، و در مجموع محدوده‌ای متفاوت و یکتا بوجود آمد، که میوه‌های درخشانی داد.

بیست و سوّم آذر ۱۴۰۲

(دسامبر ۲۰۲۳)

کانون یک سازمان نیست، یک جریان است

مهیار مخزنی (زادهٔ ۱۳۳۶، تهران؛ ساکن ژنو)

کارآفرین، بنیادگذار کتابخانهٔ کودک در اتیوپی

(مهیار مخزنی فرزند نخست لیلی امیرارجمند است.)

❑ ممکن است دربارهٔ پروژهٔ ساختنِ کتابخانه یا کتابخانه‌های کودک در اتیوپی -از فکر اوّلیه تا مسیری که پیموده شده، و تأثیر تجربهٔ کانون بر این فرآیند- صحبت کنید؟

شروع این فکر به یک اتّفاق یا شانس برمی‌گردد؛ نوعی قرار گرفتن در یک فضای درست در یک زمان درست، بدون دخالت من.

چند ماه پیش، من برای شرکت در گروهِ ارزیابیِ یک پروژهٔ رقابتی بین شرکت‌های نوپا[1] در اتیوپی بودم. در این پروژه، که به‌شکل دوره‌ای برگزار می‌شود، ما از بین هشت تا ده‌هزار

1- Startup Companies

شرکت‌کنندهٔ جوان با ایده‌های خلّاق و سودمند، پانزده برندهٔ نهاییِ قارّهٔ آفریقا را برای شرکت در رقابت‌های بین‌المللی انتخاب می‌کنیم. هدف این کار، هموار کردنِ مسیرِ گسترشِ شرکت‌های نوپای موفّق در آفریقاست؛ هم از نظر مالی و هم در جهت کمک به معرّفی‌شان به بازار جهان.

سال گذشته دو جوان آفریقایی، با دو ایدهٔ خلّاق و بسیار سودمند برای محیط زیست، موفّق شدند در مرحلهٔ نهاییِ این رقابت در سطح جهان مطرح شوند. یکی از آن‌ها از بازیافتِ پلاستیک[1] آجر می‌سازد، و دیگری از بازیابیِ ضایعاتِ پلاستیکی انرژی تولید می‌کند. Kidus Asfaw، جوانی که ایدهٔ ساختن آجر را ارائه داد و اجرا کرد، پسری باهوش و سخت‌کوش، و تحصیل‌کردهٔ دانشگاه استنفورد است. آجرهایی که می‌تواند بسازد، از آزمون‌های ایمنیِ اروپا و آمریکا با موفّقیت بیرون آمده‌اند، به حفظ محیط زیست هم کمک می‌کنند، و به همین دلایل سال گذشته این جوان توسط مجلّهٔ تایمز یکی از صد چهرهٔ اثرگذارِ سال شناخته شد.[2] اوّلین ساختمانی که با این آجرها در اتیوپی ساخته شد یک مهدکودک بود.[3] روز افتتاحِ آن مهدکودک، خبرگزاری‌های مهم جهان، مثل رویترز و سی.ان.ان برای تهیهٔ گزارش در ساختمان مهدکودک جمع شده بودند. من هم آن‌جا بودم و می‌دیدم بچه‌ها راحت و آزاد و شاد به این طرف و آن طرف می‌دویدند. خاطرهٔ خوش این تجربه در ذهن من ماند.

کمی بعد، موفّقیت آن دو جوان، و اقبال جهانی به آن‌ها و کارشان، به تشکیل جلسات اداری در وزارت کار اتیوپی و سفر من به آن‌جا برای شرکت در آن جلسه‌ها انجامید. این پس‌زمینهٔ اتّفاقی است که گفتم بدون دخالت من شکل گرفت.

اتّفاق این بود که یک روز، بیست دقیقه‌ای قبل از شروع جلسه، من جلوی ساختمان وزارتِ کارِ اتیوپی ایستاده بودم و سیگار می‌کشیدم و به آن طرف خیابانِ خاکیِ روبه‌روی وزارتخانه نگاه می‌کردم. حدود سی کودک و نوجوان، در آن خیابان، بین ساختمان‌هایی قدیمی و زشت، دنبال هم می‌دویدند و با آشغال‌هایی که در دست داشتند بازی می‌کردند. این دقیقاً جلوی

1- Recycling Plastic

۲- ر.ک. به: https://time.com/collection/time100-climate/6332922/kidus-asfaw/

۳- ر.ک. به: https://www.buildkubik.com

ساختمان وزارت کار بود. در اتیوپی شصت و چهار درصد مردم زیر خط فقر زندگی می‌کنند. در طول جلسه، پنجرهٔ روبه‌روی من، رو به همان خیابان و همان منظره بود. همکاران من و وزیرِ کارِ اتیوپی[1] دربارهٔ شرکت‌های نوپا در اتیوپی صحبت می‌کردند، و من نمی‌توانستم نگاهم را از بچه‌های آن طرف خیابان بردارم. بالاخره از وزیر پرسیدم، چطور ممکن است روبه‌روی وزارتِ کارِ یک کشور، منطقه‌ای به آن فقیری وجود داشته باشد. وزیر گفت که در فکر بازسازی منطقه هستند و برنامه‌هایی هم دارند. من بدون هر فکرِ قبلی گفتم، اگر چهارصد متر مربع زمین به من بدهند من برای بچه‌ها کتابخانه می‌سازم؛ کتابخانه‌ای که نه‌تنها کتاب، که موسیقی و تئاتر و انواع سرگرمی‌های مفید دیگر را هم برای بچه‌ها فراهم کند. وزیر با تعجّب به من نگاه کرد و برای این که مطمئن بشود جدّی هستم، پرسید، واقعاً؟ خیلی خلاصه برایش توضیح دادم که مادرم بیش از پنجاه سال پیش این کار را با موفّقیت در ایران انجام داده و من شاهد مراحل مختلف کار بودم و دیدم که فکرِ تأسیس یک کتابخانه برای بچه‌ها چگونه به یک پروژهٔ ملّی تبدیل شد. وزیر جلسه را تمام کرد و خواست همه سالن را ترک کنند و من بمانم تا دربارهٔ کتابخانه صحبت کنیم.

همه‌چیز، ازجمله جلسهٔ جدّیِ صحبت کردن دربارهٔ طرحی که چند دقیقه پیش به فکر من رسیده بود، به‌اندازه‌ای سریع و بدون برنامهٔ قبلی اتّفاق افتاده بود که هرچه در آن جلسه می‌گفتم، همان لحظه به فکرم می‌رسید. ازجمله، پیشنهاد دادم در کتابخانه‌هایی که می‌سازیم فضایی برای کاشتن گیاه در نظر بگیریم. فکر کردم، وقتی بچه‌ها با دست خودشان مثلاً گوجه فرنگی بکارند و مسئول و مراقبش باشند تا رشد کند، و ببینند بوتهٔ سبزشان گوجه می‌دهد، معجزهٔ حیات را می‌فهمند و قدر می‌گذارند، و به‌تدریج احساس مراقبت از یک بوته، به مراقبت از درخت و جنگل، و مراقبت از زندگی تبدیل می‌شود. فکر کردم می‌توانیم هم‌زمان، موسیقی و آواز هم داشته باشیم. فرهنگ مردم آن‌جا پُر از آواز و رقص است. منتظر یک اشاره‌اند که بلند شوند، آواز بخوانند و برقصند. می‌دانستم کانون پرورش فکری کودکان و نوجوانان به فرهنگ بومی اهمیت می‌داد. در کانون، حتّی ساختمان‌های کتابخانه‌ها را با مواد اوّلیهٔ موجود در هر منطقه می‌ساختند. همهٔ این حرف‌ها بدون فکرِ قبلی مطرح شد و جلسه آن‌قدر خوب پیش رفت که وزیر خواست فردا نشست دوّمی داشته

1- Muferihat Kamil Ahmed, Ministry of Labor and Skills Development in Ethiopia.

باشیم و صحبتمان را ادامه بدهیم.

جلسهٔ روز بعد برای ساعت یازده صبح تعیین شد. در همان وقت محدود، به کمکِ اعضای قدیمی کانون، شبانه چندین نقشه از کتابخانه‌های کانون در مناطق مختلف ایران به دستم رسید. یکی از آن‌ها را انتخاب کردم و به جلسه بردم. نقشه را به وزیر نشان دادم و برایش گفتم که ساختمان کتابخانه را با آجرهای ساخته شده از بازیافت ضایعات پلاستیک می‌سازیم، که خرجی نخواهد داشت، انرژی را هم از پلاستیک تهیه می‌کنیم. برایش توضیح دادم که پلاستیک‌های دورانداخته شدهٔ بازیافتی می‌توانند روزانه به‌اندازهٔ پانصد لیتر نفت انرژی تولید کنند، که برای روشن کردن چراغ‌های ساختمانِ چندطبقهٔ وزارتخانه هم کافی است. با اشتیاق و هیجان پذیرفت، و پروژهٔ کتابخانه به همین سادگی شروع شد.
وقتی می‌گویم شانس، منظورم این است که اگر من بیست دقیقه زودتر از جلسهٔ اداری آن روز، جلوی آن ساختمان مشخص، سیگار نمی‌کشیدم و آن منظره را نمی‌دیدم و جلسهٔ کاری‌ام هم با وزیرِ کار اتیوپی نبود، یا اصلاً امکان ملاقات وزیر را نداشتم، هیچ‌کدام از این فکرها و اتّفاق‌ها پیش نمی‌آمد.

☐ البتّه، شما هم مانند خانم امیرارجمند، نقش محوری خودتان را در روایت کم‌رنگ می‌بینید. بی‌تردید چندین نفر دیگر هم بارها در همان خیابان ایستاده و به بازی بچه‌های فقیرِ آن طرفِ خیابان نگاه کرده بودند، چه‌بسا بعضی‌هاشان سال‌ها کارمند آن وزارتخانه هم بوده‌اند، حتّی شاید همان روز هم در جلسه نشسته بودند، ولی هرگز به فکرشان نرسیده بود برای آن بچه‌ها کتابخانه بسازند.
فکر می‌کنم همان‌طور که گفتید تجربهٔ مستقیم شما از مراحل متعدّدِ شکل‌گرفتنِ کانون، که به فکر و تلاش و مدیریت مادرتان متکّی بوده، تمام این سال‌ها با شما، شاید در ناخودآگاهتان، زندگی می‌کرده. احتمالاً در خاطرات کودکی شما یک روز هم بدون نام کانون ثبت نشده. به‌نظرم، مسئله فقط کتابخانهٔ کودک نیست. جهان‌بینیِ خانم امیرارجمند دلیلِ اصلی پاگرفتن یک نهاد فرهنگی بااهمیت بوده. مهم نوعِ نگاه به انسان و جهان است.

فکر می‌کنم دربارهٔ این که کانون همیشه جایی در فکر من حاضر بوده، حتّی اگر آگاهانه به آن فکر نکنم، حق با شماست. نکتهٔ دیگر این است که من دو هفته پیش از آن سفر، برای شرکت در برنامه‌ای که بنیاد فرهنگ برای نکوداشت مادرم برگزار کرد، در لس آنجلس بودم. مادرم و چند نفر از اعضای قدیمی کانون هم آن‌جا بودند. شما هم آمدید و صحبت نوشتن دربارهٔ کانون و مادرم پیش آمد و شاید این‌ها هم بی‌تأثیر نبود. ولی من هیچ برنامه‌ریزی در این‌باره نداشتم.

شاید ما از افراد یا اتّفاق‌ها بیشتر از آن‌که بدانیم تأثیر می‌پذیریم. شخصیتِ مادر من و نوعِ برخوردش با کار و با آدم‌ها بیشترین تأثیر را از مادرش، مادربزرگم، گرفته است. نمی‌دانم خودش چقدر این را باور دارد. من با دو مادربزرگ و پدربزرگم بزرگ می‌شدم. مادربزرگ مادری‌ام، یک کُنتِس روس بود. پایبندی به اصولِ اخلاقی، اهمیت دادن به تحصیل و مطالعه، توجّه به بچه‌ها، برابر دانستنِ آدم‌ها، پذیرا بودنِ انواع فکرها و باورها از هر طبقهٔ اجتماعی، همهٔ این‌ها را من در مادربزرگم می‌دیدم. مادربزرگ من به‌قدری شیوا و اثرگذار صحبت می‌کرد که می‌توانست هر کسی را مجاب کند. من فکر می‌کنم همین ویژگی‌ها که در مادرم هم بود، و فکرِ باز و پذیرایی که مادرم داشت، باعث پیوستن خیلی از شخصیت‌های روشنفکرِ آن زمان به کانون شد. یعنی اگر کس دیگری مدیرعامل کانون بود، خیلی از آن افراد به کانون نمی‌رفتند.

❑ می‌دانم چند ماهی بیشتر از طرحِ ایدهٔ اوّلیه‌تان نگذشته. آیا در این فرصت کوتاه، در زمینهٔ اجرای پروژه، تأمین بودجه و برنامه‌ریزی برای فعّالیت‌های فرهنگی کتابخانه‌ها هم قدم‌هایی برداشته شده؟

بله، در اتیوپی کارها با سرعت پیش می‌روند. خودشان می‌گویند وقتی تصمیم بگیرند کاری باید انجام شود، به‌سرعت به انجام می‌رسانندش.
الان یونیسف با ما همکاری می‌کند. LEGO Foundation از اسپانسرهای پروژه است. ترجیحِ وزارتِ کار این است که نهادهای غیرانتفاعیِ بومی را هم درگیر کند و صددرصد به یونیسف متّکی نباشد، که به‌نظر من هم فکر خوبی است.
من با دانشگاه‌های راتگِرز و سیراکیوس صحبت کردم، و قانعشان کردم هر کدام به پنج

دانشجو از اتیوپی، برای تحصیل کتابداری و آموزش، بورس تحصیلی بدهند. هر کدام از این فارغ‌التحصیل‌ها می‌توانند چندین نفر دیگر را آموزش بدهند.
همچنین از یونیسف خواهم خواست برنامهٔ تعلیم مربّی برایمان تنظیم کند. ما به مربّی نقّاشی و موسیقی و تئاتر نیاز داریم.
تا الان، با چندین نفر برای کارهای مختلف مصاحبه کرده‌ایم؛ برای کتابداری، آموزش موسیقی و کارهای دیگر. دنبال جوان‌هایی هستیم با استعدادهای خوب و همّت بلند - که خوشبختانه در اتیوپی بسیارند- تا با دوره‌های آموزشی لازم، کار حرفه‌ای انجام دهند.

❑ در انتخاب و تهیهٔ کتاب برای کتابخانه هم نقش خواهید داشت؟

انتخاب کتاب‌های مناسب و تهیه و در مواردی ترجمهٔ کتاب‌های فرهنگ‌های دیگر به زبان بومی مردم، مهم‌ترین بخش کار است. خوشبختانه در اتیوپی کتاب‌های داستان کودک در دسترس هست. من پیشنهاد دادم برای نخستین ترجمه، کتاب معروف و محبوب ماهی سیاه کوچولو را انتخاب کنیم. به وزیر گفتم داستان بحث‌برانگیزی است؛ از زمان چاپ اوّلش چنین بوده و همچنان هست. چون دربارهٔ متفاوت بودن است، دربارهٔ پشتِ سر گذاشتنِ فضای محدودِ اطراف و رفتن دنبال چیزهایی که دوست داریم، بدون توجّه به متعارف‌ها یا برساخته‌ها. ترجمهٔ انگلیسی کتاب را هم در اختیارش گذاشتم و خواستم داستان را بخواند و نظرش را به من بگوید. قبول کرد کتاب ترجمه شود. ماهی سیاه کوچولو اوّلین کتاب بین‌المللی این کتابخانه می‌شود. کتاب‌ها به زبان خودشان و زبان انگلیسی خواهند بود. چون هدف اصلی ما آموزش زبان و فرهنگ خودشان است.

❑ می‌دانم با بچه‌های ساکن آن منطقه هم در ارتباط هستید. آیا برایشان از کانون گفته‌اید؟ و آیا «مرغ کانون» را دیده‌اند؟

لوگوی کانون را نشانشان دادم و گفتم ما در این پروژه این لوگو را استفاده نمی‌کنیم، ولی دوست دارم ببینید که نمادِ کانون پرنده‌ای است که روی یک کتاب نشسته. برایشان تعریف کردم که مادرم شاهد بوده بچه‌های شهرستان‌های کوچک و روستاهای دورافتاده، با چه ذوقی کتاب‌های کتابخانه‌های کانون را با دو دست روی قفسهٔ سینه‌شان فشار می‌دادند. آن

داستان را خیلی دوست داشتند. حتّی پیشنهاد دادند بر اساس تصویر آن داستان لوگو بسازند. گفتم این کتابخانهٔ شماست، فرهنگ شماست. لوگوی خودتان را بسازید.
قرار است برای کتابخانه‌شان موسیقی و ترانه بسازند و ایده‌هایشان را در هر زمینهٔ مربوط به کتابخانهٔ کودک با جمع در میان بگذارند. به همه گفته‌ام، اوّل باید با بچه‌ها صحبت کنم، ببینم چه می‌خواهند، بعد همراه مسئولان تصمیم‌ها را نهایی می‌کنیم و به اجرا می‌گذاریم. وزیرِ کار هم، که خوشبختانه پشتیبانی نخست‌وزیر را دارد، پی‌گیر کارهاست و با من در ارتباطِ مداوم است.

تأسیس اوّلین کتابخانه خیلی مهم است. اگر ما بتوانیم اوّلین کتابخانه را در پایتخت اتیوپی تأسیس کنیم و کارهایی را که در نظر داریم در آن سامان بدهیم، راه گسترشِ کتابخانه‌هایی شبیه کانون در شهرهای دیگر اتیوپی و بعد در قارهٔ آفریقا باز می‌شود. کنیا می‌تواند کشور بعدی باشد. در همین مدّت کوتاه، سفیر مصر با من تماس گرفته و ابراز علاقه کرده که این پروژه را به مصر ببریم.

☐ واکنش اوّلِ بچه‌ها به آنچه برایشان می‌گفتید چه بود؟

ابتدا متوجّه نمی‌شدند و باور هم نمی‌کردند چنین کاری ممکن است. می‌پرسیدند آیا کریسمس شده و قرار است جشن و هدیهٔ بزرگی داشته باشند؟ حق هم داشتند. آنچه ما در فکرِ انجامش هستیم، ایجادِ یک موقعیتِ کاملاً غیرعادی است؛ یک فضای امنِ تمیزِ فرهنگی و سرگرم‌کننده برای بچه‌هایی که از صبح تا شب در خیابان‌های خاکی می‌دویدند، و هم‌زمان مادرانشان در سطح شهر پلاستیک جمع می‌کردند.

ایجاد کتابخانه‌های سیّار برای رساندن کتاب به مناطق دورافتاده هم در برنامه‌مان هست. این کارها به‌نظر این بچه‌ها بیشتر به معجزهٔ کریسمس شبیه است.

☐ در نگاه شما، نقش خانم امیرارجمند در این پروژه چیست؟

مادرم نقش مشاور پروژه را دارد. دربارهٔ کتاب‌های کودکان و دربارهٔ فعّالیت‌های متعدّدی که می‌خواهیم انجام بدهیم با او مشورت می‌کنم و نظرش را می‌پرسم. معرّفی کتاب‌های

مناسب، ارتباطی که می‌تواند بین من و اعضای قدیمی کانون برقرار کند و تجربیاتی که می‌تواند در اختیار کتابدارهای ما بگذارد، همه به ما کمک خواهند کرد.

از طرف دیگر، فکر می‌کنم خوب است مادرم ببیند ایده‌ای که حدود شصت سال پیش پرورش داد، هنوز معنی‌دار و اثرگذار است. کانون یک سازمان نیست، یک جریان است. دلیل اصلی‌اش هم این است که ما انسان‌ایم و فرزندانی داریم با نیازهای مشابه. بچه‌هایی که نیاز دارند در فضای امن باشند و به آن فضا احساس تعلّق کنند.

برای وزیر توضیح دادم که بچه‌ها باید کارت عضویت کتابخانه داشته باشند؛ درست مثل کانون. عضویت در یک گروه، نوعی احساس برابری و تعلّق داشتن ایجاد می‌کند که با احساس امنیت همراه است. فرزندانِ وزیر همان کارتی را خواهند داشت که فرزند دربان ساختمان. در داخل کتابخانه همه برابرند. کتابخانه‌های کانون هم همین برخورد را با بچه‌ها داشتند. این فکرها هم از خاطرات من از کانون آن دوران می‌آیند و هم در مکالمه با مادرم تکرار و تأکید می‌شوند.

❑ در کنار وزارتِ کار، آیا سازمان‌های دیگری هم برای همراهی -در مفهوم فراگیر فکری و اجرایی- با این پروژه ابرازِ علاقه کرده‌اند؟

وزیرِ کار و وزیرِ آموزش با ما همکاری می‌کنند. ما کار را شروع می‌کنیم، پول جمع می‌کنیم، به ساختن کتابخانه کمک می‌کنیم، ولی مدیریت روزانه‌اش باید با شهروندان اتیوپی باشد. چون مهم‌ترین هدفِ یک نهاد فرهنگی این است که بچه‌ها را با ارزش‌های فرهنگ خودشان آشنا کند.

اتیوپی کشوری جوان، پُرجمعیت و پُر از شگفتی است؛ صد و سی و هفت میلیون نفر در یک جغرافیای کوچک، با سنِ متوسطِ نوزده سال، در کنار هم زندگی می‌کنند. چهل تا پنجاه درصد این جمعیت مسیحی، سی تا سی و پنج درصدمسلمان و پانزده درصد یهودی‌اند. هیچ‌کس نه دربارهٔ دینش صحبت می‌کند، نه دینِ دیگران برایش مهم است. مسائلشان هیچ شباهتی به مشکلات اروپا و آمریکا ندارند. البتّه، مشکلات اقتصادی زیادی دارند. ولی راحت با هم زندگی می‌کنند. باهوش‌اند. هدف مشترکشان کمک به زندگی خودشان و کشورشان است.

❑ آیا خانم امیرارجمند در نظر دارند به اتیوپی سفر کنند و احتمالاً با همکاران و گردانندگان پروژه و با بچه‌ها دیدار حضوری داشته باشند؟ فکر می‌کنم دیدار تاریخیِ الهام‌بخشی شود.

در فکرش هستیم. فکر می‌کنم ملاقات با مادرم برای وزیر و اعضای دولت و گروهی که کار مدیریت را در دست دارند، مهم، الهام‌بخش و آموزنده باشد.
عکس‌هایی از لوگوی کانون، چند کتابخانه و بعضی از برنامه‌ها و جشن‌های کانون را هم جایی در دفتر کار پروژه یا کتابخانه خواهیم داشت. خوب است مؤسس کانون را هم حضوری ملاقات کنند.

به‌نظرم، برای مادرم هم یک خاطرهٔ خوب و نوعی قدردانی از کارهایی می‌شود که در کانون انجام داد.*

بیست و نهم آذر ۱۴۰۲
(دسامبر ۲۰۲۳)

---

* این گفت‌وگو در بیستم دسامبر ۲۰۲۳ انجام شد. بر اساس اطّلاعاتی که مهیار مخزنی در فاصلهٔ تنظیم نخست این متن تا تدوین متن نهایی کتاب، به‌لطف، در اختیار کتاب قرار داد، طرح ساختن کتابخانهٔ کودک در اتیوپی به نام طرح یا پروژهٔ «لیلی» ثبت شده است.
The LILY project (Libraries for Imagination and Literacy of Youth)
محل ساختن نخستین کتابخانه در شهر هَرَر در اتیوپی تعیین و مراحل ابتدایی ساختن کتابخانه آغاز شده. نخستین ترانهٔ نوشته و اجراشده توسط چند نوجوانِ بومیِ فعّال در این پروژه نیز تولید شده است. ر. ک. به:
https://x.com/UNICEFEthiopia/status/1788127880574046353
کلوپ اسکیت دختران، ارائه دهندهٔ فعّالیت تازه‌ای است که اخیراً به مجموعهٔ فعّالیت‌های کتابخانهٔ شهر هَرَر اضافه و فعّال شده. ر. ک. به:
https://x.com/UNICEFEthiopia/status/1835991846645817854

نگاهِ کانون رو به آینده بود

اردوان مفید (زادۀ ۱۳۲۵، تهران؛ ساکن کالیفرنیا)
بازیگر، نویسنده و کارگردان تئاتر،
بنیان‌گذار و سرپرست «گروه تئاتر نوجوانان» در کانون،
و مدیر مرکز تئاتر کانون پس از دان لافون

□ با اجازه‌تان صحبت را از آخرین نمایشی که شما و گروه تئاتر کانون پرورش فکری کودکان و نوجوانان در ایران روی صحنه بردید شروع کنیم. لطف می‌کنید نام نمایش، زمان و مکان اجرا و خلاصه‌ای از داستان نمایش را بازگو کنید؟

آخرین اجرای تاریخِ تئاتر ایران در دوران پهلوی، در دی ۱۳۵۶، در باغ فردوس، نزدیک نیاوران، نمایشی بود به نام «عقاب و روباه»، با نوشته‌ای از بیژن مفید، برادر ارشدم، که گروه تئاتر کانون روی صحنه برد. بهمن مفید، برادر بزرگ و پیش‌کسوت من، در این نمایش نقش عقاب را بازی می‌کرد، و جعفر والی، یکی از بازیگران مهم تئاتر ایران از نسل تئاتریِ پیش از ما، نقش روباه را. من هم که در آن زمان جوان‌تر بودم، کارگردانی این نمایش را به‌عهده

داشتم. این اجرا در حضور شهبانو فرح پهلوی روی صحنه رفت. پیش از آن، در شهریور ۱۳۵۶، «عقاب و روباه» را در جشن هنر شیراز هم اجرا کرده بودیم.

«عقاب و روباه» داستان حیرت‌آوری است دربارهٔ یک عقاب که فرزند کوچکش در غیاب او -زمانی که عقاب دور از آشیانه‌اش در پرواز است- طعمهٔ یک روباه می‌شود. در روندِ داستان، سِیل سهمگینی بچهٔ همان روباه را با خود می‌بَرَد، و تنها کسی که می‌تواند روباه کوچک را از وسطِ رودخانه نجات بدهد عقاب است. بازی درخشان دو بازیگر قدرتمند، با دکور و طرّاحی لباس درجه یکِ ریچارد دیکسون[1] و مجید میرفخرایی نفس‌گیر بود. عقاب به سمت بچه روباه می‌رود و او را از آب می‌گیرد. تماشاگر فکر می‌کند عقاب بهترین فرصت را برای انتقام پیدا کرده و کارِ بچه روباه تمام است. ولی عقاب رو به روباه می‌گوید: «من عقاب بلندپروازم. ضعیف نمی‌کشم. تو بیاموز.»

درواقع، نگاه بیژن به دوران پهلوانی ایران است؛ به پهلوان پوریای ولی، پهلوان‌هایی که در مقابل حریفشان چنین بودند و پیروزی در نبردِ نابرابر را بی‌ارزش، حتّی بی‌احترامی به خود می‌دانستند.

این نوع بخشودن در دنیای مدرن، و به‌طور مشخص در ایران امروز به این معناست که برندگانِ نبرد سیاسیِ کنونی بازندگان را قربانی نکنند. چرخهٔ انتقام را باید جایی متوقّف کرد. صحبتی که شاهزاده رضا پهلوی هم این روزها به‌درستی مطرح می‌کنند.

تصوّر کنید تئاتر کانون در سال ۱۳۵۶ این حرف را زد و سال ۱۳۵۷ همهٔ تماشاگران عالی‌رتبهٔ کشوری و لشکری که در آن سالن بودند و اکثر دست‌اندرکاران آن نمایش، یا در زندان بودند یا در حال ترک ایران.

آن‌چه اهمیت دارد این است که کانون در زمینهٔ فرهنگ و هنر برای کودکان و نوجوانان توانست فصل جدید و آینده‌نگری در تاریخ فرهنگ ایران به‌وجود بیاورد؛ فصلی که امروز ما به بازخوانی‌اش نشسته‌ایم.

☐ شما پیش از کانون در انجمن ایران و آمریکا تئاتر کار می‌کردید. پیش‌تر نیز، چنان‌که بیش‌وکم همه می‌دانیم، در تئاتری‌ترین خانوادهٔ ایران -خانوادهٔ

1-Richard Dickson

مفید- تئاتر می‌آموختید و از نوجوانی روی صحنه بودید. چه شد که به کانون پیوستید؟

من در سال‌های نوجوانی در انجمن ایران و آمریکا زبان انگلیسی می‌آموختم، بازیگر تئاتر بودم و به انتخاب خودم، به برگزاری بعضی از برنامه‌های فرهنگی انجمن هم کمک می‌کردم. در همان دوره، در حالی‌که در سینما و تلویزیون و تئاترهای ایرانی مشغول فعّالیت بودم، در انجمن ایران و آمریکا با دان لافون آشنا شدم. نخستین همکاری ما در نمایش «خسیس» اثر مولیِر[۱] بود، که با کارگردانی دان و به زبان انگلیسی اجرا می‌شد. من در آن نمایش نقش نمایندهٔ اداری یا بانکدار را بازی می‌کردم.
دان لافون دانش‌آموختهٔ کارگردانی تئاتر در آمریکا بود. دیدِ کارگردانی زیبا و ظریفی داشت. بسیار خلّاق بود. به صحنه نگاه می‌کرد و همراهِ متنِ نمایش به طرزِ قرارگرفتنِ بازیگران سر و صورتِ بسیار زیبایی می‌داد.
در آن دوران، دان نیاز داشت گروه تئاتر را برای اجرا در پشت صحنه هماهنگ کند و در عین حال، جزئیات بسیار زیادِ کارهای اجرا، ازجمله نور و لباس و غیره را نظم دهد. من در این موارد هم مانند یک دستیار در کنارش بودم. دان آمریکایی بود و در ایران تئاتر روی صحنه می‌برد. کار آسانی نبود. حضور من به برقراری ارتباطِ او با همکاران و با جامعه کمک می‌کرد. همکاری‌های ما به یک رفاقت حرفه‌ای و باارزش انجامید.

زمانی رسید که تحصیل من در دانشسرای عالی و دانشکدهٔ هنرهای دراماتیک کامل شد، با بانوی زندگی‌ام، فرشته، هم آشنا شده بودم و قرار بود بروم سربازی. به‌عنوان افسر وظیفه، شش ماه دورهٔ آموزشی را گذراندم و بعد از آن مأمورِ افسر ورزش مدرسهٔ نظام در تهران شدم. روز اوّلی که به محل کار رفتم، سرهنگ بسیار باوقاری که مسئول آن‌جا بود، مرا خواست و با تعجّب گفت که نامه‌ای از دفتر علیاحضرت دریافت کرده است مبنی بر مأموریتِ خدمتِ من در کانون پرورش فکری کودکان و نوجوانان. به این ترتیب، من با خوشحالی و با سرِ تراشیده به دفتر کانون رفتم و مشتاقانه با سرکار خانم لیلی امیرارجمند، مدیرعامل کانون، ملاقات کردم. خوشحال بودم و نگران از این‌که چه باید انجام دهم.

۱- مولیر Molière (۱۶۵۸-۱۶۷۳، پاریس) نمایش‌نامه‌نویس اثرگذار قرن هفده فرانسه و از مهم‌ترین کمدی‌نویس‌های اروپا. «خسیس» Miser اثر شناخته‌شده و الهام‌بخش او برای هنرمندان و نویسندگان گوناگون در جهان بوده است.

یک ویژگی خانم امیرارجمند این بود که در چند لحظه از آدم‌ها شناخت شخصی پیدا می‌کردند. ایشان در همان چند جملهٔ اوّلِ صحبت‌کردن با یک نفر تشخیص می‌دادند چطور آدمی است و برای چه کاری مناسب است، و این‌که آیا اساساً حضورش برای کانون مفید است یا خیر.

خانم امیرارجمند به من گفت، دان لافون خواسته من مترجم و دستیارش باشم. همچنین به‌طور ضمنی یادآور شد که انتظار دارد هر عقیدهٔ سیاسی که دارم پشتِ در کانون بگذارم، چون می‌خواهد در کانون همه فقط به آیندهٔ کودکان ایران فکر کنند. از من خواست فضایی را تصوّر کنم که دوست می‌داشتم در کودکی در اختیار داشتم، و به ساخته‌شدنِ آن فضا در کانون کمک کنم.

من دربارهٔ کانون شنیده بودم. دان لافون را خوب می‌شناختم. بانوی زندگی‌ام را در کنارم داشتم. بهتر از آن نمی‌شد. با کمال میل پذیرفتم و با جان و دل در کانون مشغول به کار شدم. در آن زمان کاخِ جوانان تشکیل شده بود و نخست‌وزیر وقت، جناب هویدا، می‌خواست جوانانِ کشور فعّال باشند و جلو بروند. من هم چند بار به کاخ جوانان رفته بودم. با فضایش آشنا بودم. ولی کانون حرفِ تازه‌ای داشت. می‌خواست بذر آینده را برای آینده‌سازان ایران بکارد. نگاهِ کانون رو به آینده بود؛ آینده‌ای برای جوانانِ آگاه و کتاب‌خوان و آشنا با هنر.

❑ کانون زمانی تصمیم به ایجاد مرکز تئاتر کودکان و نوجوان گرفت که ایران هنوز تئاترِ کودک نداشت. آغاز کار در چنان پس‌زمینه‌ای چگونه بود و نخستین نمایش‌های گروه تئاتر کانون چه بودند؟

دان لافون مسئول آغاز مرکز تئاتر کانون بود و من همراه و دستیارش. پیش از آن، دان «شهر قصّه» را دیده و بارها گفته بود که بیژن را مهم‌ترین نمایش‌نامه‌نویس ایران می‌داند. دوست داشت بیژن نویسندهٔ مرکز تئاتر کانون باشد. بیژن هم دان را می‌شناخت و به دید هنریِ استثنائی و کارش احترام می‌گذاشت؛ پیشنهاد دان را پذیرفت و از همان آغاز، به اوّلین گروه تئاترِ کودکان که از شش هنرپیشهٔ تحصیل‌کرده تشکیل شده بود، گفت باید حواسمان باشد که تئاترِ کودک را با تئاترِ کودکانه اشتباه نگیریم. بیژن می‌گفت، کودک آدمِ بزرگی است که اسفنج ذهنش مدام در حال جذب کردن است. آدمِ گنده اسفنجش پُر شده و دیگر جذب نمی‌کند، باور داشت ما نباید در تئاترِ کودک حرف گنده بزنیم، ولی مهم است که حرف

اساسی بزنیم؛ حرفی که به کارِ آیندهٔ کودک بیاید، و کودک هم آن را درک کند و هم از آن لذّت ببرد.

برای تشکیل یک گروه تئاتری، از بهترین بازیگرانِ تحصیل‌کردهٔ هنرهای نمایشیِ آن دوره در دانشکدهٔ هنرهای زیبای دانشگاه تهران و دانشکدهٔ هنرهای دراماتیک -سوسن فرّخ‌نیا، رضا بابک، بهرام شاه‌محمدلو، مرضیه برومند و علیرضا هدایی- دعوت به‌عمل آوردیم. من هم در کنار کارهای اجرایی و اداریِ مرکز، بازیگر گروه بودم.
آن روزها اساتید ما در دانشکده‌های تئاتر اکثراً تحصیل‌کردهٔ غرب بودند؛ داود رشیدی در فرانسه درس خوانده بود، حمید سمندریان در آلمان، دکتر مهدی فروغ در انگلیس. این‌ها دانش و تجربه‌شان را از تئاتر در غرب در کنارِ نمایش در ایران در اختیار ما می‌گذاشتند. به این ترتیب، اعضای گروهِ بازیگریِ ما درس‌خواندهٔ تئاتر غرب و شرق بودند.

اشاره به این نکته لازم است که در زمینهٔ بازیگری تئاتر، قبل از تشکیل گروهِ ما، معمولاً برای بازیگری و روی صحنه رفتن، تحصیلِ رشتهٔ تئاتر ضروری نبود. توجّه فقط و فقط به استعداد بود. امّا همهٔ ما در گروه تئاتر کانون -از نویسنده تا کارگردان و بازیگر و طرّاح دکور- درس‌خواندهٔ تئاتر بودیم. بیژن تئاترِ غرب را خوب می‌شناخت و تئاترِ شرق را هم که در خانواده زندگی کرده بود. آمیزه‌ای از این دو را در دست داشت. نویسنده و محقّق بود، نوازنده و خواننده بود و نمایش‌نامه‌هایش را بر اساسِ تلفیق همهٔ دانسته‌ها و تجربه‌هایش می‌نوشت.

گروه شش نفرهٔ ما در چند سال اوّل، در کتابخانه‌های کانون، بیش از سیصد اجرا داشت. بعد از موفّقیت بسیار درخشان گروه حرفه‌ای تئاتر کانون، من به پیشنهاد دان لافون و به‌منظور آموزش تئاتر به نوجوانان، مأمور تشکیل یک گروه تازه‌نفس از نوجوانان و از اعضای کتابخانه‌های کانون در جنوب شهر تهران شدم. یکی از آن افراد علی پورتاش بود، که در آمریکا هم در اوّلین نمایشی که روی صحنه بردم بازی کرد. دیگر اعضا هم امروز در رشته‌های مختلف تئاتر و تئاتر عروسکی فعّال هستند.
عملاً ما در یک گروهِ نه‌چندان بزرگ، سه نسل بودیم: دان لافون، بیژن و من و گروه پنج‌نفرهٔ اوّلیه، و گروه تئاتر نوجوانان که هنرجویان مکتب ما بودند.

اوّلین نمایش گروه تئاتر کانون «تُرُب»، اجرای نمایش‌نامهٔ نوشتهٔ بیژن بود. داستان دربارهٔ یک تُرُب خیلی بزرگ در وسط یک مزرعه بود، که نمی‌توانستند آن را از زمین بیرون بیاورند. پیامِ نمایش همراه شدنِ افرادِ بیشترِ خانواده و همکاری و اتّحاد برای کندنِ تُرُب از زمین بود. من نقش تُرُب را بازی می‌کردم. «تُرُب» نمایش موفّقی بود و بیش از دویست و پنجاه اجرا در کتابخانه‌ها داشت.

چندی پیش، بیش از پنجاه سال پس از اوّلین اجرای تُرُب، یک نفر در اینستاگرم برای من نوشت که مرا از آن نمایش به یاد دارد و پیامِ نمایش، که همراهی و همکاری برای رسیدن به هدفِ مشترک است، در تمام مسیر زندگی راهنمای او بوده است. توجّه دارید که آن بذری که خانم امیرارجمند می‌خواست برای کودکان ایران بکارد، این‌گونه به بار نشسته است و امروزه در چهره‌های زنان و مردان موفّق ایرانی در گوشه و کنار جهان مشاهده می‌شود.

نمایش دوّم، «کوتی و موتی» بود، باز هم نوشتهٔ بیژن. کوتی و موتی دو خرگوش‌اند که عاشق هم‌اند، ولی هرکدامشان با ظاهرسازی و غلوّ و ابراز برتری‌های بی‌ارزش به دیگری سعی می‌کنند با خودنمایی و فخرفروشی‌های بی‌جا در رابطه دستِ بالاتر را بگیرند؛ یکی به عمو شیرش می‌نازد و دیگری به دایی پلنگش. امّا در صحنهٔ آخر، باران آرایش و گریم سر و صورتِ هر دو را پاک می‌کند و تازه همه متوجّه می‌شوند که خرِ سابق جای شیر شد و گاوِ همان مزرعه جای پلنگ، و این دو برای بار اوّل با چهرهٔ واقعی هم روبه‌رو می‌شوند و می‌بینند به‌راستی نیازی به آن‌همه پُز دادن نبود.
پیامِ نمایش این بود که عشقِ بین دو دلداده کفایت می‌کند و نیاز به پیرایه ندارد. توجّه داشته باشید که ما این ظرافت‌ها را با زبان ساده برای بچه‌ها نمایش می‌دادیم و آن‌ها بسیار خوب درک می‌کردند و با نقّاشی‌هایشان به ما نشان می‌داند که پیام را دریافت کرده‌اند.

بعد از آن، به نمایش «شاپرک خانم» رسیدیم. «شاپرک خانم» فلسفهٔ عرفانِ ایرانی را نمایش می‌دهد، که ما تا همین امروز، به هر زبان، در پی بیانش هستیم.
یک پروانهٔ زیبا در زیرزمین تاریکی می‌افتد که یک عنکبوت بزرگ، که من نقشش را بازی می‌کردم، بر سوراخِ ورودیِ آن تار تنیده. شاپرک هراسان و لرزان است که عنکبوت قول می‌دهد او را به شرطِ آوردنِ یک حشرهٔ دیگر در همین زیرزمین و گرفتار کردنش در تارِ عنکبوت آزاد کند. نمایشْ سیر و سلوک هفت شهرِ عشقِ عطّار را تا رسیدن به قلهٔ قاف

که اوجِ شناختِ خویشتن است به زبانی ساده و قابلِ دریافت برای بچه‌ها تصویر می‌کند. پیچیدگی‌های مفاهیمِ عاشقانه و عارفانهٔ ادبیات فارسی در این نمایش با حرکت نشان داده می‌شوند. پروانه یا شاپرک به هر جا که می‌رود یک تکّه از خودش را می‌بخشد و در نهایت برمی‌گردد و به عنکبوت می‌گوید نتوانسته به کسی آسیب بزند، و اکنون آماده است جان خود را به عنکبوت بسپارد... عنکوبت شگفت‌زده...

«شاپرک خانم»، امروز برای بیشتر ما شناخته‌شده است. ولی زمانی که ساخته و اجرا شد، کار بسیار بدیعی بود که روی تئاتر ایران -نه‌فقط تئاترِ کودک- اثر گذاشت.

«شاپرک خانم» از نظر داستان، کارگردانی، لباس، دکور صحنه، ساند افکت و حرکتِ بازیگران روی صحنه یک اتّفاق جدّی بود. درواقع، باید گفت تئاتر ایران با شاپرک خانم از سیاه و سفید به دوران ورود به ایده‌های جدیدِ داستانی و اجرایيِ رنگی تبدیل شد.

❑ کانون به‌راستی آغازگر حادثه‌های پُرشمار در گستره‌های گوناگونِ فرهنگی در ایران بوده؛ از کتابِ کودک تا تئاتر و سینما. شما بارها دربارهٔ فرآیند یا مسیر تحوّلات فرهنگی صحبت کرده و نوشته‌اید. مسیر بالیدنِ تئاتر ایران، در روایت شما، چگونه است، و تئاتر کانون در کجای این مسیر می‌ایستد؟

ما در ایران یک «تاریخِ نمایش» داریم که به دوهزار و پانصد سال پیش برمی‌گردد و ردّش را می‌شود در سنگ‌نوشته‌ها پی‌گرفت.

برای نمونه، خیّام، حدود هزار سال پیش، برای بیانِ فلسفهٔ خود از نمایشِ متداول زمانه‌اش بهره گرفته: «ما لُعبتکانیم و فلک لُعبت‌باز/ از روی حقیقتی نه از روی مجاز // بازیچه همی کنیم بر نَطعِ وجود/ اُفتیم به صندوقِ عدم یک‌یک باز»

نَطع به معنای صحنه است. خیّام می‌گوید، ما عروسک‌هایی هستیم که خداوندِ عروسک‌گردان از آن بالا ما را به صحنه می‌آورد و وقتی نوبت بازی‌مان تمام می‌شود به صندوق عدم می‌افتیم، یعنی می‌میریم.

می‌شود نتیجه گرفت که نمایش خیمه‌شب بازی به‌اندازه‌ای شناخته‌شده و مورد استقبال مردم بوده که یک فیلسوف برای روشن کردن منظورش از آن بهره گرفته. صحنه‌های عجیب نمایشی در شاهنامهٔ فردوسی هم این را نشان می‌دهند.

و امّا واژهٔ تئاتر، و مفهومی که ما امروز از تئاتر دریافت می‌کنیم، درواقع، سوغاتِ فرنگ است که در سال ۱۲۵۷، در زمان ناصرالدین‌شاه، از فرانسه به ایران آمد، که هم به بنای تئاتر و هم به اجرای روی صحنه اطلاق شد.
فکرِ ساختن اوّلین تماشاخانه در ایران به خواستِ ناصرالدین‌شاه و با الهام از آن‌چه او در اروپا دیده بود، با دخالت و مانع‌تراشیِ شیخ‌ها در نهایت به‌شکل‌گرفتنِ «تکیه دولت» انجامید، که در آن مهم‌ترین اثرِ نمایشی ایران، یعنی تعزیه، بر صحنه رفت. تعزیه یکی از زیباترین و موفّق‌ترین نمایش‌هایی است که ما در تاریخِ نمایش ایران داریم.

پنجاه سال طول کشید تا ما توانستیم به‌رغم چندین بار ویران کردن و سوزاندنِ تماشاخانه‌ها به تحریکِ شیخ‌ها و خُرافه‌پرستانِ دوران، صاحب تماشاخانه شویم.
سال ۱۳۱۷، پدر من، غلامحسین مفید، در نخستین هنرستان هنرپیشگی ایران، که نخست‌وزیرِ وقت، جناب فروغی، پشتیبانِ مهم و استوار آن بود، کار تئاتر به سبْکِ فرنگی با محتوای ایرانی را شروع کرد.
در آن زمان، یعنی بسیار پیش از تأسیس کتابخانه‌هایی مانند آن‌چه امروز مورد نظرِ شما و من است، قهوه‌خانه‌ها یک مرکز فرهنگیِ شناخته‌شده بودند، و پدر من در قهوه‌خانه ناظر بر نقل و نقّالیِ شاهنامه بود.

در دورانِ نخست‌وزیری جناب فروغی مرکزی تأسیس شد به نام «پرورشِ افکار» که پدر من هم در آن‌جا به کار تئاتر مشغول شد و با بهره بردن از دانش و تجربهٔ نقّالی شاهنامه، تئاتر حماسیِ «رستم و سهراب» را برای اوّلین بار روی صحنه برد.
و شگفتا که سی سال بعد از آن، من در مرکز تئاتر کانون پرورش فکری کودکان و نوجوانان مشغول به کار تئاتر شدم. منظورم این است که نبض فرهنگ‌سازی را باید دنبال کرد. هیچ اتّفاق فرهنگی ناگهان شکل نمی‌گیرد. همان‌طور که هیچ کار هنریِ ماندگاری اتّفاقی ساخته نمی‌شود.

من، براساسِ نگاهی که شما به آن اشاره کردید -یعنی باور به مسیرِ تحوّلات فرهنگی- در یک سلسله مقالات مفصّل و با یک تقسیم‌بندی زمانی، اوّلین گروه بعد از آشنایی با تئاتر زمان ناصرالدین‌شاهی را «پیشگامان»، دورهٔ پدرم را «پیش‌کسوتان»، دورهٔ تئاتر لاله‌زار را «حرفه‌ای‌ها» (یعنی کسانی که درس تئاتر نخوانده بودند، امّا با تکیه بر استعدادشان روی

صحنه می‌رفتند و از درآمدِ اجرای تئاتر امرار معاش می‌کردند.) و بعد از آن دوران را «تئاتر دولتی» می‌نامم، که به زمانی می‌پردازد که هنرهای نمایشی بیشتر به طرف رادیو و سینما رفتند. یعنی از بین نرفتند، ولی دیگر در لاله‌زار آن حالت تئاتر حرفه‌ای را نداشتیم. بعد از آن، به دانش‌آموختگان تئاتر یا «دانشگاهی‌ها» می‌رسیم، مثل بیژن مفید، علی نصیریان، جعفر والی و خانم فهیمه راستکار؛ گروه بسیار مهم تحصیل‌کرده‌ای که با در دست داشتنِ دانش و تجربه، وارد مرحلهٔ جدید در این حرفه شده بودند. این‌ها با گذشتگانشان فرق داشتند، بدون آن‌که گذشته را فراموش کرده باشند. ششمین مرحله یا ششمین حلقهٔ تئاتر ایران، «تئاترِ کودکان» است که در کانون بنا شد؛ گروهی جوان، تحصیل‌کرده، آینده‌نگر و نوجو.

❑ با در نظر داشتن آن‌چه به‌ایجاز گفتید و در بیشتر موارد تجربهٔ مستقیم خود و خانواده‌تان را هم در بر دارد، تفاوت فضای کاریِ کانون با فضاهای فرهنگی دیگر را در مسیری که تصویر کردید در چه می‌بینید؟

کانون یک وجودِ خلّاق بود. یک پدیده بود. مدیرعامل کانون، خانم لیلی امیرارجمند، رهبر ارکسترِ بزرگی بود که هر یک از نوازندگانش، بر اساسِ ذوق و سلیقهٔ خود در حالِ نواختنِ سازِ متفاوتِ خود بودند. کار همه هم بسیار خوب بود. بهترین کتابِ کودک و بهترین فیلم و انیمیشن و کارِ گرافیک و موسیقی در کانون خلق می‌شد. با این وجود، موسیقیِ این ارکسترِ بزرگ برای گوش‌نواز بودن و ماندگار شدن، نیاز به هماهنگی داشت. مدیریتِ خانم امیرارجمند بر اساس یک استعدادِ ذاتی بود. البتّه، اصول و قواعدی داشتند، ولی توجّه به این اصول و قواعد، مانند بازی شطرنج که در هر تصمیم‌گیری باید مراقب حرکت بعدی و بعدترِ طرف مقابل باشیم، بیش از هرچیز به فردِ تصمیم‌گیرنده ربط دارد. مدیریتِ کانون، بازی تخته نبود که بر اساس شانسْ خوب یا بد بیاید. خانم امیرارجمند هوش و درایتِ استفادهٔ درست از اصول و قواعد مدیریت را داشت.
اعضای ارکستر هم با وجود اختلاف سِنی یا اختلاف عقیده، خودشان را هماهنگ کرده بودند و به صدای سازِ همدیگر و هدایت رهبر ارکستر توجّه داشتند.

از طرف دیگر، ما در کانون هدف مشترکِ بلندمدّت داشتیم. در سازمان‌های فرهنگیِ دیگر هدف‌ها کوتاه‌مدّت بود. مثلاً در ادارهٔ تئاتر، شما به‌عنوان بازیگر، یا طرّاح دکور یا مسئول هر

کار دیگر، یک نمایش کار می‌کردید، چند اجرا داشتید، بعد باید منتظر می‌ماندید تا احتمالاً نمایش‌نامه‌نویسی یک نمایش تازه بنویسد و شما را هم انتخاب کند برای کار بعدی.

ما در کانون یک کُلّ به‌هم پیوسته و دربرگیرنده بودیم با اجزایی با جنبه‌های متنوّع و سخت‌کوشیِ بسیار، که در قالبِ یک مجموعه به جلو حرکت می‌کردیم. کارِ کوتاه‌مدّت نداشتیم. همهٔ فکرها و کارها برای تداوم بخشیدن به آن پدیدهٔ بزرگ‌تر، آن کُلّ دربرگیرنده، ارائه و اجرا می‌شدند. کسی به فکر کسبِ اعتبارِ شخصی نبود.
نکتهٔ دیگر این است که در قهوه‌خانه‌ها، که گفتیم نخستین مراکز فرهنگی ایران بودند، زن حضور نداشت. زن‌ها در آن مراکز ناپدید بودند. مردها قلیان می‌کشیدند، آواز می‌خواندند، شب‌های شعر جدّی برگزار می‌کردند، نمایش اجرا می‌کردند، ولی همهٔ کارها بدون حضور زن اداره می‌شد. کانون به‌طورِ مشخص کتابخانه‌هایی ساخته بود که اساس پرورش فکری در آن‌ها به حضور زنان، یعنی کتابدارهای کانون، متکّی بود.
مسئلهٔ خیلی مهم دیگر پشتیبانی جدّیِ شخصِ علیاحضرت شهبانو از کانون و حضورشان در افتتاح اکثر کتابخانه‌ها بود که باعث می‌شد استاندارها و مسئولانِ دیگر هم در مراسم حاضر شوند، و کارِ کانون به‌واسطهٔ تأیید شهبانو و مسئولانِ رسمیِ هر منطقه مورد پذیرشِ مردمِ آن منطقه، از مشهد و زاهدان تا کرمانشاه و شهرها و روستاهای دیگر، قرار بگیرد.

کتابخانه‌های کانون به شهرها حس و حال بهتری می‌دادند. ساکنان هر شهر یا روستا با وجود کتابخانه‌های کانون آرامش بیشتری تجربه می‌کردند. وقتی کودک خانواده برای مادر و پدرِ بی‌سوادش کتاب می‌خواند، روحیهٔ خانواده‌ها تلطیف می‌یافت. این‌ها دستاوردهای استثنائیِ بزرگی بود که ما را هم برای بهتر کار کردن تشویق می‌کرد.

امروزه هم، به‌نظر من، جریانی که کانون ایجاد کرده بود، کُند شده ولی متوقف نشده. پدیده را نمی‌شود از بین برد. کانون از بین‌رفتنی نیست. تأثیر خودش را در تاریخ گذاشته و آیندگان آن را سکّوی پرواز خود می‌کنند.

❑ اشاره کردید که مدیریت دوره‌های آموزش تئاتر به نوجوانانِ عضو کتابخانه‌های کانون، بر عهدهٔ شما بود. بچه‌ها در این دوره‌ها چه یاد می‌گرفتند؟

ما در مرکز تئاتر کانون مفهومی را آموزش می‌دادیم تحت عنوانِ «تئاتر خلّاقه» که من هنوز و همچنان در کارهایم از آن بهره می‌گیرم. پیش از پرداختن به آن، یادآوری کنم که ما در ایران با بدیهه‌سازی روی صحنه آشنا بودیم. شیوهٔ کار ما در آموزش تئاتر خلّاقه قرار دادنِ بچه‌ها در موقعیت‌هایی بود که بتوانند دانسته‌ها و دیده‌ها و برگرفته‌هایشان را در زندگی به اجرا بگذارند. یعنی خلّاقیتِ برگرفتن از آن‌چه در خود داشتند را در آن‌ها پرورش می‌دادیم، که شباهت‌هایی با بدیهه‌سازی داشت.

بچه‌هایی بودند که خودشان یک داستان می‌ساختند، و شخصیت‌های داستان را از بین اعضای گروه انتخاب می‌کردند و برایشان توضیح می‌دادند چه کنند. مثلاً به یک نفر می‌گفتند معلّم باشد و یک نفر دیگر شاگرد، و یک اتّفاق در کلاس درس را بازی می‌کردند، یا تجربهٔ واقعی همان روزشان در تاکسی را اجرا می‌کردند. این باعث می‌شد بچه‌ها پیش از آمدن به کلاس با دقّت به پیرامونشان نگاه کنند و آن‌چه را دیده‌اند به‌خاطر بسپارند و با دستِ پُر به کلاس بیایند.

شیوهٔ کار ما این بود که در یک حلقه دور هم می‌نشستیم و از تجربه‌های زندگیِ روزانه‌مان حرف می‌زدیم و بعضی از روایت‌ها را به‌انتخابِ بچه‌ها بازی می‌کردیم. به این ترتیب، در حدود یک ساعت و نیم که با هم بودیم بچه‌ها نمایش‌نامه‌نویسی و اجرا را تمرین می‌کردند. یکی می‌نوشت و یکی کارگردانی می‌کرد، حتّی موسیقی و آواز هم می‌خواندند و دکور هم می‌ساختند.

یادم هست در رفسنجان یک نفر هفت درخت پسته را با اعضای یک خانواده در نوعی ارتباط خویشاوندی تصوّر کرده بود. می‌گفت خانواده‌ای هفت درخت داشتند و با این هفت درخت هفت بچه بزرگ کرده بودند. این یک فکر خلّاق زیبا بود. نگاه بدیع آن بچه به درخت‌هایی که پیش از آن هم هر روز می‌دیده، برای ما اهمیت داشت.

در دورهٔ آموزش تئاتر، تربیت بدنی هم داشتیم. تأکید می‌کردیم که توجّه و رسیدگی به بدن برای انجام هر کاری مهم است. شروع هر کلاس با ورزش بود. نظم و انضباط را هم که از اصول مهم کار تئاتر است به اعضای گروه منتقل می‌کردیم.

مربّی‌های تئاتر کانون دانشجویان دانشکدهٔ هنرهای دراماتیک و هنرهای زیبا بودند. برایشان دورهٔ آموزشی کوتاهی می‌گذاشتیم و پس از آن کارمندِ کانون می‌شدند و در کتابخانه‌های متعدّد کانون «تئاتر خلّاقه» آموزش می‌دادند.

یک نکتهٔ جالب هم این است که بیژن نمایش‌نامه‌ها یا طرح‌های نمایشیِ ارسال‌شدهٔ بچه‌ها را می‌خواند تا ببیند بچه‌ها چگونه به مسائل نگاه می‌کنند.

❑ آیا نمایش عروسکی هم آموزش می‌دادید؟

اجرای نمایش عروسکی در کانون توسط اسکار باتِک و اردشیر کشاورزی آغاز شد. آقای نصرت‌الله کریمی، استاد من، اوّلین عروسک‌ساز و عروسک‌باز تحصیل‌کردهٔ ایران بود. ولی به آن صورت کار گستردهٔ نمایش عروسکی نمی‌کرد.
وقتی آقای باتِک به کانون دعوت شد، خواست به کتابخانه‌های کانون سر بزند و با فعّالیت‌های متعدّد کانون آشنا شود. کتابخانه‌های تهران، مشهد و کرمانشاه را دید. دو اجرا از کارهای ما را هم دید.

ما یک صندوق قرمز داشتیم که دیوارِ پشتش، که در معرضِ دیدِ تماشاگران نبود، باز و بسته می‌شد. طرّاحی صندوق قرمز با ریچارد دیکسون بود. با این صندوق کارهای خارق‌العاده‌ای می‌کردیم. مثلاً دیو سیاه نمایش از قسمتِ پشتیِ صندوق داخل صندوق می‌شد و بچه‌ها فکر می‌کردند دیو رفته و ناپدید شده که ناگهان درِ صندوق باز می‌شد و دیو بیرون می‌آمد. بچه‌ها شگفت‌انگیز بودنِ این کارها را خیلی دوست داشتند و وقتی می‌شنیدند «صندوق جادویی قرمز» برای نمایش به کتابخانه‌شان می‌آید کُلّی هیجان‌زده می‌شدند.
باتِک چند نمایش ما را دید و گفت، شما وارد مرحله‌ای شده‌اید که دیگر با هر کاری نمی‌شود بچه‌ها را سرگرم کنید. توقّع این بچه‌ها بسیار بالا رفته است.
با این نگاه، باتِک و اردشیر کشاورزی که هنرمند خلّاقی بود، نمایش عروسکی کانون را شروع کردند و کارگاه نمایش را ساختند. کامبیز صمیمی‌مفخّم و عادل بِزدوده، که یکی از شاگردان گروه نوجوانان بود و امروز یکی از بهترین عروسک‌بازهای ایران است، نیز به این گروه پیوستند. من معمولاً قصّه‌گوی گروه بودم، و در همراهی با گروه جوانانی که عروسک‌ها را می‌گرداندند، آواز هم می‌خواندم و ضرب هم می‌زدم.
نخستین کار این گروه «حادثه‌ای در شهر عروسک‌ها» نام داشت. استقبال تماشاگران از کار فوق‌العاده بود. این نمایش آغازِ تحوّل تئاترِ عروسکیِ نوینِ ایران شد، چون با همهٔ آن‌چه در گذشته دیده بودیم تفاوت داشت. یک اتّفاق بود که در کانون متولّد شد و جلو رفت.

کم‌کم اعضای گروه با خلّاقیت زیاد عروسک‌های خیلی زیبایی ساختند. خواهر کوچک من، هنگامه مفید، هم که قبلاً از اعضای گروه تئاتر نوجوانان بود به گروه تئاتر عروسکی پیوست.

مرکز تئاتر عروسکی کانون در تهران بود. مربّی‌های ما گاهی به کتابخانه‌های شهرهای دیگر می‌رفتند و ساختن عروسک و شیوهٔ عروسک‌گردانی را به نوجوانان تعلیم می‌دادند.

❑ به یاد دارید چه نمایش یا نمایش‌هایی را در مراکز درمانی و مراکز خیریه اجرا می‌کردید، و چه واکنشی از کودکان و نوجوانان آن مراکز می‌دیدید؟

یادم می‌آید نمایش‌نامهٔ «تُرُب» را در بیمارستان شفا، در بخش بیماران با معلولیت جسمی، و سپس بیمارستان هزار تخت‌خوابی تهران اجرا کردیم.
یکی از تماشاگران ما در آن‌جا دختری بود که سر و صورت زیبایی داشت، ولی از باقی بدن فقط یک انگشتِ کارآمد داشت. مدّتی بعد از آن اجرا، من یک نقّاشی از آن دختر دریافت کردم که صحنه‌ای از اجرای ما را تصویر کرده بود. تصوّر این‌که او با چه دشواری با تنها یک انگشت آن نقّاشی را خلق کرده و برای من فرستاده بود تا حسِ خوبش را به من نشان دهد، هنوز اشک شوق به چشمم می‌آورد. شادی بچه‌ها از تماشای تئاتر در بیمارستان‌ها باورکردنی نبود.
در مدرسهٔ نابینایان هم اجرا می‌گذاشتیم. دان لافون به ما می‌گفت شما انگار که نمی‌دانید این‌ها نابینا هستند، عیناً اجرای کامل و دقیق خودتان را انجام دهید. در آن مرکز، پس از چند اجرا، بچه‌ها کم‌کم ما را شناختند. صدای من چون خَشِ خاصی داشت برای بچه‌ها آشناتر بود. وارد که می‌شدیم می‌گفتند اردوان آمد. درواقع، آن بچه‌ها ما را می‌شنیدند و حرکت‌هایمان را تصوّر می‌کردند.

دان انسان فوق‌العاده‌ای بود و نگاهِ کم‌مانندی داشت. می‌دانست وقتی ما برای بچه‌های با انواع ناتوانایی‌های جسمی همان کارِ کاملی را که جلوی بچه‌های سالم اجرا می‌کنیم ارائه دهیم، چه احساس رضایت عمیقی به این بچه‌ها خواهیم داد. او از تأثیر معجزهٔ تئاتر سخن می‌گفت.

❑ دربارهٔ اجراهای تئاتر سیّار و استقبال بچه‌ها و خانواده‌ها از آن پدیده هم صحبت می‌کنید؟

تئاتر سیّار برای علیاحضرت اهمیت خاص داشت. از همان ابتدا که سفر با ماشین تئاتر سیّار را شروع کردیم، علیاحضرت لحظه‌به‌لحظه کار ما را دنبال می‌کردند.
روزی هم که در بازدید از ساختمان کانون، اعلیحضرت به دکتر اقبال فرمودند بودجهٔ ساختن تئاتر سیّار را فراهم آوَرَد، تأکید داشتند که برنامه‌های کانون نباید فقط در تهران اتّفاق بیافتند. در آن زمان، کتابخانه‌های سیّار کانون به هر وسیله، ازجمله با اسب و قاطر به دورافتاده‌ترین مناطق ایران کتاب می‌بردند. تئاتر سیّار قرار بود همان کار را برای تئاترِ کودکان انجام دهد. اعلیحضرت، پس از توجّه به ساخت اتوموبیل سیّار تئاتر فرمودند: «آثارتان را به‌صورت نمایش‌های ملّی به سرتاسر ایران ببرید. ایران فقط تهران نیست.» همین نگاهِ شاه ایران، کمک به حرکتِ رو به جلویِ تحوّل فرهنگی که صحبتش را کردیم بود؛ حرکتی که همیشه مورد تأکید پهلوی‌ها بود.

برای صحبت کردن از اجراهای تئاتر سیّار، بهتر است از تریلی معروف شروع کنیم. ماشین تئاتر سیّار به‌شکلی بود که وقتی باز می‌شد، تا سطح زمین چند پلّه می‌خورد تا به روی زمین بیاید. درواقع، سطح زمینْ صحنهٔ پایین ما می‌شد که به تماشاگران نزدیک‌تر بود و سطح بالایی هم که صحنهٔ اصلی نمایش بود. ما برای فراهم آوردنِ بهترین دید برای تماشاگران، جایی مستقر می‌شدیم که یا شیب به پایین داشته باشد یا به هر شکل دیگر در دیدِ درستِ تماشاگران قرار بگیرد.

انتخاب نمایش، به ظرفیت کار برای درگیر کردنِ تماشاگر ربط داشت. یادم هست نمایشِ عروسکی «حادثه‌ای در شهر عروسک‌ها» را در شیطان‌کوه لاهیجان اجرا کردیم. نمایش پُرحرکتی بود و بچه‌ها را جذب می‌کرد. من هم که قصّه‌گو بودم، از پله‌هایی که گفتم می‌رفتم پایین و با بچه‌ها در ارتباط مستقیم قرار می‌گرفتم. بعضی وقت‌ها یک عروسک غیب می‌شد و با فاصله‌ای کوتاه بین بچه‌ها سر درمی‌آورد و می‌گفت: «بچه‌ها، من این‌جام!» شور و هیجان بچه‌ها فوق‌العاده بود. ما در آن اجرای مخصوص در شهر لاهیجان حدود شش تا هفت‌هزار تماشاگر داشتیم. دامنهٔ کوه سرتاسر آدم بود. یادم هست حتّی کسانی که با گوسفندانشان از آن‌جا می‌گذشتند، توجّهشان جلب می‌شد، می‌نشستند و نمایش را تا انتها می‌دیدند.
در آن شلوغیِ پُر از شور و شادیِ مردم، علی آقا که رانندهٔ بسیار ورزیده و علاقه‌مند به گروه بود، خودش را به من رساند و به سمتی که ازدحام جمعیت بسیار زیاد بود اشاره کرد

و گفت، می‌دانید آن‌جا چه خبر است؟ شهبانو برای تماشای نمایش آمده‌اند و آن‌جا بین مردم ایستاده‌اند. حس عجیبی بود. نشان می‌داد که کانون مُهرِ ملکهٔ ایران را بر خود داشت، و ایشان نیز علاقهٔ خاصی به مرکز داشتند.

در اجراهای تئاتر سیّار، تماشاگرانِ ما بخشی از نمایش می‌شدند. نیم ساعت اوّل بعد از پارک کردنِ تریلی با مردمِ منطقه می‌گذشت. با مردم صحبت می‌کردیم و برایشان توضیح می‌دادیم. طرح نمایش طوری بود که بچه‌ها به آرایشِ صورت ما کمک می‌کردند. یادم هست برای اجرای نمایش «تُرُب» گُل و بوته لازم داشتیم. بچه‌ها رفتند برایمان گُل چیدند و آوردند. این باعث می‌شد بچه‌ها کار را از آنِ خود بدانند و عمیقاً درگیرش شوند. من فکر می‌کنم اتّفاقی که برای بچه‌ها می‌افتاد خیلی عظیم بود. شما تصوّر کنید کودکی که هرگز نمایش ندیده بود، ناگهان به آماده‌شدنِ عواملِ اجرا کمک می‌کرد. تماشاگرانِ کودکِ ما گاهی به اجرا هم می‌پیوستند. در صحنهٔ آخر نمایش «تُرُب» بچه‌ها می‌آمدند روی صحنه و به بیرون کشیدنِ تُرُب از خاک کمک می‌کردند. یعنی عملاً در نمایش بازی می‌کردند و با ما می‌خواندند «از اتّحاد، جهان آزاد می‌گردد.»
«دیو سیاه بدجنس»، اثر رضا بابک، یکی از اعضای گروه اصلیِ بازیگرانِ مرکز تئاتر، و «کوتی و موتی» را هم با تئاتر سیّار به مناطق متعدّد کشور بردیم و با تجربهٔ استقبال استثنائی مردم مواجه شدیم.

به‌نظر من، بزرگ‌ترین افتخار برای یک بازیگر این است که احساس کند تماشاگر او را باور کرده و پذیرفته. ما در تئاتر سیّار این تجربه را داشتیم. درواقع، ما نمایش را با تماشاگر سهیم می‌شدیم، و پس از مدّت کوتاهی تماشاگرانِ کودک و نوجوان با آن احساسات شفّاف و خالص و بی‌آلایش خود، جزئی از نمایش ما می‌شدند و در آخر با بازیگران نزدیک شده و صحبت می‌کردند.
این گونه اجراها اصولاً برنامه‌ریزی قبلی نداشت؛ صحنه‌هایی در هر اجرا و در هر منطقه با خلّاقیتِ آنی به‌شکلی متفاوت اتّفاق می‌افتاد. هر کدام از اجراهای تئاتر سیّار یک حادثهٔ مستقل بودند.
در کوه‌سنگی مشهد، جناب ولیان،[1] استاندار خراسان، از من خواست همان اجرایی را که در

۱- عبدالعظیم ولیان، (۱۳۰۴، تهران -۱۳۷۳، آمریکا) وزیر تعاون و امور روستاها و وزیر اصلاحات ارضی در کابینهٔ هویدا، استاندار استان خراسان و نایب تولیت آستان قدس رضوی (۱۳۵۳-۵۷).

تهران داشتیم عیناً روی صحنه ببریم. می‌گفت مردم ممکن است صحنه‌هایی از کارِ ما را در گزارش‌های تلویزیونی دیده باشند. بهتر است بدانند بین آن‌ها و ساکنان تهران هیچ تفاوتی وجود ندارد.

این هماهنگیِ فکریِ بی‌نظیر، نشان از آگاهیِ گردانندگانِ کشورمان داشت. مشهد شهری مذهبی بود. من تقریباً مطمئن‌ام نبضِ این سخن از تهران به آقای ولیان داده شده بود، تا احتمالاً برای رعایت بعضی مسائل ساده، مثلاً دربارهٔ نوع شلوارِ کمی تنگ یک بازیگر زن، ملاحظاتی از سوی مسئولان شهر مطرح نشود.

بعدها متوجّه شدم خیلی از دانشجویانِ آیندهٔ هنرهای نمایشی آن اجراها را دیده بودند و یکسان بودنِ کار در تهران و دورافتاده‌ترین مناطقِ ایران را تحسین می‌کردند.

به‌طور کلّی، هر یک از کتابخانه‌های کانون، با فعّالیت‌های فرهنگیِ گوناگون -از کتاب‌خوانی تا آموزش نقّاشی و موسیقی و تئاتر و فیلم‌سازی- یک مرکزِ فرهنگی برای کودکان و نوجوانان بود. پدیده‌ای که اگر به آیندهٔ خوب کشورمان بیاندیشم، می‌توانم به‌صراحت بگویم بهترین الگوی یک سیستمِ قابل اجرا برای ادارهٔ یک کشور است. سیستمی که در آن هرکس با هر عقیدهٔ سیاسی و هر شیوهٔ اعتقادی و دینی، بتواند به پیش بردن یک هدف سازندهٔ مشترک کمک کند، و درنتیجه با امید و شادی به مشارکت خلّاق و سازنده در زندگی خود و جامعه بپردازد. کانون توانسته بود دور از هر ایدئولوژی خاص، در گسترش فرهنگ و هنرِ سرزمینش و آشنایی مردم با جهان پیرامونشان موثّر باشد.[1]

سیزدهم اردیبهشت ۱۴۰۳

(مه ۲۰۲۴)

۱-آثاری که در سال‌های پیش از انقلاب، برای نمایش در کانون متولّد شدند، عبارت‌اند از: «تُرُب» (۱۳۵۰)، «کوتی و موتی» (۱۳۵۱)، «شـاپرک خانم» (۱۳۵۳) -هر سه نوشتهٔ بیژن مفید، با کارگردانی دان لافون-؛ «حادثه‌ای در شهر عروسک‌ها»: نوشتهٔ ژزف پر با کارگردانی اسکار باتک و اردشیر کشاورزی (۱۳۵۳)؛ «شنل هزار قصّه»: از مجموعهٔ قصّه‌های عامیانه، با کارگردانی باتک (۱۳۵۳)؛ «خورشیدَ خانم آفتاب کن»: یک اثر موزیکال با نویسندگی و کارگردانی رضا بابک (۱۳۵۴)؛ «رستم و سهرابَ»: اثری از شاهنامه، تنظیم غلامحسین مفید (۱۳۵۴)؛ «بخت خفته»: بر اساس داستان‌های کهن، با تنظیم و کارگردانی اردوان مفید (۱۳۵۵)؛ «عقاب و روباه»: نوشتهٔ بیژن مفید، با کارگردانی اردوان مفید (۱۳۵۶)؛ «کدو قلقله‌زن»: کار مشترک هنگامه مفید و کامبیز صمیمی‌مفخّم و «دیو سیاه بدجنس»: اثر رضا بابک. (اطلاعات متن پانویس از اردوان مفید است.)

«کانون» خانهٔ ما بود

اسفندیار منفردزاده (زادهٔ ۱۳۱۹، تهران؛ ساکن کالیفرنیا)
موسیقی‌دان، آهنگ‌ساز،
مدیر «مرکز آموزش فیلم‌سازی به کودکان» در کانون پرورش فکری کودکان و نوجوانان

☐ شما از نوجوانی آهنگ می‌ساختید، با ارکستر جوانان و ارکستر دانشجویان دانشگاه تهران در رادیو ایران همکاری داشتید، در حافظهٔ جمعی ما شما آهنگ‌ساز و موسیقی‌دانی هستید که البتّه نامش با سینما هم گره خورده است. چه شد که در «کانون پرورش فکری کودکان و نوجوانان» به تأسیس «مرکز آموزش فیلم‌سازی» برای کتابخانه‌های «کانون» فکر کردید؟

پیش از همکاری با «کانون»، من پس از دیدن فیلم‌ها فقط برای فیلمی که دوست می‌داشتم موسیقی متن یا آهنگ می‌ساختم. باورم این بود و هست که اگر آبستن فیلمی نشوم، زایشی مناسب وجود نخواهد داشت. فیلم باید بر من چنان اثر بگذارد که رهایم نکند تا بتوانم کار کنم. هرکاری که من کرده‌ام همه با این نگاه بوده است. امّا در آغاز همکاری من با «کانون»

کارهایی برای آهنگ‌سازی به من پیشنهاد شد که نمی‌توانستم بپذیرم. برای نمونه، برای مجموعهٔ «صدای شاعر»، بین احمدرضا احمدی و من نوعی کشمکش ایجاد شد، و در نهایت نتیجه گرفتند و پذیرفتند که من کاری را که قبول ندارم نمی‌توانم انجام دهم. من در آن مجموعه فقط با شاملو کار کردم.

به این ترتیب، من در «کانون» تقریباً کاری نداشتم. در این مرحله بود که به‌دلیل علاقه‌ای که به فضای کاریِ «کانون» داشتم، صداقت و صمیمیتی که در محیط کار می‌دیدم و به‌اعتبار مدیریت لیلی امیرارجمند، که یک انسان بسیار شریف و صادق و مهربان بود و بی‌تردید خواهد بود، به طرحی تازه فکر کردم و ایدهٔ ایجاد مرکزی برای آموزش فیلم‌سازی به کودکان و نوجوانان را در کتابخانه‌های «کانون» پیشنهاد دادم که پذیرفته شد و خود مسئولیت اجرایش را عهده‌دار شدم.

دوره‌های آموزش فیلم‌سازی را ابتدا در چند کتابخانهٔ «کانون» در تهران شروع کردیم و کم‌کم به کتابخانه‌های شهرستان‌ها هم بردیم-یعنی خودم برای خودم کاری بدون اضافه حقوق و مزایا ایجاد کردم.

☐ نخستین مربّی‌هایی که در این مرکز با شما همراه شدند چه کسانی بودند؟

کار را با استخدام دو مربّی شروع کردیم. ارسلان ساسانی، هنرمندی که به این کار علاقه داشت و جزوه‌ای هم دربارهٔ آموزش فیلم‌سازی تدوین کرده بود؛ و فرهاد شیبانی که شاعر و انسانی بسیار شریف بود.

در آغاز، همهٔ کارها را ما سه نفر پیش می‌بردیم. من مدیریت و ادارهٔ مرکز را انجام می‌دادم و ارسلان ساسانی و فرهاد شیبانی، به‌عنوان مربّی آموزش فیلم‌سازی، در چند کتابخانهٔ «کانون» شروع به کار کردند.

مرکز ما کم‌کم رشد کرد و من از بین کسانی که فیلم‌سازی می‌دانستند و به کار آموزشی هم علاقه داشتند، مربّی‌های بیشتری استخدام کردم. در مصاحبه برای استخدام، الویت من همیشه اخلاق و شرافت انسانی آن‌ها بود، کاردانی‌شان در مرحلهٔ بعد قرار داشت. برای من مهم بود که افرادی بااخلاق و با نگاهی مثبت مربّی نوجوانان باشند. نوجوانان بسیار اثرپذیرند و خیلی زود یاد می‌گیرند. انتخابِ مربّیِ سالم و خوش‌اخلاق شرطِ من بود که در

انجامش موفّق بودم.

امروز در نتیجهٔ زحماتی که این مربّیان کشیدند شاگردانشان از بهترین فیلم‌سازها و دست‌اندرکاران سینمای ایران شده‌اند. یعنی بخش ارزشمند سینمای ایران به دست هنرجویان کلاس‌های آموزش فیلم‌سازی «کانون» آن زمان شکل گرفته است.

یکی از بهترین آهنگ‌سازهای سینمای ایران محمدرضا علیقلی، که از شاگردان کلاس‌های فیلم‌سازی «کانون» بود و سینما را می‌شناخت، زمانی که موسیقی را فراگرفت، با تکیه به این دو رشته، با دانایی و توانایی توانست از بهترین آهنگ‌سازهای سینمای ایران باشد. همایون اسعدیان، یکی دیگر از شاگردان کلاس‌های فیلم‌سازی «کانون» بود که اکنون مسئول و سخنگوی خانهٔ سینمای ایران است.

آن‌چه سال‌ها در «کانون» انجام می‌شد، در هیچ‌کجای جهان، حتّی امروز هم نمونه ندارد. این‌ها سربلندی برای «کانون»، لیلی امیرارجمند و من نیز در کنار این مجموعه است.

☐ هنرجویان در این مرکز چه یاد می‌گرفتند؟

ما اصول اساسی فیلم‌سازی را به بچه‌ها یاد می‌دادیم؛ از فیلم‌برداری تا کارگردانی و ادیت، به وسیلهٔ مربّی‌هایی که کارشان را بلد بودند.
به‌راستی فیلم‌های برجسته‌ای در مرکز آموزش فیلم‌سازی به‌دست نوجوانان ساخته شد.

☐ عناوین متعدّدی از فیلم‌های کوتاهِ ساخته‌شده در «مرکز آموزش فیلم‌سازی» در «کانون» در جشنواره‌های بین‌المللی تقدیر شدند و جایزه بردند. انتخاب فیلم‌های ساختهٔ نوجوانان برای جشنواره‌ها چگونه صورت می‌گرفت؟

من تمام فیلم‌های این مرکز را، که فیلم‌های هشت‌میلی‌متری بودند، بدون استثنا به همهٔ فستیوال‌ها می‌فرستادم. فیلم‌هایی بودند که به فستیوال‌های بین‌المللی مانند ژاپن و ایتالیا رفتند و جوایز باارزشی دریافت کردند.
فیلم‌هایی که در کتابخانه‌های «کانون» توسط نوجوانان ساخته شد، دست‌کم با تشویق یا تقدیر داوران فستیوال‌ها یا تماشاگران مواجه شدند که در آیندهٔ حرفه‌ای نوجوانان نقشی مهم داشت.

❑ برای کمک به درک بهتر فضای کاری «کانون»، لطف می‌کنید توضیح دهید شما برای اجرای یک طرح تازه چه مراحلی را طی می‌کردید و به‌انجام رساندنِ کار چه‌اندازه راحت یا دشوار بود؟

در یک کلام، راحت بود. «کانون» بوروکراسیِ متداول در ادارات دولتی آن زمان را نداشت. لیلی امیرارجمند انسان آزاده‌ای بود. (و هست!) همهٔ ما پروژه را مستقیماً با او در میان می‌گذاشتیم، او ارزیابی می‌کرد، پرسش‌هایش را مطرح می‌کرد، گفت‌وگو می‌کردیم و با تبادل نظرِ شفاهی به نتیجه می‌رسیدیم. اعتمادی میان مدیرعامل و اعضای «کانون» بود که حتّی لازم نبود چیزی نوشته شود.

❑ شما با چندین سال تجربهٔ آهنگ‌سازی و کارنامه‌ای پُربار به «کانون» رفتید. تفاوت‌های مهم‌تر محیط کار در «کانون» با فضاهای کارتان در نهادهای دیگر، قبل از «کانون»، مانند کار در «رادیو ایران» را در چه می‌دیدید؟

صمیمیت، صداقت و آزادی. هیچ‌چیز ضروری‌تر و زیباتر از آزادی برای خلّاقیت نیست. تفاوت‌های محیطِ کاریِ «کانون» با فضاهای کاری دیگر شاید باورکردنی نباشد. تفاوت‌هایی که به‌دلیل وجود شخیص لیلی امیرارجمند شکل گرفته بود، توانسته بود جمعی از بهترین نویسندگان و هنرمندان آن زمان را با صمیمیت در «کانون» گرد آورَد. من کسی را نمی‌شناختم که از مدیریت لیلی امیرارجمند ناراضی باشد. همه با جان و دل کار می‌کردیم. من گاهی تا ساعت هفت شب یا دیرتر در دفترم می‌ماندم و کار می‌کردم. صحبت اضافه‌کار یا مسائلی مانند آن هم نبود، «کانون» خانهٔ ما بود. حضورِ هنرمندانِ ممتاز در رشته‌های مختلف هنر، از گرافیک تا سینما و زمینه‌های دیگر، در طبقهٔ ششم ساختمان «کانون»، فضا را برای من به کلاس درس تبدیل کرده بود. من در «کانون» هم کار می‌کردم، هم می‌آموختم و این بسیار لذّت‌بخش بود. به‌راستی، «کانون» خانهٔ ما بود.

❑ دستاورد باارزش همکاری شما با «صدای شاعر»، که اشارهٔ کوتاهی هم به آن داشتید، مجموعهٔ شعر و اجرای احمد شاملو و موسیقی شماست. ممکن است به‌اختصار دربارهٔ مسیر خلق این مجموعه صحبت کنید؟

همکاری با شاملو انتخاب خودم بود. من شاملو را دوست داشتم و با او دوست بودم. قبل از «کانون» هم با این دوست و آموزگار بزرگوارم کار کرده بودم. شاملو به خواهش من این همکاری را برای «کانون» پذیرفت. انتخاب شعرها از او بود. به دعوت من شعرها را در استودیوی «کانون» ضبط کردیم و من موسیقی برای آن ساختم. «کانون» این مجموعه را روی صفحهٔ سی‌وسه دور تولید و پخش کرد. شاملو از صدای خوبی برخوردار بود و اجرای درست و زیبایی هم داشت. همهٔ شاعران چنین توانایی‌هایی را ندارند. گاهی شاعران حتّی اشعار خودشان را با آهنگ درستِ کلام نمی‌خوانند. به قول دکتر شفیعی‌کدکنی، «موسیقی شعر» را نمی‌شناسند. شاملو استاد اجرای شعر بود.

□ در بازخوانی آثار «کانون» به آفریده‌های متعدّدی برمی‌خوریم که باورهای سیاسیِ آفرینندگان آن با فضای سیاسی حاکم در تخالف بوده. «کانون» پذیرای نویسندگان و هنرمندانی بود که در فضاهای دیگر آثاری با پیام روشن اعتراضی می‌ساختند، و شاید هم‌زمان در نهادی با ریاست عالیهٔ ملکه کار می‌کردند، که پادشاه برای بازدید از ساختمان اصلی‌اش ساعت‌ها وقت می‌گذاشت. خانم امیرارجمند در گفت‌و گو با من گفتند که خواستشان از اعضا این بود که سیاست را پشت درِ ساختمان بگذارند و در محیط کارشان به ساختن بهترین کار فرهنگی بپردازند.

برای من، با تجربهٔ بسیار متفاوت از فضای فکری و کاری ایرانِ آن روزگار، این کنجکاوی و پرسش پیش می‌آید که نگاه آن روز شما و شخصیت‌های فرهنگی دیگری که در دریافت من منتقد نظامِ سیاسیِ وقت بودید، به این تصویر چگونه بود؟

هنرمندان و نویسندگان عضو «کانون» گرایش‌هایی ضد استبداد و آزادی‌خواهانه داشتند. ولی کار چریکی نمی‌کردند. حتّی در بیشتر موارد گرایش‌های حزبی هم نداشتند.
به‌عنوان نمونه: - ماهی سیاه کوچولو؛ صمد بهرنگی حرفش آزادی‌خواهانه است، حزبی نیست!

اعضای «کانون» جمعی آزاداندیش بودند که به‌دلیل پایبندی به اصول آزادی‌خواهی، گفت‌وگو و نقدِ آزاد را دوست داشتند و سانسور را برنمی‌تافتند. این موضوع با وضع حاکم بر جامعه هم‌سو نبود، «کانون» از این چشم‌انداز یک استثنا بود.
لیلی امیرارجمند در «کانون» محیطی برای همکارانش فراهم آورده بود که بتوانند در فضایی آزاد کار فرهنگی کنند. هر وقت هم که مشکلی پیش می‌آمد (که بارها چنین شد)، خانم امیرارجمند با پشتیبانی ملکهٔ ایران که رئیس هیأت امنای «کانون» بود و ریاست عالیهٔ «کانون» را هم به‌عهده داشت، از همکارانش دفاع می‌کرد و موانع پشت سر گذاشته می‌شد. دوستیِ نزدیک لیلی امیرارجمند با ملکه شانس اعضای «کانون» و لیلی امیرارجمند بود.

یادم هست آراپیک باغداساریان فیلمی با عنوان «تهران، کیلومتر ۱۰۰» برای کانون ساخت که فقر و زندگی ناهنجار یک روستا در صد کیلومتریِ تهران را نشان می‌داد؛ تصویری در مقایسهٔ تهران در رفاه، با روستایی در فاصلهٔ صد کیلومتری تهران که ساکنانش امکانات زندگی معمولی را هم نداشتند. این فیلم با آن‌که مخالفِ شرایط حاکم بود نمایش داده شد. پشتوانهٔ این اتّفاقِ ممنوع، حضور ملکه در هیأت امنای «کانون» و مدیریت لیلی امیرارجمند بود که نقد را سپاس می‌گفت و می‌دانست نقدِ درست سازنده است. ممنوعیتِ نقد، جامعه را به استبداد مطلق می‌کشانَد.

همهٔ ما در «کانون» بهترین فضا برای تولید کارهای هنری نقّاد را داشتیم. اهالی فرهنگ و هنر می‌خواهند کار فرهنگی کنند، که این خود لازم‌ترین و مؤثرترین کار سیاسی است. تجربهٔ تاریخی این را ثابت کرده. سربلندی «کانون» نمونهٔ موفّق و مثال‌زدنیِ اهمیتِ کار فرهنگی است.

☐ در ارزیابی شما، آیا مدیران نهادهای فرهنگی دیگر این تفاوت‌ها را می‌دیدند و همچنان در فضای کاری‌شان دست نمی‌بردند؟

ادارات دیگر به‌دلایلی که خودشان داشتند و من نمی‌خواهم قضاوت کنم، وارد این فضاها نمی‌شدند. در وزارت «فرهنگ و هنر» یا در «سازمان رادیو-تلویزیون» آزادی وجود نداشت. کارمندان در آن‌جا خطر نمی‌کردند، چون می‌دانستند کسی پشتیبان آنان نیست، کسی به

دفاع از آن‌ها برنمی‌خیزد. من این را خوب می‌دانم.
به یاد دارم که می‌گفتند: «آقای جعفریان،[1] معاون سازمان رادیو-تلویزیون، ساواکی نیست! بلکه، ساواک جعفریانی است.» به‌راستی، فضای کاری‌شان بسته بود و کارمندان در بند بودند. وقتی پروازِ ذهنیِ هنرمند، یعنی خلّاقیتی که باید تا بی‌نهایت اوج بگیرد، به سقفی کوتاه و آزاردهنده برمی‌خورَد، خلّاقیت‌های هنری سقوط می‌کنند. به همین دلیل است که هنرهای دولتی و هنرمندان دولتی کمتر مقبول مردم بوده‌اند. در مقابل، همهٔ آثار «کانون» با اقبال مردم روبه‌رو بوده است.

زمانی که شاه همراه ملکه برای بازدید از ساختمان «کانون» آمدند، چند اتاق انتخاب شده بود که شاه و ملکه حتماً آن‌ها را ببینند. یکی از آن‌ها اتاق من بود، که چون دیوارهایش را آکوستیک کرده بودم و یک پیانو هم در آن داشتم اتاق متفاوتی بود. پهلبد، داماد شاه و وزیر «فرهنگ و هنر»، هم در آن دیدار همراه شاه و ملکه بود. یادم هست ارزیابی شاه از کارهای «کانون» و ازجمله کار من خیلی مثبت بود. خانم امیرارجمند هم که با خوش‌رویی دربارهٔ کارها توضیح می‌دادند، از کار من هم تعریف کردند. جزئیات صحبت‌ها یادم نیست... امّا خوب به یاد دارم وقتی که گروه بازدیدکننده از اتاق من بیرون می‌رفتند، آقای پهلبد از من خواست روز بعد به دفترش بروم. گفت با من کار دارد.
آقای پهلبد، در دیدار روز بعد در دفترش از من خواست از «کانون» و محیط کاری بسیار استثنائی آن بیرون بیایم و در وزارت مستبدِ «فرهنگ و هنر»، که باخبر بودم هیچ نوع سازگاری با روحیهٔ من نداشت، همکاری کنم.
طبیعتاً نپذیرفتم. اگر محیط آن وزارتخانه شرایط «کانون» را داشت، امثالِ من با اشتیاق همکاری با آن وزارتخانه را قبول می‌کردند.
در دوران پهلوی دوّم سی‌هزار مسجد در ایران ساخته شد! پس از شکست «حزب رستاخیز»، به‌دلیل حضور تنها حزب آزادِ پیش از انقلاب یعنی «حزب الله»، خمینی در ایران لشکری متشکل از مسلمان‌های آماده به فرمان داشت!... و آزادی‌خواهان، البتّه بی‌لشکر!

هم‌زمان با بازگشت خمینی از پاریس آرزوی ما به‌جای به گُل نشستن، ناگزیر به گِل نشست...

۱- محمود جعفریان (۱۳۰۷ - ۱۳۵۷، تهران) معاون سازمان رادیو- تلویزیون ملّی ایران و قائم‌مقام دبیرکل حزب رستاخیز. جعفریان در اسفند ۵۷ به حکم خلخالی اعدام شد.

از این رو تا تدارک لشکری از آزادی‌خواهان، در بر همین پاشنه خواهد چرخید!

«ز برون کسی نیاید چو به یاری تو این‌جا / تو خود آفتاب خود باش وُ طلسم کار بشکن!»[۱]

چهارم اردیبهشت ۱۴۰۳

(آوریل ۲۰۲۴)

۱- شفیعی‌کدکنی، محمدرضا؛ «در حصار شب».

نشانه‌گذاری متن سخنان آقای منفردزاده براساس خواست ایشان، پس از بازبینی متن، تنظیم شده است. م. ز

ناخودآگاهِ ما در کانون تربیت می‌شد

مجید میرفخرایی (زادهٔ ۱۳۲۹، تهران؛ ساکن کالیفرنیا)
مدیر صحنه و طرّاح صحنه و لباس در گروه تئاتر کانون

☐ کانون پیشگامِ تئاترِ کودک در ایران بود، و شما از نخستین کسانی بودید که با این نوآوری همراه شدید. از مشاهداتتان از آن روزها چه به یاد دارید؟ چگونه به کانون دعوت شدید؟ نخستین کارهایی که شما در مرکز تئاتر کانون انجام دادید چه بود؟

من در دوران دانشجویی در انجمن ایران و آمریکا مدیر صحنه بودم. همان زمان، دان لافون در آنجا کارگردانی تئاترهای انگلیسی‌زبان را به‌عهده داشت. یک روز آقای لافون به من گفت، برای ساختن مرکز تئاتر کودکان به «کانون پرورش فکری کودکان و نوجوانان» دعوت شده و می‌خواهد به این منظور گروه کاری‌اش را تشکیل دهد. از من دعوت کرد به‌عنوان مدیر صحنه و طرّاح لباس و صحنه همراهی‌اش کنم. پذیرفتم و گروه کوچک ما با این افراد کارش را شروع کرد: دان لافون که کارگردان و مدیر مرکز تئاتر بود، اردوان مفید که بازیگر،

مدیر و کارگردان گروه تئاتر نوجوانان و در مواردی مترجم دان لافون بود، دیک دیکسون یک طرّاح صحنهٔ درجه یک، که من هم مدّتی در کنارش کار کردم و بعد مستقل شدم، و مرضیه برومند، شاه‌محمدلو، رضا بابک و علیرضا هدایی که بازیگر بودند.

من در طرّاحی صحنه و لباسِ سه نمایش نخست کانون، «تُرُب»، «کوتی و موتی» و «شاپرک خانم» -هر سه نوشتهٔ بیژن مفید، با کارگردانی دان لافون- و تئاترهای عروسکی - که با هنر و همّت اردشیر کشاورزی، کامبیز صمیمی‌مفخّم، و با مدیریت اسکار باتِک، از پیش‌کسوتان تئاتر عروسکی دنیا ساخته می‌شدند- و تئاتر «عقاب و روباه»، نوشتهٔ بیژن مفید، با کارگردانی اردوان مفید، و آثار و اجراهای دیگر نقش داشتم.

به یاد دارم، ما، یعنی گروه تئاتر کانون، با یک صندوقچه که خودمان طرّاحی کرده و ساخته بودیم و وسایل تئاتر را در آن می‌گذاشتم، به کتابخانه‌های کانون و پارک‌های مناطق مختلف شهر، به‌خصوص جنوبِ شهر، می‌رفتیم و برای بچه‌ها تئاتر اجرا می‌کردیم.
کم‌کم اردوان مفید گروه تئاتر نوجوانان را تشکیل داد که گروه تئاتر کانون به آن‌ها تئاتر آموزش می‌داد و از بین آن‌ها بازیگران خیلی خوبی مثل علی پورتاش و هنگامه مفید (خواهر اردوان) و فاطمه معتمدآریا بیرون آمدند.

آثار مرکز تئاتر کانون بسیار موفّق بودند. «شاپرک خانم» اوّلین تئاتری بود که از ایران به یک فستیوال بین‌المللی تئاتر رفت، و «عقاب و روباه» در جشن هنر شیراز اجرا شد.

منظورم از این یادآوری‌های کوتاه این است که کار مرکز تئاتر کانون به‌تدریج از سالن تئاتر پارک لاله، که با همکاری هم درست کرده بودیم، به صحنه‌های متعدّد و بزرگ و فستیوال‌های بین‌المللی گسترش پیدا کرد. دلیلش هم این بود که خانم امیرارجمند با افق دیدی که داشت، نخبگانی را دور هم جمع می‌کرد، که نتیجهٔ هم‌فکری و همکاری‌شان فراتر از افقِ ساخته‌شدهٔ جامعه، حتّی بعضی از مراکز و سازمان‌های فرهنگیِ دولتی بود. من فکر می‌کنم به همین دلیل، جمعی بودند که از وجودِ کانون احساس خطر می‌کردند و می‌گفتند کانون همهٔ چپی‌ها را در خود جای داده و خطرناک است. ولی واقعاً این‌طور نبود. ما عاشق کارمان بودیم و هر کس با هر عقیده‌ای، در کانون فقط برای بچه‌های ایران کار می‌کرد.

☐ به‌نظر شما، ویژگی‌های شیوهٔ مدیریت خانم امیرارجمند در چه بود؟

مدیریت استثنائی خانم امیرارجمند به این شکل بود که اعضا را با دقّت انتخاب می‌کرد، مدّتی روی کلیّت کارها نظارت داشت، و وقتی می‌دید همه با دل و جان کار می‌کنند، اطمینان می‌کرد و بیشتر شنوندهٔ اعضای گروه می‌شد و کمک می‌کرد کارها پیش بروند. یکی از ویژگی‌های مثال‌زدنی مدیریت خانم امیرارجمند در اعتماد به جوانان بود، تا خودشان را باور کنند. به‌اصطلاح، به ما میدان می‌داد و از فکرها و کارهایمان پشتیبانی کامل می‌کرد. دخالتی در کار گروه نداشت. در نهایت هم همیشه کار تک‌تکِ اعضا را اعتبار می‌داد و قدر می‌گذاشت.

یادم هست، ما یک شب در دروازه غار تهران اجرا داشتیم. آخر برنامه متوجّه شدیم خانم امیرارجمند تهِ سالن بین تماشاگران ایستاده و ما را تماشا می‌کند. دائم و با هر کاری که ممکن بود، ما را حمایت و تشویق می‌کرد. این‌ها فراموش‌نشدنی است.

خانم امیرارجمند یک مدیر روشنفکر، آزاده، پیش‌رو و جلوتر از زمان خودش بود، که می‌دانست چگونه رفتار کند که هم احترامِ متقابل ایجاد شود، هم محیط دوستانه باشد و هم تمام اعضا احساس کنند فرصت‌های برابر دارند، و تشویق شوند بهترین کارشان را ارائه دهند و در ضمن از او حساب ببرند. نوعی تعادل بین این‌ها برقرار می‌کرد که به‌نفع کار بود. هیچ انتظاری هم نداشت. حتّی وقتی از او تشکّر می‌کردیم، می‌گفت شما استعدادش را داشتید، کار کردید و موفّق شدید؛ چنین مناعت طبعی داشت.
نتیجهٔ این شیوهٔ مدیریت، موفّقیت یک نهاد فرهنگی، رضایت اعضا و خاطره‌های خیلی خوبی است که برای همهٔ ما باقی مانده. این نوع مدیریت، به‌نظر من، تکرار شدنی نیست.

☐ یکی از تأکیدهای خانم امیرارجمند بر «آموختن و الهام گرفتن از جهان و اجرا کردن به شیوهٔ بومی» است. با توجّه به این‌که ما در آن دوران نمایش و نمایش‌نامهٔ ایرانی برای کودکان نداشتیم، و دان لافون هم پیش از کانون کارِ تئاتر کودک انجام نداده بوده، تجربهٔ ساختن مرکزی که هیچ الگویی در کشور نداشت، برای شما و برای گروه تئاتر چگونه بود؟

هدف گروه تئاتر کانون ساختنِ تئاتر خوبِ ایرانی برای نشان دادنِ ارزش‌های فرهنگ و هنر ایران به بچه‌ها بود. دان لافون به ساختن تئاتر ایرانی متعهد بود، بیژن مفید را هم که خوش‌فکرترین و ایرانی‌ترین نمایش‌نامه‌نویس زمانه بود، بعد از «شهر قصّه» کشف کرده بود و با او دوستی و همکاری داشت. من هم در طرّاحی لباس و صحنه از اِلمان‌های ایرانی استفاده می‌کردم. مثلاً در «شاپرک خانم»، اِلمان‌های «شهر فرنگی» و «خاله سوسکه» برای ما ایرانی‌ها شناخته‌شده است و فضای کار را آشنا یا بومی می‌کند. یعنی ما یک متنِ درخشانِ ایرانی را، در فضاسازیِ ایرانی و با کارگردانی متعهد به فرهنگ ایران روی صحنه می‌بردیم. دان لافون به‌دقّت مراقب بود که فرهنگ غالب در طرّاحی ساختار و در اجرا ایرانی باشد. حتّی وقتی گروه تئاتر نوجوانان یکی دو تئاتر را از روی متن‌های غیرایرانی روی صحنه بردند، کمک می‌کردیم فضای کار و شیوهٔ اجرا را ایرانی کنیم. خود من در «واژه‌های متروک» این کار را انجام دادم. می‌خواستیم یک زمینهٔ فرهنگیِ آشنا برای بچه‌ها فراهم آوریم و ارزش‌های فرهنگِ ایران را همراه اجرای تئاتر به بچه‌ها نشان بدهیم.

❑ آیا مؤلفه‌های ایرانی موردِ نظرتان در طرّاحی لباس و صحنه را از نقّاشی‌های ایرانی دوره‌های گوناگون هم برمی‌گرفتید؟

من دو نوع طرّاحی لباس داشتم. در اجرهایی که در پارک‌ها یا فضاهای بازِ دیگر داشتیم، یک برزنتِ رنگیِ بزرگ روی زمین می‌انداختیم و نمایش را روی آن اجرا می‌کردیم. رنگ برزنت هم بسته به رنگ زمینِ اجرا انتخاب می‌شد. در آن نوع اجراها فرصتِ لباس عوض کردن نبود. بازیگران یک لباس مشکیِ چسبان به تن داشتند، و اِلمان‌هایی خاصِ هر شخصیت، هنگام اجرای نقش به آن لباسِ زمینه اضافه می‌شد. مثلاً در نمایش «تُرُب» برای اردوان یک کلاه شبیه تُرُب درست کرده بودیم که برگ هم داشت. وقتی اردوان نقشِ شخصیتِ دیگری را بازی می‌کرد، کافی بود آن کلاه را بردارد و اِلمان دیگری استفاده کند.
در تئاترهایی که در سالنِ تئاتر اجرا می‌کردیم، برای هر شخصیت لباسی طرّاحی می‌کردیم که غالباً تا پایان تئاتر بر تنش می‌ماند.
در هر دو مورد، من از دو منبع کمک می‌گرفتم؛ یکی مینیاتورهای ایرانی و دیگری رنگ‌بندی‌های ایرانی. شما وقتی به قالی و گلیم نگاه می‌کنید، شجاعتی در کنار هم گذاشتن رنگ‌ها می‌بینید که در هیچ نمونهٔ غیرایرانی دیده نمی‌شود. مثلاً نارنجی کنار آبی نشسته. در

هیچ فرمولِ رنگ‌بندی این دو رنگ کنار هم جواب نمی‌دهند. این کار را در مینیاتور ایرانی هم انجام می‌دهند. الهام گرفتن از همین نوع رنگ‌بندی، فضای طّراحی را ایرانی می‌کند. این شجاعت و صمیمیت در رنگ‌بندی را، که از طبیعت الهام گرفته شده، در لباس‌های قشقایی و بختیاری یا شمال یا جنوب ایران هم می‌بینیم. طرّاحان آن لباس‌ها توجّه داشته‌اند که در طبیعت چه رنگ‌هایی در کنار هم چشم‌نوازند؛ این شجاعت را هم داشته‌اند که آن ترکیب را در فرش یا گلیم یا لباس استفاده کنند. درنتیجه، آن نوع رنگ‌بندی، هم یادآور طبیعت ایران است و هم یادآور هنرِ ایرانیِ الهام‌گرفته از آن طبیعت. من از هر دو الهام می‌گرفتم و صحنه را ایرانی می‌کردم.

❑ کارِ تئاتر، برخلاف نویسندگی یا طرّاحی گرافیک، یک کار گروهی است. ارتباط بین اعضای گروه با مدیر مرکز و مدیرعامل کانون، و نوع نظارت بر انتخاب‌ها و اجرای تصمیم‌ها چگونه بود؟

ما هر کاری را انتخاب می‌کردیم، بعد از صحبت کردن با خانم امیرارجمند، با خیال راحت روی صحنه می‌بردیم. هیچ‌وقت احساس نمی‌کردیم چشمی مواظب ماست. هیچ‌وقت خودسانسوری نداشتیم.
نکتهٔ بسیار مهم این است که آن آزادی از ما آدم‌های بهتر و بزرگ‌تری ساخت. همهٔ ما از رفتار خانم امیرارجمند یاد می‌گرفتیم. یادم هست در جلسه‌های هفتگیِ گروه تئاتر با دان لافون، دان با حوصله به حرفِ تک‌تکِ اعضا گوش می‌داد. هرگز نمی‌گفت چون او مدیر گروه و کارگردان است، همه باید به حرف او گوش بدهند. این برخوردها در کانون فرهنگ‌سازی شده بود. هیچ‌کس در کانون نمی‌گفت که مثلاً من مدیر یا رئیس یا کارگردان‌ام و تصمیم و حرف نهایی با من است. یک هم‌فکری و همکاریِ همه‌جانبه داشتیم.

❑ جمعی می‌گویند آثار کانون، در گستره‌های گوناگون، بیشتر برای مخاطبِ روشنفکر ساخته می‌شدند تا برای کودک، به‌ویژه کودک ساکن شهری کوچک یا روستایی دورافتاده.
همیشه کنجکاو بودم بدانم نخستین کودکانی که «شاپرک خانم» را تماشا کردند، چه برخوردی داشتند؟ چقدر کار را دوست داشتند؟ فکر می‌کنم تئاتر

چون هم‌نفس با تماشاگر خلق می‌شود و بیش از هر اثر هنری دیگر در لحظه با مخاطبش در ارتباط است، زمینهٔ خوبی برای این بحث است.

من فکر می‌کنم یک پرسش مهم این است که آیا باید کار خلّاق را بر اساس آنچه همه به آن عادت کرده‌اند و برای فهمیدنش نیاز به هیچ تلاشی ندارند ساخت، یا هنرمند باید پیشاهنگ جامعه باشد؟

این پیش‌داوریِ بزرگ‌سالان که بچه‌ها کارِ نو یا غیرتکراری را نمی‌فهمند، یا چون بیشتر مردم به کارهای تکراری عادت کرده‌اند، با فکر و کار تازه ارتباط برقرار نمی‌کنند، فرهنگ را ویران می‌کند. به‌نظر من، اتّفاقاً این نوع برخورد «روشنفکرانه» است؛ «روشنفکرانه» به معنیِ «روشنفکربازی درآوردن» که با نوعی سیاست‌زدگی هم همراه است. یک معنی این حرف این است که باید برای تودهٔ مردم -که به‌نظر آن به‌اصطلاح روشنفکرها زیاد نمی‌فهمند- کارِ ساده و سطحی درست کنیم. نتیجهٔ این نوع نگاه و داوریِ سیاست‌زده دربارهٔ کار فرهنگی را متأسفانه امروز می‌بینیم.

ما باور داشتیم باید بچه‌های ایران را با جهان پیش ببریم. بچه‌ها هم خیلی خوشحال بودند؛ هم در کتابخانه‌ها و با کتاب‌ها، هم با فیلم و تئاتر و موسیقی کانون. الان همان بچه‌ها، بهترین‌های عرصه‌های سینما و موسیقی و تئاتر و کارهای فرهنگی دیگرِ ایرانی در گِردِ جهان‌اند.

من شاهد بودم که بچه‌های کوچک هشت-نُه ساله شعرهای تئاتر «تُرُب» را حفظ می‌کردند. «شاپرک خانم» برای سه ماه، هر شب اجرا داشت و هر شب پشتِ درِ تالار نیاوران صف بود.

در کانون جلسات گفت‌وگو و نقد و بررسی هم داشتیم، هم دربارهٔ تئاتر، هم در کتابخانه‌ها دربارهٔ کتاب‌های کانون. بچه‌ها می‌نشستند و نظراتشان را دربارهٔ کتاب‌هایی که خوانده بودند می‌گفتند. کانون در فستیوال فیلم کودکان، گزارشگر و داورِ نوجوان داشت. در تئاتر، بعضی وقت‌ها ما بعد از اجرا برای بچه‌هایی که از یک مدرسه یا مرکز دیگر آمده بودند، جلسه می‌گذاشتیم و می‌خواستیم بنشینند و نظرشان را دربارهٔ آن تئاتر به ما بگویند. نتیجه‌اش هم برای ما خوب بود، هم برای خودشان. من در آن جلسه‌ها می‌دیدم بچه‌ها چقدر با کار ارتباط برقرار کرده بودند.

ما در کانون یاد می‌گرفتیم به بچه‌ها حق اظهارِ نظر بدهیم و صحبتشان را جدّی بگیریم.

□ دربارهٔ تئاتر سیّار کانون، تجربهٔ آوردن آن ماشین استثنائی به ایران و نخستین اجرایی که در آن داشتید، صحبت می‌کنید؟

تئاتر سیّار ایدهٔ خانم امیرارجمند بود. می‌خواست برای بچه‌های روستاها تئاتر اجرا کنیم. پی‌گیری و اجرای این ایده با دان لافون بود. لافون یک تریلی بزرگ سفارش داده بود که دیوارهایش باز می‌شد و تبدیل می‌شد به صحنهٔ تئاتر. امکانات نورپردازی صحنه را هم در حدّ بسیار خوب داشت. ماشین را به سفارش کانون، در آلمان ساخته بودند.

خانم امیرارجمند و دان لافون خواستند من برای تحویل گرفتن ماشین به آلمان بروم. من هنوز دانشجو بودم، و چون سربازی نرفته بودم، برای خروج از مملکت باید مراحلِ اداری و قانونی را طی می‌کردم. طبیعتاً راحت‌تر بود کار را به یک نفر دیگر می‌سپردند، ولی خانم امیرارجمند نامه‌ای تهیه کردند که اجازهٔ یک بار خروج از کشور را به این منظور به من می‌داد. من به شهر برِمِن آلمان رفتم، تئاتر سیّار را تحویل گرفتم، کارهای رسمی انتقالش را انجام دادم، ماشین را به دو راننده سپردم و برگشتم.
این ماشین بزرگ، در شهرهای کوچک و روستاها حرکت می‌کرد، و با یک بلندگو که بالایش نصب بود اعلام می‌کرد که مثلاً فردا ساعت سه بعداز ظهر در کدام محلّه برنامه دارد. استقبال مردم فوق‌العاده بود. واقعاً غلغله می‌شد. مردم خیلی زودتر می‌آمدند روی زمین می‌نشستند و منتظر می‌ماندند. گاهی گروه تئاتر کانون و گاهی گروه هنرجویانِ تئاترِ نوجوانانِ کانون در تئاتر سیّار اجرا می‌گذاشتند.

بعد از انقلاب، این ماشین، برای مدّتی در دوران جنگ به بیمارستانِ صحرایی تبدیل شد. چون آن‌قدر بزرگ بود که توانسته بودند داخلش تعداد زیادی تخت خواب بگذارند و به زخمی‌ها کمک کنند. من همان موقع در حال بیرون آمدن از کانون بودم. ولی با دوستان و همکاران دیگری که دلسوز کانون بودند، همکاری کردیم و آن‌قدر فشار آوردیم تا تئاتر سیّار به کانون برگشت و تا همین الان هم به همان شکل در شهرها و روستاها به کار خود مشغول است.

قرار بود آن یک ماشین نمونه قرار بگیرد و خیّامی[1] چند ماشین مشابه آن بسازد برای پوشش دادن مناطق بیشتر، که متأسفانه به انقلاب برخورد و نشد.

☐ الان که با دست‌های پُر از تجربه‌های موفّق، به سال‌های اوّل کانون فکر می‌کنید، به‌نظرتان دلایل گسترش، درخشش و ماندگاری کانون چه بود؟

کانون پرورش فکری کودکان و نوجوانان یک اتّفاق بود. اتّفاقی که خانم امیرارجمند به آن شکل داد و آن را مدیریت کرد، و با انتخاب‌های درست و دقیق برای واگذاری مسئولیتِ هر بخش، و فراهم آوردن فرصت‌های برابر برای همهٔ اعضا، گسترش آن را در سطحِ کشور ممکن ساخت.
من وقتی لیسانسم را در هنرهای دراماتیک گرفتم، در کانون مشغول کار بودم. یک روز دان لافون به من گفت، از طرفِ کانون تصمیم گرفته‌اند مرا برای ادامهٔ تحصیل و آشنا شدن با تئاترِ جهان به «رویال آکادمی»[2] انگلستان بفرستند. من آن موقع خیلی انگلیسی بلد نبودم. تمام نامه‌نگاری‌های اداری مرا دان انجام داد، مثلِ یک رفیق. چون همهٔ ما از خانم امیرارجمند یاد می‌گرفتیم که از موفّقیت اعضا خوشحال بشویم. ناخودآگاهِ ما در کانون تربیت می‌شد.
شما تصوّر کنید گروهی شاملِ بیژن مفید، دان لافون، احمدرضا احمدی، شیدا قره‌چه‌داغی، عباس کیارستمی، ابراهیم فروزش، علی‌اکبر صادقی، پرویز کلانتری و دیگرانی در همین سطح از شعور و خلّاقیت، کنار هم به کار مشغول باشند. من وقتی دانشجو بودم، این شانس را داشتم که با این گروه کار کنم و از تک‌تکشان یاد بگیرم.

ما مسافرانِ یک کشتی بودیم که رو به جلو می‌رفت و ما را همراه خود می‌برد. من امیدوارم جوانان ایران روزی چنین فضایی را تجربه کنند.

هجدهم دی ۱۴۰۲
(ژانویه ۲۰۲۴)

۱- برادران خیّامی، احمد (۱۳۰۳، مشـــهد-۱۳۷۹، کانادا) و محمود (۱۳۰۸، مشهد-۱۳۹۸، لندن) از صنعت‌گران، کارآفرینان و عمده‌ترین صاحبان صنایع خودروسـازی در ایران بودند، که برای نخســتین بار در ایران دســت به تولید انبوه اتوبوس، مینی‌بوس و سواری زدند. بعد از انقلاب، تمام اموال دو برادر مصادره شد، و آن‌ها مجبور به ترک جغرافیای ایران شدند. ر.ک. به: سنایی‌فرد، مهشید و یادگاری، رضا؛ کارآفرینی به شیوهٔ برادران خیامی: بنیانگذاران ایران ناسیونال (ایران خودرو)، انتشارات دانشگاه شهیدبهشتی (مرکز رشد واحدهای فناوری و کارآفرینی)، تهران، چاپ یکم، ۱۳۹۵.
2- Royal Academy of Dramatic Art

دلیلِ موفّقیت استثنائیِ کانون «آزادی» بود

رسول نفیسی (زادهٔ ۱۳۲۴، استان فارس؛ ساکن ویرجینیا)
استاد جامعه‌شناسی، مدیر مرکز آموزش کانون

❑ شما چه زمانی و چگونه به کانون پیوستید؟

من زمانی که دانشجوی دانشکدهٔ حقوق بودم، به دعوت آقای فیروز شیروانلو به‌شکلِ نیمه‌وقت به کانون پیوستم، و به‌دلیلِ علاقهٔ بسیار به کارهای شگفتی که در کانون انجام می‌شد، به یک معنا، دست از حقوق شستم. یعنی لیسانسِ بی‌رمقی گرفتم و تا روزی که در ایران بودم کار در کانون را ادامه دادم.
فکر می‌کنم من از ده-پانزده نفر اوّلی هستم که در کانون استخدام شدند. زمانی که وارد کانون شدم، هنوز بخش سینمایی هم تشکیل نشده بود. فکر و فعّالیتِ همه روی کتابخانه‌ها و نوشتن کتاب برای بچه‌ها متمرکز بود. درنتیجه، من هم مطالعه می‌کردم و در تبادل نظرها دربارهٔ طرح‌های تازه شرکت داشتم.

کانون حالت اداره نداشت، فضایی بود برای گفت‌وگو و تبادلِ نظر و ارائه و اجرای طرح‌های

نو. درواقع، پروژهٔ کانون اجرای ایده‌ای بود که هیچ‌کس نمی‌دانست قرار است چگونه گسترش یابد، نه خانم امیرارجمند، نه شیروانلو و نه هیچ‌کس دیگر. کانون ایده‌ای بود با پشتوانهٔ فکریِ سالم و اصیل، که همان‌طور که پیش می‌رفت کامل‌تر می‌شد.

◻ تصویری که امروز از فضای کاری کانون به یاد دارید چگونه است؟

کانون مرکز آزاداندیشی و خلّاقیت و تجدد بود. در کانون، از همه جَنَم آدمی با هم کار می‌کردند؛ زن و مرد و راست و چپ و بهایی و زرتشتی و یهودی و ارمنی و مسلمان و ایرانی و آمریکایی همه با سعهٔ صدرِ بی‌نظیری پذیرفته می‌شدند. هیچ نوع تبعیضی در کانون نبود. افرادی که نمی‌توانستند در مراکز دولتی کار کنند، در کانون استخدام می‌شدند. درواقع، با بلندنظریِ خانم امیرارجمند و ملکه، کوتاه‌نظریِ ساواک نتوانست در کانون کار کند.

کانون یک جزیرهٔ امن و آزادِ کوچک بود با امکان تبادلِ آرا و عقاید، بدون ترس. ما در کانون هر کتابی را که می‌خواستیم سفارش می‌دادیم و دریافت می‌کردیم. برای فعّالیت فرهنگی، آزادی و سعهٔ صدر و حمایت لازم است. اگر انسان فکرش باز باشد و چشم‌اندازها و ابعادِ مختلف جهان را ببیند، در هر کاری که انجام دهد قضاوت درست‌تری دارد.

حدود دو سال پیش من رفتم خدمت علیاحضرت و گفتم که در کانون کار می‌کردم و یک سؤال دارم: قصد نهایی شما از کارهایی که در کانون انجام می‌دادید چه بود؟ گفتند: «کمک به پیشرفت کشور.» من فکر می‌کنم واقعاً به همین سادگی بود. طبیعتاً اشخاصی که به کانون می‌آمدند ایده‌های متفاوتی داشتند، ولی همهٔ ما یک ایده‌آلِ مشترک داشتیم. می‌خواستیم فکر بچه‌های کشور را روشن کنیم.

◻ فکر می‌کنید کانون چگونه توانست یک فکرِ بدیع و بارها جلوتر از زمانهٔ خود را بدون داشتن الگوی مشابه در جهان پیش ببرد و چنان‌که گفتید کامل‌تر کند؟

پرسش مهمی است. من فکر می‌کنم مهم‌ترین موضوعی که دربارهٔ کانون باید به آن پرداخت، همین است که چگونه یک پروژهٔ خلّاقانه در یک کشورِ در حال توسعه این‌اندازه موفّق

شد. به‌نظر من، دلیل موفّقیت استثنائیِ کانون «آزادی» بود. فضای کانون از همان آغاز، یک فضای خلّاقانهٔ آزاد بود. وارد کانون که می‌شدیم، حس می‌کردیم هیچ نوعی از سانسور یا گرفتاری‌های دیگر مثلِ آن وجود ندارد، و واقعاً می‌شود کار خلّاق کرد. برای من همیشه جالب بوده که آن آزادی در یک نهاد فرهنگی در یک کشورِ در حالِ رشد در جهانِ سوّم چگونه حرکت می‌کرد.
در محیط آزاد کانون هیچ‌کس از آزادی و از اعتماد مدیرعامل سوءاستفاده نمی‌کرد. ما در آزادی رشد می‌کردیم. ذکاوت خانم امیرارجمند و پشتیبانی علیاحضرت چنان بود که بودجهٔ کانون در دو سه سال آخر از بودجهٔ وزارت فرهنگ بیشتر شد. یعنی کسانی در مملکت بودند که اهمیت کار فرهنگی در محیط آزاد را درک می‌کردند و پشتش می‌ایستادند، تا ما بتوانیم هر کاری را که می‌خواستیم، هراندازه پیشرو یا به‌نظر غیرممکن، جلو ببریم.

در کانون پذیرفته بودند که چپ هم بخشی از این مملکت است و بهتر است قانعش کرد که می‌شود با کارِ فرهنگی تغییر ایجاد کرد. این ذهنیت، که از درایتِ مدیرعامل و سعهٔ صدرِ ملکه می‌آمد، یک گروه جوان روشنفکر آوانگارد را که باور داشتند می‌شود با کار فرهنگی خلّاق به پیشرفت مملکت کمک کرد، جذب کرده بود، و چه بهتر از این که در یک جامعه تغییر فرهنگی را از دوران کودکی آغاز کنند؟ کانون در فرهنگ‌سازی در ایران مرکزیت داشت.

هر فکر مثبت و نو الزاماً در اجرا موفّق نمی‌شود. خیلی‌ها در ایران با دلسوزی تلاش می‌کردند کار مفید انجام دهند، ولی عوام‌فریب‌هایی از چپ یا چپِ مذهبی یا مذهبی به‌دلیل ناآگاهیِ مردم توانستند آن تلاش‌ها را ناکارآمد یا ناموفّق کنند.

به‌نظر من، استقبالی که امروز از جانب کسانی مانند شما -که احتمالاً محصول کانون هستید- از کانونِ آن دوران می‌شود، دالّ بر موفّقیت استثنائی پروژهٔ کانون است.

❑ کانون نه‌تنها در آن سال‌ها موفّقیتِ استثنائی داشت، بعد از انقلاب هم به هر حال به فعّالیت‌های فرهنگی‌اش ادامه داده. این استثنا را چگونه ارزیابی می‌کنید؟

این یکی از شگفتی‌هاست که حتّی جمهوری اسلامی نتوانست پروژهٔ کانون را متوقّف کند. البتّه، افراد حزب‌اللهی را وارد کانون کرد، ولی پروژهٔ کانون همچنان ادامه دارد.

کانون با نیّت بسیار پاک و درست آغاز شد. خانم امیرارجمند بعد از پایان تحصیلاتشان در رشتهٔ کتابداری با این فکر که به دست بچه‌های ایران کتاب برسانند همراه خانم هما زاهدی با ماشین شخصی‌شان برای بچه‌های دروازه غار و شوش و مناطق دیگری در جنوب شهر تهران کتاب می‌بردند. هیچ قدرت‌خواهی پشت این فکر نبود. واقعاً می‌خواستند خدمت کنند. این نیّت پاک تا روز آخر در کانون ادامه داشت. کتابخانه‌های کانون تبدیل شدند به پدیده‌ای زایندهٔ یک نیروی محرّکهٔ مؤثر که شیخ‌های جمهوری اسلامی تا امروز نتوانسته‌اند متوقّفش کنند.

❑ دربارهٔ تجربیاتتان در مرکز پژوهش و سپس مدیریت مرکز آموزش کانون هم صحبت می‌کنید؟

مرکز پژوهش به پیشنهاد آقای شیروانلو و برای بالاتر بردنِ سطحِ کتاب‌ها و تولیداتِ دیگرِ کانون ایجاد شد. قرار بود این مرکز دربارهٔ سلیقه و خواست بچه‌ها و این‌که چه مطالبی برای بچه‌های هر منطقهٔ ایران مناسب‌تر و آموزنده‌تر است تحقیق کند.
یادم هست ما سه ماه در یکی از فقیرترین روستاهای کرمان، نزدیکِ بَم، ساکن شدیم تا با بچه‌ها و بزرگ‌ترها صحبت کنیم، زندگی‌شان را ببینیم، موسیقی‌شان را گوش دهیم و بفهمیم چه می‌کنند و چه می‌خواهند. سبْک زندگی مردم مناطق مختلف ایران متفاوت است. امکانات و نیازهایشان هم متفاوت است. زندگی و فرهنگ و سلیقهٔ بچه‌های لُر و بلوچ و کُرد یکی نیست. قرار بود ما این تفاوت‌ها را مطالعه کنیم. من در آن روستا مردمی را دیدم که تمام سال غذایشان نان و خرما بود. آن دورهٔ سه ماهه یکی از بهترین تجاربِ زندگی من بود.
ایدهٔ مرکز پژوهش، پروژه و هدف بلندپروازانه‌ای بود که به‌نظر من، آن بازتابی را که می‌خواستیم بر کار ما در کانون داشته باشد نداشت. واقعاً سخت بود فرهنگ‌های متفاوت را بشناسیم، بفهمیم و درباره‌شان بنویسیم و نظر بدهیم و تصمیم بگیریم چه مطالبی برایشان مناسب‌تر است. این نظرِ من بود. درنتیجه، من از مرکز پژوهش رفتم.

هم‌زمان کانون در حالِ گسترش بود. تعداد کتابخانه‌ها و کتابدارها زیادتر می‌شد. ما در کانون فکرهای تازه را به صورت طرح ارائه می‌دادیم. آن زمان کتابدارها پیش از شروع کار یک دورهٔ کوتاه آموزش کتابداری کودک می‌دیدند. من فکر کردم ما می‌توانیم با آموزش ادبیات -با تأکید بر ادبیاتِ کودک- و همچنین آموزش تاریخ، روان‌شناسی و جامعه‌شناسی سطح آگاهی کتابدارها و درنتیجه بچه‌ها را بالا ببریم. هدفِ نهایی همیشه همان ایده‌آلِ روشن کردنِ فکر بچه‌ها بود. طرحی ارائه دادم برای برگزاریِ دوره‌های آموزشی برای کتابدارهای کتابخانه‌ها.

طرح پذیرفته و اجرا شد. از بهترین اساتید ایران برای تدریس دعوت کردیم. دکتر زرّین‌کوب تاریخ درس می‌داد، اخوان‌ثالث و مهدی زُهَری ادبیات، خانم میرهادی ادبیات کودکان؛ روان‌شناسی کودک را برای دو دوره دکتر براهنی -برادر براهنی شاعر- و بعد از آن خانم فریده ثابتی، خواهر مقام امنیتی درس دادند.

کانون چنان فضایی بود. ما می‌توانستیم از خانم فریده ثابتی دعوت کنیم به کتابدارهایمان روان‌شناسی درس بدهد و ایشان هم می‌پذیرفت و می‌آمد. از طرف دیگر کانون می‌توانست در زمانی که آوردنِ نام مسکو هم خوشایند نبود، سیرک مسکو را به ایران دعوت کند و از درآمد حاصل از اجرای سیرک مرکز فیلم‌سازی راه بیاندازد.

به هر حال، ما گاهی از کسانی که بیرون از ایران درس می‌خواندند و برای مدّت کوتاهی به ایران می‌آمدند هم دعوت می‌کردیم یک دورهٔ فشردهٔ آموزشی برای کتابدارها بگذارند. مثلاً یک بار از دکتر سیدجواد طباطبایی دعوت کردیم دربارهٔ فلسفه کلاس بگذارد. دورهٔ آموزشی کانون بسیار غنی بود و یک گفتمان روشنفکری وارد کتابخانه‌ها می‌کرد.

ساختمان مرکز آموزش بعد از مدّتی مستقل شد. یک آقای زرتشتی یک ساختمان چندطبقهٔ بسیار زیبا پشت سفارت شورویِ آن زمان به ما هدیه کرد، که یک طبقه‌اش را به خوابگاه کتابدارهایی که از شهرهای دیگر می‌آمدند اختصاص دادیم، یک طبقه را به دفترهای اداری، و یک طبقه هم برای کلاس‌های درس در نظر گرفته شد.

هدف ما در مرکز آموزش این بود که ذهنِ کتابدارها و درنتیجه بچه‌ها باز شود، بتوانند فکر کنند، بپرسند، بحث کنند.

دربارهٔ خودم با یقین می‌گویم که امید و هدفم این بود که آموزش غیررسمی را در ایران ترویج کنم. هدفْ ایجاد فضایی برای پرورشِ خلّاقیت بود. می‌خواستیم دانش و آگاهی

زمینه‌ای شوند برای پرورش فکر باز و آزاد و خلّاق.

❑ در برنامهٔ آموزشی‌تان، آموزش مدیریت هم داشتید؟

اسدالله خامسی که در آمریکا دورهٔ مدیریت دیده و برگشته بود، جلساتی برای صحبت کردن دربارهٔ مدیریت برگزار کرد. آن زمان هاروارد یک مدرسهٔ مدیریت در ایران داشت که در جنبِ آن، کلاس‌هایی برای آموزش مدیریت برگزار می‌شد. ما در مرکز آموزش کانون مدیریت درس نمی‌دادیم.

❑ نشریهٔ «پویه» چه مطالبی را پوشش می‌داد؟

«پویه» را در مرکز آموزش و به‌منظورِ پرداختن به تازه‌ترین بحث‌های مطرح در جهان دربارهٔ کودکان آغاز کردیم. مطالب متنوع فرهنگی راجع‌به سینمای کودکان، کتاب کودکان و مواردی مثل این را کار می‌کردیم. من سردبیر «پویه» بودم.
چند شماره‌اش را منتشر کردیم که خانم امیرارجمند لطف کرد و مرا برای ادامهٔ تحصیل در رشتهٔ جامعه‌شناسی کودکان به آمریکا فرستاد. دوران تحصیل من در آمریکا با انقلاب برخورد کرد و من متأسفانه نتوانستم به خدمتم در کانون ادامه دهم.

❑ یعنی دیگر ایران و کانون را ندیدید؟

یک بار در دوران شلوغی‌های انقلاب به ایران برگشتم و به ساختمان کانون رفتم. دورانی بود که عملاً نمی‌شد کاری انجام داد. یک روز یک شیخ با نعلین، همراه چند نفر دیگر، ازجمله یکی از اعضای نهضتِ آزادی به کانون آمدند. ما را جمع کردند و گفتند، شما باید توبه کنید! من هم که معمولاً سرم بوی قرمه‌سبزی می‌دهد، پرسیدم ما باید دقیقاً از چه چیزی توبه کنیم؟ همهٔ ما به قصدِ خدمت به مملکت در این مرکز کار می‌کردیم.
مدّتی بعد، همان شیخ و دیگرانی مثلِ او حساب‌های کانون را جزء به جزء رسیدگی کردند و دیدند حتّی یک ریال سوءاستفادهٔ مالی نشده. می‌دانم که پرسیده بودند خانم امیرارجمند با این پاکدستی چرا از ایران رفته.
واقعیت این است که در کانون همه درستکار بودند. من علّت این درستکاری را که با

پیشرفتِ فوق‌العادهٔ کانون هم در ارتباط بود، در آزادی و در باورِ تک‌تکِ اعضای کانون به احساسِ خدمت کردن می‌دانم. چون آزادی و احساسِ خدمت به وطن مستقیماً قابلِ لمس بود، فساد در کانون وجود نداشت. همهٔ ما با کوشش زیاد سعی می‌کردیم یک جای کار را بهتر کنیم. هیچ‌کس به فکر سود شخصی نبود.

مدیرعامل کانون، خانم امیرارجمند، یک زن فروتن و بی‌نیاز بود، مناعتِ طبع داشت. نیازی نمی‌دید همهٔ امتیازها را به خودش بدهد. موقعیتی داشت که می‌توانست از آن بیشترین سود شخصی را ببرد، ولی هرچه می‌کرد فقط برای کانون بود. چنین شخصیتی داشت که توانست کارهایی چنان بزرگ را به انجام برساند.

همان زمان هم بعضی‌ها به ما می‌گفتند که با دربار و قدرت کار می‌کنیم و مردمی نیستیم، بعضی‌ها می‌گفتند چپی هستیم، بعدها بعضی گفتند کارهایی که ما در کانون انجام دادیم باعث انقلاب شد، و خیلی حرف‌های دیگر.

من همیشه باور داشتم کانون فضایی بود اصیل و حقیقی و قابل اعتماد برای خدمت به مردم ایران. من این را احساس می‌کردم و به همین دلیل با عشق کار می‌کردم.

چهارم بهمن ۱۴۰۲
(ژانویه ۲۰۲۴)

تغییرات لوگوی کانون
از چپ: طرح نخست، اثر محمد پولادی؛ تغییرات طرح دوّم و سوّم از محمدرضا عدنانی و مصطفی اوجی

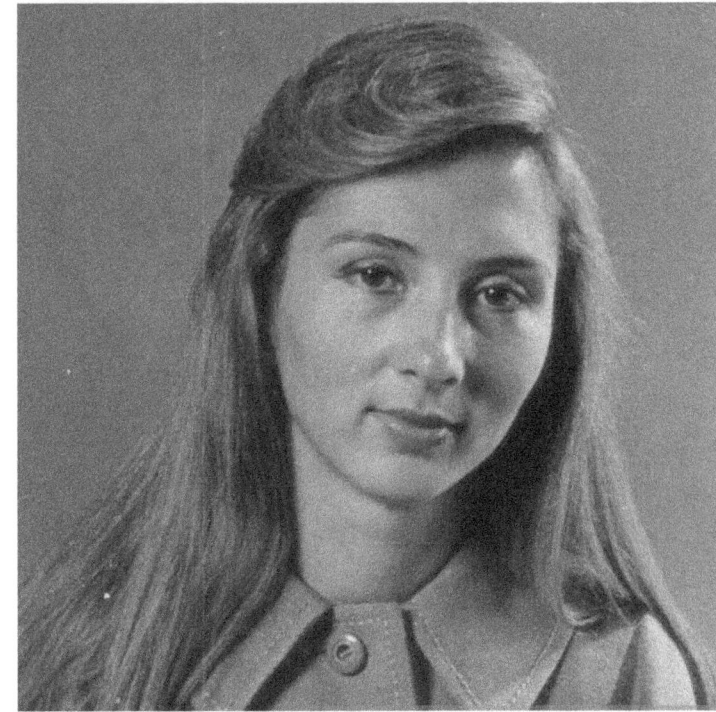

لیلی امیرارجمند

۱

۲

۳

۴

۵

۶

۷

۸

خانوادهٔ لیلی امیرارجمند:

۱- ناهید شاهرخ (مادر)

۲- عبدالله جهان‌آرا (پدر)

فرزندان:

۳- از راست: رامین و آیدین

۴- از راست: آیدین، شاهین، مهیار و رامین

۵- از راست: آیدین، مهیار، رامین و شاهین

افتتاح ساختمان کانون در خیابان جم با حضور:

۶- لیلی امیرارجمند، پادشاه، ملکه و مهرداد پهلبد

۷- فرشید مثقالی و دکتر منوچهر اقبال

۸- از چپ: عباس کیارستمی، نورالدین زرّین‌کلک، علی‌اکبر صادقی، دکتر اقبال و مهرداد پهلبد

۱

۲

۳

۱- جلسهٔ هیأت امنای کانون
۲-از راست: آذر شهابی، لیلی امیرارجمند و حسین سماکار
۳- لیلی امیرارجمند در آستین تگزاس
۴-شهبانو و بهرام بیضایی در جشن پایان فستیوال بین‌المللی فیلم کودکان
۵- جشن پایان فستیوال بین‌المللی فیلم کودکان
۶- شهبانو، پادشاه، لیلی امیرارجمند و ولیعهد
۷- لیلی امیرارجمند در کلرادو
۸- بازدید از کتابخانهٔ ۲۱ تهران

حسین علیزاده و هنرجویان کلاس موسیقی
عکس از آرشیو شخصی حسین علیزاده

از راست: لیلی امیرارجمند، شیدا قره‌چه‌داغی و حسین علیزاده
اهدای جایزه به هنرجوی موسیقی کتابخانهٔ ۱۸
عکس برگرفته از نشریه «کارنامه»

ابراهیم فروزش

عباس کیارستمی و ابراهیم فروزش
عکس‌ها از آرشیو شخصی ابراهیم فروزش

احمدرضا احمدی

از راست: اسفندیار منفردزاده، تهرانی، عباس کیارستمی، فرشید مثقالی
عکس از آرشیو شخصی اسفندیار منفردزاده

اسفندیار منفردزاده
فرشید مثقالی

شهبانو، لیلی امیرارجمند، اردوان مفید
باغ فردوس، پس از اجرای نمایش «عقاب و روباه»
عکس ا از آرشیو شخصی اردوان مفید

شهبانو و آمالیا باغداساریان
عکس‌ها از آرشیو شخصی آمالیا باغداساریان

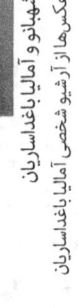

از چپ: لیلی امیرارجمند، مهندس فروزان اردکانی
عکس از آرشیو شخصی مهندس اردکانی

از چپ: ناصر زراعتی و پرویز کلانتری
عکس از آرشیو شخصی ناصر زراعتی

فریدون عموزاده‌خلیلی، از چپ نفر اول نشسته
(مدرسه راهنمایی داریوش، سمنان)
عکس از آرشیو شخصی فریدون عموزاده خلیلی

از راست: علی‌اکبر صادقی، ... ، فیروز شیروانلو

از راست: کورش افشارپناه و ناصر زراعتی

عکس از آرشیو شخصی ناصر زراعتی

از راست: مرتضی طاهری، مرتضی مجتهدی، دان لافون، محسن قاسمی، عادل بزدوده

محمد پولادی، طرّاح لوگوی کانون

از راست: مرتضی مجتهدی، اردوان مفید، عادل بزدوده
ردیف دوم: محمود ابراهیم‌زاده، علی پورتاش، حمید حمزه

١

٢

۳

۴

۱- افتتاح کتابخانهٔ ۲۰ تهران

۲- افتتاح کتابخانهٔ ۲ کانون در فارس

عکس‌ها برگرفته از نشریه «کارنامه»

۳- از راست: زری فریپور، مریم متقی، الهه ضرغام

عکس از آرشیو شخصی زری فریپور

۴- مجید میرفخرایی

۵- مرتضی مجتهدی (ایستاده در وسط) و نوجوانان عضو کتابخانهٔ کانون

۵

افتتاح کتابخانهٔ کانون در اصفهان

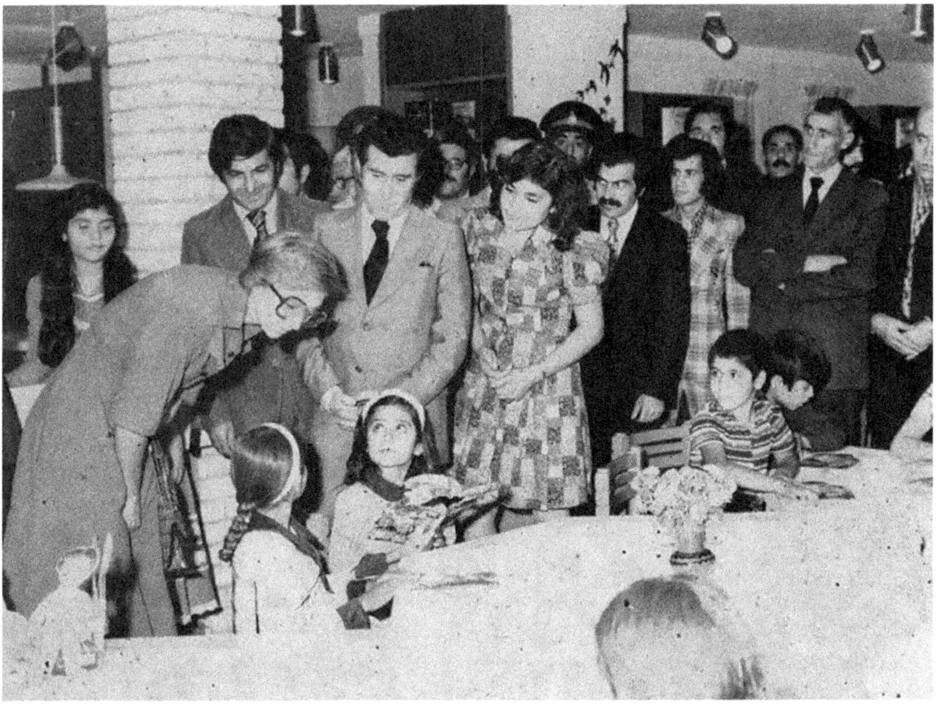

کتابخانهٔ کانون در کرمانشاه
عکس‌ها برگرفته از نشریه «کارنامه»

بازدید شاهدخت فرحناز پهلوی از نمایشگاه نقّاشی کانون، گالری سیحون. ۱۳۵۱

کنفرانس مطبوعاتی نمایش «شاپرک خانم»، از چپ اردوان و بیژن مفید

افتتاح کتابخانهٔ کانون در اردن، ۱۳۵۶، با حضور شهبانو، ملک حسین و لیلی امیرارجمند

خلیل حاتمی‌نوری، کتابدار کتابخانهٔ سیّار آذربایجان، ۱۳۴۹

کتابخانه‌های سیّار روستایی

سیاهکل

قریهٔ کاروانلدر (سیستان و بلوچستان)

روستای تشان (بوشهر)

۱

۲

۳

رضا گوهرزاد با هنرجویان کلاس نقاشی:

- سوسنگرد
- زاهدان
- پارک فرح، ۱۳۵۶

عکس‌ها از آرشیو شخصی رضا گوهرزاد

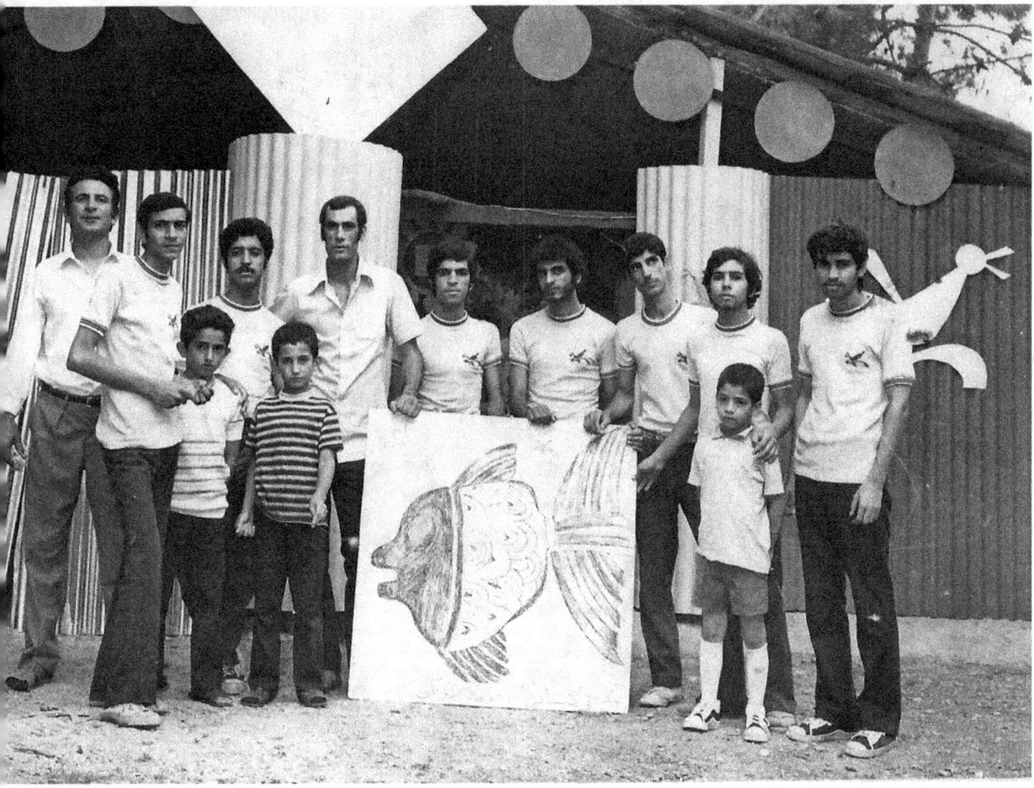

۱

۲

۱- اردوی رامسر، ۱۳۵۰، از راست: رضا گوهرزاد، نفر ششم علی میرزایی
۲- کتابخانهٔ ۲۳ تهران، کلاس آموزش نقّاشی باتیک
۳- از راست: سیاوش سامی، لیلی امیرارجمند، شهبانو، اسدالله عَلَم
۴- از راست: زری فریپور، کامران لاهیجی، لیلی امیرارجمند (فستیوال فیلم کودکان)

عکس از آرشیو شخصی زری فریپور

۵- گروه نمایش تئاتر سیّار کانون

عکس از آرشیو شخصی اردوان مفید

۳

۴

۵

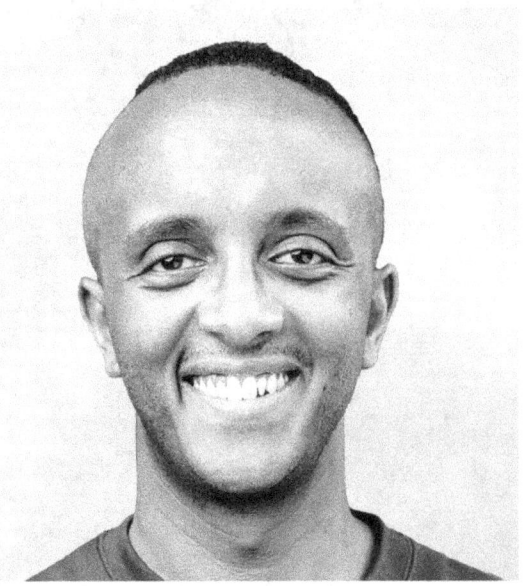

Kidus Asfaw

نخستین عضو کتابخانهٔ شهر هَرَر (اتیوپی)

عکس‌ها از آرشیو شخصی مهیار مخزنی
مهیار مخزنی

THE LILY PROJECT
(Libraries for Imagination and Literacy of Youth)

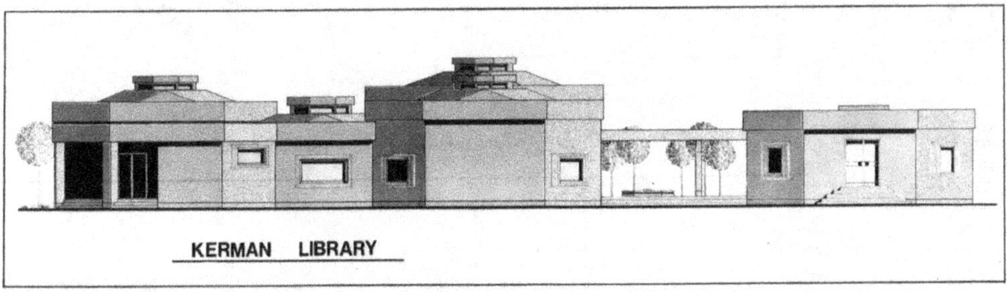

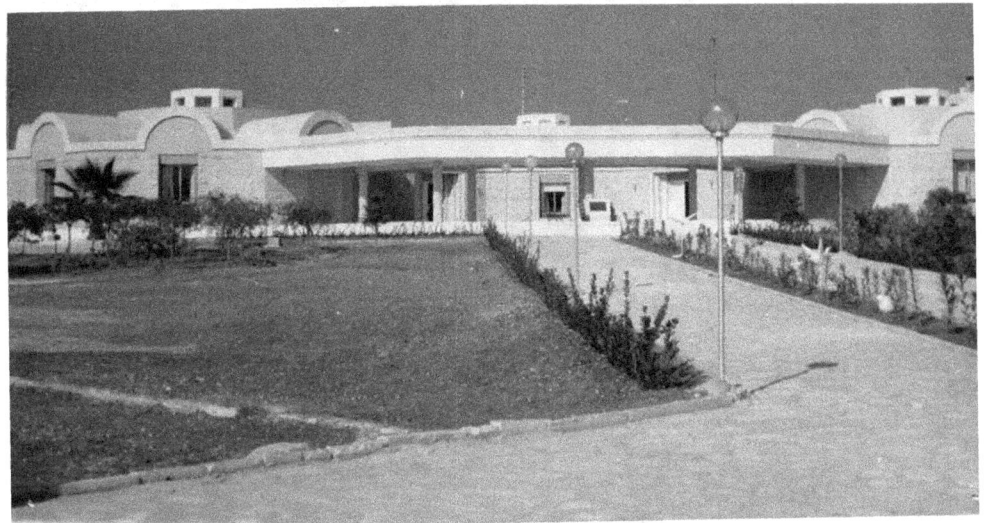

کتابخانهٔ کانون در کرمان

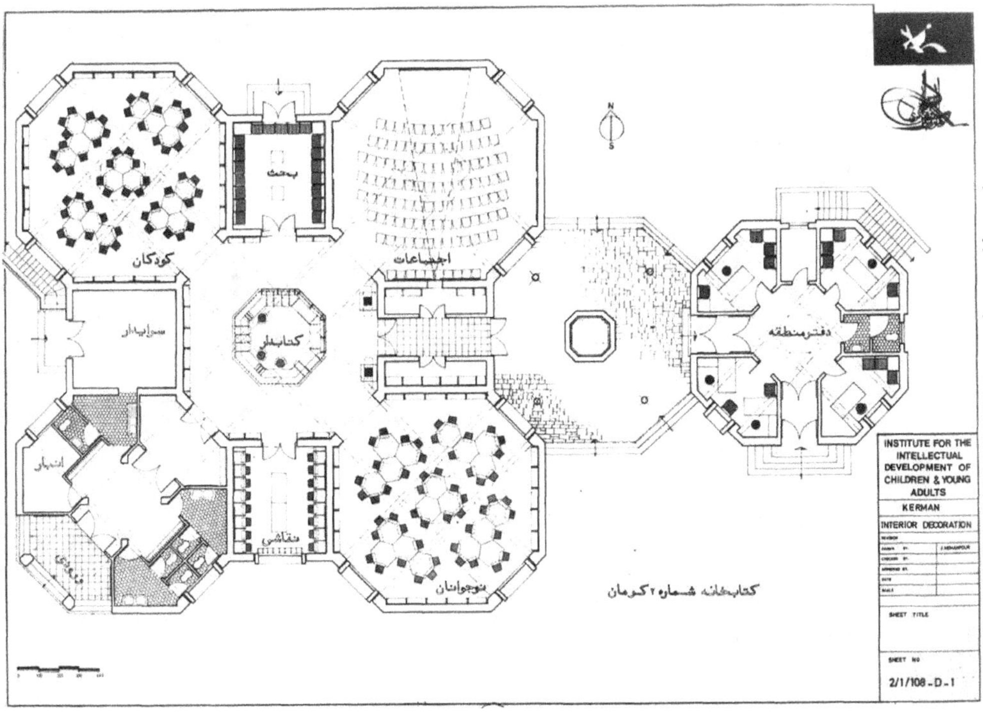

کتابخانهٔ کانون در اردن (شهر عمّان)

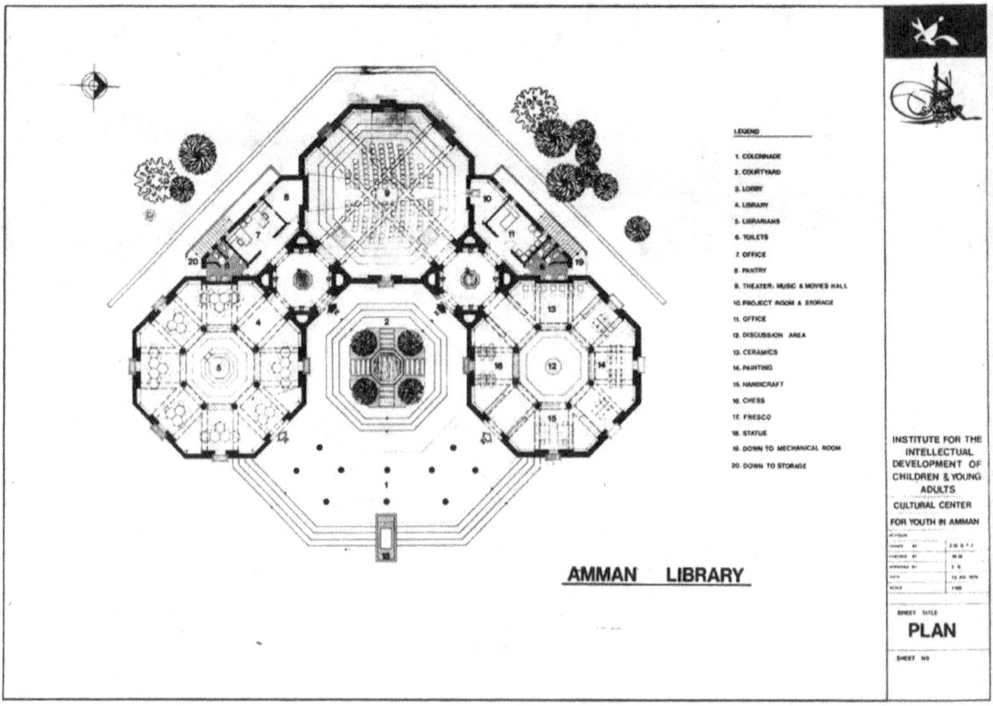

عکس‌ها از آرشیو شخصی مهندس اردکانی

۵ نسل کنار هم!
به هنگام اجرای نمایشنامه‌ی ترب در باغ ملی شیراز

برگرفته از نشریه «کارنامه»

پیوست یک
اساس‌نامهٔ کانون

متن نخستین اساس‌نامهٔ کانون، بر اساس آن‌چه در آرشیو کنونی این نهاد در دسترس است:

الف: تأسیس کتابخانه‌های مخصوص کودکان و نوجوانان در تهران و شهرستان‌ها، بخش‌ها و روستاها.

ب: کمک به کتابخانه‌های عمومی موجود برای ایجاد قسمت‌های مخصوص کودکان و نوجوانان.

پ: همکاری با وزارت آموزش و پرورش، فرهنگ و وزارت کشور و شهرداری‌ها برای ایجاد و توسعهٔ کتابخانهٔ مدارس و کتابخانه‌های کودکان و نوجوانان و تأمین وسایل سمعی و بصری و خرید و توزیع فیلم‌های سینمایی مخصوص کودکان و نوجوانان در سطح کشور.

ت: ایجاد و ادارۀ کتابخانه‌های سیّار به‌منظور برآوردن نیازمندی‌های بچه‌های روستا.

ث: ایجاد و کمک به توسعه و اصلاح ادبیات مربوط به کودکان و نوجوانان به‌وسیلۀ تشویق نویسندگان، طرّاحان و ناشران و همکاری با آنان.

ج: مطالعه و جستجو و آزمایش برای یافتن بهترین و مؤثرترین طریق استفاده از وسایل سمعی و بصری و تهیۀ فیلم‌های سینمایی مخصوص کودکان و نوجوانان.

چ: همکاری با کلیۀ مؤسسات ایرانی و غیرایرانی که با کانون هدف‌های مشابهی دارند.

ح: هرگونه اقدام دیگر که وصول به هدف‌های کانون را تسهیل کند.

* * *

اساس‌نامۀ کانون در ۲۱ اردیبهشت سال ۱۳۵۹، به تصویب شورای انقلاب رسید. متن اساس‌نامۀ کنونی کانون (سال ۱۴۰۳) چنین است:

- بنیاد مراکز عرضۀ کتاب و آموزش‌های فرهنگی و هنری ویژۀ کودکان و نوجوانان در نقاط مختلف کشور.

- گسترش و تکمیل کتابخانه‌های عمومی ثابت و سیار.

- همکاری با سازمان‌ها برای ایجاد بخش‌های ویژۀ کودکان و نوجوانان.

- تهیه و چاپ محصولات دیداری و شنیداری.

- فراهم‌آوردن وسایل و کلاس‌های آموزشی.

- تولید، خرید، پخش، نمایش و فروش فیلم‌های سینمایی و تئاتر مخصوص کودکان و نوجوانان.

- گشایش کتابخانه‌های سیار و پستی برای عرضۀ کتاب مناسب به کودکان

و نوجوانان در روستاها و منطقه‌های محروم و همکاری با سازمان‌هایی که خدمات مشابهی ارائه می‌کنند.

- کمک به توسعه و ترویج ادبیات و هنر کودکان و نوجوانان از طریق تشویق نویسندگان و طرّاحان، هنرمندان، ناشران و همکاری با آن‌ها.

- همکاری با همهٔ سازمان‌های ایرانی و غیرایرانی که هدف‌های آن‌ها با اهداف کانون مشابه است.

پیوست دو

«آیندگان»، ۷ تیر ۱۳۵۸

محل تحصن کارکنان کانون پرورش فکری کودکان و نوجوانان به زندان تبدیل شده است

نماینده‌ی دفتر آیت‌الله طالقانی با متحصنین کانون پرورش فکری کودکان و سرپرستی کانون، وارد مذاکره شد.

بعد از ظهر دیروز شانه‌چی به نمایندگی از سوی دفتر آیت‌الله طالقانی برای بررسی مشکل متحصنین کانون پرورش فکری، به اتفاق چند تن دیگر به محل تحصن مربیان، کتابداران و کارکنان اخراجی‌که اینک ششمین روز از تحصن خود را می گذرانند وارد شد.

شانه‌چی بعد از مذاکرات با طرفین گفت: «ما ازسرپرستی خواستار شدیم که به‌متحصنین خیابان اجازه بدهند به افراد متحصن در کانون بپیوندند. ولی سرپرستی مخالفت کرد. ماجریان‌را با آیت‌الله طالقانی در میان می گذاریم و شنبه مذاکرات را ادامه خواهیم داد.

سخنگوی متحصنین در گفتگوئی باخبرنگار آیندگان اظهار داشت: از روزی که ما در اینجا بست نشسته‌ایم سرپرستی کانون به عناوین

(بقیه در صفحه ۲)

محل تحصن کارکنان کانون پرورش فکری کودکان

(بقیه از صفحه اول)

مختلف سعی در تضعیف نیروی ما داشته است . چنانکه امروز ـ دیروز ـ نامه‌ای به امضای سرپرستی ، جلوی در ورودی الصاق شده‌بود مبنی براینکه: ملاقات برای متحصنین ممنوع است . و فقط متحصنین می توانند با اطفالشان ملاقات کنند . دادن غذا از داخل ساختمان به خارج « که منظور افراد متحصن در خیابان هستند » ممنوع است . اگر کارمندان وارد ساختمان می شوند . باید تعهد کنند که پشت میز خود بنشینند . مسئولان تدارکات باید طبق نامه کتبی از طرف شورای تصمیم گیرنده متحصنین به سرپرستی کانون معرفی شوند تا به آنها اجازه خروج از ساختمان داده شود . بااین مقررات ابتکاری سرپرستی اینجا عملا تبدیل به یک زندان‌شده است .» یکی از نمایندگان متحصنین گفت«ما امروز « دیروز » از نخست وزیر تقاضای ملاقات کرده بودیم ، ولی چون ایشان وقت نداشتند ما با حجازی مشاور نخست وزیر ملاقات کردیم . ایشان خواسته های ما را تقریبا تائید کردند . ولی نکته‌ی جالب اینکه ایشان از تحصن ما بی اطلاع بود و این در حالی است که ما برای نخست وزیر نامه سرگشاده فرستاده‌ایم.و این نامه درمطبوعات رسمی کشور منعکس شد .» وی ادامه داد : « امروز از سوی کانون نویسندگان ، آقایان غلامحسین ساعدی ، پرهام ، م.آزرم و علی اکبر اکبری به اینجا آمدند ولی انتظامات از ورود آنها جلوگیری کرد ، جالب توجه اینکه سرپرستی کانون آنها را نشناخت ، درحالی که این‌کانون یک‌مرکز فرهنگی‌است‌ولی سرپرست آن نام نویسندگان و مترجمان معروف راحتا نشنیده است . همچنین فیلم سازانی مانند : امیرنادری ـ محمدرضا اصلانی ـ داریوش مهرجوئی ـ علی حاتمی ـ عباس کیارستمی ـ رضا علامه‌زاده ـ کامران‌شیردل ـ بهمن‌فرمان آرا ـ هوشنگ بهارلو ـ هژیر داریوش به محل تحصن آمده که از ورود آنها جلوگیری شد . وآنها در جمع متحصنین خیابان بیانیه‌ی همبستگی خود را خواندند .»

در رابطه با اخراج مربیان ، کارکنان و کتابداران کانون پرورش فکری، مجمع عمومی دانشجویان دانشکده هنرهای زیبا طی نامه‌ی سرگشاده‌ای به نخست وزیر اعلام کرد : « ما ضمن حمایت از تحصن این گروه ، خواستار رسیدگی به خواستهای به حق ایشان بوده و اعلام میداریم ، چنانچه تا آخر وقت اداری‌روز یکشنبه ۱۰ر۴ر۵۸ بدان خواستها رسیدگی نشود ، ما نیز اعلام اعتصاب نموده ، از ساعت ۶ بعد از ظهر یکشنبه در محل‌ساختمان مرکزی دانشکده‌ی هنرهای زیبا متحصن می شویم » .

افزون بر گروههائی که از متحصنین پشتیبانی کرده‌اند گروههای زیر نیز دیروز همبستگی خودرا اعلام کردند: معلمان‌پیشگام، گروه۱۶ آذر دانشکده علوم ارتباطات‌اجتماعی هیات اجرائی کانون کارکنان وزارت فرهنگ و هنر ، کارکنان دفتر کانون پرورشی ناحیه آذربایجان‌شرقی‌و غربی، دانشجویان‌روزنامه‌نگاری دانشکده علوم ارتباطات ، سازمان دانشجویان پیشگام کارکنان کانون پرورش فکری کودکان و نوجوانان استان لرستان همچنین ، جبهه‌ی دمکراتیک ملی، دربیانیه‌ی پشتیبانی خود،ضمن اشاره‌به تحصن۶ روزه‌ی کارکنان کانون ، اشاره کرده است :

طی این مدت نه تنها کوچکترین توجهی از طرف سرپرستی کانون به خواسته‌های متحصنان نشده است بلکه مشکلات تازه‌ای نیز برای آنها بوجود آورده‌اند . جبهه دمکراتیک ملی ایران ضمن ابراز همبستگی بامتحصنان از مقام های مسئول می خواهد هرچه زودتر به خواستهای برحق این خدمتگذاران صمیمی و صدیق فرهنگ کشور رسیدگی کنند » .

فرخ صادقی

بازحدیث پرتکرار و پرملال بی‌حرمتی به خواسته های جمعی ، به گونه‌ای روشن و گستاخانه روایتی دوباره گرفته و این‌بار مکان تکرار این حدیث ، کانون پرورش‌فکری کودکان و نوجوانان، است . از آنجا که‌کار این کانون پیوندی مستقیم با ادبیات کودک و کار با کودکان دارد ، و نیز از آنجائیکه من اکنون بیش از ده سال است که در زمینه ادبیات کودکان قلم می‌زنم ، وظیفه خود دیدم که کاستی ها و نادرستی های جریان کنونی را بازشکافم و عواقب ناسالم این جریان را در رابطه با بخشی از جریان پرورشی فکر و ذوق کودکان نشان دهم .

برخلاف نظر مهندس بازرگان که هر حرکت اعتراض آمیز درهر زمینه و هرمجمعی را کار گروههای اخلالگر وضد انقلاب قلمداد می‌کند ، به استناد دلایل و شواهدمشخصی ، هم در جریانی که اکنون بحث از آنست و هم در بسیاری از جریان ها مربوط به اعتراض های صنفی و تخصصی ، تعلل و تعطیل در کارهانه به‌دلیل دخالت گروههای اخلالگر(؟!) و یا بی‌علاقگی و کارشکنی معترضین ، بلکه صرفا و منحصرا به دلیل انتصاب های بیجا و نادرستی است که از سوی دولت و یا مراجع دیگر تصمیم گیری در گماشتن افرادی ناوارد و بی‌صلاحیت برسر کار هایی است که الزاما آگاهی ها و دانش حداقل اولیه‌ای را لازم دارند . چنین انتصاب هایی دربسیاری موارد کار را به تعلل و گاه تعطیل کشانده که ماهیتا نه نتیجه‌ای انقلابی ، بل دقیقا در مسیر و جریانی معارض با خواسته ها و انتظارات انقلاب است . انقلاب خواهان تحرک ، جنبش و خون تازه دمیدن در رگ و بی‌جریان ها و نهاد های سالم جامعه است ، نه مشوق و چشم براه تعطیل و رکود و خمودگی در آن ها . از این نظر شناخت پدیده هایی که برخلاف خواست انقلاب حاصلی نظیر رکود و خمودگی را به همراه می‌آورند ، وظیفه مشخص هر خواستار ادامه راه انقلاب است.

گفتم که در مورد کانون پرورش فکری کودکان و نوجوانان (نظیر موارد مشخص دیگر) پدیده‌ای که کار آن را به رکود و خمودگی کشانده ، انتصاب نامناسب و تهی از صلاحیت فردی است که نه تاریخ ادبیات کودک را می‌شناسد و نه نکات ضعف وقوت کارنامه کانون را می‌داند . حاصل این‌انتصاب وضعیتی است که کانون اکنون دچار آن‌است و کارکنان آن را به تحصنی نزدیک به دو هفته‌ای واداشته و اکثر قریب به اتفاق‌ارگان های وابسته بدان را به تعطیل و بیکارگی کشانده است .

بدیهی ترین حاصل این جریان ، به‌بازی گرفته شدن سرنوشت تعداد بسیاری کودک علاقمند و مشتاق مطالعه است که در مناسب ترین فصل مطالعه (فصل تابستان وموعد تعطیل مدارس) از یکی از غنی ترین منابع ادبیات کودکان یعنی کتابخانه های کانون محروم مانده‌اند و این محرومیت یا سرنوشت احتمالی کانون ـ که با وضعیت کنونی تعطیل همه یا بخش بزرگی از ارگان های آنرا به همراه خواهد داشت ـ ممکن‌است محرومیتی نه موقت ، بلکه دائم و دراز مدت باشد .

> ● آنچه‌امروزمورد حمله و استضعاف قرار گرفته است،در واقع قوی‌ترین ودرخشان‌ترین بخش از شخصیتهای سه‌گانه کانون است

موجودوضع کنونی‌کانون‌کارکرد سرپرست تازه این سازمان است که به استناد کارنامه کوتاه مدت خود نه تاریخ ادبیات کودکان را می‌داند ونه نکات ضعف وقوت کار کانون را می‌شناسد . نا آگاهی از تاریخ ادبیات کودکان برای کسی که قرار است سرپرستی مسئول ترین ارگان مرتبط با ادبیات کودکرا عهده‌دار شود ،هرچند ناگوار ،اما پذیرفتنی‌تر از نشناختن نکات ضعف وقوت سازمانی است که قرار است سرپرستی و مسئولیت مستقیم آن را به عهده گیرد .

تاختنی چنین بی‌محابا به بخش هایی از کانون که از قوی ترین بخش های آن است چه دلیلی جز نشناختن این نکات دارد ؟ البته دلیل دیگر هم می‌تواند داشته باشد : خیانت! بله صراحتا خیانت و نقشه قبلی برای ازهم پاشیدن سازمانی که در بعد قوت خود و به همت مردمی ترین قشر کارکنان خود به ارائه با ارزش ترین خدمات در این بخش نائل آمده است . اما انتساب به خیانت برای کسی که لااقل به دلیل انتصاب‌ازطرف مهندس بازرگان اعتمادی را به ارث می‌برد ، انتسابی منصفانه نیست . پس همان دلیل ناآگاهی موجه‌ترین دلیل درحال حاضر می‌تواند به حساب آید.

پس ، من به عنوان یک منتقد ، برای نشان دادن کاستی هایی که در جریان کنونی می بینم وحاصل آن را به‌بن‌بست کشیده شدن

پیوست سه
«آیندگان» ۱۷ تیر ۱۳۵۸

تنها همت بلند کتابداران کانون بود

جنبه های‌قوت کارکانون می‌دانم ، به بررسی و توضیح نکات ضعف و قوت ماهیت کانون می‌پردازم :

کانون از ابتدای تاسیس خود تاکنون سه نقش و شخصیت متفاوت داشته است .

یکی از این سه‌نقش ، شخصیت بزک کرده ، ویترینی و نمایشی کانون بوده است، وبی‌شک هدف عمده بنیان گزاران درباری کانون ، همین نقش و شخصیت بزک کرده و تبلیغاتی بوده است . خاصیت هایی نظیرنقش نمایشی کانون ، استفاده های تبلیغاتی ازآن و کاربرد های فستیوالی و جشنواره‌ای آن منبعث از این بخش از شخصیت کانون بوده است. برهرفرد صادق و سلیم‌الفکری فـــرض و لازم بوده که در دوران جدید ، براین قسمت از شخصیت کانون خط بطلان کشیده و این شخصیت زاید را از وجود کانون کنده و دور بیندازد .

شخصیت دوم‌کانون شخصیت انتشاراتی آن بوده است . شاید به‌انگیزه اولیه آراسته‌تر کردن ویترین ، این شخصیت نیز در اول به شخصیت قبلی کانون اضافه شده و در ایـن راه نمونه های به ظاهر آراسته اما درباطن تهی از هر اندیشه سالم پدید آورده ، اما با نفوذ تدریجی افراد صاحب ذوق واندیشه در این بخش از فعالیت کانون ، به تدریج نتایج دگرگونه‌ای از این بخش به دست‌آمدمو نمونه هایی از ارزنده ترین آثار دوران‌معاصر ادبیات کودک ، از این شخصیت ثانوی‌کانون زائیده شده است . هرچنددریک انتقاد دقیق، ایراداتی به نحوه عملکرداین شخصیت کانون وارد است ، اما نامنصفانه خواهد بود که به جنبه های مثبت این زمینه بی‌توجهی‌شود. پا گرفتن تدریجی و اصولی یکی از شاخه‌های ادبیات کودک ـ شاخه ترجمه ـ از دیگـــر نتایج کارکرد شخصیت ثانوی کانون است . یک فرد آگاه ، مسئول و تصمیم گیرنده مانند سرپرست کانون باید این شخصیت کانون را از زواید تبلیغاتی و ظاهر آراسته آن بپالاید و جنبه های اصیل و راستین آن را به شدت تقویت کند . به گونه‌ای که در آینده کانون بتواند صاحب سبک ویژه‌ای در آفرینش‌آثار ارزنده در زمینه ادبیات کودکان باشدو مباشر پدید آمدن وشکوفایی استعداد های خلاق در این زمینه قرارگیرد .

شخصیت سوم کـــانـــون ، شخصیت کتابداری آن است . این شخصیت در واقع قوی ترین ومردمی ترین جنبه فعالیت کانون بوده است . به استناد نتایج حاصل ازکارکرد این شخصیت ، می‌توان به یقین ادعا کرد که پاگرفتن این بخش از فعالیت‌کانون به‌هیچ‌وجه به تمایل بنیانگزاران درباری ومتولیان منتصب ازدربار برای کانون نبوده است . بلکه تنها و تنها همت بلند کتابداران کانون درپاگرفتن و عملکردن این شخصیت عامل تعیین کننده بوده است . به نحوی که در آن سال های سیاه اختناق ، خدمتی را که این کتابداران در زمینه پرورش‌فکری کودکان و ایجادعلاقه وانگیزه مطالعه نزد کودکان انجام داده‌اند ، هیچ ارگان دیگر مملکتی انجام نداده است ، هرفرد مسئول و آگاه باید و وظیفه دارد که ارج این خدمات را بشناسد و آن را قویا تقویت کند .

دستاورد های‌خدمات‌صادقانه کتابداران و تمام افرادی که در کتابخانه های کانون با کودکان کار کرده‌اند ، می‌تواند اولا مبنای پیدایش شناخت علمی بخشهایی از روحیات کودکان ایرانی قرارگیرد و ثانیا باید مبنای فعالیت های آینده کانون باشد .

این توضیحات ، اجمالی از شناخت شخصیت چندگانه ـ و گاه متضاد ـ کانون بود و نیز شناخت ماهیت آن ، که برمبنای این شناخت باید خطوط اصلی سیاست آینده سازماندهی فعالیت های کانون طراحی شود و معلوم شودکه‌کدام بخشها باید از شخصیت کانون حذف و کدام بخشها باید تقویت‌شوند.

اما اکنون وضع چگونه است ؟ آیا بر بنیاد چنین شناختی ،سیاستی اصولی دراداره فعالیت هـــای کانون اتخـــاذ شده است ! متاسفانه نه !تحصن نزدیک به دو هفتـــه‌ای بخش عمده‌ای از کارکنان کانون و اعلام پشتیبانی و حمایت اکثر قریب به‌اتفاق سازمان ها و ارگان های مترقی اجتماعی نشان می دهد که آنچه امروز مورد حمله و استضعاف قرارگرفته است ، در واقـــع قـــوی‌ترین و درخشان‌ترین بخش از شخصیت های سه‌گانه کانون است .

یعنی دقیقا بخشی که‌باید خدمات آن ارج گذاشته می‌شده و نقش آن قویا تقویت می شده است . و این تنها به دلیل ناآگاهـــی سرپرستی کانون در تشخیص دقیق جنبه‌های مناسب برای تقویت یا تضعیف فعالیت هـــای این سازمان بوده است . ادامه چنین راهی نتیجه‌ای جز متلاشی شدن کامل و یا درونی کانون نخواهد داشت و این ، آن چیزی نیست که دولت‌به کودکان ونسل‌آینده جامعه ما مدیون است .

من نمی‌دانم که وضعیت تحصن کارکنان کانون به کجا خواهد کشید ، اما این را به یقین می‌دانم که اگر سرپرستی آگاه و آشنا به دقایق جریان ادبیات کودک و ضرورت های کنونی و آتی آن و توانا در طرح ریزی سیاسی واقع بینانه برای آینده کانون در راس آن قرار نگیرد ، کارنامه فعالیت های آینده کانون ـ به فرض ادامه حیات‌آن ـ کارنامه‌ای نه‌تنها درخشان و درخور نیاز کودکان‌جامعه ما نخواهد بود ، بلکه کارنـــامـــه‌ای تیره ، بی‌حاصل و انباشته از بیهودگی خواهدبود. و من به استناد آنچه اکنون در این سازمان می‌گذرد ، سرپرستی کنونی کانون و شیوه های اداره این سازمان را حائز شرایط ضروری و مفید برای جامعه کنونی نمی‌بینم.

پیوست چهار
«آیندگان»، ۱۸ تیر ۱۳۵۸

کارکنان متحصن کانون پرورش فکری کودکان به هجوم شبانه اعتراض کردند

● کارکنان معترض جای تازه‌ای برای تحصن برمی‌گزینند

در پی شکسته شدن تحصن کارکنان، مربیان و کتابداران کانون پرورش فکری کودکان و نوجوانان، توسط افراد مسلح که حکم دادستان کل انقلاب را در دست داشتند. متحصنین در یک گردهمائی که دیـــروز تشکیل شد، قطعنامه‌ای در ارتباط با حادثه‌ی فوق صادر کردند. در قطعنامه آمده است:

«ساعت ۱۱ شنبه شـــب (۵۸/۴/۱۶) در حالی کــــه متحصنین کانون پرورش فکری و کودکان و نوجوانان در طبقه هفتم ساختمان مرکزی کانــــون مشغول گفت‌وگو و شور در باره‌ی مشکلات کانون و راه‌ها و چگونگی ادامه‌ی مذاکرات با نمایندگان آیت‌الله طالقانی بودند، شخصی از طرف دادستان کـــل
(بقیه در صفحه ۲)

کارکنان متحصن کانون پرورش فکری کودکان به هجوم شبانه اعتراض کردند

(بقیه از صفحه اول)

انقلاب جمهوری اسلامی ایران در حالی که گروهی افرادمسلح ساختمان کانون رادرمحاصره گرفته بودند وارد ساختمان شده و از متحصنین‌خواستند که محل تحصن را ترک کنند. متحصنین به منظور جلوگیری از درگیری با افراد مسلح ناگزیربه خروج از ساختمان کانون شده و به اتفاق متحصنین خارج ساختمان محل را موقتا ترک کردند.

ولی ترک موقتی‌محل تحصن به هیچ وجه بمعنای ترک مبارزه به حق‌در راه خواسته‌های متحصنین نبوده و گردهمائی متحصنین بهرحال تا رسیدن به خواست های شش گانه‌شان ادامه خواهد داشت.»

در قطعنامه، اعلام شده‌است:

«۱- ما دخالت افراد مسلح به حکم دادستانی به منظور در هم‌شکستن تحصن حق طلبانه کارکنان کانون پرورش فکری کودکان را شدیدا محکوم کرده و اعلام میداریم تحصن در خانه و محل کار جهت اعتراض خودسری ها و اعمال ضد فرهنگی- هنری سرپرستی که ابتدائی ترین حقوق متحصنین است به هیچ وجه به معنای اشغال نیست و از دادستانی‌که این‌حکم‌هجوم را جهت رسیدگی به شکایت معترضین صادر کرده است می پرسیم: این معترضین چه‌کسانی هستند؟ سرپرستی بی‌صلاحیت و بی فرهنگ و ضد منطق کانون یا چماقدارانش که مدت ۱۶ روز از هیچگونه اعمال ضد انسانی خودداری نکردند؟

۲- چنین هجومی برای درهم شکستن تحصن در حالی که متحصنین در تلاش برای ادامه مذاکرات با دفتر آیت‌الله طالقانی هستند آیا بمعنی وحشت از روشن شدن حقانیت خواسته های ۶ گانه متحصنین و برملا شدن بی صلاحتی سرپرستی نیست؟

۳- ما ضمن سپاس‌وقدردانی از دفتر آیت‌الله طالقانی برای حل مشکلات کانون، اعتقاد داریم که این مرجع صلاحیتدار می تواند ما رادر راه رسیدن به خواسته‌هایمان یاری بخشد. از این رو تمام کوشش‌خودراجهت ادامه مذاکرات بانمایندگان آن حضرت بکار خواهیم بست.

۴- ما ضمن قدردانی از همه نیروهای مترقی، فرهنگی، هنری، علمی که تااین زمان از ما پشتیبانی کردند می خواهیم که‌هر چه بیشتر برای برافراشتن پرچم هنر و فرهنگ و قطع دست انحصار طلبان بی فرهنگ یاریمان کنند.

۵- تحصن کماکان‌ادامه دارد و زمان و مکان تحصن پس از بررسی لازم اعلام خواهد شد».

در ضمن سندیکای هنرمندان هنرهای تجسمی و کاربردی، اعلام داشته است که اعضای این سندیکا به پشتیبانی از متحصنین کانون پرورش فکری، به آنان خواهند پیوست.

پیوست پنج

«آیندگان»، ۷ مرداد ۱۳۵۸

نامه‌ی سرگشاده‌ی متحصنین کانون پرورش فکری کودکان و نوجوانان به نخست‌وزیر

پس از سه‌ماه تحمل، صبر انقلابی ما به سر آمده است

متحصنین کانون پرورش فکری کودکان و نوجوانان ، در نامه‌ی سرگشاده‌ای به مهندس مهدی بازرگان ـ نخست وزیر ـ پس از اشاره به‌تحصن ۱۷ روزه‌ی خود ، که‌به دستور دادستان کل انقلاب ـ و توسط افراد مسلح ـ شکسته شد، گفته‌اند که پس از بازگشت متحصنین به سرکار، فشار و تضییقات برآنها از سوی سرپرستی ، روز به روز بیشتر می شود .

جناب آقای مهندس بازرگان نخست وزیر

این سومین نامه سرگشاده ما به دفتر شماست. کانون پرورش فکری‌کودکان ونوجوانان دارد نابود می شود . صدیق ترین و لایق ترین کارکنان کانون گروه گروه دارند اخراج می شوند ، تفتیش عقاید در کانون بیداد می کند ، کانون پر شده است از اعوان و انصار ونزدیکان سرپرستی تازه‌وارد که ناآشنا به کار کانونند ، سرپرستی بی صلاحیت که هیچگونه تخصصی در کارهای ـ فرهنگی ـ هنری نداردر مقابل‌هرگونه خواست به حق و اصولی کارکنان آنها راتهدید به اخراج و تعطیل کانون می کند . سرپرستی‌برای خاموش کردن هر نوع اعتراض کارگران و کارمندان را رودرروی هم قرار میدهد .

جناب نخست وزیر شرح مشکلات کارکنان کانون طی نامه های سرگشاده مورخ ۲۸ر۳ر۵۸ و(۲ر٤ر۵۸ ـ ۱۵٤۹) دفتر نخست وزیری خطاب به جنابعالی به تفصیل بیان شده است و علی

به جنابعالی به تفصیل بیان شده است وعلیرغم چندین بار تماس‌با دفتر نخست‌وزیری ومذاکرات حضوری و تلفنی با مشاور شما هنوز هیچگونه اقدام مسئولانه‌ای از طرف دولت شما جهت حل مشکلات کانون و برآوردن خواستهای کارکنان صورت نگرفته است .

ما به دلیل عدم توجه مراجع صلاحیتدار برای رسیدن‌به خواستهای شش‌گانه خودمتحصن شدیم اما سرپرستی کانون با عوام‌فریبی و پخش و نشر اکاذیب و وارونه جلوه دادن حقایق به دادستانی کل انقلاب بعد از ۱۷ روز تحصن در ساختمان مرکزی کانون با حکم ایشان و به جبرما را(درحالیکه هنوزمذاکراتمان با نمایندگان دفتر حضرت آیت‌اله طالقانی ادامه داشت) نیمه شب توسط افراد مسلح به هنگام عناصر اشغالگر از محل تحصن پراکنده کرد اما تحصن ما کماکان در دانشگاه تهران ادامه یافت تا اینکه در پی پیام شما مبنی برخودداری از تحصن و حل مشکلات از طریق مذاکره نمایندگان متحصنین با دفتر نخست وزیری و بنابه تذکردفتر آیت‌اله طالقانی از تحصن خود دست کشیده و متحصنین به کانون بازگشتند اما جناب بازرگان اکنون پس از بازگشت متحصنین بسرکار فشار و تضییقات از سوی سرپرستی روز بروز بیشتر و بیشتر می شود . در اهواز از ورود کارکنان کانون به محل کارشان جلوگیری شد سرپرستی تا صدور بخشنامه‌ای به‌کتابخانه ها اعلام کرده است که کتابداران متحصن که اکنون بسرکار

بازگشته‌اند حق هیچگونه فعالیت فرهنگی را ندارند. حقوق ماهیانه متحصنین که هنوز به ابتدائیترین خواسته هایشان نرسیده‌اند قطع مــــی شود. سرپرستی که قول بازگشائی مراکز آموزش‌های هنری و همچنین بکار گماردن مجدد مربیان هنری را داده بود عملا با وضع قوانین جدید استخدامی برای مربیان از قبیل ارائه برگ خاتمه خدمت و تائید صلاحیت مربیان متحصن تــــوسط دفتر سرپرستی هرگونه راه بازگشت مربیان بسرکار را که اکثرا دانشجو هستند بسته‌است . و مهمتر اینکه وضع اخراجیها که همه از کارمندان رسمی و با سابقه کانون هستند و بدون هیچگونه مدرک و دلیلی اخراج شده‌اند هنوز روشن نیست .

جناب نخست وزیر بی توجهی دولت نسبت به خواستهای برحق ما وزدوبندهای سرپرستی کانون با نیروهای ارتجاع از عواملیست کــــه نگذاشت صدای حق طلبانه ما به گوش مسئولان امر برسد و دادستان کل انقلاب نیز بدون هیچگونه تحقیق و بررسی و با صدور حکم اخراج ما ازمحل تحصن نه تنها عامل بازدارنده‌ای برای رسیدن به خواستهایمان بود بلکه بعنوان یک عامــــل سرکوبگر حقانیت عمل ما را نادیده گرفت .

دیگر طاقتمان طاق شده است ، دیگر صبر انقلابی ما پس از سه ماه تحمل لگدمال شدن ابتدائیترین حقوق طبیعیمان بسرآمــــده است . جناب آقای بازرگان ما متحصنین کانون که درپی پیام شما به کانون بازگشته‌ایم اینک از دولت شما انتظار داریم که به وعده خود عمل کند و مصرا می خواهیم که هرچه سریعتر به خواستهای برحقمان رسیدگی شود و بخصوص کــــارکنان اخراجی هرچه زودتر بسرکار خود بازگردند .

ما اعلام می کنیم که دیگر تاب تحمل ادامه خفقان و اعمال ضد فرهنگی سرپرستی کانون و اخراج غیر قانونی همکاران خود را نداریم .

نمایهٔ نام‌ها

آ

آبتین، بکتاش ۲۰۵

آتابای، کامبیز XXIV

آتشی، منوچهر ۱۲۴

آذربال، ... (از اعضای روابط عمومی) ۳۳۳

آرشام، محمدعلی ۳۹

آشوری، داریوش ۸۶

آقازمانی، مهدی ۵۱

آل‌احمد، جلال ۲۱۶

آموزگار، جمشید ۴۷، ۵۰

آوانسیان، آربی ۳۲۴

آندری، اندرو ۸۶

آهی، لیلی (ایمن) ۸۲، ۸۳

الف

اباصلتی، پری XIX

ابتهاج، هوشنگ (سایه) ۱۲۴، ۲۳۷

ابراهیمی، نادر ۹۲، ۲۷۲، ۲۹۸، ۳۳۲

ابوالخیر، ابوسعید ۱۲۴

اتابکی، پرویز ۱۲۴

اثباتی، امیر ۲۳۹، ۲۴۰

احمدی، احمدرضا X، ۳۱، ۸۵، ۹۶، ۱۰۷، ۱۲۲، ۱۲۳، ۱۲۶، ۲۳۷، ۲۴۱، ۲۴۲، ۲۹۵، ۳۳۴، ۳۶۸، ۳۸۲، ۴۰۱

اخوان، فریده ۲۵۹

اخوان، نسترن XXIV

اخوان‌ثالث، مهدی ۱۲۴، ۲۳۷، ۳۸۷

اردکانی، فروزان XXIV، ۵۷، ۷۸، ۱۴۷، ۱۸۷، ۴۰۴، ۴۲۱

اردلان، نادر ۴۴، ۱۱۳
اُرف، کارل ۱۲۵، ۲۷۴، ۲۸۳
اسعدیان، همایون ۶۵، ۳۶۹
اصلانی، محمدرضا ۱۱۶، ۲۳۳، ۲۴۱، ۲۹۴
اعیان، فائزه XXII، XXV، ۸۳، ۲۶۱
افتخاری، شهلا ۸۲، ۲۱۰، ۲۵۹
افجه‌ای، پروین ۸۰، ۱۹۳
افخمی، مهناز ۳۰۵
افشار، خانم... ۲۵۹
افشار، ابراهیم XVIII
افشار، ایرج XNII، ۹۶
افشارپناه، کورش ۱۱۴، ۱۱۶، ۲۳۲، ۲۳۳، ۲۳۵ ۲۳۹، ۴۰۶
افضل، منوچهر XVII
اقبال، منوچهر ۳۷، ۳۶۴
اگزوپری، آنتوان دو سنت ۹۵
الکوت، لوئیزا می ۴۵
امامی، غلامرضا ۲۶۷، ۲۷۲، ۲۹۸
امید، جمال ۱۰۷
امید، فرنگیس XVII، XVIII
امیرارجمند، آیدین ۱۳۰، ۱۳۱، ۱۳۳، ۳۹۵
امیرارجمند، رامین XXI ، ۱۲۹، ۳۹۵
امیرارجمند، شاهین ۱۲۹، ۱۳۳، ۳۹۵
امیرارجمند، لیلی؛ بیشتر صفحات
امین‌پور، قیصر ۲۸۸
امین‌سلماسی، بهراد ۱۹۴، ۱۹۵
انارکی، امید ۱۲۴
اندرسن، هانس‌کریستین ۸۳، ۸۸، ۲۸۷، ۳۳۶
انصاری، هوشنگ ۴۷
انصاری، نوش‌آفرین ۸۲
انتظامی، مجید ۱۲۴، ۲۳۷، ۲۷۱
انور، منوچهر ۹۰، ۱۲۳، ۱۲۴، ۳۳۸
اوجی، مصطفی ۵۵، ۱۲۴، ۱۵۵، ۱۶۰، ۳۹۱

ب

باباطاهر ۱۲۴
بابک، رضا ۱۱۹، ۱۲۳، ۳۵۵، ۳۶۵، ۳۶۶، ۳۷۶
باتِک، اسکار ۱۲۰، ۳۶۲، ۳۶۶، ۳۷۶
بازرگان، مهدی ۲۳۹، ۲۴۱
باژن، کیوان ۲۰۵
باغچه‌بان، جبّار ۸۱، ۳۰۳
باغداساریان، آراپیک ۸۵، ۱۰۴-۱۰۶، ۱۱۳، ۲۹۴، ۳۷۲
باغداساریان، آمالیا ۵۸، ۵۹، ۱۹۷، ۲۵۹، ۴۰۳
باغداساریان، دینا ۱۲۵
بتهوون ۱۲۳
بدرایرانی، نسرین‌دخت ۵۹، ۲۵۵
بدیعی، جعفر ۸۱
بدیعی، رحمت‌الله ۱۲۴
برادران‌خسروشاهی، منیره ۵۹، ۲۰۱ ، ۲۳۸
براهنی رضا ۳۸۷
براهنی، محمدنقی ۳۸۷
بُرنوش، خسرو ۱۲۳
بروجنی، بهمن ۸۵
بروخیم، دکتر... ۳۵
برومند، مرضیه ۱۲۳، ۳۵۵، ۳۷۶
برهانی، فرج‌الله ۳۳۳
بصیرت‌منش، حمید ۵۲
بِنتام، جِرمی XIV
بنی‌احمد، ابراهیم ۸۱

بنی‌احمد، حسین ۸۱
بنی‌اسدی، محمدعلی ۲۸۶
بوسکو، هانری ۹۱
بهادری، محمود ۲۴۱
بهار، مهرداد ۸۶
بهرنگی، صمد ۹۳، ۹۴، ۲۱۵، ۲۱۶، ۳۳۶، ۳۷۱
بهمن‌بیگی، محمد ۶۳، ۶۴، ۲۶۲
بیضایی، بهرام XIII، ۸۶، ۱۱۷، ۲۳۰، ۲۹۴، ۳۰۰، ۳۹۶
بیگلری، اسفندیار ۵۷، ۷۸، ۱۸۷، ۱۹۱

پ
پارسا، فرخرو ۵۰
پارسایی، الهه ۱۲۳
پاکروان، حسن ۲۱۷
پایور، فرامرز ۱۲۴
پر، ژزف ۱۲۰، ۳۶۶
پژمان، احمد ۱۲۴
پستا، حسن ۸۴
پوپ، آرتور ۱۲۱
پورتاش، علی ۳۵۵، ۳۷۶، ۴۰۷
پورکاشانی، منصور ۸۵
پولادی، کمال ۲۳۸
پولادی، محمد ۵۵، ۳۹۱، ۴۰۷
پهلبد، مهرداد ۱۰۱، ۱۹۰، ۳۷۳، ۳۹۵
پهلوان پوریای ولی ۳۵۲
پهلوی، رضاشاه ۳۳، ۸۸-۹۰، ۹۶، ۲۴۲، ۳۳۹
پهلوی، رضا (شاهزاده) ۹۵، ۱۰۲، ۱۸۳، ۳۵۲، ۳۹۶
پهلوی، فرح (شهبانو، علیاحضرت) بیشتر صفحات
پهلوی، فرحناز (شاهدخت) ۴۱۱

پهلوی، محمدرضا شاه (اعلیحضرت) ۴۲، ۴۳، ۵۲، ۷۲، ۷۸، ۸۵، ۸۷، ۸۹، ۱۰۱، ۱۲۹، ۱۳۲، ۱۳۳، ۱۷۹-۱۸۰، ۲۱۷، ۲۴۵، ۲۴۶، ۲۶۴، ۳۲۰، ۳۲۸، ۳۷۱، ۳۷۳، ۳۹۵، ۳۹۶

ت
تاتی، ژاک ۱۱۷، ۲۳۶
ترانکا، پیری ۲۵۰
تفضلی، مهین XVII، XVIII
تقی‌اف، م. ر. ۸۱
تقی‌زاده، سیدحسن ۹۶
توفیق، مهربانو ۱۲۴
تهرانی، اسماعیل ۱۲۴
تهرانی، ... ۴۰۲

ث
ثابت، سیما ۲۱۹
ثابتی، پرویز ۶۶-۶۸، ۷۲، ۸۰، ۸۵، ۹۴، ۲۱۳، ۲۵۴
ثابتی، فریده ۳۸۷

ج
جاویدی، فرهاد ۳۱۸
جزایری، زهره ۳۱۱، ۳۱۷
جعفری، پروین ۹۲
جعفریان، محمود ۳۷۳
جلالی، بیژن ۸۱
جوان، مینو ۱۲۴
جهان‌آرا، عبدالله XVII، ۳۹۵
جهان‌آرا، مسعود ۳۲، ۱۸۷
جهانشاهی، ایرج ۸۱

چ

چخوف، آنتوان ۳۲۴

ح

حاتمی، علی ۲۴۱
حاتمی، مهرآفرین ۳۱۷
حاج‌حاتم، حسن ۶۱
حاجی‌قربانی، عبدالله ۱۰۴
حافظ ۱۲۴، ۲۴۲
حجّت‌پناه، عباس ۳۱۱
حسین، امین‌الله (آندره) ۱۲۳
حسین‌پور، سامان XVI
حشمتی، محمد ۱۰۱
حقیقت‌طلب، داریوش ۶۱، ۳۱۷
حقیقی، ابراهیم ۱۲۱، ۱۶۰
حمزه، حمید ۱۶۴، ۲۷۶، ۴۰۷
حمزه‌ای، فریور ۱۱۴

خ

خامسی، اسدالله ۲۲۱، ۳۸۸
خانلری، زهرا ۲۴۷
خائف، بهرام ۱۲۳
خجسته، حسن ۶۱
خدایی، خاطره ۶۵، ۱۱۳، ۱۱۴
خرسند، بیژن ۲۹۵، ۳۳۳
خرّازی، کمال ۲۳۸، ۲۵۷، ۳۳۹
خزانی، رابرت ۳۱۸
خضری، ۳۳۳
خلخالی، صادق ۲۱۷، ۲۴۹، ۳۷۳
خلیلی، بیژن XXV
خمینی، روح‌الله (آیت‌الله) ۳۷۳
خندان‌مهابادی، رضا ۲۰۵
خوشبخت، احسان ۱۱۶-۱۱۸، ۲۲۹
خوش‌کیش، یوسف ۴۷، ۵۱
خوش‌منظر، ... (از اعضای روابط عمومی) ۳۳۳
خواجه‌نوری، ابراهیم ۱۰۴
خیّام ۱۲۴، ۳۵۷
خیّامی، احمد ۳۸۲
خیّامی، محمود ۳۸۲
خیرابی، پروانه ناهید ۵۹

د

داریوش، هژیر ۱۰۱، ۲۴۱
داور، علی‌اکبر ۹۶
دائمی، فریدون ۱۲۳
درخشانی، مجید ۲۶۶، ۳۱۱
دَرّودی، ایران ۱۷۶
دری‌صامت، ... (کتابدار) ۲۰۸
دفتری، لیلی ۲۳
دقیق، معصومه XVIII
دوایی، پرویز (دوائی) ۱۰۱، ۲۹۵، ۳۰۵، ۳۳۲
دهقانی، اشرف (ربابه) ۲۱۶
دهقانی، بهروز ۲۱۶
دیبا، فریده ۳۷
دیبا، کامران ۸۵، ۱۸۸
دیکسون، ریچارد (دیک) ۳۵۲، ۳۶۲، ۳۷۶

ر

راستکار، فهیمه ۳۵۹
راسخ، شاپور ۵۱

راسخی‌لنگرودی، احمد ۳۷
راکِفِلِر، نلسون ۱۹۰
رحمانی، حسین ۶۱
رزّاق‌پناه، ویولت ۸۲
رسولی، محسن ۸۵
رشیدی، داود ۳۵۵
رضوی، بهروز ۱۲۶
رفیق، صدیقه ۳۹
رفیق‌دوست، ... ۲۴۰
روحانی، اردشیر ۱۲۴
روحانی، منصور ۲۴۹
رودکی ۱۲۴
روشن‌روان، کامبیز ۱۲۴
رؤیایی، یدالله ۱۲۴
رهبری، هما ۳۰۶، ۳۳۳
ریاحی، محمدتقی ۲۵۰
ریاحی، نفیسه ۲۵۰

ز

زارع، فاطمه XVIII
زاون XXIV
زاهدی، اردشیر ۴۵
زاهدی، فضل‌الله ۴۵
زاهدی، هما ۴۵، ۵۴-۵۱، ۹۱، ۱۷۵، ۲۱۹، ۳۸۶
زراعتی، ناصر ۱۱۳، ۱۱۶، ۲۳۱، ۴۰۴، ۴۰۶
زربخش، بی‌بی‌گُل ۳۱۳
زرّین، علیرضا XV، ۲۳۸
زرّین‌کلک، نورالدین ۸۱، ۹۲، ۹۶، ۱۰۵، ۱۱۳، ۱۲۳، ۲۴۳، ۲۹۵، ۳۹۵
زرّین‌کوب، عبدالحسین ۳۸۷

زمانی، زمان ۱۱۳
زِمان، کارل ۲۳۶، ۲۵۰
زندکریمی، آکو XVI
زنگنه، پری ۱۲۴
زوس، (دکتر) ۹۱
زُهَری، مهدی ۳۸۷

س

ساسانی، ارسلان ۱۱۴، ۱۲۳، ۲۳۲، ۳۶۸
سامی، سیاوش XXIV، ۵۶، ۵۹، ۶۳، ۸۳، ۸۵، ۸۶، ۱۱۲، ۲۵۳، ۴۱۶
سپانلو، محمدعلی ۸۶، ۱۲۴، ۲۷۲
سپهری، شهلا XVII، XVIII
ستاره‌سنج، ناصر ۱۱۳
سردارافخمی، امیرعلی ۱۸۸
سرشار، هما XXIV
سِروه، رائول ۱۰۵، ۲۴۵
سعادت، اسماعیل ۸۱
سعدی ۱۲۴، ۱۸۴، ۲۴۴، ۲۵۱
سعیدی، فرخنده XVIII
سعیدی، ... (از اعضای روابط عمومی) ۳۳۳
سماکار، حسین ۴۹، ۵۱، ۷۵، ۹۹، ۲۱۵، ۲۲۱، ۲۴۱، ۳۰۱، ۳۹۶
سماکار، عباس ۲۱۵
سمندریان، حمید ۳۵۵
سمیعی، خسرو ۱۲۳
سنایی‌فرد، مهشید ۳۸۲
س...، سودابه (دوست ل. امیرارجمند) ۳۲
سیاسی، علی‌اکبر ۳۷، ۷۰
سیرو، ماکسیم ۳۴

ش

شاملو، احمد ۱۲۳، ۱۲۴، ۲۳۷، ۲۶۷، ۳۶۸، ۳۷۰، ۳۷۱

شاهرخ داراب میرزا ۳۳

شاهرخ، ناهید XVII، ۳۹۵

شاه‌محمدلو، بهرام ۱۲۰، ۱۲۳، ۳۵۵، ۳۷۶

شاهین‌مقدم، پریما ۳۱۸

شایان، فریدون ۵۹، ۲۵۶

شجریان، محمدرضا ۱۲۴

شریف‌امامی، جعفر ۳۷

شفیعی‌کدکنی، محمدرضا ۳۷۱، ۳۷۴

شکسپیر، ویلیام XVII ۳۰۱، ۳۲۲، ۳۲۳

شمس‌آبادی، حسن ۵۲

شمس‌شهباز، شعله XXIV, XVIII

شوپن ۱۲۳

شهابی، آذر ۴۵، ۴۹، ۵۳، ۵۴، ۵۹، ۸۰، ۲۵۵، ۲۶۵، ۳۱۳، ۳۹۶

شهبازیان، فریدون ۱۲۳، ۱۲۴

شهریار، محمدحسین ۱۲۴

شهلاپور، سعید ۳۱۰

شهیدثالث، سهراب ۱۱۷، ۲۳۰

شیبانی، فرهاد ۱۱۴، ۲۳۲، ۳۶۸

شیپ، استیون ۸۶

شیردل، علی XXV

شیردل، کامران ۲۴۱

شیروانلو، رضا ۲۱۷

شیروانلو، فیروز XXV ۷۲، ۸۴، ۸۵، ۱۰۶، ۱۰۷، ۱۱۲، ۱۲۵، ۱۹۸، ۲۱۶، ۲۱۸، ۲۳۱، ۲۴۵-۲۴۷، ۲۵۳، ۲۶۲-۲۶۶، ۲۶۹، ۲۷۰، ۳۰۱، ۳۳۶، ۳۳۷، ۳۸۳-۳۸۶، ۴۰۵

ص

صادقی، آرش ۲۶۹

صادقی، علی‌اکبر XXV،۷۷، ۸۸، ۹۶، ۱۱۵، ۱۲۵، ۲۶۹، ۲۷۲، ۲۹۹، ۳۸۲، ۳۹۵، ۴۰۵

صادقی، فرّخ ۲۴۱

صالح، جهانشاه XVII, XVIII

صالح‌رامسری، نیما ۲۹

صبا، ابوالحسن ۱۲۳

صبا، فاتح ۸۵

صفا، منوچهر ۸۴

صفوت، داریوش ۲۷۵

صفی‌نیا، کورش ۸۵

صمیمی‌مفخّم، کامبیز ۳۲۷، ۳۶۲، ۳۶۶، ۳۷۶

صنعتی‌زاده، همایون ۵۴

ض

ضرغام، الهه ۳۰۵، ۴۰۹

ط

طالقانی، محمود (آیت‌الله) ۲۳۹-۲۴۱

طاهباز، سیروس ۸۴، ۱۲۹، ۲۳۴، ۲۴۱، ۲۴۲، ۲۵۹، ۲۶۱، ۲۶۶، ۳۱۶، ۳۳۶

طاهری، زهرا XIX

طباطبایی، سیدجواد ۳۸۷

طبری، احسان ۸۱

طیّب، ... (کتابدار) ۲۵۶

طیّب، نوذر ۵۹

ظ

ظریف، هوشنگ XII، ۱۲۴

ظریف، هومن ۸۱

ع

عباسی، اسماعیل ۸۳
عدنانی، محمدرضا ۵۵، ۸۶، ۳۹۱
عطّار ۳۵۶
عطّاراشرفی، مستانه ۲۵۹
علا، حسین ۳۷
علامه‌زاده، رضا ۲۴۱
عَلَم، اسدالله ۸۱، ۴۱۶
علیزاده، حسین XIV،XV، ۱۲۳، ۱۲۵، ۱۶۴، ۲۰۸، ۲۷۳، ۴۰۰
علیقلی، محمدرضا ۲۷۶، ۳۶۹
علیمراد، عبدالله ۲۵۰
عموزاده‌خلیلی، فریدون ۱۱، ۱۱۲، ۲۸۵، ۴۰۵
عنان، کوفی ۲۹۰

غ

غیایی، منیژه ۱۸۸

ف

فاتحی، ثریا ۲۵۸
فتحی، مهدی ۲۰۲
فتوره‌چی، پرویز ۳۳۱
فتوره‌چی، نادر ۱۰۱
فرجام، فریده ۸۵، ۹۰، ۹۱، ۳۳۶، ۳۳۸
فرحاندوز، فریدون XXIV
فرخ‌زاد، فروغ ۱۸۴
فرخ‌زادی، خسرو ۱۲۳
فرّخ‌نیا، سوسن ۱۲۳، ۳۵۵

فردمقدم، وجیه‌الله ۲۵۰
فردوسی ۱۱۸، ۲۵۱، ۳۵۷
فرسیو، ضیاءالدین ۲۵۷
فلاحتی، حمزه ۲۱۵
فلمینگ، ویکتور XII
فرمان‌آرا، بهمن ۲۴۱
فرمانفرمایان، جودی ۹۰، ۳۳۸
فرمانفرمایان، حافظ ۹۰
فرنود، رعنا ۱۱۳
فروزش، ابراهیم XXIV، ۱۰۲، ۱۰۶-۱۰۸، ۱۱۰، ۱۱۱، ۱۷۲، ۲۴۵، ۲۹۳، ۳۸۲، ۴۰۲
فروزنده، فرامرز ۵۱
فروغ، مهدی ۳۵۵
فروغی، محمدعلی ۹۶، ۳۵۸
فرهت، شاهین ۱۲۴
فرهیخته، ... (استاد مرکز آموزش) ۲۰۲
فهیمی، فرامرز ۳۱۳
فری‌پور، زری XVIII، XXIV، ۱۸۳، ۳۰۳، ۳۳۱، ۳۳۳، ۴۰۹، ۴۱۶

ق

قادری، محمود ۵۹
قادری‌گلاب‌درّه‌ای، ... (کتابدار) ۲۵۶
قاضی، محمد ۸۴، ۹۵، ۱۲۳، ۲۴۱، ۲۶۳، ۲۹۸
قاضی‌نور، قدسی ۲۰۷
قانعی‌فرد، عرفان ۶۶
قائینی، زهره ۵۵
قدّوسی، علی ۲۴۰
قدیری، سیمین ۱۲۶
قره‌چه‌داغی، شیدا ۹۶، ۱۲۴، ۱۲۵، ۲۷۶-۲۷۳، ۲۷۹، ۲۸۲، ۲۸۳، ۳۸۲، ۴۰۰

قریب، شاپور ۳۰۰

قزوینی، محمد (علامه قزوینی) ۹۶

قطبی، رضا ۱۰۴، ۱۲۱، ۱۷۷، ۲۱۴

ک

کامبخش، عبدالصمد ۸۱

کامرانی، احمد ۸۵

کدیور، منصوره ۹۲

کریمی، نصرت‌الله ۲۳۶، ۳۶۲

کشاورزی، اردشیر ۱۲۰، ۳۲۷، ۳۶۲، ۳۶۶، ۳۷۶

کلانتری، پرویز ۱۱۳، ۱۱۴، ۲۳۴، ۲۳۶، ۲۳۷، ۲۶۶، ۲۶۷، ۳۱۰-۳۱۲، ۳۱۴، ۳۱۷، ۳۸۲، ۴۰۴

کندی، جان.اف. ۳۱۹

کیارستمی، عباس XII XIII ۸۵، ۹۶، ۱۰۶، ۱۹۷، ۱۱۰، ۱۱۵، ۱۱۶، ۱۱۷، ۱۶۰، ۱۸۵، ۲۳۰، ۲۳۳، ۲۳۴، ۲۳۷، ۲۳۸، ۲۴۰-۲۴۵، ۲۴۲، ۲۹۴، ۲۹۶، ۳۰۰، ۳۳۲، ۳۸۲، ۳۹۵، ۴۰۱، ۴۰۲

کیانوش، محمود ۸۳، ۱۲۶

کیانیان، داود ۱۲۰

کیمیایی، مسعود ۲۳۱، ۳۰۰

گ

گُدار، آندره ۳۴

گرگین، ایرج XV

گروتوفسکی، یرژی مارین ۱۸۰

گروئل، هانری ۱۰۳

گلستان، ابراهیم ۱۰۰

گلستان، اکرم ۲۵۹

گلستان، لیلی ۸۶

گلشیری، هوشنگ ۲۰۲

گلکار، حسین ۵۹

گلنراقی، محمود ۲۳۲

گنجوی، مهدی XIX

گنجی، منوچهر ۵۰

گوپو، یونپیسکو ۱۰۳

گوگردچی، کریم ۱۲۴

گوهرزاد، رضا XXIV، ۸۰، ۱۱۴، ۱۹۳، ۳۰۹، ۴۱۵، ۴۱۶

گِیور، مری ۳۹، ۴۰

ل

لاجوردی، حبیب ۵۷

لاچینی، فریبرز ۱۲۶

لافون، دان ۴۲، ۱۱۴، ۱۱۸، ۱۱۹، ۱۲۰، ۱۵۰، ۲۳۶، ۳۱۹، ۳۵۱، ۳۵۳-۳۵۵، ۳۶۳، ۳۶۶، ۳۷۵-۳۷۹، ۳۸۱، ۳۸۲، ۴۰۶

لاهیجی، کامران ۲۲۲، ۳۰۶، ۳۳۱، ۴۱۶

لطفی، محمدرضا ۲۴۰

لیوانین، دیوید ۱۰۵

م

م. آزاد (محمود مشرف آزادتهرانی) XXII، ۸۳-۸۴، ۹۵، ۹۱، ۱۲۴، ۲۴۱، ۲۴۲، ۲۶۱، ۲۶۶، ۲۹۸، ۳۳۸

مبشّری، لطف‌الله ۱۲۴

متقی، مریم XXIV ۴۰۹

مثقالی، فرشید XIV XIX، ۸۴-۸۶، ۹۳، ۱۰۴، ۱۱۳، ۱۲۱-۱۲۴، ۱۲۸، ۱۲۹، ۱۴۵، ۱۵۸، ۱۶۵، ۱۷۰، ۱۷۱، ۲۹۴، ۲۹۵، ۳۳۵، ۳۹۵، ۴۰۲

مجیدی، محسن ۱۰۴

محصص، اردشیر ۲۰۶

محمدی، محمدهادی ۵۵
محمدی، مهین ۲۵۹
محمدیان، هوشنگ ۱۲۳
مختارپور، رجبعلی XV
مخزنی، مهیار XVI، XXIV، ۳۵، ۳۶، ۱۲۹، ۱۳۶،۳۴۱، ۳۴۱، ۳۹۵، ۴۱۹
مخزنی، ناصر ۳۴
مساعد، ژیلا ۱۲۶
مسعودی، عباس ۸۱
مسکوب، شاهرخ XXIII
مشیری، فریدون ۱۲۴
مصاحب، غلامحسین ۵۴
مصدق، محمد ۲۵۰
معتمدآریا، فاطمه ۳۷۶
معروفی، موسی ۱۲۴
معزّی‌مقدم، فریدون XXIV، ۴۹، ۵۹، ۸۶، ۱۰۱، ۱۱۵، ۱۱۶، ۱۲۳، ۱۲۴، ۲۳۳، ۲۹۵، ۳۰۵، ۳۳۳
مفتاح، خورشید XVII
مفید، اردوان ۱۱۴، ۱۱۹، ۱۲۰، ۱۲۲، ۱۲۳، ۳۲۴، ۳۲۵، ۳۲۸، ۳۵۱، ۳۶۶، ۳۷۵، ۳۷۶، ۳۷۸، ۴۰۳، ۴۰۷، ۴۱۱، ۴۱۶
مفید، بهمن ۳۵۱
مفید، بیژن XIII، ۱۱۹، ۱۲۳، ۱۲۴، ۲۳۶، ۳۲۲-۳۲۴، ۳۵۱، ۳۵۲، ۳۵۴-۳۵۶، ۳۵۹، ۳۶۲، ۳۶۶، ۳۷۶، ۳۷۸، ۳۸۲، ۴۱۱
مفید، غلامحسین ۳۵۸، ۳۶۶
مفید، فرشته ۳۵۳
مفید، هنگامه ۳۶۳، ۳۶۶، ۳۷۶
مقامی، جلال ۱۲۳
مقدم، مظفر ۱۲۳

مقدم، ناصر ۲۳۵
مکلارن، نرمن ۱۰۴
ملک حسین ۷۸، ۷۹، ۱۳۲، ۱۸۳، ۱۸۴، ۴۱۲
ملکی، بیوک ۲۸۸
ملکی، توکا ۱۱۴
ملکی، منصوره ۱۱۴
ممیز، مرتضی ۲۴۷، ۲۹۹
منصور، حسنعلی ۲۴۹
منصوری، احمد ۸۵
منفردزاده، اسفندیار ۷۲، ۱۱۴، ۱۱۶، ۱۲۳، ۱۲۴، ۲۳۲-۲۳۵، ۳۶۷، ۴۰۲
منوچهری، شاپور ۲۰۳
موتزارت ۱۲۳
موسوی‌گرمارودی، علی ۵۴
مولوی X ، ۱۲۴
مولیر ۳۵۳
مؤیدثابتی، پروین ۳۰۵
مهاجر، علی‌اصغر ۵۴
مهتدی، فضل‌الله (صبحی) ۲۹، ۳۰، ۸۱، ۱۷۵
مهدی‌کاشی، عباس ۱۱۳
مهرجویی، داریوش ۲۴۱
میخالکوف، سرگئی ۸۲
میرزایی، علی (میرزائی) XIII، XV، XXIV، ۵۹، ۶۱، ۲۰۲، ۲۰۸، ۲۵۳، ۲۵۹، ۲۶۱، ۲۶۳، ۳۰۹، ۳۱۵، ۳۱۶، ۴۱۶
میرفخرایی، مجید ۱۲۰، ۳۲۵، ۳۷۵، ۴۰۹
میرک، مهتدی XXIV، XXV
میرهادی، توران ۸۲، ۸۳، ۲۰۲، ۳۸۷
میلانی، فرزانه XXIV
میلانی، عباس XXIV

مین‌باشیان، فتح‌الله ۵۷، ۶۰

ن

نابت، نیو ۵۹، ۶۱، ۲۵۵، ۲۵۹، ۲۶۱، ۳۰۹، ۳۱۳، ۳۱۷

نادرپور، نادر ۱۲۴، ۲۳۷

نادری، امیر ۸۵، ۱۰۰، ۲۴۱، ۳۰۰

نائینی، ترانه XXIV

نجومی، نیک‌زاد ۸۴، ۸۵، ۱۰۶، ۱۶۰

نراقی، ملّااحمد ۲۴۳

نصیریان، علی ۳۵۴

نفیسی، رسول ۵۹، ۱۱۲، ۲۲۵، ۲۵۶، ۳۱۷، ۳۸۳

نقیبی، ... ۵۱ (حسابدار بانک ملی)

نورایی، مرتضی XVIII

نوری، امیر ۱۲۴

نوریان، عطاالله ۱۱۲، ۲۶۴

نهاوندی، هوشنگ ۱۹۰

نیکخواه، پرویز ۸۵، ۲۱۷

نیکنام، مهرداد، XVIII

نیما یوشیج (علی اسفندیاری) ۱۲۳، ۱۲۴

نینا (مادربزرگ مادری ل. امیرارجمند) ۳۳

و

واثقی، اسماعیل ۱۲۴

وارطانیان، اِولین XXVI

واروژان (واروژ هاخبندیان) ۱۲۴

والی، جعفر ۳۵۱، ۳۵۹

وایلد، اسکار ۱۲۳

وکیلی، منیر ۱۲۴

ولیان، عبدالعظیم ۳۶۵، ۳۶۶

هـ

هاپکینز، مارگریت لیل XVIII

هدایی، علیرضا ۱۲۳، ۳۵۵، ۳۷۶

همایون، داریوش ۴۵

همپتون، بلیک ۸۶

هویدا، امیرعباس ۴۷، ۵۰، ۲۱۷، ۲۴۹، ۳۰۵، ۳۵۴، ۳۶۵

ی

یادگاری، رضا ۳۸۲

یارشاطر، احسان ۵۲، ۵۳، ۷۰، ۸۱، ۹۸

یمینی‌شریف، عباس ۸۱

یونسی، ابراهیم، ۲۰۲